D1882105

‘झाँसी की रानी’ का तुलनात्मक अनुशीलन

[महाश्वेता देवी और वृन्दावनलाल वर्मा के सन्दर्भ में]

'झाँसी की रानी' का तुलनात्मक अनुशीलन

[महाश्वेता देवी और वृन्दावनलाल वर्मा के सन्दर्भ में]

ऋचा द्विवेदी

लोकभारती प्रकाशन

लोकभारती प्रकाशन
पहली मंजिल, दरबारी बिल्डिंग, महात्मा गांधी मार्ग,
इलाहाबाद-211 001
शाखाएँ : 1-बी, नेताजी सुभाष मार्ग, दरियागंज,
नई दिल्ली-110 002
अशोक राजपथ, साइंस कॉलेज के सामने,
पटना-800 006
36 ए, शेक्सपियर सरणी, कोलकाता-700 017
वेबसाइट : www.lokbhartiprakashan.com
ई-मेल : info@lokbhartiprakashan.com

पहला संस्करण : 2018

मूल्य : ₹895

© ऋचा द्विवेदी

बी.के. ऑफसेट
नवीन शाहदरा, दिल्ली-110 032 द्वारा मुद्रित

'JHANSI KI RANI' KA TULANATMAK
ANUSHEELAN
by Richa Dwivedi

ISBN : 978-93-86863-97-3

भूमिका

प्रस्तुत शोध कार्य के दो प्रेरणा-स्त्रोत हैं। एक, प्रोफेसर मैनेजर पांडेय का यह कथन कि 'एक ही घटना से सम्बन्धित ऐतिहासिक सच और कलात्मक सच समान हों, यह जरूरी नहीं है। उनमें समानधर्मिता सम्भव है, परन्तु समरूपता नहीं। 1857 के महाविद्रोह पर लिखे इतिहास के ग्रन्थों में प्रस्तुत झाँसी की रानी से वृन्दावनलाल वर्मा या महाश्वेता देवी के उपन्यासों की झाँसी की रानी की तुलना कीजिए तो ऐतिहासिक सच से कलात्मक सच की समानता और असमानता का स्वरूप स्पष्ट हो जाएगा।' (समकालीन भारतीय साहित्य, पृष्ठ 60, जनवरी-फरवरी 2006)

दूसरा कथन है बांग्ला की 'झाँसी की रानी' के अनुवादक डॉ. रामशंकर द्विवेदी का, 'एक ही प्रेरणा बिन्दु नई उठान लेकर आकार ग्रहण करता है। महाश्वेता देवी के उपन्यास 'झाँसी की रानी' की उठान भिन्न है, विकास भिन्न है, उसकी परिणति भिन्न है। इसकी वृन्दावनलाल वर्मा की 'झाँसी की रानी' से इतनी ही समानता है कि दोनों का विषय एक है। प्रथम स्वतंत्रता संग्राम की दुर्धर्ष योद्धा वीरांगना झाँसी की रानी लक्ष्मीबाई के जीवन पर केन्द्रित दोनों कृतियाँ एक ही विषय पर दो भिन्न पाठ हैं।' (झाँसी की रानी, महाश्वेता देवी, हिन्दी अनुवाद, पृष्ठ 21, संस्करण 2010, राधाकृष्ण प्रकाशन)

मेरे शोध कार्य के प्रेरणा स्त्रोत उपर्युक्त दोनों कथन रहे हैं। मन में आया दोनों कृतियों के भेद और समानता पर क्यों न शोध किया जाए। जब इस तुलनात्मक विषय को लेकर मैं अपने विद्वान, मनीषी शोध निर्देशक डॉ. भगवानशरण भारद्वाज 'प्रदीप' जी के पास गई तब उन्होंने मुझे प्रोत्साहित करते हुए, इस विषय के अभिनवत्व के महत्त्व को रेखांकित करते हुए इसी विषय पर अनुसंधान कार्य करने और मेरा मार्गदर्शन करने को अपनी अनुमति व सहमति प्रदान की।

मेरा यह अनुसंधान कार्य दस प्रकरणों तथा एक परिशिष्ट में विभाजित है। इन प्रकरणों में विन्यस्त विषय की मोटी रूपरेखा इस प्रकार है :

पहले अध्याय में विषय को प्रस्तावित करते हुए अपने प्रतिपाद्य रचनाकारों के व्यक्तित्व और परिवेश से प्राप्त उनकी रचना-दृष्टि के निर्माण-सूत्रों पर

विस्तार से विचार करते हुए यह बताया गया है कि वे कौन-से कारक चिह्न हैं जिनके कारण दोनों को महारानी लक्ष्मीबाई पर उपन्यास लिखने की प्रेरणा मिली। इसी अध्याय में यह तथ्य उजागर हुआ कि दोनों की प्रेरणा का केन्द्र उनका परिवार और लक्ष्मीबाई का विलक्षण व्यक्तित्व रहा है।

शोध प्रबन्ध के दूसरे अध्याय में हिन्दी और बांग्ला उपन्यास-धारा के परिप्रेक्ष्य में ऐतिहासिक उपन्यास-धारा के विभिन्न सोपानों का विवेचन करते हुए यह प्रतिपादित किया गया है कि अपनी-अपनी भाषा की ऐतिहासिक उपन्यास-धारा में उनकी अवस्थिति कहाँ है और कौन से सूत्र उन्हें अपनी उपन्यास-धारा में विशिष्टता प्रदान करते हैं।

अपने अनुसंधान के तीसरे अध्याय में अपने प्रतिपाद्य उपन्यासों के वस्तु-विन्यास पर विस्तार से प्रकाश डालते हुए मुख्य कथानक, उपकथानक, प्रासंगिक कथा प्रसंगों का उपस्थापन करते हुए उनमें इतिहास और कल्पना के घाल-मेल को विवेचित करते हुए उनकी प्रासंगिकता, अप्रासंगिकता, संगति, असंगति, विस्तार और संक्षिप्ति, नवीनता और समानता का विवेचन कर यह निष्कर्ष निकाला गया है कि दोनों कृतियों का मुख्य कथानक एक होते हुए भी प्रासंगिक कथाओं के विन्यास में काफी अन्तर है और इसी अन्तर पर दोनों का नयापन आधारित है।

प्रबन्ध का चौथा अध्याय पात्र-संरचना और चरित्रांकन-शिल्प पर आधारित है। इस अध्याय में मुख्य और गौण पात्रों के चरित्रों पर विस्तार से प्रकाश डाला गया है। मुख्य बात दोनों की पात्र-संरचना और उनके चरित्रांकन में अन्तर है—इसी को मुख्य रूप से रेखांकित कर दिखाया गया है। वृन्दावनलाल वर्मा में कुछ गौण पात्र प्रमुखता से उभारे गए हैं जबकि महाश्वेता देवी की कृति में उनका उल्लेख भर मिलता है। किन्तु उन्होंने रानी के पुत्र—दामोदर तथा रानी की माँ चिमाबाई का विस्तार से चरित्रांकन किया है। चरित्रांकन-शिल्प के प्रकार, विधियाँ दोनों में समान रूप से मिलती हैं।

पाँचवा अध्याय संवाद-शिल्प पर केन्द्रित है। संवादों के प्रकार, उनके कार्य, उनकी विशेषताओं को रेखांकित करते हुए इस वैशिष्ट्य और अन्तर की ओर ध्यान केन्द्रित किया गया है कि वृन्दावनलाल वर्मा के संवाद-शिल्प में नाटकीयता है जबकि महाश्वेता देवी के संवादों में प्रासंगिकता और सहजता है। संवादों की अन्य विशेषताएँ दोनों में समान हैं। वर्मा जी के संवाद उत्तेजक, ओजस्वी और आरोह-अवरोह से पूर्ण हैं, वहीं महाश्वेता देवी के व्यंजक, स्पष्ट और अर्थवत्ता से पूर्ण हैं। महाश्वेता देवी में मिथ कथन अधिक है।

छठे अध्याय में कथानक, संवाद, चरित्रांकन की शिल्पविधियों पर विस्तार से प्रकाश डालते हुए यह प्रतिपादित किया गया है कि कथावस्तु के

चयन और प्रस्तुतिकरण तथा उसे विकसित कर मुख्य उद्देश्य तक पहुँचाने में मेरे प्रतिपाद्य उपन्यासकारों ने किन प्रविधियों का उपयोग किया है।

सातवाँ अध्याय देश-काल और वातावरण के चित्रण पर आधारित है। इसमें वातावरण के ऐतिहासिक, सामाजिक, प्राकृतिक, राजनैतिक और सांस्कृतिक सभी रूपों पर प्रकाश डाला गया है। मुख्य विचार यह रहा है कि घटनाएँ किसी-न-किसी देश में घटित होती हैं। उनके घटने की कोई-न-कोई अवधि अवश्य होती है। इन्हीं दो आयामों से किसी उपन्यास के देश-काल का सृजन होता है। ऐतिहासिक उपन्यासों में इस तत्त्व का महत्त्व इसीलिए होता है क्योंकि वहाँ अतीत के युग, देश और काल को वर्तमान में लाकर खड़ा करना पड़ता है। उसे वर्तमान में घटमान दिखाया जाता है।

आठवाँ अध्याय प्रतिपाद्य उपन्यासों की भाषा-शैली को समर्पित है। वर्मा जी की भाषा सहज, सरल, बुन्देली की गन्ध से युक्त खड़ी बोली है। उसमें भाषा के सारे गुण मौजूद हैं। इसकी तुलना में महाश्वेता देवी की बांग्ला साहित्यिक और समस्त पदावली—संयुक्त, साधु बांग्ला है। किन्तु उसमें सहजता, स्पष्टता भरपूर है।

और इस शोध कार्य का नवाँ अध्याय उपन्यास के उद्देश्य पर केन्द्रित है। दोनों का उद्देश्य रानी के उदात्त चरित्र का अंकन करना है। वह स्वदेशभक्ति की मूर्ति है। वह निष्काम कर्मयोग में विश्वास करती है। स्वदेश के लिए हमें सब कुछ करना चाहिए यही इससे प्रेरणा मिलती है। इतिहास से हमारा वर्तमान यही सीख सकता है।

दसवें अध्याय में पूरे शोध प्रबन्ध का सार और संक्षेप में उनके प्रतिपाद्य का रेखांकन किया गया है। इस अध्याय में दोनों कृतियों के विभेद की ओर भी इंगित किया गया है, साथ ही यह बताने का प्रयास किया गया है कि अपने इस शोध कार्य के दौरान मेरे सामने शोध की कौन-कौन-सी नई दिशाएँ उद्घाटित हुई।

इस शोध कार्य को पूरा करते हुए मुझे पग-पग पर यह महसूस हुआ कि जैसे एक-एक ईंट रखते हुए कोई भवन तैयार किया जाता है, ठीक वैसे ही किसी सृजन कार्य की रचना होती है। इसमें रोज कुआँ खोदना और रोज पानी पीना पड़ता है। हर अध्याय पूरा मनोयोग, पूरा श्रम माँगता है। इस कार्य को पूरा करने के दौरान शोध सम्बन्धी जितनी भी समस्याएँ, उलझनें, परेशानियाँ आईं वे भगवत कृपा से दूर होती रहीं।

अपनी शोध-सम्बन्धी समस्याओं को लेकर मैं जब भी अपने निर्देशक डॉ. भारद्वाज के सम्मुख गई उन्होंने बड़े मनोयोग से उन गुत्थियों को सुलझाया और मेरा मार्गदर्शन किया। मैं उनकी विशेष आभारी हूँ।

इस शोध कार्य को पूरा करने में समय-समय पर मेरे पिताश्री

डॉ. रामशंकर द्विवेदी ने भी मेरा मार्गदर्शन कर मुझे प्रोत्साहित किया है, उनकी भी मैं आभारी हूँ।

अन्त में जिन-जिन रचनाकारों की पुस्तकों से मैंने लाभ उठाया उनके प्रति भी मैं अपना आभार व्यक्त करती हूँ। रूहेलखंड विश्वविद्यालय के पुस्तकालय अधीक्षक की भी मैं आभारी हूँ जिन्होंने समय-समय पर मेरी पुस्तकों द्वारा सहायता की।

इस शोध कार्य के टंकण एवं इसे सुसज्जित करने के लिए मैं श्री देवेन्द्र कुमार ओमरे, माँ वैष्णो कम्प्यूटर, तथा श्री अनिल कुमार मिश्रा, कम्प्यूटर विशेषज्ञ को भी साधुवाद देती हूँ क्योंकि शोध प्रबन्ध को यथासम्भव त्रुटिरहित टंकित कर इस रूप में पहुँचाने का श्रेय इन्हीं के परिश्रम को है।

—ऋचा द्विवेदी

अनुक्रम

अध्याय-1

झाँसी की रानी आदर्श चरित्र

झाँसी की रानी लक्ष्मीबाई एक ऐसा चरित्र है जो हिन्दी पट्टी के साहित्यकारों को ही नहीं अन्य भाषाओं के साहित्यकारों को भी प्रभावित करता रहा है। यह चरित्र एक प्रकार का उपजीव्य चरित्र है। उपजीव्य चरित्र या आख्यान वे होते हैं जो सदियों तक लेखकों को प्रेरणा देते रहें। अर्थात जिन्हें आधार बनाकर युग-युगों तक रचनाएँ होती रहें। झाँसी की रानी एक ऐसा चरित्र बन गया है जिसे आधार बनाकर अनेक उपन्यास, 57 की क्रान्ति पर आधारित ऐतिहासिक ग्रन्थ, काव्य, रायसो, कटक, पवाड़े आदि लिखे जाते रहे और भविष्य में भी लिखे जाते रहेंगे।

हिन्दी में उपन्यास के रूप में इस चरित्र को सबसे पहले वृन्दावनलाल वर्मा ने प्रस्तुत किया। यह बड़े आश्चर्य की बात है कि बांग्ला की विख्यात लेखिका महाश्वेता देवी ने भी इसी चरित्र पर एक उपन्यास लिखा। मजेदार बात यह है कि 'झाँसी की रानी' उपन्यास उनकी पहली रचना है। इसके पहले उन्होंने कोई उपन्यास नहीं लिखा था। एक प्रकार से इसी उपन्यास के माध्यम से उन्होंने साहित्यिक जीवन में प्रवेश किया। इस उपन्यास की तैयारी के दौरान वे झाँसी आकर बाबू वृन्दावनलाल वर्मा से मिली थीं।

बुन्देलखण्ड की होने के कारण झाँसी की रानी का आदर्श चरित्र मुझे सदा प्रभावित करता रहा है। महाश्वेता देवी का 'झाँसी की रानी' उपन्यास जब हिन्दी में अनूदित होकर प्रकाशित हुआ तब यह सहज ही प्रेरणा मिली कि क्या बाबू वृन्दावनलाल वर्मा कृत 'झाँसी की रानी' और महाश्वेता देवी की 'झाँसी की रानी' इन दोनों उपन्यासों की तुलना की जा सकती है? दोनों उपन्यासों को पास-पास रखकर गहराई से पढ़ने के बाद यह ज्ञात हुआ है कि यद्यपि दोनों कृतियों का केन्द्रीय चरित्र और उपाख्यान झाँसी की रानी लक्ष्मीबाई से सम्बद्ध है किन्तु, दोनों कृतियाँ अपने प्रस्थान, विकास और समापन में एक-दूसरे से नितान्त भिन्न हैं। मैंने तुलनात्मक दृष्टि से आगे के पृष्ठों में इसी को स्पष्ट करने का प्रयास किया है।

मेरे इस विचार को उस समय और बल मिला जब मुझे हिन्दी के विख्यात आलोचक प्रो. मैनेजर पांडे का एक लेख पढ़ने को मिला। उन्होंने अपने उस लेख में विवेचन करने के उपरान्त लिखा है; 'एक ही घटना से सम्बन्धित ऐतिहासिक सच और कलात्मक सच समान हों, यह जरूरी नहीं है। उनमें समानधर्मिता सम्भव है, परन्तु समरूपता नहीं। 1857 के महाविद्रोह पर लिखे इतिहास के ग्रन्थों में प्रस्तुत झाँसी की रानी से वृन्दावनलाल वर्मा

या महाश्वेता देवी के उपन्यासों की झाँसी की रानी की तुलना कीजिए तो ऐतिहासिक सच से कलात्मक सच की समानता और असमानता का स्वरूप स्पष्ट हो जाएगा।"[1]

प्रो. मैनेजर पांडे के कथन में इतना और जोड़ा जा सकता है कि एक ही ऐतिहासिक घटना पर लिखे गए उपन्यासों में ऐतिहासिक और कलात्मक सच की तो भिन्नता होती ही है किन्तु, एक ही ऐतिहासिक घटना पर लिखे गए दो उपन्यासों के कलात्मक सच में भी भिन्नता होती है। इस भिन्नता का कारण दो रचनाकारों का व्यक्तित्व और इतिहास से गृहीत उपादानों को प्रस्तुत करने की कलात्मक प्रविधि और इतिहास को देखने की दृष्टि होती है। व्यक्तिगत जीवन की परिस्थितियाँ और शिक्षा-दीक्षा तो होती ही है।

इन्हीं दृष्टियों से आगे दोनों रचनाकारों के व्यक्तित्व और उनकी रचना-दृष्टि पर विचार किया जाएगा।

महाश्वेता देवी का व्यक्तित्व और रचना-दृष्टि

भारतीय साहित्य में महाश्वेता देवी एक प्रतीक बन गई हैं। वे प्रतीक हैं जीवन और साहित्य के जुड़ाव की। अर्थात उनके साहित्य को उनके जीवन से अलग कर नहीं देखा जा सकता है। उनकी लेखकीय दिनचर्या उनके जाने-माने जीवन का आख्यान कहना है। जो भी दबे-कुचले लोग उनके जीवन में आए उन्हीं की कहानियाँ उन्होंने रच डालीं। इन कहानियों की दो धाराएँ हैं। एक इतिहास पर आधारित, दूसरी उनके देखे-सुने साम्प्रतिक जीवन पर आधारित। ये दोनों दृष्टियाँ उनमें क्यों पैदा हुईं, इसके लिए उनके प्रारम्भिक जीवन की परिस्थितियों, उनकी शिक्षा-दीक्षा, उनके पारिवारिक परिवेश, उनके माता-पिता का उन पर पड़ा प्रभाव, फिर उन्होंने अपने आसपास से क्या प्रेरणाएँ ग्रहण कीं, इन सभी स्त्रोतों पर विचार करना पड़ेगा।

उनका जन्म 1926 ईस्वी में ढाका के एक मध्यवित्तीय परिवार में हुआ था। उनके पिता मनीष घटक बीमा के काम से निरन्तर घूमते रहते थे। उनकी माँ धरित्री देवी को ही घर-परिवार का सारा दायित्व सँभालना पड़ता था। पिता और मामा अर्थात घर और ननिहाल दोनों ही जगह का वातावरण कला, संस्कृति और रचनात्मक दृष्टि से बड़ा ही उर्वर था। उनके पिता मनीष घटक यशस्वी कवि, साहित्यकार और 'वर्तिका' पत्रिका के सम्पादक थे। वे युवनाश्वर (छ अ) नाम से कहानियाँ तथा आलेख आदि लिखते थे। उनकी माता धरित्री देवी भी लेखिका, अनुवादिका और सामाजिक कार्यकर्ता थीं।[2]

एक प्रश्न के उत्तर में उन्होंने कहा है, 'मैं उपेक्षित, वंचित बच्चों को पढ़ा रही हूँ।' उनके सामाजिक कार्य के पीछे किसी प्रकार का कोई अहंकार नहीं था।[3] उन्होंने आगे कहा है, 'माँ में मुझे जो सबसे सुन्दर चीज लगती थी, वह थी उनकी दिनचर्या, जीवन-यापन करने का ढंग। खाना बनाना, इधर-उधर का काम, परिवार सँभालना, लिखना-पढ़ना करना, इसके साथ ही उन्होंने वंचित बच्चों को पढ़ाना सीख लिया था।'

चूँकि महाश्वेता देवी का जन्म अपने मामा के यहाँ हुआ था, बचपन भी उनका कुछ समय वहीं बीता था इसलिए उनकी नानी के जीवन का भी उन पर प्रभाव पड़ा था। उन्होंने बताया है कि 'खाने-पीने के बाद मैंने भी अपनी नानी को बचपन में पड़ोसियों की लड़कियों

को पढ़ाते देखा था। प्रारम्भिक गणित की नींव, वह तैयार करा देती थीं। थोड़ी तैयारी हो जाने के बाद, मेरी दो मौसियाँ थीं, जिनका उस समय विवाह नहीं हुआ था, उनका काम था, छोटे-छोटे बच्चे-बच्चियों को ले जाकर स्कूल में भर्ती करा आना।' उन्होंने आगे बताया है कि 'नारी शिक्षा के लिए उस समय कई शिक्षा निकेतन खुल गए थे।'

अपनी माँ की शिक्षा-दीक्षा के बारे में उन्होंने बताया, 'मेरी माँ खुद किसी स्कूल में पढ़ने नहीं गईं। किन्तु, उन्होंने परिश्रम करके खूब पढ़ना-लिखना सीख लिया था। दूसरों को पढ़ना-लिखना सिखाना वे अपना कर्तव्य मानती थीं।'

उनकी माँ को पुस्तकों से अगाध प्रेम था। उन्होंने पांचाली काव्यों के अलावा बंकिम, रवीन्द्र, शरत के सारे उपन्यास पढ़ डाले थे। वे अंग्रेजी भी जानती थीं और जैसे-तैसे बोल भी लेती थीं। उन्होंने अंग्रेजी से बांग्ला में पर्लवक के एक उपन्यास का अनुवाद भी किया था। पर्लवक के बारे में उन्होंने एक घटना की चर्चा करते हुए बताया है, 'मेरे बड़े मामा शचीन चौधुरी 'इकोनॉमिक एंड पॉलिटिकल वीकली' के संस्थापक सम्पादक थे। उन्होंने एक बार मेरी माँ से कहा कि चीनी उपन्यासकार पर्लवक बम्बई आई हुई हैं, तुम उनसे मिल आओ तो माँ पर्लवक से मिलने बम्बई गईं और उनसे मिल आईं।' आगे महाश्वेता देवी ने बताया, 'माँ धारावाहिक अंग्रेजी नहीं बोल पाती थीं। किन्तु उन्होंने शुद्ध अंग्रेजी में बात की थी। पर्लवक अवाक् होकर कहने लगीं, तो तुमने इतना सब पढ़ रखा है? माँ, इस पर बोलीं, मैंने आपकी ये-ये पुस्तकें पढ़ी हैं। आपकी एक पुस्तक का अनुवाद भी किया है। यह अनुवाद 'वसुमती' में धारावाहिक निकला भी है।'

महाश्वेता देवी की शिक्षा-दीक्षा के बारे में पीछे संकेत किया जा चुका है। यहाँ कुछ विस्तार से उसकी चर्चा इसलिए आवश्यक है कि इसी शिक्षा-दीक्षा ने उनके व्यक्तित्व के तन्तुओं का निर्माण किया और उनके लेखकीय जीवन को दिशा दी। प्रारम्भिक शिक्षा मेदिनीपुर (निदनापुर) के ईडेन मांटेसरी स्कूल और मिदनापुर, मिशन स्कूल में हुई। स्कूली शिक्षा शान्तिनिकेतन (1936-38), फिर बेलतला हाईस्कूल (1939-1942) में, जहाँ से उन्होंने मैट्रिक पास किया। फिर आशुतोष कॉलेज, कलकत्ता से आई.ए. (1944), शान्तिनिकेतन से बी.ए. (ऑनर्स) अंग्रेजी में (1946)। 1946 में कलकता विश्वविद्यालय में एम.ए. (अंग्रेजी) में दाखिला पर निजी कारणों से पढ़ाई छोड़नी पड़ी। अन्ततः 1963 में प्राइवेट परीक्षार्थी के रूप में अंग्रेजी साहित्य में एम.ए.।[5] ये तथ्य डॉ. माहेश्वर ने अपने आलेख में उद्धृत किए हैं किन्तु, महाश्वेता देवी के जीवन और उनकी व्यक्ति सत्ता पर सर्वाधिक प्रभाव शान्तिनिकेतन में बिताए दिनों का पड़ा है। उन्होंने स्वयं बताया है, 'मुझे दस बरस की उम्र में ही बाबा ने शान्तिनिकेतन में भर्ती करा दिया था। कारण, बाबा आज यहाँ, कल वहाँ। शान्तिनिकेतन में उस वक्त छोटे बच्चों के लिए कक्षा 3 से क्लास शुरू ही हुए थे। मुझे कक्षा 4 में भर्ती कराया गया था। 1936 से लेकर 1938 तक मैं वहाँ पढ़ी थी।' ये दो वर्ष उनके जीवन में कितने महत्त्वपूर्ण रहे हैं और किस तरह इस कालावधि ने उनके जीवन पर कितना गहरा प्रभाव डाला है, इस सन्दर्भ में उन्होंने एक साक्षात्कार में बताया, 'शान्तिनिकेतन का रहना मेरे जीवन में आशा से भी अधिक महत्त्वपूर्ण है। उस समय रवीन्द्रनाथ जीवित थे, तब शान्तिनिकेतन दूसरे प्रकार का था।' शान्तिनिकेतन के उन पर

पड़े प्रभाव के बारे में उन्होंने कहा है, 'मैं तो कहती हूँ मैंने जो पाया है, कर्म प्रवणता और चलते रहने की शिक्षा, वह शान्तिनिकेतन में ही पाई है। हम लोगों से यह करो, वह करो ऐसा तो कहा नहीं जाता था। भोर में सिंह सदन में घंटा बज जाता था। हम जानते थे, यह भोर वेला का घंटा है, तत्क्षण उठ बैठते थे। उसके बाद वाले घंटे पर तैयार हो जाने का दौर शुरू हो जाता था। इसी तरह से पूरी दिनचर्या चला करती थी। किसी से कुछ कहना नहीं पड़ता था। आसन लेकर सीधे आश्रम में जाना पड़ता था।' इस प्रभाव के निष्कर्ष स्वरूप उन्होंने कहा है, 'वहाँ मैंने जो कुछ सीखा था, वह था ठीक समय पर तैयार होना होगा, ठीक समय पर क्लास में जाना होगा, इसके बाद यह काम करना होगा अर्थात निरन्तर कर्म-प्रवण रहना होगा। निरन्तर कर्मशील।' शान्तिनिकेतन का यह प्रभाव उनके जीवन में आज भी विद्यमान है। इसी ने उनके कर्म-जीवन और सृजन को निरन्तरता दी है।

शान्तिनिकेतन के केन्द्र में थे रवीन्द्रनाथ। वही उसके प्राण पुरुष थे। महाश्वेता देवी पर इनका प्रभाव क्या पड़ा इसका उन्होंने अपनी आत्मकथा तथा अन्य कई जगह उल्लेख किया है। शान्तिनिकेतन में रवीन्द्रनाथ स्वयं क्लास लेते थे। महाश्वेता देवी ने कहा है कि मैं तो कुछ समझती नहीं थी। रवीन्द्रनाथ से कह दिया था, तुमने इतना क्यों लिखा है? मैं तो इतनी पुस्तकें पढ़ नहीं पाती हूँ।[7]

जीवन में कर्मशील रहने के अलावा उन पर शान्तिनिकेतन के जो अन्य प्रभाव पड़े वे हैं—सौन्दर्य और सुरुचि का विकास, प्रकृति का सान्निध्य, अखिल भारतीय दृष्टि का अंकुरण और बांग्ला ही नहीं देश की सभी भाषाएँ अपनी भाषाएँ हैं, इस विशाल भाषायी संवेदना का विकास।

उन्होंने अपनी आत्मकथा के एक अंश में लिखा है : सन् 1936 में मैं शान्तिनिकेतन में चौथी कक्षा में भर्ती हुई। शान्तिनिकेतन में पहला और प्रचंड विस्मय मैं कभी नहीं भूल सकती। वह था उद्वेलित हो उठना। आखिर, मैंने ऐसा क्या देख लिया? स्वयं से प्रश्न करते हुए महाश्वेता देवी ने लिखा है : वहाँ निर्मित—श्री भवन, कला भवन, रसोई घर के सामने चैती, सिंह सदन, मन्दिर, पुराना गेस्ट हाउस, उत्तरायण के बीच में ही खड़ा उदयन, कोणार्क, श्यामली (आँधी में ढह जाने के बाद, जिसे दुबारा बनाया गया है), उदीची—हर भवन की अपरूप निर्माण-शैली। इसके पहले महाश्वेता देवी ने जिला, शहर, उपनगर, गंज वगैरह देखे थे। सरकारी भवन, कोठियाँ देखी थीं। उनकी निर्माण-शैली एकरस, सौन्दर्य-विहीन थी। शान्तिनिकेतन में ऐसी बात नहीं थी। वहाँ सभी भवन इस कदर खूबसूरत थे कि अनायास ही कहा जा सकता था—'जा पहुँचे हैं किसी नये, निराले देश में।[8]' वहाँ के कपड़े, झोले, बिस्तर के बेड कवर, दरवाजों के पर्दे सभी पर एक सौन्दर्य की छाप थी।

फिर प्रकृति के साथ एकात्मता का पाठ भी उन्होंने वहीं पढ़ा। उन्होंने लिखा है : रवीन्द्रनाथ शान्तिनिकेतन के जरिये किन-किन भावनाओं और विचारों को मूर्त करना चाहते थे, उनके दिमाग में शिक्षण का कौन-सा रूप आकार ले रहा था—यह वहाँ जाकर ही जाना जा सकता है। मैंने वहाँ, शिशु विभाग की छात्रा के तौर पर कदम रखा था। शान्तिनिकेतन पहुँचकर मैं अपने जूते उतार देती थी। सर्दी, गर्मी के मौसम में मैं सिर्फ छुट्टियों के दिनों में ही जूते पहनती थी। वैसे सुबह से शाम तक नंगे पाँव घूमती-फिरती थी। लाल मिट्टी की सड़कों पर हर

ओर उछलती-कूदती-दौड़ती रहती थी। वहाँ कम-से-कम कोई रोक-टोक नहीं थी। बड़े ही सहज भाव से रवीन्द्रनाथ के पास पहुँच जाती थी और सभ्य, शरीफ ढंग से उन्हें प्रणाम करती थी। फिर उन्होंने आगे लिखा है कि किस तरह रवीन्द्रनाथ उन्हें हाथ के इशारे से बुलाकर शान्त होकर, चुपचाप बैठने को कहते थे और स्वयं निश्चल देह समाधिस्थ हो जाते थे। उन्होंने लिखा है : ऐसा लगता मानो उस प्रचंड तपिश, धधकते हुए सूरज और उबलती हुई गर्मी के साथ मिलकर वह मनुष्य एकाकार हो गया हो। उस वक्त वे प्रकृति के साथ, बिलकुल एकात्म हो जाते थे। बिलकुल इसी तरह 'उदयन' के कमरे में भी वे निश्चल, समाधिस्थ नजर आते थे। उत्सव के दिनों में बाहर चलती हुई बयार मन्दिर के पीछे पहाड़ों पर खड़े पेड़ों की झूमती फुनगियों पर उसका नर्तन, आकाश का समुन्दर चीरकर तैरते हुए काले मेघ—ये तमाम नजारे महाश्वेता जी को आज भी याद आते हैं जिन्होंने उनमें प्रकृति के प्रति प्रेम, आदिवासियों के सुख-दुःख के साथ लगाव पैदा किया है और पुष्ट किया है उनका सौन्दर्यबोध।

महाश्वेता देवी में अखिल भारतीय दृष्टिकोण का विकास कैसे हुआ, कैसे वे अपने को आज अखिल भारतीय लेखिका कहती हैं सिर्फ बांग्ला लेखिका नहीं, इसके भी मूल में शान्तिनिकेतन में बिताए उनके दिन हैं। उन दिनों को याद करते हुए उन्होंने लिखा है : हमारी क्लास में मौजूद थे बीरेन बरुआ (आसाम से), पद्मा मन सुखानी, गुलाब श्रीवास्तव (बिहार से), जॉली बरुआ (आसाम से), पद्मा (सिन्धी) और गुल चाँदी रानी। इनके अलावा उत्तर पंजाब से आई थी अमीना आया। जया अप्पासामी कला भवन में पढ़ती थी। बेहद लम्बा कद। बेहद दुबली-पतली। बेहद गुणवन्त ये संगीत भवन और कलाभवन में रहती थीं। इस तरह बहुतेरी लड़कियाँ अपने-अपने क्षेत्र में दक्ष थीं। ये सभी लड़कियाँ मिलजुल कर श्री भवन में ही रहती थीं। वहाँ जया दी (चेन्नई), कुट्टी दी (चेन्नई), लीला एंड्रूस (दक्षिण भारत), राजेश्वरी वासुदेव (बाद में दत्त), विष्णु अगसारिया (गुजरात), भगवानी ईरानी (सिन्धी), मृणालिनी स्वामीनाथन (साराभाई), सुनील मोहिनी (सिन्धू) और अमीना वगैरह अनगिनत गुजराती लड़कियाँ थीं। हिमालय से आई थीं गौरा दी यानी गौरा पन्त अर्थात शिवानी।[9]

रवीन्द्रनाथ ने 1901 में ब्रह्मचर्य आश्रम की स्थापना की थी। प्राचीन तपोवनों के आदर्श पर। विद्यार्थी जब इस आश्रम में पढ़ने आते थे तो वे लोग प्रकृति की गोद में होते थे। वे अनजाने में ही प्रकृति का पाठ सीख लेते थे। यह शिक्षा पद्धति नितान्त भारतीय थी। लेकिन उनका आदर्श यह भी था कि तपोवन का रिश्ता समूची दुनिया से जुड़ा हो। इस प्रकार महाश्वेता देवी के व्यक्तित्व में जो सर्वभारतीय दृष्टिकोण है, अरण्य और अरण्यवासियों के प्रति उनकी जो प्रीति है, उसकी प्रेरणा और संस्कार उन्हें शान्तिनिकेतन में बिताए जीवन से मिले।

पुस्तकों के प्रति प्रेम उन्हें विरासत में मिला था अपनी माँ, पिता मनीष घटक और मामा शंख चौधुरी से। शान्तिनिकेतन में आकर उनका यह शौक परवान चढ़ा। उन्होंने अपनी आत्मकथा में लिखा है : किताबें पढ़ने के मामले में मैं भी ऐसी ही हूँ। बांग्ला में प्राचीन युग से बीसवीं शती के पाँचवें दशक तक की किताबें पढ़ीं, उसी हद तक अंग्रेजी किताबें और उनके अनुवाद पढ़े। इसके अलावा अन्यान्य भाषाओं के साहित्य का जिस हद तक अध्ययन किया, उसी हद तक शिकार, वन और जीव-संरक्षण जगत पर लिखी गई किताबें

भी पढ़ डालीं। उसी हद तक जासूसी उपन्यास और भूतों के किस्सों, कहानियों से अपना दिमाग भरा है। मैं ऐसी ही हूँ। अपनी मर्जी मुताबिक चलने वाली इनसान। अतिशयता की हद तक।[10] अतिशयता की इसी प्रवृत्ति ने उन्हें जोखिम लेने, और लेखन के क्षेत्र में नया अनुसन्धान करने को प्रेरित किया। इसी प्रवृत्ति ने उन्हें जीविका के रूप में नौकरी छोड़कर लेखन को अपनाने की प्रेरणा दी।

रवीन्द्रनाथ के सम्बन्ध में उन्होंने दो महत्त्वपूर्ण बातों का उल्लेख किया है। एक प्रकृति से सिर्फ ग्रहण करने का स्वभाव, दूसरे नये-नये सृजन की प्रेरणा। उन्होंने लिखा है : मेरा विश्वास है कि चाहे जाड़े का मौसम हो या गर्मी का या बरसात का, वे जो यूँ प्रकृति में तल्लीन होकर बैठे रहते, दरअसल वे प्रकृति ग्रहण करते थे। सिर्फ और सिर्फ आत्मसात करते थे। सन् 1936-38 के दौरान उन्हें जितना देखा वे नये-नये सृजन की प्रेरणा में तन्मय नजर आए।[11]

शान्तिनिकेतन से जैसे उन्हें जातिभेद, प्रान्त भेद से ऊपर उठकर पूरा भारत एक है, इस प्रकार की अखिल भारतीय दृष्टि मिली थी। उसी प्रकार संकीर्णता से ऊपर उठकर सभी भाषाओं का प्राण सुर एक ही है, यह संस्कार भी मिला था। उन्होंने लिखा है : बांग्ला भाषा को महत्त्व देने के लिए 1939-40 में कलकत्ता की सड़कों, गलियों, राहों, दुकान-पाट के नाम बांग्ला में दिए जाएँ, ऐसा आन्दोलन मेरी दृष्टि में पड़ा था। रवीन्द्रनाथ ऐसे विभेद और संकीर्णता के नितान्त विरोधी थे। उन्होंने लिखा है : हम तो अपने जमाने में बांग्ला, सिन्धी, गुजराती, पंजाबी, मराठी, सिंहली, बिहारी, चीनी, जापानी भाषा मिलजुल कर साथ-साथ पढ़ते थे। शिक्षा का माध्यम ही था बांग्ला। हमें कोई असुविधा नहीं होती थी। उन्होंने आगे अपने उदार दृष्टिकोण का परिचय देते हुए लिखा है : यह जो समूची दुनिया में एक ही जाति है वह है इनसान की जाति। यह सच्चाई बचपन में हम अपने रोजमर्रा के सबक में ही सीख लेते थे। मुझे अमीर-गरीब का मामला खास समझ में नहीं आता था। अपने विद्यार्थी जीवन में मैंने देखा है कि मणिपुर राजा की दुहिता विनोदिनी भी हमारे साथ ही रहती थी और पढ़ती-लिखती थी। हमारे साथ कूचविहार की भी दो राजकुमारियाँ पढ़ा करती थीं। इला और कमला कला भवन में निजाम वंश की भी दो राजकुमारियाँ पढ़ा करती थीं। उन दिनों आर्थिक, सामाजिक स्थिति की विभिन्नता के बारे में किसी का खयाल तक नहीं होता था। इसी का नाम है, रवीन्द्रनाथ के जीवन काल का शान्तिनिकेतन।[12]

महाश्वेता देवी का वैवाहिक जीवन सुखद नहीं रहा। उन्होंने दो बार विवाह किया। एक बार बंगाल के विख्यात रंगकर्मी और नाटककार विजन भट्टाचार्य से (1947) और दूसरी बार लेखक असित गुप्त से। दूसरे विवाह को उन्होंने अपने जीवन की सबसे बड़ी भूल माना। विजन भट्टाचार्य से उन्हें एक सन्तान हुई नवारुण भट्टाचार्य, जो स्वयं एक लेखक हैं। विजन भट्टाचार्य कम्युनिस्ट पार्टी के होल टाइमर थे। उनकी विचारधारा ने महाश्वेता देवी की जीवन दृष्टि और उनकी रचनाओं के पीछे छिपे दृष्टिकोण को प्रभावित किया। एक तरह से दबे-कुचले, शोषित आदिवासियों के प्रति उनमें जो सहानुभूति है उसके पीछे कुछ-कुछ प्रगतिशील विचारधारा का हाथ है।

परिवार का खर्चा चलाने और जीविकोपार्जन के लिए उन्हें रंग, साबुन का चूरा बिक्री

करने से लेकर ट्यूशन करने और अमेरिका को बन्दर सप्लाई करने का टेंडर भरने की असफल कोशिश जैसे तरह-तरह के काम करने पड़े।

उन्होंने कुछ दिनों (1948-49) पद्मपुकुर स्कूल की प्रात:कालीन पाली और बाद में रमेश मित्र बालिका विद्यालय में एक वर्ष अस्थायी रूप से शिक्षण का काम किया। 1949-50 में केन्द्र सरकार के पोस्टल ऑडिट में उच्च श्रेणी की लिपिक हो गईं। यहाँ से कम्युनिस्ट होने के सन्देह में उन्हें बर्खास्त कर दिया गया। फिर उन्होंने दस वर्ष तक विजयगढ़ के ज्योतिष राय कॉलेज में अंग्रेजी का अध्यापन किया। 1984 में शिक्षा कार्य से अवकाश लेकर स्वतंत्र लेखन को ही अपनी जीविका का लक्ष्य बनाया।

1956 में उनकी पहली पुस्तकाकार रचना 'झाँसी की रानी' प्रकाशित हुई। उन्हें इससे बड़ी ख्याति मिली और इसके प्रकाशन के बाद उन्होंने तय किया कि मैं लेखिका ही बनूँगी और यही होगा मेरे जीवन का मुख्य कार्य।

व्यक्तित्व के दो रूप

महाश्वेता देवी के व्यक्तित्व के दो रूप हैं। एक तो है उनके लेखकीय जीवन का रूप और दूसरा है उनका सामाजिक कार्यकर्ता का रूप। आदिवासियों के काम में वे इतनी तल्लीन रहती हैं कि लेखन के लिए कैसे समय निकाल पाती हैं, यह देखकर अचरज होता है। कभी-कभी उनका सामाजिक कार्यकर्ता का ही रूप प्रमुख लगता है किन्तु, जब उनकी रचनाओं की संख्या पर दृष्टि जाती है तब लगता है लेखिकीय जीवन ही उनका प्रधान है। दरअसल जो उनका कर्मक्षेत्र है वही उनकी रचनाओं का प्रेरणा क्षेत्र भी है। वे अपनी रचनाओं के विषय, पात्र वहीं से लेती हैं। लेकिन जो महत्त्वपूर्ण बात है वह यह कि उनकी रचना-दृष्टि का केन्द्र बिन्दु शब्द और कर्म को एक कर लेने की क्षमता में निहित है। उनका जो सामाजिक (शोषितों, वंचितों के लिए काम करना) जीवन है वही उनके शब्दों (कृतियों) में मुखरित हुआ और उनकी जो रचनाएँ हैं वो उनके सामाजिक कार्यों के दौरान प्राप्त अनुभूतियों से जीवन्त हैं। इसीलिए उनकी रचना-दृष्टि में कोई विभाजन, अलगाव नहीं है। इस दृष्टि से उनके शब्द और कर्म दोनों एक-दूसरे में घुल-मिल गए हैं। महाश्वेता देवी के रचनाकर्म की इसी अभिन्नता को देखकर डॉ. माहेश्वर ने एक लेख में लिखा है :

शब्द अपने आप में केवल ध्वनि हैं। शब्दों को सार्थक बनाता है कर्म। कर्म के बिना शब्द, छूँछी गोलियों की तरह हैं जो लक्ष्य वेध नहीं कर सकतीं, सिर्फ आवाज कर सकती हैं। आगे उनका कहना है : जिन थोड़े से शब्द-शिल्पियों ने शब्द और कर्म की अनन्यता को, अद्वैत को जीने की शर्त बना रखा है, उनमें बांग्ला की अप्रतिम लेखिका महाश्वेता देवी अगली पाँत में आती हैं। वे आरामकुर्सी की लेखिका नहीं हैं, जीवन की कीचड़-माटी में आपादमस्तक नहाई हुई रचनाकार हैं। इसीलिए उनकी रचनाओं में जीवन की इतनी तीखी और विचलित कर देने वाली गन्ध है कि पाठक तड़प कर रह जाता है और जीवन-जगत के बारे में उसका नजरिया एक नई रोशनी में नहा उठता है।[13]

डॉ. माहेश्वर के इन शब्दों के साथ कौन असहमत होगा कि महाश्वेता देवी के लिए लेखन, यश और धनोपार्जन का साधन नहीं है, उनकी आस्था और उनके जीवन-संघर्षों

के लिए जरूरी और कारगर औजार है। इसलिए वे सिर्फ शब्दों का अम्बार नहीं लगातीं, सामाजिक कार्यों, विशेषकर आदिवासियों, सर्वहारा और स्त्रियों की समस्याओं को लेकर रचनात्मक कार्यों और आन्दोलनों में जी-जान से जुटी रहती हैं। लेखन के लिए उन्हें समय कम मिल पाता है। इस सम्बन्ध में उन्होंने अपने नवीनतम कहानी संग्रह 'पंचाशटि गल्पो' (1996) की भूमिका में लिखा है : बाहर के कामों के लिए कितनी भी भाग-दौड़ क्यों न करूँ, लेखन के लिए समय निकाल ही लेती थी। रचनाएँ सिर पर सवार हो जातीं। सवेरे लिखने बैठती तो रात में डेढ़-दो बजे तक लिखती ही रहती।[14]

महाश्वेता देवी अपने को पूरी तरह प्रोफेशनल लेखक मानती हैं। उनका दावा है कि बांग्ला में वह अकेली ऐसी लेखिका हैं जिसकी जीविका का एकमात्र सम्बल लेखन है।

उनकी रचना-दृष्टि के पीछे दबे-कुचले, वंचित लोगों की वेदना छिपी हुई है। वही उनकी रचनाओं की प्रेरणा-स्रोत है।

डॉ. माहेश्वर ने ठीक ही लिखा है : भारत की बनवासी संस्कृति के इतिहास और गौरव गाथा के साथ-साथ उनके वर्तमान जीवन के दु:ख-दैन्य, जय-पराजय, अटूट साहस और अथाह धैर्य के रूप, रस, गन्ध-स्पर्श को महाश्वेता देवी ने अपनी कलम से गहरी तथा कोमल रेखाओं में चिन्हित किया है। भारतीय भाषाओं में पहली बार इन उपेक्षित परन्तु गौरवाशाली वनवासी जनजातियों के बारे में इतनी महत्त्वपूर्ण और मर्मस्पर्शी जानकारी उपलब्ध हो पाई है। ये आदिवासी, इनका वर्तमान और इतिहास महाश्वेता के कृतित्व और व्यक्तित्व के अभिन्न अंग हैं। इनके प्रति लेखिका का गहरा ममत्व-बोध और इनके शोषण के विरुद्ध तीखा गुस्सा उनके लेखन और उनकी समाज-दृष्टि को एक ऐसा वैशिष्ट्य प्रदान करते हैं, जो किसी अन्य भारतीय लेखक ने पहले कभी अर्जित नहीं किया था।[15]

उपन्यास लिखने के प्रेरणा-सूत्र

ऊपर महाश्वेता देवी के जीवन, शिक्षा-दीक्षा, पारिवारिक स्थिति और उनके परिवेश के विवेचन के माध्यम से यह दिखाने की चेष्टा की गई कि उनकी रचना-दृष्टि के पीछे विद्यमान उनके प्रेरक सूत्रों का निर्माण किन तन्तुओं से हुआ।

उनकी सबसे पहली पुस्तक रूप में प्रकाशित कृति झाँसी की रानी के जीवन पर लिखा गया उनका उपन्यास है। यह देखकर आश्चर्य होता है कि कहाँ ढाका में जन्मीं महाश्वेता देवी और कहाँ काशी में जन्मीं झाँसी की रानी, आखिर दोनों का सम्बन्ध कैसे हुआ ? झाँसी की रानी पर उपन्यास लिखना चाहिए आखिर उन्हें इसकी प्रेरणा कैसे मिली ? यह उपन्यास लिखने के पहले उनकी कुछ कहानियाँ छप चुकी थीं। यद्यपि उन्होंने बी.ए. में अंग्रेजी लेकर ऑनर्स किया था और बाद में अंग्रेजी में एम.ए. भी किया किन्तु उनका बांग्ला भाषा पर अच्छा अधिकार था। सभी सोचते थे कि वे बांग्ला में ही ऑनर्स करेंगी किन्तु, ऐसा उन्होंने नहीं किया। इस तथ्य का उल्लेख इसलिए किया कि 'झाँसी की रानी' उपन्यास लिखने के पहले ही बांग्ला भाषा पर उनका अधिकार बखूबी हो चुका था और उनकी एक शैली भी बन गई थी। मेरा विवेच्य यह है कि उन्हें झाँसी की रानी पर उपन्यास लिखने की बात कैसे सूझी ओर इसके लिए उन्होंने क्या तैयारी की ?

बचपन में सुनी कहानियाँ और उनकी छाप

बचपन में मन अत्यन्त कोमल होता है। उस समय जो कहानियाँ सुनी जाती हैं, उनकी छाप बहुत गहरी होती है। झाँसी की रानी की कहानी महाश्वेता देवी ने बचपन में सुनी थी। उन्होंने स्वयं लिखा है : बचपन में एक दिन झाँसी की रानी की कहानी नानी ने सुनाई थी। लालटेन के धुँधले आलोक में उनके कोमल कंठ से सुनी वह कहानी एक आश्चर्यजनक रूपक कथा की तरह लगी थी।[16] उन्होंने उन धुँधली स्मृतियों के बारे में लिखा है : उन सब दिनों की तरह वे मनुष्य भी विगत हो गए और उनके साथ गत हो गई वे सब रूपकथाएँ। फिर भी उस दिन ही झाँसी की रानी की कहानी मेरे चित्त में उज्ज्वल रूप में अंकित हो गई।[17] फिर यह बीज कैसे पनपा और पुष्ट हुआ इस सम्बन्ध में उन्होंने लिखा है : उस समय पचास के दशक में मैं विजन भट्टाचार्य और अपने बच्चे विजन के साथ बम्बई में रह रही थी। बहुत दिन बड़े मामा शचिन चौधुरी ('इकोनॉमिक एंड पॉलिटिकल वीकली' के संस्थापक सम्पादक) के घर में भी रही थी। आगे उन्होंने लिखा है कि पुस्तक पढ़ने का अभ्यास इसलिए मामा के पुस्तकालय से जो पुस्तकें पढ़ीं उन्हीं में था वीर सावरकर का 1857 का स्वातंत्र्य समर। उसी को पढ़कर महारानी लक्ष्मीबाई के सम्बन्ध में एक उत्सुकता जाग गई और निश्चय किया कि उन पर एक पुस्तक लिखूँगी। इस तरह झाँसी की रानी पर एक पुस्तक लिखने का सूत्रपात हुआ।

उपन्यास लिखने की तैयारी

सबसे पहले उन्होंने अध्ययन किया। फिर सामग्री का संग्रह और संग्रह करने के बाद झाँसी की रानी का कर्म-स्थल देखने के लिए उसकी यात्राएँ कीं और जो व्यक्ति झाँसी की रानी के सम्बन्ध में जानते थे उनसे भेंट की और इतिहास की चर्चा की। इस सम्बन्ध में उन्होंने स्वयं लिखा है : बाद में जब हम लोग पद्मपुकुर इलाके में चले आए तब 'झाँसी की रानी' पुस्तक लिखने की इच्छा हुई।[18] यहाँ से वे धूप में ही पैदल नेशनल लाइब्रेरी चली जाती थीं और वहाँ झाँसी की रानी से सम्बन्धित जितनी भी पुस्तकें मिलीं सब पढ़ डालीं और उनसे सामग्री एकत्र की। उन्हें इस सम्बन्ध में डॉ. प्रतुलचन्द्र गुप्त से बड़ी सहायता मिली। उन्होंने इतिहासकार रमेशचन्द्र मजूमदार से भी कई उपादान लिये। यद्यपि उनकी इतिहास दृष्टि से वे सहमत नहीं थीं। इसी बीच अहमदाबाद में इतिहास कांग्रेस का आयोजन हुआ। प्रतुलबाबू के कहने से वे अहमदाबाद गईं और वहाँ रानी के भाई के पुत्र से भेंट हुई। उनसे मिलकर महाश्वेता देवी के मन में विचार आया कि रानी तो इतिहास की एक विख्यात हस्ती थी किन्तु उसका व्यक्तिगत जीवन कैसा था इसी को उभारने के लिए एक पुस्तक लिखूँगी।[19]

अहमदाबाद से लौटने के बाद उनके पास जो सामग्री एकत्र थी उसी के आधार पर झाँसी की रानी के सम्बन्ध में कुछ लिखना प्रारम्भ किया। जो कुछ लिखा गया वे हो गए 300 पृष्ठ। पर उनसे मन नहीं भरा इसलिए उन्हें फाड़कर फेंक दिया।[20]

'झाँसी की रानी' लिखकर महाश्वेता देवी को बहुत प्रशंसा मिली। इस पुस्तक को लिखने के बाद ही उन्होंने लेखक बने रहने का संकल्प लिया।[21] दरअसल यह पुस्तक कमरे के एक कोने में बैठकर नहीं लिखी गई है। इसके पीछे एक 26 वर्ष की लड़की की साधना,

परिश्रम विद्यमान है। वे ऐसा कैसे कर सकीं, यही सोचकर अचरज होता है। 'झाँसी की रानी' पुस्तक लिखने के पीछे, उनका जो साहस, उद्यम विद्यमान है उस सम्बन्ध में उन्होंने एक साक्षात्कार में बताया था: उम्र 26 वर्ष। कोई सुविधा नहीं, जान-पहचान नहीं, अजाना देश, अनपहचाने लोग। इतिहास की लगाम थामे, एक धुँधलके में चल पड़ी बंगाल की एक लड़की, जिसने अब तक छिट-पुट रचनाओं को छोड़कर और कुछ लिखा नहीं था, लेखन ही उसका जीवन-कार्य होगा, यह भी तय नहीं था। पर चल पड़ी बुन्देलखण्ड की ऊबड़-खाबड़, खाई-खन्दक, रूखी-सूखी, पहाड़ी-पठारी जमीन पर, कण-कण में बिखरी झाँसी की रानी लक्ष्मीबाई की कथा समेटने।[22] उन्होंने लिखा है : माँ बोली, जब लिखना ही है तो सब कुछ देख-सुनकर ही लिखो। 26 वर्ष की लड़की निकल पड़ी उस भूमि को देखने जहाँ झाँसी की रानी लक्ष्मीबाई रही थी, जहाँ के कण-कण में उसकी गाथा व्याप्त थी, जिस किले से उसने युद्ध का संचालन किया था और अन्तिम युद्ध का वह स्थल जहाँ उसने प्राण त्यागे थे—ग्वालियर का किला, कोटा की सराय आदि स्थल, वहीं बनी है उसकी छतरी।[23] पर उनके पास साधन कहाँ थे ? उन्होंने खुद लिखा है : सम्बल था निर्बोधिता और जिद। उसका पहला प्रमाण 'झाँसी की रानी' है।[24] उन्होंने आगे लिखा है : हाँ यह जरूर है कि मैं अपने मूल स्थान से हटी नहीं हूँ। इस मूल स्थान का मतलब है कि कैसे भी हो, यथार्थ ऐतिहासिक पृष्ठभूमि की खोज करनी होगी, तत्सम्बन्धी कागजी प्रमाणों और दलील-दस्तावेजों की गवेषणा काफी नहीं है। लोकगाथाओं, लोकगीतों अर्थात लोक साहित्य में उस पृष्ठभूमि का जितना पता चलता है, उसे भी महत्त्व देना होगा। इस सन्दर्भ में प्रत्यक्ष अनुभव प्राप्त करने, झाँसी की रानी के सम्बन्ध में उपादान संकलित करने और उनका उपयोग कैसे किया जाए, यह मुझे स्वयं ही सीखना पड़ा था। फिर उन्होंने इस सन्दर्भ में किए गए अपने शुरुआती प्रयास पर प्रकाश डालते हुए कहा है : शुरुआत में ही प्रतुलचन्द्र गुप्त ने अपने अमूल्य पुस्तक संग्रह को बड़ी उदारता से मुझे उपयोग करने के लिए दिया था। फिर भी उन्होंने यह बात कभी नहीं कही थी कि 'जाओ, बुन्देलखण्डी किसान और जनसाधारण के पास जाकर झाँसी की रानी और 1857 की क्रान्ति से सम्बन्धित उपादानों का संग्रह करो।' यह बात कहना उनके लिए सम्भव भी नहीं था।[25]

कलकत्ते के राष्ट्रीय पुस्तकालय से जब वे अपनी सामग्री इकट्ठी कर रही थीं उसी समय मराठी लेखक टिकेकर महाशय ने बम्बई से उन्हें पारसनीस द्वारा लिखित 'झाँसी संस्थानचा महारानी लक्ष्मीबाई साहिबा यांचे चरित्र' नामक मराठी भाषा का ग्रन्थ भेजा था। इसके कुछ दिन पहले प्रतुल बाबू की सहायता से झाँसी की रानी के भतीजे स्व. गोविन्द चिन्तामणि ताम्बे के साथ महाश्वेता देवी का पत्र-व्यवहार शुरू हो गया था। वे नागपुर से हर सप्ताह 2-3 चिट्ठियाँ लिखने लगे और उन्हें झाँसी की रानी पर जल्दी काम करने के लिए बाध्य करने लगे। वे अपने पत्रों में यह पुस्तक पढ़ो, ऐसे काम करो यह आग्रह बार-बार करने लगे।

महाश्वेता मराठी नहीं जानती थीं फिर भी महाराष्ट्रीय महिला पारसनीस का ग्रन्थ पढ़ती जातीं और उसके अंग्रेजी में दिए विवरण को बांग्ला में लिखती जातीं।[26]

उसके बाद शुरू होती है ग्वालियर, झाँसी और उसके समीपवर्ती अंचलों में घूमा-फिरी और लोक-साहित्य सम्बन्धी उपादानों का संग्रह।

अपने उस अभियान के सम्बन्ध में उन्होंने लिखा है : काफी बुद्धू और दुर्दान्त तथा टरबुलेंट अर्थात जिद्दी थी मैं। अगर ऐसी न होती तो क्या अकेली ऐसे अपरिचित स्थान में चली आती ? लेकिन एक बंगाली लड़की इतना महत्त्वपूर्ण काम करने आई है, इसलिए सभी लोगों ने अपनी सामर्थ्य के अनुसार मेरी सहायता की थी।[27]

इस अभियान में उनकी किन-किन लोगों ने सामग्री संग्रह करने, तथ्य जुटाने और रानी से सम्बन्धित स्थानों को दिखाने में सहायता की है, उनका उन्होंने नामोल्लेख करते हुए लिखा है : ग्वालियर के स्व. भालेराव ने गोरेलाल तिवारी का बुन्देलखण्ड का संक्षिप्त इतिहास, झाँसी के ही विख्यात उपन्यासकार स्व. वृन्दावनलाल वर्मा ने अपने ऐतिहासिक उपन्यास तथा झाँसी के ही डॉ. भगवान दास गुप्त ने अपनी बहुत-सी बुन्देलखण्डी गाथाएँ देकर मेरी सहायता की थी। झाँसी में शिक्षक श्री चट्टोपाध्याय और सेना के अफसर मेजर भड़भड़े की पत्नी शालिनी ने मुझे अपने यहाँ ठहराया था। बुन्देलखण्ड के मामूली किसान लोगों और घास बेचने वालों तक ने मुझे कितनी सहजता से अपना लिया था।

महाश्वेता देवी की सहायता करने वालों में सर्वाधिक अग्रगण्य नाम है स्व. गोविन्द राम चिन्तामणि ताम्बे का। इनके सम्बन्ध में उन्होंने लिखा है : उस निरहंकार, सरल और उदारचित्त व्यक्ति ने इस ग्रन्थ-रचना में अपरिमित सहायता दी है। इसलिए उनके प्रति उन्होंने आन्तरिक श्रद्धा निवेदित की है। उन्होंने लिखा है : उनके पास रानी के सम्बन्ध में अनेक तथ्यों का संग्रह था। उनके पिता चिन्तामणि ताम्बे ने चिमाबाई और झाँसी की अन्य कई अन्त:पुरवासिनी की सहायता से रानी के सम्बन्ध में विविध तथ्य संगृहीत किए थे। उस संग्रह से मुझे ऐसे बहुत से तथ्य मिले हैं जो प्रचलित ग्रन्थों में नहीं मिलते हैं।[28]

रचना की केन्द्रीय दृष्टि

'झाँसी की रानी' एक इतिहास-नायक के जीवन पर आधारित एक उपन्यास है। इसलिए इसमें महाश्वेता देवी की इतिहास-दृष्टि विद्यमान है। इतिहास-दृष्टि ही उनकी रचना के केन्द्र में रही है। उनका हर उपन्यास मनोरंजन के लिए नहीं, किसी-न-किसी विशेष लक्ष्य को लेकर लिखा गया है। अपनी इस इतिहास-दृष्टि को लेकर उन्होंने बड़ी गम्भीरता से विचार किया है। अपनी इतिहास-दृष्टि के निर्माण के दौरान उन्हें दो तरह का संघर्ष करना पड़ा। एक तो अंग्रेजों द्वारा लिखे गए इतिहास से मुक्ति। दूसरे भारतीय इतिहास को खोजने का प्रयास। इन दो सूत्रों के बाद उन्होंने लोक परम्पराओं, लोक कथाओं, लोक गाथाओं, जनश्रुतियों में विद्यमान तथ्यों को ऐतिहासिक साक्ष्यों और प्रमाणों के रूप में स्वीकार किया। उन्होंने अपने उपन्यासों में इन्हीं सब उपादानों का उपयोग किया है।

उन्होंने लिखा है : शिक्षा एवं इतिहास-चेतना के साथ-साथ जब राष्ट्रीय-चेतना के सम्बन्ध में अनुसन्धान की इच्छा विकसित हुई तब झाँसी की रानी की कहानी को लेकर एक सम्पूर्ण ग्रन्थ लिखने की इच्छा हुई। तब प्रारम्भिक प्रयास से ही पता चल गया कि 1857-58 ई. के राष्ट्रीय जागरण के सम्बन्ध में जानने के एकदम सीमित अवसर हैं। अंग्रेज इतिहासकारों द्वारा लिखी गई पुस्तकों के अलावा प्रामाणिक पुस्तकों का नितान्त अभाव है। फिर इस जागरण के सम्बन्ध में जो भी प्रमाण और साक्ष्य थे उन्हें अंग्रेजों ने नष्ट कर

दिया था। फिर जो कुछ साक्ष्य बचे थे भी उनकी हम भारतीयों की तरफ से घोर अवहेलना हुई और वे जहाँ थे वहीं लुप्त होकर रह गए या नष्ट हो गए।[29]

महाश्वेता देवी ने हिन्दी अनुवाद के लिए लिखी अपनी (बांग्ला) भूमिका में लिखा है : भारत का कोई भी इतिहास लिखने बैठने पर, लोगों के पास जाकर, मौखिक परम्परा (Oral Tradition) क्या कह रही है, इसे जानना होगा। उन्होंने आगे लिखा है : विद्वान लोगों की पुस्तकों के अलावा, दस्तावेज, गजेटियर भी रहेंगे, पर इनके साथ लोकवृत्त के उपादान भी रहेंगे। इसी नीति के आधार पर उन्होंने आगे चलकर 'अरण्येर अधिकार' (जंगल के दावेदार) तथा 'आंधार मानिक' उपन्यास लिखे हैं। इस इतिहास दृष्टि को उन्होंने लोकायती दृष्टि (Subalturn) कहा है। उन्होंने लिखा है : लोकवृत्त के उपादान, लक्ष्मीबाई के सम्बन्ध में जन सामान्य की उक्तियाँ (Peoples Version of Laxmi Bai) इस मूल्यवान इतिहास के आधारभूत उपादान हैं।[30] हालाँकि महाश्वेता देवी का कहना है मैंने ठीक-ठीक इतिहास-रचना नहीं की है, मैंने तो एक व्यक्ति का जीवन-चरित्र लिखा है लेकिन लक्ष्मीबाई के जीवन से इतिहास तो अलग किया नहीं जा सकता है। इसलिए इसमें इतिहास की क्रमिक घटनाओं के साथ-साथ झाँसी की रानी की व्यक्ति सत्ता को उघारने के लिए कई व्यक्तियों के संस्मरणों का भी उपयोग किया है। यही है इतिहास की लोकायती दृष्टि।[31] अपने दूसरे उपन्यास 'आंधारमानिक' को उन्होंने लोकवृत्त का इतिहास कहा है। फिर इसी उपन्यास की भूमिका में उन्होंने लिखा है : इतिहास, इनसान के हाथों ही रचा, गढ़ा जाता है। फिर उन्होंने लिखा है : मुझे ठीक-ठीक नहीं पता, ऐतिहासिक उपन्यास किसे कहते हैं? यह किस हद तक उपन्यास होता है और किस हद तक इतिहास? उन्होंने यह भी कहा है : इतिहास को इतिहास ही रहने देना चाहिए उस पर अपनी विचारधारा का रंग नहीं चढ़ाना चाहिए। इसलिए उनकी इतिहास दृष्टि प्रामाणिक तथ्यों पर आधारित है, काल्पनिक तथ्यों पर नहीं।

यहाँ तक महाश्वेता देवी के जन्म, शिक्षा-दीक्षा, पारिवारिक पृष्ठभूमि आदि के साथ झाँसी की रानी लिखने की प्रेरणा कैसे मिली, फिर उसके लिए किस प्रकार यात्राएँ, इतिहासकारों से भेंट और उसे कैसे लिखा गया इस पर विचार किया गया है। इसे लिखने के पीछे उनकी इतिहास दृष्टि क्या थी उसे भी सूत्र रूप में यहाँ बताया गया, अब आगे बाबू वृन्दावन लाल वर्मा के व्यक्तित्व, उनकी रचना-दृष्टि आदि का विवेचन किया जाएगा।

वृन्दावनलाल वर्मा का व्यक्तित्व और रचना-दृष्टि

वृन्दावनलाल वर्मा और महाश्वेता देवी में समानता का सूत्र है झाँसी की रानी के ऊपर उपन्यास लिखना। लेकिन दोनों के व्यक्तित्व, उसके विकास और दृष्टिकोण में बहुत बड़ा अन्तर है, और इसी अन्तर ने दोनों कृतियों में भी अन्तर ला दिया है।

यहाँ वृन्दावनलाल वर्मा के व्यक्तित्व और उनकी रचना-दृष्टि के उन सूत्रों को खोजा जाएगा जो उनके ऐतिहासिक उपन्यास 'झाँसी की रानी' के प्रेरक-सूत्र बने।

प्रसिद्ध कथाकार विष्णु प्रभाकर का कहना है, 'किसी भी साहित्यकार की सृजन-प्रक्रिया को समझने के लिए उसके व्यक्तित्व का अध्ययन करना बहुत आवश्यक है। जिस प्रकार व्यक्तित्व के निर्माण में परिवार और परिवेश का महत्त्वपूर्ण योगदान रहता है उसी प्रकार

सृजन के मूल में सर्जक का व्यक्तित्व समाया रहता है।

'श्री वृन्दावनलाल वर्मा के विपुल साहित्य, की शक्ति और सीमा उनके व्यक्तित्व के निर्माण की पक्रिया से जुड़ी है। निश्चय ही सृजन के बीज व्यक्ति के अन्तर में समाए रहते हैं। उन्हें पुष्पित और पल्लवित होने के लिए वातावरण की आवश्यकता होती है, वह उसे व्यक्ति, परिवार और परिवेश से प्राप्त होता है।'[33]

बाबू वृन्दावनलाल वर्मा को झाँसी की रानी के प्रति कौतूहल, साहित्य रचना की प्रेरणा, पुस्तकों से प्रेम, इतिहास-दृष्टि अपने परिवार से ही मिली थी। महाश्वेता देवी एक तो सुदूर बंगाल की निवासी, दूसरे बाबू वृन्दावनलाल वर्मा से उम्र में 36 वर्ष छोटी थीं, इसलिए वर्मा जी की जो अनुभूतियाँ प्रत्यक्ष पर आधारित हैं, महाश्वेता देवी की वे अनुभूतियाँ श्रद्धा और झाँसी की रानी से सम्बद्ध व्यक्तियों के संस्मरणों पर आधारित हैं। कुछ अर्थों में दोनों के इतिहास- बोध में समानता है जिसे आगे स्पष्ट किया जाएगा।

उपन्यास लिखने के प्रेरणा-सूत्र

वृन्दावनलाल वर्मा का जन्म 1889 ईसवी में झाँसी के निकट बसे मऊरानीपुर के एक सामान्य कायस्थ परिवार में हुआ था। इनके पिता का नाम अयोध्या प्रसाद तथा माता का नाम श्रीमती सबरानी था। झाँसी के तहसीलदार के दफ्तर में वर्मा जी के पिता रजिस्ट्रार कानूनगो थे। माता वैष्णव-भावापन्न थीं और वे पुत्र को पिता से अधिक प्यार करती थीं। उन्हीं की वात्सल्य और ममतामयी गोद में वर्मा जी का जीवन बीता।

वृन्दावनलाल वर्मा के जीवन और साहित्य पर पहली पुस्तक लिखने वाले डॉ. पद्म सिंह शर्मा कमलेश ने लिखा है : वर्मा जी पर अपने परिवार के चार व्यक्तियों का सर्वाधिक प्रभाव पड़ा था। उनकी माँ, उनकी दादी-परदादी तथा उनके चाचा। इन तीनों में से माँ से उन्होंने भागवत, रामायण के प्रति श्रद्धा, दादी-परदादी से वीरता और झाँसी की रानी के प्रति भक्ति और चाचा से पुस्तक-प्रेम के साथ साहित्य-रचना की प्रेरणा प्राप्त की। इस सम्बन्ध में वर्मा जी ने अपनी आत्मकथा 'अपनी कहानी' में लिखा है : पिता जी झाँसी तहसील के दफ्तर में तीस रुपया मासिक पर रजिस्ट्रार कानूनगो थे। मजे में गुजर होती थी। उस युग में छोटे से सरकारी नौकर का भी पड़ोस में थोड़ा-बहुत आतंक तो रहता ही था। मेरे पिता का भी था। रात के समय घर पर तुलसी कृत रामायण का पाठ होता था और फिर सितारबाजी। पिता जी और मेरे काका भी सितार बजाना सीखते थे। सितार की एक छोटी-सी पुस्तक 'कानून सितार' भी घर में थी। मैंने उसकी भूमिका पढ़ी। कहानी का जैसा आनन्द आया। मन में आया—मैं भी कभी सितार बजाना सीखूँगा।[34]

संगीत के प्रति वर्मा जी का लगाव जीवन भर बना रहा। इसी वजह से उनके हर उपन्यास में कोई-न-कोई संगीत प्रेमी पात्र अवश्य मिलता है।

बचपन में सुनी कहानियाँ और उनकी छाप

झाँसी की रानी और इतिहास के प्रति प्रेम उनमें कैसे उत्पन्न हुआ, इसका भी विवरण उनकी आत्मकथा में मिलता है : उन्हीं दिनों झाँसी की रानी लक्ष्मीबाई की कहानियाँ परदादी और

दादी से सुनी थीं। परदादी ने लक्ष्मीबाई को कई बार देखा था। जब रानी ग्वालियर की लड़ाई में मारी गईं तब झाँसी के आसपास तो युद्ध बहुत कमजोर पड़ गया, परन्तु मऊ अब भी सिर उठाए थी। मेरे परदादा दीवान आनन्दराव (उनका नाम आनन्दराय था, परन्तु रानी ने राय से 'राव' कर दिया था) मऊ के एक विद्रोही गिरोह के संचालक थे। उनकी दादी ने इस सन्दर्भ में बतलाया कि जब मऊ में समाचार आया कि ग्वालियर में महारानी साहब का देहान्त हो गया है, तब लोगों ने तुम्हारे परदादा से कहा, 'रानी तो मारी गई, अब क्या रह गया है?' तो उन्होंने उत्तर दिया, 'मैं तो जिन्दा हूँ, जब तक दम में दम है अंग्रेजों से लड़ूँगा।' अंग्रेजी सेना का एक दस्ता टीकमगढ़ से जतारा होता हुआ मऊ-दमम के लिए आ रहा था। मऊ की समीपवर्ती पहाड़ियों में तुम्हारे परदादा अंग्रेजों से जा भिड़े और गोली से मारे गए। तुम्हारे दादा कन्हैयालाल उस समय 15-16 वर्ष के थे। वह भी उस लड़ाई में शामिल थे। कन्हैयालाल अंग्रेजों की कैद में पड़ गए। उन्हें भी गोली मारी जाने वाली थी, परन्तु जाँच-पड़ताल के लिए कैद में डाल दिए गए। फिर तीन-चार महीने पीछे जब विलायत की रानी (विक्टोरिया) का हुकुम आया कि जिनका हाथ अंग्रेजों के बाल-बच्चों के मारने में न रहा हो, उनको छोड़ दो, तब वह कैद से छोड़े गए। और यों अपना वंश चला। बेटा अपने घर में सिपाही हुए हैं। छत्रसाल महाराज की फौज में थे। कई पुरखे लड़ाइयों में मारे गए और घायल हुए पर भगवान की मर्जी कि वंश चलता आया है।[35]

इस सन्दर्भ में प्रसिद्ध कथाकार विष्णु प्रभाकर का यह कहना उचित ही है कि वर्मा जी के पूर्वज एक ओर तलवार के धनी थे तो दूसरी ओर नृत्य और नाटक में भी उनकी उतनी ही रुचि थी। उनके चाचा साहित्य की नई-नई पुस्तकें पढ़ने के लिए लाया करते थे। वर्मा जी उन्हें पढ़ते और उनके किशोर मन में साहित्य के प्रति ललक पैदा होती। इस प्रक्रिया में उन्होंने क्या-क्या और कितना पढ़ा, उस सूची में जहाँ एक ओर चन्द्रकान्ता सन्तति, गुलिवर्स ट्रैवल और रॉबिन्सन क्रूसो आदि मिलेंगे तो दूसरी ओर गेटे का फउस्ट, कालिदास जैसे महान सर्जकों की कृतियाँ। शेक्सपियर और मैक्समूलर के ग्रन्थ भी दिखाई देंगे। मार्क्स, डार्विन, स्कॉट, अपटन सिंक्लेयर, ह्यूगो, ड्यूमा जैसे सर्जक और चिन्तक भी नहीं छूटे थे उन से। इतिहास से उन्हें विशेष प्रेम था। विश्व के नाना देशों के इतिहास पढ़ने के साथ-साथ अंग्रेजों द्वारा रचित भारत का इतिहास भी उन्होंने पढ़ा और अनुभव किया कि अंग्रेजों ने हमारे इतिहास को कितना विकृत कर दिया है।[36]

इस सन्दर्भ में उन्होंने अपनी आत्मकथा में लिखा है : पाँचवी-छठवीं कक्षा में ई. मार्सडन रचित 'भारत का इतिहास' अंग्रेजी में पढ़ाया जाता था। पुस्तक हमारे जैसों के लिए महँगी थी परन्तु खरीदनी पड़ी। उसमें पढ़ा कि गर्म देश के होने के कारण भारतवासी सदा हारते रहे हैं। अब अंग्रेज ठंडे देश के रहने वाले हैं इसलिए भारतवासी नहीं हारेंगे। यह पढ़कर मन में आग लग गई। लगा कि लक्ष्मीबाई जो इतनी बहादुरी के साथ लड़ीं, मरीं वह सब व्यर्थ गया।[37] फिर उन्होंने अंग्रेजों द्वारा लिखे गलत इतिहास को ठीक करने के लिए संकल्प किया पढ़ूँगा अवश्य पढ़ूँगा और खोज करूँगा। इतिहास के अध्ययन की ओर रुचि उसी दिन से हुई। उन्होंने लिखा है : मैंने निश्चय किया कि खूब पढ़ूँगा, खोज करूँगा और इन झूठी पुस्तकों की पोल खोलने के लिए कुछ लिखूँगा भी।[38]

उपन्यास लिखने की तैयारी

वर्मा जी को विशेष ख्याति उनके ऐतिहासिक उपन्यासों के कारण मिली। लेकिन ऐतिहासिक उपन्यास लिखने के लिए ऐतिहासिक तथ्यों की छानबीन बहुत आवश्यक है। क्योंकि कई बार ऐतिहासिक तथ्यों पर समय की धूल छा जाती है और उनका स्थान किंवदन्तियाँ ले लेती हैं।

वर्मा जी ने इतिहास पर पड़ी उस धूल को झाड़ने में बहुत परिश्रम किया था। ऐसा वे अपने परिवार से उत्तराधिकार में मिले दो गुणों के कारण कर सके। पहला गुण था संघर्ष और जूझते रहने की प्रवृत्ति, जिसने उन्हें शारीरिक स्वस्थता की ओर सचेत रखा और दूसरा गुण था उनका उत्कट पुस्तक–प्रेम जिसका उल्लेख पीछे किया जा चुका है। उनके पुस्तक–प्रेम के बारे में यह कथन रेखांकित करने योग्य है कि उनका पुस्तक–प्रेम स्कूल और कॉलेज लाइब्रेरियों में उन्हें घंटों तल्लीन रखता। उनके हिन्दी और अंग्रेजी साहित्य के ज्ञान पर अध्यापकगण भी बहुधा चकित रह जाते। यह सामान्य बात नहीं होती कि कोई कसरती भी हो और अध्ययन में भी आगे रहे। वृन्दावनलाल वर्मा ने यह प्रमाणित किया कि यह असम्भव नहीं है।[39]

वर्मा जी असाधारण रूप से कसरती और आखेटप्रिय थे। इस आखेटप्रियता ने उनके ऐतिहासिक उपन्यास लेखन की तैयारी में उन्हें बुन्देलखण्ड की चप्पा–चप्पा भूमि को देखने, किलों की गाथाओं की छानबीन करने, अपने उपन्यासों के लिए विषयवस्तु, पात्र और वातावरण की सच्ची, सही, भौगोलिक पृष्ठभूमि निर्मित करने में सहायता की।

अनेक अभावों और कठिनाइयों के बावजूद उन्होंने आगरा विश्वविद्यालय से बी.ए. किया। उस समय वे प्राइवेट ट्यूशन भी करते थे। यद्यपि महीने में पाँच रुपए ही मिल पाते थे। उनका जीवन आर्थिक संघर्षों और अभावों की करुण गाथा रहा है। 1916 में उन्होंने एल.एल.बी. पास कर वकालत प्रारम्भ की। तब तक वे कभी गरम कपड़ा बनवाकर नहीं पहन सके, उनकी आर्थिक दशा का अनुमान इसी से लगाया जा सकता है। पर उनका इतिहास–प्रेम और देशभक्ति की भावना कभी धूमिल नहीं पड़ी। उसी प्रेरणा से वे साहित्य रचना कर सके। युवावस्था में वे कई साहित्यकारों के सम्पर्क में आए जैसे हास्य लेखक बद्रीनाथ भट्ट, मन्नन द्विवेदी गजपुरी, गणेश शंकर विद्यार्थी, कविवर सत्यनारायण और बनारसीदास चतुर्वेदी। कुछ दिनों उन्होंने 'प्रताप' में पत्रकारिता भी की। 'गोलमाल कारिणी–सभा' नामक स्तम्भ में अपने अन्य दो साथियों के साथ वे नियमित रूप से हास्य–व्यंग्य का स्तम्भ लिखा करते थे जिसका मुख्य विषय सामाजिक कुरीतियों पर प्रहार करना था। यह सब विवरण मैंने इसलिए दिया कि इस लेखन के कारण उनकी लेखनी मँज चुकी थी और उनमें अपने विषय को व्यक्त करने की कला विकसित हो चुकी थी। महाश्वेता देवी और उनमें पहला अन्तर यह है कि महाश्वेता देवी की पहली पुस्तकाकार रचना 'झाँसी की रानी' है, जबकि 'झाँसी की रानी' उपन्यास लिखने के पहले बाबू वृन्दावनलाल वर्मा के ग्यारह उपन्यास तथा कई कहानियाँ प्रकाशित हो चुकी थीं। 'झाँसी की रानी' के पहले प्रकाशित उनके ऐतिहासिक उपन्यास हैं, 'गढ़ कुंडार' (1927), 'विराटा की पद्मिनी' (1933), 'मुसाहिब जू' (1940)। इसके बाद 1946 में 'झाँसी की रानी' प्रकाशित हुई।

'झाँसी की रानी' उपन्यास लिखने के लिए उन्होंने काफी तैयारी की जिसका पूरा विवरण 'झाँसी की रानी' उपन्यास की भूमिका में विन्यस्त है। 'झाँसी की रानी' उपन्यास लिखने

के पूर्व उन्होंने क्या तैयारी की इसका विवेचन करने के पूर्व यह जानना जरूरी है कि वर्मा जी की जीवन के प्रति क्या दृष्टि थी।

वास्तव में यह वर्मा जी का निर्माण-काल था। जन्म से उन्हें वैष्णव संस्कार मिले थे। उनकी अपनी अर्जना थी बुद्धिवादी दृष्टि और समाज-सुधार की प्रबल भावना। सबका परिणाम हुआ उनका आर्य समाज के प्रति अधिक आकर्षण। यों आस्थावादी वे सदा रहे। हाँ, धार्मिक रीति-रिवाजों के प्रति वे कभी सक्रिय रुचि न ले सके। उन दिनों उनकी क्या दार्शनिक धारणाएँ थीं, इसका आभास उनके महात्मा बुद्ध की भूमिका के इस उद्धरण से मिलता है :

बुद्ध का तर्क बहुत सतर्क है, और ज्ञान तो अतुलनीय। बड़े-से-बड़े विद्वान् तक अवाक् रह जाते है। उन्हें जैसे सभी कुछ ज्ञात था। दयाभाव में कौन उन्हें छू पाता। उनकी हार्दिक कामना यही थी कि निखिल मानव कल्याण हो। उनका एक-एक शब्द और कार्य-व्यवहार अन्तरतम से आया हुआ होता। किन्तु फिर भी उनके विचार-सिद्धान्त सर्वथा निर्दोष नहीं। उन्होंने जीवन-जगत को विरागी की दृष्टि से देखा है। दुःख और क्लेश की व्यप्ति ही उन्हें सब कहीं दिखी। उनकी धारणा ही यह बन गई कि संसार में सुख है ही नहीं, और यह तो प्रत्यक्ष ही एक भ्रान्ति थी। फिर वर्मा जी आगे लिखते हैं : संसार में दुःख और कष्ट हैं, मगर साथ ही हर्ष और सुख भी तो है। ईश्वर ने अगर दुःखमय संसार की ही सृष्टि की है तो ऐसा सृष्टि कार्य तो अयुक्त ही कहलाएगा। दुःख और कष्ट हैं तो उन्हें हम दूर करें, हताश होकर संसार से भाग खड़े होना तो कायरता हुई।[40]

जीवन के प्रति यह दृष्टिकोण लिए हुए वर्मा जी ने अपने साहित्यिक जीवन का शुभारम्भ किया। उन दिनों लेखन से आजीविका चलाने की सम्भावनाएँ नहीं के बराबर थीं इसलिए उन्हें वकालत करनी पड़ी। और वही उनके संघर्ष के दिनों का एकमात्र सम्बल था। वकालत करते समय उन्होंने 'झाँसी की रानी' उपन्यास के लिए माल-मसाला इकट्ठा किया।

रचना की केन्द्रीय दृष्टि

वृन्दावनलाल वर्मा ने यद्यपि सामाजिक उपन्यास तथा नाटक और कहानियाँ कम नहीं लिखी हैं फिर भी उनकी प्रसिद्धि का मुख्य आधार उनके ऐतिहासिक उपन्यास हैं। उनके ऐतिहासिक उपन्यासों की गुणवत्ता देखकर गणेश शंकर विद्यार्थी ने उन्हें हिन्दी के सर वाल्टर स्कॉट की उपाधि दी थी, यद्यपि स्कॉट और उनके ऐतिहासिक उपन्यासों की रचना-प्रविधि में पर्याप्त अन्तर है।

ऐतिहासिक उपन्यासों की प्रामाणिकता उनके तथ्यगत सत्य पर निर्भर करती है, वर्मा जी ने इस सच्चाई को पहचाना ही नहीं वरन् ग्रहण भी किया था। इसीलिए वर्मा जी जो भी विषय हाथ में लेते, उससे सम्बन्धित तथ्यों की छानबीन वे एक पुरातत्त्वविद की लगन से करते थे। सारे उपलब्ध साहित्य का तो वे पन्ना-पन्ना पढ़ते ही, सरकारी रिकॉर्ड, गजट और म्यूजियमों तक को छान डालते। घटनास्थल को तो जाकर बार-बार देखते, जिससे वहाँ के भौगोलिक और सामाजिक सांस्कृतिक परिवेश की पूरी जानकारी हो जाए। इतनी सारी पृष्ठभूमि निर्मित कर लेने के बाद वर्मा जी अपनी कल्पना को सक्रिय होने देते ताकि एक बीते युग का छवि रूप साकार होकर सामने आ सके। जैसा भाव-स्वभाव कथानक

के युग-विशेष का होता, उसके अनुरूप ही, अपने पात्रों और स्थितियों की संरचना किया करते। 'हिस्टॉरिकल नावेल्स एंड माई व्यूपाइंट' लेख में उन्होंने कहा है :

ऐतिहासिक उपन्यासों के लेखक का एक अपना भी दृष्टिकोण रहता है, और इतिहासकार की अपेक्षा अधिक छूट भी उसे लेखन में उपलब्ध होती है। इतिहासकार जिन स्थलों पर प्रकाश की रेखा तक नहीं डालता, उपन्यासकार को कल्पना के सहारे उन सभी भूले-बिसरे या खोये हुए कथा-सत्यों का निर्माण करना पड़ता है। इतना ही नहीं, उसी आलोक-प्रभा से उन्हें मंडित भी करना पड़ता है, जो जाने-माने ऐतिहासिक तथ्यों का विशेष गुण होते हैं। एक बात अवश्य ध्यान में बनाए रखनी होती है कि उन तथ्यों या परम्पराओं की पुनर्रचना ताशघर या क्लबघर की रचना जैसी न हो।[41]

राजीव सक्सेना के इस मत से कौन सहमत नहीं होगा कि वर्मा जी बुन्देलखण्ड के एक अच्छे इतिहासकार बन सकते थे। किन्तु, स्वीकार किया उन्होंने उपन्यासकार बनना क्योंकि उसका अवसर उपन्यास ही देता है कि अभीष्ट काल की एक सजीव और बहुआयामी छवि प्रस्तुत की जा सके। अपने प्रसिद्ध उपन्यास 'झाँसी की रानी' की भूमिका के अन्त में इसीलिए उन्होंने लिखा है : और मैंने निश्चय किया कि उपन्यास लिखूँगा, ऐसा जो इतिहास के रग-रेशे से सम्मत हो और उसके सन्दर्भ में भी हो। इतिहास के कंकाल में मांस और रक्त का संचार करने के लिए मुझको उपन्यास ही अच्छा साधन प्रतीत हुआ।[42]

वर्मा जी ने झाँसी की रानी के सम्बन्ध में कई कहानियाँ अपनी परदादी से सुनी थीं, इसका उल्लेख पीछे किया जा चुका है। जब ये कहानियाँ सुनीं तब वर्मा जी की उम्र पाँच-छह वर्ष थी। इस समय उन कहानियों की सच्चाई की छानबीन करने की उनमें बुद्धि नहीं थी। उन कहानियों की धरोहर वर्मा जी की दादी को मिली। वह समय-समय पर वर्मा जी को उनसे मिलती रही। जब दादी का देहान्त हुआ वर्मा जी को वकालत आरम्भ किए छह वर्ष हो चुके थे। उस धरोहर को विवेक और तर्क के उजाले में परसने का समय आ गया था। वर्मा जी ने उसके सन्दर्भ में लिखा है : वह धरोहर अद्‌भुत होते हुए भी अस्पष्ट थी और उसकी रूपरेखा धुँधली तथा सत्य के आधार पर कम, भक्ति के ऊपर अधिक थी। इधर इतिहास के अध्ययन और तथ्यों के अनुशीलन ने इस धरोहर के मूल्य को कम कर दिया।

इसी समय वर्मा जी को पारसनीस की पुस्तक 'रानी लक्ष्मीबाई का जीवन-चरित्र' पढ़ने को मिली। उस पर वर्मा जी की टिप्पणी है कि वह इतिहास का कंकाल-मात्र न थी, परन्तु दादी-परदादी की बतलाई हुई परम्परा के विरुद्ध थी। पारसनीस के अन्वेषण काफी मूल्यवान होते हुए भी उनका विचार कि रानी झाँसी का प्रबन्ध अंग्रेजों की ओर से गदर के जमाने में करती रहीं, परदादी और दादी की बतलाई हुई परम्पराओं के सामने मन में खपता नहीं था। सुनता रहता था कि रानी स्वराज्य के लिए लड़ी थीं, पारसनीस के ग्रन्थ में पढ़ा कि इनका शौर्य विवशता की परिस्थितियों में उत्पन्न हुआ था। यह बात वर्मा जी को संगतिपूर्ण नहीं लगी। इसी समय उन्हें कचहरी की एक अलमारी में 1858 की लिखी कुछ चिट्‌ठियाँ मिलीं, जिन्हें एक अंग्रेज फौजी अफसर ने ले. गवर्नर को झाँसी पर अधिकार कर लेने के बाद रोज-रोज लिखा था। वर्मा जी ने उन चिट्‌ठियों की नकल करवाई। उनसे वर्मा जी में यह विश्वास जमने लगा कि रानी का शौर्य विवशता या परिस्थितियों की उपज न था।

कचहरी में ही नवाब बन्ने नाम के अर्जीनवीस राजा रघुनाथ राव के लड़के नवाब अली बहादुर की लड़की के लड़के निकले। उनके पास से उन्हें अली बहादुर का रोजनामचा देखने को मिला। उससे वर्मा जी को यह पता चला कि नबाब अली बहादुर कैसे थे और उनका नौकर पीर अली किस तरह का आदमी था, किन्तु उससे रानी लक्ष्मीबाई की विलक्षणता और तत्कालीन समाज की प्रगति और रहन–सहन का भी पता चला।

1858 में नवाब अली बहादुर ने अपनी राज भक्ति के प्रमाण में कुछ बयान दिए थे। वर्मा जी को वे भी मिल गए। उन बयानों में पीर अली का भी जिक्र किया गया था। इस सामग्री से वर्मा जी को नवाब अली बहादुर और पीर अली का चरित्र खड़ा करने में मदद मिली।

वर्मा जी ने लिखा है : इससे बढ़कर मुझको एक व्यक्ति और मिले मु. तुराब अली दरोगा। ये 115 वर्ष की आयु में 8–10 वर्ष हुए तब परलोकगामी हुए। गदर के जमाने में वे अंग्रेजों की ओर से पुलिस के दरोगा थानेदार थे। इनसे रानी के विषय में बहुत बातें मालूम हुईं। दादी–परदादी की परम्पराओं की पोषक और अंग्रेजों के दरोगा से।

वर्मा जी को बहुत–सी बातें झाँसी के अजीमुल्ला से भी मालूम हुईं। यह तुराब अली से अधिक बातें रानी के बारे में जानता था। फिर वर्मा जी ने बहुत से तथ्य झाँसी के बूढ़े–बूढ़ियों से मालूम किए। रानी ने बानपुर के राजा को अंग्रेजों के विरुद्ध सहायता करने के लिए एक चिट्ठी लिखी थी। उस चिट्ठी में 'स्वराज्य' शब्द आया था। उससे भी रानी के उद्देश्य के बारे में वर्मा जी को पुष्ट प्रमाण मिला। माझा प्रवास से भी उन्होंने सहायता ली।

फिर मसजिद के एक मुकदमे के दौरान मोतीबाई की ऐतिहासिकता का वर्मा जी को पता चला। फिर अन्य चरित्रों की ऐतिहासिकता की भी उन्हें जानकारी हुई। झाँसी की रानी के भतीजे लक्ष्मणराव भी एक दिन वर्मा जी से उनके घर मिलने आए। उन्होंने भी वर्मा जी को रानी के बारे में बहुत सी बातें बताईं जिससे उनकी केन्द्रीय दृष्टि का निर्माण हुआ कि रानी स्वराज्य के लिए लड़ी थीं, विवशता से नहीं।

एक बार इलाहाबाद विश्वविद्यालय के छात्रों ने उनसे पूछा था कि आप ऐतिहासिक उपन्यास क्यों लिखते है? उनके पीछे कौन–से प्रेरक तत्त्व हैं? इसके उत्तर में उन्होंने जो कुछ कहा था, वह इस प्रकार है :

'हम अपने अतीत के अनेक तत्त्वों की बात अभिमान के साथ करते हैं। ऐसे अतीत को वर्तमान में घोलने, मिलाने के लिए, मैं अतीत के प्रेरणादायक तत्त्वों को वर्तमान के यथार्थ में समन्वित करने के लिए लिखता हूँ। क्यों? क्योंकि हम अतीत के वर्तमान हैं, क्योंकि अतीत का बहुत–सा भला–बुरा लेकर वर्तमान में आए हैं, क्योंकि हम अतीत की बुराइयों से बचकर वर्तमान को ऐसा सुन्दर और जीवन्त बनाना चाहते हैं कि भविष्य अच्छा बन सके।'

निष्कर्ष

उपर्युक्त विवेचन से महाश्वेता देवी और वृन्दावनलाल वर्मा की रचना–दृष्टि, व्यक्तित्व को निर्मित करने वाले उपादानों की प्रकृति और उनके स्त्रोतों का पता चलता है। दोनों ने ही झाँसी की रानी के विषय में अपने परिवार के जनों से सुना, फिर आसपास के परिचितों से सहायता लेकर उनके बारे में लिखने का संकल्प किया। महाश्वेता देवी ने भी उन्हीं स्त्रोतों

से अपनी आधारभूत सामग्री जुटाई जिन से बाबू वृन्दावनलाल वर्मा ने। अन्तर इतना है कि वर्मा जी के परदादा और दादा दोनों ने गदर के समय झाँसी की रानी की ओर से युद्ध में भाग लिया था। परदादा गोली लगने से मऊ के युद्ध में मारे गए थे। इस प्रकार की विरासत महाश्वेता देवी को प्राप्त नहीं थी। वे स्वयं झाँसी आकर बाबू वृन्दावनलाल वर्मा से मिली थीं और वर्मा जी ने उदारतापूर्वक उनको सामग्री देकर सहायता की थी। महाश्वेता देवी ने रानी की कर्मस्थली का भ्रमण किया था। किला देखा था। लक्ष्मणराव झाँसी वाले से भी इतिहास कांग्रेस में मिली थी। उनके साथ बड़ौदा गई थीं, उनसे पत्राचार किया था और गोरेलाल तिवारी का बुन्देलखण्ड का संक्षिप्त इतिहास पढ़ा था, किन्तु रानी के प्रति दोनों के दृष्टिकोण में अन्तर था। महाश्वेता देवी उनके व्यक्ति रूप को उभारना चाहती थीं जो एक आदर्श के लिए लड़ीं और बाबू वृन्दावनलाल वर्मा उनके वीरांगना रूप को उभारना चाहते थे, जिसमें इनसानियत थी किन्तु एक योद्धा का रूप प्रधान था।

दूसरा रानी की कर्मस्थली बुन्देलखण्ड का होने के कारण जो सटीक जानकारी वर्मा जी को थी, वह महाश्वेता देवी को नहीं थी। इसी वजह से उनकी 'झाँसी की रानी' में कुछ भौगोलिक और व्यक्तियों, स्थानों के नामाभिधानों में भूलें मिलती हैं।

यहाँ तक महाश्वेता देवी और वृन्दावनलाल वर्मा के व्यक्तित्व और उनकी रचना-दृष्टि का विवेचन किया गया। अगले अध्याय में हिन्दी और बांग्ला की ऐतिहासिक उपन्यास-धारा का संक्षेप में विश्लेषण किया जाएगा।

सन्दर्भ-ग्रन्थ

1. समकालीन भारती साहित्य, अंक 123, जनवरी-फरवरी 2006 के अंक, पृष्ठ 61 पर प्रो. मैनेजर पांडे का लेख : 'इतिहास और ऐतिहासिक उपन्यास'।
2. डॉ. माहेश्वर का लेख : 'महाश्वेता देवी : लड़ाई जारी है', समकालीन भारतीय साहित्य, पृष्ठ 18, नवम्बर-दिसम्बर 1997
3. बोइयेर देश, जुलाई-सितम्बर 2011 के अंक में महाश्वेता देवी से साक्षात्कार, चिन्मय गुह पृष्ठ 128-144 (बांग्ला से अनुवाद : ऋचा)।
4. सन्दर्भ, उपरिवत, पृष्ठ 129-130
5. डॉ. माहेश्वर : महाश्वेता देवी : लड़ाई जारी है, समकालीन भारतीय साहित्य, नवम्बर-दिसम्बर, 1997
6. बोइयेर देश, जुलाई-सितम्बर, महाश्वेता देवी से साक्षात्कार, चिन्मय गुह, पृष्ठ 130-131
7. सन्दर्भ, वही।
8. तद्भव, 20, एक ही जीवन में, महाश्वेता देवी की आत्मकथा (अप्रकाशित) का एक अंश, अनुवाद।
9. सन्दर्भ, वही, पृष्ठ 5
10. वही, पृष्ठ 10
11. वही, पृष्ठ 10
12. वही, पृष्ठ 6
13. डॉ. माहेश्वर का लेख, समकालीन भारतीय साहित्य, नवम्बर-दिसम्बर 1997
14. सन्दर्भ, वही, पृष्ठ 21
15. सन्दर्भ, वही, पृष्ठ 22
16. झाँसी की रानी (बांग्ला) की भूमिका, महाश्वेता देवी रचना समग्र, भाग 1, पृष्ठ 17

17. झाँसी की रानी, महाश्वेता देवी, हिन्दी अनुवाद, डॉ. रामशंकर द्विवेदी, राधाकृष्ण प्रकाशन, दूसरा संशोधित सं. 2010, पृष्ठ 13
18. झाँसी की रानी की भूमिका महाश्वेता देवी।
19. बोइयेर देश में महाश्वेता देवी का साक्षात्कार, चिन्मय गुह।
20. झाँसी की रानी (हिन्दी) भूमिका, पृष्ठ 9, राधाकृष्ण दिल्ली 'महाअरण्य की माँ', कृपाशंकर चौबे, पृष्ठ पव, आधार प्रकाशन, चिकूला (हरियाणा)।
21. सन्दर्भ, वही।
22. झाँसी की रानी (हिन्दी अनुवाद), दूसरे संस्करण की भूमिका झाँसी की रानी': अनुवांदेर पथे-पथे, पृष्ठ 17
23. सन्दर्भ, उपरिवत।
24. सन्दर्भ, वही।
25. सन्दर्भ, वही, पृष्ठ 18
26. सन्दर्भ, वही, पृष्ठ 18
27. सन्दर्भ, वही, पृष्ठ 18
28. वही, पृष्ठ 19
29. झाँसी की रानी (हिन्दी अनुवाद) बांग्ला संस्करण की भूमिका, पृष्ठ 13, राधाकृष्ण प्रकाशन, नई दिल्ली।
30. सन्दर्भ, वही, पृष्ठ 10
31. वही, पृष्ठ 10
32. आधार मानिक, हिन्दी अनुवाद, सुशील गुप्ता, राधाकृष्ण प्रकाशन, पृष्ठ 6, नये संस्करण की भूमिका।
33. विष्णु प्रभाकर, सम्पूर्ण संस्मरण-2 रचनावली खंड-8, पृष्ठ 320, प्रभात प्रकाशन दिल्ली।
34. अपनी कहानी, वृन्दावनलाल वर्मा, मयूर प्रकाशन, झाँसी, पृष्ठ 7, संस्करण 1972
35. वही, पृष्ठ 8
36. विष्णु प्रभाकर के सम्पूर्ण संस्मरण-1 पृष्ठ 17
37. अपनी कहानी, वृन्दावनलाल वर्मा, पृष्ठ 19
38. वही, पृष्ठ 20
39. भारतीय साहित्य के निर्माता, वृन्दावनलाल वर्मा, राजीव सक्सेना, साहित्य अकादमी, पृष्ठ 8, संस्करण 1985
40. सन्दर्भ, वही, पृष्ठ 13
41. सन्दर्भ, वही, पृष्ठ 22 पर उद्धृत वर्मा जी का मत।
42. वही, पृष्ठ 23 तथा झाँसी की रानी उपन्यास की भूमिका, पृष्ठ 8, संस्करण-1997, प्रभात प्रकाशन।
43. झाँसी की रानी, वृन्दावनलाल वर्मा, पृष्ठ 6-7
44. अपनी कहानी, वृन्दावनलाल वर्मा, मयूर प्रकाशन, झाँसी पृष्ठ, 230, संस्करण 1971

अध्याय-2

हिन्दी के ऐतिहासिक उपन्यासों की धारा

उपन्यास एक ऐसी विधा है, जो अपने लचीलेपन के कारण सदा बदलती रही है। अपने यात्रा-क्रम में उपन्यास साहित्य में कई धाराएँ उत्पन्न हुईं और इसमें कई मोड़ आए। अपनी परिवर्तन और गतिशीलकामी प्रवृत्ति के कारण इसके रूप में भी कई परिवर्तन आए। इन परिवर्तनों के अनुसार इसकी परिभाषाएँ और उपन्यास के प्रति समीक्षकों की धारणाएँ भी बदलती रहीं। इन धारणाओं के पीछे उपन्यासकारों का अपना दृष्टिकोण भी सक्रिय रहा है। प्राय: उपन्यास एक वैयक्तिक विधा है। यह उन अर्थों में तो व्यक्ति-केन्द्रित नहीं है जिन अर्थों में गीतकाव्य होता है, पर यह इस अर्थ में नितान्त वैयक्तिक विधा है कि एक तो इसका स्रोत एक उपन्यासकार नामक व्यक्ति में निहित होता है, दूसरे उपन्यास अपनी विकास-यात्रा में तमाम टेढ़े-मेढ़े मार्गों पर चलता हुआ आधुनिक काल में उपन्यासकार नामक व्यक्ति के दृष्टिकोण से सामाजिक या ऐतिहासिक गतिविधियों की व्याख्या भर बन गया है। उपन्यास-रचना के पीछे जो दृष्टि हिन्दी के पहले ऐतिहासिक उपन्यासकार किशोरीलाल गोस्वामी की रही है, वह ब्रजरलदास की नहीं थी। जो चतुरसेन शास्त्री की रही है, वह रांगेय राघव की नहीं थी। इसी प्रकार जो राहुल सांकृत्यायन की दृष्टि रही है वह रघुवीर शरण मित्र की नहीं है। इसी प्रकार मेरे प्रतिपाद्य महाश्वेता देवी के ऐतिहासिक उपन्यासों के पीछे जो लोकायत दृष्टि रही है, वह वृन्दावनलाल वर्मा की नहीं है।

अगर इस दृष्टिकोण को केन्द्र में न रखा गया तो महाश्वेता देवी द्वारा लिखित 'झाँसी की रानी' और वृन्दावनलाल वर्मा द्वारा प्रणीत 'झाँसी की रानी' में विभेदक रेखा नहीं खींची जा सकेगी। इसलिए हिन्दी और बांग्ला के ऐतिहासिक उपन्यासों की विकास-यात्रा के अनुशीलन के पहले उपन्यास के स्वरूप और उसके प्रति आलोचकों की धारणाओं में आए परिवर्तन पर संक्षेप में प्रकाश डाल लेना समीचीन होगा।

उपन्यास अपने आरम्भ काल से परम्परा (Tradition) और रूढ़ि (Convention) से मुक्त रहा। अत: यह निर्विवाद है कि नवीनता उपन्यास की परिभाषा का अंग होगी।[1] इस नवीनता का स्वरूप क्या होगा आलोचकों ने इस पर भी विचार किया है। उनका कहना है कि यह नवीनता ढाँचे, शिल्प, प्रस्तुति, भाषा-विन्यास अथवा दृष्टि की होगी।

नवीनता के इस आग्रह के कारण ही उपन्यासकार उसे नये-नये रूप देता आया है।

इस सम्बन्ध में एक आलोचक का मत है : आज उपन्यास हमारे सामने इतने विविध रूपों में विद्यमान है कि वह जीवन के समान ही जटिल और बहुमुखी हो गया है। इसके आदिकाल से ही उपन्यासकार अपनी रचना में स्वच्छन्दता की माँग करता रहा है और उसे मनमाना रूप देता आया है। आलोचना के तीक्ष्ण बाणों से उसे बचाए रखने के लिए उसके निर्माण में निरंकुशता का आग्रह करता रहा है। अपनी रचना 'टॉम जान्स' में फील्डिंग ने बड़ी निर्भीकता के साथ घोषणा की थी कि मैं वास्तव में साहित्य के नए क्षेत्र का प्रवर्तक हूँ, इसलिए उसमें जो भी नियम चाहूँ बना सकता हूँ।[2]

हिन्दी में अन्य विधाओं के होते हुए उपन्यास का आविर्भाव क्यों हुआ इसे डॉ. रणवीर रांग्रा ने जीवन की माँग बताते हुए लिखा है : मानव-जीवन की जटिलता जब कविता, नाटक में न समा सकी तब उन्होंने उपन्यास जैसी नई विधा का सहारा पकड़ा। उपन्यास ने कविता की तरह ऊँची उड़ान न भरकर मानव-जीवन की यथार्थताओं को अपना विषय बनाया और विशालता में धीरे-धीरे मानव-विकास के तीनों क्षेत्रों भावात्मक, बौद्धिक और वैज्ञानिक को समा लिया।[3]

डॉ. त्रिभुवन सिंह ने उपन्यास को आधुनिक युग की देन माना है, जो भारतीय संस्कृति के रस से सिक्त होकर पूर्ववर्ती साहित्य की आधार-भूमि में उगकर विज्ञान किरणों से उष्मा प्राप्त कर पाश्चात्य साहित्य की सुखद वायु में पुष्पित एवं पल्लवित हो रहा है।[4] उपन्यास के स्वरूप पर विस्तार से प्रकाश डालते हुए उन्होंने लिखा है : उपन्यास गद्य साहित्य का वह समर्थ रूप है जिसमें प्रबन्ध काव्य की-सी मार्मिकता, नाटकों का-सा प्रभाव, गाम्भीर्य तथा छोटी कहानी की-सी कलात्मकता एक साथ मिल जाएगी। शृंखलाबद्ध कथानक द्वारा सरल तथा गूढ़ मानव चरित्रों का निर्माण, उनकी समस्याओं, सक्रिय गतिविधियों तथा सामाजिक एवं मानसिक संघर्षों से युक्त उनके स्वभावों एवं मन की गहरी शक्तियों का पूर्ण जीवन्त एवं यथार्थ चित्र कल्पना के द्वारा जिस साहित्य-रूप द्वारा प्रस्तुत किया जाता है, उसे उपन्यास कहते हैं।[5]

इस प्रकार एक उपन्यास में नवीनता के अलावा एक सुसम्बद्ध कहानी, एक घटना और उससे उत्पन्न घटनाओं की शृंखला आगे-आगे क्या हुआ इस प्रकार की सतत जिज्ञासा जैसे तत्त्व होते हैं। इसीलिए उपन्यास जैसी विधा की लोकप्रियता आज भी बरकरार है।

इतिहास की स्थिति

ऐतिहासिक उपन्यासों में इतिहास की स्थिति क्या होती है अथवा यह कहा जाए कि उपन्यास साहित्य में इतिहास की अवस्थिति किस जगह होती है? इतिहास का एक अर्थ है इति ह आस अर्थात ऐसा था। जैसे जातक अथवा पंचतंत्र की कथाओं की शुरुआत जिस तरह से होती है उसमें इतिहास की थोड़ी-बहुत झलक मिलती है। वहाँ पर हर कथा का प्रारम्भ यों होता है—एक समय जब अमुक राजा राज करता था अथवा एक गहन अरण्य में अमुक हिरण रहता था। अर्थात इतिहास का सम्बन्ध अतीत से है। जब अतीत को, जो बीत गया है उस युग को केन्द्रित कर कोई उपन्यास लिखा जाता है तो उसे ऐतिहासिक उपन्यास कहेंगे। अब यहाँ यह प्रश्न उठता है कि अतीत किसे कहेंगे अर्थात अतीत की सीमारेखा

क्या है ? इस सन्दर्भ में प्रो. गोपालराय का यह कथन ध्यान देने योग्य है कि 'मैं अनुभव करता रहा हूँ कि ऐतिहासिक उपन्यास पद भ्रामक है। सामान्यत: ऐतिहासिक उपन्यास से उस उपन्यास का बोध होता है, जो इतिहास पर आधारित हो। पर स्वयं इतिहास ही क्या है ? अतीत का आख्यान ही न! और अतीत ? एक क्षण पूर्व से लेकर करोड़ों, अरबों वर्ष पूर्व का समय अतीत के वृत्त में आ जाता है। वर्तमान तो तकनीकी रूप से क्षण मात्र तक सीमित है। जो क्षण बीत गया वह अतीत है और जो क्षण अभी आया नहीं वह भविष्य है।' फिर डॉ. गोपाल राय ने वर्तमान और अतीत का एक और भी महत्त्वपूर्ण रिश्ता मानते हुए कहा है, 'अधिकतर हम अपने अतीत और भविष्य को वर्तमान के रूप में जीते हैं। इसे इतिहासकार आनुभविक काल मानते हैं।'[6] इस दृष्टि से साहित्य में सब कुछ एक चिरन्तन वर्तमान के फलक पर घटित होता है।

इतिहास को उन्होंने अतीत का आख्यान माना है और उपन्यास भी विगत का आख्यान होता है। इस दृष्टि से दोनों एक हैं पर दोनों की विभाजक रेखा क्या है ? एक साक्ष्य से बद्ध होता है,[7] दूसरा उससे मुक्त पर ऐतिहासिक उपन्यास भी मुक्त कहाँ होता है ? वह भी उपन्यासकार के अनुभूत साक्ष्यों से बँधा होता है। पर इतिहास और ऐतिहासिक उपन्यास में डॉ. राय के मत से सबसे बड़ा अन्तर यह है कि वह ऐतिहासिक साक्ष्यों से परे भी जा सकता है क्योंकि उसमें सम्भावनाओं का सच होता है। यहीं पर ऐतिहासिक उपन्यास में कल्पना प्रवेश कर जाती है। कल्पना ही इतिहास के कंकाल में प्राणों का संचार कर देती है।

एक इतिहासकार और एक ऐतिहासिक उपन्यासकार इन दोनों का सम्बन्ध अतीत से होता है लेकिन अतीत को देखने का नजरिया दोनों का भिन्न होता है। डॉ. राय के शब्दों में, 'इतिहासकार अतीत को बाहर से देखता है, जबकि उपन्यासकार का अतीत निजी अनुभव और संवेदना से संयुक्त होता है। उपन्यासकार का अपना अनुभव चाहे वह एक माह का हो या अस्सी वर्षों का वह उसके लिए वर्तमान ही है। काल और स्थान के आयाम में घटित तथ्य उसके प्रत्यक्ष इन्द्रियबोध से जुड़े होते हैं। इस प्रकार उपन्यासकार अपने प्रत्यक्ष अनुभवों पर आधारित तथ्यों का विवरण ही प्रस्तुत नहीं करता, बल्कि अपनी संवेदना और कल्पना के मिश्रण से एक ऐसा संसार रचता है, जो ऐतिहासिक तथ्य नहीं होता, पर जो सम्पूर्णत: यथार्थ होता है।'[8]

इतिहास और ऐतिहासिक उपन्यास-लेखन की अन्तरवर्ती समस्याओं पर गम्भीरता से विचार करते हुए प्रो. मैनेजर पांडेय ने इतिहास की आख्यान परकता और आख्यान की इतिहास परकता के अन्तर्द्वन्द्वों और उनके बीच टूटती सीमाओं के सन्दर्भ में लिखा है : आजकल बार-बार यह कहा जा रहा है कि इतिहास के बोध और लेखन में एक उत्तर आधुनिक मोड़ आया है। इस मोड़ के साथ इतिहास-लेखन में कई और मोड़ आए हैं, उनमें मुख्य हैं—आख्यानपरक मोड़, भाषिक मोड़, सौन्दर्यबोधीय मोड़ और पाठपरक मोड़।

प्रोफेसर मैनेजर पांडेय ने ख्यात आलोचक हेडने ह्वाइट तथा मिशेल जेराफा के मतों को उद्धृत करते हुए इतिहास और उपन्यास दोनों के अन्त: सम्बन्धों को समेकित करते हुए लिखा है : ऐतिहासिक उपन्यास एक संकर साहित्यिक (हाइब्रिड लिटरेरी फॉर्म) विधा है, लगभग विरोधाभास अलंकार जैसी। वह न तो शुद्ध उपन्यास है न विशुद्ध इतिहास बल्कि

इतिहास और उपन्यास के सर्जनात्मक मेल से बना एक साहित्यिक रूप है।[9] इतिहास के आख्यान और उपन्यास के आख्यान में बुनियादी फर्क का निरूपण करते हुए उन्होंने आगे कहा है : पहला फर्क यह है कि इतिहास में आख्यान का अन्वेषण होता है। इस अन्वेषण का उद्देश्य होता है घटनाओं की सच्चाई का अन्वेषण। बाद में उस अन्वेषण की आख्यान के द्वारा प्रस्तुति होती है। उपन्यास में आख्यान के द्वारा पात्रों के क्रिया-कलापों और उनकी मनोदशाओं की अभिव्यक्ति होती है। उपन्यास में आख्यान का आविष्कार होता है। इतिहास में घटनाओं और पात्रों की खोज होती है। लेकिन इतिहास के पात्रों और उपन्यास के पात्रों और घटनाओं में फर्क यह होता है कि एक में उनकी खोज और उनका आख्यान होता है किन्तु उपन्यास में इनकी रचना होती है। इतिहासकार वस्तुनिष्ठ और तथ्यों के प्रति समर्पित होता है किन्तु रचनाकार अपनी अनुभूति के रसायन से उन्हें जीवित कर देता है। इसी फर्क को ध्यान में रखकर मैनेजर पांडेय का कहना है, 'इतिहास की झाँसी की रानी लक्ष्मीबाई और वृन्दावनलाल वर्मा की लक्ष्मीबाई एक ही नहीं है।'[10] उपन्यास की लक्ष्मीबाई वृन्दावन लाल वर्मा की सृष्टि है। इसी कथन को ध्यान में रखकर कहा जा सकता है कि वृन्दावनलाल वर्मा की झाँसी की रानी और महाश्वेता देवी की झाँसी की रानी एक-दूसरे से स्वतंत्र हैं, दोनों एक नहीं हैं।

इतिहास और ऐतिहासिक उपन्यास के सच में भी फर्क होता है। एक में तिथियों, तथ्यों, व्यक्तियों और घटनाओं का सच होता है जो व्याख्या के द्वारा बदलता, बिगड़ता रहता है। लेकिन ऐतिहासिक उपन्यास का सच कल्पना से रचित संसार का सच होता है। फिर मैनेजर पांडेय का कहना है कि, 'अगर इतिहास का दायित्व सच का ज्ञान कराना है तो ऐतिहासिक उपन्यास का काम सच की प्रतीति और उसका अनुभव कराना है।'[11] यहाँ आकर मैनेजर पांडेय और डॉ. गोपालराय का मत एक हो जाता है। उन्होंने इसे उपन्यासकार के अनुभव का सच कहा है। इतिहास का सच तथ्यात्मक होता है और उपन्यास का सच कलात्मक। ऐतिहासिक उपन्यासों का यह कलात्मक सच उनमें भिन्नता ला देता है।

इसी मत के प्रकाश में पीछे कहा जा चुका है कि घटना या व्यक्ति पर लिखे गए दो ऐतिहासिक उपन्यास और उनमें चित्रित पात्र एक नहीं भिन्न होते हैं। इसीलिए महाश्वेता देवी की झाँसी की रानी और वृन्दावनलाल वर्मा की झाँसी की रानी इतिहास की झाँसी की रानी से तो भिन्न हैं ही, परस्पर भी भिन्न हैं। मेरे विवेचन का उद्देश्य भी यही है जो आगे के विश्लेषण से सिद्ध होगा।

हिन्दी उपन्यास की विकास-यात्रा का सरसरी तौर पर विहंगावलोकन करते हुए हिन्दी के ऐतिहासिक उपन्यासों के उद्भव और विकास की भूमिका का किंचित् विस्तार के साथ विवेचन किया जाएगा। फिर उस विकास-यात्रा में वृन्दावनलाल वर्मा के ऐतिहासिक उपन्यासों की दृष्टि से क्या स्थिति है, इसके संक्षिप्त विवेचन के बाद 'झाँसी की रानी' उपन्यास के आविर्भाव पर प्रकाश डाला जाएगा। यही प्रक्रिया बांग्ला उपन्यासों के विकास-क्रम में बांग्ला के ऐतिहासिक उपन्यासों की क्या भूमिका है उसे देखा जाएगा। फिर यह परखने का प्रयास किया जाएगा कि उसमें महाश्वेता देवी के ऐतिहासिक उपन्यासों की गति-प्रकृति क्या है और उसमें 'झाँसी की रानी' उपन्यास की क्या अवस्थिति है। उसके बाद

वाले अध्यायों में दोनों लेखकों द्वारा प्रणीत 'झाँसी की रानी' उपन्यास या जीवनीमूलक उपन्यास की परस्पर तुलना कर उनकी समानता, असमानता के बिन्दुओं को खोजा जाएगा।

हिन्दी उपन्यास का सूत्रपात भी अन्य विधाओं की तरह भारतेन्दु काल में होता है। इस विषय पर अब तक जो अनुसन्धानपूर्ण काम हुए हैं उनमें सर्वाधिक महत्त्वपूर्ण ज्ञानचन्द्र जैन के प्रेमचन्द-पूर्व के हिन्दी उपन्यास ग्रन्थ हैं। ज्ञानचन्द्र जैन ने भारतेन्दु काल और उसके परवर्ती युग तथा प्रेमचन्द पूर्व हिन्दी में जो उपन्यास लिखे उन्हें केवल बांग्ला उपन्यासों के अनुसरण पर लिखे गए उपन्यास न मानें। उनमें भी मौलिक तत्त्व थे। उनका भी उस युग की समस्याओं की अभिव्यक्ति की दृष्टि से स्वतंत्र अस्तित्व था, इसकी खोज की गई है।[12]

हिन्दी उपन्यास की विकास-यात्रा को तीन पड़ावों में बाँट कर देखा गया है। वे हैं : प्रेमचन्द-पूर्व हिन्दी उपन्यास, प्रेमचन्द युगीन हिन्दी उपन्यास तथा प्रेमचन्दोत्तर हिन्दी उपन्यास।[13] डॉ. रामचन्द्र तिवारी ने जिस समय अपना 'हिन्दी का गद्य साहित्य' ग्रन्थ लिखा था उस समय ज्ञानचन्द्र जैन की पुस्तक 'प्रेमचन्द-पूर्व के हिन्दी उपन्यास' प्रकाशित होकर बाहर नहीं आई थी, इसलिए हिन्दी उपन्यास की यात्रा पर विचार करते हुए डॉ. तिवारी 'देवरानी-जेठानी की कहानी' का उल्लेख नहीं कर पाए हैं, किन्तु हिन्दी उपन्यास के प्रेरणा स्रोत पर विचार करते हुए उन्होंने बांग्ला उपन्यासों के प्रभाव को स्वीकार किया है। दरअसल आचार्य पं. रामचन्द्र शुक्ल ने लिखा है : नाटकों और निबन्धों की ओर विशेष झुकाव रहने पर भी बंग-भाषा की देखा-देखी नये ढंग के उपन्यासों की ओर ध्यान जा चुका था। इस समय तक बंग-भाषा में बहुत से अच्छे उपन्यास निकल चुके थे। अत: साहित्य के इस विभाग की शून्यता शीघ्र हटाने के लिए उनके अनुवाद आवश्यक प्रतीत हुए।[14] डॉ. तिवारी ने हिन्दी का पहला उपन्यास 'भाग्यवती' माना है—प्रकाशन-काल 1877 ईस्वी। किन्तु नई खोजों के आधार पर अब हिन्दी का पहला उपन्यास पं. गौरीदत्त कृत 'देवरानी-जेठानी की कहानी' माना जाता है। 'देवरानी-जेठानी की कहानी' का रचना-काल 1870 ईस्वी है। कौन थे गौरीदत्त? पं. गौरीदत्त भारतेन्दु से चौदह बरस बड़े थे और उनके परलोकवास के बीस वर्ष बाद तक जीवित रहे। इसलिए हिन्दी उपन्यास का रचनाकाल 1870 ईस्वी से प्रारम्भ होता है और यह युग 1918 ईस्वी अर्थात प्रेमचन्द के उपन्यास 'सेवा सदन' के प्रकाशन तक चलता रहता है।[15] इस अवधि में हिन्दी में सामाजिक, ऐतिहासिक, तिलस्मी, जासूसी, राजनैतिक, प्रेम परक, अनूदित कई तरह के उपन्यास लिखे गए और प्रकाशित हुए। इस अवधि के प्रमुख उपन्यासकार और उनकी रचनाएँ निम्न प्रकार हैं :

'देवरानी-जेठानी की कहानी' तथा 'भाग्यवती' के बाद मेरठ के ईश्वरी प्रसाद और कल्याण राय की पुस्तक 'बामाशिक्षक' छपी (1883)। इसमें दो भाई और चार बहनों की कहानी दी गई है। पुस्तक कथा के रूप में नैतिक शिक्षा देने के लिए लिखी गई थी।

इन पुस्तकों के महत्त्व पर टिप्पणी करते हुए ज्ञानचन्द्र जैन ने लिखा है : 'देवरानी-जेठानी की कहानी' की भाँति 'बामाशिक्षक' को भी उस काल के समाज का दर्पण कहा जा सकता है। उसमें देश-काल के अनेकानेक चित्र मिलते हैं जो बहुत हद तक 'देवरानी-जेठानी की कहानी' के पूरक कहे जा सकते हैं। इस सन्दर्भ में ज्ञानचन्द्र जैन की हिन्दी उपन्यास के क्रमिक विकास की दृष्टि से यह टिप्पणी रेखांकित करने योग्य है, 'देवरानी-

ठेठानी की कहानी' की भाँति 'बामाशिक्षक' का भी महत्त्व हिन्दी उपन्यास-शिल्प के क्रमिक विकास का अध्ययन करने की दृष्टि से ही नहीं, उसके भाषा प्रयोग की दृष्टि से भी है।[16]

1870 के दशक में जो तीसरी पुस्तक प्रकाशित हुई वह श्रद्धाराम फिल्लौरी की 'भाग्यवती' उपन्यासिका है। पं. श्रद्धाराम फिल्लौरी भारतेन्दु हरिश्चन्द्र से 13 वर्ष बड़े थे। रामचन्द्र शुक्ल के शब्दों में, 'अपने समय के वे एक सच्चे हिन्दी-हितैषी और सिद्धहस्त लेखक थे।' (हिन्दी साहित्य का इतिहास पृष्ठ 532)।[17]

ज्ञानचन्द्र जैन के मत से इन तीनों पुस्तकों को नवलकथा की श्रेणी में रख सकते हैं। उपन्यासों की जो विशेषता उन्हें पुराने ढंग की कथा-पुस्तकों से अलग करती है, वह है उनकी कथावस्तु में स्वाभाविकता। यह विशेषता इन तीनों कथा-पुस्तकों में मिलती है। इनके माध्यम से कथा-शिल्प का विकास किस रीति से हुआ उसे भी परिलक्षित किया जा सकता है।[18] इसके बाद राधाकृष्ण दास का 'नि:सहाय हिन्दू' उपन्यास आता है जिसकी मुख्य समस्या गोवध निवारण है, तथा इसे 1880 के समाज का दर्पण कहा जा सकता है। इसमें कुछ ऐसी मौलिक विशेषताएँ हैं, जिनके कारण इसे प्रेमचन्द की समस्यामूलक उपन्यासों की परम्परा से जोड़ा गया है। इसके बाद आता है श्री निवासदास का 'परीक्षागुरु'। अधिकतर आलोचक 'परीक्षागुरु' को ही हिन्दी का पहला उपन्यास मानते हैं।[19] वे बहुपठित तथा समसामयिक साहित्य तथा पत्रों के अच्छे अध्येता थे। उन्होंने घर पर रहकर हिन्दी, उर्दू, अंग्रेजी तथा फारसी का ज्ञान प्राप्त कर लिया था। वे भारतेन्दु हरिश्चन्द्र की ही तरह हिन्दी प्रेमी थे। 'हिन्दी प्रदीप' के सम्पादक बालकृष्ण भट्ट ने अपने पत्र में इसकी विस्तृत समालोचना की थी। इसके दोष दिखाते हुए नये चाल की रचना होने के कारण इसकी सराहना भी की थी। उपन्यास-शिल्प का इसमें विकसित रूप तो नहीं मिलता किन्तु, उस समय जिस शहरी मध्यम वर्ग का उदय हो रहा था उसकी मानसिकता, रहन-सहन, विचार पद्धति को जानने की दृष्टि से इसका महत्त्व लक्षित करने योग्य है।[20]

इस काल में लिखे गए उपन्यासों के अवदान पर ज्ञानचन्द्र जैन की यह टिप्पणी महत्त्वपूर्ण है, 'यदि भारतेन्दु हरिश्चन्द्र ने हिन्दी साहित्य- वाटिका में उपन्यास की नई क्यारी लगाई तो राधाकृष्ण दास तथा श्री निवासदास ने हिन्दी में उपन्यास-रचना के प्रथम नमूने पेश किए। बालकृष्ण् भट्ट ने 'हिन्दी प्रदीप' की फाइलों में बन्द पड़े अपने अधूरे और दो प्रकाशित उपन्यासों में बंकिमचन्द्र चट्टोपाध्याय जैसी औपन्यासिक प्रतिभा का परिचय दिया, देवकीनन्दन खत्री ने हिन्दी उपन्यास को बिकाऊ पुस्तक बनाया तो किशोरीलाल गोस्वामी को इस बात का श्रेय दिया जाएगा कि उन्होंने हिन्दी में उपन्यास-रसिक पाठकों का एक समुदाय तैयार करने में देवकीनन्दन खत्री के साथ सबसे अधिक योगदान किया।'[21] उन्होंने रिकार्ड तोड़ संख्या में पाठकों की रुचि के अनुकूल सभी प्रकार के उपन्यासों की रचना करके हिन्दी उपन्यास को साहित्य की सबसे लोकप्रिय विधा बना देने में महत्त्वपूर्ण योगदान किया। उन्होंने प्रेमचन्द के उपन्यासों के लिए पाठक उत्पन्न किए। उन्हीं का पाठक समुदाय प्रेमचन्द के उपन्यासों का पाठक समुदाय बना। उन्होंने सत्य घटना पर आधारित जो सामाजिक उपन्यास लिखे उनकी सीधी कड़ी प्रेमचन्द के उपन्यासों से जोड़ी जा सकती है।

ऐतिहासिक उपन्यासों का प्रवर्तक

यह निर्विवाद सत्य है कि हिन्दी में ऐतिहासिक उपन्यासों के प्रवर्तक किशोरी लाल गोस्वामी हैं।[22] उनके पहले देवकीनन्दन खत्री के 'चन्द्रकान्ता' तथा 'चन्द्रकान्ता सन्तति', उपन्यास माला तथा गोपालराम गहमरी के 'जासूस' पत्र में निकले तो रहस्य-रोमांचपूर्ण उपन्यासों ने हिन्दी समाज में उपन्यास पढ़ने की गहरी रुचि जगा दी। इसके बाद किशोरीलाल गोस्वामी के ऐतिहासिक तथा सामाजिक उपन्यासों ने वह भूमि तैयार की जिससे प्रेमचन्द के उपन्यासों के प्रति पाठकों में स्वागत का भाव उत्पन्न हुआ। यहाँ किशोरीलाल गोस्वामी के ऐतिहासिक उपन्यासों पर एक निगाह डाल लेना जरूरी है क्योंकि तभी मेरे प्रतिपाद्य वृन्दावनलाल वर्मा के ऐतिहासिक उपन्यासों की एक पूर्व पीठिका तैयार हो सकेगी और उसमें रखकर झाँसी की रानी उपन्यास की विवेचना की जा सकेगी।

डॉ. रामचन्द्र तिवारी ने कहा है कि 'प्रेमचन्द-पूर्व युग (1877-1918 ई.) में अच्छे ऐतिहासिक उपन्यासों का अभाव है। इस युग के मुख्य ऐतिहासिक उपन्यासकारों में श्री किशोरीलाल गोस्वामी के अलावा श्री गंगाप्रसाद गुप्त, श्री जयरामदास गुप्त, श्री मथुराप्रसाद शर्मा, श्री बलदेव प्रसाद मिश्र तथा बाबू बृजनन्दन सहाय और मिश्रबन्धु आते हैं।'[23]

श्री किशोरीलाल गोस्वामी इस युग के अच्छे ऐतिहासिक उपन्यासकार माने जाते हैं। इनके प्रसिद्ध ऐतिहासिक उपन्यासों में 'तारा वा क्षात्र-कुल-कमलिनी' (1902 ई.), 'कनक कुसुम वा मस्तानी' (1903 ई.), 'सुल्ताना रजिया बेगम वा रंगमहल में हलाहल' (1904 ई.), 'हृदयहारिणी वा आदर्श रमणी (1904 ई.), 'लवंगलता वा आदर्श बाला' (1904 ई.), 'मल्लिका देवी वा बंग सरोजिनी' (1905 ई.), 'सोना और सुगन्ध वा पन्नाबाई' (1909-11ई.), 'गुलबहार वा आदर्श मातृस्नेह' (1916 ई.), तथा 'लखनऊ की कब्र या शाही महलसरा' (1917 ई.) आते हैं।[24]

ऐतिहासिक उपन्यासों में सत्य और कल्पना की सीमा क्या होनी चाहिए इस सम्बन्ध में उनके विचार आज भी उल्लेखनीय और इस बात के द्योतक हैं कि वे इतिहासाश्रित उपन्यासों को कितनी गम्भीरता से लेते थे और उस सम्बन्ध में उनका लेखकीय विवेक किस प्रकार सक्रिय रहता था।

अपने प्रसिद्ध ऐतिहासिक उपन्यास 'तारा वा क्षात्र-कुल-कमलिनी' के निवेदन में किशोरीलाल गोस्वामी ने ऐतिहासिक उपन्यासों पर अपने विचार प्रकट करते हुए लिखा: जैसे इतिहास की मूल भित्ति सत्य है, वैसे ही उपन्यास की मूल भित्ति कल्पना है। सत्य घटना बिना जैसे इतिहास, 'इतिहास' नहीं, वैसे ही योग्य कल्पना बिना उपन्यास भी 'उपन्यास' नहीं कहला सकता। इतिहास में जैसे वास्तविक घटना बिना काम नहीं चलता, वैसे ही उपन्यास में भी कल्पना का आश्रय लिये बिना प्रबन्ध नहीं लिखा जा सकता।[25] उनकी इस स्थापना के अनुसार उपन्यास में सत्यांश अधिक और कल्पना थोड़ी ही होती है। किन्तु, उन्होंने आगे चलकर यह लिखा है कि : यदि इतिहास की घटना जटिल, सत्याभास या कपोल कल्पित भासती हो वहाँ कल्पना अपना साम्राज्य फैला सकती है। इसलिए किशोरीलाल गोस्वामी के ऐतिहासिक उपन्यासों में इतिहास कम कल्पना का साम्राज्य अधिक है।[26] वे इतिहास से नहीं इतिहासाभास से आक्रान्त हैं। इसीलिए उन्होंने अपने 'तारा' नामक उपन्यास

के निवेदन में लिखा : हमने अपने बनाये उपन्यासों में ऐतिहासिक घटना को गौण और अपनी कल्पना को मुख्य रखा है। इसीलिए कुछ समीक्षकों ने उनके उपन्यासों को ऐतिहासिक उपन्यास न मानकर ऐतिहासिक रोमांस माना है जिनमें इतिहास का आवरण झीना किन्तु कल्पना का विस्तार अधिक होता था। यह प्रवृत्ति उस काल के हर ऐतिहासिक उपन्यासकार में मिलती है।[27]

गोस्वामी जी के समकालीन उपन्यासकारों में गंगाप्रसाद गुप्त के 'नूरजहाँ' (1902 ई.), 'वीरपत्नी (1903 ई.)', 'कुमार सिंह सेनापति' (1903 ई.), 'हम्मीर' (1903 ई.), तथा जयराम गुप्त के 'काश्मीर पतन' (1907 ई.), 'रंग में भंग' (1907 ई.), 'मायारानी' (1908 ई.), 'नवाबी परिस्तान वा वाजिद अली शाह' (1909 ई.), 'कलावती' (1909 ई.), 'मल्का चाँद बीबी' (1909 ई.) आदि प्रमुख उपन्यास आते हैं। उनके 'काश्मीर पतन' उपन्यास को ऐतिहासिक उपन्यासों की अच्छी कोटि में रखा जाता है।

श्री मथुरा प्रसाद शर्मा का एक ही ऐतिहासिक उपन्यास 'नूरजहाँ बेगम व जहाँगीर' (1905 ई.) प्रसिद्ध है। इसकी विशेषता यह है कि इसमें इतिहास अधिक किन्तु कल्पना का रंग कम है।[28]

बाबू बृजनन्दन सहाय का एकमात्र उपन्यास 'लाल चीन' तथा मिश्र बन्धुओं का एकमात्र उपन्यास 'वीरमणि' उल्लेखनीय है।

इस काल के ऐतिहासिक उपन्यासों पर टिप्पणी करते हुए डॉ. रामचन्द्र तिवारी ने ठीक ही कहा है कि 'प्रेमचन्द-पूर्व के ऐतिहासिक उपन्यासों के सम्बन्ध में यह जान लेना आवश्यक है कि ये सच्चे अर्थों में ऐतिहासिक उपन्यास नहीं हैं। लेखकों की प्रवृत्ति इतिहास की ओर से हटकर प्रणय-कथाओं, विलास-लीलाओं, रहस्यमय प्रसंगों तथा कुतूहलवर्धक घटनाओं की कल्पना में लीन हो जाती है। वे कल्पना से अधिक काम लेते हैं, ऐतिहासिक छान-बीन कम करते हैं। अतीत उनकी मुक्त कल्पना की उड़ान के लिए सुविधा प्रस्तुत करता है और वे इतिहास की चिन्ता छोड़कर पाठकों के चित्त का रंजन करने वाली कथाधारा में बह जाते हैं। इसलिए इस युग में उत्तम कोटि के ऐतिहासिक उपन्यास बहुत कम लिखे गए।[29]

मेरे प्रतिपाद्य की दृष्टि से यह विवेचन इसलिए उपादेय है कि इससे यह सत्य उजागर होने में सुविधा मिलती है कि मेरे दोनों लेखकों ने किस प्रकार ऐतिहासिकता की खोज के लिए झाँसी की रानी से सम्बन्धित तथ्यों की छानबीन की, दलील-दस्तावेज देखे, ऐतिहासिक साक्ष्यों को इकट्ठा किया, तत्कालीन इतिहास पर लिखे गए ग्रन्थों की वास्तविकता को परखा, रानी के परिवारजनों और उन इतिहासकारों, वृद्धों से सम्पर्क स्थापित किया जिन्होंने रानी को देखा था या जिनके पास उसके जीवन और तत्कालीन घटनाओं के प्रमाण उपलब्ध थे। बिना कल्पना के उपन्यास नहीं लिखा जा सकता है। कल्पना उसमें रहती ही है। ऐतिहासिक उपन्यासों की रचना में उसकी सम्भावना अधिक ही है, फिर भी महाश्वेता देवी और बाबू वृन्दावनलाल वर्मा ने 'झाँसी की रानी' उपन्यास लिखते समय इतिहास को अधिक प्रमुखता दी है, कल्पना का प्रयोग उसकी संगति में ही किया है। इसमें स्वच्छंद कल्पना का नहीं इतिहासाश्रित कल्पना का प्रयोग अधिक किया गया है।

अन्य ऐतिहासिक उपन्यासकार

वैसे हिन्दी के ऐतिहासिक उपन्यासों के सच्चे पुरस्कर्ता वृन्दावनलाल वर्मा को माना जाता है। डॉ. गोपाल राय का कहना है, '1947 के पूर्व वृन्दावनलाल वर्मा ऐतिहासिक उपन्यासकार के रूप में अपनी पहचान बना चुके थे।'[30] 'सच पूछें तो वर्मा जी ही हिन्दी के प्रथम ऐतिहासक उपन्यासकार के रूप में स्वीकार्य और स्वीकृत भी हैं। ऐतिहासिक उपन्यासकारों में वर्मा जी का अग्रगण्य स्थान है। ऐतिहासिक उपन्यासकार के रूप में हमने उनमें बांग्ला के राखाल बाबू को पा लिया है। कहें तो कह सकते हैं कि वे हिन्दी के डूयूमा या वॉल्टर स्कॉट हैं', डॉ. रामनारायण सिंह 'मधुर' का यह मत वर्मा जी पर खरा उतरता है।[31] किन्तु वर्मा जी के बाद भी हिन्दी के ऐतिहासिक उपन्यासकारों की यह धारा गतिशील रही और अद्यावधि गतिशील है। वर्मा जी के अन्य समकालीन ऐतिहासिक उपन्यासकारों में आचार्य चतुरसेन शास्त्री, राहुल सांकृत्यायन, गोविन्द वल्लभ पन्त, भगवती चरण वर्मा, यशपाल, ऋषभचरण जैन, हजारी प्रसाद द्विवेदी, रांगेय राघव आदि आते हैं।

पर मेरा प्रतिपाद्य हिन्दी उपन्यासों का ऐतिहासिक उपन्यासों की दृष्टि से पूरी पड़ताल करना नहीं है। निष्कर्षत: यही कहा जा सकता है कि हिन्दी के ऐतिहासिक उपन्यासों की परम्परा में वृन्दावनलाल वर्मा एक पड़ाव हैं, जो पूर्ववर्ती ऐतिहासिक परम्परा में लिखे गए उपन्यासों में एक विभाजक रेखा खींचते हैं और वर्मा जी के बाद इतिहास पर आधारित जो उपन्यास लिखे गए उनमें हम वर्मा जी के आगे की गतिशील ऐतिहासिक उपन्यासों की परम्परा देखते हैं। उपन्यास चूँकि गतिशील और लचीली विधा है इसलिए वृन्दावनलाल वर्मा के बाद ऐतिहासिक उपन्यासों ने जो मोड़ लिया उसमें पर्याप्त नवीनता और शिल्पगत वैशिष्ट्य मिलता है। इतिहास को भले ही गड़े मुर्दे उखाड़ना कहा जाता हो किन्तु हिन्दी के ऐतिहासिक उपन्यासों की यह धारा आज भी रुकी नहीं है। इस सन्दर्भ में प्रो. मैनेजर पांडेय का कहना है, 'जब कोई समाज आंतरिक द्वन्द्व, अनिश्चय और दुविधा से गुजरता है तब उसे अपने इतिहास की अधिक चिन्ता होती है। इसीलिए भारत में स्वाधीनता आन्दोलन के साथ भारतीय समाज, संस्कृति और साहित्य के इतिहास लेखन का अभियान चला था।' उनका कहना है, 'ऐसे ही काल में ऐतिहासिक उपन्यासों की रचना सबसे अधिक होती है। इन उपन्यासों के माध्यम से हम अपने स्वर्णिम अतीत को देखकर वर्तमान में प्रेरणा लेना चाहते हैं। इनमें यथार्थवादी, आदर्शवादी, गौरव का बखान करने वाले और पराजय का मार्मिक चित्रण करने वाले दोनों प्रकार के उपन्यास हो सकते हैं।' (समकालीन भारतीय साहित्य पृष्ठ 64, जनवरी-फरवरी 2006)

यहाँ तक हिन्दी की उपन्यास-यात्रा में ऐतिहासिक उपन्यासों की गति-प्रकृति कैसी रही इसे देखा गया और उस गति-प्रकृति में वृन्दावनलाल वर्मा के उपन्यासकार की क्या स्थिति है इसे भी विवेचन का विषय बनाया गया। आगे इसी क्रम में बांग्ला साहित्य में उपन्यासों के प्रादुर्भाव, उनके विकास और उस क्रम में ऐतिहासिक उपन्यासों की धारा में महाश्वेता देवी के ऐतिहासिक उपन्यासों की स्थिति कैसी है, इसे विश्लेषित करने का प्रयास किया जाएगा।

बांग्ला के ऐतिहासिक उपन्यास

बांग्ला उपन्यासों का आविर्भाव कब हुआ और उनका स्वरूप क्या है इसका संक्षिप्त विवेचन विषय की स्पष्टता के लिए आवश्यक है।

बांग्ला में भी उपन्यास शब्द अंग्रेजी के प्रभाव से प्रयुक्त होने लगा है। उपन्यास आधुनिक युग की वस्तु है और यह आधुनिक मन की रचना है।[32] अठारहवीं शताब्दी में यूरोप में इसका उद्‌भव हुआ। वहीं से यह भारत में बांग्ला भाषा में आया। बांग्ला गद्य के काफी समय बाद बांग्ला उपन्यास का प्रादुर्भाव हुआ है।

बांग्ला के प्रसिद्ध आलोचक सुकुमार सेन का कहना है, 'विलायती आदर्शानुसार नॉवेल अथवा उपन्यास का जो अर्थ समझा जाता है, बांग्ला साहित्य में उसका सूत्रपात 'अलालेर घरेर दुलाल' से होता है। हाँ, इसके पहले किसी-किसी लेखक ने कपोल-कल्पित अपनी कहानी का अवलम्बन कर आख्यायिका, प्रणय कहानी आदि की रचना की थी। किन्तु, ये सब टेल (Tale) अथवा कहानी मात्र हैं, नॉवेल अथवा उपन्यास नहीं हैं।'[33]

डॉ. सेन ने उपन्यासों के प्रधान लक्षण तीन माने हैं : कहानी का सम्भाव्य यथार्थ, पृष्ठभूमि की योजना में मानव सुलभ परिवर्तन और परिणमनशीलता एवं विविध चरित्रों की विचित्र (घटनाओं के) घात-प्रतिघात के कारण बहुमुखीनता। इस दृष्टि से प्यारी चाँद मित्र के इस उपन्यास को श्री कनक बन्द्योपाध्याय पूर्ण उपन्यास नहीं मानते हैं और स्वयं आचार्य सेन इसे सर्वाङ्ग उपन्यास मानने में दुविधा का अनुभव करते हैं।[34]

बांग्ला में ऐतिहासिक उपन्यासों के पहले सृष्टिकर्त्ता भूदेव मुखोपाध्याय हैं और उनका पहला ऐतिहासिक उपन्यास, 'अंगुरीय विनिमय' है। इस प्रकार बांग्ला उपन्यास का प्रारम्भ 'अलालेर घरेर दुलाल' से भले हुआ हो किन्तु बांग्ला उपन्यास का पूर्ण एवं मौलिक विकास बंकिमचन्द्र के हाथों हुआ है। इसलिए बंकिमचन्द्र ही बांग्ला उपन्यास के पहले पुरोधा हैं।

इस सन्दर्भ में समीक्षक मोहित लाल मजूमदार का यह कहना ठीक ही है, 'बांग्ला साहित्य में उपन्यास विधा का क्रमिक विकास नहीं होता है। अवयवों से पूर्ण और सर्वांग सुन्दर उपन्यास सच्ची सृष्टि की तरह बंकिमचन्द्र की प्रतिभा से ही प्रस्फुटित हो गया था। इसीलिए 'दुर्गेशनन्दिनी' (1805) के आविर्भाव से स्पष्ट रूप से एक युग के परिवर्तन की सूचना मिली थी।' फिर उन्होंने टिप्पणी करते हुए लिखा है : बांग्ला साहित्य में यही उपन्यास का आदि रूप है एवं इसके कोई पूर्व अथवा इसके किसी अपरिपक्व रूप की खोज करना निरा परिश्रम है।[35]

यहाँ यह ध्यान देने योग्य है कि हिन्दी को अपने मौलिक उपन्यासों के लिए पं. गौरीदत्त, श्रद्धाराम फिल्लौरी, किशोरीलाल गोस्वामी के बाद प्रेमचन्द तक आने के लिए लगभग एक सौ वर्षों की प्रतीक्षा करनी पड़ी थी। वैसी घटना बांग्ला उपन्यासों के साथ नहीं हुई। बांग्ला उपन्यासों ने बंकिम के साथ (जो भारतेन्दु हरिश्चन्द्र के समकालीन थे) ही अपना सर्वांग सुन्दर मौलिक रूप प्राप्त कर लिया।

बंकिम ने रचना रीति, भाषा-विन्यास और घटना वैचित्र की दृष्टि से चौदह उपन्यासों की रचना की। इनमें उनका एकमात्र ऐतिहासिक उपन्यास 'राजसिंह' (1882) है। 'आनन्द मठ' एक राजनैतिक उपन्यास (1802) है।

बंकिम के बाद समर्थ उपन्यास लेखकों में रमेशचन्द्र दत्त का नाम आता है। ये मूलतः इतिहासकार थे। इन्होंने अपने उपन्यासों की विषयवस्तु इतिहास से ली। इनके प्रमुख उपन्यास हैं 'बंग विजेता' (1873), 'माधवी कंकण' (1876), 'महाराष्ट्र जीवन प्रभीत' (1885), 'राजपूत जीवन सन्ध्या' (1886), 'संसार' (1893), 'समाज' (1894)। इनमें प्रथम चार उपन्यास ऐतिहासिक हैं शेष सामाजिक। श्री कनक बन्धोपाध्याय ने रमेशचन्द्र दत्त के उपन्यासों पर टिप्पणी करते हुए कहा है, 'इनके उपन्यासों में ऐतिहासिक तथ्यों की भरमार है। उपन्यास के अन्य तत्त्व इनमें अनुपस्थित हैं। सामाजिक उपन्यासों में इन्होंने ग्रामीण जीवन की कथा को अपना उपजीव्य बनाया है। अपने अतीत के प्रति गौरव जागरण ही इनके ऐतिहासिक उपन्यासों का एकमात्र लक्ष्य है।'[36]

बीच में कुछ हास्य रस के उपन्यास लेखकों को छोड़ दिया जाए तो बांग्ला साहित्य की सभी विधाओं के विकास की दृष्टि से जिस असामान्य प्रतिभा का उदय हुआ वे रवीन्द्रनाथ हैं। उनके उपन्यासों की संख्या बारह है जिनमें 'बउठाकुरानी की हाट' तथा 'राजर्षि' वे दो ऐतिहासिक हैं शेष सामाजिक।

उपन्यासकार रवीन्द्रनाथ के सम्बन्ध में यही कहा जा सकता है कि बंकिम के बाद बांग्ला साहित्य में उन्होंने उपन्यासों की एक नवीन धारा का प्रवर्तन किया। बांग्ला उपन्यासों पर उनकी प्रतिमा की छाप अविस्मरणीय है। फिर भी उनके उपन्यासों पर काव्य का ही प्रभाव अधिक है। विशुद्ध उपन्यास की दृष्टि से उनके दो उपन्यास महत्त्वपूर्ण हैं। एक 'चोखेर बाली' और दूसरा 'शेषेर कविता'।

उपन्यासकार रवीन्द्रनाथ से लेकर अपराजेय कथा शिल्पी शरत्चन्द्र के मध्यवर्ती उपन्यासकारों में—हरिसाधन मुखोपाध्याय, हरप्रसाद शास्त्री, सुखलाल दास बन्धोपाध्याय, सुरेन्द्र मोहन भट्टाचार्य, पाँच कौड़ी डे, नारायण चन्द्र भट्टाचार्य और प्रभात कुमार मुखर्जी भी इसी युग के उल्लेखनीय लेखकों में परिगणित होते हैं।[37]

बांग्ला उपन्यास-साहित्य के तीन युग, तीन दिक्पाल उपन्यासकारों द्वारा स्पष्ट रूप से रेखांकित हैं—बंकिमचन्द्र, रवीन्द्रनाथ और शरतचन्द्र।

बांग्ला उपन्यासकारों में लोकप्रियता की दृष्टि से रवीन्द्रनाथ के बाद शरत्चन्द्र ही आते हैं। इनकी उपन्यास सृष्टि की सबसे बड़ी विशेषता यह है कि हिन्दी के पाठक इन्हें अपनी भाषा का ही लेखक समझते हैं। शरत् की पैठ बंगाल के घर-घर में है और हिन्दी में तो उनके पाठकों का विस्तार प्रेमचन्द के पाठकों जैसा ही है।

शरत्चन्द्र के समकालीन उपन्यासकारों में, हेमेन्द्रप्रसाद घोष, सतीश चट्टोपाध्याय, फणीन्द्रनाथ पाल, सरोजनाथ घोष के नाम उल्लेखनीय हैं। बांग्ला उपन्यास-साहित्य को जिन अन्य लेखकों ने आगे बढ़ाया उनमें प्रमुख नाम हैं, सतीनाथ भादुड़ी, बुद्धदेव वसु, विभूतिभूषण बन्धोपाध्याय, विमल मित्र, सैयद मुजतबा अली, ज्योतिरिन्द्र नन्दी, विमल कर, अद्वैत मल्ल वर्मन, सावित्री राय, गजेन्द्र कुमार मित्र, सुबोध घोष, वनफूल, नारायण गंगोपाध्याय, विभूतिभूषण मुखोपाध्याय, कमल कुमार मजूमदार, शंकर, आशुतोष मुखोपाध्याय, नरेन्द्र नाथ मित्र, शरदिंदु बन्धोपाध्याय, समरेश वसु, आशापूर्णा देवी, श्यामल गंगोपाध्याय, सन्तोष कुमार घोष, बुद्धदेव गुह, मतिनन्दी, रमापद चौधरी, गौर किशोर घोष,

असीम राय, समरेश मजूमदार, मैत्रेयी देवी, महाश्वेता देवी, सुचित्रा भट्टाचार्य, वाणी वसु, नवनीता देव सेन, रामकुमार मुखोपाध्याय, संजीव चट्टोपाध्याय, प्रफुल्लराय, केतकी कुशारी डाइसन, देवेश राय और जय गोस्वामी आदि। इन उपन्यासकारों में से हरेक का बांग्ला उपन्यास-साहित्य में कुछ-न-कुछ अवदान जरूर है। अब नीचे यह विचार किया जाएगा कि बांग्ला साहित्य में ऐतिहासिक उपन्यासों की दशा क्या है और उसमें महाश्वेता देवी की अवस्थिति किस जगह है।

ऐतिहासिक उपन्यासों की विपुलता

हिन्दी की तुलना में बांग्ला उपन्यासों में ऐतिहासिक उपन्यास-धारा का परिसर विशाल और विविधतापूर्ण है। उपन्यासकारों ने सामाजिक, ऐतिहासिक, राजनैतिक, मनोविश्लेषणवादी, सभी तरह के उपन्यासों की रचना की है। इसमें ऐतिहासिक उपन्यासों की विपुलता कोई कम नहीं है। इतिहास और ऐतिहासिक उपन्यासों में क्या अन्तर होता है इसका निरूपण बांग्ला में भी बड़ी सूक्ष्मता से किया गया है। प्रमथनाथ विशी का कहना है, 'इतिहास में जो सत्य होता है और उसका जो सम्भावित सत्य हो सकता है यही दोनों ऐतिहासिक उपन्यास के उपादान होते हैं। फिर इतिहास के सत्य और इतिहासाश्रित उपन्यास के सत्य में यह अन्तर होता है कि इतिहास का सत्य अचल होता है और उपन्यास का सत्य गतिशील। किन्तु इतिहास के सम्भावित सत्य को बदलने में कुछ छूट ली जा सकती है। उसमें लेखक को विषय वस्तु के चुनाव में, पात्रों के गठन में स्वतंत्र कल्पना की स्वतंत्रता रहती है।'[38] भूदेव मुखर्जी को बांग्ला का पहला ऐतिहासिक उपन्यासकार माना जाता है। उसके बाद बंकिमचन्द्र, रमेशचन्द्र दत्त और रवीन्द्रनाथ आते हैं जिनका उल्लेख पीछे किया जा चुका है। बंकिम ने ऐतिहासिक उपन्यासों की रचना की है और रमेश चन्द्र दत्त के उपन्यासों में इतिहास मुख्य है, औपन्यासिक शिल्प कम। रमेशचन्द्र दत्त बंकिम गोष्ठी के उपन्यासकार थे। रमेशचन्द्र दत्त ने जिस समय साहित्य में प्रवेश किया उस समय बंकिमचन्द्र अपनी ख्याति के शिखर पर थे। उनके बंगदर्शन पत्र का उद्देश्य था कर्म, ज्ञान और विचार की दृष्टि से शिक्षित बंगालियों को जाग्रत करना (1872 ई.)। देश के अतीत इतिहास और प्राचीन गौरव के अनुशीलन द्वारा शिक्षित बंगाली के मन में जिससे आत्मसम्मान की भावना संचारित हो सके बंकिमचन्द्र का यही उद्देश्य था। वे बंगालियों में सामाजिक चेतना भी जगाना चाहते थे। देश में राष्ट्रीय संहति का अभाव है इस ओर भी बंकिमचन्द्र सचेष्ट और सचेत थे।[39]

बांग्ला ऐतिहासिक उपन्यासों की दृष्टि से रमेशचन्द्र दत्त का अवदान है उपन्यास में इतिहास और कल्पना के सामंजस्य को युक्ति-युक्त रूप में स्थापित करना। रमेशचन्द्र ने रचना शिल्प की दृष्टि से बंकिम का पूरा-पूरा अनुकरण नहीं किया। उनके उपन्यासों में परिवार व समाज के जो चित्र मिलते हैं वे बंकिम के उपन्यासों में कहाँ हैं।[40]

बांग्ला उपन्यास-साहित्य में रमेशचन्द्र दत्त का अवदान कम नहीं है। इस सम्बन्ध में प्रमथनाथ विशी का कहना है, 'बांग्ला साहित्य में ऐतिहासिक उपन्यासों का युग आसन्नप्राय है ऐसा लगता है। इस युग के बंगाली लेखकों को जीवन-सन्ध्या और जीवन-प्रभात ध्यान से पुनः पढ़ने होंगे। उनकी नजर में इतिहास और शिल्प की अनेक त्रुटियाँ आएँगी। उन त्रुटियों

से बचते हुए परवर्तीकाल के उपन्यासकार अपनी नई शक्ति को खोज सकेंगे। एक जमाने में रमेशचन्द्र ने बंगाली साहित्यकारों को अपने दाहिने हाथ से पकड़कर नये मार्ग पर चलाया था, अब वे अपने बायें हाथ से पकड़कर फिर से पुराने मार्ग में पड़ने वाले खाई-खन्दकों से बचाकर चलने में तुम्हारी सहायता करेंगे।[41]

रमेशचन्द्र दत्त के बाद ऐतिहासिक उपन्यासकारों की शृंखला में स्वर्णकुमारी देवी आती हैं। स्वर्णकुमारी देवी 'भारती' पत्रिका की सम्पादक थीं। इसका उद्‌देश्य था देश के साहित्य, संस्कृति, कला के प्रति देशवासियों में उत्सुकता उत्पन्न करना।

स्वर्णकुमारी के ऐतिहासिक उपन्यासों की विषयवस्तु राजस्थान और बंगाल के इतिहास से गृहीत है। उनके प्रमुख उपन्यास हैं, 'दीपनिर्वाण', 'मेवाड़राज', 'हुगली का इमामबाड़ा', 'विद्रोह', और अन्तिम उपन्यास 'फूलेर माला'।

स्वर्णकुमारी देवी इतिहासकार नहीं थीं किन्तु ऐतिहासिक उपन्यास-रचना के लिए जिस इतिहास ज्ञान की आवश्यकता होती है, उसे उन्होंने प्राप्त किया था। उनकी रचनाओं पर बंकिम और स्कॉट का प्रभाव स्पष्ट रूप से परिलक्षित होता है। रवीन्द्रनाथ ने लिखा है उनके परिवार में अंग्रेजी उपन्यासों का पाठ होता था, उनमें स्कॉट भी थे। स्वर्णकुमारी उस रस से वंचित नहीं थीं।[42]

चण्डीचरण सेन इसके बाद आते हैं। इनके उपन्यासों पर बंकिम और रमेशचन्द्र दोनों का प्रभाव परिलक्षित होता है। इनके उपन्यास इतिहास भी हैं और उपन्यास भी। उस समय इतिहास ग्रन्थों की अच्छी पाठ्य पुस्तकें नहीं थीं, इसलिए ये अपने उपन्यासों में स्थान या समय का विचार किए बिना कहीं भी ऐतिहासिक तथ्यों का उल्लेख करने लगते हैं।[43] यह प्रवृत्ति वृन्दावनलाल वर्मा के उपन्यासों में भी मिलती है। विशेष रूप से 'महादजी सिन्धिया' उपन्यास में।

चण्डीचरण सेन के प्रमुख उपन्यास हैं : 'महाराजा नन्दकुमार', 'अयोध्या की बेगम', 'यह क्या राम की अयोध्या है', 'दीवान गंगागोविन्द सिंह', 'झाँसी की रानी', और दूसरा ग्रन्थ है, मुद्रण यंत्र को स्वाधीनता देनेवाले लॉर्ड मेटकाफ की जीवनी। इन्होंने 'टामकाका की कुटिया' नाम से 'अंकिल टॉम्स केबिन' का अनुवाद कर ख्याति प्राप्ति की। बांग्ला में इतिहास पर आधारित जीवनी मूलक उपन्यास लिखने के ये पुरस्कर्ता हैं। उल्लेखनीय तथ्य यह है कि इन्होंने झाँसी की रानी की भी जीवनी लिखी है। इस पुस्तक का मेरे प्रतिपाद्य की दृष्टि से बहुत महत्त्वपूर्ण स्थान है। यद्यपि सिपाही विद्रोह पर बांग्ला में अन्य पुस्तकें भी लिखी गई हैं किन्तु इसका महत्त्व इस दृष्टि से है कि इसमें चण्डीचरण सेन ने रानी के देशात्मबोध से सम्पन्न चरित्र का प्रतिपादन किया है। उसका 1857 के संग्राम में भाग लेना विवशताजन्य नहीं था। वह तो स्वतः प्रेरित था।[44] इसके बाद ऐतिहासिक उपन्यासकारों में रवीन्द्रनाथ आते हैं जिनका उल्लेख पीछे किया जा चुका है।

रवीन्द्रनाथ के बाद श्रीशचन्द्र मजूमदार के तीन ऐतिहासिक उपन्यासों का उल्लेख किया जाता है। इनका काल, घटनाएँ तो इतिहास की पृष्ठभूमि पर कल्पित हैं किन्तु इनमें प्रधानता उस काल की प्रकृति और जीवन-वृत्तान्त की है। उनके उपन्यास हैं—'शक्ति कानन', 'फूल जानि', 'विश्वनाथ' और 'राइबनी दुर्ग'।

बंकिमचन्द्र चटर्जी के समकालीन अन्य ऐतिहासिक उपन्यासकारों में हैं हरिमोहन मुखोपाध्याय, प्रतापचन्द्र घोष, रामगति न्याय रत्न, गोविन्द चन्द्र घोष, कालीकृष्ण लाहिड़ी, हारानचन्द्र राहा, मनमोहन वसु, केदारनाथ चक्रवर्ती, संजीव चन्द्र चट्टोपाध्याय, कालीप्रसन्न दत्त, क्षेत्र गुलाल, विधुभूषण भट्टाचार्य, प्रबोधचन्द्र सरकार, नगेन्द्रनाथ गुप्त, अम्बिकाचरण गुप्त, हरप्रसाद शास्त्री, सतीशचन्द्र चट्टोपाध्याय, हरिसाधन मुखोपाध्याय, शरत् कुमार राय, दुर्गादास लाहिड़ी आदि।

बंकिम के बाद हुए ऐतिहासिक उपन्यासकारों में आते हैं—हारानचन्द्र रक्षित, सुरेन्द्र मोहन भट्टाचार्य, सत्येन्द्रनाथ दत्त, राखालदास बन्द्योपाध्याय, विभूतिभूषण बन्द्योपाध्याय (इछामती), ताराशंकर बन्द्योपाध्याय, शरदिंदु बन्द्योपाध्याय, प्रमथनाथ विशी, गजेन्द्र कुमार मित्र, नारायण गंगोपाध्याय, श्यामल गंगोपाध्याय, सुनील गंगोपाध्याय आदि।[45]

इन उपन्यासकारों से महाश्वेता देवी इस बात में भिन्न हैं कि उन्होंने समसामायिक विषयों के अतिरिक्त ब्रिटिश राज्य के विरुद्ध संग्राम करने वाले व्यक्तियों को अपने उपन्यासों का विषय बनाया। जबकि अन्य बांग्ला उपन्यासकारों की विषयवस्तु भिन्न है। 'झाँसी की रानी' को उन्होंने उनकी जीवनी कहा है किन्तु यह जीवनी मूलक उपन्यास है। इसके अतिरिक्त उन्होंने 1857 के विद्रोह को केन्द्र बनाकर 'नटी', 'जली थी अग्निशिखा' और 'अमृत संचय' उपन्यास लिखे हैं। इसके अतिरिक्त 'चोट्टी मुंडा', 'हजार चुरासी की माँ' और 'आँधार मानिक' भी ऐतिहासिक प्रसंग पर आधारित उपन्यास हैं।

यहाँ तक हिन्दी और बांग्ला में रचे गए ऐतिहासिक उपन्यासों के परिप्रेक्ष्य में अपने प्रतिपाद्य वृन्दावनलाल वर्मा और महाश्वेता देवी की उपन्यास-सृष्टि की पृष्ठभूमि पर विचार किया गया। बांग्ला में भी प्रचुर ऐतिहासिक उपन्यास लिखे गए और हिन्दी में भी। अन्तर इतना है कि हिन्दी में उपन्यास-शिल्प की दृष्टि से उपन्यासों को रूप ग्रहण करने में लगभग एक सौ वर्ष लगे जबकि बांग्ला में बंकिमचन्द्र उपन्यासों का एक सर्वाङ्ग रूप लेकर प्रकट हुए। फिर यह परम्परा साम्प्रतिक काल तक चलती रही। मेरा प्रतिपाद्य वृन्दावनलाल वर्मा कृत 'झाँसी की रानी' और महाश्वेता देवी की 'झाँसी की रानी' की तुलना करना है इसलिए बांग्ला और हिन्दी के ऐतिहासिक उपन्यासों की धारा में जो परिर्तन हुआ है वह हमारे विवेचन से बाहर है। जैसे-जैसे जीवन और जीवन के प्रति नजरिया बदलता रहता है वैसे-वैसे इतिहास और अतीत के प्रति हमारी दृष्टि भी बदलती रहती है। तब साहित्य की विधाओं के रूप, शिल्प और ढाँचे में परिवर्तन परिलक्षित होने लगते हैं। आगे दोनों उपन्यासकारों की झाँसी की रानी के वस्तु-विन्यास का विवेचन करते हुए दोनों के अन्तर को निरूपित किया जाएगा।

सन्दर्भ-ग्रन्थ

1. हिन्दी उपन्यास : शिल्प और प्रयोग, डॉ. त्रिभुवन सिंह, पृष्ठ 5, हिन्दी प्रचारक संस्थान, वाराणसी, संस्करण 1973
2. हिन्दी वाङ्मय : बीसवीं शती, सम्पादक—डॉ. नगेन्द्र में संकलित डॉ. रणवीर रांग्रा का लेख, पृष्ठ 178, विनोद पुस्तक मन्दिर, आगरा, संस्करण 1773
3. वही, पृष्ठ 177

4. हिन्दी उपन्यास : शिल्प और प्रयोग, पृष्ठ 11
5. वही, पृष्ठ 11
6. समकालीन भारतीय साहित्य, जनवरी–फरवरी, 2006, पृष्ठ 73 पर डॉ. गोपाल राय का आलेख 'अतीत', इतिहास और ऐतिहासिक उपन्यास।
7. वही, पृष्ठ 74
8. वही, पृष्ठ 75
9. वही, पृष्ठ 60
10. वही, पृष्ठ 60
11. वही, पृष्ठ 60
12. 'प्रेमचन्द-पूर्व के हिन्दी उपन्यास' ज्ञानचन्द्र जैन, आर्य प्रकाशन मंडल, दिल्ली, संस्करण 1998, पृष्ठ 15
13. हिन्दी का गद्य साहित्य, डॉ. रामचन्द्र तिवारी, पृष्ठ 124, विश्वविद्यालय प्रकाशन, वाराणसी, संस्करण, 1992
14. वही, पृष्ठ 124 पर उद्धृत आचार्य रामचन्द्र शुक्ल का मत। हिन्दी साहित्य का इतिहास पृष्ठ 455
15. प्रेमचन्द-पूर्व के हिन्दी उपन्यास, ज्ञानचन्द्र जैन, पृष्ठ 29
16. वही, पृष्ठ 220
17. वही, पृष्ठ 53
18. वही, पृष्ठ 73
19. वही, पृष्ठ 91, तथा हिन्दी का गद्य साहित्य, डॉ. रामचन्द्र तिवारी पृष्ठ 126
20. प्रेमचन्द-पूर्व के हिन्दी उपन्यास, पृष्ठ 92
21. वही, पृष्ठ 113
22. हिन्दी का गद्य साहित्य, डॉ. रामचन्द्र तिवारी, पृष्ठ 128
23. वही, पृष्ठ 130
24. वही, पृष्ठ 130
25. प्रेमचन्द-पूर्व के हिन्दी उपन्यास, पृष्ठ 181
26. वही, पृष्ठ 181
27. वही, पृष्ठ 182
28. हिन्दी का गद्य साहित्य, पृष्ठ 130
29. वही, पृष्ठ 132
30. हिन्दी उपन्यास का इतिहास, पृष्ठ 197, राजकमल प्रकाशन नई दिल्ली।
31. हिन्दी के ऐतिहासिक उपन्यास, डॉ. रामनारायण सिंह 'मधुर' पृष्ठ 55 ग्रन्थम कानपुर।
32. बांग्ला साहित्येर इतिहास, श्री कनक बन्द्योपाध्याय, पृष्ठ 378 ए. मुखर्जी एंड को. प्रा.लि., बंकिम चटर्जी स्ट्रीट, कलकत्ता, संस्करण 1368 बंगाब्द।
33. बांग्ला साहित्ये गद्य पृष्ठ 64, सुकुमार सेन, 64, आनन्द पब्लिशर्स कलकत्ता, 1998
34. वही, पृष्ठ 64
35. वर्तमान मासिक के बांग्ला साहित्य शताब्दी विशेषांक, में संकलित डॉ. रामशंकर दिवेदी का लेख 'बांग्ला उपन्यासों की शतवर्ष व्यापी यात्रा', पृष्ठ 20–21
36. सन्दर्भ, वही, पृष्ठ 25
37. सन्दर्भ, वही, पृष्ठ 25, 26, 27
38. सन्दर्भ, 'केरी साहबेर मुंशी' प्रमथनाथ विशी, भूमिका।
39. बांग्ला साहित्ये ऐतिहासिक उपन्यास, विजित कुमार दत्त, पृष्ठ 129 मित्र ओ घोष, सं. चतुर्थ, 1996 कलकत्ता।

40. वही, पृष्ठ 225-226
41. श्री प्रमथनाथ विशी सम्पादित, रमेश रचना-सम्भार 'रमेशचन्द्र दत्त', वही, पृष्ठ 226 पर उद्धृत।
42. वही, पृष्ठ 150
43. वही, पृष्ठ 170
44. वही, पृष्ठ 280
45. द्रष्टव्य वही, पृष्ठ 341, 342, 343 परिशिष्ट।

अध्याय-3

प्रतिपाद्य उपन्यासों का वस्तु-विन्यास

उपन्यास, कहानी और नाटक ये तीन ऐसी विधाएँ होती हैं, जिनमें कोई-न-कोई कहानी अवश्य रहती है। हो सकता है किसी कहानी या नाटक में किसी विचार की प्रधानता हो किन्तु, उसमें किसी-न-किसी कथा का झीना सूत्र जरूर होगा। कहानी जब होगी तो कुछ व्यक्तियों की होगी और जब व्यक्तियों की होगी तो उनके जीवन की कुछ घटनाएँ होंगी और घटनाएँ जब होंगी तो वे किसी-न-किसी देश और काल में घटित होंगी। किसी स्थान विशेष, किसी काल की निश्चित समयावधि में घटित घटनाओं का कोई सिलसिला, कोई परम्परा, कोई इतिहास जरूर होगा फिर जिनके जीवन से सम्बद्ध घटनाएँ होंगी उनके जीवन का कोई उद्देश्य जरूर होगा। पात्र जब होंगे तो उनकी कोई भाषा होगी, वे उस भाषा में बातचीत करते होंगे। ये सारे उपादान घटनाएँ, कहानी, भाषा, संवाद, देश, काल और इन सब को प्रस्तुत करने का शिल्प इन्हीं से किसी उपन्यास के अवयवों की रचना होती है। ये अवयव परस्पर जैविक रचना की तरह गुँथे होते हैं। यहाँ सबसे पहले कथा तत्त्व पर विचार किया जाएगा।

उपन्यास और कथा

'उपन्यास और जो कुछ भी हो यह सर्वप्रथम कथा अवश्य होता है', डॉ. त्रिभुवन सिंह का कहना है।[1] इसका अर्थ यह हुआ कि उसमें ऐसे कार्यों का विवरण होता है जिसके लिए कहानी शब्द का व्यवहार अत्यधिक प्रचलित है। अन्य शब्दों की भाँति 'कहानी' शब्द के अनेक अर्थ होते हैं और कुछ लोग इसे व्याख्या अथवा स्पष्टीकरण के लिए प्रयुक्त करते है, पर 'कथावृत्त' अथवा 'उपन्यास' के लिए प्रयुक्त 'कहानी' शब्द एक निश्चित और सीमित अर्थ में ही प्रयुक्त होता है।

इसका कारण निर्देश करते हुए उनका कहना है, 'इस 'कहानी' में न तो असत्य का संकेत होता है और न तो तथ्यों का विवरण ही। कथा वृत्त शब्द कहानी से अधिक सत्य बोधक है, क्योंकि यह असत्य या तथ्य कथन के अर्थ से मुक्त है।'[2] किन्तु, ई.एम. फार्स्टर जैसे विद्वानों का मानना है कि यदि उपन्यास कहानी विहीन होता तो संगीत माधुर्य और सत्यानुभूति की तरह और भी अच्छा होता किन्तु उनका यह मत सिर्फ कथन मात्र है। उपन्यास की लोकप्रियता को देखते हुए यह सर्वजन मान्य नहीं है। उनका कहना है, 'हाँ उपन्यास

कहानी अवश्य कहता है, क्योंकि यह उसका आधारभूत तत्त्व है जिसके बिना वह जीवित नहीं रह सकता। यह सभी उपन्यासों में पाया जाने वाला तत्त्व है, पर मैं ऐसा अनुभव करता हूँ कि यदि यह तत्त्व न होता तो यह कुछ और होता जैसे—संगीत माधुरी, सत्यानुभूति न कि यह पुरातन रूप विधान।'[3]

इस कथन के परिप्रेक्ष्य में यदि पाठकों की इस चिरन्तन जिज्ञासा पर विचार किया जाए कि इसके बाद क्या हुआ तो यह समझ में आ जाएगा कि कहानी तत्त्व के अभाव में उपन्यास द्वारा मानव मन की यह जिज्ञासा कभी शान्त न की जा सकेगी इसलिए उपन्यास में कथा तत्त्व का होना अनिवार्य है।

इसी तत्त्व को ध्यान में रखकर कहा गया है कि उपन्यास गद्य साहित्य का वह समर्थ रूप है जिसमें प्रबन्ध काव्य की-सी मार्मिकता, नाटकों का-सा प्रभाव, गाम्भीर्य तथा छोटी कहानी की-सी कलात्मकता एक साथ मिल जाएगी। शृंखलाबद्ध कथानक द्वारा सरल तथा गूढ़ मानव चरित्रों का निर्माण, उनकी समस्याओं, सक्रिय गतिविधियों तथा सामाजिक एवं मानसिक संघर्षों से युक्त उनके स्वभावों एवं मन की महती शक्तियों का पूर्ण जीवन्त एवं यथार्थ चित्र कल्पना के द्वारा जिस साहित्य-रूप द्वारा प्रस्तुत किया जाता है, उसे उपन्यास कहते हैं। इसी को स्वर्गीय प्रेमचन्द जी ने मानव जीवन का चित्र कहा है। मानव जीवन की विभिन्न परिस्थितियों, अनुभूतियों, रहस्यों तथा वास्तविकताओं का उद्‌घाटन, उपन्यासों के द्वारा ही सम्भव हो सका है। उपन्यास यथार्थ की भूमि पर मार्मिक ढंग से कही हुई कल्पनामयी विस्तृत, सरस कहानी ही है।[4]

पर उपन्यास जिस कथा-तत्त्व को चुनता है उसका सिर्फ यथार्थ-जीवन की भूमि पर अंकन ही नहीं करता, उसका नये धरातल पर सृजन भी करता है। इस सृजन-कौशल के कारण ही एक ही काल, एक ही व्यक्ति चरित्र को लेकर रचे गए उपन्यासों में अन्तर आ जाता है। मेरे प्रतिपाद्य महाश्वेता देवी और वृन्दावनलाल वर्मा द्वारा अंकित झाँसी की रानी के चरित्रों और पूरे उपन्यास में इसी कारण भिन्नता आ गई है, जिसका विवेचन आगे किया जाएगा। इस भिन्नता का कारण उनका निर्माण-कौशल और उनकी भिन्न दृष्टियाँ हैं।

इसीलिए उपन्यास को एक कला कहा गया है। उसकी कथावस्तु होती तो यथार्थ पर आधारित है, पर उसमें कलाकार की जो सृजन-चेतना उसके निर्माण में सक्रिय रहती है, उसकी कलात्मकता का कारण साहित्य की अन्य विधाओं की तरह उसके सृष्टा की यही सृजन-चेतना रहती है। इसीलिए कहा गया है : उपन्यास एक कला है, अतएव जीवन की अनुकृति होने के अतिरिक्त उसमें किसी-न-किसी अंश में निर्माण-सौष्ठव का रहना आवश्यक हैं। उपन्यासकार एक खाका खींचकर जीवन को रेखाओं के भीतर बाँधना चाहता है। यदि वह ऐसा न करे तो एक विशिष्ट चित्र तैयार न हो।[5] इस चित्र-रचना में ही उसका सृजन-सौन्दर्य निहित रहता है। इसीलिए यह कहना समीचीन होगा कि जीवन के कोरे वर्णन-मात्र को हम उपन्यास नहीं कह सकते, न उसमें सौन्दर्य होगा और न रोचकता होगी। जीवन और रूप-वैचित्र के मिश्रण से ही उपन्यास का रूप खड़ा होता है।[6]

उपन्यास का रूप खड़ा करने में जिन उपादानों का योग होता है उनमें प्रमुख हैं—

कथावस्तु, चरित्र, कथोपकथन तथा वर्णन। कथा का सूत्र प्रारम्भ से अन्त तक धारावाहिक रूप से बढ़ता चलता है। घटना–क्रम के अतिरिक्त परिस्थितियों तथा दृश्यों का भी दिग्दर्शन होता रहता है। कथा सरिता की धारा के समान है और उन परिस्थितियों की, जिनके बीच से होकर वह धारा अग्रसर होती है, हम सरिता के दोनों किनारों से तुलना कर सकते हैं। उपन्यास में वैयक्तिक जीवन का निरूपण सामाजिक अथवा जातीय जीवन को पृष्ठभूमि बनाकर होता है। अतएव उसमें यथार्थ के साथ कल्पना का मेल अनिवार्य है।[7]

कथा और कथानक में अन्तर

कथानक उपन्यास का प्रमुख तत्त्व है क्योंकि इसी पर उसके अन्य तत्त्व आधारित होते हैं। इसलिए इस तत्त्व पर समीक्षकों ने बड़ी गम्भीरता से विचार किया है। कहा गया है कि कथानक उपन्यास, कहानी आदि का वह तत्त्व, जो उसमें वर्णित; कालक्रम से श्रृंखलित, घटनाओं को रीढ़ की हड्डी की तरह दृढ़ता देकर गति देता है और जिसके चारों ओर कहानी बेल की भाँति, उगती, बढ़ती और फैलती है। सीधे तौर पर कह सकते हैं कि कथानक का अर्थ है कार्य–व्यापार की योजना।[8]

किन्तु हर कथा को कथानक या कथावस्तु नहीं कहा जा सकता है। कथानक में कार्य–व्यापार की योजना तो होती ही है किन्तु, इसमें एक कालानुवर्तिता रहती है। ई.एम. फार्स्टर के शब्दों में, 'जैसे रविवार के बाद सोमवार, सोमवार के बाद मंगलवार, बचपन के बाद यौवन, यौवन के बाद प्रौढ़ावस्था, फिर वृद्धावस्था और उसके बाद मृत्यु।'[9] किन्तु, कथानक में एक कार्य–कारण की शृंखला रहती है जो सारी घटनाओं को एक अर्थवत्ता से बाँधे रहती है और उन्हें एक निश्चित परिणति तक ले जाती है।

दरअसल कथानक को जितनी सामान्य वस्तु समझा जाता है, उतना वह होता नहीं है, क्योंकि कथानक और उपन्यास के अन्य तत्त्वों की बुनावट इतनी सूक्ष्म होती है कि उनके सम्बन्धों की जटिलता बाह्य दृष्टि से नजर नहीं आती है। जीवन का सम्बन्ध काल से होता है और स्थान से भी होता है। इन तत्त्वों को वैज्ञानिक दृष्टि से 'टाइम' (काल) और 'स्पेस' (आकाश, स्थान, अवकाश) इन दो तत्त्वों के माध्यम से व्यक्त किया जाता है। काल गतिशील होता है। उसकी यह गतिशीलता किसी–न–किसी दिक् प्रान्तर अर्थात स्थान में होती है। इसलिए कथानक की गतिशीलता किसी–न–किसी दिशा में होती है। कथानक की यह गति घटनाओं के जमघट के कारण लक्षित नहीं होती है किन्तु उसकी सूक्ष्म धारा ही पाठक की चेतना में यह झंकार उत्पन्न करती रहती है कि आगे क्या हुआ ? फिर क्या होगा ? इसलिए कथा तत्त्व के विवेचन के समय समीक्षकों ने यह कहा है : कथानक में समय की गति घटनाओं को खोलती जाती है और साथ ही यह भी प्रमाणित करती जाती है कि विश्व का संघटन युक्तियुक्त है, उसमें कार्यकारण का अन्त: सम्बन्ध है और वह बुद्धिगम्य है।[10]

यहाँ भी इसी तत्त्व की ओर संकेत किया गया है कि कथानक की घटनाओं के पीछे कार्यकारण सम्बन्ध और उनकी तार्किक दृष्टि से युक्ति–युक्तता प्राकृतिक घटनाओं की

तरह अनुकृतिमूलक न होकर सृजन चेतना से युक्त होती है। इसी को भिन्न शब्दों में इस प्रकार कहा गया है :

कथानक की घटनाएँ यथार्थ घटनाओं की ठीक प्रतिकृति नहीं होतीं। उनकी संयोजना कला के स्वनिर्मित विधान के अनुसार होती है।[11] कथानक की घटनाएँ कैसी भी हो सकती हैं पर उन्हें कला के स्वीकृत मानदंडों के आधार पर होना चाहिए। इस दृष्टि से पहला मानदंड है उनकी सम्भाव्य विश्वसनीयता। पाठक को ऐसा लगना चाहिए कि इन परिस्थितियों में ऐसा ही हो सकता था, जैसा कि उपन्यासकार ने चित्रित किया है। कथानक में विश्वास जमाने का गुण होना चाहिए, कथाकार को इसलिए एक सिद्ध मिथ्यावादी कहा गया है।

कथानक के गुण

कथानक को अंग्रेजी के प्लॉट शब्द के पर्याय रूप में प्रयुक्त किया जाता है। प्लॉट का एक अर्थ षड्यंत्र रचना या कपट–योजना भी होता है। इस अर्थ की छाया कथानक के परिवर्तनशील रूप में परिलक्षित की जा सकती है। फिर यहीं से कथानक की घटनाओं की एक और विशेषता दृष्टिगोचर होने लगती है और वह है उनका सीधी रेखा में न बढ़कर, आँकी–बाँकी रेखाओं में बढ़ना। इसी को कहते हैं कथानक में उतार–चढ़ाव आना। इससे दो तत्त्व साधित होते हैं, एक है कथानक का विकास और दूसरा है उसमें उत्सुकता के तत्त्व की उपस्थिति। परिस्थितियाँ मनुष्य को कुछ का कुछ बना देती हैं। उसे अपने संगी–साथियों अथवा प्रतिकूल शक्तियों के साथ संघर्ष करना पड़ता है। कथानक में जीवन के इसी गतिमान संघर्षशील रूप की अवतारणा की जाती है।[12]

इसके अलावा कथानक में आकस्मिकता का भाव होना चाहिए। इससे घटनाओं में तीव्रता और भावोत्तेजना पैदा होती है, कुछ–कुछ पाठक को झटके के साथ चौंकाने का भाव। इस सन्दर्भ में कहा गया है किसी उपन्यास या नाट्य की कथा की यदि यह प्रतिक्रिया हो कि वह कितनी सच्ची है और फिर भी कितनी आश्चर्यजनक, तभी उसकी सफलता है।

कथानक के सन्दर्भ में कार्य–व्यापार की एकता पर भी विचार किया गया है। अरस्तू के अनुसार कार्य–व्यापार में स्थान, पात्र, काल की एकता का होना बहुत आवश्यक है। उसके अनुसार कथानक के रूप–विन्यास में परिपूर्णता, आरम्भ, मध्य और अन्त का होना बहुत आवश्यक है। इससे कथानक में सम्बद्धता और एकान्विति का समावेश हो जाता है और मुख्य कथा, उपकथा, प्रासंगिक कथाओं में एक श्रृंखला पैदा हो जाती है। फिर कथानक और चरित्र का क्या सम्बन्ध है. कथानक पहले आता है या चरित्र ? यह प्रश्न अत्यन्त जटिल है। इतना कहा जा सकता है कि कथानक और चरित्र परस्पर इस प्रकार गुँथे हुए होने चाहिए कि उन्हें अलग–अलग किया ही न जा सके। कथानक चरित्र से निकलता हुआ दिखाई दे तथा चरित्र कार्य–व्यापार के द्वारा निर्मित जान पड़े। फिर कथानक के सन्दर्भ में रचनाकार को एक समस्या का सामना और करना पड़ता है कि उसमें मौलिकता तथा विचित्रता कैसे पैदा की जाए।

पीछे कहा जा चुका है कि उपन्यास का मुख्य उद्देश्य कहानी कहना है क्योंकि कहानी सुनने की प्रवृत्ति मानव की मूल विशेषता है। इसलिए कहा गया है अन्य साहित्य रूपों की अपेक्षा उपन्यास पाठकों के निर्माण में जो अधिक सफल सिद्ध हो सका है, उसके मूल में उसकी कथात्मकता ही है।[13] इसलिए कहानी तत्त्व को उपन्यास का मूलाधार कहा गया है। उपन्यासों के माध्यम से मुख्यत: कहानी कही जाती है। पठनीयता उपन्यास की सबसे बड़ी विशेषता है। कहानी के अभाव में उपन्यास की पठनीयता भी समाप्त हो जाती है।

मुख्य और गौण कथाएँ

उपन्यास में एक मुख्य कथा होती है और उसमें कुछ गौण कथाएँ भी होती हैं। इसका अर्थ यह है कि उपन्यास के प्रधान पात्र को घेरकर चलने वाली कथा को मुख्य कथा की संज्ञा दी जाती है। नाटकों में जिसे आधिकारिक कथा कहा जाता है, उपन्यास में उसे मुख्य कथा कहते हैं। मुख्य कथा के साथ-साथ चलने वाली नायक के सहयोगी पात्रों की कथाएँ प्रासंगिक कथाएँ कहलाती हैं, जिनकी संख्या एक से अधिक भी हो सकती है। इन कथाओं का सृजन मुख्य कथा को और स्पष्ट करने, उसे गति देने के उदेदश्य से किया जाता है। इन कथाओं के सृजन के सम्बन्ध में यह कथन महत्त्वपूर्ण है कि इनकी संख्या उपन्यासकार के उर्वर मस्तिष्क, कल्पना और कौशल पर निर्भर करती है। इनकी उपयोगिता का आधार उपन्यास में विवादास्पद प्रसंगों की उद्‌भावना, देश-काल चित्रण, युगबोध की सृष्टि चरित्र-वैविध्य और आकारवर्धन में सहायता होती है।[14] प्रासंगिक कथाओं के महत्त्व के सम्बन्ध में डॉ. त्रिभुवन सिंह का यह कथन विचारणीय है कि 'विषम से विषम समस्याओं का व्यापक परिवेश में जो चित्रण उपन्यासों के माध्यम से सम्भव हो रहा है उसके मूल में प्रासंगिक कथाएँ ही हैं, जो मुख्य कथा को व्यापकता प्रदान करती हैं। कथा के समानान्तर आरम्भ से अन्त तक चलने वाली अनुकूल सहयोगी कथा को 'साधक' और प्रतिकूल भूमि निर्मित करके मुख्य कथा को तीव्रता प्रदान करने वाली कथा को 'बाधक' की संज्ञा दी गई है। उपन्यास के मध्य भाग में बनने और समाप्त होने वाली कथाओं को मध्यवर्ती प्रासंगिक कथाओं की संज्ञा दी जा सकती है।'[15] मुख्य और प्रासंगिक कथाओं को मेरे प्रतिपाद्य दोनों लेखकों के झाँसी की रानी पर लिखे गए उपन्यासों में स्पष्ट रूप से लक्षित किया जा सकता है, जिसका विवेचन आगे किया जाएगा।

कहानी और कथानक की विभेदक रेखाएँ

साधक कथाओं से भी अधिक महत्त्व बाधक कथाओं का होता है। अगर विरोधी पात्र और परिस्थितियाँ न हों तो एक ओर तो मुख्य कथा के विकास का अवसर नहीं मिलेगा, दूसरी ओर मुख्य पात्रों को कौशल प्रदर्शन का अवसर नहीं मिलेगा और उपन्यास को प्रभावी बनाने की परिस्थिति भी निर्मित न हो सकेगी।

हर उपन्यास का आधार कोई-न-कोई कहानी होती है किन्तु, यहाँ पर कहानी और कथावस्तु का अन्तर स्पष्ट करना भी जरूरी है। इस सन्दर्भ में यह कथन विचारणीय

है : कहानी, कथावस्तु अथवा प्लॉट का आधार अवश्य प्रस्तुत करती है, पर कथावस्तु, कहानी की अपेक्षा एक उच्चस्तरीय साहित्यिक संगठन है। उपन्यासों के माध्यम से कही जाने वाली कहानी, अन्य कहानियों की भाँति सीधे-सादे ढंग से लेखक द्वारा ही नहीं कह दी जाती बल्कि उपन्यासकार को उसकी समुचित व्यवस्था करनी पड़ती है। उसका क्रम निर्धारण करना पड़ता है तथा आये हुए अन्य प्रसंगों के साथ उसकी संगति बैठानी पड़ती है। इसलिए कहानी और उपन्यास की कहानी में मुख्य अन्तर होता है उसका कथावस्तु में रूपान्तरित हो जाना। कथावस्तु में घटनाओं का सुनियोजित और सुव्यवस्थित विवरण प्रस्तुत किया जाता है इसलिए कहानी और कथावस्तु दोनों पर्यायवाची नहीं होते हैं।[16]

यहाँ पर यह भी विचारणीय है कि एक ही कथानक पर यदि दो उपन्यासकार अथवा कहानीकार अपनी रचना करें तो आवश्यक नहीं कि दोनों में साम्य हो। विषमता की ही सम्भावना अधिक रहती है। डॉ. त्रिभुवन सिंह ने जिस तथ्य की ओर ध्यान दिलाया है वह मेरे प्रतिपाद्य की दृष्टि से महत्त्वपूर्ण है। इसलिए एक ही कथावृत्त पर लिखे गए वृन्दावनलाल वर्मा और महाश्वेता देवी के उपन्यास 'झाँसी की रानी' की कहानी एक होते हुए भी अपने 'ट्रीटमेंट' में भिन्न है। किस प्रकार, इसका विवेचन आगे किया जाएगा।

इतिहास और ऐतिहासिक उपन्यास में अन्तर

कथानक की दृष्टि से यहाँ एक बात और विचारणीय है कि इतिहास और ऐतिहासिक उपन्यास के कथानक में अन्तर होता है। अगर कोई उपन्यासकार इतिहास को प्रमुखता देता है तब उसका उपन्यास ऐतिहासिक विवरणों का पुलिन्दा मात्र होगा और उसने ऐतिहासिक तथ्यों के आधार पर अपने जिस उपन्यास की रचना की है उसमें कल्पना के कारण सरसता आ जाएगी और वह ऐतिहासिक तथ्यों का अतिक्रमण कर जाएगा। अगर वह ऐसा नहीं कर पाता है तब उसमें ऐतिहासिक विवरणों की अधिकता के कारण नीरसता आ जाना स्वाभाविक है। वृन्दावनलाल वर्मा के ऐतिहासिक उपन्यासों के कथानक में यह दोष देखा जा सकता है। वे इतिहास के प्रति अधिक समर्पित हैं, उपन्यास-रचना के प्रति कम। इसी परिप्रेक्ष्य में डॉ. त्रिभुवन सिंह का यह कथन और उद्दीप्त हो उठता है, 'शुद्ध ऐतिहासिक उपन्यास इतिहास के अत्यन्त निकट होता है इसमें एक प्रकार से किसी-न-किसी प्रसिद्ध इतिहास-पुरुष की तथ्यात्मक जीवनी ही लिखी जाती है। कल्पना के लिए अवकाश कम होने के कारण इसमें औपन्यासिकता का अभाव होता है।' इसके कारण का निर्देश करते हुए डॉ. त्रिभुवन सिंह आगे कहते हैं, 'उपन्यासकार इतिहास की किसी घटना विशेष अथवा पात्र विशेष से अधिक प्रभावित रहता है और इस प्रभाव के कारण वह अपने सम्पूर्ण ऐतिहासिक ज्ञान का उपयोग अभीष्ट घटना अथवा पात्र-चित्रण के निमित्त करता है जिससे तथ्यात्मक नीरसता के आ जाने के कारण उपन्यास अपनी पठनीयता खो बैठते हैं। इन उपन्यासों के सन्दर्भ में यह टिप्पणी सटीक बैठती है कि ऐतिहासिक पात्रों और घटनाओं के प्रति

न्याय के अभाव में ये उपन्यास एक प्रकार से साहित्यिक कलेवर में जातीय अथवा राष्ट्रीय संशोधित इतिहास प्रस्तुत करते हैं।'[17] इस सम्बन्ध में यह टिप्पणी भी मेरे प्रतिपाद्य की दृष्टि से ध्यातव्य है : हमारा इतिहास विकृत रूप में प्रस्तुत किया गया था जो जनता को निर्वीर्य बनाने वाला था न कि प्रोत्साहित करने वाला। नये इतिहास-सर्जन का कार्य ऐतिहासिक नाटकों और ऐतिहासिक उपन्यासों के माध्यम से हुआ। निश्चित रूप से शुद्ध ऐतिहासिक उपन्यासों के निर्माण के मूल में यही भावना थी। उदाहरण के लिए वृन्दावनलाल वर्मा के 'झाँसी की रानी' जैसे अधिकांश उपन्यासों को लिया जा सकता है, जो शुद्ध ऐतिहासिक कोटि में आते हैं।[18]

अभी तक उपन्यास में वस्तु का अर्थ, कहानी और कथानक में अन्तर, वस्तु के चयन की प्रक्रिया, कथानक के स्वरूप का निर्माण, उसमें तथ्यों की बहुलता, मुख्य तथा प्रासंगिक कथाओं की स्थिति, मुख्य कथानक के विकास में सहयोगी और विरोधी कथा प्रसंगों का योगदान, कथानक का प्रारम्भ, विकास और उसमें आने वाली द्वन्द्वात्मक स्थिति की परिणति, मुख्य कथानक और गौण कथा प्रसंगों में ऐक्य और इनसे जुड़े कार्य-कारण सम्बन्ध की अनिवार्यता, कथानक में आकस्मिकता, उत्सुकता ओर वैचित्र्य के तत्त्व इन सब पर विचार किया गया। आगे पहले वृन्दावनलाल वर्मा की 'झाँसी की रानी' की कथावस्तु तथा उसके चुनाव का आधार, उसके विकास के विविध सोपान उनकी परिणति, उसमें कल्पना तत्त्व की स्थिति इन पर विचार किया जाएगा।

वृन्दावनलाल वर्मा की 'झाँसी की रानी'

वृन्दावनलाल वर्मा के इस ऐतिहासिक उपन्यास की सृष्टि राष्ट्रीय जागरण तथा स्वतंत्रता-संग्राम के प्रभाव में हुई। फलतः इसमें अतीत वैभव का स्मरण तथा राष्ट्र के लिए बलिदान होने की भावुक प्रेरणा और सर्वस्व लुटाकर आत्मसम्मान की रक्षा करने का भाव प्रधान रूप से विद्यमान है।[19] 'झाँसी की रानी' की मुख्य कथावस्तु इसी भावना से प्रेरित होकर विन्यस्त की गई है। इसके अलावा झाँसी की रानी का राष्ट्रीय संग्राम में भाग लेना स्वार्थ पूरा न होने और परिस्थितियों की विवशता के कारण प्रेरित था, इस बात के खंडन के लिए भी इसकी कथा-रचना की गई है।[20]

'झाँसी की रानी' का कथानक चार भागों में विभक्त किया गया है। प्रथम भाग 'उषा के पूर्व' एक संक्षिप्त भूमिका के रूप में विन्यस्त है। 'उदय खंड' में रानी के शैशव से लेकर विवाह तथा दत्तक की अस्वीकृति तक की घटनाएँ दी गई हैं। 'मध्याह्न' में विभिन्न छावनियों के असन्तोष, रानी के सैन्य संगठन, सिपाही-विद्रोह के आरम्भ, झाँसी पर रानी का पुनः अधिकार तथा शासन व्यवस्था आदि के वर्णन हैं और अन्त में झाँसी का विध्वंस, कालपी तथा ग्वालियर का युद्ध और रानी की मुत्यु का अंकन किया गया है। जिसे हम शैशव, यौवन तथा अन्त काल के नाम से भी अवहित कर सकते हैं।[21]

इस कथा-रचना के माध्यम से लेखक ने रानी के सम्बन्ध में बिखरी समस्त ऐतिहासिक तथा पारम्परिक घटनाओं को लेकर अपनी कल्पना का अद्‌भुत रस डालकर रानी के एक ऐसे आदर्श चरित्र का निर्माण किया है, जो हिन्दी साहित्य के लिए ही नहीं बल्कि

भारतीय इतिहास के लिए भी एक नवीन देन है।

ऊपर संक्षेप में जिस कथा का उल्लेख किया गया है उसकी संघटना में भी एक विचारपूर्ण योजना है। 'उदय' वाले भाग में प्रधान पात्र एवं घटनाओं का उत्तरोत्तर 'उत्कर्ष' है, 'मध्याह', में कथा सीधी रेखाओं में आगे बढ़ती है तथा 'अस्त' में समाप्ति की ओर अग्रसर हो जाती है। आदि से अन्त तक कथा में प्रवाह बड़ा क्रमिक है। मूल कथा का प्रारम्भ रानी के बचपन से होता है और उसका अन्त उसकी मृत्यु से हो जाता है। किन्तु, 'उदय', 'अस्त' दोनों प्रभापूर्ण हैं। 'उदय' के पूर्व भी अँधेरा था और 'अन्त' के उपरान्त भी किन्तु, 'अस्त' में ही पुनः 'उदय' का आशावादी सन्देश भी है।[22]

हिन्दी उपन्यास के लेखक श्री शिवनारायण श्रीवास्तव तथा ऐतिहासिक उपन्यासों की सांगोपांग विवेचना करने वाले डॉ. सत्यपाल चुघ ने वृन्दावनलाल वर्मा कृत 'झाँसी की रानी' उपन्यास की पक्षपात रहित, विस्तृत समीक्षा की है। उनके निष्कर्ष आज भी प्रासंगिक हैं। उन्होंने 'झाँसी की रानी' की मुख्य तथा प्रासंगिक कथावस्तु का विवेचन करते हुए प्रायः एक से निष्कर्ष निकाले हैं। उनका कहना है कि अगर झाँसी की रानी उपन्यास के मुख्य कथानक और इसमें अनुस्यूत प्रासंगिक कथाओं का विश्लेषण किया जाए तो इन निष्कर्षों पर पहुँचा जा सकता है—यह उपन्यास कम झाँसी की रानी का जीवन चरित अधिक है। उपन्यास शिल्प की ओर लेखक का ध्यान कम रहा है, उसकी दृष्टि 1857 के संग्राम, झाँसी की रानी ने उस संग्राम में क्यों भाग लिया, तथा उस युग की राजनैतिक, सामाजिक तथा आर्थिक स्थिति क्या थी इसके विश्लेषण में अधिक रमी है। फलतः इसके कई परिच्छेदों में ऐतिहासिक आँकड़ों, दस्तावेजों के उदाहरणों और इस प्रकार इतिहास की भरमार अधिक है। इस दृष्टि से उसने अपनी मुख्य कथा के मुख्य पात्र झाँसी की रानी को जो आधार बनाया उसके चित्रण में एक आदर्श योद्धा के चरित्र को उभारने की ओर उसका ध्यान अधिक रहा है। वह एक नारी थी, नारी सुलभ भावनाओं से युक्त थी इन्हें उभारने की ओर उसमें उतनी सजगता नहीं रही है, जितनी रहनी चाहिए।[23]

उपन्यास की मुख्य कथावस्तु का ऊपर जो संक्षेप में उल्लेख किया गया है उसका विस्तृत विवरण इस प्रकार है : वृन्दावनलाल वर्मा के अन्य उपन्यासों ('गढ़ कुंडार', 'विराटा की पद्मिनी') की अपेक्षा 'झाँसी की रानी' का चित्रपट किसी एक जाति या प्रान्त विशेष का नहीं, बल्कि सम्पूर्ण राष्ट्र के एक महत्त्वपूर्ण अनुष्ठान का वर्णन है। अतएव जो विशालता एवं महत्ता इस उपन्यास में है, वह उपर्युक्त अन्य दोनों उपन्यासों में नहीं आ पाई है। उनमें कहानी कहने की प्रवृत्ति प्रबल है, इसमें एक निश्चित धारणा का प्रतिपादन उद्दिष्ट है। इस वजह से 'झाँसी की रानी' की कथावस्तु की प्रकृति में बदलाव आ गया है। इसकी कथावस्तु में घटनाओं के घटने की उतनी नहीं, इतनी वे क्यों घटीं उनके ऐतिहासिक तथ्यों और कारणों की छानबीन अधिक है। उपन्यासकार की इस प्रवृत्ति के कारण उसका चरित्र-चित्रण, पात्रों का निर्माण, वातावरण का सृजन, कथोपकथन आदि उपन्यास के अन्य उपादानों की प्रकृति भी बदल गई है। 'गढ़ कुंडार' और 'विराटा की पद्मिनी' में अज्ञान-जनित शक्ति-क्षय का वर्णन है, इसमें जाति एवं

देश को मुक्त कराने की एक व्यवस्थित योजना है। उनमें नारी का रूप-यौवन युद्ध का कारण बना है, इसमें शक्तिमती नारी ने युद्ध का संचालन किया है।

ऊपर मुख्य कथावस्तु के सुनियोजित संयोजन का जो विवेचन किया गया उस सम्बन्ध में सारतः कहा जा सकता है, 'उदय' भाग में कथा के आधारभूत पात्रों एवं घटनाओं का उत्तरोत्तर उत्कर्ष है। 'मध्याह्न' में कथा समतल पर आ जाती है। इसमें अंग्रेजों के प्रति व्यापक रोष, रानी के प्रयत्नों के विस्तार, सन सत्तावन की क्रान्ति का प्रारम्भ, झाँसी पर रानी का अधिकार तथा उसकी शासन-व्यवस्था, घरेलू डाकू का उत्पात और उसे बन्दी बनाना, देशी राजा पर रानी की विजय तथा अंग्रेजों के आसन्न आक्रमण की सूचना का वर्णन है। 'अस्त' में रानी के जीवन तथा कार्यों का अवसान है। इसमें अंग्रेजों के झाँसी पर आक्रमण, रानी का घोर मुकाबला, रानी को बाहरी सहायता न मिलने के कारण उसकी पराजय, दूसरे राज्यों का आश्रय न मिलने से अंग्रेजों से दो बार लोहा लेने और अन्त में युद्ध करते-करते वीरगति को प्राप्त होने का वर्णन है। इस आधार पर कहा जा सकता है कि मुख्य कथा रानी-केन्द्रित होने के कारण यह जीवन-चरित्रात्मक उपन्यास है। इसकी पुष्टि में डॉ. सत्यपाल चुघ ने कतिपय कारण बताए हैं, उनमें प्रमुख हैं[24] : पूरी कथा जीवन-चरित्र के आधारभूत पात्र को केन्द्र बनाकर चली है। इसमें रानी का सम्पूर्ण जीवन-चरित्र है किसी अन्य पात्र का नहीं। लेखक दूसरे पात्रों के चरित्र-चित्रण पर बहुत कम रुका है और अगर अन्य पात्रों का विवरण दिया भी है तो रानी के चरित्र को विस्तार देने के लिए। इसमें रानी की जन्म-तिथि से उसके पूरे वंश वृक्ष का वर्णन दिया गया है, जिसकी कोई आवश्यकता नहीं थी। इसमें जगह-जगह रानी की छोटी-से-छोटी घटना तक का लेखक वर्णन करता है। इसमें हर प्रसंग रानी से जोड़ा गया है, रानी का चित्रण चरित्रांकन की दृष्टि से किया गया है, उपन्यासकार की दृष्टि से नहीं। इसमें रानी का अन्तरंग चित्र नहीं है, रानी का चित्रण श्रद्धापूर्ण दृष्टि से किया गया है, उपन्यासकार की तटस्थ दृष्टि से नहीं। उद्दिष्ट पात्र की आयुवृद्धि के अनुसार घटनाओं का क्रमिक विकास होने से विशेष कुतूहलपूर्ण औपन्यासिक कथानक की सृष्टि नहीं हो सकी है। उदाहरण के लिए प्रस्तावना के अन्त में लेखक किसी विशेष उत्सुकता की सृष्टि में सफल नहीं हुआ है। 'उदय' में आकस्मिक रूप से उसके किशोर जीवन का चित्रण और उसका विस्तार चार परिच्छेदों में किया गया है, जिससे कथा की गति रुक जाती है। ये सब तत्त्व होते हुए भी 'झाँसी की रानी' उपन्यास 'जीवन-चरित्रात्मक' है, 'जीवन-चरित्र' नहीं है।[25] दरअसल झाँसी की रानी को केन्द्र बनाकर लेखक ने जिस क्रान्ति-कथा को वाणी दी है, उसके पीछे उसका व्यापक उद्‌देश्य था। झाँसी की रानी तो उसका एक माध्यम है, जिसके द्वारा लेखक ने तत्कालीन युग का, उससे सम्बद्ध घटनाओं तथा पात्रों का जीवन्त चित्रण किया है। यही उसके मुख्य कथानक का उद्‌देश्य है। रानी का जीवन-चरित्र लेखक के व्यापक उद्‌देश्य को अपने महत्त्वपूर्ण कार्यों तथा इतिहास-प्रसिद्धि से सँभाल सकता था इसलिए वर्मा जी ने उसे भारतीय-स्वतंत्रता-संग्राम के प्रतिनिधि-प्रतीक के रूप में प्रस्तुत किया है।[26]

अन्य प्रासंगिक कथाएँ

वर्मा जी के प्राय: सभी कथानक इतिहास अथवा लोकगाथा पर आधारित रहते हैं। देखने की बात यह है कि मुख्य कथा के अन्तर्गत कई ऐसी उपकथाएँ भी वे गूँथ देते हैं, जो काल और समाजगत अवस्था को देखते हुए बिलकुल संगत होती हैं। इस दृष्टि से 'झाँसी की रानी' की कथावस्तु-संरचना पर विचार करें तो इसकी जटिलता हमारी नजर में आ जाएगी। मुख्य कथा रानी को लेकर चलती है, मगर इसमें तात्या टोपे, खुदाबख्श, जूही, मोतीबाई, झलकारी दुलैया, नारायण शास्त्री तथा कई अन्यों की भी उपकथाएँ बुनी हुई हैं। इस सन्दर्भ में यह कथन उल्लेखनीय है कि वर्मा जी ने प्रत्येक उपकथा को ताने में वाना और वाने में बाना करके ऐसी दक्षता के साथ एक-दूसरे में घुला-मिला दिया है कि मूल कथा का प्रभाव कई गुणा बढ़ जाता है और वह कहीं-से-कहीं पहुँच जाता है। वस्तुत: विषयवस्तुगत एकता को साधते हुए, विभिन्न समानधर्मा कथाओं का एक साथ निर्वाह करते हुए, चलना सरल नहीं है। इसके लिए कला-कुशाग्रता ही नहीं दूर दृष्टि भी अपेक्षित हुआ करती है और इस बात को नकारा नहीं जा सकता कि कई कथा-प्रसंगों को एक साथ चलाये बिना, जीवन का सुविस्तृत और गम्भीर परिदर्शन सफलतापूर्वक नहीं किया जा सकता है। वर्मा जी की इस प्रविधि-गत कुशलता के लिए डॉ. रामविलास शर्मा ने उनकी विशेष प्रशंसा की है। अपनी पुस्तक 'परम्परा के मूल्यांकन' में वे कहते हैं : वर्मा जी सामन्त वर्ग और जन साधारण दोनों का चित्रण करते हैं, इसलिए उनके दो या सबसे अधिक पात्रों को अपना अलग-अलग केन्द्र बिन्दु बनाना पड़ता है। कथा के अनेक सूत्र बिखरे हुए हैं, फिर भी एक-दूसरे से जुड़े हुए चलते हैं। कुछ लोग इसे दोष समझते हैं। लेकिन कथा के अनेक सूत्र बिखेरना और फिर उन्हें समेटना आसान नहीं होता। कथा की एकसूत्रता के लिए कुछ आलोचकों का हठ वैसा ही है जैसी एलिजाबेथ-युगीन अंग्रेजी नाटकों में समय और स्थान की माँग थी। कथानक की बहुसूत्रता से वर्मा जी उपन्यासों में वह वैचित्र्य, सरसता और चित्रण की विविधता ला सके हैं, जो तथाकथित सुगठित कथानकों में सम्भव नहीं होती है।[27]

प्रेम प्रसंगों की अवतारणा

आधिकारिक कथा को विकसित करने तथा तत्कालीन समाज का चित्र अंकित करने के लिए और बहुत से प्रसंगों का वर्णन किया गया है। अन्य उपन्यासों की भाँति 'झाँसी की रानी' की कथावस्तु में रोचकता लाने के लिए कई प्रेम कहानियों की इसमें उद्भावना भी की गई है। इनमें कुछ तो नितान्त काल्पनिक हैं और कुछ जनश्रुति पर आधारित हैं। ये सभी आदर्श प्रेम के दृष्टान्त हैं, किन्तु इनके कारण ऐतिहासिक तथ्यों के रूखेपन में सरसता का आधान हो गया है। ये हैं मोतीबाई और खुदाबख्श का प्रेम, जूही और तात्या टोपे का प्रेम, सुन्दर और रघुनाथ सिंह का प्रेम तथा नारायण शास्त्री और भंगिन का प्रेम। अन्तिम को छोड़कर अन्य तीनों ही दु:खात्मक हैं। मोतीबाई एवं खुदाबख्श परस्पर एक-दूसरे को हृदय से प्रेम करते थे किन्तु, कर्तव्य की कठोरता ने उन्हें वैवाहिक बन्धन में बँधने न दिया। जूही का तात्या के प्रति प्रेम एकपक्षीय लगता है। तात्या अपनी धुन में इतना मस्त रहता है कि उसे प्रेम का

प्रत्युत्तर देने का अवकाश ही नहीं मिला, फिर भी लेखक ने उसके गम्भीर प्रेम का संकेत बड़ी सतर्कता के साथ स्थान-स्थान पर किया है। प्रेम ने इन दोनों में से किसी को भी कर्तव्यच्युत नहीं किया है। ग्वालियर के किले में अपनी तोपों से आग उगलती हुई जूही अपने प्रेम को हृदय में लिए हुए ही सदा के लिए विदा हो गई। मोती अधिक भाग्यशालिनी थी। उसने अपने प्रिय के लिए अपने हाथों कब्र खोदी और स्वामिनी की सेवा में आहत होकर स्वामिनी की ही गोद में प्राण त्याग दिए। उसकी कब्र भी खुदाबख्श के बगल में खोदी गई। सुन्दर अन्त तक रानी के साथ रही और जब चोट खाकर गिरी तो उसके प्रिय रघुनाथ सिंह ने उसे सम्हाल लिया। वह रानी के साथ जलाई भी गई। इस प्रकार इन तीनों प्रेम प्रसंगों का उदय युद्ध के वातावरण में ही होता है और युद्ध करते-करते ही प्रेमी-प्रेमिका का अन्त हो जाता है। नारायण शास्त्री का प्रेम दूसरे प्रकार का है। वह छोटी के लिए जाति और धर्म का परित्याग कर भी आनन्दित रहता है। इसमें दाम्पत्य प्रेम की भी झलक मिलती है। झलकारी और पूरन का प्रेम, बख्शी और बख्शिन का प्रेम भी उल्लेखनीय है।[28]

कल्पना का समावेश

मुख्य कथा और प्रासंगिक कथा-प्रसंगों के चित्रण में लेखक ने अपनी कल्पना-कुशलता का पर्याप्त प्रयोग किया है। कल्पना के साथ-साथ उसका विवेक भी इसमें सहायक हुआ है। प्रेम-प्रसंगों की अवतारणा, उनके विकास के लिए मनोवैज्ञानिक स्थितियों का चित्रण तथा उनकी अवतारणा, उनके विकास में उसकी कल्पना शक्ति की उद्‌भावना देखने योग्य है।

यहाँ तक वृन्दावनलाल वर्मा कृत 'झाँसी की रानी' के मुख्य कथानक, उससे जुड़ी प्रासंगिक कथाओं, इसके पूर्व कथानक का तात्त्विक विवेचन इस दृष्टि से किया गया जिससे कथानक के सृजन तत्त्व को समझा जा सके। आगे महाश्वेता देवी कृत 'झाँसी की रानी' की मुख्य कथा, प्रासंगिक प्रसंगों की अवतारणा की विवेचना के बाद दोनों कृतियों की परस्पर तुलना की जाएगी।

महाश्वेता देवी की 'झाँसी की रानी'

अपने जीवनीमूलक उपन्यास 'झाँसी की रानी' को महाश्वेता देवी ने पृष्ठभूमि और एक परिशिष्ट सहित पच्चीस अध्यायों में विभक्त किया है। इसकी मूल कथा पर विचार करने के पहले निम्नलिखित वक्तव्यों पर ध्यान देना जरूरी है क्योंकि उसके बिना महाश्वेता देवी कृत 'झाँसी की रानी' के न तो मुख्य कथानक की प्रकृति को समझा जा सकता है और न ही वृन्दावनलाल वर्मा प्रणीत 'झाँसी की रानी' उपन्यास से उसके विभेद को। दोनों की तुलना और उनके अन्तर को समझने के लिए प्रो. मैनेजर पांडेय के इस कथन को ध्यान में रखना बहुत जरूरी है कि एक ही प्रसंग पर लिखे गए इतिहासाश्रित उपन्यास समरूप नहीं होते हैं। दृष्टि और विषय प्रतिपादन का शिल्प, उन्हें भिन्न रूप दे देता है।

'झाँसी की रानी' के प्रेरणा स्रोत पर विचार करते हुए पीछे महाश्वेता देवी के इस कथन का उल्लेख किया जा चुका है : मेरे आग्रह का मूल कारण झाँसी की रानी के दृष्टान्त से प्रेरित होकर मध्य भारत में एक जन-विद्रोह का गढ़ उठना हे। रानी की इस भूमिका को

कभी छोटा नहीं किया जा सकेगा। युद्ध में कूद पड़ने पर रानी ने भी समझ लिया था, सिर्फ झाँसी के लिए ही नहीं, इस युद्ध के पीछे उसका कोई स्वार्थ नहीं था। समय और युग की सभी रूढ़ियाँ तोड़ उसने अपने आपको एक योग्य और शक्तिशाली सेनानायक सिद्ध कर दिया था।[29] उन्होंने आगे लिखा है : मेरा यह ग्रन्थ प्रचलित अर्थों में इतिहास नहीं है। रानी का जीवन-चरित्र लिखने का एक विनीत प्रयास मात्र है।[30]

सौरीन भट्टाचार्य ने 'महाश्वेता देवी रचना समग्र खंड-1' की भूमिका में एक और ऐतिहासिक सत्य की ओर पाठकों का ध्यान खींचते हुए लिखा है : वह क्या जन्म से ही विद्रोहिणी थी, रण कुशल, अपामर मनुष्यों के हृदय में जागरण पैदा करने वाली जन नेत्री थी ? क्या उसका विकास धीरे-धीरे नहीं हुआ था ? इतिहास उपहार की तरह किसी के हाथों में यूँ ही कोई उपहार नहीं देता है। इतिहास के हाथों से ग्रहण करना पड़ता है, हर क्षण उसे पाने के लिए हरेक को विकसित होना पड़ता है, विकसित होने की उस प्रक्रिया से गुजरकर उस पाने को हमें एक मर्यादा देनी पड़ती है। लक्ष्मीबाई को भी इसी तरह विकसित होना था। उन्होंने आगे लिखा है : उस तेज को उसे प्राप्त करना पड़ा था। उसके समय के झाँसी के मनुष्यों को, बुन्देलखण्ड के लोगों को, उसके बाद एक सौ-डेढ़ सौ वर्ष बाद के भारत के लोगों को इसी तेज की दीप्ति में रानी को पहचानना पड़ा है।[31]

उपर्युक्त तथ्यों को ध्यान में रखकर महाश्वेता देवी ने अपनी 'झाँसी की रानी' की कथा गूँथी है।

मुख्य कथानक

'पृष्ठभूमि' वाले अध्याय में महाश्वेता देवी ने यह बताया है कि बुन्देलखण्ड के कण-कण और यहाँ के लोक मानस में महारानी लक्ष्मीबाई की कीर्ति गाथा व्याप्त ही नहीं अमर है। यहाँ के पत्थर-पत्थर, अली-गली, घाट से यह प्रतिध्वनि आती है कि रानी अमर है। इस पृष्ठभूमि की रचना के बाद उन्होंने पहले, दूसरे, तीसरे तथा चौथे अध्याय में झाँसी राज्य कैसे बना और कैसे वह गंगाधर राव के अधिकार में आया इसका संक्षेप में ऐतिहासिक विश्लेषण कर रानी लक्ष्मीबाई के वंश और गंगाधर राव से उनके विवाह का प्रकरण देकर 'झाँसी की रानी' सम्बन्धी मुख्य कथावस्तु के लिए पृष्ठभूमि तैयार की है। चौथे प्रकरण में मनु (लक्ष्मीबाई) का विवाह उन्तीस वर्षीय गंगाधर राव के साथ बड़ी धूमधाम से सम्पन्न हो जाता है। झाँसी आकर उसका नाम पड़ा लक्ष्मीबाई। उसके पिता मोरोपन्त की उम्र उस समय मात्र बत्तीस वर्ष थी। उनका भी दूसरा विवाह हो गया। उनकी पत्नी का नाम पड़ा चिमाबाई। चिमाबाई लक्ष्मीबाई से मात्र दो मास बड़ी थी। दोनों में माँ-बेटी के अलावा सहेलियों जैसा भाव था।

लक्ष्मीबाई के आने से झाँसी का राज सिंहासन राजा-रानी से पूर्ण हो उठा। गंगाधर राव का सूना महल जाग गया। गंगाधर राव अभी तक झाँसी के स्वतंत्र राजा नहीं थे किन्तु विवाह के बाद ब्रिटिश सरकार ने उन्हें इस शर्त के साथ सत्ता सौंप दी कि झाँसी में ब्रिटिश सेना की एक टुकड़ी रखनी होगी। खुले दरबार में अनुष्ठान के साथ उन्हें सत्ता सौंप दी गई। गंगाधर राव ने आन्तरिक शासन-व्यवस्था पर ध्यान देकर उसकी आर्थिक स्थिति सुधार ली और

उन्होंने ब्रिटिश सरकार का पहले का पचास लाख ऋण चुका दिया। सिर्फ छत्तीस हजार रुपया बाकी रह गया।

गंगाधर राव और रानी का जीवन सुख से बीत रहा था। 1851 ई. में रानी ने एक पुत्र को जन्म दिया जो तीन महीने से ज्यादा जीवित नहीं रहा। इस शोक से राजा बीमार पड़ गए। इसी दशा में उन्होंने अपने ही वंश के दामोदर राव को गोद लिया किन्तु, ब्रिटिश सरकार ने इस गोदनामे को स्वीकार नहीं किया। इसी समय गंगाधर राव की मृत्यु हो गई। अब राज्य का भार रानी पर आ गया किन्तु ब्रिटिश सरकार की नीयत अच्छी नहीं थी। वह येन-केन प्रकारेण झाँसी को अपने राज्य में मिलाने की चाल चलने लगी। इसी बात पर रानी और ब्रिटिश सरकार में तनाव पैदा हो गया। उसी समय उसने यह घोषणा की कि मैं अपनी झाँसी नहीं दूँगी। प्रजा उसके साथ थी। यह घटना 16.03.1854 की है।

अपने मद में डूबी ब्रिटिश सरकार के प्रति धीरे-धीरे पूरे देश और विशेष रूप से बुन्देलखण्ड में असन्तोष एवं विद्रोह की भावना उत्पन्न होने लगी। महाश्वेता देवी ने लिखा है : सुविशाल, जल, जंगल, पर्वत, ग्राम, जनपद, मरुभूमि संवलित भारतभूमि का उस दिन भी निजी शिल्प, संस्कृति, शिक्षा एवं इतिहास था। सिर्फ स्वाधीनता नहीं थी। अंग्रेजी शासन के नागपाश में भारतवर्ष का दम घुटा जा रहा था।[32] इसी सन्दर्भ में उन्होंने लिखा है : पहिए के एक बार चलना शुरू हो जाने पर अन्त तक बहुत कुछ तोड़-फोड़ किए बिना तो उसका लुढ़कना रुकेगा नहीं इसे सरकार नहीं समझ सकी।[33] धीरे-धीरे किस प्रकार ब्रिटिश सैन्य में शामिल देशी सिपाहियों में ब्रिटिश सरकार के खिलाफ असन्तोष भड़कने लगा, पहले अफगानिस्तान में तैनात सेना में, बाद में भारत में स्थित सेना में। इसका उल्लेख उन्होंने 1839 ईस्वी की एक घटना का उदाहरण देकर यह बताया है कि किस प्रकार युद्ध के लिए पूरा देश तैयार हुआ और विशेषकर झाँसी की रानी, तात्या टोपे आदि। महाश्वेता देवी ने अपनी कृति झाँसी की रानी का मुख्य कथानक अखिल भारतीय स्तर पर घटने वाली छोटी-छोटी घटनाओं के उल्लेख द्वारा बुना है और इस प्रकार उस विद्रोह को क्षेत्रीय विद्रोह न रहने देकर एक व्यापक विद्रोह के रूप में चित्रित किया है।[34] महाश्वेता देवी ने अंग्रेजों के खिलाफ पहला सक्रिय सचेत जागरण, भारतवर्ष का पहला स्वाधीनता-संग्राम कहा है।[35] उन्हें उस युग-चेतना को पकड़ने और उसे व्यक्त करने में सफलता मिली है जिसने लन्दन में राज महेश्वरी विक्टोरिया महारानी की भी नींद उड़ा दी। उन्होंने लिखा है : जीवन-मरण के बिना भारतीयों ने ब्रिटिश फौज को आगे नहीं बढ़ने दिया।[36]

विद्रोही सैनिकों के भय से किले में शरण लिये अंग्रेज स्त्री-पुरुषों को जब रानी की गैर जानकारी में मार डाला गया, तब ब्रिटिश सरकार ने जनरल ह्यूरोज को इस क्रान्ति को दबाने के लिए बुलाया और वह बम्बई से जबलपुर, इन्दौर, सागर, खुरई होता हुआ, मार्ग में विद्रोहियों का दमन करता झाँसी आ पहुँचा। रानी ने समझ लिया कि अब युद्ध अनिवार्य है। उसने अपने सैन्य दल, तोपचियों आदि को व्यवस्थित कर मोर्चाबन्दी कर ली। बेतवा के किनारे तात्या के ह्यूरोज से हुए संघर्ष में जब तात्या की पराजय हो गई तब रानी और निराश हुई। ह्यूरोज ने किले पर आक्रमण किया और किले को चारों ओर

से घेर लिया। अपनी पराजय निश्चित जानकर रानी अपने विश्वस्त अनुचरों, अपने गोद लिये ब्रच्चे दामोदर राव और चार सौ सैनिकों के साथ बड़ी कुशलता से एक रात भांड़ेर पाठक से निकल कर भांड़ेर जा पहुँची। अंग्रेजों को इसकी कानोंकान खबर नहीं हुई। बाद में भांड़ेर से कालपी जाते हुए रास्ते में छोटी मुठभेड़ फिर कालपी का युद्ध, उसमें पराजय, गोपालपुर में क्रान्तिकारियों की बैठक, उसमें ग्वालियर पर आक्रमण कर विजय का संकल्प, ग्वालियर युद्ध में सेना की पराजय, रानी की मृत्यु और उसके विश्वस्त अनुचरों का दामोदर को लेकर सुरक्षित रूप से ललितपुर के जंगलों की ओर निकल जाना। महाश्वेता देवी प्रणीत 'झाँसी की रानी' का यही मुख्य कथानक है। यह कथानक वृन्दावनलाल वर्मा कृत 'झाँसी की रानी' की तरह सीधी रेखा में न चलकर टेढ़ी-मेढ़ी और उतार-चढ़ाव वाली रेखाओं में चलता है। इसमें कुतूहल, उत्सुकता, रोमांच, अब क्या हुआ, कथानक को रोचक बनाने वाले सारे उपादान विद्यमान हैं। इसमें कहीं भी ढीलापन, असन्तुलन, बिखरावट नहीं है। पूरा कथावृत्त एकदम कसा हुआ और अन्विति पूर्ण है। इसमें वृन्दावनलाल वर्मा की तरह ऐतिहासिक ब्योरों की उबा देने वाली, कथानक की गति अवरुद्ध कर देने वाली भरमार नहीं है। यही दोनों में अन्तर है। पर सबसे बड़ा अन्तर प्रासंगिक कथाओं की अनुपस्थिति है। उन प्रासंगिक कथाओं की जिनका रंग भरने के लिए वृन्दावनलाल वर्मा ने अपने उपन्यास में गूँथा है।

प्रासंगिक कथाएँ

महाश्वेता देवी अपने लक्ष्य को लेकर चली हैं और भूमिका के अतिरिक्त बीच-बीच में वे पाठकों को अपने इस लक्ष्य की ओर ध्यान भी दिलाती जाती हैं। और ऐसा वे कोई अतिरिक्त प्रयास न कर कथा की संगति में ही करती हैं। उन्होंने लिखा है : झाँसी की रानी की जीवनी लिखने का संकल्प जिस समय लिया गया, उस समय देखा कि (उस सम्बन्ध में) मेरा ज्ञान एकदम सीमित है। केवल आन्तरिक आग्रह और उत्साह की पूँजी लेकर अतल, अपार समुद्र में खेवा देने के समान ही यह असम्भव लगा था। झाँसी की रानी का नाम भर ज्ञात था, किन्तु कहाँ से किस तरह से काम शुरू किया जाए कि वह नाम इतिहास के पन्नों को छोड़कर सजीव व्यक्तित्व का रूप धारण कर ले।[37] उन्होंने आगे लिखा है : उसी समय गोविन्द ताम्बे के साथ मेरी भेंट हुई। उन्होंने तीस वर्षों तक लक्ष्मीबाई की जीवनी लिखने की जिस आशा को पोषित किया था उसे मैं सचमुच में साकार कर सकती हूँ, यह जानकर उनके आनन्द की सीमा नहीं रही थी। वे बार-बार कहते थे इस बारे में निश्चिन्त हो गया। अब मुझे और कोई दु:ख नहीं है।[38]

उपर्युक्त तथ्य का उल्लेख इसलिए किया कि महाश्वेता देवी की 'झाँसी की रानी' एक धारावाहिक जीवनी है, उपन्यास नहीं। यद्यपि यह जीवनी जीवन-चरित्र की सीमाओं का अतिक्रान्त करती एक उपन्यास भी है और वृन्दावनलाल वर्मा का उपन्यास औपन्यासिक सीमाओं का अतिक्रमण करता हुआ एक जीवनी है और ऐसी जीवनी है जिसमें इतिहास अधिक है एक उपन्यास की रोचकता कम। इसलिए कहा गया है : यह कहना उचित होगा कि 'झाँसी की रानी' (वृन्दावनलाल वर्मा-कृत) इतिहास में उपन्यास है, उपन्यास में इतिहास

नहीं। उपन्यास में आए तथ्यों की प्रमाणिकता के लिए 'परिचय' के अतिरिक्त वर्मा जी के 'परिशिष्ट' का यह खंड प्रतिकूल इतिहासकार और श्री किकेड जैसे अनुकूल लेखकों की आलोचना के लिए नहीं लिख रहा हूँ। जिनको वास्तव में भ्रम निवारण करना हो वे इस उपन्यास को पढ़ें।[39] यहाँ विचारणीय है कि उपन्यास में तो भ्रम फैलाये जाते हैं। यह लेखक इतिहास के द्वारा भ्रम निवारण करने का निमंत्रण दे रहा है। इस उदेश्य के प्रकाश में झाँसी की रानी की इतिहास-प्रधानता को भली-भाँति समझा जा सकता है। इसका एक और परिणाम भी निकला है और वह है लेखक का एक विशेष पूर्वग्रह। इसके दो कारण बताए जाते हैं। एक झाँसी की रानी के साथ उसका पैतृक सम्बन्ध, दूसरा अपने समय का उस पर प्रभाव अर्थात स्वाधीनता-आन्दोलन की तद्‌युगीन चेतना।

इन तथ्यों का उल्लेख इसलिए किया कि इसी चेतना ने वृन्दावनलाल वर्मा और महाश्वेता देवी द्वारा लिखी 'झाँसी की रानी' कृतियों के रूपाकार में परिवर्तन ला दिया है। यद्यपि कुछ आलोचकों ने वृन्दावनलाल वर्मा की 'झाँसी की रानी' को उसका जीवन चरित्र कहा है। इसके अतिरिक्त उपन्यास के शीर्षकानुसार रानी का प्रामाणिक जीवन-चरित्र प्रस्तुत करना भी इसका प्रमुख उद्‌देश्य है। इसके कारण इसका शिल्प विधान भी बदल गया है। इसके अनुसार इसकी अधिकांश कथा रानी-केन्द्रित है। इस उपन्यास के वस्तु-संगठन में एक विशेष योजना है जो रानी के जीवन-चरित्र पर आधारित है।[40]

उद्‌देश्य विशेष के कारण महाश्वेता देवी कृत 'झाँसी की रानी' में प्रासंगिक कथाएँ उतनी सघन न होकर विरल हैं। वृन्दावनलाल वर्मा ने जिन प्रासंगिक कथाओं को किंचित् विस्तार के साथ चित्रित किया है, उनका कोई चिह्न महाश्वेता देवी की 'झाँसी की रानी' में नहीं मिलता। हाँ, उन पात्रों का नामोल्लेख और उनकी संक्षिप्त भूमिका जरूर है। पर महाश्वेता देवी की 'झाँसी की रानी' में प्रासंगिक कथाएँ हैं नहीं ऐसा नहीं है। इसमें उसके पिता, उसकी माता भागीरथी, उसकी विमाता चिमाबाई, उसके पिता मोरोपन्त, उसके दत्तक पुत्र दामोदार राव, दामोदर राव की मूल माँ, लक्ष्मण गोविन्द ताम्बे, तात्या टोपे, नाना घूघूपन्त, राव साहब, स्वयं ह्यूरोज, उसके पति गंगाधर राव का संक्षिप्त वृत्तान्त दिया गया है। महाश्वेता देवी के वस्तु-संगठन में एक संहति, शृंखला है जबकि वृन्दावनलाल वर्मा की कृति में पात्र और घटनाओं की भरमार है। ऐतिहासिक ब्योरों के कारण कथानक के प्रवाह में अवरोध आ जाता है और जगह-जगह घटना क्रम खंडित हो जाता है, जिससे पाठकों के चित्त में एक आघात लगता है। डॉ. सत्यपाल चुघ का कहना है, 'कलात्मकता की दृष्टि से ऐतिहासिक सामग्री के सप्रयत्न समावेश तथा युग चित्रण पर अनेक आपत्तियाँ उठाई जा सकती हैं। इससे एक तो उपन्यास का आरम्भ अनाकर्षक हो गया है। दूसरे, ब्योरेवार इतिहास तथा जीवन-चरित्र देने से स्थान-स्थान पर इतिवृत्तात्मक शुष्कता आ गई है। तीसरे, उपन्यास का वस्तुगठन एवं कथा-गति शिथिल हो गई है। चौथे, महत्त्वहीन प्रसंगों की भरमार या अनावश्यक विस्तार से कलात्मक सौष्ठव तथा मूल उद्‌देश्य की प्रभावान्विति में कमी आ गई है।'[41] डॉ. चुघ ने इसके कुछ उदाहरण भी दिए हैं जैसे नारायण शास्त्री और छोटी के प्रेम प्रसंग का चित्रण लगातार पाँच परिच्छेदों में करना। किन्तु यह प्रसंग रानी के जीवन-चरित्र के प्रसंग की दृष्टि से अनावश्यक ठहरता

है। इसी तरह रानी और गंगाधर राव के विवाह प्रसंग वाला प्रकरण। इसे अनावश्यक विस्तार दिया गया है। इस प्रसंग का मूल उद्देश्य से स्वल्प सम्बन्ध होने के कारण यह प्रभाव शिथिलता का कारण बन जाता है। इसी तरह ग्वालियर से आई नाटक मंडली का विस्तार से वर्णन। इस तरह उन्होंने छोटी-सी-छोटी जानकारी देने का प्रयास किया है जिसे मूल कथा पचा नहीं पाती। इस प्रकार के अनावश्यक प्रसंग या ऐतिहासिक विवरणों को देने के अनावश्यक वर्णन महाश्वेता देवी की कृति में नहीं मिलते हैं। वहाँ झरने की गति की तरह मूल लक्ष्य को ध्यान में रखकर कथावस्तु प्रवाहित होती रहती है। जो भी ऐतिहासिक पत्र, दस्तावेज या आवेदन आदि के ब्योरे दिए गए हैं वे भी उत्सुकता बढ़ाने वाले हैं। पाठकों के मन में यह कुतूहल जागता है कि देखिए आगे क्या होता है या अब रानी क्या करती है।

हाँ, दोनों कृतियों के अन्तिम अंश बहुत मार्मिक हैं, इस दृष्टि से दोनों में समानता भी है।

तुलना तथा निष्कर्ष

यहाँ तक दोनों उपन्यासों की कथावस्तु की प्रेरणा, उनके विनियोग, प्रस्तुतिकरण और मूल कथानक देकर यह निष्कर्ष निकला कि जहाँ महाश्वेता देवी के उपन्यास की मूल कथावस्तु अपने लक्ष्य की ओर सीधे बढ़ती है, और बिना किसी अवरोध के सुगठित कथा विन्यास के द्वारा पाठकों पर एक मार्मिक प्रभाव छोड़ती है, वहीं वृन्दावनलाल वर्मा की कृति 'झाँसी की रानी' की मूल कथावस्तु अपने उद्देश्य में तीन-तीन लक्ष्यों को अन्तर्भुक्त करती हुई, कभी तीव्र, कभी शिथिल, कभी ऐतिहासिक ब्योरों विवरणों, इतिवृत्तात्मक मरुभूमि में लुप्त होती हुई, तमाम कथा प्रसंगों को समेटती हुई उपन्यास के मार्मिक अन्त की ओर पहुँचती है। मार्मिक अन्त की दृष्टि से दोनों लेखकों को सफलता मिली है। हालाँकि दोनों के अन्तिम विवरण भिन्न हैं पर हैं मार्मिक। वृन्दावनलाल वर्मा और महाश्वेता देवी की कृतियों की कथावस्तु में एक अन्तर और है, और वह यह कि रानी की मृत्यु के बाद एक में दामोदर राव का प्रसंग पूरी गरिमा के साथ दिया गया है जबकि वृन्दालाल वर्मा ने उसका उल्लेख भर किया है। इस प्रकार महाश्वेता देवी की कृति में झाँसी की रानी के दिवंगत होने के बाद भी उसके दत्तक पुत्र के माध्यम से उसकी कहानी तथा उसका प्रभाव चलता रहता है। जबकि वृन्दावनलाल वर्मा के उपन्यास में रानी की मृत्यु के साथ ही समाप्त हो जाता है।

अगले अध्याय में पात्र और चरित्र-चित्रण की दृष्टि से दोनों उपन्यासों का विवेचन किया जाएगा।

सन्दर्भ-ग्रन्थ

1. हिन्दी उपन्यास : शिल्प और प्रयोग, डॉ. त्रिभुवन सिंह, पृष्ठ 5, संस्करण 1973, हिन्दी प्रचारक संस्थान, वाराणसी।
2. वही, पृष्ठ पर उद्धृत, The word narrative is more precise than story because it

carries no connotation of untruth or factual statement. (The novel and the Reader, P.6, Profesor Katherine Lever).

3. Yes, oh dear Yes - The novel tells a story that is the fundamental aspect without which it could not exist, that is the highest factor common to all novels and I wish that it was not so that it could be something different melody or perception of the truth, not this atavistic form. (Aspect of the Novel-London, 1949, P- 27 by E.M. Forster) वही, पृष्ठ 5 पर उद्धृत।
4. हिन्दी उपन्यास: शिल्प और प्रयोग, डॉ. त्रिभुवन सिंह पृष्ठ 7
5. आलोचना, उपन्यास विशेषांक, वर्ष 4, अंक-1 में डॉ. राम अवध द्विवेदी का लेख, 'उपन्यास के उपकरण', पृष्ठ 32, 1954, राजकमल प्रकाशन, दिल्ली।
6. वही, पृष्ठ 32
7. वही, पृष्ठ 33
8. हिन्दी साहित्य कोश, भाग-1, सम्पादक डॉ. धीरेन्द्र वर्मा, पृष्ठ 203, सम्पादक की टिप्पणी।
9. वही, पृष्ठ 203
10. वही, पृष्ठ 203
11. वही, पृष्ठ 203
12. वही, पृष्ठ 203
13. हिन्दी उपन्यास : शिल्प और प्रयोग, पृष्ठ 326-27
14. वही, पृष्ठ 330
15. वही, पृष्ठ 330 तथा 332
16. वही, पृष्ठ 336-337
17. वही, पृष्ठ 16
18. वही, पृष्ठ 16
19. हिन्दी उपन्यास : शिल्प और प्रयोग, डॉ. त्रिभुवन सिंह, पृष्ठ 121
20. वही, पृष्ठ 123
21. ऐतिहासिक उपन्यास, डॉ. सत्यपाल चुघ, पृष्ठ 99, नेशनल पब्लिशिंग हाउस, दिल्ली, संस्करण 1974
22. हिन्दी उपन्यास, शिवनारायण श्रीवास्तव, पृष्ठ 194, तृतीय संस्करण, 1950, जौनपुर।
23. वही, पृष्ठ 194
24. ऐतिहासिक उपन्यास, डॉ. सत्यपाल चुघ, पृष्ठ 100
25. वही, पृष्ठ 101
26. वही, पृष्ठ 101, 102, 103
27. वृन्दावनलाल वर्मा, राजीव सक्सेना, पृष्ठ 64 पर उद्धृत।
28. हिन्दी उपन्यास, शिवनारायण श्रीवास्तव, पृष्ठ 199-200
29. झाँसी की रानी, महाश्वेता देवी, (हिन्दी अनुवाद), पृष्ठ 11
30. वही, पृष्ठ 16
31. महाश्वेता देवी रचना समग्र (बांग्ला) भूमिका, 'मेरी झाँसी नहीं दूँगी', सौरीन भट्टाचार्य देज पब्लिशिंग, कलकत्ता सं. 2001
32. झाँसी की रानी, महाश्वेता देवी, पृष्ठ 98-99, संस्करण 2010, राधाकृष्ण प्रकाशन नई दिल्ली-2
33. वही, पृष्ठ 99
34. वही, पृष्ठ 105
35. वही, पृष्ठ 109

36. वही, पृष्ठ 161
37. वही, पृष्ठ 282
38. वही, पृष्ठ 283
39. ऐतिहासिक उपन्यास, डॉ. सत्यपाल चुघ, पृष्ठ 98
40. वही, पृष्ठ 99 तथा झाँसी की रानी, वृन्दावनलाल वर्मा, देखिए परिशिष्ट पृष्ठ 339, प्रभात प्रकाशन, दिल्ली, संस्करण, 1997
41. ऐतिहासिक उपन्यास, डॉ. सत्यपाल चुघ, पृष्ठ 108

अध्याय-4

पात्र-संरचना व चरित्रांकन शिल्प

पीछे कहा जा चुका है कि हर उपन्यास में एक कहानी होती है। इस कहानी की प्रकृति उपन्यास के प्रकार के अनुसार बदल जाती है। सामाजिक उपन्यास में सामाजिक कहानी होगी अर्थात उसके चुनाव का स्त्रोत समाज का क्षेत्र होगा किन्तु ऐतिहासिक उपन्यासों की कथा का स्त्रोत इतिहास से सम्बन्धित होता है, उसके चुनाव का क्षेत्र इतिहास का कोई काल विशेष होता है।

कहानी के सम्बन्ध में एक तथ्य और स्मरणीय है और वह है कहानी के केन्द्र में समाज या इतिहास से सम्बद्ध व्यक्ति होते हैं क्योंकि कहानी शून्य में घटित नहीं होती है, किसी देश-काल में घटित होती है और उस देश-काल में समाज या इतिहास की धारा को वही व्यक्ति मोड़ देते है या नियंत्रित करते हैं। इस प्रकार यह निष्कर्ष निकलता है कि कहानी को गति और जीवन्तता प्रदान करने वाले व्यक्ति होते हैं, उपन्यास की भाषा में इन्हें पात्र कहते हैं। उपन्यास के उपादानों में पात्रों की संरचना लेखक की कुशलता पर आधारित होती है। कई बार तो ये जीवन्त पात्र ऐसे होते हैं जो किसी-किसी उपन्यास को कालजयी और सदा के लिए लोकप्रिय बना देते हैं। बल्कि पात्रों के कारण ही वे उपन्यास याद किए जाते हैं। जैसे 'गोदान' का होरी, 'श्रीकान्त' का श्रीकान्त और अभया, 'शेखर एक जीवनी' का शेखर, 'त्याग पत्र' की मृणाल, 'राग दरबारी' का रानीचर, रवीन्द्रनाथ का गोरा, सुनीता का हरिसुमन।

इसी बात को ध्यान में रखकर कहा गया है : उपन्यास में कथावस्तु के संघटन और विन्यास से भी अधिक महत्त्वपूर्ण चरित्र-चित्रण की कुशलता होती है। उपन्यास के पात्रों के क्रिया-कलापों से ही कथावस्तु का निर्माण होता है। अत: पात्र जितने ही अधिक सजीव और यथार्थ होंगे, कथानक में भी उतना ही आकर्षण लाया जा सकेगा। पात्रों को सजीव और यथार्थ बनाने के लिए उपन्यासकार की कल्पना शक्ति, मानवमन के सूक्ष्म अध्ययन और उसकी कलात्मक योजना की परीक्षा होती है। चरित्र-चित्रण के द्वारा ही कथानक में वे समस्त खूबियाँ लाई जा सकती हैं, जिनका ऊपर उल्लेख किया गया है। चरित्र-चित्रण के आधार पर ही उपन्यासकार अपनी कृतियों में महान उद्देश्यों की अवतारणा करके उसे स्थायी मूल्यों से समन्वित कर सकता है। चरित्र-चित्रण की विशेषता यह होनी चाहिए कि पाठक विभिन्न पात्रों को सरलता से पहचान सके तथा उनके साथ यथावश्यक तादात्म्य

का अनुभव कर सके। मनुष्य प्रकृति के विभिन्न पक्षों और स्तरों के सूक्ष्म अध्ययन और कम-से-कम शब्दों में चित्र उपस्थित कर सकने की योग्यता ही सफल चरित्र-चित्रण की कसौटी है। महान उपन्यासकार अपने पात्रों को देश और काल की सीमा के अनुकूल रखते हुए भी सार्वकालिक और सार्वजनिक बना लेते हैं।[1]

ऐसा उपन्यासकार जिन शक्तियों के आधार पर करता है उनमें एक होती है उसकी कल्पना शक्ति और दूसरी होती है उसकी संवेदनशीलता। दूसरी शक्ति के आधार पर उपन्यासकार अपने पात्रों के हृदय में प्रवेश कर जाता है और वह औचित्य बोध के सहारे पात्रों की परिस्थिति में कैसा अनुभव करना चाहिए वैसा ही अनुभव करने लगता है। इस स्थिति में उपन्यासकार का हृदय लोक हृदय हो जाता है। इसी वजह से वह जिन पात्रों की रचना करता है उनके हृदय के साथ पाठकों का तादात्म्य हो जाता है और वे वैसा ही अनुभव करने लगते हैं जैसा उपन्यासकार ने रचना-प्रक्रिया के दौरान किया होगा और उसके द्वारा खड़े किए गए कलागत पात्र उस स्थिति में अनुभव कर रहे थे।

नाटक के भेदक तत्त्व त्रयी में 'नायक' शब्द प्रतीकित होकर पात्रों के अर्थ में व्याख्यायित होता है। पूरा सूत्र है : 'वस्तु नेता रसस्तेषां भेदक:' अर्थात अन्य विधाओं से नाटक को अलग करने वाले तीन तत्त्व हैं—नाटक की आधिकारिक कथावस्तु, उसका प्रमुख पात्र अथवा अन्य सहायक पात्र और नाटक की मूल वस्तु से व्यंजित होने होने वाला रस या मूल संवेदना। यहाँ इन तीन तत्त्वों में उपन्यास की दृष्टि से महत्त्वपूर्ण दो हैं—एक उसकी कथावस्तु जिसका विवेचन पीछे किया जा चुका है और दूसरी है नेता शब्द से व्यंजित पात्र-संरचना। यहाँ पर पात्र-संरचना, उसकी अवधारणा पर विचार किया जाएगा।

पात्र-संरचना व उन्हें प्रस्तुत करने के आधार

उपन्यास के प्रमुख तत्त्वों में कथावस्तु, चरित्र, कथोपकथन तथा वर्णन को माना गया है। इनमें से मुख्य तत्त्व चरित्र तथा पात्र-संरचना को माना जाता है। इसलिए कहा गया है : कथात्मक साहित्य का अन्यतम तत्त्व, चरित्र वे व्यक्ति होते हैं जिनके द्वारा कथा की घटनाएँ घटती हैं अथवा जो उन घटनाओं से प्रभावित होते हैं। इनका कथानक पर यह प्रभाव पड़ता है कि ये जो क्रिया-कलाप करते हैं उनसे कथानक और कथावस्तु का निर्माण तथा विकास होता है। इसलिए भले ही किसी कृति में घटनाओं की बहुलता और प्रधानता हो, पात्रों या चरित्रों का उसमें अभाव नहीं हो सकता।[2] दरअसल यह कथन सत्य है कि कथा की कल्पना और उसकी संयोजना में ही पात्रों की विद्यमानता निहित रहती है।

अब यहाँ पर प्रश्न यह उठता है कि उपन्यास या किसी भी कथाकृति के पात्रों को उपस्थापित किस प्रकार किया जाए अथवा इनका प्रस्तुतिकरण किन तत्त्वों पर निर्भर करता है ? दरअसल कथा के पात्रों को किस प्रकार उपस्थित किया जाए, यह कलाकृति के रूप, लेखक की रुचि तथा योग्यता और उसकी कृति के उद्देश्य पर निर्भर करता है।[3] उपर्युक्त कथन में पात्र-संरचना और उन्हें उपस्थापित करने के चार आधार बताए गए हैं और वे हैं—कलाकृति का रूप, लेखक की रुचि, उसकी योग्यता और उसकी कृति का उद्देश्य।

मेरे प्रतिपाद्य दोनों लेखकों की कृतियों का रूप या आधार ऐतिहासिक कथावस्तु है।

दोनों की ही रुचि अपने प्रतिपाद्य को इतिहास के सही परिप्रेक्ष्य में प्रस्तुत करना है। दोनों में ही रचना-नैपुण्य, अपने कार्य के प्रति निष्ठा, कार्य कैसे किया जाए इसके लिए पर्याप्त तैयारी, अध्ययन, गवेषणा, खोज-बीन, इतिहासज्ञों से मिलना, दलील दस्तावेजों के आधार पर प्रमाणों की खोज ये सब तत्त्व मिलते हैं। इनसे दोनों की अपने कार्य के प्रति रुचि और योग्यता का पता चलता है।

चरित्रांकन की प्रणालियाँ

कथानक के विन्यास के बाद उसे गति देने, उभारने, घटनाक्रम को जीवन्त बनाने के लिए पात्रों का प्रयोग कैसे किया जाए यह भी एक समस्या होती है। उपन्यास में चरित्र-चित्रण की हर लेखक की अपनी पद्धतियाँ होती हैं जो सामान्यत: कुछ तत्त्वों की अनिवार्यता के अलावा मौलिक और अपनी-अपनी होती हैं। किसी भी उपन्यासकार का चरित्रांकन-शिल्प किसी की कार्बन कॉपी नहीं होता है। यद्यपि एक ही लेखक के उपन्यासों में उसके चरित्रांकन-शिल्प की विधियाँ समान हो सकती हैं क्योंकि अभ्यास के कारण उसकी एक रूढ़ि बन जाती है। यहाँ पहले यह विवेचन का विषय है कि किसी उपन्यासगत पात्रों के चरित्रांकन की सामान्यत: कौन सी विधियाँ होती हैं। साहित्य की हर विधा में पात्रों के चरित्र-चित्रण की अपनी-अपनी विधियाँ होती हैं, उनके विधान भी अलग होते हैं। कुल मिलाकर पात्रों का चरित्र-चित्रण तीन प्रकार से हो सकता है—1. पात्रों के कार्य-कलापों द्वारा। 2. उनकी बातचीत या परस्पर संलाप द्वारा। 3. लेखक के अपने कथन और व्याख्या द्वारा। पहले दो को नाटकीय या अप्रत्यक्ष चरित्र-चित्रण कहते हैं।

नाटकों में पहली दो विधियों का प्रयोग किया जाता है और उपन्यास में तीसरी विधि का। पर कुछ उपन्यासकार अपने पात्रों के चरित्र-चित्रण में नाटकीय विधि का भी पर्याप्त प्रयोग करते हैं किन्तु विश्लेषणात्मक विधि द्वारा पात्र की मानसिक स्थितियों, उसकी प्रवृत्तियों को जितनी स्पष्टता से समझा जा सकता है उतनी नाटकीय विधि से नहीं। इसीलिए कहा गया है : चरित्र की आन्तरिक सूक्ष्मताओं और मनोवैज्ञानिक रहस्यों को नाटकीय शैली में उतने स्पष्ट और असन्दिग्ध रूप में उपस्थित नहीं किया जा सकता जितना विश्लेषणात्मक शैली में सम्भव है। दोनों प्रविधियों के प्रयोग-परीक्षण का अवकाश एक उपन्यास में अधिक रहता है। एक उपन्यासकार अपने पात्रों के चरित्र-चित्रण में अभिनयात्मक तथा विश्लेषणात्मक शैलियों को मिलाकर चरित्र-चित्रण अधिक विशद रूप में करने का अवसर पा लेता है। आगे कहा गया है कि उपन्यास के चरित्र-चित्रण में लेखक को व्याख्या और टीका-टिप्पणी करने की इतनी स्वतंत्रता होती है कि वह चारित्रिक विशेषताओं के उद्‌घाटन में नाटक की अपेक्षा कहीं अधिक विस्तार और गहनता ला सकता है। नाटक में देश-काल की परिधि छोटी होने के कारण उसमें पात्र का चरित्र-चित्रण उतने विस्तार से सम्भव नहीं है। इसकी तुलना में उपन्यास में चरित्र को धीरे-धीरे विकसित होता हुआ दिखाकर विभिन्न परिस्थितियों में उसके उत्थान-पतन के अगणित परिवर्तनों को चित्रित किया जा सकता है।[5]

दोनों प्रविधियों का संगम स्थल

यह कहना समीचीन है कि उपन्यासकार दोनों प्रविधियों का सहारा लेकर अपने चरित्र-चित्रण को पुष्प की तरह प्रस्फुटित कर उसकी चारित्रिक गन्ध चारों ओर बिखेर देता है। इससे किसी पात्र की अन्त: प्रकृति एकदम हमारे सामने आ जाती है। इसीलिए इस कथन में किसी को विप्रतिपत्ति नहीं हो सकती है कि सुविधानुसार उपन्यासकार नाटकीयता और विश्लेषण का समुचित समन्वय करके मानवीय मनोवेग, भावावेश, विचार, भावना, उद्देश्य, प्रयोजन आदि का सूक्ष्म से सूक्ष्म आकलन कर सकता है।[6]

इसके अतिरिक्त उपन्यास विधा को मानवीय स्वभाव के अध्ययन की प्रयोगशाला कहा गया है। इसका एक कारण यह है कि गतिशील चरित्रों की सृष्टि कथा-साहित्य की महत्ता की कसौटी है। एक ही पात्र के स्वभाव तथा उसके आधार पर किए गए कार्यों में मनोविज्ञान सम्मत परिवर्तन तथा कभी-कभी आश्चर्यजनक विरोध का चित्रण करके कथा-साहित्य में जिस सौन्दर्य की सृष्टि की जा सकती है, वह साहित्य के अन्य रूपों के लिए ईर्ष्या की बात हो सकती है। आर्नल्ड बैनेट के शब्दों में हम कह सकते हैं कि कथा साहित्य का मूलाधार चरित्र चित्रण ही है, अन्य कुछ नहीं। कथा की घटनाएँ तो प्राय: पात्रों के स्वभाव और प्रकृति से ही प्रसूत होती हैं। उसके वातावरण या देश-काल का निर्माण चरित्रों को स्वाभाविकता और वास्तविकता प्रदान करने के लिए ही किया जाता है। कथोपकथन भी घटनाओं से अधिक चरित्र को ही व्यंजित और प्रकाशित करता है तथा कथा के उद्देश्य की महत्ता भी चरित्र में ही निहित होती है। मनोविज्ञान को साहित्य में जो महत्ता मिली है, उसका आधार भी चरित्र चित्रण ही है।[7]

पात्र-संरचना की अवधारणा, उसको प्रस्तुत करने के आधार तथा विधियाँ, चरित्रांकन की कथा साहित्य के परिप्रेक्ष्य में मुख्य विधि, पात्र और चरित्र-चित्रण की कथा साहित्य में महत्ता इन बिन्दुओं पर अभी तक विचार किया गया। इससे यह निष्कर्ष निकला कि उपन्यास का मूल उद्देश्य चरित्रांकन ही है, बाकी अन्य उपादान इसे उभारने में रंग भरने में सहायक भर सिद्ध होते हैं। अब आगे अपने प्रतिपाद्य की दृष्टि से पात्रों का चयन और उनका अपने उपन्यास में विनिवेश, पात्रों का वर्गीकरण आदि पर विचार किया जाएगा।

पात्रों के चयन के आधार तथा उनका वर्गीकरण

कथावस्तु के चयन के क्षेत्र जितने विविध और विस्तृत होते हैं, पात्रों के चयन के क्षेत्र भी उतने ही विविध और विस्तृत हो जाते हैं। कथावस्तु के चयन के स्रोत सामाजिक, पौराणिक, ऐतिहासिक और राजनैतिक कुछ भी हो सकते हैं। एक उपन्यासकार को अपने कथा-पात्रों का चयन भी उन्हीं क्षेत्रों से करना पड़ता है, और उपर्युक्त क्षेत्रों की विविधता भी कोई एकमुखी या एक स्तरीय नहीं होती है, वह भी बहुस्तरीय और विविधमुखी होती है। जीवन के विस्तार और विविधता की कोई सीमा नहीं, इसी तरह पात्रों के चयन और उनके प्रकारों की भी कोई सीमा नहीं है।

मेरे प्रतिपाद्य लेखकों की कृतियाँ ऐतिहासिक देश-काल पर आधारित हैं इसलिए उनकी कथावस्तु भी ऐतिहासिक स्रोतों से ली गई है। निश्चय ही उनके पात्र भी ऐतिहासिक

ही होंगे। यह निश्चित हो जाने पर पात्र कभी एकरस, एक जैसे नहीं होते। उनके भी रूप, प्रकार, प्रवृत्तियाँ प्रस्तुतिकरण के पीछे निहित दृष्टिकोण के कारण भिन्न हो जाते हैं। यहाँ पात्रों के साामान्य वर्गीकरण के आधार पर विचार करने के बाद अपने प्रतिपाद्य उपन्यासों की पात्र-संरचना, उनके रूप और प्रकारों पर विचार किया जाएगा।

कथा-साहित्य में चित्रित पात्रों के वर्गीकरण के कई आधार माने गए हैं। जैसे कथावस्तु की प्रकृति के आधार पर वर्गीकरण। जैसे ऐतिहासिक, पौराणिक, सामाजिक आदि। सामाजिक या ऐतिहासिक उपन्यासों में चित्रित पात्रों का विभाजन आभिजात्य और मध्यम वर्गीय या शोषित, दलित, मजदूर, आदिवासी या जनजातीय इन आधारों पर भी किया जाता है। ऐतिहासिक उपन्यासों में सामन्त और राजपरिवारों से सम्बद्ध पात्रों अथवा प्रजा के सामान्य वर्ग से भी उनका चुनाव हो सकता है। मुख्य और गौण पात्र यह भी वर्गीकरण का एक आधार माना जाता है। स्त्री और पुरुष यह तो सामान्य विभाजन है ही। एक और प्रकार हो सकता है स्थिर और गतिशील पात्र। स्थिर पात्र वे होते हैं जिनमें कभी किसी परिस्थिति में कोई परिवर्तन नहीं होता है। विभिन्न परिस्थितियों में पड़कर भी वे सदा एक से रहते हैं। शुरुआत में उनका जो स्वरूप, जो प्रवृत्ति उनके कार्य-कलापों को प्रेरित करती है अन्त तक वे वैसे ही रहते हैं। ऐसे पात्र देव या सज्जन प्रकृति के हो सकते हैं लेकिन वे दुष्ट और समाज-विरोधी प्रकृति के भी हो सकते हैं। इसके विपरीत जो गतिशील या परिवर्तनशील पात्र होते हैं वे घटनाक्रम के आघात-प्रतिघात और परिस्थितियों में पड़कर विकसित होते और बदलते रहते हैं। इन्हें गतिशील पात्र कहते हैं। सच बात यह है कि किसी भी कथाकार के लिए ऐसे ही पात्र उनकी चरित्रांकन कला के लिए एक चुनौती भरे वरदान होते हैं।

यहाँ यह कथन भी विचारणीय है : कुछ विचारकों ने उपन्यास के पात्रों का चरित्र-चित्रण की पद्धति के अनुसार दो श्रेणियों में विभाजन किया है। पहली कोटि में वे पात्र हैं जिनमें सजीवता के सभी चिह्न मिलते हैं। इस प्रकार के जीवित पात्रों को 'राउंड' अथवा 'गोल' तथा इसके विपरीत दूसरी श्रेणी के अपूर्ण रूप वाले जीवन के स्पंदन से रहित पात्रों को 'फ्लैट' अथवा 'चपटा' कहा गया है।[8]

झाँसी की रानी : वृन्दावनलाल वर्मा

साफ है कि 'झाँसी की रानी' उपन्यास एक ऐतिहासिक उपन्यास है। इसका देश और काल निश्चित है। वृन्दावनलाल वर्मा झाँसी की रानी पर ऐसा उपन्यास लिखना चाहते थे जो इतिहास के रग-रेशे से प्रमाणित हो। वे रानी का एक आदर्श और जीवन्त चरित्र खड़ा करना चाहते थे। इसके लिए उन्होंने उन्हीं पात्रों को चुना है जो रानी के जीवन से सम्बन्धित थे और इतिहास में जिनका उल्लेख है या छान-बीन के दौरान जिनकी उपस्थिति का वर्मा जी को दस्तावेजों में उल्लेख मिला। इसलिए झाँसी की रानी के सभी पात्र इतिहास सम्मत् और ऐतिहासिक तथ्यों द्वारा प्रमाणित हैं। इस प्रकार झाँसी की रानी के सभी पात्र ऐतिहासिक हैं लेकिन उन्हें जीवन्त बनाने और उनके चरित्र में रंग भरने के लिए वर्मा जी ने अपनी कल्पना से काम लिया है।

प्रमुख पात्र

वृन्दावनलाल वर्मा की 'झाँसी की रानी' में प्रमुख पात्र तो एक तरह से रानी है, अन्य पात्र गंगाधर राव को छोड़कर सब उसी के आस-पास घूमते हैं या यों कहिए कि उपन्यास का जो मुख्य लक्ष्य है उसी की पूर्ति में लगे रहते हैं। रानी लक्ष्मीबाई के अलावा अन्य स्त्री पात्र हैं सुन्दर, मुन्दर, मोती, जूही, झलकारी, बख्शिन जू और छोटी। इसी तरह पुरुष पात्रों में नाना राव धूधू पन्त, राव साहब, तात्या टोपे, बाजीराव द्वितीय, जवाहर सिंह, गुलाम गौस, दूल्हा जू, गुल मुहम्मद, रघुनाथ सिंह, रघुनाथ राव, पीर अली, पूरन, रामचन्द्र राव, अली बहादुर, मोरोपन्त, तात्या दीक्षित, नारायण शास्त्री आदि। इनमें से कुछ पात्रों का तो उल्लेख मात्र किया गया है या उनकी उपस्थिति पर्दे के पीछे है। मुख्य भूमिका जिन पात्रों की है उनकी विशेषताएँ, उनका चरित्रांकन लेखक ने बड़े मनोयोगपूर्वक किया है। चूँकि मुख्य उद्देश्य स्वराज्य की स्थापना के लिए अंग्रेजों से युद्ध करना और पूरे देश में उनके विरुद्ध जो चेतना फैली हुई थी उसे काम में लाना है इसलिए सारे पात्र उसी से प्रेरित हैं। दो-एक पात्र ऐसे हैं जो स्वराज्य साधन में रानी का पर्दे के पीछे से विरोध करते हैं और अपने स्वार्थ की पूर्ति के लिए अंग्रेजों से मिल जाते हैं। उनमें पीर अली, नवाब अली बहादुर और दूल्हा जू हैं, अन्यथा सभी पात्र रानी के चरित्र से प्रभावित और स्वराज्य स्थापना के उनके आदर्श में सहायक होकर किसी भी बलिदान के लिए तैयार रहते हैं।

लक्ष्मीबाई

झाँसी की रानी लक्ष्मीबाई को लेखक ने बड़ी सुन्दर पृष्ठभूमि में उपन्यास में प्रस्तुत किया है। बिठूर में तीन बालक घूमने निकले हैं अपने-अपने घोड़ों पर। इनमें एक हैं नाना राव धूधू पन्त, एक्र हैं राव साहब उनके भतीजे और तीसरी बालिका मनु है। यहीं पर पाठकों को मनुबाई के साहस, निर्भीकता और आगे विकसित होने वाले उसके आदर्श चरित्र की झलक मिल जाती है। हालाँकि लेखक ने बालिका मनु से जो कुछ कहलाया है वह थोड़ा अटपटा तथा अस्वाभाविक-सा लगता है क्योंकि सफल और मनोवैज्ञानिक चरित्रांकन वही होता है जहाँ किसी पात्र के गुणों की झलक उसके कार्य-कलापों से होती है। लेखक किसी पात्र में जो विशिष्टताएँ दिखाना चाहता है उनका विकास परिस्थितियों के बीच कालक्रम से होना चाहिए, उनमें आकस्मिकता नहीं होनी चाहिए। पाठकों को ऐसा नहीं लगना चाहिए कि अमुक चरित्र पर ये विशेषताएँ लेखक द्वारा थोपी जा रही हैं। इससे चरित्रांकन में स्ववाच्यत्व दोष आ जाता है और उसकी स्वाभाविकता को आघात पहुँचता है। उदाहरण के लिए उपन्यास के प्रारम्भिक पृष्ठ देखे जा सकते हैं।

आगे बढ़ने की होड़ में नाना घोड़ा को ठोकर लगने से गिर कर घायल हो जाते हैं। उनका घोड़ा भाग जाता है। मनु उन्हें अपने घोड़े पर बैठाकर महल में लाती है जहाँ उनकी मरहम-पट्टी होती है। दूसरे दिन अपने पिता मोरोपन्त के साथ मनु नाना को देखने जाती है। इस पर दोनों में जो वार्तालाप हुआ उससे मनु की निर्भीकता और साहस का पता चलता है। इससे ऐसा भी आभास मिलता है कि रानी बचपन से ही जैसे युद्ध की तैयारी कर रही हो। उसके कथोपकथन एक ओर उसकी चारित्रिक विशेषताओं का उद्घाटन

करते हैं तो दूसरी ओर उसकी आयु और तत्कालीन परिस्थिति को देखते हुए उन उद्‌गारों की असहजता व्यक्त करते हैं।

जब मनुबाई और मोरोपन्त अकेले हुए तब मनु ने कहा, 'इतनी जरा-सी चोट पर ऐसी घबराहट और रोना-पीटना।' मोरोपन्त ने इसके उत्तर में कहा, 'चोट जरा-सी नहीं गम्भीर है। कितना रक्त बह गया है।' इस पर मनु का उत्तर, 'देखिए आप लोग हमको जो पुराना इतिहास सुनाते हैं, उसमें युद्ध क्या रेशम की डोरों और कपास की पौनियों से हुआ करते थे?'[9]

'नहीं, मनु! पर यह तो बालक है।' 'बालक है! मुझसे बड़ा है। मलखम्भ और कुश्ती करता है। बाला गुरु उसको शाबाशी देते हैं। अभिमन्यु क्या इससे बड़ा था?' इस पर मोरोपन्त कहते हैं, 'मनु अब वह समय नहीं रहा।' इस पर उसका उत्तर है, 'क्यों नहीं रहा काका? वही आकाश है, वही पृथ्वी, वही सूर्य, चन्द्रमा और नक्षत्र। सब वही है।' मोरोपन्त उत्तर देते हैं, 'अब इस देश का भाग्य लौट गया है। अंग्रेजों के भाग्य का सूर्योदय हुआ है। उन लोगों के प्रताप के सामने सब जन निस्तेज हो गए हैं।'

मनु का जवाब है, 'एक का भाग्य दूसरे ने नहीं पढ़ा है। यह सब मनगढ़ंत है। डरपोकों का ढकोसला।'[10]

इस स्थल पर मनु की बचपन से तर्क करने की प्रवृत्ति, बिना तर्क की कसौटी पर कसे किसी की बात न मानने की प्रवृत्ति, साहस, निर्भीकता और पुरुषार्थ में विश्वास करना, भाग्यवाद में नहीं इन सब गुणों का पता चल जाता है। 'उदय' नामक इस अध्याय में उसकी चंचलता, समय का विचार किए बिना कुछ भी कह बैठने की आदत का पता चलता है।

उसके ये तर्क सुनकर मोरोपन्त सोचते हैं : मनु की बुद्धि उसकी अवस्था से बहुत आगे निकल चुकी है। अभी तक कोई योग्य वर हाथ नहीं लगा। दक्षिण जाकर देखना पड़ेगा। मोरोपन्त के इस विचार से मनु के अवस्था से अधिक बुद्धिमान होने के गुण पर प्रकाश पड़ता है, साथ ही आगे की घटना का आभास भी होता है कि अब उसका विवाह होगा।

इसी अध्याय में उसकी कुछ ऐसी प्रवृत्तियों का आभास मिलता है जो अस्वाभाविक सी लगती हैं। नाना से बातचीत के क्रम में वह तीक्ष्ण स्वर में बाजी प्रभु देशपांडे, ताना जी माल सुरे, छत्रपति शिवाजी, प्रथम बाजीराव पेशवा की वीरता का उल्लेख करती है जिसे बाजीराव उसका बकना भर समझकर मोरोपन्त के शब्दों को ही एक प्रकार से दुहराते हैं, 'बेटी, क्या आज उन बातों के स्मरण से जीवन को चलाने का समय रहा?'[12]

बाजीराव द्वितीय से वह जो कुछ कहती है उससे उसके उद्‌देश्य का थोड़ा-सा आभास मिलता है लेकिन इस उद्‌देश्य की उसके जीवन के साथ कोई संगति इसलिए नहीं है कि अभी तो उसके सामने कोई समस्या है ही नहीं।

उसका कहना है, 'क्या हम लोगों को अब सोकर, खाकर ही जीवन बिताना सिखलाइएगा, दादा?'

मोरोपन्त का विश्वास था 'समय को देखकर चलना' चाहिए क्योंकि वे न तो छत्रधारी थे न सामन्त सरदार। वे साधारण गृहस्थ की तरह अपना रहन-सहन रखना चाहते थे। मनु इसके एकदम विपरीत सोचती थी। अगर उसने अपने पिता की मान ली होती तो वह न

झाँसी की रानी होती, न उसका इतिहास में नाम होता। बचपन में वह वाचाल थी। पर आगे चलकर उसमें गम्भीरता आ गई।

विवाह के बाद उसके जीवन का दूसरा दौर शुरू होता है जिसे तैयारी, समझदारी का समय कहा जा सकता है। लेखक ने रानी के चरित्र को सारे गुणों से गढ़ा है। इस सन्दर्भ में डॉ. सियारामशरण प्रसाद का मन्तव्य सही है :

लक्ष्मीबाई का निर्माण विधाता ने अद्वितीय रूप के साथ बुद्धि, कौशल तथा वीरत्व के सफल संयोजन से किया जिसमें शौर्य और सौन्दर्य का सफल सन्तुलन भी है। जिसके एक-एक शब्द से अंगार और तेज झरते हैं, आकृति और रूप शोभा फूलों को लज्जित करती है और बुद्धि और ज्ञान के संधान से जीवन के प्रकाश की दीप्ति फूटती है। उदारता और सहानुभूति की महानता जीवन को प्रकाश-पुंज-मार्ग का दिशा-निर्देश करती है।[13] पीछे उसके बाल्यकाल के सन्दर्भ में उसके तेज, ओज और साहस का उल्लेख किया जा चुका है। डॉ. प्रसाद का उसके बाल्यकाल के सम्बन्ध में कहना है : उसके बाल्यकाल की आकृति में संस्कार और वातावरण आवश्यक तत्त्व है। बचपन तेज, ओज और उमंग से ओत-प्रोत है, शादी के पश्चात उसमें गाम्भीर्य तथा परिस्थितिवश सर्वग्राही चेतनानुभव प्रबल है। वह संयम से परिस्थिति के चक्र को सहती है और वातावरण तैयार करती है, क्षेत्र निर्माण करती है। डॉ. प्रसाद ने एक खेत का उदाहरण देते हुए लिखा है : जैसे कोई किसान किसी खेत को जोत-बो उसमें फसल की प्रतीक्षा करता है वैसे ही झाँसी की रानी ने क्रान्ति की लहलहाती फसल की प्रतीक्षा की और एक दिन बिजली बनकर चमक उठी और विलीन हो गई। इस प्रकार उसके चरित्र को तीन चरणों में बाँटकर उसका विवेचन किया है।[14]

वर्मा जी ने रानी के क्रमिक विकास, विस्तार, प्रेरणा, प्रक्रिया, प्रकृति, परिणति आदि सभी भिन्न दिशाओं और वृत्तों का इतना कलात्मक अंकन किया है कि हम प्रशंसा किए बिना नहीं रह सकते।[15]

उसके जीवन के तीन भाग हैं जिनसे होकर उसके चरित्र का विकास होता है। वे भाग इस प्रकार हैं :

(क) बाल्यकाल से परिणय संस्कार के पूर्व तक (उम्र लगभग 13, 14)।

(ख) विवाह से गंगाधर राव की मृत्यु तक (लगभग 18 वर्ष उम्र)।

(ग) वैधव्य आरम्भ से समाप्ति तक। इस अवस्था में वह अपने उद्‌देश्य और उसकी पूर्ति की प्रक्रिया का निर्धारण कर सिद्धि-प्राप्ति के लिए संघर्ष करती हुई अपना बलिदान दे देती है।

(क) सर्वप्रथम तेरह से कम की मनु (बचपन का नाम) को हम गंगा के किनारे अश्वारोहण करते पाते हैं। उसके साथ रहते हैं नाना साहब, राव साहब जो क्रमश: 16 और 14 की उम्र के हैं। इस दृश्य से उसका तेज, उसकी कष्ट-सहिष्णुता प्रकट होती है। उसके चरित्र की ये विशेषताएँ पाठक के मन को गहराई से प्रभावित करती हैं। घोड़ा दौड़ाते समय नाना का गिरकर चोट खा जाना, उसका चिल्लाना, मनु का उसे अपने घोड़े पर बैठाना तथा उसे सहारा देते हुए घर ले आना, इन सब बातों का उल्लेख पीछे विस्तार से किया जा चुका है।

मनु का बाल्य जीवन मोरोपन्त और पेशवा बाजीराव के स्नेह और प्यार की छाया में बीता है। बाला गुरु के तेज से मिश्रित हुआ है। मोरोपन्त से उसका जो वार्तालाप होता है उससे उसकी आशावादिता, निर्भीकता, सूक्ष्म बुद्धि और विचारों की मौलिकता प्रकट होती है। यही गुण आगे चलकर पल्लवित होकर उसका दिशा–दर्शन करते हैं।

मनु के चरित्र में उसके तेजस्वी व्यक्तित्व के अनुरूप ही उसका मनोवैज्ञानिक चित्रांकन किया गया है। जब उसके सौन्दर्य को देखकर नाना उसे छबीली कहते हैं तो उसकी आँखें क्रोध के कारण लाल हो जाती हैं। विरोध करती हुई वह कहती है, 'मुझको इस नाम से घृणा है।' (वही, पृष्ठ 24)।

मनु जब बार–बार निर्भीक स्वर में भाग्य बदलने की बात करती है, तब बाजीराव रोना रोते हुए कहते हैं एक समय झाँसी हमारी थी। वहाँ के शासक हमारे सूबेदार थे। तब मनु दृप्त भाषा में कहती है, 'ग्वालियर, इन्दौर, बड़ौदा, नागपुर, सतारा इत्यादि के होते हुए भी थोड़े से अंग्रेजों ने आप सब को दाब लिया है।' उसे दृढ़ विश्वास है कि अंग्रेज हराये जा सकते हैं (पृष्ठ 25)। और जब मनु की ओज भरी बातें सुनकर बाजीराव निरुत्तर हो जाते हैं और उससे कहते हैं तू बड़ी वाचाल है तो वह इस आरोप को सहन न करती हुई कहती है, 'आप ही कहा करते हैं ताराबाई ऐसी थी, जीजाबाई ऐसी थी, अहिल्याबाई ऐसी, मीरा ऐसी। मैं कहती हूँ क्या ये सब मुँह पर मुहर लगाए रहती थीं ?' (वही, पृष्ठ 26)। उसके इन कथनों से उसके आदर्शों, उसके प्रेरणा–स्रोतों का पता चल जाता है। आदर्श उपर्युक्त महिलाएँ तथा महापुरुष थे, उन्होंने उसके जीवन को सँवारा, उत्प्रेरित किया और अपने जीवन से जगत को बहुत कुछ दिया।

जब तात्या दीक्षित विवाह सम्बन्ध के बारे में बाजीराव से चर्चा करते हैं तब वे मनु के बारे में जो कुछ कहते हैं उससे उसके गुणों पर प्रकाश पड़ता है। उनका कथन इस प्रकार है, 'कन्या (मनु) बहुत सुन्दर है। बड़ी कुशाग्र बुद्धि और होनहार। उसके लिए अच्छा वर ढूँढ़ना चाहिए।' और इसी सन्दर्भ में मोरोपन्त का भी कथन ध्यातव्य है, 'सब हथियार चलाना बहुत अच्छी तरह जानती है। घोड़े की सवारी में पुरुषों के कान काटती है। जब चार वर्ष की थी उसकी माँ का देहान्त हो गया था। इसलिए मैंने स्वयं उसकी दिन–रात देख–भाल की, लालन–पालन किया। मराठी, संस्कृत और हिन्दी पढ़ाई है। शास्त्रों में उसकी रुचि है।' (वही, पृष्ठ 28) और गुणों के साथ उसके रूप को देख, 'विशाल नेत्र, भौंरे को लजाने वाले चमकीले बाल, स्वर्ण सा रंग और सम्पूर्ण चेहरे का अतीव सुन्दर बनाव,[16] प्रसन्न होकर गंगाधर से, झाँसी के हित के निमित्त, सम्बन्ध (शादी) करने का आग्रह करते हैं। मोरोपन्त का यह सोचना नितान्त सत्य है कि मनु की बुद्धि उसकी अवस्था के बहुत आगे निकल चुकी है। इस कथन का उल्लेख पीछे किया ही जा चुका है। उपर्युक्त प्रसंगों से उसकी उन चारित्रिक विशेषताओं का अवबोध होता है जिनकी दृढ़ भित्ति पर मनु का चरित्र विकसित हुआ था। यह वह दृढ़ नीव है जिसके कारण वह अपने आदर्शों से कभी विचलित नहीं हुई।

(ख) इसके पश्चात् दूसरा प्रकरण आरम्भ होता है। रानी का विवाह 40 वर्ष के गंगाधर राव से होता है और वहीं से रानी परिस्थिति, परिवेश के अध्ययन तथा क्रान्ति–यज्ञ के प्रयत्न में, शोध में लग जाती है। वह देश की समग्र स्थिति और अंग्रेजों की कपट नीति अच्छी

तरह समझती है। अतएव एक घोर अंधकारग्रस्त, दमित, नैराश्यपूर्ण वातावरण में वह अपना कार्य आरम्भ करती है।

झाँसी पहुँचने पर रानी में विराट परिवर्तन आया। उसका आचार-विचार आश्चर्य उत्पन्न करने वाली परिपक्वता-सा प्रतीत होता था। उस युग की लड़कियाँ जिस उम्र में खेलना-खाना, पहनना-ओढ़ना ही सब कुछ समझती होंगी, उस आयु में लक्ष्मीबाई गम्भीर और गम्भीरतर होती चली गई।[17]

किले में उस पर काफी बन्धन थे फिर भी घोड़े की सवारी, कुश्ती, मलखम्भ का उसका अभ्यास निरन्तर चलता रहा। उसने यहाँ संगठन का भी काम प्रारम्भ कर दिया था। इसका प्रमाण उसकी उदारता और राजनीतिक दूरदर्शिता में है कि वह अपनी दासियों से स्पष्ट कहती है, 'मेरी दासी कोई भी न होगी।'[18] क्योंकि वह पूर्णतया अनुभव करती है उसे दासी नहीं सहेलियों की आवश्यकता है, जो उसके इस पवित्र क्रान्ति-यज्ञ में कंधे-से-कंधा लगाकर सहयोग कर सकें। इसलिए अपने स्नेहसिक्त व्यवहार से अपने और उन दासियों के बीच में जो अन्तर था उसे उसने पलभर में मिटा दिया। उसके जीवन का उद्देश्य महान था इसीलिए वह वर्ग, जाति की संकीर्ण सीमा का उल्लंघन कर सभी वर्ग की स्त्रियों से मुक्त रूप से, हृदय खोलकर मिलती है, उनसे प्रेम और स्नेह करती है। उन्हें विविध शिक्षाएँ देती है।

शस्त्र और शारीरिक शक्ति वृद्धि करनेवाले कार्यों का अभ्यास इसलिए कराती है—पुरुषों को पुरुषार्थ सिखाने के लिए स्त्रियों को मलखम्भ, कुश्ती इत्यादि सीखना ही चाहिए। खूब तेज दौड़ना भी। नाचने-गाने से भी स्त्रियों का स्वास्थ्य सुधरता है। अपने को मोहक बना लेना ही तो स्त्री का समग्र कर्तव्य नहीं।[19] और अपने सहयोगियों का निर्माण करने के लिए उनसे स्पष्ट कहती है, 'मेरे साथ जो रहना चाहे उसको घोड़े की सवारी अच्छी तरह आनी चाहिए। तलवार, बन्दूक, बरछा, छुरी-कटार, तीर-तमंचा इत्यादि का चलाना भी अच्छी तरह सीखना पड़ेगा।'[20]

रानी में चरित की गरिमा भी है। जब स्त्रियाँ बाला गुरु से शिक्षा पाने में संकोच करती हैं तब वह जो कुछ कहती है वह दृढ़ता, गरिमा और आत्मशक्ति से पूर्ण है, 'बाला गुरु देवता हैं, और न भी हों तो तुम को क्या डर? स्त्रियाँ दृढ़ता का कवच पहनें तो फिर संसार में ऐसा कोई पुरुष हो ही नहीं सकता है जो उनको लूट ले।' और विचारपूर्ण शब्दों में कहती है, 'नहीं फूलों से नाता बनाए रखो, परन्तु मिट्टी से सम्बन्ध तोड़कर नहीं।'[21] इसका अर्थ यह है कि वह जीवन का श्रृंगार सौन्दर्य और यथार्थ तथा शौर्य से करना चाहती है। वह स्वयं इसी धातु की बनी है। ये सब उसके जीवन में नवजीवन-संचार करने वाले बीज हैं और उसके ओजपूर्ण क्रिया-कलाप हैं।[22]

इसी क्रम में वह गंगाधर राव के व्यवहारों को समझती है। उनके झक्कीपन, उनकी सनक, उनके विलासितापूर्ण शौकों, उनके अति क्रोधी स्वभाव को खूब समझती है किन्तु शंकर की तरह विष पीती हुई बड़े धैर्य से अपना सन्तुलन बनाए रखती है। उसमें घटनाओं के पीछे छिपे सत्य को परखने की शक्ति भी है। वह छोटी-छोटी बातों के भी गहराई से पड़ने वाले परिणामों का अनुभव कर लेती है। इसीलिए भीड़-भाड़ और धूमधाम में भी आनन्द राय के प्रति गंगाधर के अवहेलनापूर्ण व्यवहार को देख लेती है और सुन्दर से कहती

है, 'आज एक बात अच्छी नहीं हुई। आनन्द राय नाम के उस जागीरदार की अवहेलना की गई।' सुन्दर को तो महान आश्चर्य हुआ। आगे वह कहती है, 'सरकार को कैसे नाम याद रह गया? और इतने हल्ले-गुल्ले और भीड़-भाड़ की ध्वनियों में यह घटना कैसे स्मरण रही?' और उसके यह कहने पर उसकी उदारता, संगठन-शक्ति का पता चलता है, 'छोटे-छोटे से आदमियों का महाराज कहाँ तक लिहाज करें? थक भी तो बहुत गए आज।' 'जिन्हें तुम छोटा आदमी कहती हो, आधार तो हमारे वे ही हैं।'

रानी राजा के झक्कीपन वाले स्वभाव को, मनमाने अत्याचार को कभी पसन्द नहीं करती है। निरपराध पर दंड और अत्याचार कैसे पसन्द कर सकती है।

इस प्रकार धीरे-धीरे उसमें जो परिवर्तन परिलक्षित हो रहा था उसको लेखक ने इस प्रकार वर्णित किया है : झाँसी जाने के बाद चपल सुखी मनु में एक परिवर्तन धीरे-धीरे घर करता जाता है। वह अब उतनी नहीं बोलती। रानी लक्ष्मीबाई में गम्भीरता जगह करती जा रही है और क्रुद्ध हो जाने की वृत्ति तो और भी अधिक शीघ्रता के साथ घुलती चली जा रही है। (पृष्ठ 78)

रानी वीरता और शौर्य की पूजा करती है किन्तु, उसमें धार्मिक ग्रन्थों के प्रति आस्था, गीता, महाभारत आदि का नियमित स्वाध्याय, गीता के निष्काम कर्मयोग में विश्वास और भौतिकबल के साथ आत्मिक शक्ति में पूर्ण आस्था विद्यमान है। गीता का सन्देश उसे अन्तिम श्वास तक उत्प्रेरित करता है। इस प्रकार गीता का ज्ञान और आध्यात्मिक शक्ति ही उसे संघर्ष और प्रतिकूल परिस्थितियों में अविचलित रखती है।

किन्तु आत्मिक शक्ति के साथ वह शारीरिक शक्ति संवर्धन पर बराबर बल देती है। इन सब स्मृतियों का पोषक यह शरीर और इसके भीतर आत्मा है। उनको पुष्ट करो और सबल बनाओ।

इस प्रकार अपने जीवन के द्वितीय पर्व में वह राजा के विचारों में परिवर्तन और शक्ति लाने की चेष्टा करती है, नारियों को सैन्य शिक्षा देती है, उदारता से जनता के हृदय पर अमिट छाप छोड़ती है, दाम्पत्य की कटुता को संयम से समाप्त कर आगे बढ़ती है, युद्ध कौशल के साथ देश की भूमि से परिचय प्राप्त करती है। यही नहीं, देश की राजनैतिक, सामाजिक सभी क्षेत्रों की गतिविधियों से अवगत हो जन-हितार्थ प्रयत्नशील होती है और अध्यात्म के मर्म को पकड़ती है, जिसका उल्लेख पीछे किया जा चुका है।[23]

रानी देश और युग की आवश्यकतानुसार वीरता और शौर्य को प्रमुख और नृत्य, संगीत आदि को गौण मानती है। पर उनका तिरस्कार नहीं करती है और न उन्हें हेय मानती है। गंगाधर राव और रानी के एक वार्तालाप से यही सच प्रकट होता है। रानी स्पष्ट शब्दों में कहती है, 'स्वराज्य स्थापित है। अब हँसने-खेलने के सिवा नर-नारियों के लिए और काम ही क्या बचा है? देखिए न किस आराम के साथ झाँसी राज्य का पंचमांश से अधिक अंग्रेजों के हाथ में दे दिया गया...। और नाचते-बजाते ही वे पूरे हिन्दुस्तान को रौंदते चले जाते हैं। खेल तो बढ़िया है।'[24]

रानी के इस कथन में तीखा व्यंग्य भी शामिल है पर उसके शमन के लिए उसके अधरों पर जो मुसकान थी उससे गंगाधर राव खीजकर रह गए। पर अपने को संयत कर यह बताने

लगे कि हमारे यहाँ फूट है, फिर हमारे पास अंग्रेजों जैसे हथियार कहाँ हैं? इस पर रानी कहती है कि आपकी नाट्यशाला में जो हथियार बनते हैं क्या वे अंग्रेजों को हराने के लिए पर्याप्त नहीं हैं? इस व्यंग्य पर राजा ने कहा कि आप कभी-कभी बहुत बड़ी चोट कर बैठती हैं। इस पर रानी बोली कि आपके यहाँ भाट क्या केवल प्रशंसा और यशगान ही करते हैं या कभी-कभी कड़वा भी सुनाते हैं?[25]

इस पर उनका क्षोभ उमड़ा परन्तु उन्होंने उसे वहीं दबाने का प्रयास किया और विषयान्तर करते हुए अन्य कवियों, कलाकारों का उल्लेख करते हुए पजनेश, हृदयेश के श्रृंगारपरक काव्य का सन्दर्भ दिया तब रानी ने कहा छत्रपति शिवाजी क्या ऐसी ही रंगीन कविता लिखने के लिए भूषण को प्रेरित करते थे? इन कथनों से रानी के चरित्र की दो विशेषताएँ उभरती हैं। एक तो जब देश पर संकट हो तो राजा-महाराजाओं को नृत्य, गीत जैसे विलासितापूर्ण मनोरंजनों से अलग रहना चाहिए। दूसरे, देश के लिए ऐसे कवियों, कलाकारों को बढ़ावा देना चाहिए जो जनता में देशभक्ति की भावना उत्पन्न कर सकें। इन कथनों से अप्रत्यक्ष रूप से 1857 की क्रान्ति में राजाओं के हारने का एक कारण उनका विलासितापूर्ण जीवन भी था।

राजा ने जब रानी से पूछा कि क्या सचमुच मेरा नाट्यशाला वाला मनोरंजन आपको नापसन्द है? तो रानी ने जो कुछ कहा उससे उसकी परिस्थिति पढ़ने की कुशलता और अनागत विपत्ति को भाँपने का विवेक दोनों सामने आ जाते हैं। उसने राजा से कहा, 'इन दिनों अब इससे अधिक और हो ही क्या सकता है? राज्य का काम चलाने के लिए दीवान है। डाकुओं का दमन करने और प्रजा को ठीक पथ पर चालू रखने के लिए अंग्रेजी सेना है ही। इस पर यदि कोई गलती हो गई तो कम्पनी के एजेंट की खुशामद कर ली। बस, सब काम ज्यों-का-त्यों मनमाना चलता रहा।'[26]

इस बात में रानी की विलक्षण बुद्धि का आभास पाकर राजा को जरा विस्मय-सा हुआ। रानी जिन आदर्शों को लेकर जन्मी थी, उसका जो स्वभाव था, उसके साथ गंगाधर राव की प्रकृति मेल नहीं खाती थी। फिर भी रानी उनके साथ सामंजस्य बनाए रखती थी पर वह अपने आदर्शों से कभी विचलित नहीं हुई।

राजा प्रदर्शन के बहुत प्रेमी थे। रानी को प्रदर्शन बहुत कम पसन्द था। (वही, पृष्ठ 62) रानी चाहती थी झाँसी राज्य की अपनी एक मजबूत, दृढ़, सेना हो। जब गंगाधर राव ने अपनी सेना बना ली तब उनका यह काम उसे बहुत अच्छा लगा। उन्होंने अपने कठोर शासन से झाँसी राज्य में लूट-पाट करने वाले लुटेरों का दमन कर राज्य में शान्ति स्थापित कर दी। यह काम भी उसे पसन्द आया पर अंग्रेजों की चाटुकारिता, अंग्रेजों से प्राप्त यश उसे पसन्द न था। वह अंग्रेजों की कूटनीति से भलीभाँति परिचित थी।

गंगाधर राव पुरातनपंथी थे इसलिए रानी को पर्दे में रहकर अपने सारे कार्य-कलाप करने पड़ते थे। वह अपनी सहेलियों के साथ महल में ही घुड़सवारी, व्यायाम आदि करती थी। वह इसी तरह बड़े धैर्य से युद्धाभ्यास करती रहती थी।

राजा गंगाधर राव अपने से भिन्न उसकी प्रकृति देखकर भी उसकी बुद्धि और चतुरता पर विश्वास करते थे। उन्होंने मेजर एलिस से कहा था, 'मेजर साहब, हमारी रानी स्त्री जरूर है, परन्तु इसमें ऐसे गुण हैं कि संसार के बड़े-बड़े मर्द उसके पैरों की धूल

अपने माथे पर चढ़ावेंगे।'[27] इसमें उसके भविष्य की कीर्ति का आभास मिल रहा था।

इन्हीं दिनों उसे पुत्र होता है जो काल कवलित होता है। राजा शोकाकुल होते हैं और स्वर्गवासी हो जाते हैं। रानी पर वज्रपात होता है और वह बड़े धैर्य से इस शोक को सहन करती है। राजा दामोदर राव को मरने के पहले गोद लेते है पर अंग्रेज सरकार उस गोदनामे को अस्वीकार कर देती है। उसकी कुछ पेंशन स्वीकार की जाती है।

(ग) रानी के चारों ओर जब निराशा का अँधेरा छाया हुआ था तभी उसके जीवन का तीसरा दौर शुरू होता है। झाँसी पर अंग्रेजों ने अपना प्रभुत्व स्थापित कर लिया, नाना साहब पिस गए। ऐसी स्थिति में रानी पूरे देश में स्वराज्य-स्थापन और क्रान्ति के लिए अनुकूल वातावरण बनाने की तैयारी करती है। इस अभियान में उसका साथ देते हैं सुन्दर, मुन्दर, काशीबाई, मोतीबाई, झलकारी कोरिन, जूही, तात्या, राव साहब, नाना साहब आदि। इस समय सारी परिस्थितियाँ रानी के विपरीत थीं, फिर भी वह बड़े धैर्य का परिचय देती है। रानी उतावली में ऐसा कोई काम नहीं करना चाहती है जिससे क्रान्ति का वह अभियान ही न छेड़ सके। उसे पता है बहादुर शाह जफर बहुत ही कमजोर हैं। इन्दौर, ग्वालियर, हैदराबाद सभी पर अंग्रेजों का शिकंजा कस चुका है। रानी का उद्देश्य देश के एक-एक जन को जगाने का है। उसे जनता में पूरी आस्था है। इसीलिए वह कहती है, 'जनता असली शक्ति है। मुझको विश्वास है कि वह अक्षय है। छत्रपति ने जनता के भरोसे ही इतने बड़े दिल्ली सम्राट को ललकारा था। राजाओं के भरोसे नहीं।' (पृष्ठ 140) उसका विश्वास देखिए, जनता मुख्य साधन है। राजा और नवाब पीढ़ी-दो-पीढ़ी ही योग्य होते हैं। परन्तु जनता की पीढ़ियों की योग्यता कभी नहीं छीजती (पृष्ठ 141)।

इतने बड़े अभियान के पीछे गीता के कर्मयोग में उसका विश्वास झलक रहा था : हमको केवल कर्म करने का अधिकार है, फल का कभी नहीं। हमको एक बड़ा सन्तोष है कि जनता हमारे साथ है। जनता सब कुछ है। जनता अमर है। हमको स्वराज्य के सूत्र में बँधना चाहिए। राजाओं को अंग्रेज भले ही मिटा दें परन्तु जनता को नहीं मिटा सकते। एक दिन आएगा जब इसी जनता के आगे होकर मैं स्वराज्य की पताका फहराऊँगी। (पृष्ठ 163-64)

उसे गहरा विश्वास है : वे पर्वत-मालाएँ और मैदान, वे घाटियाँ और उपत्यकाएँ हर-हर महादेव से गूँज उठेंगी (पृष्ठ 183)। वह प्रतिज्ञा करती है : मैं केश मुंडन तब कराऊँगी जब हिन्दुस्तान को स्वराज मिल जाएगा, नहीं तो श्मशान में अग्निदेव मुंडन करेंगे। (पृष्ठ 214)

कई कारणों से रानी का अभियान सफल नहीं होता और वह अन्त में वीरतापूर्वक मृत्यु का वरण करती है। एक अंग्रेज सैनिक के वार से घायल होकर स्वर्ग सिधार जाती है।

रानी के चरित्र का अगर अनुशीलन किया जाए तो इतिहास के प्रसंगों और वृन्दावनलाल वर्मा ने उसका जो रूपांकन किया है, उसमें निम्न गुणों से उसे अलंकृत किया है और ये गुण उसकी बातों, उसके आचार-व्यवहार से व्यक्त होते हैं। ये गुण हैं—वीरता, सौन्दर्य, त्याग, कर्तव्यशीलता, दृढ़ता, न्यायप्रियता, उदारता, परखने की सूक्ष्म शक्ति, आध्यात्मिकता, मानवता, शारीरिक बल, साहस, संयमशीलता, चरित्र का आत्मिक बल, विनोदप्रियता, सरसता, राजनैतिक चातुर्य, वर्ग और जातिगत संकीर्णता का अभाव, नारी के सम्मान के प्रति चेतना, देश

प्रेम, स्वतंत्र भावना, सतीत्व, धैर्य आदि। इन सब गुणों के कारण वह सभी की श्रद्धा, आदर की पात्र है। उससे उम्र में बड़े तात्या और नाना इसी वजह से उसके आगे सम्मान से झुकते हैं।

वृन्दावनलाल वर्मा ने झाँसी की रानी लक्ष्मीबाई को एक आदर्श की मूर्ति के रूप में नहीं गढ़ा है। उसमें कुछ कमजोरियाँ भी हैं जो उसे एक मनुष्य बनाती हैं।

डॉ. सियारामशरण प्रसाद ने इस सन्दर्भ में ठीक ही लिखा है : वह मनुष्य है, आदर्श वीर मनुष्य है। फिर भी कभी–कभी एकाध परिस्थिति में उसकी कमजोरी प्रकट होती है जिससे वह पूर्ण मनुष्य सिद्ध होती है। यह लेखक का कौशल भी है।[28]

जब शत्रुओं से आक्रान्त होकर उसके मन में पराजय की भावना जम जाती है तब उसके मन में आत्महत्या का विचार आता है जो गीता की शिक्षा का स्मरण कर तिरोहित हो जाता है। इसे क्षणिक आवेश ही कहा जा सकता है। जब अंग्रेज उसका गोदनामा अस्वीकार कर झाँसी का राज्य हड़प लेते हैं तब एलिस के सामने वह आवेश में कहती है, 'मैं अपनी झाँसी नहीं दूँगी।' बाद में अपनी भूल समझकर धैर्यपूर्वक क्रान्ति का वातावरण तैयार करने में लग जाती है। शादी के अवसर पर पूरे समाज के सामने यह कहना कि 'गाँठ ऐसी बाँधो कि कभी न खुले' उसे बुरी तरह खटकता है, परन्तु इसमें उसका उग्र स्वभाव, स्पष्ट आत्म प्रवृत्ति और कैशोर का भोलापन तथा चपलता झलकती है। बार–बार चेताने पर भी दूल्हा जू और पीर अली पर सन्देह न करना उसकी बहुत बड़ी राजनैतिक भूल सिद्ध होती है जिसकी कीमत उसे पराजय के रूप में चुकानी पड़ती है।

रानी के अलावा उपन्यास के अन्य पात्र हैं—गंगाधर राव, तात्या टोपे, रघुनाथ सिंह, जवाहर सिंह, खुदाबख्श, गौस खाँ, गुल मुहम्मद, नाना, सुन्दर, मुन्दर, काशी, जूही, झलकारी कोरिन, दूल्हा जू, पीर अली, अली बहादुर, नारायण शास्त्री आदि जिनका चरित्रांकन मनोयोग से किया गया है।

इन पात्रों के चरित्रांकन का वैशिष्ट्य यह है कि यद्यपि लेखक ने इन्हें थोड़े शब्दों, कतिपय रेखाओं में उभारा है किन्तु इनके व्यक्तित्व की दीप्ति पूरे उपन्यास को अपने प्रभाव से भर देती है। उपन्यास में एक झलक इन पात्रों की मिलती है पर इन्हें भुलाया नहीं जा सकता है।

गंगाधर राव

गंगाधर राव इस उपन्यास के प्रमुख पुरुष पात्र हैं। यद्यपि वह पूरे उपन्यास में नहीं रहते पर उनका प्रभाव बना रहता है। उनका सबसे बड़ा परिचय तो उनका रानी का पति होना है, यद्यपि उनका व्यक्तित्व रानी से हटकर था। उनकी जल्दी मृत्यु हो जाती है अगर वे बने रहते तो क्या होता इतिहास की दृष्टि से यह प्रश्न बेमानी है। क्योंकि इतिहास में 'यदि' 'तो' जैसे शब्दों का कोई महत्त्व नहीं होता है। इतिहास में जो घटित होता है उसे बदला नहीं जा सकता यद्यपि उससे भिन्न–भिन्न निष्कर्ष जरूर निकाले जा सकते हैं।

उपन्यास में गंगाधर राव का आविर्भाव प्रस्तावना में ही हो जाता है। वे कानपुर से झाँसी आ गए और धूमधाम के साथ उनका अभिषेक हो गया। उसके बाद लेखक उनके व्यक्तित्व की रेखाएँ इस प्रकार खींचता है—लेखक की दृष्टि में गंगाधर राव साहित्य और ललित कलाओं के पूरे रसिक थे। सुखलाल काछी उनका चित्रकार था। पढ़ा–लिखा कम परन्तु

कलम और कूँची की सही विधि, कोमलता और हथौटी का आचार्य। गायक, वादक, खासकर ध्रुवपद, वीणा और पखावज के उस्ताद और रीतिकाल तथा भक्ति रस की ओट वाले कवि, गंगाधर राव की महफिल को आबाद करने लगे। गंगाधर राव को ग्रन्थों से बड़ा प्रेम था। उन्होंने दूर-दूर से नाना प्रकार के हस्तलिखित ग्रन्थ इकट्ठे करवाए और विशाल पुस्तक भंडार से अपने पुस्तकालय को भर दिया। उन्हें नाटकों का बेहद शौक था। नाटकों में स्वयं अभिनय भी करते थे। एक विचित्र बात यह थी कि पुरुष के अभिनय से सन्तुष्ट न होने पर स्त्री के अभिनय में आ जाते थे। नाटकशाला की एक अभिनेत्री मोतीबाई के प्रति उनका झुकाव थोड़ा अधिक ही था। किन्तु मोतीबाई का रुझान खुदाबख्श की ओर था। जब राजा को इसका आभास हुआ तो उन्होंने खुदाबख्श को झाँसी से देश निकाला दे दिया जो उनके चरित्र पर एक धब्बा है। इस दृष्टि से राजा गंगाधर राव में राजोचित गरिमा का अभाव था।

इधर जब तात्या दीक्षित विधुर गंगाधर राव के लिए कन्या तलाश करने बिठूर आते हैं और मोरापन्त अपनी कन्या मनु के लिए किसी उपयुक्त वर की तलाश का प्रस्ताव रखते हैं तो पुन: गंगाधर राव का प्रसंग उठता है और उनके चरित्र की कुछ और विशेषताओं का लेखक ने उल्लेख किया है।

मनुबाई की जन्मपत्री गंगाधर राव से मिल गई। पर तात्या को उनके स्वभाव के कारण असमंजस उत्पन्न हुआ। गंगाधर राव की पहली पत्नी का देहान्त काफी दिन पहले हो चुका था। वह विधुर थे। विवाह करना चाहते थे। परन्तु अपने कठोर स्वभाव के कारण बदनाम थे।[22] फिर उनका स्वभाव हलके स्तर का भी था। उनमें उग्रता तो हद दर्जे की थी किन्तु गम्भीरता नहीं थी। भीड़-भगतियों, खसियों इत्यादि के हँसी-मजाक, आमोद-प्रमोद में उनका काफी समय जाता था। नाटकशाला में तो रात का अधिकांश प्राय: बीतता ही था। इसलिए जितना वह करते थे, उससे कहीं अधिक बदनामी फैल गई थी। लेखक ने यह भी संकेत किया है कि उनकी बदनामी झूठी थी किन्तु थी तो क्योंकि वे नाट्यशाला में सदा वेश्याओं से घिरे रहते थे।[23] परन्तु राजा का स्वास्थ्य अच्छा था। फिर ऐसे कठोर स्वभाव वाले राजा के लिए मनुबाई जैसी उग्र स्त्री की ही जरूरत थी। गंगाधर राव का मुख-सौन्दर्य अब भी वैसा ही था। आँखों का तेज लाल डोरों के कारण आकर्षक कम, भयानक ज्यादा मालूम होता था। पेट कुछ बढ़ा हुआ परन्तु भद्दा नहीं लगता था। रंग साँवलापन लिए हुए। सारी देह एक बलवान पुरुष की। रानी ने गणेश मन्दिर में जाते समय गंगाधर राव को ऐसा ही देखा था। पर राजा के स्वभाव में सबसे बड़ी कमी उनका क्रोध था जो समय-कुसमय नहीं देखता था। इस सन्दर्भ में काशी यात्रा के समय ताजीम न देने के कारण राजेन्द्र नाम के एक बाबू को पिटवाना उनके क्रोध का एक विशेष उदाहरण है।[25] फिर उन्हें प्रदर्शन प्रिय था और बेहद खर्चीला स्वभाव था जो रानी को पसन्द नहीं था पर वह उन्हें रोक भी नहीं सकती थी।

गंगाधर राव की शासन व्यवस्था बहुत अच्छी थी। उन्होंने अपने कठोर शासन से आततायी, डाकू-बटमारों का दमन कर राज्य में शान्ति स्थापित कर दी थी। राजा के शासन से अंग्रेज सन्तुष्ट थे, क्योंकि उपद्रवों को शान्त करना ही राजा का सबसे बड़ा कर्तव्य समझा जाता था।[26]

उग्र और कठोर स्वभाव के गंगाधर राव की एक और विशेषता थी। वे पुरातनपंथी थे। उनका स्त्रियों की स्वाधीनता में विश्वास न था। जनता की स्त्रियाँ मुँह उघाड़े फिरें, चाहे घूँघट डाले फिरें, इस विषय में उनकी उपेक्षा थी। परन्तु अपने महल में काफी परदा बरतने के दृढ़ पक्षपाती थे।[27] जरा से अपराध पर वे बिच्छू से डंक कटवाने तक की सजा देते थे। इससे उनकी शिकायतें ऊपर तक अंग्रेज अफसर पहुँचाने लगे जो आगे चलकर उनके लिए घातक सिद्ध हुआ। उनमें कई तरह का अन्तर्द्वन्द्व रहता था। इससे उनके क्रोध की मात्रा बढ़ गई और अपराधियों को दंड देने के लिए बिलकुल नए-नए साधन काम में लाने लगे।[28] वे किस तरह का दंड देते था इसका उल्लेख लेखक ने इस प्रकार किया है : गंगाधर राव ने एक विशेष वर्ग के अपराधों के लिए बिच्छू से कटवाने का विधान कर रखा था। कट्ठे में पैरों का डालना-भाँजना एक साधारण बात थी। गहन अपराधों में हाथ-पाँव कटवा डालने की जनसम्मत प्रथा जारी थी। दहकते अंगारों से डाकुओं के अंग जलवाना इस विधान में शामिल था, परन्तु बिच्छुओं से कटवाना जन-वृत्ति की सहन शक्ति से बाहर हो गया था।[28]

दंड देने की इन पद्धतियों का इसलिए उल्लेख किया कि इस दंड विधान और प्रजा के असन्तोष ने अंग्रेजों को वह नैतिक बल दिया जो झाँसी राज्य के अधिग्रहण और राजा के गोदनामे की अस्वीकृति का कारण बना। हालाँकि यह दंड-विधान न होता तो भी राज्य का अधिग्रहण होता किन्तु, अंग्रेज अफसरों को राजा की शिकायत करने का मौका न मिलता।

जब राज्य की पंचायतें खत्म की गईं और एक ही दंड विधान लागू किया गया, अंग्रेजों की यह व्यवस्था गंगाधर राव को पसन्द नहीं आई। लेकिन गार्डन के सामने उन्होंने अपना क्रोध दबा लिया। पर वह पूरा अंग्रेज था। वह ऊपर से सभी से घुला-मिला रहता था, पर उसकी सतर्क दृष्टि इंग्लैंड की ओर मुड़ी रहती थी।[30] गंगाधर राव में स्वाभिमान था। वे जनता पर अपनी धाक जमाए रखना चाहते थे न कि अंग्रेज या अपने अफसरों की। पर ब्रिटिश सरकार की नीति धीरे-धीरे राजा-नबाबों की इसी धाक को समाप्त करना था।[31] इसी स्वाभिमान की वजह से वे गार्डन से कह सके कि साहब मैं तो एक छोटा-सा संस्थापक हूँ तो भी चाहूँ तो बहुत कुछ कर सकता हूँ। लेकिन सभी राजाओं ने चूड़ियाँ पहन रखी हैं। क्या यह आश्चर्य की बात नहीं है अपने ही देश में हम कैद हैं। वे गार्डन को यह याद दिलाना भी नहीं भूले कि सवा सौ वर्ष पहले किस तरह अंग्रेज अफसर दिल्ली के बादशाह और पूना के पन्त प्रधान के दरबार में साष्टांग प्रणाम कर-कर के अर्जियाँ पेश किया करते थे।[32] राजा के इस कथन की खबर जब रानी के पास पहुँची तब उसने अपनी सहेलियों के सामने जो टिप्पणी की उससे राजा के स्वाभिमानी स्वभाव की पुष्टि होती है और अगर अन्य राजा संगठित होते तो गंगाधर राव अंग्रेजों से दो-दो हाथ करने में न चूकते। रानी ने कहा, 'मुझको शिवराव भाऊ की बहू होने का बहुत घमंड है। मुझको अपने राजा का, अपनी झाँसी का अभिमान है। मुझको दादा पेशवा ने बतलाया है कि सौ-सवा सौ वर्ष पहले इस अंग्रेज कौम ने हमारे देश में किन-किन उपायों से क्या-क्या किया।'[33]

गंगाधर राव निःसन्तान थे। दूसरा विवाह उन्होंने सन्तान के लिए किया था। रानी गर्भवती थी। समय पर उसके पुत्र हुआ। इससे अंग्रेजों की झाँसी के अधिग्रहण की इच्छा अधूरी रह गई। पुत्र होने से गंगाधर राव के स्वभाव में परिवर्तन आ गया। शासन की कठोरता में

उन्होंने कमी कर दी। जनता उनको प्रजा वत्सल कहने लगी। लेकिन बच्चा जब दो मास का होकर मर गया तब राजा इस आघात को नहीं सह सके। उनकी खीझ बढ़ गई। उन्हें सदमा लगा। फिर उन्होंने मरने से पहले अपने ही वंश के आनन्द राव को गोद लिया जिसका नाम दामोदर राव रखा गया। उन्होंने पॉलिटिकल एजेंट गार्डन से कहा कि मेरा गोदनामा स्वीकृत करा दें पर इसके पहले ही राजा दिवंगत हो गए। उपन्यास में उनका यहीं तक उल्लेख मिलता है। पर एक पात्र के रूप में उनके व्यक्तित्व की छाप या उनके किये-धरे का प्रभाव इतिहास की घटनाओं को प्रभावित करता है, विशेषकर अली बहादुर को जायदाद से बेदखल करना, हवेली से निकाल देना। अली बहादुर जैसे पात्र के राजा विरोधी होने और अंग्रेजों के पक्ष में जाने के पीछे गंगाधर राव के वे ही निर्णय रहे हैं।

तात्या टोपे

पुरुष पात्रों में दूसरा महत्त्वपूर्ण चरित्र है तात्या टोपे का। इसे उपन्यास में शुरू में ही लेखक ने अवतरित कर दिया है। फिर यह धीरे-धीरे अपने कार्य-कलापों का विस्तार करता है और अंग्रेज विरोधी अभियान को गति प्रदान करता है। इसने युद्ध में अपने वीरत्व का प्रदर्शन उतना नहीं किया जितना सैन्य संगठन बनाने, विभिन्न छावनियों में क्रान्ति की चेतना फैलाने और गोला-बारूद को इकट्ठा करने में किया। यह बड़ी विलक्षण बुद्धि का व्यक्ति था। इसमें कभी निराशा नहीं आई।

उपन्यास में इसका उल्लेख सबसे पहले बिठूर में आया है। तात्या बाजीराव के यहाँ बिठूर में रह रहा था और बालगुरु के अखाड़े का प्रधान था। इसका शरीर सुगठित था। अपने नाम के अनुरूप सम्बोधन सुनकर झाँसी से आए तात्या दीक्षित चौंक पड़े थे। इसी संयोग से तात्या टोपे का झाँसी आना-जाना होता है। उसे बिठूर की अपेक्षा झाँसी अच्छी लगती है और उसका मन वहाँ रम जाता है। नाटकशाला को छोड़ दिया जाए तो झाँसी का रहन-सहन, यहाँ के स्त्री-पुरुष और यहाँ का प्राकृतिक वातावरण उसको ब्रह्मावर्त के गंगातट से अधिक मनोहर लगा।[34]

इसी प्रसंग में उसके चरित्र की दो विशेषताएँ देखने को मिलती हैं। एक उसका विनय दूसरा उसका शील और गम्भीरता। उसकी बातचीत में नफासत थी।[35] मोरोपन्त जब मनु को लेकर झाँसी गए तब बाजीराव ने निवास-स्थान आदि की व्यवस्था के लिए बालागुरु के अखाड़े के जिस युवक को भेजा इतिहास में यही युवक तात्या टोपे के नाम से प्रसिद्ध हुआ। युवक तात्या को फौजी अफसर की पोशाक पसन्द थी विशेषकर लोहे की फ्रांसीसी टोपी।[37] तात्या टोपे अत्यन्त निर्भीक था पर कभी अपनी विनय नहीं छोड़ता था।[38] युवक तात्या ने विनय की, महाराज धर्म की रक्षा कीजिए। यह ठीक नहीं है। गंगाधर राव ने वह गरम जनेऊ तुरन्त अलग कर दिया।[39] राजा बोले यह दंड पेशवा भी तो देते हैं?

नहीं सरकार, युवक ने निर्भयता के साथ सम्मति दी, धर्म अपने-अपने विश्वास की बात है। इसमें राज्य को तटस्थ रहना चाहिए।[40] यहाँ भी तात्या जो कुछ कहता है अत्यन्त मधुर और विनीत स्वर में। यहीं पर राजा उसके टोप पहनने का कारण पूछते हैं। तात्या कहता है मैं एक सिपाही हूँ। राजा तात्या दीक्षित और उसके नाम में अन्तर बनाए रखने के लिए

कहते हैं—तुम्हें आज से तात्या टोपे वाला या तात्या टोपे कहा जाएगा। इस प्रकार लेखक उसके नाम का रहस्य और वह अपने को सदा सिपाही समझता है उसके चरित्र की इस विशेषता की ओर इंगित करता है।

राजा तात्या टोपे को नाट्यशाला में रत्नावली नाटक देखने के लिए आमंत्रित करते हैं। यहीं पर तात्या टोपे का जूही नर्तकी से पहली बार परिचय होता है। जूही के मन में यहीं से उसके प्रति अनुराग अंकुरित हो जाता है। लेखक यहाँ भी तात्या के व्यक्तित्व की आकर्षक रेखाएँ खींचना नहीं भूलता। राजा के निकट बैठे हुए नवागंतुक तात्या टोपे को सभी पात्र बहुधा देखते थे। सुन्दर, बलिष्ठ और किसी उमंग में तना हुआ और सिर पर विलक्षण टोपी।[41]

तात्या जो भी बातचीत करता था बहुत सावधानी के साथ करता था। जूही का नृत्य कैसा लगा यह पूछने पर उसने बड़ी सावधानी से उत्तर दिया मैंने नृत्य इसके पहले कभी देखे ही नहों हैं। मुझे तो बड़ा विलक्षण जान पड़ा।[42] इससे उसकी गम्भीरता, राग-रंग से उदासीनता तथा इस तथ्य का पता चलता है कि वह किसी प्रवृत्ति के प्रवाह में बहने वाला युवक नहीं था। इसी वजह से तात्या के प्रति उसका प्रेम एकतरफा रह जाता है और तात्या देशहित चिन्ता में उस ओर ध्यान ही नहीं देता है।

झाँसी से लौटकर वह किले आदि का वर्णन नाना से करता है जिसे सुनकर मनु के मन में झाँसी के प्रति एक कुतूहल जाग जाता है। इसके बाद तात्या का उल्लेख गंगाधर राव को जब पुत्र-प्राप्ति हुई तब लेखक ने किया है। उसी समय रानी से एकांत में मिलने का उसे सुयोग मिला। उस समय उसकी बातचीत से उसकी देशभक्ति और अंग्रेजों के कार्य-कलापों पर उसकी तीखी नजर का पता चलता है। रानी से उसने अंग्रेजों की सारे देश को डसती चली जाने वाली नीति की चर्चा करते हुए कहा—गायकवाड़ होलकर, सिन्धिया, अवध के नबाब ये सब अफीम ही खाए बैठै हैं। मैं अवध में जमींदारों आदि से मिला, उन्होंने कहा कुछ पुरुषार्थ करो हम साथ देंगे। फिर उसने रहस्य भरे स्वर में कहा—नाना साहब और राव साहब ने आपके पास भेजा है। उनको आपके विवेक और तेज का भरोसा है।

पीछे यह उल्लेख किया जा चुका है कि इस उपन्यास का केन्द्रीय चरित्र झाँसी की रानी है, अन्य सब पात्र उसी के इर्द-गिर्द घूमते हैं। तात्या भी उन्हीं में एक है। उसका कोई स्वतंत्र निर्णय नहीं है। जब वह कुछ करने का आग्रह करता है तब रानी जवाब देती है : अभी समय नहीं आया है। घड़ा अपूर्ण है अभी भरा नहीं है। फिर वह नाना को भी यह सन्देश देने को कहती है कि कान और आँख खोलकर समय की प्रतीक्षा करें। अपने आदर्श को कभी न भूलना प्रयत्न की पहली और पक्की सीढ़ी है।[43] इससे रानी की दूरदर्शिता और तात्या की उसके प्रति आस्था दोनों व्यक्त होते हैं। क्रान्ति के लिए कोई न कोई केन्द्र चाहिए। इस केन्द्र का प्रतीक कोई व्यक्ति होता है। उस समय बुन्देलखण्ड के आसपास रानी के अलावा ऐसा केन्द्र बनने की किसी में क्षमता नहीं थी। तात्या की विशेषता यह थी कि उसने उस केन्द्र को पहले ही पहचान लिया था। क्रान्ति के लिए ऐसे प्रचारकों की जरूरत पड़ती है जो उसकी चेतना घूम-घूमकर जाग्रत करें तात्या टोपे ऐसा ही व्यक्ति था।

गंगाधर राव के दिवंगत होने पर नाना धूधू पन्त, राव साहब के साथ तात्या भी झाँसी आता है। उस समय की विकट स्थिति पर चारों में परामर्श होता है उसमें तात्या भी भाग

लेता है। उससे उसके एक कुशल राजनीतिज्ञ और क्रान्ति चेता पुरुष होने का प्रमाण मिलता है। वह कहीं एक जगह ठहरता नहीं। भ्रमण करते हुए पूरे देश की मनोवृत्ति का जायजा लेता है। प्रजा का अलग, राजे-रजवाड़ों का अलग और अपने निष्कर्षों को सबके सामने रखता है। जब रानी कहती है, बुन्देलखण्ड के रजवाड़े बुझे हुए दीपक हैं तब तात्या कहता है—क्या उनमें लौ पैदा नहीं की जा सकती?

उसके जीवन का समूचा प्रयास क्रान्ति की यही लौ पैदा करने में बीत गया। उसने अपना अनुभव बताते हुए रानी से कहा—मुझे वातावरण बिलकुल ठस जान पड़ा। राजाओं को अपने सरदारों और प्रजा से प्रणाम लेने में सुख की इति अनुभव होती है। हास-विलास और सुरापान में मस्त रहते हैं।[44] यह था उस समय का वातावरण इसीलिए स्वयं तात्या के जीवन में पवित्र प्रेम के लिए भी कोई स्थान नहीं था। देश और क्रान्ति उसके जीवन के यही दो सच थे। इन्हीं को वह रात-दिन घुमाता रहा। इधर से उधर भागते हुए क्रान्ति के उपयुक्त वातावरण-निर्माण और क्रान्ति के लिए ईंधन सजोना उसके यही दो कर्तव्य बने रहे।

तात्या को अंग्रेजों की स्वार्थपरता की पूरी परख भी। रानी से उसने कहा—बाई साहिबा, ये लोग अपने स्वार्थ पर अचल रूप से डटे रहते हैं। जब तक स्वार्थ पर ठोकर लगने का अन्देशा नहीं रहता तब तक हरिश्चन्द्र और युधिष्ठिर का-सा बरताव करते हैं, परन्तु जहाँ देखते हैं कि स्वार्थ को धक्का लग जाएगा, तुरन्त पैतरा बदल देते हैं।[45] तात्या को इतिहास की पूरी जानकारी है। वारेन हेस्टिंग्स ने क्या किया, नन्दकुमार को किस तरह अन्यायपूर्वक फाँसी दी गई।[46]

इसके बाद महीनों पर महीने बीत गए। एक दिन तात्या झाँसी फिर आया। इस बार क्रान्ति की जागृति फैलाने और सेना, प्रजा, राजाओं का मन टटोलने के लिए पूरे भारत में बहुत घूमा। एकाध जगह उसके पकड़ने की भी नौबत आई पर वह बच निकला। रानी को उसने एक तरह से जो रपट दी उसका निष्कर्ष यह है कि सभी राजा अपनी-अपनी स्वतंत्रता के पक्षपाती हैं। जबकि रानी तथा तात्या पूर्ण स्वराज के हिमायती थे। जनता नेतृत्व-हीनता के कारण अपने आप में व्यस्त है। मुसलमान बादशाह के नाम पर एकत्र हो सकते हैं। सेना हमारी सेना का साथ देगी। रानी उसकी चतुरता की प्रशंसा करती है।

पीछे लिखा जा चुका है कि इतिहास में तात्या टोपे का महत्त्व क्रान्ति की चेतना जगाने की दृष्टि से अत्यन्त महत्त्वपूर्ण है। चरखारी जीतने के अलावा उसने जो भी अभियान छेड़ा, जैसे ह्यूरोज से बेतवा और कोंच की लड़ाई, वह दोनों में असफल हुआ। वह व्यर्थ में जान देने की अपेक्षा अंग्रेजों के खिलाफ वातावरण बनाने, सेना में विद्रोह फैलाने, युद्ध के लिए गोला-बारूद एकत्र करने को अधिक महत्त्वपूर्ण समझता था। कालपी के युद्ध में उसने भाग नहीं लिया था। ग्वालियर के युद्ध से भी वह बचकर निकल गया था। वह जब तक जीवित रहा ब्रिटिश सरकार की नाक में दम किए रहा। अन्त में उसके जीवन का अन्त किस प्रकार हुआ इस सम्बन्ध में लेखक का यह निष्कर्ष है :

तात्या ने निस्सन्देह कभी हार नहीं मानी। वह लक्ष्मीबाई के ऊँचे राजनीतिक आदर्श तथा रण-पांडित्य का सच्चा अनुयायी और उत्तराधिकारी था। जब अंग्रेजों ने 1858 के अन्त तक सारे हिन्दुस्तान को अपने फौजी शिकंजे में जकड़ लिया, तब भी तात्या आँधी और

बिजली की तरह तड़पता और तड़कता रहा और अंग्रेजों को भूल-भुलैया खिलाता रहा। तात्या को आशा थी कि इतना सब खो जाने पर भी मैं देश को जगा दूँगा और खड़ा कर दूँगा, परन्तु जैसे कि इस अभागे देश में होता चला आया था, राजपूताने के उसके एक मित्र राजा ने विश्वासघात करके उसे पकड़वा दिया। तात्या को शिवपुरी में अप्रैल सन् 1859 में फाँसी दी गई।[47]

राव साहब

ये नाना साहब के भतीजे थे। उनकी अनुपस्थिति में यही बिठूर में रहकर काम-काज चलाते थे। बाजीराव द्वितीय की मृत्यु के बाद उनकी पेंशन बन्द कर दी गई। राव साहब में दूरदर्शिता, सैन्य कुशलता का अभाव था। ये पेशवा शाही की स्थापना करना चाहते थे। इनकी अकुशलता के कारण कालपी और ग्वालियर के युद्ध में पराजय हुई। ये पुरुषोचित अहं और राग-रंग मनाने की प्रवृत्ति के कारण रानी का नेतृत्व स्वीकार नहीं करना चाहते थे। ग्वालियर युद्ध में पराजय निश्चित जानकर राव साहब छिपते-भटकते चार वर्ष बाद साधु वेश में पकड़े गए और उनको बिठूर में फाँसी दी गई। वृन्दावनलाल वर्मा ने परिशिष्ट में उन पर जो टिप्पणी की है वह अत्यन्त सटीक है : उसके सम्पूर्ण जीवन में उसका परिणाम ही महान था और अंग्रेजों के प्रति हिंसा की विराटता थी उसको बिठूर में ले जाकर फाँसी पर चढ़ाना।[48]

अन्य पुरुष पात्रों में रघुनाथ सिंह और जवाहर सिंह आते हैं। ये रानी के प्रति समर्पित, देशभक्ति की भावना से भरे कर्तव्य तत्पर और रानी के एक इशारे पर प्राण तक विसर्जित करने को प्रस्तुत ऐसे चरित्र हैं जो आदर्श प्रेम और राष्ट्रीय चेतना की आभा से इतिहास में सदा अमर रहेंगे।

पीर अली, अली बहादुर और दूल्हा जू इतिहास के ऐसे कलंक हैं जिनके मुँह पर विश्वासघात और लालच की कालिमा पुती हुई है। अगर पीर अली के उकसाने पर दूल्हा जू लालच में आकर फाटक न खोलता तो झाँसी की रानी कभी नहीं हारती और इतिहास के पृष्ठों पर कोई और ही इबारत लिखी जाती।

बरहानुद्दीन, गुल मुहम्मद, खुदाबख्श और गुलाम गौस ऐसे पात्र हैं जो रानी के प्रति विश्वास से भरे, बलिदान की भावना और देशभक्ति से उफनते रानी के सर्वाधिक विश्वसनीय पात्र थे। इन्होंने देश की स्वतंत्रता के लिए अपने प्राणों की भी कभी परवाह नहीं की।

झाँसी की रानी के अलावा उनके कंधे से कंधे मिलाकर चलने वाली उनकी परम विश्वस्त सहेलियों में सुन्दर, मुन्दर, काशी जूही, मोती भी इतिहास के पृष्ठों पर सदा अमर रहेंगी। इन्होंने देश हित और कर्तव्य की भावना पर अपने व्यक्तिगत प्रेम का बलिदान कर दिया।

इतिहास के पन्नों पर झलकारी का भी नाम अमर रहेगा उसके साहस के लिए। बख्शिन जू और बख्शी जी आदर्श दम्पती और देश प्रेमी हैं। इस प्रकार निष्कर्ष रूप में कहा जा सकता है कि वृन्दावनलाल वर्मा के 'झाँसी की रानी' उपन्यास में कुछ पात्र आदर्श, संयमी, देश के लिए समर्पित, कर्तव्यनिष्ठ, निर्भीक और साहसी हैं, तो कुछ नीच, कुछ प्रगतिशील (जैसे नारायण शास्त्री), कुछ परिवर्तनशील (जैसे दूल्हाजू, खुदाबख्श नारायण शास्त्री), कुछ

वर्गगत जैसे डनलप, एलिस, गार्डन, तो कुछ अपनी वैयक्तिक विशिष्टताओं से युक्त (जैसे गौस खाँ, जवाहर सिंह, रघुनाथ सिंह आदि) हैं। लेखक ने अपने चरित्रांकन-शिल्प में पात्रों की अन्तर-बाह्य रेखाएँ शब्दचित्र और मनोवैज्ञानिक पृष्ठभूमि में उकेरी हैं। अधिकांश का चरित्र-चित्रण कथोपकथनों, कार्यकलापों, लेखक की टिप्पणियों द्वारा किया गया है। सभी पात्र ऐतिहासिक हैं, लेखक ने इसके लिए इतिहास के पर्याप्त साक्ष्य जुटाए हैं। इसके लिए उनकी भूमिका और परिशिष्ट द्रष्टव्य है।

यहाँ तक वृन्दावनलाल वर्मा कृत 'झाँसी की रानी' में आए मुख्य पात्रों की चारित्रिक रेखाएँ उभारी गईं। आगे महाश्वेता देवी कृत 'झाँसी की रानी' के पात्रों का चरित्र-चित्रण कर यह देखने का प्रयास किया जाएगा कि दोनों की भिन्न रेखाएँ कहाँ एक-दूसरे का अतिक्रमण करती हैं।

झाँसी की रानी : महाश्वेता देवी

महाश्वेता देवी ने 'झाँसी की रानी' के कथानक को जिस दृष्टि से गूँथा है, उस दृष्टि से उपन्यास के परिसर में सबसे पहले गंगाधर राव दृष्टिगत होते हैं। वहाँ मनु, नाना और राव साहब का घोड़े पर गंगा किनारे घूमने जाने और रानी के साहस, औद्धत्य पूर्ण स्वभाव का कोई चित्र नहीं है। उन्होंने सबसे पहले बुन्देलखण्ड का राज्य बाजीराव को छत्रसाल से कैसे मिला फिर किस प्रकार गंगाधर राव के वंशज उस पर सूबेदार रहे इसका विवरण देते हुए उसमें गंगाधर राव और रानी की सहभागिता किस प्रकार रही इसकी पूरी पृष्ठभूमि दी है। इसी पृष्ठभूमि में उन्होंने अपने विभिन्न पात्रों के चरित्रों की रूपरेखाएँ अंकित की हैं।

महाश्वेता देवी की झाँसी की रानी का चरित्र वृन्दावनलाल वर्मा द्वारा अंकित झाँसी की रानी से एकदम भिन्न है। महाश्वेता देवी की झाँसी की रानी का मानवीय रूप प्रमुख है जबकि वृन्दावनलाल वर्मा की झाँसी की रानी, एमदम चपल-चंचल, बात-बात में शिवाजी, बाजी प्रभु आदि का नाम लेने वाली है। वृन्दावनलाल वर्मा की झाँसी की रानी के चरित्र का विकास स्वाभाविक गति से नहीं होता है। उसे एक योजना के तहत अंकित किया गया है। ऐसा लगता है जैसे उस पर एक आदर्श थोपा गया हो। इस दृष्टि से कहीं-कहीं उसका चरित्र अस्वाभाविक हो उठता है, जबकि महाश्वेता देवी की झाँसी की रानी का विकास शनैः-शनैः एक मानवीय धरातल पर होता है। आगे के विवेचन से मेरे इस कथन की पुष्टि हो जाएगी।

वृन्दावनलाल वर्मा के उपन्यास में सबसे पहले झाँसी की रानी का अवतरण होता है जबकि महाश्वेता देवी के उपन्यास में सबसे पहले गंगाधर राव का अवतरण होता है। पर अपने प्रतिपाद्य के विन्यास को सटीक बनाए रखने के लिए यहाँ सबसे पहले झाँसी की रानी का चरित्र दिया जा रहा है।

महाश्वेता देवी ने झाँसी की रानी के चरित्र को जिस आधार पर गढ़ा है उसका विवरण उन्होंने इस प्रकार दिया है : हमारे देश की आन्तरिक सत्ता के सम्पूर्ण सत्य को अगर एक ही बन्धन में बाँधकर एक ही आधार पर समझा जाए तो वह होगी झाँसी की रानी। एक

स्त्री के सम्बन्ध में एक सौ वर्ष तक अगर जनसामान्य जानता रहता है, मिट्टी जिसके हाथ को छूकर संग्राम को उद्यत सैनिक हो उठती थी, पहाड़ हो उठता था गति-चंचल अश्व काठ और जिसके हाथ के स्पर्श से तलवार चमक उठती थी, तब फिर सोचने की बात है कि वह स्त्री किस प्रकार की होगी ? शक्ति रूपिणी दुर्गा का हम लोग वर्ष में एक बार आह्वान करते हैं। किन्तु, कहानियों, गानों और गाथाओं में और अनेक मनुष्यों के मन में रानी लक्ष्मीबाई की आज भी नित्य पूजा, नित्य आराधना होती रहती है।[49]

इसके आगे उन्होंने लिखा है : यह जो लोक की श्रद्धा है यह क्या सिर्फ भाव प्रवण मन का उच्छ्वास मात्र है, इसका क्या कोई आधार नहीं था ?[50]

इसी बात को ध्यान में रखकर महाश्वेता देवी ने झाँसी की रानी की मूर्ति गढ़ी है। उन्होंने लिखा है : सबसे बढ़कर है मनुष्य। जिनके लिए वे लड़ी थीं जीवन के प्रण की रक्षा करते हुए और बाजी लगाकर उस बाईस वर्ष के जीवन की आहुति दे दी थी ग्वालियर के रण क्षेत्र में।[51]

मोरोपन्त ताम्बे की पहली पत्नी भागीरथी बाई के गर्भ से झाँसी की रानी का जन्म 1835 ईस्वी में काशी में हुआ था। बचपन में इसका नाम था मणिकणिका अर्थात मनु। जब मनु बिलकुल शिशु थी तब अन्य हजार शिशुओं की ही तरह हँसने, रोने, खेलने में अपने दिन काटा करती थी। क्या उस समय उसकी तरफ देख-देख कर उसके माँ-बाप के कोई सपने नहीं थे ? जरूर थे किन्तु वे सपने थे घर-बार, ऐश्वर्य और समृद्धि के।[52] उन्होंने लिखा है : माता-पिता के स्नेहसिंचित स्वप्नों के किसी दूरस्थ कोने में भी दुद्धर्ष स्वातंत्र्य समर का कोई स्थान नहीं था।[53] इसकी तुलना में वृन्दावनलाल वर्मा की मनु बचपन से ही युद्ध के सपने देखा करती थी। उसे युद्ध की बातें ही अच्छी लगती थीं।

भोर वेला में पक्षियों की कल तान के साथ साथ ही माँ का मुँह देखकर वह नींद से उठती और सन्ध्या समय उसी मुख को देखकर नींद लाने वाली लोरी सुनकर वह सो जाती थी।

इस प्रकार वह एकान्त प्रेम और सुख-शान्ति के नीड़ में बड़ी हुई थी। किसी बच्चे की माँ की मृत्यु हो जाने से उसे कितनी पीड़ा होती है इसका चित्रण करते हुए महाश्वेता देवी ने लिखा है : उसके बाद मन कितना व्याकुल हुआ। कितनी रातें, कितने दिन चले गए, कितनी बार निंदियायी आँखों से हाथ बढ़ाकर माँ को ढूँढ़ता सूने बिछौने को छूकर हाथ वापस आ गया, किन्तु माँ फिर भी नहीं आई।[54] बिठूर में मोरोपन्त के सान्निध्य में मनु का विकास होने लगा। वृद्ध बाजीराव इस मातृहीन कन्या से खूब स्नेह किया करते थे। किन्तु महाश्वेता देवी यहाँ यह उल्लेख करना नहीं भूली हैं कि नाना धूधू पन्त मनु से अठारह वर्ष बड़े थे इसलिए चार वर्ष की मनु से उसकी मित्रता होने की कहानी मात्र कहानी ही है, जिसका उल्लेख बाबू वृन्दावनलाल वर्मा ने किया है।

महाश्वेता देवी ने लिखा है : बाजीराव के प्रासाद में मनु ने कुछ लिखना-पढ़ना सीखा था। घुड़सवारी का अवसर भी दो-एक बार मिला था। उन्होंने उसके स्वभाव के विषय में लिखा है : स्वभाव से ही तेज और दुरन्त थी इसलिए उसके खेल के साथी प्रायः लड़के ही हुआ करते थे। इसका कारण निर्देश करते हुए महाश्वेता देवी ने लिखा है : मोरोपन्त के सारे दिन व्यस्त रहने के कारण ही मनु को यथेच्छ खेलने की सुविधा मिल जाती थी।[55]

उसकी जन्मपत्री देखकर तात्या दीक्षित ने भविष्यवाणी की थी कि यह कुंडली जिस लड़की की है वह रानी बनेगी। तात्या दीक्षित ने जब इस कन्या को देखा तब उन्हें कैसा लगा: साढ़े सात वर्ष की उम्र, किन्तु अग्नि से उज्ज्वल दीप्तिमान चेहरा। उसका भाल विशाल था।[56]

मनु का जब गंगाधर राव से विवाह हुआ तो 'मनु' नाम के साथ उसे बिठूर के सारे सम्बन्धों को छोड़ना पड़ा। अब से वह हो गई झाँसी की रानी लक्ष्मीबाई।

विवाह के बाद झाँसी में उसे क्या-क्या करना पड़ा, किन-किन चीजों को उस बालिका वधू को परिश्रमपूर्वक आयत्त करना पड़ा इसका विवरण महाश्वेता देवी ने इस प्रकार दिया है :

"अब तक सिंहासन पर अकेले राजा ही बैठते थे। इस बार उसके पार्श्व में आकर रानी बैठी। झाँसी का राजसिंहासन समुज्ज्वल हो उठा। किन्तु रानी की उम्र एकदम कम थी। सातवाँ वर्ष पूरा कर उन्होंने अभी-अभी आठवें में पैर रखा था। इस समय रानी को कितने दायित्वों का पालन करना पड़ा इस सम्बन्ध में महाश्वेता देवी लिखती हैं :

फिर भी वे हैं तो रानी ही। इसलिए उन्हें अनेक दायित्वों का बोझ लेना पड़ा। महाराष्ट्रीय ब्राह्मण परिवार के विविध आचारों-विचारों और नियम-कायदों को नाबालिग रानी को सीखना पड़ा। पाककला विशारद अनेक महिलाओं की देखरेख में अन्तःपुर में विविध प्रकार के सुस्वादु व्यंजन बनाए जाते थे। रानी को दीर्घकाल तक वहीं रहकर अनेक तरह के अचार, चटनी, फल काटने की कलाएँ सब सीखनी पड़ीं। पूजानुष्ठान के अनेक नियम एवं पूजास्थल पर पुण्य, अर्ध्य, भोग लगाने की प्रक्रिया वह भी जाननी पड़ी। विद्याभ्यास और अन्य अनेक शिक्षणीय विषय भी रानी अन्तःपुर में रहकर सीखने लगी।[57]

वधू जिससे राजपरिवार के उपयुक्त हो जाए उसी ओर गंगाधर राव का विशेष ध्यान था। वधू को उन्होंने यथासम्भव सुअवसर प्रदान किया। कभी राज ग्रन्थागार का अवलोकन करने देते। वहाँ पर अलमारियों में सुरक्षित कतारों-की-कतारें पुस्तकों को देखकर बालिका के मन में अनेक जिज्ञासाएँ जागतीं। इस प्रकार विद्यार्जन में उसने खूब मन लगाया। गीता से उसे विशेष प्रेम था।[58]

यहाँ वृन्दावनलाल वर्मा और महाश्वेता देवी द्वारा अंकित रानी के चरित्र का अगर तुलनात्मक अध्ययन किया जाए तो वृन्दावनलाल वर्मा की रानी सदा एक योद्धा के रूप में दिखती है। वही तलवार चलाना, मलखम्भ, घुड़दौड़ का अभ्यास, सखी-सहेलियों के साथ बिना अवसर के व्यायाम करना अपने शरीर को मजबूत बनाने के लिए, महलों में ही गद्दों पर कुश्ती का अभ्यास करना, उसके यही सब कार्यकलाप थे। उसका मानवीय चेहरा वहाँ अनुपस्थित है। जबकि महाश्वेता देवी की झाँसी की रानी एक बालिका वधू है। वह अपने पति की अनुगत है। नारी को पूजानुष्ठान, आचार-विचार, पाक-कला आदि जो कुछ सीखना चाहिए वह सब सीखती है। इस प्रकार महाश्वेता देवी की रानी एक संवेदनशील नारी है। उसे युद्ध का संकल्प परिस्थितिवश, अपने स्वाभिमान की रक्षा के लिए लेना पड़ा। युद्ध का आदर्श वृन्दावनलाल वर्मा की तरह उस पर थोपा नहीं गया है। बात-बात में युद्ध और शिवाजी आदि के बातें करते रहने से उनकी रानी के चरित्र में एक तरह की ऊब और एकरसता का समावेश हो गया है, जबकि महाश्वेता देवी की झाँसी की रानी का विकास सहज गति से होता है। वहाँ पाठक को उसका मानवीय चेहरा सदा दिखाई देता रहता है।

झाँसी में वधू के रूप में आकर उसकी दिनचर्या क्या थी, उसकी रुचि कैसी थी, इसका चित्रण महाश्वेता देवी ने कल्पना के आधार पर न करके ऐतिहासिक तथ्यों के आधार पर किया है। ये तथ्य उन्हें रानी के भतीजे और चिमाबाई के पौत्र से मिले थे। इन तथ्यों की पुष्टि लक्ष्मण राव झाँसी वाला, रानी के पौत्र ने की है।

महाश्वेता देवी लिखती हैं : रानी के इस समय के जीवन के सम्बन्ध में थोड़ी जानकारी मिलती है। उसकी विमाता चिमाबाई की 1897 ई. में 62 वर्ष की उम्र में मृत्यु हुई है। उस समय चिमाबाई के पौत्र और रानी के भतीजे गोविन्द चिन्तामणि ताम्बे की उम्र सोलह साल की थी। पितामही की गोद में बैठकर इन्होंने रानी के सम्बन्ध में विभिन्न बातें सुनी हैं। दैनन्दिन जीवन के आचार-व्यवहार की अनेक बातें और रुचि के सम्बन्ध में एक चरित्र को विशेष रूप से जानने के लिए उन बातों का मूल्य है।

भोजन आदि में रानी की विशेष रुचि नहीं थी। वह सामान्य रूप से खूब पकाया हुआ भोजन पसन्द करती थी। विशेष त्योहार के दिन वह अपने हाथ से परोसकर स्वामी को खिलाया करती थी। अन्यथा उनके खाने का समय और स्थान सभी भिन्न थे।

अस्त-व्यस्त वेश, बिना कढ़े केश और अशालीन व्यवहार ऐसी किसी भी रमणी का देखकर वह क्रोध और घृणा से तीव्र भृकुटियाँ तान लेती थी।

उसके माथे पर अर्धचन्द्राकार अंकित बिन्दी सदा लगी रहती थी। चिमाबाई अपनी परिणत वय में अपनी पौत्री से प्रायः कहा करती थीं, 'आओ तुम्हारे माथे पर अर्धचन्द्राकार तिलक आँक दूँ, जैसा बाई साहिबा का था।'

रानी के रूप-चित्रण के सम्बन्ध में प्रत्यक्षदर्शियों ने कहा है, गोल मुख, पक्का गेहुआँ रंग, भरे हुए भुट्टे के गसे हुए दानों की तरह सुसम्बद्ध दन्त पंक्ति, न अत्यन्त लम्बी और न छोटी देह-यष्टि, अत्यन्त सुगठित केश राशि से समृद्ध कंठ स्वर सामान्यतः भारी, काले विशाल आयत्त नेत्र।[59]

महाराष्ट्रीय ब्राह्मणों में सधवा स्त्रियों का विभिन्न शास्त्रीय अनुष्ठानों में बहुत महत्त्व होता है। उन्हें 'शुभासिनी' कहा जाता है। चैत्र मास में गौरी पूजा के बाद संक्रान्ति व्रत के उद्यापन के अवसर पर झाँसी के विभिन्न घरों से रानी को 'शुभासिनी' होने का निमंत्रण आया करता था।

हल्दी-कुंकुम के अवसर पर महिलाएँ बड़ा आनन्द मनाती थीं। सभी एक-दूसरे को फूल और कुंकुम दिया करती थीं। रानी के व्यवहार से मुग्ध अन्तःपुर वासिनी स्त्रियाँ प्रशंसा किया करती थीं और आनन्द में गंगाधर राव प्रायः उससे स्नेह और कौतूहलवश कहा करते थे, 'तुम क्या अपने नाम के अनुरूप होने के लिए यह सब प्रयास कर रही हो ?'[60]

उपर्युक्त विवरण से रानी की आन्तरिक वृत्तियों, उसके आचार-व्यवहार, उसके रूपरंग उसके व्यक्तित्व के प्रभाव आदि के द्वारा उसका मानवीय चेहरा ही उजागर होता है जो वृन्दावनलाल वर्मा की झाँसी की रानी से एकदम भिन्न है।

रानी के जीवन का दूसरा दौर शुरू होता है पुत्रशोक से टूटे, दिवंगत गंगाधर राव के बाद। गोद में दत्तक पुत्र दामोदर राव और चारों ओर से विपत्ति का शिकंजा। ऐसी विषम स्थिति में हम रानी के धैर्य, साहस और शान्त, गम्भीर मनःस्थिति को देखते हैं।

गंगाधर राव की मृत्यु के बाद झाँसी राज्य की स्थिति और उसमें रानी के बारे में क्या करणीय है इस सम्बन्ध में एलिस ने मेलकम को लिखा। उस सम्बन्ध में मेलकम ने गवर्नर के सेक्रेटरी ग्रांट को जो कुछ लिखा उसमें अन्य बातों के अलावा रानी की लोकप्रियता पर प्रकाश पड़ता है। रानी के चरित्र की दृष्टि से उसका एक अंश महत्त्वपूर्ण है : रानी झाँसी में और अपने परिचित सभी व्यक्तियों के लिए परम श्रद्धा और सम्मान की पात्र है। राज्य शासन का भार उठाने में वह पूरी तरह उपयुक्त है।[61]

गोदनामा स्वीकृत हो जाए इसके लिए रानी ने सरकार बहादुर को कई पत्र दिए किन्तु अन्त में गोदनामा अस्वीकृत हुआ और जब रानी को इसकी सूचना के साथ राज्य अधिग्रहण का संवाद दिया गया तब रानी ने वही ऐतिहासिक उद्‌गार व्यक्त किए कि मैं अपनी झाँसी नहीं दूँगी। इस सन्दर्भ में महाश्वेता देवी ने लिखा है : एलिस का पढ़ना शेष होते-न-होते पर्दे की आड़ से एलिस के परिचित स्वर में सम्पूर्ण अपरिचित दृढ़ता अथवा गम्भीर दुःख के साथ संयत वाणी में लक्ष्मीबाई के निश्चित चार शब्द ध्वनित हो उठे : 'मैं अपनी झाँसी नहीं दूँगी।'[62]

इसे महाश्वेता देवी ने ऐतिहासिक उक्ति की संज्ञा दी है। ऐतिहासिक इसलिए कि उस समय समस्त भारत भूमि पर अंग्रेजों के बढ़ते हुए कराल ग्रास में विलीन होती जा रहीं भारतीय रियासतों के मालिकों ने जब किसी तरह का प्रतिवाद नहीं किया, उस समय रानी का यह कथन ही पहला एकमात्र प्रतिवाद था।[63] अंग्रेजी राज के खत्म हो जाने के बाद भी रानी के इस कथन की अनुगूँज भारतवासियों के मन में आज भी बनी हुई है। इससे रानी के चरित्र की दृढ़ता, निर्भीकता का पता चलता है। रानी की इस उक्ति में उसका स्वाभिमान भी भरा हुआ था।[64]

गोदनामे की अस्वीकृति, दूसरी तरफ गंगाधर राव की व्यक्तिगत सम्पत्ति पर सामाजिक दृष्टि से दामोदर राव का अधिकार मानना और नाबालिग होने के कारण रानी को उस सम्पत्ति पर उसके अभिभावक के रूप में अधिकार न देना, राज्य का अधिग्रहण, उसके आश्रित जनों के लिए 5000 मासिक वृत्ति के अलावा कोई धनराशि न देना, इन सब कारणों को महाश्वेता देवी ने ब्रिटिश विरोध के लिए रानी की मानसिक तैयारी माना है। उन्होंने स्पष्ट लिखा है रानी के आगे के जीवन में ब्रिटिश विरोधी संघर्ष की अगर कोई मानसिक तैयारी रही हो तो वह तैयारी शुरू हो गई थी इसी समय से। भाग्य की विडम्बना से मनुष्य की परीक्षा ली जाती है। माता-पिता की स्नेह-छाया में पला शिशु, अनाथ होने पर एक दिन में ही आश्चर्यजनक नियम से स्थिति के साथ समझौता करने की चेष्टा करने लगता है। छोटे से सामन्त राज्य की अधीश्वरी रानी लक्ष्मीबाई विधवा हो गई, राज्य चला गया। उसके पास सब कुछ था, क्षण भर में पता चला कि आज उसके पास कुछ भी नहीं है। इस समय रानी की क्या दिनचर्या थी, उसका विवरण महाश्वेता देवी ने इस प्रकार दिया है :

इसी समय प्रत्यूष में वह शय्या त्याग किया करती थी। स्नान के बाद मिट्टी से पार्थिव शिवलिंग बनाकर वह आठ बजे तक शिवार्चन किया करती थी। लगभग आठ बजे दामोदर को कलेवा, फिर गृह-शिक्षकों के पास पाठ-शिक्षा आदि की देख-रेख करके घोड़े पर बैठकर घूमने निकलती थी। आठ से लेकर ग्यारह बजे तक घुड़सवारी करके वापस आकर पुन:

स्नान करती थी। उसके बाद भोजन करके, थोड़े विश्राम के बाद, तीन बजे तक छोटे-छोटे कागजों पर रामनाम लिखकर ग्यारह सौ क़ागजों को आटे में मिलाकर कुंड की मछलियों को खाने को देती थी। अत्यन्त उत्साह के साथ दामोदर माँ की इस काम में सहायता किया करता था। शाम को आठ बजे तक वह पुराण और कीर्तन सुना करती थी। इसी समय मोरोपन्त ताम्बे के साथ चलकर विभिन्न विशिष्ट नागरिक रानी से भेंट करने आया करते थे। साढ़े आठ बजे रानी स्नान-पूजा समाप्त कर, आहार के बाद सोने चली जाती थी।[65]

रानी इस प्रकार अपने धर्म-कर्म में लगी रहकर शान्ति से अपना समय काट रही थी कि इसी समय की एक घटना में पुनः उसके स्वाभिमान पर चोट की। उस पर कोल्विन ने 36000 का ऋण निकाल दिया। यह ऋण गंगाधर के समय झाँसी राज्य पर था। सीधी-सी बात यह कि जब झाँसी राज्य का अधिग्रहण कर लिया तब उसका ऋण भी ब्रिटिश राज्य पर चला गया। यह न करके कोल्विन ने रानी की पेंशन से ही उसे काटना प्रारम्भ कर दिया। इस प्रकार अपमान के साथ इसमें अंग्रेजों ने अपनी नीचता भी जोड़ दी। इस घटना से रानी के क्रोध का अन्दाजा लगाया जा सकता है। फिर जब गंगाधर राव की व्यक्तिगत सम्पत्ति से दामोदर के उपनयन के लिए अंग्रेजों ने एक लाख रुपया देना नामंजूर कर दिया तब तो रानी बहुत मर्माहत हो गई।[66] जले पर नमक यह छिड़का गया कि झाँसी के चार भले आदमियों से नकद जमानत लेने के बाद ही अंग्रेजों ने यह रुपया ऋण के रूप में रानी को दिया जिससे रानी के दिल को और चोट लगी।

महाश्वेता देवी ने एक महत्त्वपूर्ण बात का संकेत करते हुए इतिहास में प्रचलित इस तथ्य से इनकार किया है कि नाना साहब आदि नेताओं के साथ मिलकर झाँसी की रानी ने क्रान्ति की एक योजना बनाई थी और उसी के अनुसार उत्तर भारत के गाँवों में कमल और रोटी बाँटी गई थी। उन्होंने कहा कि अगर ऐसी कोई गुप्त योजना होती तो वे उसका इतना खुला प्रचार कभी नहीं करतीं।[67]

रानी के ऊपर अंग्रेजों ने किले में हुए अंग्रेजों के हत्याकांड का आरोप लगाया था। महाश्वेता देवी ने कई ऐतिहासिक तथ्य देकर उसके चरित्र पर लगे इस कलंक को सिरे से खारिज कर दिया है। इस सन्दर्भ में उन्होंने लिखा है : इसके अलावा हृदय के जन्मजात गुणों के कारण रानी ने अंग्रेजों की मदद की थी।[68] इस सन्दर्भ में महाश्वेता देवी ने कहा है कि 1889 ई. में कर्नल मार्टिन ने रानी के दत्तक पुत्र दामोदर राव को जो पत्र लिखा है उससे रानी के महनीय चरित्र पर प्रकाश पड़ता है। मार्टिन ने अपने पत्र में लिखा है :

20-8.1889-1889।

आपकी हतभागिनी माँ के साथ मैंने अत्यन्त अन्याय एवं निष्ठुरतापूर्ण व्यवहार किया है। उनके विषय में सत्यासत्य जितना मैं जानता हूँ, उतना और कोई भी नहीं जानता है। वह निरपराधिनी, महान चरित्र की महिला झाँसी में 4 जून, 1857 को हुए हत्याकांड से स्थूल रूप में भी जुड़ी हुई नहीं थी। उलटे उन्होंने ऊपर-ही-ऊपर दो दिन तक दुर्ग में अवरुद्ध अंग्रेजों को भोजन आदि उपलब्ध करवाया था।[69]

रानी की शासन-व्यवस्था कैसी थी इस सम्बन्ध में अंग्रेजों ने ही जो कुछ कहा वह उसके चरित्र की उज्ज्वलता और महानता के लिए पर्याप्त है। के.ओ. मेलसन के शब्दों में :

उसने अपने को अत्यन्त सुयोग्य शासक के रूप में सिद्ध कर दिया। सुदर्शनीय, तेजस्विनी रानी जनसामान्य के सामने खुले रूप में घूमने में जरा भी कुंठित नहीं होती थी। श्रद्धा आकर्षित करने की इस दक्षता और चरित्र की दृढ़ता के साथ मिला हुआ था उसका असाधारण साहस। ऐसे ही विभिन्न गुणों के समावेश के कारण रानी ह्यूरोज की सेनाओं का अद्‌भुत और शक्तिशाली प्रतिरोध करने में समर्थ हुई थी। उसने गरीब किसानों को गतवर्ष की लगान वसूली से मुक्ति देकर उनकी आस्था तथा प्रेम जीत लिया। निकाले गए सैनिकों को पुनः सेना में रख लिया। उसकी सेना में सभी जातियों के लोग शामिल थे। इसी समय रानी ने एक स्त्री सेना का भी गठन कर लिया था। उस सेना को वह नियमित युद्ध का अभ्यास कराया करती थी। ओरछा और दतिया के राज्यों की ओर से बार-बार होने वाले आक्रमणों का उसने वीरतापूर्वक मुकाबला कर उन्हें पराजित कर दिया था।

गंगाधर राव की मृत्यु के बाद जो नौ महीने उसे झाँसी पर शासन करने के मिले उसी दौरान उनके चरित्र का सम्यक् विकास हुआ और उसके गुण अधिक प्रखरता से सार्वजनिक रूप से प्रकाश में आए। महाश्वेता देवी ने इसका विवरण देते हुए लिखा है :

पति की जीवित अवस्था में रानी का चरित्र सम्यक रूप से व्यक्त नहीं हो पाता है। जिन नौ महीनों में उसने झाँसी का शासन किया उसी अवधि में उसके चरित्र का पूर्ण विकास हुआ। महाराष्ट्रियों की निरलस रूप से कार्यक्षमता की बात सर्वजन-विदित है। रानी ने अपने चरित्र एवं कार्यदक्षता में अपनी जाति का यश अक्षुण्ण रखा। उस समय झाँसी नगर और राज्य की जो उन्नति हुई उसके पीछे रानी की शासन क्षमता का हाथ है। इसके साक्ष्य विष्णु भट्ट द्वारा लिखित पुस्तक 'माझा प्रवास' में सुरक्षित हैं।[71]

महाश्वेता देवी ने इस समय रानी की दिनचर्या कैसी थी इसका विस्तार से वर्णन किया है। उससे विदित होता है वे इन दिनों नित्य घुड़सवारी, व्यायाम, मलखम्भ आदि का अभ्यास किया करती थीं। उनकी विमाता चिमाबाई के अनुसार वे एक नारियल में सफेद चिह्न बनाकर पिस्तौल से उस पर प्रतिदिन निशाना साधा करती थीं, पर उनका प्रिय अस्त्र तलवार था। इस तरह एक प्रकार से वे युद्ध की तैयारी करती थीं। गरीबों को वे दान भी दिया करती थीं। उन्हें घोड़ों की अच्छी परख थी।

झाँसी में हुए कत्ले आम से अंग्रेजों ने झाँसी की रानी से ही बदला लेने की ठानी थी। जब तक ह्यूरोज के नेतृत्व में ब्रिटिश सेना जबलपुर से सागर, खुरई, ललितपुर, राहतगढ़ आदि पर अधिकार करती हुई झाँसी के बिलकुल पास न आ गई तब तक केनिंग आदि चुप बने रहे और रानी को झाँसी का शासन करने दिया। जैसे ही ह्यूरोज पास आ गया और जब तक उसने देशी पदाति सेना के विद्रोह और अन्य विद्रोही राजाओं को न दबाया तब तक रानी को अँधेरे में रखा गया। किन्तु रानी भी सावधान थी। उसका एक गुप्तचर विभाग था जो उसे ब्रिटिश सेना की गतिविधियों की सूचना देता था।

रानी के चरित्र की एक विशेषता इस परिस्थिति में उजागर होती है और वह है उसका सम्मुख युद्ध में भाग लेना। अपने मंत्रिमंडल की सलाह पर उसने अंग्रेजों से सन्धि नहीं की। सन्धि के प्रस्ताव पर उसने कहा—मरण रुचे वीराला, न रुचे क्षणमात्र अपयशे मरणे—क्षणमात्र के अपयश भरे जीवन से वीरों को मरण अच्छा लगता है।[72]

इसके बाद का जो चित्र महाश्वेता देवी ने खींचा है वह अप्रतिम और अभूतपूर्व है।

झाँसी की जनता ने समझ लिया कि उनकी यह दुर्लभ, क्षण स्थायी स्वाधीनता, जिसकी पुरोधा हमारी बाई साहिबा हैं इसे किसी भी तरह नष्ट नहीं होने देंगे। जिस रमणी के भाल से सोहाग-चिह्न छिन गया है, जिसके गले से मंगल सूत्र टूटकर गिर पड़ा है, जिसका अनाथ पुत्र अपने न्यायोचित आसन से वंचित कर दिया गया है, वह किसी व्यक्तिगत सफलता के उद्‌देश्य से तो आज युद्ध में उतर नहीं रही है। आत्मविश्वास से सक्रिय भूमिका ग्रहण करके प्रत्यक्ष युद्ध में वह अवरित हो रही है। उन लोगों ने यह और जान लिया कि उन लोगों के ऊपर भी रानी की आस्था असीम है। इसलिए उनकी शक्ति से वे लोग अनुप्राणित हो गए। झाँसी के लड़ाका लोगों के सम्बन्ध में इतिहासविदों की उक्ति स्मरणीय है :

यह बात निश्चित है कि रानी ने अपने ऊँचे आदर्श का कुछ संचार अपने सहयोगी योद्धाओं में कर दिया था। स्त्रियों और बच्चों को देखा जा रहा था कि वे अपने कर्तव्य में रत सौनिकों के पास खाने-पीने की चीजें ले जा रहे थे और आक्रमणकारियों के गोलों से ध्वस्त दीवारों की मरम्मत में सहायता कर रहे थे। लग रहा था कि दो इन भिन्न जातियों के संघर्ष में जो लोग फँसे हुए हैं स्थिति मानो उनके ही अनुकूल है।

G.G. Malleson

अपनी जन सामान्य प्रजा के ऊपर उसने एक विराट विश्वास अर्जित कर लिया था। विश्वास और चरित्र की इस दृढ़ता के साथ प्रेरणादायी शौर्य का एक अभूतपूर्व समन्वय उसके व्यक्तित्व में सिद्ध हो चुका था। उसी के फलस्वरूप कई मास बाद ह्यूरोज के अधीन सेनाओं का वह ऐसा प्रतिरोध करने में समर्थ हुई थी जो अपेक्षाकृत किसी कम शक्तिशाली सेनापति के विरोध में अगर नियोजित होता तो सफल हो सकता था।[73]

Kaye and Malleson

ह्यूरोज के साथ झाँसी में जो युद्ध हुआ उसका नेतृत्व स्वयं रानी ने ग्रहण किया था। उन्होंने स्त्रियों को भी युद्ध की शिक्षा देकर उन्हें युद्ध के योग्य बना लिया था। ह्यूरोज के साथ युद्ध में जब पराजय निश्चित हो गई तब रानी रात में दामोदर राव को अपनी पीठ पर बाँध अपने विश्वस्त अनुचरों और चार सौ अफगान सैनिकों के साथ भांड़ेर फाटक से भांड़ेर के लिए निकल गई। ब्रिटिश फौज और ह्यूरोज को इसकी कानोंकान खबर नहीं हुई। इस सम्बन्ध में महाश्वेता देवी ने लिखा है :

रानी सारी रात अनथक भाव से चलती हुई भोर में एक सौ मील दूर भांड़ेर पहुँची। झाँसी त्याग करते समय उसका मन इतना भारी हो गया था कि साथियों के बार-बार अनुरोध करने पर भी वह कुछ खाने को राजी नहीं हुई। पर उसने दामोदर और थक कर चूर हुए अपने साथियों के खाने की पूरी व्यवस्था की। इस विषम स्थिति में भी वह यह इन्तजाम करना नहीं भूली। इसी समय उसके गुप्तचर ने उसे सूचना दी कि कुछ अश्वारोही तोपों के साथ इसी तरफ बढ़े आ रहे हैं। रानी ने तुरन्त मोरचा सँभाला और वहाँ से अपने अफगान सैनिकों की सहायता से तुरन्त कालपी के लिए निकल गई। डॉकर से उसकी मुठभेड़ हुई थी। उस दिन डॉकर कमर की बेल्ट में यदि पिस्तौल न रखे होता तो रानी

की तलवार ने उसे काट डाला होता। इसे वह जीवन में कभी नहीं भूला।[74]

भांड़ेर से कालपी पहुँचने पर रानी की मन:स्थिति कैसी थी इस सम्बन्ध में महाश्वेता देवी लिखती हैं : झाँसी को निराश्रित कर अंग्रेजों को सौंप दिए जाने से रानी के मन में बूँद भर भी शान्ति नहीं थी। झाँसी के नर–नारियों, बालक–बालिकाओं के भाग्य में क्या हुआ, यह भी उसके लिए अनजान था। इसी कारण से उसे विश्राम और आहार अरुचिकर लगने लगा। रात भर निद्राहीन आँखों से वह यह सोचती रही कि अब उसका क्या कर्तव्य है।[75]

उससे रानी के संवेदनशील हृदय का पता चलता है। महाश्वेता देवी की झाँसी की रानी, एक साहसी, देशभक्त महिला होते हुए भी एक संवेदनशील नारी है जबकि वृन्दावनलाल वर्मा की झाँसी की रानी सदा एक लड़ाकू, युद्ध की चिन्ता करने वाली वीर नारी बनी रहती है। उसमें संवेदना वाला पक्ष उतना नहीं है जितना एक कर्तव्यनिष्ठ कठोर सैनिक का। यह दोनों में अन्तर है।

महाश्वेता देवी की झाँसी की रानी स्वाभिमानिनी है। निराश्रित स्थिति में कालपी में आकर राव साहब और तात्या टोपे का सहारा लेना उसके स्वाभिमान को स्वीकार्य नहीं था किन्तु कर्तव्य की भावना प्रधान होने के कारण उसने सब कुछ एक ओर रख अंग्रेजों को पराजित करने की ओर कदम बढ़ाया। उसने सोचा यह व्यक्तिगत मान–अपमान का समय नहीं है। तब उसका एकमात्र कर्तव्य अंग्रेजों को पराजित करके झाँसी के हजारों वीर शहीदों की मृत्यु का ऋण चुकाना था।[76] कोंच में स्टुअर्ट से युद्ध भी बेनतीजा निकला। उसके बाद कालपी के युद्ध में भारी सेना होते हुए भी पराजय का मुँह देखना पड़ा। फिर गोपालपुर की बैठक। ग्वालियर पर आक्रमण करने का निर्णय। ग्वालियर में युद्ध में लगने के पहले उसने दामोदर की सुरक्षा की पूरी व्यवस्था की और दामोदर से बिना उसके रह लेने का आग्रह किया। उसे शंका थी कि मेरे न रहने के बाद अंग्रेज इस अबोध बच्चे पर भी अत्याचार कर सकते हैं। युद्ध में रानी घायल हो जाती है और अन्तिम समय जानकर अपने अनुचरों से कहती है, 'मेरे प्रति आप लोगों ने जो निष्ठा दिखाई है उसे अनाथ आनन्द के लिए भी अक्षुण्ण रखना। मेरे जो आभूषण और धन बचा हुआ है, उससे मेरी फौज को रुपया देना। मेरी मृत देह को फिरंगियों के हाथ न पड़ने देना।'

ह्यूरोज को सदा अफसोस बना रहा कि वह झाँसी की रानी जैसी वीरांगना को सम्मुख युद्ध में पराजित न कर सका, न उसे देख सका।

संक्षेप में महाश्वेता देवी की झाँसी की रानी एक संवेदनशील माँ, पत्नी, स्वामिनी, शासक, देशभक्त पहले है, लड़ाकू, योद्धा बाद में और वृन्दावनलाल वर्मा की झाँसी की रानी लड़ाकू, योद्धा पहले है नारी बाद में। दोनों उदार हैं, देशभक्त हैं, नि:स्वार्थ देश सेवक हैं, इतिहास में अमर हैं।

गंगाधर राव

महाश्वेता देवी के गंगाधर राव वृन्दावनलाल वर्मा के गंगाधर राव से नितान्त भिन्न हैं। महाश्वेता देवी के गंगाधर राव एक संवेदनशील शासक हैं, अपराधों पर कठोर दंड देने वाले, बात–बात में क्रोध करने वाले शासक नहीं। यहाँ मुझे प्रो. मैनेजर पांडेय का वह कथन याद

आता है, जिसके अनुसार एक ही ऐतिहासिक घटना पर लिखे गए दो लेखकों की कृतियाँ, उनके पात्रों के चरित्र भिन्न हो सकते हैं। दरअसल दो लेखकों के दो उद्देश्य होते हैं, दो धरातल और दो पृष्ठभूमियाँ। एक ही विषय वस्तु को लेकर लिखे गए दो ऐतिहासिक उपन्यासों को इसी दृष्टि से परखना चाहिए।

महाश्वेता देवी की 'झाँसी की रानी' में गंगाधर राव का अवतरण पहले होता है। हम उनको एक अच्छे शासनकर्ता के रूप में देखते हैं। उनकी योग्यता को देखकर झाँसी की शासन व्यवस्था का भार उन्हें सौंप दिया जाता है।

रघुनाथ राव की मृत्यु (1835 ई.) के बाद झाँसी के सिंहासन पर चार लोगों ने दावे पेश किए। रघुनाथ राव की वैध पत्नी सखूबाई, अली बहादुर, कृष्णराव विनायक चन्दोरकर और शिवराव भाऊ के पुत्र गंगाधर राव ने। कम्पनी द्वारा निर्धारित कमीशन ने इस पर विचार किया और गंगाधर राव को चुना। यहीं से गंगाधर राव की दृश्य पर उपस्थिति दर्ज होती है। उस समय झाँसी राज्य की स्थिति अच्छी नहीं थी। चारों ओर लुटेरों, अराजक तत्त्वों का साम्राज्य था। खजाना बिलकुल खाली था। अव्यवस्था फैलाने वाली सखूबाई थी। फ्रेजर ने सेना लेकर उसे आत्मसमर्पण के लिए बाध्य किया और कैद कर वहाँ से दूसरी जगह भेज दिया, और इसी समय गंगाधर राव को उत्तराधिकारी घोषित कर वह स्वयं राज्य चलाने लगा।

लम्बे समय की लापरवाही और कर्ज के कारण झाँसी का राजकोष उस समय खाली था। गंगाधर राव ने शासन-व्यवस्था सँभालने का आग्रह दिखाते हुए अपनी योग्यता प्रमाणित कर दी। इस पर सुपरिटेंडेंट बहुत खुश हुआ। गंगाधर राव को झाँसी राज्य का भार शीघ्र मिलेगा यह बात भी रोज ने उन्हें बताई।

महाश्वेता देवी ने लिखा है : राज्य के प्रति राजा का क्या कर्तव्य है इस सम्बन्ध में गंगाधर राव सचेत हो गए। साथ-ही-साथ उन्होंने अपनी ओर भी ध्यान देना शुरू कर दिया।

अंग्रेज रेजिडेंट एवं उनके सम्मिलित प्रयास से झाँसी में सुख-शान्ति एवं उपद्रवहीनता पुनः प्रतिष्ठित हो गई। सुयोग्य नियंत्रण के फलस्वरूप कृषि की भी उन्नति हो गई। खाली राजकोष में पुनः धन जमा होने लगा। घर-घर में सुख-शान्ति हो गई और प्रजावर्ग आश्वस्त हो गया। इससे गंगाधर राव के चरित्र की एक विशेषता उजागर होती है कि वे एक योग्य प्रशासक थे। उनमें शासन करने की क्षमता थी। किन्तु स्वयं उनका व्यक्तिगत जीवन कैसा था, इस सम्बन्ध में महाश्वेता देवी का कहना है : किन्तु, उनके अपने घर में सूनापन था। रानी न होने तक उनका राजा होना पूरा नहीं होगा। स्त्री रमाबाई बहुत पहले गुजर गई थी। उनका घर गृह-लक्ष्मी चाहता है और अन्तःपुर गृहिणी चाहता है। राज्य रानी चाहता है। सिंहासन उत्तराधिकारी चाहता है। उनकी खुद की जरूरत एक सहधर्मिणी की थी। 1842 ई. में मोरोपन्त की पुत्री मनुबाई के साथ गंगाधर राव का विवाह बड़ी धूमधाम के साथ सम्पन्न हो गया। इस विवाह से अभूतपूर्व गम्भीरता और गौरव से गंगाधर राव का हृदय उद्वेलित होने लगा।

विवाह की निर्विघ्न समाप्ति के बाद ब्रिटिश सरकार ने गंगाधर राव के हाथ में सत्ता हस्तान्तरित कर दी। शर्त यह थी कि झाँसी में ब्रिटिश सेना की एक टुकड़ी रखनी होगी।

महाश्वेता देवी के गंगाधर राव अंग्रेजों से अत्यन्त सतर्क रहते थे। उन्होंने भी अपनी शर्त रख दी कि ब्रिटिश सेना में सिर्फ दो डिवीजन सैनिक और मात्र दो तोपें होंगी।

अब राज्य की आन्तरिक शासन-व्यवस्था पर गंगाधर राव ने ध्यान देना शुरू कर दिया। राघव रामचन्द्र पन्त को प्रधानमंत्री नियुक्त किया। बाद में इन्हें ग्वालियर भेज दिया गया। नरसिंह राव, नाना भोपटकर आदि को विभिन्न पद दिए। ओरछा के सीमावर्ती इलाके में जहाँ राजपूतों के विद्रोह करने की आशंका थी वहाँ गंगाधर राव ने थोड़ी-थोड़ी सेना रख दी।

महाश्वेता देवी के गंगाधर राव में वृन्दावनलाल वर्मा के गंगाधर राव की तरह नाट्यशाला में रुचि थी किन्तु अन्तर इतना है कि उसमें अतिरिक्त रुचि नहीं थी। उन्हें मनोरंजन, आमोद-प्रमोद प्रिय था किन्तु, वे उसी में नहीं डूबे रहते थे। महाश्वेता देवी ने लिखा है :

गंगाधर राव राजा बनने के पूर्व से ही मनोरंजक आमोद-प्रमोद से प्रेम किया करते थे। उनके प्रयास से ही झाँसी में सुन्दर नाट्यशाला की स्थापना हुई थी। गंगाधर राव अपनी व्यक्तिगत देख-रेख में अभिनेत्रियों को संगीत, नृत्य व अभिनय की शिक्षा दिलाया करते थे। उनकी नाट्यशाला आज विलुप्त हो चुकी है। अभिनेत्रियों का नाम भी नहीं जाना जा सकता। एक शताब्दी बाद सिर्फ एक नाम वहाँ आज भी सुनाई देता है और वह है मोतीबाई का।

पुरातत्व, भवन-निर्माण, चित्रकला, कवियों, चित्रकारों, कलाकारों को संरक्षण देने में गंगाधर राव की विशेष रुचि थी। उन्होंने झाँसी के राजप्रासाद का निर्माण स्वयं करवाया था। बुन्देलखण्ड की अपनी निजी शैली में निर्मित यह चौखंडा प्रासाद सभी जगह भित्तिचित्रों से सुशोभित था, अलिन्द और मेहराबों में हंस-मिथुन, मछली, मोर आदि की मूर्तियाँ पत्थरों में उत्कीर्ण की गई थीं।[79]

वे कलाकारों के आश्रयदाता और संरक्षक थे। इस सन्दर्भ में महाश्वेता देवी ने एक ऐतिहासिक तथ्य का उल्लेख करते हुए लिखा है : नाट्यकार और अभिनेताओं के आश्रयदाता, संरक्षक बाला साहब गंगाधर राव का नाम सुनकर ग्वालियर और अन्य शहरों से शिल्पी और कलाकुशल लोगों के दलों ने झाँसी में आकर भीड़ लगा दी।[80]

महाश्वेता देवी ने इतिहासकार और अंग्रेजों द्वारा लगाए गए इस आरोप का खंडन किया है कि गंगाधर राव शासन चलाने में अकुशल थे। उन्होंने लिखा है : गंगाधर राव राज्य शासन चलाने में अयोग्य नहीं थे। अपने राजत्व काल में थोड़े समय में ही उन्होंने झाँसी राज्य का पहले का पचास लाख का ऋण चुका दिया। शेष छत्तीस हजार रुपया रह गया था।[81]

गंगाधर राव बड़े स्वाभिमानी और निर्भीक व्यक्ति थे। अंग्रेजों के साथ व्यवहार करने में वे अपनी स्वतंत्रता और आत्ममर्यादा बनाए रखते थे। एक बार कैप्टन गार्डन ने उनसे प्रश्न किया—कुछ दुष्ट लोगों का कहना है कि महाराज फुरसत के समय स्त्रियों की वेशभूषा को लेकर व्यस्त रहते हैं।

इस पर गंगाधर राव ने जो जवाब दिया वह उनके साहस और स्वाभिमान का प्रतीक है। इससे अंग्रेजों के प्रति उनके मनोभाव का भी पता चलता है : तुम लोग दूर समुद्र पार से आकर भारत में राज्यों के स्वामी बन बैठे हो। दूसरे के अधीन इस राज्य में हम लोगों को स्वयं तो कुछ करने को है नहीं, इसलिए आभूषण अलंकार पहनने में अपराध क्या है ?[82]

वे बड़े स्वाभिमानी और दबंग थे। एक बार दशहरा त्योहार पर नगर परिक्रमा के समय मिलिट्री बैंड को उनके साथ–साथ चलना था किन्तु इस दिन रविवार होने से मिलिट्री बैंड ने उनके साथ चलने से इनकार कर दिया। इस पर गंगाधर राव नाराज हो गए। ब्रिटिश सरकार उन्हें नाराज नहीं करना चाहती थी फलत: रविवार होते हुए भी मिलिट्री बैंड को उनकी यात्रा के साथ चलना पड़ा। ऐसा था उनका स्वाभिमान व दबंगपना।

1851 ईस्वी में उनको एक पुत्र उत्पन्न हुआ किन्तु तीन मास बाद उसकी मृत्यु हो गई। इसका आघात उन्हें इतना अधिक लगा कि वे टूट गए। शोकातुर गंगाधर राव ने कहा— मेरे जीवन की ग्रन्थि टूट गई है, अब जीने का कोई उत्साह नहीं पा रहा हूँ।

उसके बाद गंगाधर राव धीरे–धीरे निराशा के गहरे अँधेरे में डूबकर मृत्यु की ओर बढ़ने लगे। इसी चिन्ता से उबरने के लिए उन्होंने परोला के वासुदेव के पुत्र आनन्द को गोद ले लिया। यह गोदनामा स्वीकार कर लिया जाए इसके लिए अश्रुपूर्ण नेत्रों और क्षीण स्वर में उन्होंने कैप्टन एलिस से बार–बार अनुरोध किया था। एलिस ने अत्यन्त सहानुभूतिपूर्वक गंगाधर को आश्वस्त कर दिया।[83]

गंगाधर राव की आसन्न मृत्यु के समय राजप्रासाद में कैसा निषादपूर्ण वातावरण था, स्वयं रानी की क्या दशा थी इसका महाश्वेता देवी ने अत्यन्त मार्मिक चित्रण किया है : रानी को स्पष्ट रूप से लगा, मानो आज की इस निद्रित राजपुरी के खुले दरवाजे से मृत्यु प्रवेश कर रही है। उसके नयनों के अन्तराल में वह कहीं प्रतीक्षा कर रही है। 21 नवम्बर, 1853 ई. को गंगाधर राव की मृत्यु हो गई।

महाश्वेता देवी ने गंगाधर राव का जो चित्र खींचा है उससे उनके प्रति एक सहानुभूति पैदा होती है। बिना पुत्र के मर गए। गोदनामा भी जाने स्वीकृत होगा या नहीं, मेरी अल्पवयस्का रानी का क्या होगा, अंग्रेज कैसा बरताव करेंगे इसी आशंका में झूलते–झूलते उनके प्राण चले गए।

महाश्वेता देवी ने इसी परिप्रेक्ष्य में उन्हें याद करते हुए लिखा है : आज भी वहीं पर प्राचीर वेष्टित एक बगीचा विद्यमान है। जीर्णशीर्ण दीवारों में दरारें पड़ गई हैं। कोई उत्सुकता से भरा दर्शक अगर विशाल अश्वत्थ वृक्ष के पत्ते–पत्ते में मर्मरित वातास से युक्त निर्जन मध्याह्न में वहाँ खड़ा होता है तो द्वार पर लिखी इबारत पर उसकी नजर पड़ेगी—झाँसी के महाराज गंगाधर राव की छतरी, जन्म 1813 मृत्यु 1853।[84]

तात्या टोपे

वृन्दावनलाल वर्मा ने तात्या टोपे का जिक्र शुरू से ही किया है और उनके उपन्यास में उसका क्रमिक उल्लेख मिलता रहता है। जबकि महाश्वेता देवी की 'झाँसी की रानी' में उसका उल्लेख जरूर है किन्तु यत्र–तत्र, वहाँ वह क्रान्ति का नायक नहीं है। महाश्वेता देवी ने इसका कारण भी दिया है।

महाश्वेता देवी ने विश्लेषण करते हुए लिखा है : एक लोकप्रिय धारणा है कि झाँसी की रानी, नाना साहब सबने मिलकर एक गुप्त योजना बनाई थी। विश्वस्त इतिहासकार मेलसन ने ऐसी बात भी कही है कि रोटी और कमल फूल को गुप्त संकेत बनाकर झाँसी

की रानी ने उत्तर भारत में विद्रोह का प्रचार किया था। क्रान्ति की एक तारीख भी उन्होंने ही निश्चित की थी।

महाश्वेता देवी का कहना है कि इस क्रान्ति की अगर कोई योजना नेताओं में रही होती तो निश्चय ही उस गुप्त योजना का प्रचार उन्होंने कभी नहीं करना चाहा होता। झाँसी की रानी बचपन में बिठूर में रही थी। उस समय नाना साहब से उसकी पहचान होना स्वभाविक है। नाना साहब रानी से अठारह वर्ष बड़े थे। इसलिए उस जान-पहचान में हार्दिकता का बन जाना सम्भव नहीं लगता। यहाँ तक कि बाद में भी रानी ने नाना से इस के बहाने कोई परामर्श किया हो ऐसी घटना भी वास्तव में नहीं घटती है। महाश्वेता देवी ने इसी सन्दर्भ में तात्या का उल्लेख करते हुए कहा है : तात्या के साथ उनका पहले या बाद में कोई विचार-विमर्श रहता तो उनके संयुक्त सम्पर्क का परिणाम इतना शोचनीय न होता। उनके और तात्या के मध्य सम्पर्क होने का एकमात्र प्रमाण मिला है तात्या के अन्तिम लिखित बयानों से। उस समय 1857 का वर्ष था। एक सौ वर्ष का एकत्र क्षोभ दो वर्ष में निकलकर पराजित भारत भूमि के घर-घर में है तो वहाँ चरम निराशा और हताशा निवास कर रही है। ग्वालियर के निकट शिवपुरी में मुकदमे के बाद तात्या को फाँसी का हुक्म हुआ। निर्विकार दृढ़ता से तात्या ने आदेश शिरोधार्य कर लिया। उस समय उसका जो लिखित बयान बाद में प्रकाशित हुआ उसी से उसकी गतिविधियों का पता चलता है किन्तु उसका रानी के यहाँ अक्सर आना-जाना था इसका कोई उल्लेख नहीं है। वृन्दावनलाल वर्मा ने इसके स्थान पर तात्या को अकसर झाँसी जाने, रानी से मिलने, क्रान्ति की क्या दशा है इसके समाचार देने, आगे क्या करना है इसकी योजना बनाने में दत्तचित्त दिखाया। दोनों के तात्या में यही अन्तर है।[85]

महाश्वेता देवी ने तात्या टोपे और रानी की प्रत्यक्ष भेंट का उल्लेख तीन स्थानों पर किया है। एक कालपी में, दूसरा गोपालपुरा में और तीसरा ग्वालियर में। जब रानी को झाँसी में ह्यूरोज की सेना ने घेर लिया तब रानी ने सहायता के लिए कालपी राव साहब के पास खबर भेजी। राव साहब के निर्देश पर तात्या भारी सेना लेकर बेतवा के जंगल में आया। ह्यूरोज ने आगे बढ़कर वहीं उससे मुठभेड़ की उसे झाँसी की ओर नहीं बढ़ने दिया। तात्या ने शिवपुरी में गिरफ्तार हो जाने के बाद जो बयान दिया उसके अनुसार : जब मैंने चरखारी जीत ली, उस समय ह्यूरोज झाँसी के आक्रमण में व्यस्त था। उस समय बानपुर, शाहगढ़ के राजा, दीवान देशपत, दौलत सिंह कछवाहा धार वाले और अन्य राजाओं ने मेरे साथ सहयोग किया। चरखारी में रहते समय मुझे बाई साहिबा लक्ष्मीबाई का पत्र मिला कि उन्होंने अंग्रेजों से लड़ने का दृढ़ संकल्प कर लिया है। मैं झाँसी पहुँचकर उनकी सहायता करूँ।

इस आधार पर बेतवा किनारे तात्या और ह्यूरोज का युद्ध हुआ जिसमें तात्या हार गया किन्तु वह स्वयं बचकर निकल गया। उसके बाद तात्या की भेंट रानी से कालपी में होती है और कौंच के युद्ध की योजना बनती है, जिसमें तात्या बिना कुछ बताए रानी को अकेला लड़ता छोड़ वहाँ से निकल जाता है। फिर कालपी में ह्यूरोज से युद्ध और भारतीय सेना की पराजय। तात्या वहाँ से भी निकल जाता है। उस युद्ध में उसने भाग ही नहीं लिया। फिर गोपालपुर में जब रानी, राव साहब एकत्र होते हैं उसमें तात्या भी भाग लेता है। वहाँ तात्या टोपे की मन:स्थिति का विश्लेषण महाश्वेता देवी ने इस प्रकार किया है :

तात्या टोपे आत्मधिक्कार की ग्लानि से मुँह नीचा कर बैठे रहे। कुछ कहने लायक उनका मुँह था ही नहीं। राव साहब, रानी एवं बाँदा के नबाब के ऊपर कालपी का भार डालकर चले आने के सम्बन्ध में उनके साथियों ने तो उनसे कुछ नहीं कहा फिर भी वे उसका अनुभव कर सकते थे। झाँसी की रानी के निकट वे अपने को सर्वाधिक अपराधी महसूस कर रहे थे। साथियों की चुप्पी को उन्होंने तिरस्कार समझा और वे चुप बने रहे।[86]

ग्वालियर में सिन्धिया की सेना को तात्या ने अपनी कूटनीति से विद्रोह के लिए तैयार कर लिया था। इसका कारण सिन्धिया की सेना में वेतन आदि को लेकर असन्तोष था। ग्वालियर की सेना को अपनी ओर मिलाने की योजना में तात्या टोपे का प्रमुख हाथ था और इस प्रकार ग्वालियर पर जो पहली विजय मिली उसका श्रेय तात्या और रानी को जाता है। इस समय तात्या फिर राव साहब के प्रभाव में आकर विजयोत्सव मनाने में मग्न हो गया। अंग्रेजों की फौज आकर पुनः आक्रमण कर सकती है इसलिए हमें ग्वालियर की सेना के साथ युद्ध की तैयारी करनी चाहिए, रानी के लाख सलाह देने पर तात्या, राव साहब किसी के भी मन में यह बात नहीं आई।

महाश्वेता देवी लिखती हैं : तात्या टोपे बहुमूल्य मोतियों की माला पहनकर बने सेनापति, सिन्धिया के मंत्री रामराव गोविन्द बने मुख्यमंत्री। हजारों ब्राह्मणों को भोजन कराया गया और उत्सव मनाया गया। इस समय रानी को लगने लगा कि क्या इसी के लिए झाँसी के हजारों मनुष्यों ने अपने प्राण दिए थे?[87]

रानी के मन की यह स्थिति तात्या टोपे के चरित्र पर एक तीखी टिप्पणी है। और रही-सही बात शिवपुरी में बन्द रहते समय उसने जो आत्मचिन्तन किया उसने पूरी कर दी।

महाश्वेता देवी ने लिखा है : जीवन में हिसाब मिलाकर देखने का समय मनुष्य के सामने एक बार ही आता है। प्राणदंड की आज्ञा सिर पर लिए तात्या ने शिवपुरी में तीन दिन बिताए थे। उन तीन दिनों में एकान्त विचार करने का प्रचुर अवकाश उनको मिला था। बेतवा, कोंच, गुलौली, एवं ग्वालियर युद्ध की बातें उस समय उनको निरन्तर याद आती रही थीं। निद्राहीन रातों में बार-बार याद आती होगी ग्वालियर में रानी के आशाहत मुख की छवि। यह छवि उसे जितनी बार याद आई उतनी ही बार उसका हृदय ग्लानि और श्रद्धा से भर उठता था।[88]

तात्या के चरित्र में देशहित में अंग्रेजों के खिलाफ जनता और सेना को तैयार करते एक असफल योद्धा को हम देखते हैं। उसके चरित्र की उज्ज्वलता इतिहास के पन्नों पर अंकित है।

तात्या टोपे के सम्बन्ध में महाश्वेता देवी ने एक महत्त्वपूर्ण बात कही है : व्यक्तिगत रूप से तात्या टोपे एक असाधारण गुरिल्ला योद्धा था। अजीमुल्ला की भूमिका के सम्बन्ध में भी अनेक बातें कही जाती हैं, किन्तु उनके कार्य-कलापों में विशेष रूप से किसी पारदर्शिता का परिचय नहीं मिलता है। नाना साहब, उनके भतीजे राव साहब, तात्या टोपे, अजीमुल्ला, इनमें से किसी में भी वह योग्यता नहीं थी, जिसके द्वारा वे लाख-लाख सिपाहियों, किसानों, जनसामान्य मनुष्यों को महान आदर्श से अनुप्राणित करके सुसंगठित-संग्राम का गठन कर पाते।

उन्होंने लिखा है नाना साहब और तात्या टोपे ने पेशवा शाही की पुनर्प्रतिष्ठा की आवाज

लगाकर मध्य भारत की जनता को पीछे चलने का आह्वान किया था। उनकी यह इच्छा मूल रूप में ही गलत थी।

तात्या टोपे के अतिरिक्त बाँदा के नबाब, बानपुर के राजा मर्दन सिंह, शाहगढ़ नरेश बखतबली आदि ऐसे चरित्र हैं जो अंग्रेजों से युद्ध जरूर करते हैं किन्तु इनके संघर्ष के पीछे निजी स्वार्थ था। मोरोपन्त रानी के झाँसी छोड़ते समय मोर्चा लेते हैं और घायल होकर भागते समय दतिया के एक गाँव में पकड़ लिये जाते हैं और उन्हें फाँसी दे दी जाती है।

महाश्वेता देवी की 'झाँसी की रानी' में पीर अली, अली बहादुर, दुल्हा जू का उल्लेख भर है। इनके चरित्र की वैसी रूपरेखा नहीं है जैसी बाबू वृन्दावनलाल वर्मा के उपन्यास में चित्रित की गई है। दामोदर राव और लक्ष्मण गोविन्द ताम्बे थे दो ऐसे पात्र हैं, जिनका महाश्वेता देवी ने विस्तार से उल्लेख किया है। इनमें दामोदर राव नियति का शिकार, इतिहास का वह अभागा पात्र था जिसे संघर्ष करते हुए, जंगलों में छिपते किसी तरह अपने जीवन की रक्षा करनी पड़ी। महाश्वेता देवी ने इसकी मार्मिक कहानी अपनी कृति में लिपिबद्ध की है जो एक ओर अंग्रेजों की क्रूरता और दया दोनों को प्रमाणित करती है। दया इसलिए कि इन्दौर के रेजिडेंट ने उसे निर्दोष मानकर उसकी पढ़ाई–लिखाई की व्यवस्था की, उसे राजकीय संरक्षण दिया और ब्रिटिश शासन के माथे पर लगे कलंक का कुछ अंश धोने का प्रयास किया। क्रूरता इसलिए कि रानी के न रहने पर ब्रिटिश सरकार ने उसकी जो निजी सम्पत्ति जब्त कर ली थी उसे तमाम दस्तावेज–दलीलें देने के बाद भी अंग्रेजों ने लौटाया नहीं।

अन्य पात्रों में मुन्दर, काशी, रामचन्द्र देशमुख, रघुनाथ सिंह और गुल मुहम्मद झाँसी छोड़ते समय रानी के साथ कालपी आए। इनमें मुन्दर गोली लगने से ग्वालियर में शहीद हो गई। काशी कुनवीन तथा अन्य जीवित रहे और दामोदर राव को लेकर किसी तरह चन्देरी की तरफ सुरक्षित निकल गए।

दामोदर राव का ऊपर उल्लेख किया जा चुका है। महाश्वेता देवी ने इसका विस्तार से चित्रण किया है। दामोदर राव इतिहास की कठपुतली और नियति का एक विडम्बित पात्र है किन्तु रघुनाथ सिंह और काशी कुनवीन ने जिस लगन, तत्परता और नि:स्वार्थ भाव से दामोदर की रक्षा की इससे इन दोनों की रानी के प्रति भक्ति और निष्ठा का पता चलता है।

महाश्वेता देवी ने लिखा है : कहानी खत्म हो जाने के बाद भी कहानी बनी रहती है। इसीलिए रानी की कहानियाँ लिये हुए अनेक लोग जीवित बने रहे। भाग्य विडम्बित दामोदर राव उन्हीं में से एक है। साठ लोगों, छह ऊँटों और बाईस घोड़े लेकर रामचन्द्र राव देशमुख, गणपत राव मराठा, रघुनाथ सिंह, काशी कुनवीन आदि ने दामोदर राव के साथ ग्वालियर छोड़ दिया। वे लोग चन्देरी की दिशा की ओर बढ़ने लगे।

उन दिनों रानी का नाम सब जगह निषिद्ध था। रघुनाथ सिंह का हुलिया बदल दिया गया था और उनकी गाँव–गाँव में ब्रिटिश फौज तलाश कर रही थी। किसी तरह छिपते–छिपते वे बेतवा नदी के किनारे तालवेहट–कुटरा पहुँच गए। इन सबका उद्देश्य रानी को दिए वचन का पालन करना था, वे किसी भी तरह दामोदर को सुरक्षित रखना चाहते थे। रघुनाथ सिंह को अंग्रेज सैनिक खोज रहे थे फिर भी उन्होंने परवाह किए बिना तालवेहट–

कुटरा के ठाकुर गम्भीर सिंह और शंकर सिंह से भेंट की। सारा हाल सुनकर वे उनकी सहायता करने को इस शर्त पर सहमत हो गए कि आप लोगों को जंगल में रहना पड़ेगा। आटा, दाल, चीनी, घी सब वहीं किसी एक व्यक्ति के पास पहुँचा दिया जाएगा। इसके बदले में उन्हें पाँच सौ सिक्के प्रतिमास देने पड़ते थे। रानी ने अपने सैनिकों में बाँट देने के लिए जो धन दिया था वे उसे बाँट नहीं सके थे। उसी धन से विपत्ति के समय उन्होंने दामोदर की रक्षा की।

वहाँ पर पर दामोदर की एकान्त साथी प्रकृति थी। उसी के सान्निध्य में बैठा-बैठा वह अपनी माँ रानी को याद करते-करते रोया करता था। रूखा-सूखा भोजन खाने के कारण दामोदर वहाँ बुरी तरह बीमार पड़ गया। काशी कुनवीन ने किसी तरह उसका इलाज कराया।

इसी समय रामचन्द्र राव देशमुख को दामोदर के सम्बन्ध में अंग्रेज सरकार का रुख जानने के लिए कुटरा छोड़कर और कहीं जाना पड़ा। जब इन लोगों का सारा धन उन ठाकुरों ने हड़प लिया और यह जानकर कि अब इनके पास कुछ नहीं है तो वे इन्हें अंग्रेजों से पकड़वाने का भय दिखाने लगे। तब बाईस लोग और तीन घोड़े लेकर इन लोगों ने अज्ञात स्थान के लिए यात्रा शुरू कर दी। तालवेहट-कुटरा के जंगल में रहते-रहते इन्हें दो वर्ष हो गए थे। इसी समय एक छीपा (ठिकाई करने वाले) ने इन्हें अंग्रेज सैनिकों के द्वारा पकड़वा दिया। उन्होंने इन लोगों को पाटण के एजेंट को सौंप दिया। दामोदर राव जब वन में छिपकर रह रहा था तब नन्हें खाँ रिसालदार और गणपतराव मराठा दल छोड़कर पाटन में राजा पृथ्वी सिंह के यहाँ रहने लगे थे। पाटन के ही पास आगर है। आगर में था मेजर फ्लिक (Flick)। फ्लिक दयालु तथा करुणापरायण स्वभाव के लिए विख्यात था। नन्हें खाँ ने एक दिन फ्लिक से भेंट कर निवेदन किया, 'झाँसी की रानी का एक अबोध बच्चा है, उसकी उम्र इस समय बारह वर्ष है। अंग्रेजों के भय से वह एक जानवर की तरह वन में अपने साथियों के साथ छिपा हुआ है। अत्यन्त पराक्रमी ब्रिटिश राज्य क्या, उस हत्भाग्य बालक को क्षमा नहीं कर सकता?' यह कहकर नन्हें खाँ ने कातर भाव से फ्लिक से अनुरोध किया, 'आप दया करके इस बच्चे की रक्षा कीजिए।' मेजर फ्लिक ने मध्य भारत के एजेंट इन्दौर स्थित कर्नल शेक्सपियर को पत्र भेजकर सूचना दी, उसे दामोदर को पनाह देनी है। शेक्सपियर ने फ्लिक को खबर दी, हाँ, उसके पास उस बालक को अगर लाया जाता है तो वह उसे आश्रय देगा।

दामोदर को मध्य भारत के एजेंट शेक्सपियर तक पहुँचने में काफी कठिनाइयों का सामना करना पड़ा। पर जब वह वहाँ पहुँच गया तब उसने उसकी सारी व्यवस्था कर दी और इस प्रकार दामोदर के जीवन की रक्षा हुई और उसी एजेंट की व्यवस्था के कारण वह पढ़-लिख सका।

महाश्वेता देवी ने लिखा है : दो-चार लोगों को छोड़कर अन्य सब साथियों को शेक्सपियर ने बरखास्त कर दिया। इस बार दामोदर से रानी के आत्मीयजन रघुनाथ राव रिसालदार और काशी को विदा लेने का क्षण उपस्थित हो गया। रानी के पुत्र को सुरक्षित और निरापद आश्रय में पहुँचाकर उन लोगों ने रानी का ऋण चुका दिया।[89]

इन्दौर आकर दामोदर राव ने शास्त्रानुसार विधि-विधान से रानी का अन्तिम संस्कार किया। इन्दौर में धर्मनारायण के पास रहकर दामोदर ने फारसी, मराठी और अंग्रेजी सीख

ली थी और वहीं रहकर वह बड़ा हुआ था। रामचन्द्र राव उस समय भी उसके साथ थे। रिचर्ड शेक्सपियर ने उसको 150 रुपये मासिक की पेंशन बाँध दी थी।

महाश्वेता देवी ने उसे इतिहास का खिलौना कहा है। भाग्य उसे लेकर कठपुतली का खेल खेलता रहता है।[90] उनकी पहली पत्नी की 1871 ईस्वी में मृत्यु हो गई। फिर उनके दूसरे विवाह से 1879 ई. में उनके पुत्र लक्ष्मण राव का जन्म होता है जो अपने पिता के जीवित स्मारक थे और जो 1957 ई. तक जीवित थे। इनसे बाबू वृन्दावनलाल वर्मा की भेंट हुई थी। उन्हें झाँसी आकर उनकी पैतृक सम्पत्ति मिल सकती है या नहीं इस सन्दर्भ में वे वर्मा जी से कानूनी सलाह लेने आए थे। दामोदर राव की मृत्यु 1906 ई. में हुई 58 वर्ष की उम्र में।

दामोदर राव के पुत्र लक्ष्मण राव ने इन्दौर रेजिडेंसी में शिक्षा प्राप्त की थी। उनका काम था टाइप करना। उनके दो पुत्र थे। उत्तर प्रदेश सरकार दामोदर राव की पेंशन का एक चौथाई अंश आज भी (1957 ई.) उसे देती है। लक्ष्मण राव इन्दौर के इमली बाजार में रहते थे। इनका जीवन बड़ा अनाडम्बर पूर्ण था। ये सरल हृदय के व्यक्ति थे। इन्होंने रानी के साथ रहे रामचन्द्र राव और अपने पिता से रानी के बारे में अनेक बातें सुन रखी थीं। इन्दौर के सामान्य जन इन्हें लक्ष्मण राव झाँसी वाले कहकर पुकारते हैं।

चिमाबाई

महाश्वेता देवी ने रानी की माँ चिमाबाई का विस्तार से चित्रण करते हुए लिखा है : चिमाबाई के पति मोरोपन्त जब किले में बन्द होकर शत्रु से युद्ध करने में व्यस्त थे, उस समय उनकी पत्नी चिमाबाई बच्चे को गोद में लेकर स्वामी के सामने उपस्थित हुई और बोली कि मैं क्या करूँ, यह निश्चित रूप से बताओ? मोरोपन्त उस समय युद्ध के लिए दृढ़ संकल्प और उसी से अनुप्राणित थे। वे अपनी पुत्री (लक्ष्मीबाई) को छोड़कर आत्मरक्षा के लिए पलायन करने को राजी नहीं हुए। चिमाबाई ने फिर उनसे वैसा अनुरोध किया भी नहीं। मोरोपन्त बोले, 'तुम्हारे और मेरे जीवन का रास्ता आज से अलग हो जाना चाहिए और अगर हो सके तो मेरे इस पुत्र की रक्षा करो। मैं मनु को छोड़कर नहीं जाऊँगा।' विवश होकर चिमाबाई रानी के पास विदा लेने गई। उस समय रानी की मनःस्थिति कैसी थी इसका चित्रण करते हुए महाश्वेता देवी लिखती हैं : आँसू भरी आँखों से रानी उस समय किले की प्राचीर पर खड़ी होकर झाँसी पर अंग्रेजों के अत्याचारों का तांडव नृत्य देख रही थी। उस करुण दृश्य के सामने चिमाबाई किसी भी तरह यह नहीं कह सकी कि मैं जा रही हूँ। उसने बहाना बनाया कि मेरे घर की हालत कैसी है, एक बार जाकर देख आना चाहती हूँ। किन्तु रानी समझ गई। आँसू बहाते हुए चिमाबाई और अपने प्राणप्रिय भाई को उसने विदा दे दी।[91]

यहाँ पर महाश्वेता देवी ने एक और नारी चरित्र को दृश्य में उपस्थित किया है जिसने स्वार्थवश रानी की माँ चिमाबाई को भारी धोखा दिया और वहाँ से भागकर इन्दौर में अपने आप को रानी की माँ चिमाबाई घोषित कर दिया। पर पहले चिमाबाई झाँसी से कैसे उस विषम परिस्थिति में निकल पाई इसका विवरण महाश्वेता देवी के शब्दों में इस प्रकार है : वहाँ से एक दूर के भाई की पत्नी (अपने सगे भाई की नहीं) काकूबाई के साथ गुप्त रास्ते

से किला त्याग दिया चिमाबाई ने। कीचड़ सने रास्तों, अलियों-गलियों, घायल पड़े, कराहते नगर वासियों और जलते घरों से होते हुए चिमाबाई किसी तरह अपने आवास मुरली मनोहर मन्दिर पहुँची। वहाँ उसने देखा उसकी पूरी गृहस्थी और मूर्तियों के बहुमूल्य आभूषण लुट चुके हैं। उसके बाद वह किसी तरह छिपते-छिपते नगर की चारदीवारी के पास गई और किसी तरह दीवार फाँदकर खाई में कूद गई। वे दोनों महिलाएँ झुकी-झुकी कुछ दूर तक उसी खाई में चलती रहीं जहाँ उन्होंने देखा कि अंग्रेजों की कोई छावनी नहीं है तो वहीं से बाहर निकलकर गुरसराँय के रास्ते रवाना हुईं। चिमाबाई की गोद में उनका प्रिय पुत्र था। उसी को बचाने के लिए उसमें इतना दुस्साहस आ गया था।

रास्ते में चलते-चलते उन लोगों ने देखा कि अंग्रेज फौजी गाँव-गाँव में धावा मारते हुए घूम रहे हैं और कह रहे हैं—झाँसी के एक भी व्यक्ति को आश्रय देने अथवा रानी के समर्थक किसी की जरा भी सहायता करने पर फाँसी पर चढ़ा दिया जाएगा और गाँव जला दिया जाएगा। रात के अँधेरे में वे किसी तरह माँग-मूँग कर कुछ बना-खा फिर चल देती थीं। चालीस मील के रास्ते पर चार दिन पैदल चलकर वे लोग अन्त में गुरसराँय पहुँच गईं। पुत्री को जीवित देखकर उसके पिता वासुदेव बेहद प्रसन्न हुए। बाद में चिमाबाई कहा करती थी कि बच्चे की प्राण रक्षा की बात अगर न सोचती तो मैं उस दिन न भाग पाती।[92]

महाश्वेता देवी ने अपने उपन्यास में ऐसे छोटे-छोटे पात्रों का चित्रण किया है जिनकी सहायता या विश्वासघात के कारण मुख्य घटनाक्रम या मुख्य चरित्रों के जीवन पर गहरा प्रभाव पड़ता है। इनमें चिमाबाई के साथ गुरसराँय आई काकूबाई भी है, जिसे चिमाबाई ने अपने पति मोरोपन्त के सम्बन्ध में वास्तविक खबर लाने की लिए झाँसी तब भेजा जब उसे यह जानकारी हुई कि मोरोपन्त को झोकन बाग में फाँसी दे दी गई। तब वह उस गरीब भाटे परिवार के यहाँ पहुँची जहाँ चिमाबाई झाँसी छोड़ते समय अपने पन्द्रह हजार के आभूषण धरोहर के रूप में रख आई थी। काकूबाई ने अंग्रेजों का भय दिखाकर वे गहने उस भाटे परिवार से हड़प लिये और वहाँ से इन्दौर भाग गई। इसका पता चिमाबाई को तब चला जब वह झाँसी में शान्ति स्थापित होने के बाद झाँसी का हालचाल जानने और अपने गहने लेने गई। बाद में दामोदर राव के विवाह का निमंत्रण पाकर चिमाबाई अपने पुत्र चिन्तामणि को लेकर इन्दौर गई और उसे काकूबाई की इस हकीकत का पता चला कि उसने इन्दौर में अपने को रानी की माँ घोषित कर रखा है और हड़पे गए गहनों से कपड़ों का व्यापार कर रही है। लोगों के कहने पर उसने अंग्रेज सरकार में काकूबाई के खिलाफ नालिश की जिसकी खबर पाकर वह इन्दौर से भाग गई।

इन्दौर में परोपकारी काणे परिवार के यहाँ चिमाबाई को आश्रय मिला। डॉ. काणे ने चिन्तामणि को मैट्रिक कराई और वह सागर का नायब तहसीलदार बन गया। इसके पीछे सर हेनरी डेली का हाथ था। बाद में वे तहसीलदार बन गए। मुले परिवार इन्हीं दिनों इन्दौर में रहता था। वे लोग धनी और विद्यानुरागी थे। कुलशील देखकर उन्होंने अपनी पुत्री सरस्वती का विवाह चिन्तामणि के साथ कर दिया। इन्हीं चिन्तामणि की सन्तान गोविन्दराम चिन्तामणि ताम्बे थे।

गोविन्दराम चिन्तामणि ताम्बे

महाश्वेता देवी ने अपनी 'झाँसी की रानी' में जिनका बड़ी श्रद्धा के साथ स्मरण किया है उनमें एक नाम गोविन्दराम चिन्तामणि ताम्बे का भी है। महाश्वेता देवी ने इनसे अहमदाबाद जाकर भेंट भी की थी। उनके चारित्रिक गुणों पर प्रकाश डालते हुए उन्होंने लिखा है : गोविन्दराम चिन्तामणि का जन्म 1881 ई. में हुआ था। उनका जीवन कोई फूलों से भरा हुआ नहीं था।

महाश्वेता देवी लिखती हैं : दैनन्दिन जीवन-यापन के संग्राम में उन्हें आजीवन व्यस्त रहना पड़ता है। फिर भी वे प्रयत्नपूर्वक संस्कृत, हिन्दी, अंग्रेजी एवं लुप्तप्राय मराठी लिपि मुड़िया सीख लेते हैं। काम-काज के बीच में एवं अवकाश ग्रहण करने के बाद से लम्बे तीस वर्षों तक यह स्वल्पवित्त वृद्ध कठोर परिश्रम से काशी, पूना, इन्दौर, झाँसी सब जगह भ्रमण कर रानी के समकालीन बन्धुओं, आत्मीयों की खोज कर रानी के सम्बन्ध में विविध तथ्यों का संग्रह करता है। उनकी तरुणावस्था में रानी के समकालीन मनुष्यों में कोई-कोई वृद्ध और कोई-कोई प्रौढ़ था। रानी के सम्बन्ध में दस्तावेजों, अभिलेखों, चिट्ठी-पत्री और तमाम सरकारी रपटों की खोज में वे दिल्ली, कलकत्ता, झाँसी, पूना आदि गए और उक्त चीजों को एकत्र करते रहे। रानी के सम्बन्ध में भारतवर्ष में कहीं भी गलत तथ्य अथवा समाचार प्रकाशित होते ही वे उसका यथाशक्ति खंडन करते थे। उम्र बढ़ने के साथ-साथ उनका स्वास्थ्य टूटने लगा था फिर भी वे रानी की एक प्रामाणिक जीवनी लिखने की इच्छा का पोषण करते रहे। महाश्वेता देवी उनकी जीवनी लिख रही हैं यह जानकर और जब महाश्वेता देवी ने उनसे भेंट की और अपनी यह इच्छा व्यक्त की तब उन्होंने कहा था अब मुझे विश्वास हुआ कि तुम जरूर इस काम को करोगी।

चिन्तामणि ताम्बे के आदर्श जीवन पर अपनी टिप्पणी करते हुए महाश्वेता देवी कहती हैं, 'मोरोपन्त वीर योद्धा थे। परम वीरता के साथ वे ब्रिटिशों के साथ लड़े थे। प्राण दिए थे फाँसी के तख्ते पर। अपने पितृकुल की संघर्षशील विरासत का पूरा विकास हुआ था रानी के चरित्र में और उसी पुण्य ऐतिह्य एवं रानी की स्मृति के प्रति श्रद्धा लेकर ही जीवित रहे थे, गोविन्दराम चिन्तामणि ताम्बे।'[93]

तुलना

दरअसल किसी की कृति के पीछे लेखक की दृष्टि, उसकी विषयवस्तु को बरतने का आधार तथा अपने कथ्य को रूपापित करने के लिए लेखक कौन-सी विधा चुनता है इन तीन कारणों से एक ही विषयवस्तु पर लिखी गई कृतियों में अन्तर आ जाता है। हिन्दी साहित्य में ऐसी कई कृतियाँ हैं जो इन तीन में से किसी-न-किसी कारण से एक विषयवस्तु पर आधारित होने पर भी अपने प्रस्थान, विकास और उपसंहार में भिन्न हो गई हैं। राधाकृष्ण को आधार बनाकर पुष्कल साहित्य की रचना हुई पर वे सभी कृतियाँ एकरूप नहीं हैं। ऐसा ही राम काव्य परम्परा में आने वाली कृतियों के सम्बन्ध में कहा जा सकता है। यह सत्य उपन्यास और नाटकों पर भी लागू होता है। चन्द्रगुप्त, चाणक्य पर कितने उपन्यास, नाटक लिखे गए पर वे सभी भिन्न हैं। इन्हीं तीन आधारों ने बाबू वृन्दावनलाल वर्मा और महाश्वेता देवी

की झाँसी की रानी को भिन्न बना दिया है। यह अन्तर कथावस्तु और घटनाओं के विन्यास में तो है ही किन्तु पात्रों और उनके चरित्रांकन में अधिक मिलता है। इसी वजह से वृन्दावनलाल वर्मा की झाँसी की रानी सदा युद्ध की तैयारी में रत एक वीर बाला लगती है। उसका वृन्दावनलाल वर्मा ने शुरू से जो चित्र अंकित किया है उसके अनुसार वह जन्मजात अंग्रेजों के विरुद्ध सदा मलखम्भ, घुड़सवारी में रत, वाचाल लगती है। वृन्दावनलाल वर्मा ने उसके चरित्रांकन में अतिशयोक्ति और अस्वाभाविकता की हद तक उसे युद्ध की चर्चा, उसकी तैयारी करने वाला चित्रित किया है। वहाँ उसका मानवीय, संवेदनशील पक्ष गायब है। इसकी तुलना में महाश्वेता देवी की झाँसी की रानी अधिक मानवीय, संवेदनशील और जरूरत पड़ने पर अपनी देशभक्ति पर दृढ़, स्वाभिमानिनी है। उसका गृहिणी रूप, माँ का रूप, एक पुत्री का रूप, सेवकों के प्रति दया से भरी स्वामिनी का रूप तो है ही, वह युद्ध के मोर्चे पर प्रेरणा देने वाली एक दीपशिखा के रूप में पाठकों को दिखाई देती है। वह अपने पुत्र की सुरक्षा के प्रति कितनी संवेदनशील और चिन्तित थी इसका प्रमाण पाठक देख ही चुके हैं।

गंगाधर राव के चरित्रांकन में भी भिन्नता मिलती है। वर्मा जी के गंगाधर राव हलके मनोरंजन में लीन, मोती जैसी अभिनेत्री पर फिदा, खुदाबख्श के प्रति ईर्ष्या से भरे, साधारण अपराध पर भी कठोर और क्रूरता की सीमा तक दंड देने वाले एक कठोर शासक के रूप में दिखाई देते हैं। वे बात–बात में क्रोधित हो उठते हैं। उनमें थोड़ा परिवर्तन रानी के आगमन पर होता है। पुत्र उत्पन्न होने पर थोड़ा और परिवर्तन दृष्टिगोचर होता है। रानी और उनके स्वभाव में बेहद अन्तर है। हालाँकि अंग्रेजों की कूटनीति को वे समझते हैं। शासन सँभालते ही खाली राजकोष को उन्होंने भरा, अंग्रेजों का ऋण चुकाया। गार्डन के सामने वे दो टूक बात कहने में चूकते नहीं हैं। इस प्रकार उनमें स्वाभिमान की भी झलक मिलती है। दान–धर्म, यज्ञ आदि में उनका विश्वास है। पर वे नाट्यशाला में जरूरत से ज्यादा रुचि लेते हैं। इसकी तुलना में महाश्वेता देवी के गंगाधर राव का चित्रण एकदम दयावान, करुणावान, कोमल, संवेदनशील राजा के रूप में किया गया है। क्रूरता का एक भी उदाहरण महाश्वेता देवी के गंगाधर राव में नहीं मिलता, न क्रोध का कोई प्रसंग मिलता है। उनके साथ नियति और दुर्भाग्य ने जो खेल खेला, पुत्र हुआ, जीवित नहीं रहा, बच्चा गोद लिया, गोदनामा स्वीकार हुआ या नहीं इसी आशा में वह दिवंगत हो गए। यह देखकर उनके प्रति दया, सहानुभूति और संवेदना पैदा होती है। जबकि वृन्दावनलाल वर्मा के गंगाधर राव के साथ भी ये घटनाएँ घटती हैं किन्तु उनके शुरुआती चरित्र को देखकर हलकापन और एक सामान्य–सा उपेक्षा का भाव उत्पन्न होता है। वर्मा जी के गंगाधर राव में राजसी गरिमा और गम्भीरता का अभाव है।

वर्मा जी के तात्या के चरित्र का क्रमिक विकास होता है। वह शुरू से ही अंग्रेजों की नीति को पहचानने का प्रयास करता है। उसके दो ही काम हैं—एक तो सेनाओं में जागरण उत्पन्न करना, दूसरा जनता की नब्ज टटोलना। वर्मा जी का तात्या राव साहब का अनुगत है। ऐसा लगता है जैसे उसका कोई स्वतंत्र व्यक्तित्व नहीं है। किन्तु उसके चरित्र का विकास क्रमिक है और वह प्रारम्भ से लेकर अन्त तक रानी से जुड़ा रहता है। वर्मा जी के तात्या

का प्रेम प्रसंग जूही से चलता है किन्तु यह एकतरफा प्रेम है। वर्मा जी ने यह दिखाया है कि क्रान्ति के काम में संलग्न रहने के कारण उसे किसी अन्य प्रसंग के लिए फुरसत नहीं है। नृत्य वगैरह में उसकी कोई विशेष रुचि नहीं है। महाश्वेता देवी का तात्या टोपे जब-तब प्रकट होता है। जूही के साथ उसके किसी भी प्रेम प्रसंग का कोई उल्लेख नहीं है। महाश्वेता देवी का तात्या बेतवा के युद्ध में पराजित होता है, कौंच के मोर्चे से बिना कहे चला जाता है, कालपी में वह था ही नहीं, ग्वालियर में विजय के बाद वह भी राव साहब के साथ जश्न मनाने लगता है और पराजय के बाद धीरे से गायब हो जाता है। फिर उसकी उपस्थिति शिवपुरी में गिरफ्तार होने के समय दर्ज होती है। महाश्वेता ने उसे पश्चात्ताप करते हुए चित्रित किया है जबकि पछतावे का यह चित्र वर्मा जी के उपन्यास में नहीं है।

दोनों कृतियों में गुलाम गौस एक अच्छा गोलन्दाज है। दोनों में वह शहीद हो जाता है। खुदाबख्श और मोती भी शहीद हो जाते हैं किन्तु, महाश्वेता देवी की कृति में खुदाबख्श और मोती के लम्बे प्रेम प्रसंग तथा गंगाधर राव का मोती के प्रति आकर्षण। खुदाबख्श से ईर्ष्या इसका कोई प्रसंग नहीं है। जूही और मोती अंग्रेज फौज में जाकर जो जासूसी करती हैं उसका भी महाश्वेता देवी ने कोई उल्लेख नहीं किया है। पीर अली तथा अली बहादुर का जितने विस्तार से कई परिच्छेदों मं वर्मा जी ने वर्णन किया है, वैसा महाश्वेता जी ने नहीं किया है। उनका उद्‌देश्य महारानी लक्ष्मीबाई के जीवन का चित्रण करना था। अनावश्यक काल्पनिक प्रसंगों से अपनी कृति को भारी-भरकम बनाना नहीं था। इसलिए जिस प्रकार महाश्वेता देवी का कथानक कसा हुआ है उतना ही वर्मा जी का कथानक ढीला-ढाला और अनावश्यक प्रसंगों से भरा हुआ है। इसका परिणाम चरित्र-चित्रण पर भी पड़ा है। बीच-बीच में ऐसे पात्र आ जाते हैं जिनका मुख्य पात्रों, मुख्य विषयवस्तु से कोई सम्बन्ध ही नहीं है। इससे जहाँ घटना-चक्र रुक जाता है वहीं मुख्य पात्रों के चरित्र का विकास भी रुक जाता है। मुख्य पात्र कहीं-कहीं गौण हो जाते हैं और गौण पात्र मुख्य बन बैठते हैं, जैसे वर्मा जी के उपन्यास में नारायण शास्त्री और छोटी का प्रसंग। महाश्वेता देवी की कृति में ऐसा कोई प्रसंग नहीं है।

वर्मा जी के उपन्यास में रानी के मरने के बाद दामोदर राव का क्या हुआ इसका उल्लेख भर है, पर महाश्वेता देवी ने नियति के मारे उस उपेक्षित व्यक्ति का विस्तार से वर्णन किया है जो एक नई चीज है और उनकी कृति की गरिमा को बढ़ाता है। उन्होंने रानी की विमाता चिमाबाई का, उनके पुत्र का और दामोदर राव के पुत्र का विस्तार से चित्रण किया है। मोरोपन्त का जो गरिमापूर्ण चित्र महाश्वेता देवी की कृति में है वह वर्मा जी की कृति में नहीं है। गोविन्द राम चिन्तामणि ताम्बे का भी महाश्वेता जी ने बड़ी श्रद्धा और गरिमा से चित्रण किया है। इन पात्रों की उपस्थिति वर्मा जी के उपन्यास में नहीं है। उल्लेख है विस्तार से चित्रण नहीं है।

चरित्रांकन शिल्प की दृष्टि से दोनों लेखक सफल हैं। दोनों में संयम है। दोनों ने ही जरूरत पड़ने पर पात्रों के शब्दचित्र खींचे हैं। वर्मा जी के उपन्यास में जूही, मोती के शब्दचित्र श्रृंगारपरक हैं। गंगाधर राव का शब्दचित्र उनके चरित्र के अनुकूल है किन्तु महाश्वेता देवी के गंगाधर राव शान्त, सौम्य हैं। वर्मा जी ने रानी के विवाह के पूर्व का शब्दचित्र खींचा है। महाश्वेता देवी ने उनकी युद्ध की साज-सज्जा के साथ रेशमी साड़ी में उनके गरिमापूर्ण

व्यक्तित्व की रेखाएँ खींची हैं। वर्मा जी की दृष्टि बाह्य रूपरेखा पर अधिक ठहरती है जबकि महाश्वेता देवी की आन्तरिक भक्ति, श्रद्धा और निष्ठा पर! वर्मा जी अपने पात्रों का चरित्र-चित्रण कथोपकथनों, स्वगत कथनों, नाटकीय मुद्राओं, अन्य पात्रों की दूसरे पात्रों पर टिप्पणियों के द्वारा करते हैं। महाश्वेता देवी जिनसे भेंट की उनकी वार्ता के आधार पर या जो दस्तावेज मिले उनके आधार पर करती हैं। वर्मा जी का रानी के साथ एक पारिवारिक रिश्ता भी जुड़ा था जबकि महाश्वेता देवी का रिश्ता उनकी भक्ति, निष्ठा, त्याग, तपस्या और साहसपूर्ण वीरता पर आधारित था। वर्मा जी अपने पात्रों का चारित्रिक विकास जैसे-जैसे घटनाएँ घटती हैं वैसे-वैसे दिखाते हैं, महाश्वेता देवी भी यही करती हैं, पर उनके पात्रों के पीछे ऐतिहासिक तथ्य अधिक हैं, जबकि वर्मा जी के पात्रों के पीछे कल्पना का गाढ़ा रंग है।

यहाँ तक दोनों कृतियों में आए पात्रों का चरित्रांकन और शिल्प का विवेचन किया गया। अगले अध्याय में दोनों कृतियों के संवाद शिल्प का विवेचन किया जाएगा।

सन्दर्भ-ग्रन्थ

1. हिन्दी साहित्य कोश, भाग 1, पृष्ठ 158
2. वही, पृष्ठ 487-488
3. वही, पृष्ठ 488
4. सन्दर्भ वही।
5. वही, 488
6. वही, पृष्ठ 489
7. हिन्दी साहित्य कोश, भाग 1 में पृष्ठ 489 पर उद्धृत।
8. आलोचना, उपन्यास अंक, अक्टूबर 1954, राम अवध द्विवेदी का आलेख, उपन्यास के उपकरण, पृष्ठ, 33, राजकमल प्रकाशन।
9. झाँसी की रानी, वृन्दावनलाल वर्मा, पृष्ठ 20-21
10. वही, पृष्ठ 20
11. वही, पृष्ठ 21
12. वही, पृष्ठ 22
13. वृन्दावनलाल वर्मा : साहित्य और समीक्षा, डॉ. सियारामशरण प्रसाद, पृष्ठ 166 साहित्य प्रकाशन दिल्ली 1960
14. वही, पृष्ठ 167
15. वही, पृष्ठ 167
16. वही, पृष्ठ 29
17. झाँसी की रानी लक्ष्मीबाई, वृन्दावनलाल वर्मा, पृष्ठ 63
18. वही, पृष्ठ 64-65
19. वही, पृष्ठ 66
20. वही, पृष्ठ 67
21. वही, पृष्ठ 69
22. वृन्दावनलाल वर्मा साहित्य और समीक्षा, सियारामशरण प्रसाद, पृष्ठ 169
23. वही, पृष्ठ 170

24. झाँसी की रानी पृष्ठ 60
25. वही, पृष्ठ 170
26. वही, पृष्ठ 62
27. वही, पृष्ठ 122
28. वृन्दावनलाल वर्मा : साहित्य और समीक्षा, पृष्ठ 173
29. झाँसी की रानी, पृष्ठ 14
30. वही, पृष्ठ 30
31. वही, पृष्ठ 30
32. वही, पृष्ठ 49
33. वही, पृष्ठ 62
34. वही, पृष्ठ 63
35. वही, पृष्ठ 63
36. वही, पृष्ठ 64
37. वही, पृष्ठ 65
38. वही, पृष्ठ 65
39. वही, पृष्ठ 69
40. वही, पृष्ठ 70
41. वही, पृष्ठ 70
42. वही, पृष्ठ 47
43. वही, पृष्ठ 28
44. वही, पृष्ठ 37
45. वही, पृष्ठ 39
46. वही, पृष्ठ 39
47. वही, पृष्ठ 40
48. वही, पृष्ठ 40
49. वही, पृष्ठ 41
50. वही, पृष्ठ 85
51. वही, पृष्ठ 99
52. वही, पृष्ठ 101
53. वही, पृष्ठ 101
54. वही, पृष्ठ 339 परिशिष्ट।
55. वही, पृष्ठ 339
56. झाँसी की रानी, महाश्वेता देवी, हिन्दी अनुवाद, पृष्ठ 33
57. वही, पृष्ठ 33
58. वही, पृष्ठ 34
59. वही, पृष्ठ 52
60. वही, पृष्ठ 52
61. वही, पृष्ठ 53
62. वही, पृष्ठ 54
63. वही, पृष्ठ 55
64. वही, पृष्ठ 57
65. वही, पृष्ठ 57

66. वही, पृष्ठ 59
67. वही, पृष्ठ 59
68. वही, पृष्ठ 71
69. वही, पृष्ठ 86
70. वही, पृष्ठ 86
71. वही, पृष्ठ 93
72. वही, पृष्ठ 96
73. वही, पृष्ठ 101
74. वही, पृष्ठ 112
75. वही, पृष्ठ 121
76. वही, पृष्ठ 122
77. वही, पृष्ठ 129
78. वही, पृष्ठ 141
79. वही, पृष्ठ 168
80. वही, पृष्ठ 169
81. वही, पृष्ठ 202
82. वही, पृष्ठ 210
83. वही, पृष्ठ 211
84. वही, पृष्ठ 58
85. वही, पृष्ठ 58
86. वही, पृष्ठ 58
87. वही, पृष्ठ 58
88. वही, पृष्ठ 58
89. वही, पृष्ठ 60
90. वही, पृष्ठ 65
91. वही, पृष्ठ 68
92. वही, पृष्ठ 112
93. वही, पृष्ठ 234
94. वही, पृष्ठ 245
95. वही, पृष्ठ 265
96. वही, पृष्ठ 270
97. वही, पृष्ठ 27
98. वही, पृष्ठ 276
99. वही, पृष्ठ 277
100. वही, पृष्ठ 284

अध्याय-5

संवाद-शिल्प

उपन्यासों में चरित्रों का निर्माण बहुत बड़ी बात होती है। ऐसे पात्र जो अमर हों, लोक जीवन में धँसे हों, जिन्हें पाठक कभी भूले नहीं, जो उसकी स्मृति में सदा उमड़ते-घुमड़ते रहें। पर ऐतिहासिक उपन्यासों में यह प्रक्रिया उलट जाती है। वहाँ उपन्यासकार को पात्र चुनने नहीं पड़ते हैं, इतिहास पहले से ही पात्रों को प्रस्तुत कर देता है। लेखक को इतिहास के पात्रों को, तथ्यों, दलील-दस्तावेजों के जमघट में खोए पात्रों को हाड़-मांस का बनाकर प्रस्तुत करना पड़ता है। इस प्रस्तुतिकरण में एक ओर तो उसे इतिहास के सम्भावित सच को खोजना पड़ता है, दूसरे अपनी कल्पना को इतिहास की संगति में बनाए रखना पड़ता है। इतिहास में तथ्य होते हैं, किस पात्र ने वास्तव में क्या कहा, उसने क्या कहा होगा, इस स्थिति में उसका वक्तव्य क्या हो सकता है, इसकी उसे कल्पना करनी पड़ती है। इतिहास की सम्भावना और कल्पना की पृष्ठभूमि पर ऐतिहासिक उपन्यासों के कथोपकथन तत्त्व का निर्माण होता है।

उपन्यासों में कथोपकथन उसके प्राण होते हैं। कथोपकथन यद्यपि नाटकों का प्रधान उपजीव्य होता है पर बातचीत के बिना उपन्यास का न तो घटनाचक्र विकसित हो सकता है, न पात्रों के चरित्र का विकास और न लेखक के उद्‌देश्य की अभिव्यक्ति। समीक्षकों ने कथोपकथन के महत्त्व, उसके कार्य, उसके लक्षणों पर विस्तार से विचार कर उसकी जीवन्तता, उसकी संगति के कुछ सूत्र निर्धारित किए हैं।

इस सन्दर्भ में यह कथन विचारणीय है : संवाद या कथोपकथन का चरित्र चित्रण में बहुत महत्त्व है। पात्रों की बातचीत के द्वारा ही हम उनसे भलीभाँति परिचित होते हैं। वर्णन के द्वारा उनके सूक्ष्म मनोभाव, प्रतिक्रियाएँ, संकल्प-विकल्प, विचार और वितर्क आदि का यथातथ्य और प्रभावशाली चित्र नहीं दिया जा सकता। संवाद पात्रों को सजीव बना देते हैं, तथा कथानक में नाटकीयता का समावेश करके उसके प्रभाव को तीव्र कर देते हैं। कभी-कभी किसी पात्र के मुख से निकला हुआ एक शब्द भी समस्त उपन्यास में गूँजता सुनाई देता है। इसी कथन में संवादों की विशेषताओं को संकेतित करते हुए कहा गया है—संवाद के द्वारा कथावस्तु का विकास और पात्रों का चरित्र-चित्रण अभीष्ट होता है, अतः उपन्यास में इन्हीं उद्‌देश्यों की पूर्ति के लिए उसका उपयोग होना चाहिए। उसमें देश-काल पात्र के अनुकूल स्वाभाविकता, मनोविज्ञान की उपयुक्तता और उपन्यास की रोचकता और आकर्षण

को बढ़ाने वाली अभिनयात्मकता और सरसता आवश्यक है।[1] कथोपकथन कथा साहित्य और नाटक का प्रमुख तत्त्व होता है, जो पात्रों को जीवन्त रूप में स्थित करते हुए उनकी प्रकृति को प्रत्यक्ष रूप में प्रकट करता है। यहाँ यह ध्यातव्य है कि यदि किसी उपन्यास या कहानी में संवादात्मकता की प्रधानता होती है, तो उसमें नाटकीयता का आधान हो जाता है और अगर कोई कथाकार नाटककार भी हुआ तब उसमें नाटकीय विधा की विशेषताओं का संक्रमण होना लाजिमी है। हम आगे चलकर देखेंगे कि महाश्वेता देवी की तुलना में बाबू वृन्दावनलाल लाल वर्मा के उपन्यासों में संवाद तत्त्व की प्रधानता ही नहीं अतिशयता भी है।

कथोपकथन की एक विशेषता की ओर इंगित करना बहुत जरूरी है। कथोपकथन केवल कुछ शब्द बंधों, वाक्य बंधों तक ही सीमित नहीं होता। इसके अस्तित्व का प्रसार पात्रों के स्वराघात, लहजे, लय और प्रवाह, शैली, अनुरंजकता और अलंकरण सभी के सम्मिलित रूप तक होता है।[2] कथोपकथनों के द्वारा ही विभिन्न पात्रों में एक-दूसरे के विरुद्ध सन्तुलन पैदा होता है तथा प्रत्येक के चरित्र-चित्रण में परिपूर्णता आती है। यह सही है कि साहित्य में प्रयुक्त वार्तालाप शब्दशः जीवन से नहीं लिया जाता, परन्तु वह कार्य-व्यापार को वास्तविकता अवश्य प्रदान करता है। कथोपकथन में वर्तमान काल का प्रयोग होता है, जिसके कारण कार्य अत्यन्त निकट, आँखों के सामने तीव्र गति और गहनता के साथ घटित होता हुआ जान पड़ता है।[3]

कथावस्तु को आगे बढ़ाना और पात्रों के चरित्र को व्यक्त करना कथोपकथन के यही दो मुख्य काम बताए जाते हैं। आचार्य क्षेमचन्द्र सुमन का कहना है : उपन्यास के पात्र जिस पारस्परिक वार्तालाप द्वारा कथावस्तु को आगे बढ़ाते हैं, अपने चरित्र को प्रकाशित करते हैं, उसे कथोपकथन द्वारा गतिशीलता प्रदान की जाती है और बहुत-सी नवीन घटनाओं का उससे प्रादुर्भाव भी होता है। दो परस्पर-विरोधी विचारों के संघर्ष से कोई भी घटना घटित हो सकती है जो वार्तालाप द्वारा मुखरित होती है। इससे द्वन्द्व की स्थिति बनकर घटनाक्रम को मोड़ देने के साथ-साथ पाठकों में एक उत्सुकता और सकते का भाव पैदा होता है, एक चौंकाने का, संशय में पड़ने का। परस्पर टकराने वाले वार्तालाप उपन्यास में एक नाटकीयता और आकर्षण पैदा कर देते हैं।

कथोपकथन से पात्रों की आन्तरिक मनोवृत्तियों का प्रकाशन होता है इसका उल्लेख पीछे किया जा चुका है, पर इसी सन्दर्भ में यह बात उल्लेखनीय है कि किसी भी पात्र का चरित्र उद्घाटन तभी पूर्ण हो सकता है जब या तो उसके शत्रु उसकी प्रशंसा करें अथवा वह स्वयं अपने वार्तालाप द्वारा अपने भावों की अभिव्यक्ति करे। कथोपकथन कैसे होने चाहिए इस पर भी समीक्षकों ने विचार किया है और उसके कुछ अविभाज्य गुणों को बताया है।[4]

कथोपकथन पात्रों की बौद्धिक और मानसिक स्थिति के अनुकूल होने के अलावा सरल, सुबोध और मनोहर होना चाहिए। कथावस्तु में कभी ऐसी बातचीत का प्रवेश नहीं होना चाहिए जो उससे सर्वथा असम्बद्ध हो। इससे कथाप्रवाह में अवरोध उत्पन्न होता है। कथोपकथन नाटकीय और स्वाभाविक होना चाहिए। कथोपकथन की भाषा पात्रों के स्तर के अनुकूल होने से उसकी स्वाभाविकता और सच्चाई बढ़ जाती है। गम्भीर दार्शनिक समस्याओं के विश्लेषण के लिए गम्भीर पात्रों की रचना और उनकी भाषा भी गम्भीर

होनी चाहिए। ऐसे संवादों में स्पष्टता बहुत जरूरी है। इसके अलावा संवादों में स्वाभाविकता, सजीवता, सरलता, रोचकता, प्रसंगानुकूलता, सार्थकता, संक्षिप्तता आदि गुण होने चाहिए।[5]

वृन्दावनलाल वर्मा का संवाद-शिल्प

यह सर्वविदित है कि वृन्दावनलाल वर्मा को अपनी भूमि बुन्देलखण्ड से विशेष अनुराग था। इसलिए उन्होंने अपने उपन्यासों में इस भूमि की प्रकृति, इसकी संस्कृति, इसकी भाषा को विशेष तरजीह दी। इससे उनके कथोपकथन भी प्रभावित हैं। उनके पात्रों की बोली-बानी पर बुन्देली के लहजे और उसके ठेठपन का गहरा प्रभाव परिलक्षित होता है। कथोपकथन की दृष्टि से वर्मा जी की एक विशेषता और लक्षित करने योग्य है कि वे जितने अच्छे उपन्यासकार थे उतने ही अच्छे नाटककार भी थे। उनके ऐतिहासिक, सामाजिक नाटकों को मिलाकर उनकी संख्या अठारह है और उनके एकांकी नाटकों के भी तीन संग्रह निकले थे। इस बात का उल्लेख यहाँ इस दृष्टि से किया गया है कि वर्मा जी के उपन्यासों के कथोपकथनों पर उनकी नाट्यकला का प्रभाव है अथवा ऐसा कहा जाना चाहिए कि उनके उपन्यासों में नाट्य विधा का संक्रमण हुआ है। वे नाटकीयता से भाराकान्त तो नहीं हैं किन्तु नाटकीयता से युक्त जरूर हैं और इससे उनके पात्रों के चरित्रांकन में कलात्मकता की मात्रा बढ़ गई है और पात्र भी जीवन की चलती-फिरती, सजीव तस्वीरों से लगते हैं। उनके वार्तालाप उन्हें मनुष्योचित गरिमा से युक्त करते हैं।

कथावस्तु के विकास में सहायक संवाद

यह संकेत किया जा चुका है कि वृन्दावनलाल वर्मा उपन्यासकार के साथ-साथ एक नाटककार भी थे। इसलिए उनके उपन्यासों में संवादों की बहुलता परिलक्षित होती है। क्या कथावस्तु के विकास, क्या भावी घटनाओं का आभास देकर घटनाक्रम को तीव्र करने वाले संवादों की उनमें भरमार है। उन्होंने संवादों के सहारे ही अपने घटना-क्रम को गतिशील बनाया है। इससे कथा व वस्तु की रोचकता और उत्सुकता में वृद्धि तो होती ही है, उसमें स्वाभाविकता भी आ जाती है। मोरोपन्त ने जब मनु से कहा कि तेरे भाग्य में हाथी नहीं बदे हैं तब मनु कहती है, मेरे भाग्य में एक नहीं दस हाथी लिखे है (झाँसी की रानी, पृष्ठ 24)। यह कथोपकथन यह संकेत देता है कि भविष्य में मनु रानी बनेंगी जहाँ उसके अधिकार में कई हाथी-घोड़े होंगे। इस संवाद से लेखक भावी घटना के सम्बन्ध में सूचना देता है।

झाँसी की रानी के कथानक का विकास अधिकतर संवादों के माध्यम से होता है। अतीत में हुई घटनाओं की सूचना और भावी घटनाओं का आभास भी संवादों से ही होता है। मनु के यह पूछने पर कि अब क्या हो गया है? बाजीराव उत्तर देते हैं कि कभी झाँसी का राज्य हमारे अधिकार में था, वहाँ के राजा हमारे सूबेदार थे, पर अब उस पर अंग्रेजों का अधिकार हो गया है। इससे यह सूचना मिलती है कि पहले कभी झाँसी राज्य पर बाजीराव का अधिकार था। मनु के यह कहने पर कि क्या झाँसी हमें फिर नहीं मिल सकती है? उस संवाद में झाँसी की रानी बनने पर लक्ष्मीबाई की उस उक्ति का आभास मिलता है जिसमें वह कहती है कि मैं अपनी झाँसी नहीं दूँगी।

मोरोपन्त मनु की जन्म-पत्री देकर तात्या से उसके लिए किसी अच्छे वर को ढूँढ़ने की बात करते हैं। तात्या दीक्षित जन्म-पत्री देखकर कहते हैं : ऐसी जन्म-पत्री मैंने कदाचित ही पहले कभी देखी हो। इसको कहीं की रानी होना चाहिए (वही, पृष्ठ 27)। आगे मनु की बातें सुनकर तथा उसका तेजस्वी चेहरा देखकर तात्या दीक्षित ने भविष्यवाणी की : 'यह किसी राज्य की रानी होगी।' इन दोनों संवादों से मनु का विवाह किसी राजा से होगा इसका आभास तथा उसके विवाह की भावी घटना की सूचना के साथ घटनाचक्र का विकास होता है, जिसकी परिणति मनु के विवाह में होती है।

तात्या दीक्षित और गंगाधर राव के बीच आगे चलकर जो संवाद होता है उससे इस घटनाक्रम को गति मिलती है कि मनु का विवाह गंगाधर राव से हो जाएगा।[4] (झाँसी की रानी, वृन्दावनलाल वर्मा, पृष्ठ 32) आगे जो घटित होने वाला है उसकी पृष्ठभूमि वृन्दावनलाल वर्मा बड़ी सतर्कता से पहले से ही बनाते चलते हैं और ऐसा करने में वे संवादों से ही सहायता लेते हैं। जैसे आगे चलकर झाँसी की रानी और अंग्रेजी सेना का भारी युद्ध होता है, रानी उसमें सक्रिय भूमिका अदा करती है, नेतृत्व भी ग्रहण करती है। इसकी भूमिका उसके कथोपकथनों से पहले लेखक तैयार करते हुए चलता है।

नाना के यह कहने पर कि अब तो सब तरफ अंग्रेजों का चरचराटा है। मनु हँसकर बोली, 'नाना साहब को कदाचित् विश्वास नहीं होता कि अंग्रेज भी हराए जा सकते हैं।' (वही, पृष्ठ 33)

नारायण शास्त्री और छोटी के मध्य चलने वाले प्रेम-प्रसंग की जानकारी पजनेस और शास्त्री तथा छोटी के कथोपकथनों से ही पाठकों को पता चलती है। पूरा घटनाक्रम कथोपकथनों से बुना गया है।

आगे चलकर रानी स्त्रियों की एक सेना तैयार करती है किन्तु इसकी झलक सुन्दर, मुन्दर, काशी से हुए उसके वार्तालाप से मिल जाती है। रानी बोली, 'मेरे साथ जो रहना चाहे उसको घोड़े की सवारी अच्छी तरह आनी चाहिए। तलवार, बन्दूक, बरछी, छुरी-कटार, तीर-तमंचा इत्यादि का चलाना, अच्छी तरह चलाना सीखना पड़ेगा।' (वही, पृष्ठ 52)

धीरे-धीरे अंग्रेजों का शिकंजा झाँसी पर किस प्रकार कसता गया इसकी सूचना भी गार्डन और राजा गंगाधर राव के बीच हुए संवाद से मिलती है। गंगाधर राव बोले, 'साहब जनता पर मेरी धाक होनी चाहिए, न कि मेरे अफसरों की। वह राज्य भी बहुत समय तक नहीं टिक सकता जो कर्मचारियों और पुलिस की धाक पर आश्रित हो।' गार्डन बोला, 'अनियमित सत्ता बहुत बुरी चीज है।' फिर वह आगे बोला, 'चाहे कोई भी राजा या नबाब हो, गवर्नर जनरल साहब किसी को इस तरह का उद्दंड व्यवहार नहीं करने देंगे।' (वही, पृष्ठ 69) गार्डन के इसी कथन से अंग्रेजों की रीति-नीति और आगे झाँसी अधिग्रहण के घटना-चक्र का पता चल जाता है।

पंचायतें समाप्त कर नई अदालतों की स्थापना जैसी घटना की सूचना भी गार्डन और राजा के संवादों से मिलती है।

गंगाधर राव ने दामोदर राव को गोद लिया था। इसके पहले गोदनामे को लेकर गार्डन और गंगाधर राव में जो कथोपकथन होता है उससे साफ जाहिर होता है कि अगर कम्पनी

सरकार के अधीन कोई छोटा राज्य किसी को गोद लेता है तो वह ऐसा गवर्नर जनरल की अनुमति के बिना नहीं कर सकता। गार्डन के कथन से यह आभास हो जाता है कि आगे गंगाधर राव का गोदनामा निरस्त कर दिया जाएगा और झाँसी राज्य का अधिग्रहण हो जाएगा। इतनी बड़ी घटना जिसने अंग्रेजों के खिलाफ रानी को खड़ा कर दिया और उसके दमन के लिए ह्यूरोज जैसे जनरल को बुलाना पड़ा, उसका संकेत गार्डन की उक्ति से मिल जाता है।

गंगाधर राव : हमारे धर्म में विधान है कि यदि स पुत्र पिंडदान देने के लिए न हो तो दत्तक पुत्र ठीक और स पुत्र की तरह पिंडदान दे सकता है। आप लोग क्या राजाओं को इससे वंचित करना चाहते हैं?

गार्डन : नहीं सरकार। बड़ी रियासतों को यह अधिकार दे दिया गया है। परन्तु जो रियासतें कम्पनी सरकार की अधीन है, उनमें गोदी गवर्नर जनरल की स्वीकृति के बिना नहीं ली जा सकती। यदि ली जाए तो गोद लिए लड़के को राजगद्दी का अधिकारी नहीं माना जा सकता। वह राजा की निजी सम्पत्ति अवश्य पा सकता है और पिंडदान मजे में दे सकता है। (वही, पृष्ठ 79)

पूरे देश की स्थिति क्या है, अंग्रेजों की नीति किस प्रकार देशी रियासतों को डसती चली जा रही है इसकी सूचना तात्या और रानी के संवादों से मिलती है और इन संवादों से अंग्रेजों के खिलाफ एक वातावरण बनता जाता है। ये संवाद इसके सूचक हैं और आगे क्या होने वाला है इसके संकेतक हैं। (वही, पृष्ठ 85) गंगाधर राव की मृत्यु के बाद शोक व्यक्त करने के लिए तात्या फिर झाँसी आकर रानी से मिलता है। रानी और उसकी जो बातचीत होती है उससे पूरे हिन्दुस्तान के घटना-चक्र का पता चलता है और आगे रानी क्या करने वाली है इसका भी आभास मिलता है।

ग्वालियर, इन्दौर, पंजाब, हैदराबाद, लखनऊ, अवध इन सब क्षेत्रों की हालत का पता तात्या की बातचीत से लगाया जा सकता है। (वही, पृष्ठ 100-101)

पूरे देश का चक्कर लगाकर तात्या फिर झाँसी आकर मिला और उसकी लम्बी बातचीत से पूरे देश की हालत, उसके घटना-चक्र का पता चलता है। इस वार्तालाप को रपट या प्रतिवेदन कहना चाहिए। इस वार्तालाप को दीर्घ वार्तालाप की संज्ञा दी जा सकती है। यह भाषण तो नहीं है क्योंकि किसी एक पात्र को पूरी जानकारी दी जा रही है, यह समूह को सम्बोधन नहीं है।

बातचीत की सहजता बनाए रखने के लिए बीच में रानी कहती है, 'तात्या तुम बहुत चतुर हो। अपनी वार्ता सुनाते जाओ मैं ध्यान दिए हूँ।' (वही, पृष्ठ 130)

कथोपकथन की यह विशेषता होती है कि वह दो के बीच का संवाद होता है। नहीं तो वह एकालाप-सा बन जाता है।

तात्या को रानी सचेत करती हुई जो निर्देश देती है उससे उसकी युद्ध की तैयारी, भावी योजना और घटनाक्रम कौन-सा रूप ग्रहण करेगा इसका आभास मिलता है। वह तात्या को निर्देश देती हुई कहती है, 'तात्या अभी कुछ विलम्ब और है। तब तक महत्त्वपूर्ण स्थानों के भूगोल का बारीकी के साथ अध्ययन कर लो। कहाँ, किस प्रकार जाया जा सकता है और अपने अभीष्ट स्थान पर किस प्रकार शत्रु को एकत्र करके लड़ाई के लिए विवश किया

जा सकता है।' रानी के इस पूरे कथन से युद्ध की तैयारी और आगे क्या घट सकता है इसका पूरा आभास मिलता है।

सागर सिंह राज्य में अराजकता फैलाए था। उसके दमन के लिए रानी ने खुदाबख्श के नेतृत्व में एक टुकड़ी भेजी थी। घटनाक्रम कैसा रहा इसकी सूचना इस कथोपकथन से मिलती है—समाचार वाहक ने कहा : सरकार, रावली के बागियों से सरदार खुदाबख्श की लड़ाई हुई। वे घायल हो गए हैं। सात सिपाही भी घायल हुए हैं। सरदार को तलवार के घाव लगे हैं और सिपाहियों को गोलियों के। भगवान की कृपा से मरा कोई नहीं है और न किसी के लिए इस तरह का कोई भय है। सागर सिंह भाग गया है। लड़ाई रावली में सागर सिंह के घर पर हुई थी। (वही, पृष्ठ 194) यह बीती घटना की सूचना देने वाला संवाद है। इससे रानी को आगे क्या करना चाहिए उसके निर्णय में सहूलियत होती है। अर्थात एक घटना दूसरी घटना को जन्म देती है।

चरित्र का उद्‌घाटन करने वाले संवाद

चरित्र-चित्रण की दो प्रणालियाँ होती हैं। एक प्रत्यक्ष प्रणाली दूसरी परोक्ष प्रणाली। इन दोनों में परोक्ष प्रणाली सबसे अच्छी समझी जाती है। इस प्रणाली में पात्र अपने संवादों द्वारा या तो अपने चरित्र पर प्रकाश डालता है या अन्य पात्र के। 'झाँसी की रानी' उपन्यास में लेखक ने पात्रों के चरित्रांकन के लिए प्रत्यक्ष के साथ परोक्ष प्रणाली का सहारा अधिक लिया है। प्रारम्भ से ही पात्रों के कथोपकथन अपने चरित्र का उद्‌घाटन स्वयं कर देते हैं। यह कहा जा चुका है कि वृन्दावनलाल वर्मा उपन्यासकार की तरह एक नाटककार भी हैं इसलिए उनके उपन्यासों में संवादों की प्रधानता है। यहाँ तक कि कहीं-कहीं ऐसा लगता है जैसे वे उपन्यास नहीं किसी नाटक में संवादों की रचना कर रहे हैं।

'झाँसी की रानी' के प्रमुख पात्रों के संवादों से ही उनके स्वभाव, प्रकृति, उनके आदर्श, उनके व्यक्तित्व की विशेषताओं का पता चलता है।

नाना धोंधू पन्त के व्यक्तिव पर मनु का यह कथन प्रकाश डालता है : मनु हँस पड़ी... बोली, 'तुम कहते थे बाजी प्रभु देशपांडे की कीर्ति से बढ़कर कीर्ति कमाऊँगा, नानाजी मालसुरे को पछाड़ूँगा, स्वर्गवासी छत्रपति शिवाजी को अपने कृत्यों से फड़का दूँगा, श्रीमन्त पन्त प्रधान प्रथम बाजीराव की बराबरी करूँगा...।'

इस कथन से नाना के चरित्र का सिर्फ बातों में आदर्श का सपना देखने का स्वभाव व्यक्त होता है क्योंकि आगे चलकर वे इस आदर्श पर खरे नहीं उतरते हैं।

इसी प्रकार बाजीराव द्वितीय के इस कथन से रानी की चपलता और वाचाल स्वभाव पर प्रकाश पड़ता है कि तेरी चपलता न जाने कब कम होगी ? यह सब क्या बके जा रही है ? पर आगे मनु जो कहती है उससे अपनी बात पर अटल रहना और किसी भी तरह न दबना उसके स्वभाव की इन दो विशेषताओं का उद्‌घाटन होता है।

मनु कहती है, 'इसको दादा आप बकना कहते हैं ? आप ही हम लोगों को यह सब छुटपन से सुनाते आए हैं। मैं उसी को दुहरा रही हूँ। अब आप इसे बकवास समझने लगे हैं। यह क्यों दादा ?' (वही, पृष्ठ 22)

इस कथन से मनु को बचपन से ही शौर्य की शिक्षा मिली थी इस तथ्य का पता चलता है। दूसरे, उसने बचपन में इतिहास के वीर पुरुषों के चरित्र से जो शिक्षा ग्रहण की थी उस पर वह अटल थी, आगे चलकर उसने अपने जीवन से यह सिद्ध कर दिया इसका पता चलता है।

किन्तु उसके इस कथन से बाजीराव द्वितीय की विचारधारा और आदर्श में समय को देखते हुए जो परिवर्तन हो गया था उसका भी पता चलता है। इसकी पुष्टि स्वयं बाजीराव के कथन से हो जाती है।

मनु को वे उत्तर देते हैं, 'बेटी, क्या आज उन बातों के स्मरण से जीवन को चलाने का समय रहा है? महाभारत की कथाएँ सुनो और अपने पुरखों की बातें सुनो। अच्छी-भली बनो। मन बहलाओ और जीवन को पवित्र सुख से सुखी बनाओ।'

बाजीराव द्वितीय का जीवन ऐसा ही था। उन्होंने रानी को भी बचपन में यही शिक्षा दी थी कि समय देखकर चलो। अगर रानी उनकी यह बात मानती तो आज इतिहास में उसका नाम न होता। इसकी पुष्टि उसके अगले कथन से होती है, 'क्या हम लोगों को अब सोकर, खाकर ही जीवन बिताना सिखलाइएगा, दादा।' (वही, पृष्ठ 22) मनु के इस कथन से उसके चरित्र की यह विशेषता उजागर होती है कि मनुष्य का जन्म सिर्फ खाने-पीने के लिए नहीं किसी आदर्श के प्रति समर्पित होने के लिए मिला है।

बचपन से ही मनु में गजब का आत्मविश्वास था। यह उसके इस कथन से पुष्ट होता है, 'मेरे भाग्य में एक नहीं, दस हाथी लिखे हैं।' (वही, पृष्ठ 24)

मनु का विश्वास खुद अपना भाग्य बनाने में था। इसकी पुष्टि उसके इस कथन से होती है, 'क्या भाग्य में शूरवीर होना लिखा रहता है? अगर ऐसा है तो अनेक सिंह सियार होते होंगे और अनेक सियार सिंह।' (वही, पृष्ठ 25)

गंगाधार राव ललित कलाओं विशेषकर नाट्य कला में निष्णात थे। उन्हें अभिनय कला का बड़ा गहरा ज्ञान था। इसकी पुष्टि उनके इस कथन से होती है, 'जिस भूमिका का अभिनय करना हो उसके चरित्र को कभी न भूलो। अभिनय सफल तभी कहलाएगा जब पात्र अपने को तो बिलकुल भूल जाए, परन्तु अपनी भूमिका की एक-एक रेखा को अच्छी तरह स्मरण रखे। उसमें तन्मय हो जाए। मैंने पहले भी बतलाया है। समझीं?' (वही, पृष्ठ 16)

गंगाधर राव को स्त्रियों का बाहर निकलना, घुड़सवारी आदि करना पसन्द नहीं था। इसीलिए वे रानी से कहते हैं, 'व्यर्थ है। घर का ही इतना काफी काम स्त्रियों के लिए संसार में है कि उनको घुड़सवारी आदि की ओर खींच ले जाना फूहड़ बनाना है।' (वही, पृष्ठ 60)

पर स्त्रियों के नाचने, गाने को वे अच्छा समझते थे। इससे उनके रसिक स्वभाव का पता चलता है : अकेले में सभी स्त्रियाँ नाचती-गाती हैं। परन्तु यदि वे इन विद्याओं को ढंग से सीखें तो शरीर और मन दोनों के लिए काफी कसरत पा सकती हैं। (वही, पृष्ठ 60)

गंगाधर राव का स्वभाव अपने धर्म, अपने राज्य, अपने अधिकारों तथा अपनी पंचायत व्यवस्था पर गर्व करने वाला था। उनके चरित्र की ये विशेषताएँ गार्डन और उनके बीच हुए लम्बे संवाद से व्यक्त होती हैं। (वही, पृष्ठ 68-69)

विश्वासघाती व्यक्ति किस प्रकार अपने निजी स्वार्थ से प्रेरित होकर दुश्मन से मिल जाता है और इतिहास की उस प्रक्रिया को उलट देता है जिसके चलते इतिहास की दिशा बदल जाती है और देश को दासता का दंश झेलना पड़ता है। इसके प्रतीक दो पात्र हैं, एक अली बहादुर, दूसरा पीर अली और इन्हीं के प्रभाव से दूल्हा जू भी वैसा ही बन गया। इसका संकेत चरित्रांकन वाले अध्याय में किया जा चुका है। अली बहादुर और पीर अली किस प्रकार अंग्रेजों के लिए जासूसी करने लगे हैं, किस खुदाबख्श को भड़काते हैं इसका विस्तृत ब्योरा बहादुर और खुदाबख्श तथा पीर अली और हाट-बाजार के दुकानदारों की बातचीत से चलता है। (वही, पृष्ठ 105 तथा 108-109)

लेकिन पीर अली को दुकानदारों की जो टिप्पणियाँ सुनने को मिलती हैं उससे अंग्रेजों की रीति-नीति, उनके नये कानून और उनका अगला लक्ष्य क्या है इसकी व्यापक जानकारी मिलती है। यह पूरी जानकारी कथोपकथनों के माध्यम से मिलने के कारण अत्यन्त सहज और स्वाभाविक है जिससे जनता के चित्त का पता चलता है। इन कथोपकथनों के कुछ अंश इस प्रकार है : 'अंगरेजन ने नए-नए कानून निकारे हैं।' 'तौ का ऐसे कानून चल जैं हैं?'

'वे तौ बात-बात में कानून बरसाउत। अर्जी दो, टिकट लगाओ, पंचायतम खौं चूल्हे में डारौ। गोरन के बँगलन पै मारे-मारे फिरौ, हाजिरी दे ओं।' (वही, पृष्ठ 107)

इन कथोपकथनों से जनता के भारी असन्तोष का पता चलता है। इन्हीं बातों को नमक-मिर्च मिलाकर पीर अली अंग्रेजों तक पहुँचाता रहता था जिससे अंग्रेज सतर्क हो जाते थे।

अली बहादुर खुदाबख्श को रानी के खिलाफ भड़का कर अंग्रेजों को लिखित अर्जी दिलवाकर उससे अपना काम निकालना चाहते थे किन्तु मोती बाई इसके लिए तैयार न होकर अपनी बात सीधे रानी से कहती है और खुदाबख्श तथा अपनी समस्या सुलझाकर रानी के प्रति अपनी वफादारी का परिचय देती है। इससे उसके चरित्र की दृढ़ता और झाँसी के प्रति उसकी भक्ति का पता चलता है। यह सब खुदाबख्श और अली बहादुर के बीच जो कथोपकथन हुआ उससे विदित हो जाता है।

जब गार्डन झाँसी का जायजा लेने बाजार में घूम रहा था उस समय उसे देखकर झलकारी और उसके साथ की अन्य स्त्री से जो वार्तालाप होता है उससे झलकारी की अंग्रेजों के प्रति घृणा और अपने नारी होने के प्रति निष्ठा, वीरता और दृढ़ता का पता चलता है।

झलकारी ग्रामीण महिला होते हुए भी समझदार थी। वह अंग्रेजों की रीति-नीति से परिचित थी। 'कायरी ऊनो तोरो का ले लऔ?'

'हमाओ कछू लैवे खों आय तब पसुरियाँ टोर कें धर दैओं पै बैना का इन गोरन खों जानती नइयाँ? झाँसी खों गुटकन चाउत।' 'हमाई रानी न गुटकन दे है।'

'ए, रानी का है छाच्छात दुर्गा है। ऐसी प्यारी लगत मोये तो ऊ दिन हरदी-कूँ कूँ में गरे सें लगा लऔ तो। मैं तो ऊ पै अपने प्रान दे सकत।'

पीर अली और खुदाबख्श ने पान वाली दुकान पर सुना—'यह छोटा साहब कैसी अकड़ के साथ बाजार में होकर निकलता है।' 'इस समय इन लोगों का सितारा चमका है। कभी डूबेगा भी हिम्मतवालो।' दूसरा कहता है, 'हमारी फूट ने हमें खा लिया। नहीं

तो क्या मुगल, पठान, राजपूत, मराठा वगैरह के होते ये एक घड़ी भी हिन्दुस्तान में ठहर सकते थे?' (वही, पृष्ठ 109)

इन कथनों में से पहले कथन से झलकारी की रानी के प्रति भक्ति, अंग्रेजों से घृणा और दूसरे कथोपकथन से जनता में अंग्रेजों की नीति के प्रति क्रोध तथा भविष्य में कभी अंग्रेजों का सितारा डूबेगा इसका आभास मिलता है।

मोतीबाई, जूही, मुन्दर, सुन्दर, खुदाबख्श, गुलाम गौस, गुल मुहम्मद, मोरोपन्त इनके चरित्रों का पता इनके कथोपकथनों से चल जाता है।

कई कथोपकथन ऐसे हैं जिनसे झाँसी की रानी की रीति-नीति, उसकी भावी योजना का पता चल जाता है और कई कथोपकथन ऐसे हैं जिनसे अंग्रेजों की कूटनीति, छल-कपट और उनके कुटिल व्यवहार का पता चल जाता है।

तात्या और रानी का वार्तालाप चल रहा है। रानी बोली, 'टोपे, अभी समय नहीं आया है। घड़ा अपूर्ण है...अभी भरा नहीं है। हम लोगों के आपसी उपद्रवों ने जनता को त्रस्त कर दिया है। उसको थोड़ा साँस सन्देश, छत्रपति शिवाजी का पाला हुआ वह आदर्श, छत्रसाल का वह अनुशीलन अमर और अक्षय है।'

इस पर तात्या अधीर होकर बोला, 'महारानी साहब, ये बातें कान और हृदय को अच्छी मालूम होती हैं। पर हिन्दू और मुसलमान जनता तो अचेत-सी जान पड़ती है।'

इस पर रानी कहती है, 'जनता कभी अचेत नहीं होती। उसके नायक अचेत या भ्रममय हो जाते हैं।' इसके बाद रानी नाना को यह सन्देश देने को कहती है, 'अभी तो मुझे पूर्ण स्वस्थ होने में ही समय लगेगा, स्वस्थ होते ही अपने आदर्श के पालन में सचेष्ट होऊँगी। अपने आदर्श को कभी न भूलना...यह प्रयत्न की पहली और पक्की सीढ़ी है।' (वही, पृष्ठ 85)

इससे रानी की अपने आदर्श के प्रति आस्था और धीरज से स्वराज्य स्थापना के लिए प्रयत्न करते रहने का पता चलता है। दृढ़ रहना, धैर्यपूर्वक आगे बढ़ना और जनता को लेकर चलना यही उसकी नीति थी।

एलिस, डनलप और स्कीन तीनों में जो वार्तालाप होता है (वही, पृष्ठ 123) उससे अंग्रेजों की नीति का पता चलता है। स्कीन कहता है, 'यहाँ के बड़े लोगों को अपने पास बुलाते रहना चाहिए। वे लोग जन-समाज के मुखिया हैं। इनको हाथ में रखने से शासन में विघ्न-बाधा उपस्थित न होगी और जिन लोगों के मन में रियासत की भावनाओं का पक्षपात होगा, वे भी बिलकुल ढल जाएँगे।'

गार्डन, 'ठीक है। हम लोग उनको जागीरें नहीं दे सकते, लेकिन उपाधियाँ दे सकते हैं। वे उपाधियों को काफी बड़ा पुरस्कार समझेंगे।' (वही, पृष्ठ 123)

अंग्रेज पूरे व्यापारी थे इसलिए स्कीन अपनी नीति स्पष्ट करते हुए कहता है, 'व्यापार और रोजगार का अब बहुत अच्छा सुभीता हो गया है। यहाँ से लेकर बम्बई तक बेखटके माल आ-जा सकता है।' (वही 123)

'झाँसी की रानी' में कुछ कथोपकथन लेखक ने ऐसे दिए हैं जिन्होंने भाषण का रूप धारण कर लिया है। रानी के ऐसे कई कथोपकथन हैं जो समूह को सम्बोधित हैं और एक लम्बे भाषण के रूप में वह अपनी रीति-नीति, आदर्श सबके सामने रखती है।

झाँसी का अधिग्रहण हो चुका है। गोदनामा नामंजूर हो चुका है। एलिस ने झाँसी का 'अंग्रेजी बन्दोबस्त' आरम्भ कर दिया है। दीवान रानी को सब बातों की सूचना देकर अपने घर उदास चला गया। रानी के नित्य नियम में कोई अन्तर नहीं आया। इस समाचार से मुन्दर, सुन्दर और काशीबाई उनके पास आईं। तीनों बहुत दुखी थीं। मुन्दर सिसकने लगी, सुन्दर और काशी के नेत्र तरल हो गए। चंचल आँसुओं में होकर उन तीनों ने रानी के तेजस्वी रूप को देखा तो कई लक्ष्मीबाइयाँ, कई सतेज नेत्र दिखलाई पड़े। उन्होंने अपनी आँखें पोंछीं।

रानी ने यहाँ जो कुछ कहा वह एक लम्बा भाषण है जिसमें उसका आदर्श रूप झलक रहा है, 'ये आँसू बल का क्षय करेंगे। अभी तो अपने कार्य का आरम्भ नहीं हुआ है। सोचो जब छत्रपति के उपरान्त शम्भु जी मारे गए, साहू समाप्त, राजाराम गत, तब ताराबाई की गाँठ में क्या रह गया था? इतने बड़े मुगल सम्राट को ताराबाई कैसे परास्त कर सकी? उसने स्वराज्य की बागडोर को कैसे बढ़ाया? रो-रोकर? कपड़े और गहने फेंक-फेंक कर? भूखों मर-मर कर? और सोचो, जीजाजी बाई को पति का सुख नहीं मिला। उन्होंने छत्रपति को पाला। काहे के लिए? किस आशा से? गद्दी पर बिठलाने के लिए? उन्होंने क्या इतना तप, इतना त्याग अपने पुत्र को केवल हाथी की सवारी और नरम-नरम गद्दी पर विराजमान कराने के लिए किया था?' वे सहेलियाँ सचेत हुईं।

रानी कहती गई, 'हमको जो कुछ करना है, उसकी दिशा निश्चित है। मार्ग में विघ्न बाधाएँ तो आती ही हैं। खरीदे का स्वीकृत न होना केवल एक बाधा ही है। स्वीकृत हो जाता तो क्या हम केवल सो जाने के लिए जीवित रहतीं? भगवान कृष्ण की आज्ञा को याद रखो कि हमको केवल कर्म करने का अधिकार है। कर्म के फल का नहीं। देखो छत्रपति के उपरान्त जिन लोगों ने स्वराज्य के आदर्श को आगे बढ़ाया और उसकी जड़ें प्रबल बनाईं, वे बाधाओं का डटकर प्रतिशोध करते रहते थे। जिन लोगों की लालसा अपने लिए फलों की ओर गई, वे गिर गए और स्वराज्य की धारा धीमी पड़ गई। परन्तु, वह सूखी कभी नहीं।'

रानी ने आगे कहा, 'यदि हिन्दुस्तान में कोई भी उस पवित्र काम को अपने हाथ में न ले, तो भी मैंने अपने कृष्ण के सामने, अपनी आत्मा के भीतर उसका बीड़ा उठाया है। करूँगी और फिर करूँगी। चाहे मेरे पास खड़े होने के लिए हाथ-भर भूमि ही क्यों न रह जाए। मान लो कि मैं सफल न हो पाई, तो भी जिस स्वराज्य की धारा को आगे बढ़ा जाऊँगी, वह अक्षुण्ण रहेगी। उसी महावाक्य को याद रखो—हमको केवल कर्म करने का अधिकार है, फल का कभी नहीं।' (वही, पृष्ठ 116)

इसी तरह का एक लम्बा भाषण झाँसी प्रजाजनों और सम्भ्रान्त नागरिकों के सामने एलिस देता है : हमने अपना काम कप्तान गार्डन साहब बहादुर को सौंप दिया है। कमिश्नर साहब बहादुर भी हम लोगों को हुक्म दे गए हैं कि आप लोगों की और प्रजा की भलाई पर खूब ध्यान दिया जाए। आप लोगों का कुशल-क्षेम हम लोगों की चिन्ता का दिन-रात कारण होगा। खूब बेखटके रोजगार करिए। यहाँ से बम्बई तक अमन-चैन कायम है। आप अपने अपने धर्म का पालन दूसरों को नुकसान पहुँचाए बगैर, चाहे जैसा करिए, हमको उससे कोई सरोकार नहीं। (वही, पृष्ठ 125)

रानी का एक छोटा-सा भाषण वहाँ पर है जहाँ हल्दी कूँ-कूँ का उत्सव दुबारा मनाया जा रहा है। वहाँ उत्सव की चहल-पहल समाप्त होने के बाद स्त्रियाँ बारादरी में एकत्र होती हैं। वहाँ रानी कहती है, 'दो-चार दिन के भीतर ही अपनी झाँसी के ऊपर गोरों का प्रहार होने वाला है। तुममें से अनेक युद्धविद्या सीख गई हो। जो जिस कार्य को कर सके, वह उस कार्य को हाथ में ले। लड़ने वालों के पास गोला, बारूद, खाना, पानी इत्यादि ठीक समय पर पहुँचता रहना चाहिए। आवश्यकता पड़ने पर हथियार भी चलाना पड़ेगा। तुममें से कोई मेरी बहिन के बराबर हो, कोई माता के समान। अपने बाप की, अपने ससुर की, अपने पति की, अपने भाई की लाज तुम्हारे हाथ में है। ऐसे काम करना जिनसे पुरखों को कीर्ति मिले।' (वही, पृष्ठ 240)

कहीं-कहीं अन्तर्द्वन्द्व से उत्पन्न स्वगतालाप जैसा संवाद भी है। वसन्त पंचमी हो चुकी थी। फरवरी का महीना था। चाँदनी डूब चुकी थी। रात बिलकुल अँधेरी। रानी को नींद नहीं आ रही थी। खिड़की खुली हुई थी। रानी ने सोचा क्या ये लोग ईसाई बना लिए जाएँगे? ईसाई होने पर फिर क्या अपनी फागें गा सकेंगे? ईसाई आवागमन नहीं मानते, फिर मुक्ति का क्या अर्थ है, और गीता, रामायण इत्यादि का क्या होगा? क्या वेद-शास्त्र, गीता, पुराण, दर्शन, काव्य ये सब व्यर्थ हो जाएँगे? जला दिए जाएँगे?

रानी ने होंठ दबाया। नथुनों से भभक निकली। कदापि नहीं। कभी नहीं। मैं लड़ूँगी— उन गरीबों के गीतों की रक्षा के लिए, इन पुस्तकों के लिए और जो कुछ इनके भीतर लिखा है उसके लिए। ऋषियों का रक्त ऐसा हीन और क्षीण नहीं हो गया है कि उसकी सन्तान तपस्या न कर सके। कीड़ों-मकोड़ों की तरह यों ही विलीन हो जाए।

नहीं, कृष्ण अमर है गीता अक्षय है। हम लोग अमिट हैं। भगवान की दया से, शंकर के प्रताप से, मैं बतलाऊँगी कि अभी भारत में कितनी लौ शेष है। और यदि मैं इस प्रयत्न में मर गई तो क्या होगा? कोई दूसरा तपस्वी मुझसे अच्छा खड़ा हो जाएगा और इस भूमि का उद्धार करेगा। तपस्या का क्रम कभी खंडित नहीं होगा। (वही, पृष्ठ 171)

इसके बाद रानी लेट गई। यह उसका स्वगतालाप है जो उसकी अन्तर्भावना, उसकी स्पष्ट साफ दृष्टि, उसके त्याग व्यक्तित्व की आभा से दीप्त है।

वृन्दावनलाल वर्मा के कथोपकथनों की एक विशेषता है उनकी नाटकीयता, आरोह-अवरोह से युक्त होना, पात्र अपनी बात भाव-भंगिमा पूर्ण लहजे में कहते हैं। यह विशेषता उनके नाटककार होने के कारण उनके उपन्यासों में संक्रान्त हो गई है। इसे एक विधा में दूसरी विधा का संक्रमण भी कहा जा सकता है।

नबाब अली बहादुर किसी बहाने मोतीबाई को अपने यहाँ बुलाकर उससे रानी की गतिविधियाँ जानना चाहते हैं। विशेषकर खुदाबख्श को अपने हाथ में करना चाहते हैं। यह काम उन्होंने पीर अली को सौंपा। पीर अली उसके घर जाना चाहता था। पर जब वह अपने घर पहुँचा तो मोतीबाई उसके घर मौजूद थी। दोनों में हुई बातचीत नाटकीय संवाद का एक नमूना है। आवभगत के बाद उसने मोतीबाई से बातचीत की। मोतीबाई ने मधुर मुसकान के साथ फूल बिखरे, साड़ी का घूँघट खींचा, गरदन मोड़ी और बोली, 'मैं खुद आ गई। आप किसलिए कष्ट कर रहे थे?' (वही, पृष्ठ 142)

मोतीबाई अली बहादुर से मिलने गई। बातचीत का एक टुकड़ा द्रष्टव्य है, 'तुम्हारा गाना तो बाईजी, देवताओं को भी लुभा देगा,' अली बहादुर ने दाढ़ी पर हाथ फेरते हुए कहा। मोतीबाई मुसकराई। झेंप का अभिनय किया। फिर भोलेपन के साथ बोली, 'उन्होंने एक काम जरूर कम कर दिया है।' (वही, पृष्ठ 144)

आगे इसी क्रम में अली बहादुर मोतीबाई की तारीफ करने लगा। उसने सोचा—स्त्री को पराजित करना हो तो उसकी प्रशंसा करो। मोतीबाई पराजित-सी जान पड़ी। मुसकराकर, झेंपकर, सिमटकर उसने आँखों में मादकता उड़ेली, बोली, 'हुजूर ने यों ही बहुत तारीफ कर डाली।'

इसी का एक नमूना मोतीबाई और खुदाबख्श के संवाद से उद्धृत किया जा रहा है। मोतीबाई मुसकराई। आँख के कोने में एक मधुर कलोल हुई और बोली, 'अर्थात मैं आपकी कैद में रहूँ?' (वही, पृष्ठ 147)

मनु और नाना के संवाद की एक झलक द्रष्टव्य है। मनु हँस पड़ी। फिर दाईं ओर का ओठ थोड़ा-सा, बिलकुल जरा-सा दबाकर बोली, 'तुम कहते थे बाजी प्रभु देशपांडे की कीर्ति से बढ़कर कीर्ति कमाऊँगा।' (वही, पृष्ठ 22)। बाजीराव से बातचीत के समय भी ऐसा ही अभिनयात्मक संवाद देखने को मिलता है। मनु ने मुसकराकर होंठ जरा-सा दबाया, थोड़ी-सी त्योरी संकुचित की और बाजीराव के पास आकर बोली, 'क्या हम लोगों को सोकर, खाकर ही जीवन बिताना पड़ेगा?' (वही, पृष्ठ 22)

मोरोपन्त ने क्रुद्ध स्वर में मनु को डाँटा, 'तेरे भाग्य में हाथी नहीं लिखा है। क्यों व्यर्थ हठ करती है।' (वही, पृष्ठ 23)

मनु तिनक कर खड़ी हो गई। तमक कर कुछ कहना चाहती थी। एक क्षण होंठ नहीं खुले। मोरोपन्त ने शान्त करने के प्रयोजन से भरसक धीमे स्वर में परन्तु क्रोध के सिलसिले में कहा, 'सैकड़ों बार कहा कि समय देखकर चलना चाहिए।' (वही, पृष्ठ 23)

मनु चुनौती-सी देती हुई बोली, 'मेरे भाग्य में एक नहीं दस हाथी लिखे हैं।' (वही, पृष्ठ 24)

दरअसल वृन्दावनलाल वर्मा की 'झाँसी की रानी' नाटकीय संवादों का अजायबघर है। प्राय: हाव-भाव युक्त संवादों की इसमें भरमार है। इनके आधार पर नाटककार वृन्दावनलाल वर्मा के संवादों की जीवन्तता को रेखांकित किया जा सकता है। ऐसा लगता है जैसे कोई नाटककार अपने रंगमंचीय निर्देशों के प्रति सजग होकर किसी उपन्यास में जहाँ-तहाँ नाटक की झलक दिखा रहा हो।

वृन्दावनलाल वर्मा की 'झाँसी की रानी' में कई संवाद ऐसे हैं जिन्हें पढ़कर ऐसा लगता है कि इनके माध्यम से जीवन में घटे किसी प्रसंग का सिलसिलेबार ब्योरा दिया जा रहा है। ये संवाद किसी घटना का तटस्थ वर्णन नहीं करते हैं वरन जीवन के किसी भावात्मक प्रसंग का किसी के सामने दिल की बात कहने की भंगिमा में उद्‌घाटन करना चाहते हैं। मोतीबाई और जूही का तात्या टोपे के प्रेम-प्रसंग को लेकर हुआ संवाद इसी प्रकार का है। यह किसी घटना का रूखा विवरण न होकर जीवन के एक सरस प्रसंग का जीवन्त वर्णन है।

उस दिन दीपावली थी। मकान के बाहर दीये धरने की रस्म के बाद जूही मोतीबाई के घर आई। जूही यौवन के वसन्त में थी। बड़ी आँखों में चमक। नीचे देखने के समय

लम्बी बरौनियाँ लाज के पाँवड़े से डालने वालीं। परन्तु, कुछ उदास थी। मोतीबाई ने नौकरानी को पौर में बिठा दिया और जूही के साथ एकांत में बातचीत करने लगी। पूछा, 'आज उदास क्यों हो, क्या बात है?' जूही ने उत्तर दिया, 'वे आए हैं, बिठूर वाले सरदार।' मोतीबाई, 'तब तो तुम्हें प्रसन्न होना चाहिए था। देखती हूँ बिलकुल उलटा। मुँह लटका हुआ।' जूही, 'आज पहली बार ही बात हुई और रूखा बोले।'

मोतीबाई : किस प्रसंग पर?

जूही : उन्होंने अपने निवास स्थान पर बुलाया। पहले कभी ऐसा नहीं हुआ था। मुझे संकोच हुआ। परन्तु हिम्मत करके चली गई। सामने पहुँचने पर मैं शरम में डूबने लगी। मुश्किल से मुसकराकर हाथ जोड़े और चुपचाप खड़ी हो गई।

मोतीबाई : अभिनय बुरा तो नहीं था।

जूही : अभिनय ही तो नहीं था...अभिनय करना चाहा, नहीं कर सकी। मैं अपने को भूल गई। उन्होंने भौंह सिकोड़कर कहा क्या सेना में जाकर ऐसी ही खड़ी हो जाती हो? मैंने तब कुछ निवेदन किया।

मोतीबाई : वे जल्दी में होंगे। उतावली कर गए?

जूही : मुझे तो अचरज हुआ। पहले कई बार देखा-देखी हुई थी।

मोतीबाई : आजकल में?

जूही : नहीं, कई महीने पहले जब वे कर्नल साहब के यहाँ आकर ठहरे थे।

मोतीबाई : तब क्या हुआ था, मैं समझी नहीं।

जूही : उनको देखकर न जाने मन में कैसी उथल-पुथल हो जाया करती थी। उन्होंने देखा क्षण-भर। उसी क्षण के भीतर कुछ इस प्रकार हेरा कि मुझको ऐसा लगा मानो घंटों देखते रहे हों। मैंने तो शीघ्र आँखें हटा लीं थीं। फिर मकान के पास से निकले। मैं आहट पाकर उनकी आँख के रास्ते में आ गई। उन्होंने बहुत कम देखा, परन्तु मैं बहुत देर तक बार-बार देखती रही। वे चले गए। मुझे बहुत खला।

मोतीबाई : होता है। फिर क्या हुआ?

जूही : वे यहाँ दो-तीन दिन रहे। मैंने निरन्तर उनको अच्छी तरह देख भर लेने की कोशिश की। उन्होंने देखा। मैं अघा गई। मैंने फिर उनकी दृष्टि को पकड़ने का प्रयास किया परन्तु वह किसी खयाल में ऐसे मस्त थे कि उनको जूही के मकान का भी स्मरण न रहा होगा। जिस दिन जाने लगे, मैंने खिड़की में से निर्लज्ज होकर उनको नमस्ते किया। उन्होंने बिना किसी लिहाज के मुसकराकर मेरी नमस्ते का जवाब दिया।

मोतीबाई : तब और क्या होता?

जूही : उनको जाते-जाते कुछ समय मिल गया। घर पर आने की कृपा की।

मोती : यह तुमने बतलाया था।

जूही : मैं सहम गई। सिर नीचा किए खड़ी रह गई। बोले, यदि मुझको खुश

करना चाहती हो, तो मोतीबाई जी जो कुछ काम बतलावें उसको बहुत होशियारी के साथ किया करो। मैंने हामी का सिर हिला दिया। परन्तु मुँह से बोल नहीं निकला। उन्होंने कहा, हृदय की बात जीभ को मालूम न होने पावे। मुझको तुम्हारा हाल मालूम होता रहेगा। ईश्वर तुम्हारी मदद करें और वे चले गए। मैंने बहुतेरा उनकी आँख के चमत्कार को देखने का प्रयास किया, पर वे नहीं मुड़े। मैंने उनकी पीठ को इस तरह निगाह गड़ाकर देखा जैसे वे देख ही रहे हों। चले गए। उसके बाद जो कुछ करती रही हूँ, आपको मालूम है। (वही, पृष्ठ 156–157)

अगर जूही और मोती के बीच हुए इस शृंखलाबद्ध संवाद का कलात्मक दृष्टि से विश्लेषण किया जाए तो इसमें संवाद के सारे गुण मिलेंगे—सरसता, संक्षेप, मार्मिकता, चुस्ती, घटी घटना की जानकारी, आगे की घटना का आभास, पात्र के चरित्र पर प्रकाश डालना, स्वयं अपने चरित्र की विशेषताएँ बताना, उत्सुकता, कौतूहल, सरलता, भाषा की सफाई, नाटकीयता आदि।

'झाँसी की रानी' में कुछ संवाद ऐसे आए हैं जिन्हें एक सिलसिले, एक शृंखला में गूँथा गया है। ऐसे संवाद कभी-कभी एक-दो शब्दों तक सीमित है। ये प्रश्नोत्तर के रूप में हैं पर इनमें पहाड़ी झरने जैसा वेग होता है।

तात्या टोपे झाँसी में कुछ दिन ठहरने के बाद बिठूर लौटा तो मनु और नाना ने सवालों की झड़ी लगा दी।

नाना : क्या झाँसी बिठूर से बड़ा नगर है?
तात्या : कुछ बड़ा ही होगा। किला बड़ा है। नगर के चारों ओर परकोटा है। महल के पीछे नाटकशाला।
मनु : नाटकशाला! उसमें क्या होता है?
तात्या : अच्छे-अच्छे नाटक खेले जाते हैं। गायन-वादन होता है।
मनु : मैं भी देखूँगी।
तात्या : श्रीमन्त राजा साहब तो नित्य ही नाटकशाला में जाते हैं।
मनु : हाथी कितने हैं?
तात्या : दस या शायद ज्यादा हों।
मनु : घोड़े?
तात्या : सरकार को घोड़े की सवारी पसन्द नहीं है। तामझाम में चलते हैं।
नाना : सेना कितनी है?
तात्या : कई हजार है।
मनु : ठीक नहीं गिनी है?
तात्या : बिलकुल ठीक तो नहीं परन्तु, आठ या दस के बीच में होगी।
मनु : लोग कैसे हैं?
तात्या : उनके शरीर दृढ़ और स्वस्थ हैं। व्यापार अच्छा है। (वही, पृष्ठ 48)

इन संवादों का एक सिलसिला है। तरतीबवार सूचनाओं का आदान-प्रदान। ऐसे संवादों

से श्रोता की उत्सुकता झलकती है। उसकी रुचि का भी पता चलता है और वर्णन की एकरसता भंग होकर रोचकता बढ़ जाती है।

अब प्रश्न आता है संवादों की भाषा का। वृन्दावनलाल वर्मा के संवाद देश-काल-पात्र के अनुसार होते हैं। जब जैसा प्रसंग या विषय हो संवादों की लम्बाई, गम्भीरता उसी के अनुसार घटती-बढ़ती रहती है। संवादों में हास्य, व्यंग्य, विनोद का भी समावेश रहता है। भाषा की दृष्टि से अधिकांश पात्रों की भाषा साहित्यिक खड़ी बोली है किन्तु कहीं-कहीं संवादों में उर्दू का पुट है—जैसे गुलाम गौस, पीर अली, अली बहादुर और गुल मुहम्मद के संवाद। गुल मुहम्मद का एक संवाद द्रष्टव्य है :

गुल मुहम्मद ने रघुनाथ सिंह को गोला-बारूद देते हुए कहा, 'दीवान साहब, अब कहाँ जाएगा ? जब राहतगढ़ से चला तब पाँच सौ पठान था। अब एक रह गया। अकेला कहाँ जाएगा ? अम भी मरेगा और मारेगा। बाई हमको मत हटाओ।' (वही, पृष्ठ 337) उसके सारे संवादों पर पश्तो भाषा के उच्चारण का प्रभाव है।

वहीं कुछ पात्र ठेठ बुन्देली बोलते हैं जैसे झलकारी। कुछ स्त्रियों के आग्रह पर रानी भी ठेठ बुन्देली बोलती है। वैसे उस की भाषा परिष्कृत साहित्यिक हिन्दी है।

झलकारी ने सिर नीचा किए हुए कहा, 'मोय जा बिनती करने, मोह माफी मिल जाए तो कहों।'

रानी ने मुसकराकर अभय दान दिया।

झलकारी बोली, 'महाराज, मोरे घर में पुरिया पूरबे कौ और कपड़ा बुनावे कौ काम होत आऔ है। पै उननें अब कम बन्द कर दऔ है। मलखम्भ, कुश्ती और जाने का-का करन लगे। अब सरकार घर कैसे चलै ?'

इसी प्रकार पीर अली और एलिस जब बाजार-हाट निकलते हैं वहाँ भी दुकानदारों की भाषा बुन्देली है। 'तौ का ऐसी आँख फूट गई कै धरम-करम कछु नहीं लेखत।'

'वे धरम-करम का चीन्हें ? बौ तौ हिन्दू-मुसलमान केई बाँटे परे हैं।' (वही, पृष्ठ 107)

रानी भी शुद्ध व ठेठ बुन्देली बोल लेती थी। झलकारी और रानी के बीच हुए संवाद का एक प्रसंग द्रष्टव्य है :

बख्शिन ने कहा : सरकार, ईसें बुन्देलखण्डी बोली में बोलें।

मोतीबाई ने आग्रह किया : सरकार के मुँह से यहाँ की बोली बहुत अच्छी लगती है। जूही ने भी अनुरोध किया। सुन्दर, मुन्दर और काशीबाई भी पीछे पड़ गईं।

मुन्दर बोली : सरकार बुन्देलीखंडी में बोलें तो वह अवश्य अपने पति का नाम बतला देगी। बतलाओगी न झलकारी ? बतला देना, नहीं तो हम लोगों की बात बिगड़ जाएगी।

झलकारी ने उस बारहदरी के वातावरण को परिहास, सौन्दर्य सुगन्धि और आग्रह से भरा पाया। उसने हामी का सिर हिला दिया। (वही, पृष्ठ 239)

रानी ने कहा : तोरे घर बारे को का नाओ झलकारी ?
झलकारी : हओ, ऐसें सूदऊँ बताओ जात कऊँ ?
रानी : तो कैसें बताए परमेसरी ?
झलकारी : मोये कौनऊँ धोको देओ।
रानी : आज कौन मिती है ?
झलकारी : पाँचें महाराज।
रानी : दस दिन पाछें का हुइयै ?
झलकारी : पूनैं।

रानी हँस पड़ी। उसने फूलों की एक माला झलकारी के गले में डाली। (वही, पृष्ठ 240)

यहाँ तक वृन्दावनलाल वर्मा के संवाद शिल्प की दृष्टि से झाँसी की रानी का विश्लेषण किया गया। आगे महाश्वेता देवी रचित 'झाँसी की रानी' में संवाद शिल्प का विश्लेषण किया जाएगा।

महाश्वेता देवी का संवाद-शिल्प

पीछे संकेत किया जा चुका है कि विधा के भेद से उसके ढाँचे और अन्य उपादानों में परिवर्तन आ जाता है। वृन्दावनलाल वर्मा की 'झाँसी की रानी' सीधे-सीधे एक उपन्यास है, हालाँकि समीक्षकों ने उसे रानी लक्ष्मीबाई की जीवनी अधिक माना है। धरातल उपन्यास का है किन्तु, है जीवनी। पर महाश्वेता देवी की 'झाँसी की रानी' विशुद्ध रूप से रानी की जीवन गाथा है। हालाँकि उसकी विधा एक कथात्मक रचना अर्थात उपन्यास की है लेकिन लेखिका ने इसे जीवनी ही माना है और नटी को पहला उपन्यास। इस बात का उल्लेख इसलिए किया कि ढाँचा जीवनी का होने के कारण इसमें वृन्दावनलाल वर्मा की 'झाँसी की रानी' की तरह कथोपकथनों की भरमार नहीं है।

जिस कृति में पात्र होते हैं, उसमें उनकी बातचीत न हो, ऐसा कैसे हो सकता है ? बिना संवादों के न तो कथावस्तु का विकास होता है और न पात्रों के चरित्र का विकास। और वर्णन से तो कथानक को आघात पहुँचता है और उसके विकास में अवरोध आ जाता है।

वृन्दावनलाल वर्मा जिस स्तर के उपन्यासकार थे उसी स्तर के नाटककार थे। इसलिए उनके उपन्यासों में नाट्य तत्त्व का संक्रमण अधिक है इसलिए उनकी 'झाँसी की रानी' में हर पृष्ठ पर संवाद अंकित हैं और हर तरह के संवाद हैं। इस दृष्टि से महाश्वेता देवी की 'झाँसी की रानी' विरल-संवाद-संक्रान्त है। इसके कथानक का विकास धीर पद विन्यास गति से होता है—धीरे बहो दोन की तरह। इसलिए यहाँ संवादों की विरलता है, यद्यपि एकदम अनुपस्थिति नहीं है।

कथावस्तु के विकास में सहायक संवाद

ऊपर लिखा जा चुका है कि महाश्वेता देवी की 'झाँसी की रानी' का ढाँचा जीवनी मूलक उपन्यास का तो है किन्तु इसमें कथोपकथनों की वैसी बहुलता नहीं है जैसी वृन्दावनलाल

वर्मा के उपन्यास में है। असल में महाश्वेता देवी की 'झाँसी की रानी' की घटनाओं का विकास या इसकी सूचना ब्योरों, वृत्तान्तों, घटनाओं के वर्णन द्वारा मिलती है। कहीं-कहीं संवादों द्वारा भी उनकी सूचना, सम्भावना का संकेत मिलता है। लेकिन जैसे संवादों का विन्यास, प्रमुखता वृन्दावनलाल वर्मा के उपन्यास में मिलती है, वैसी प्रमुखता महाश्वेता देवी की 'झाँसी की रानी' में नहीं है।

महाश्वेता देवी के उपन्यास में घटनाचक्र के विकास में सहायक संवादों के कई रूप हैं जैसे खबरों, सूचनाओं और समाचारों के रूप में किसी ने कुछ कहा उसके सारांश के रूप में लेखक या किसी पात्र के द्वारा उसका कथन अथवा लिखित पत्र दस्तावेजों के रूप में। इस दृष्टि से महाश्वेता देवी वर्मा जी से भिन्न हैं और इस भिन्नता ने उनके उपन्यास के ढाँचे को नया रूप दे दिया है। जहाँ वृन्दावनलाल वर्मा का घटना विन्यास संवादों पर आधारित है वहाँ महाश्वेता देवी का घटना चक्र विवरणों, वृत्तान्तों पर आधारित है किन्तु, बीच-बीच में कथावस्तु को आगे बढ़ाने वाले या पीछे जो घटना घट गई है या आगे घटने वाली है, उसको संकेतित करने वाले संवाद विरल नहीं हैं।

भावी घटनाओं का आभास देने वाले संवाद महाश्वेता देवी के उपन्यास में प्रारम्भ से ही मिलने लगते हैं। इन संवादों और वृन्दावनलाल वर्मा के उपन्यास में आए संवादों में समानता है, शब्दों को छोड़कर क्योंकि ये संवाद काल्पनिक नहीं ऐतिहासिक हैं। ये संवाद पारसनीस द्वारा लिखित 'झाँसी की रानी' के मराठी जीवन चरित्र में भी मिलते हैं।

हाथी पर बार-बार चढ़ने की जिस घटना पर मोरोपन्त खीझकर बोले, 'तेरे भाग्य में हाथी कहाँ हैं? तू तो मामूली व्यक्ति की लड़की है।'

इस पर मनु ने गर्वपूर्वक उत्तर दिया, 'मेरे भाग्य में एक दिन दस हाथी होंगे।'

इसी प्रकार मनु की जन्म कुंडली देखकर तात्या दीक्षित की यह भविष्यवाणी, 'यह जन्म कुंडली जिस लड़की की है वह लड़की रानी बनेगी। उससे उसके पति का वंश अमर ख्याति प्राप्त करेगा।'[7] मनु आगे चलकर रानी बनेगी इस घटना का भावी संकेत देती है।

ऊपर संकेत किया जा चुका है कि महाश्वेता देवी की 'झाँसी की रानी' में ऐसे अनेक कथोपकथन आते हैं जो पत्रों, चिट्ठियों, आवेदनों के रूप में हैं। इनमें ऐतिहासिकता के अलावा यह तथ्य संकेतित होता है कि पात्र अपनी बात लिखित रूप में कहता है। नाटकीयता की दृष्टि से देखा जाए तो नाटक में इन चिट्ठियों, पत्रों या दस्तावेजों को या तो कोई पात्र दर्शकों के सामने उन्हें पढ़कर सुनाता या कोई स्वर नेपथ्य से उद्घोषित करता या किसी पात्र को पढ़ते हुए दिखाया जाता। उपन्यास में इन्हें महाश्वेता देवी ने सीधे-सीधे उद्धृत किया है। वृन्दावनलाल वर्मा के उपन्यास में ये पत्र, दस्तावेज इस रूप में नहीं दिए गए हैं। वहाँ इनका उल्लेख भर है, पर महाश्वेता देवी के उपन्यास में ये दिए गए हैं। ये पत्र, दस्तावेज या तो भावी घटना का संकेत करते हैं या अतीत में घटी घटना की सूचना देते हैं। इन दस्तावेजों की एक विशेषता और है। इनसे एक तो पाठकों में यह उत्सुकता पैदा होती है कि देखिए आगे क्या होता है, दूसरे इनसे घटना चक्र का विकास होता है। ये पात्र के चरित्र पर भी प्रकाश डालते हैं। इस प्रकार इन्हें घटना चक्र के विकास में सहायक संवादों के साथ चरित्रांकन में सहायक संवादों में भी परिगणित

किया जा सकता है। कुछ संवाद खबरों, समाचारों के रूप में भी दिए गए हैं जिनका यथास्थान उल्लेख किया जाएगा।

पत्र रूप में लिखित कथोपकथन का पहला उदाहरण : अपने गोदनामे की स्वीकृति के लिए गंगाधर राव ने मेजर एलिस के नाम 1853 ई. को लिखा था, जिसमें गोदनामे को स्वीकार करने का अनुरोध और पिछली उन घटनाओं का उल्लेख था, जिनके अनुसार उनके पूर्वजों और स्वयं गंगाधर राव ने ब्रिटिश राज्य की सहायता की थी। इस पत्र से गंगाधर राव के मन की अपनी कुल परम्परा की रक्षा की चिन्ता भी व्यक्त होकर उनके चरित्र की एक दिशा का उद्घाटन करती है। उन्होंने तमाम बातों का उल्लेख करते हुए अन्त में लिखा: किन्तु अगर मैं जीवित नहीं रहता हूँ तो मेरी पूर्व विश्वास भाजनता पर विचार कर मेरे पुत्र के ऊपर कृपा की जाए। मेरी विधवा रानी को इस लड़के की माँ के रूप में उसके जीवनकाल में ही स्वीकार कर लिया जाए।[8]

एलिस ने मेलकम को जो पत्र लिखा उसमें गोदनामे की घटना की सूचना दी गई है। इससे यह निश्चित होता है कि गोदनामे की जो घटना हुई है उसकी सूचना ब्रिटिश सरकार को हो गई है। इन पत्रों से यह भी आभास होता है कि इस गोदनामे पर ब्रिटिश सरकार क्या निर्णय लेती है, यहाँ इस उत्सुकता से मन की इस डाँवाँडोल, द्वन्द्वपूर्ण स्थिति का पता चलता है कि देखिए आगे क्या घटित होता है। धीरे-धीरे इन पत्रात्मक परस्पर लिखित संवादों के आधार पर घटना चक्र मोड़ खाता हुआ उस बड़ी घटना की पृष्ठभूमि तैयार करता जाता है जो एक बहुत बड़े युद्ध का कारण बनती है और जिसके कारण ब्रिटिश सरकार को अपने विरुद्ध बने वातावरण के शमन के लिए ह्यूरोज जैसे लेफ्टिनेंट को बुलाना पड़ता है।

एलिस ने मेलकम को लिखा—20.11.1853।

आपके दूसरी तारीख के पत्र के अनुसार महाराजा गंगाधर राव का मूल पत्र आपको भेज रहा हूँ। इसमें आनन्द राव नामक एक पाँच वर्ष के बच्चे को गोद लेने का विवरण है। इसके अलावा इसी लड़के को अपने उत्तराधिकारी के रूप में स्वीकार करना एवं बच्चे के नाबालिग रहने तक उनकी स्त्री को राज्य शासन का भार देना, इन दो कामों में सरकार का अनुमोदन मिल जाए, इस सन्दर्भ में सहायता करने का अनुरोध विद्यमान है।

आज ही सवेरे मैं कैम्प से लौटा हूँ। राजा के निवेदन पर मार्टिन और मैं उन्हें देखने गए थे। खूब दु:ख के साथ कहना पड़ रहा है कि राजा को हम लोगों ने अन्तिम अवस्था में देखा। खरीता उन्हें पढ़कर सुनाया गया। उनका शरीर पीड़ा की ऐंठन से छटपटाते हुए देखकर हम लोग कमरे से बाहर निकल आए।[9]

इस पत्रात्मक कथोपकथन से राजा की अन्तिम दशा की सूचना के साथ एलिस के संवेदनशील, परदु:ख कातर स्वभाव का भी पता चलता है। इसमें घटना की सूचना भी है, भावी घटना का आभास भी है और एलिस के व्यक्तिगत चरित्र का उद्घाटन भी है। कोई भी कथोपकथन एकमुखी नहीं होता है। उसकी कई दिशाएँ होती हैं, सम्भावित होती हैं। एक ही कथोपकथन पात्र की चारित्रिक विशेषताओं का उद्घाटन भी करे और भावी घटना की सूचना भी दे, वर्तमान घटना का विवरण और अतीत में क्या घटा उसका संकेत भी करे। बहुत से कथोपकथन मौन वार्तालाप के रूप में दिए गए हैं जैसे राजा के अन्तिम स्थिति में होने पर

महल के दरवाजे लगी भीड़ की मौन उत्सुकता और राजमहल के भीतर एकत्र आत्मीय जनों की मौन पायचारी। कोई बातचीत भी नहीं कर रहा है, सभी दबे पाँव चल-फिर रहे हैं।[10]

इसमें कुछ संवाद खबरों के रूप में हैं : जैसे एक घुड़सवार ने आकर खबर दी कि मेजर एलिस झाँसी की ब्रिटिश सैन्य छावनी के मेडिकल ऑफीसर डॉ. एलेन को लेकर आ रहे हैं। यहीं पर एक संवाद ऐसा है जो उँगली के संकेत और नकार मुद्रा में दिया गया है : राजा उस समय अचेत थे। रानी के मुख की ओर देखकर मोरोपन्त ने घुड़सवार से उँगली के इशारे से 'न' कहा। घुड़सवार ने घोड़ा दौड़ाते हुए जाकर तुरन्त उन्हें खबर दी कि राजा की अवस्था मरणासन्न है। अब चिकित्सक लेकर जाना निरर्थक है।[11]

राजा ने सरकारी डॉक्टर की दवा खाने से इनकार कर दिया, इसकी सूचना एलेन एलिस, डॉक्टर और गंगाधर राव के बीच हुए संवाद से मिलती है : एलिस के साथ राजा ने क्षीण किन्तु सहज स्वर में बातचीत की। डॉक्टर से अपनी बीमारी का विस्तार से हाल कहा। उन्होंने उनसे दवा पीने का अनुरोध किया। इस पर राजा ने कहा—गंगाजल मिलाकर ही वे दवा ले सकते हैं अन्यथा अंग्रेज के द्वारा दी गई दवा वे कैसे खाएँगे।[12]

इन कथोपकथनों से पता लगता है कि एलिस, एलेन को राजा के स्वस्थ हो जाने की चिन्ता थी। राजा अंग्रेज द्वारा स्पर्श की गई दवा कैसे खाएँ इससे उनकी रूढ़िवादी मनोवृत्ति का पता चलता है और इस घटना का संकेत मिलता है कि उनका इलाज अगर अंग्रेज डॉक्टर से करवाया गया होता तो शायद वे ठीक हो जाते।

दरअसल वृन्दावनलाल वर्मा के संवादों की विशेषता यदि उनकी नाटकीयता है तो महाश्वेता देवी के संवादों की विशेषता उनका सूचनापरक होना है। वे पत्रकारिता धर्मी संवादों की योजना में विशेष माहिर हैं। इन संवादों के द्वारा ही घटनाओं की गतिशीलता जाहिर होती है और घटनाचक्र के प्रति उत्सुकता बढ़ती जाती है। इस दृष्टि से ये संवाद, खबरें बड़ी महत्त्वपूर्ण हैं। 'नगर में सर्वत्र दु:खद संवाद फैल गया। छावनी में खबर पहुँची राजा नहीं रहे।'[13] यह संवाद घटना की सूचना और उसके प्रभाव, विकास की ओर इंगित करता है।

राजा की मृत्यु के बाद घटनाचक्र किस प्रकार घूमता है, रानी गोदनामे को स्वीकृत कराने के लिए कितने पत्र, आवेदन पत्र भेजती है, मेजर एलिस मालकम को पूरे घटनाचक्र की किस प्रकार सूचना देता है यह सब पत्रात्मक संवादों के द्वारा घटित होता है।[14]

सातवें प्रकरण में फैले ये पत्रात्मक कथोपकथन पूरे घटना-चक्र की सूचना देते हैं। घटनाएँ तेजी से आगे बढ़ती हुई उस मोड़ पर पहुँचती हैं जहाँ रानी की वह ऐतिहासिक उक्ति ध्वनित होती है कि मैं अपनी झाँसी नहीं दूँगी।[15]

इस ऐतिहासिक उक्ति पर महाश्वेता देवी की टिप्पणी प्रणिधान योग्य है जो इसके महत्त्व को रेखांकित करती है और 1857 के पूरे घटनाचक्र को उद्भासित कर देती है।

ऐतिहासिक इसलिए कि उस समय समस्त भारत भूमि अंग्रेजों के क्रम-क्रम से बढ़ते हुए कराल ग्रास में विलीन होती जा रही थी। भारतीय रियासतों के मालिकों ने जब किसी तरह का प्रतिवाद नहीं किया, उस समय रानी का यह कथन ही पहला और एकमात्र प्रतिवाद था।

फिर इस ऐतिहासिक संवाद का पूरे घटना चक्र पर क्या प्रभाव पड़ा, कितनी घटनाएँ घटीं उसका विश्लेषण करते हुए महाश्वेता देवी ने लिखा है :

उस दिन के बाद कितने दिन बीत गए हैं। वह समय नहीं है, वे मनुष्य भी नहीं रहे हैं, वह दरबार-भवन भी नहीं रहा है, वह एलिस भी नहीं रहा। उसके बाद कितने मनुष्य आए-गए। झाँसी के पास, बेतवा के किनारे कितना बड़ा युद्ध हुआ, कितने मनुष्य काट डाले गए, उनकी हड्डियों पर मिट्टी पड़ते-पड़ते उसी पर नई फसल उग आई। हल चलाते-चलाते कितनी बार हलकी नोक से तोपों के बड़े-बड़े गोले निकल आए। बच्चों ने उन्हें देखकर आँखें फाड़ते हुए कहा—बड़िबड़ा गेंडुआ छे। बूढ़े दादा ने यह देखकर अपने शीर्ण मुख पर मुस्कान की रेखा खींचकर कहा...गेंडुआ कहाँ? तात्या के साथ अंग्रेजों ने जो लड़ाई लड़ी उसके ही गोला हैं न?[16]

रानी की आवाज का इतना असर हुआ पूरे घटना चक्र को मोड़ने में कि दामोदर राव की जो पैतृक सम्पत्ति उन्हें विरासत में देना स्वीकार किया गया था उस सम्बन्ध में उन्होंने विलायत लिखा-पढ़ी की। किन्तु उसका क्या परिणाम निकला इस घटना का जिक्र दामोदर राव के पुत्र, रानी के पौत्र लक्ष्मण राव झाँसी वाले के कथोपकथन में मिलता है। इस कथोपकथन से उस घटना की सूचना मिलती है जो अंग्रेजों की बेईमानी की मिसाल है। रानी के पौत्र लक्ष्मण राव झाँसी वाले की बातचीत से पता चलता है कि दीर्घ समय तक उनके पिता दामोदर राव ने विलायत में अपील कर जब्त खानदानी सम्पत्ति को पुनः पाने का प्रयास किया था। उसी समय उन्हें यह पता चला कि विलायत में सचमुच में रानी की अर्जी पहुँच गई थी। अर्थाभाव के कारण दामोदर राव का प्रयास सफल नहीं हुआ।[17]

इस कथोपकथन से दो घटनाओं का पता चलता है। एक, रानी की अर्जी का पहुँचना, जिसका तत्कालीन ब्रिटिश सरकार ने कोई जवाब नहीं दिया, दूसरी, दामोदर राव द्वारा अपनी खानदानी सम्पत्ति को पाने का प्रयास जिसे अंग्रेजों ने दिया ही नहीं।

घटना का कारण बताने वाले कुछ लिखित कथन भी इस उपन्यास में उपलब्ध होते हैं। जैसे मेलसन का यह कथन—हिन्दू नागरिकों में गोहत्या, मन्दिरों के लिए लगाई गई जमीन और सम्पत्ति को जब्त करना, इन्हीं सब कारणों ने मालिक बदलने से असन्तुष्ट प्रजा के मन में उत्तेजना और क्रोध का संचार कर दिया था।

किन्तु व्यक्तिगत अपमान ही उसका प्रधान कारण बनता है जिसने रानी को प्रतिशोध लेने के लिए एक अपेक्षित क्षमाहीन शत्रु के रूप में परिणत कर दिया था।[18]

1857 का विद्रोह क्यों घटित हुआ उपर्युक्त कथन के अलावा भी इस उपन्यास में अन्य अनेक कथोपकथन हैं जिनसे इस घटना के कारणों का पता चलता है और कई घटनाओं की सूचना भी मिलती है। 1839 का वर्ष। स्थान अफगानिस्तान का है। काबुल के सिपाही बैरक में रात में जागते हुए आग के आसपास आलाप-आलोचना कर रहे हैं। हिन्दू-मुसलमान सभी सिपाही क्षुब्ध हैं। देश से इतनी दूर व्यर्थ में ही वे लोग क्यों लड़ने आए हैं? क्यों यह युद्ध? मुसलमान सिपाही कह रहे हैं : कुरान में वर्जित है, फिर भी हम लोगों को अपने ही धर्मवालों के विरुद्ध लड़ना पड़ रहा है। हम लोग क्यों लड़ेंगे?[19]

1857 के विद्रोह को दबाने के लिए अंग्रेजों द्वारा जो क्रूर अत्याचार किए गए थे उन घटनाओं की स्मृति कई गीतों, कई स्मृति कथाओं और किस्से-कहानियों में सुरक्षित है।

कथोपकथन, संवाद और संवादपरक कई लोकगीत इसके साक्षी हैं। इनसे उन घटनाओं का पता चलता है। कथोपकथन की शैली में गूँथा गया यह गीत देखिए :

कैसा रे धान, कैसा रे पानी
पानी नहीं रे! पानी नहीं
पाँच गाँव के किसानों के खून से
जमीन में बोए हैं धान रे!
कैसा रे धान, कैसा रे पानी।

बंगाल के किसानों ने बार-बार विद्रोह करके अपने क्रोध का एहसास इसी तरह के गीतों द्वारा कराया था।[20]

1857 ई. के विद्रोह के सम्बन्ध में कई सैनिकों ने गवाही के दौरान कहा था : इतनी बर्बरतापूर्ण क्रूरता के साथ 1857-58 के जागरण को दबाया गया था, घर-घर में अंग्रेजों ने ऐसे श्मशान की रचना कर दी थी कि उसका वर्णन नहीं किया जा सकता है। वर्णन किया जाए तो अतिशयोक्ति लगेगी।[21]

इस सन्दर्भ में बंगाल आर्मी के सिक्ख पुलिस स्टेशन के सूबेदार सरदार बहादुर शेख हिदायत अली का कथन ध्यान देने योग्य है। उसका कहना है : जहाँ तक याद आता है सिपाहियों ने ब्रिटिशों के प्रति अपना पहला असन्तोष काबुल जाते समय दिखाया था। वह 1838-39 की बात है। सिन्धु नदी पार कर अटक पहुँचते ही सिपाहियों में विद्रोह प्रकट होने लगा। सूरज नारायण दुबे कहने लगा राजा मानसिंह ने जब सिन्धु पार की थी, तो मन्दिर में 'जनेऊ' रखा गया था। आज 'मान' नहीं है तो मान कौन रखेगा?[22]

कोई घटना क्यों घटी इसके कारण होने चाहिए। अंग्रेजों के खिलाफ जिस विद्रोह के कारण असन्तोष फूट पड़ा उसके सूचक कथोपकथन ईस्ट इंडिया कम्पनी के बोर्ड ऑफ डाइरेक्टर्स की एक सभा में भी व्यक्त किए गए थे। 1857 ईस्वी के फरवरी माह में पार्लियामेंट में क्लेरिन कार्डे (Marquis of Clarin Carde) ने कहा था, 'गत एक सौ वर्ष में अयोग्य शासन व्यवस्था के परिणामस्वरूप भारत का शासन एक शोचनीय प्रहसन में परिणत हो गया है। ईस्ट इंडिया कम्पनी के बोर्ड ऑफ डाइरेक्टर्स का चुनाव एक गम्भीर प्रहसन है। वे लोग इंग्लैंड और यूरोप के स्थायी निवासी हैं। भारतवर्ष के सम्बन्ध में उनका मामूली अनुभव और सहानुभूति तक नहीं है। बिलकुल अयोग्य इन चुनाव करने वालों ने ऐसे सब लोगों का चुनाव किया है जिनका स्वार्थ सिर्फ कम्पनी के मुनाफे के साथ जुड़ा हुआ है। इसके फलस्वरूप भारत की जरा-सी भी उन्नति नहीं हुई है।' उसने जोर देकर कहा, 'उन्नति नहीं हुई है रेलवे, पोस्ट ऑफिस, स्कूल और अस्पतालों जैसे अत्यधिक सार्वजनिक संस्थानों के होते हुए भी।

'अपने ही देश में भारतवासियों को सब प्रकार के शासनाधिकार से ऐसे लज्जाजनक भाव से वंचित किया गया है, जिसकी तुलना अन्य किसी देश में विरल है। भारतवर्ष का शोषण करके विलायत में एक ऑफिस बनाया गया है एक लाख अस्सी हजार पौंड वार्षिक खर्च करके जिसकी कोई जरूरत नहीं है। भारतवर्ष में जिस अंग्रेज कर्मचारी को 1000 पौंड मासिक मिलते हैं, वह 20 हजार पौंड लगाकर रोजगार कर रहा है, और इसके लिए उससे कभी कोई पूछताछ भी नहीं की जाती है।'

उस दिन विरोधी पक्ष ने तीव्र प्रतिरोध के साथ क्लेरिन कार्डे की इस आलोचना का जोरदार खंडन किया था। उन लोगों ने कहा कि भारत के विषय में चिन्ता करने की कोई बात नहीं है, भारत के प्रति उनका व्यवहार सही है।[23]

इस प्रकार के लम्बे वार्तालापों और चर्चाओं से उस घटना का पता चलता है कि ब्रिटिश साम्राज्य ने किस प्रकार भारत पर अन्यायपूर्वक अपना शासन स्थपित किया और किस प्रकार गैर कानूनी तरीके से उसका आर्थिक, सामाजिक शोषण किया। ऐसे ही कथोपकथनों से ब्रिटिशों के विरुद्ध जो आग भड़की, उससे आगे जो घटनाएँ हुईं उनकी पृष्ठभूमि तैयार हुई।

घटनाओं की सूचना देने वाले कथोपकथन महाश्वेता देवी की कृति में दो रूपों में आए हैं। एक तो दो पात्रों के बीच हुए संवादों के रूप में, दूसरे लिखित बयानों, दस्तावेजों, पत्रों, खरीता के रूप में। यहाँ तात्या टोपे के उस लिखित बयान का उल्लेख किया जा रहा है जिससे उसके झाँसी की रानी से सम्पर्क और चरखारी की घटना, बेतवा के युद्ध आदि की सूचना तब मिलती है जब शिवपुरी में उसे फाँसी होने वाली थी। तात्या का लिखित बयान इस प्रकार है :

'जब मैंने चरखारी जीत ली, उस समय ह्यूरोज झाँसी के आक्रमण में व्यस्त था। उस समय बानपुर, शाहगढ़ के राजा दीवान देशपत, दौलतसिंह कछवाहा घारवाले और अन्य राजाओं ने मेरे साथ सहयोग किया। चरखारी में रहते समय मुझे बाई साहिबा लक्ष्मीबाई का पत्र मिला कि उन्होंने अंग्रेजों से लड़ने का दृढ़ संकल्प कर लिया है। मैं झाँसी पहुँचकर उनकी सहायता करूँ।

'नाना साहब पेशवा के भतीजे राव साहब उस समय कालपी में थे। उन्हें खबर दी। वे जलालपुर आए और उन्होंने मुझे रानी की सहायता करने की अनुमति दी।'[24]

1857 में रोटी और कमल को क्रान्ति के प्रतीक के रूप में विवेचित किया गया है। रोटी का वितरण पूरे क्रान्ति क्षेत्र में हुआ था इसकी सूचना जबलपुर के कमिश्नर एरस्काइन की एक रपट के आधार पर विस्तार से मिलती है। इससे क्रान्ति की सूचना गाँव-गाँव तथा देशी छावनियों में किस प्रकार फैलाई गई और देशव्यापी प्रतिवाद की घटना कैसे घटी इसकी सूचना मिलती है।

इसी तरह की एक घटना की सूचना सैनिकों की इस बातचीत से मिलती है : इस कारतूस के प्रयोग के साथ-ही-साथ विरोध की लहर उठी। जनवरी 1857 ईस्वी को दमदम के बैरक में एक ब्राह्मण सिपाही से उसके ही लोटे में पीने का पानी एक निम्न जाति के सिपाही ने चाहा। आश्चर्य से ब्राह्मण सिपाही ने कहा—नीच जाति को अपने लोटे में पानी देने पर जाति कैसे रहेगी ? उस व्यक्ति ने जवाब दिया—बहुत जल्दी ही जिन लोगों को सूअर और गाय की चर्बी से तैयार कारतूसों को दाँतों से काटना पड़ेगा उन लोगों की जाति जाने का अब क्या भय रहेगा ?

इस बातचीत से बैरक में जोरदार आलोचना शुरू हो गई जनरल हिअर्स को उन लोगों ने बताया कि इन कारतूसों का वे लोग प्रयोग कर न सकेंगे। हिअर्स ने यह खबर गवर्नर जनरल को भेज दी।

केनिंग ने यह सूचना विलायत में ईस्ट इंडिया कम्पनी के बोर्ड ऑफ डाइरेक्टर्स को भेज दी और उन्हें यह जानकारी दी कि सिपाहियों में तीव्र असन्तोष है।

किन्तु उस समय घटना-चक्र दुर्वार गति से घटता जाता है। एक-एक घटना घटती जाती है और रचता जाता है इतिहास।[25]

भावी घटना का आभास देने वाला रानी का एक संवाद है जिसे स्कीन ने विश्वास योग्य नहीं माना और अंग्रेज स्त्री-पुरुषों के हत्याकांड जैसी घटना घट गई।

रानी महल में भी खबर पहुँच गई थी। व्याकुल चित्त रानी बार-बार जानकारी दे रही थी। 4 जून को किले पर अपने दीवान लक्ष्मणराव को भेजकर उसके द्वारा स्कीन को जानकारी दी जिससे जितनी जल्दी हो सके स्कीन अंग्रेज स्त्री-पुरुषों को लेकर दतिया अथवा सागर चला जाए। जरूरत पड़े तो स्त्रियों और बच्चों को रानी महल में भेज दे।[26]

इस उपन्यास में घटनाओं का विकास कराने वाले या उनकी सूचना देने वाले कथोपकथनों की भरमार है। विद्रोही सैनिकों के सामने रानी असहाय थी। उन्हें या तो रानी तीन लाख रुपया दे नहीं तो वे नगर को लूट लेंगे। तब रानी को बाध्य होकर उन्हें एक लाख रुपया देना पड़ा। पूरी घटना इस प्रकार है : रानी महल के सामने जाकर उन्होंने रानी को बताया कि उन्हें फिलहाल तीन लाख रुपया चाहिए, नहीं तो झाँसी शहर लूट लेंगे। रानी ने पहले तो उन लोगों को बताया कि वे असहाय, अर्थ और सम्पत्तिहीन हैं। उन्हें परेशान करने से उन्हें निराशा ही मिलेगी। किन्तु, सिपाही उन्हें छोड़ने वाले नहीं थे। तब रानी ने बाध्य होकर अपनी खानदानी अथवा व्यक्तिगत सम्पत्ति से एक लाख मूल्य के गहने देकर इस आसन्न विपत्ति से मुक्ति पाई।[27]

अंग्रेज स्त्री-पुरुषों के हत्याकांड में रानी का कोई हाथ नहीं था इस घटना की सूचना देने के लिए 20.06.1889 को कर्नल मार्टिन ने (जिसकी जान रानी ने बचाई थी) रानी के दत्तक पुत्र दामोदर राव को एक पत्र लिखा था। जिसके अनुसार रानी का इस हत्याकांड से कोई सम्बन्ध नहीं था। किन्तु उसकी इस बात पर पूर्वाग्रह ग्रस्त अंग्रेजों ने कोई विश्वास नहीं किया था।[28]

अंग्रेजों ने शहर को लूटना शुरू कर दिया है। आज की रात भयंकर आक्रमण होगा। इस घटना का पता जवाहर सिंह और रघुनाथ सिंह के पूरे नगरवासियों को सचेत करने वाले उस कथन से चलता है जिसके अनुसार झाँसी नगर का हर नागरिक, सभी बूढ़े-बच्चे इस विपत्ति का सामना करने के लिए तैयार हो गए थे, 'सन्ध्या होने के पहले ही जवाहर सिंह और रघुनाथ सिंह पूरे नगर में घूमकर सबको आज आगाह कर आए हैं कि आज की रात सभी बहुत सावधान रहेंगे, आज की रात निश्चिन्त रहने से काम नहीं चलेगा।'[29]

यहीं पर एक कथोपकथन से उस घटना का पता चलता है जिसके अनुसार रानी वीरतापूर्वक अंग्रेजों को तलवार के घाट उतारती हुई आत्मविस्तृत-सी अंग्रेज सैनिकों के बीच कूद पड़ी थी और एक वृद्ध सरदार उसे यह कहते हुए, खींच लाया था, 'महारानी। अंग्रेजों की गोली से ही मरना है तो उससे अच्छा था, स्वामी की चिता के साथ ही सती हो जातीं। इस समय गोरों की सेना जल-प्रवाह की तरह शहर में घुस रही है। नगर का हर दरवाजा खुला हुआ है। इस तरह मृत्यु-वरण करना क्या आपको शोभा देगा? किले में चली जाइए, दरवाजा बन्द करके, मित्रों से परामर्श करने के बाद आगे का कर्मपथ ठीक कीजिए।'[30]

इससे रानी के साहस, उसकी वीरता पर तो प्रकाश पड़ता ही है किन्तु, उस घटना का भी पता चलता है कि उस समय शहर की क्या स्थिति थी और रानी को आगे क्या करना चाहिए।

यहीं पर महाश्वेता देवी ने ह्यूरोज की डायरी से उस कथन का उल्लेख किया है जिसके अनुसार घुड़साल की रक्षा करते हुए चालीस अफगान सैनिक किस प्रकार डेढ़ सौ अंग्रेज सैनिकों से युद्ध करते हुए उनके द्वारा घास में लगाई आग से जलकर मर गए थे : उनके शरीर अर्धदग्घ हैं कपड़े आग से जल रहे हैं। फिर भी वे लोग दौड़कर निकल पड़े। शत्रुओं पर तलवार चलाने लगे। जब तक उन्हें गोली अथवा बेनेट से न मार दिया गया। (H. Military Dispatch)।[21]

ऐसी भीषण स्थिति में चिमाबाई, मोरोपन्त की पत्नी और रानी की विमाता क्या करे, वह अपने ढाई वर्ष के बच्चे चिन्तामणि की रक्षा कैसे करे, इस घटना का पता इस कथोपकथन से चलता है : इसी समय ढाई वर्ष के बच्चे चिन्तामणि को गोद में लेकर मोरोपन्त ताम्बे के पास जाकर खड़ी हुई उनकी स्त्री चिमाबाई। उसने कहा—बोलो, मैं क्या करूँ? मोरोपन्त ने कहा—तुम्हारा और मेरा रास्ता अलग है। तुम अगर कर सको तो मेरे वंशधर को बचाओ। चिमाबाई मन थिर करके रानी के पास विदा माँगने के लिए चल पड़ी।[32]

चिमाबाई ने रानी से किस प्रकार विदा ली इस प्रसंग का पता उनके परस्पर हुए वार्तालाप से चलता है : रानी को उस दशा में देखकर चिमाबाई मुँह खोलकर यह नहीं कह सकी कि वह जा रही है। बोली, 'मैं सात-आठ दिन से घर नहीं गई हूँ। आज जरा घर जाना चाहती हूँ।'

रानी बोली, 'मुझसे छिपाओ नहीं। आज अगर जाती हो तो यह समझ लो कि हम लोगों की यही अन्तिम भेंट है।'

चिमाबाई बोली, 'अन्तिम भेंट क्यों होगी, अभी हम लोग फिर मिलेंगे।'

इस पर रानी ने उत्तर दिया, 'तुम क्यों मुझे झूठा ढाढ़स बँधा रही हो। यह जो हम लोगों की अन्तिम भेंट है इसे क्या तुम खुद भी नहीं समझ पा रही हो?' यह कहते हुए अपनी आजीवन संगिनी, जननी, बान्धवी, शुभार्थिनी इस स्त्री के पास से रानी ने विदा ली। छोटे भाई शिशु को प्यार किया। उसके बाद बोली, 'मेरी बातें ध्यान लगाकर सुनो। बहुत से रुपयों की अपेक्षा एक गहना अधिक कीमती है। विपत्ति में धन के बिना नहीं चलता है। किन्तु, शरीर पर गहना रहने की अपेक्षा छिपाकर रखना अधिक श्रेयस्कर है।'[33]

इस प्रकार महाश्वेता देवी के उपन्यास में कथावस्तु के विकास, घटनाओं की सूचना देने वाले कथोपकथनों पर विचार कर यह दिखाने का प्रयास किया गया कि उनका घटनाचक्र किस प्रकार कथोपकथनों के सहारे आगे बढ़ता है। इसी प्रकार चरित्र-चित्रण में सहायक कथोपकथन भी उनके उपन्यास में प्रचुर मात्रा में मिलते हैं।

चरित्र का उद्‌घाटन करने वाले संवाद

पात्रों का चरित्र-चित्रण या तो लेखक स्वयं करता है या फिर उनके कथोपकथनों द्वारा उनकी चारित्रिक विशेषताओं की झलक देता है। ऐसे कथोपकथन दो प्रकार के होते हैं—

एक, स्वयं पात्रों द्वारा कहे गए शब्द, दूसरे, अन्य पात्रों की बातचीत द्वारा किसी पात्र के चरित्र उद्घाटन का प्रयत्न। महाश्वेता देवी के उपन्यास में कथोपकथन का एक तीसरा रूप भी मिलता है और वह है लिखित कथोपकथन या सूचना, संवाद या आवेदन अथवा रपट। इन्हें भी एक प्रकार का कथोपकथन समझना चाहिए जिसका पर्याप्त उपयोग महाश्वेता देवी ने किया है।

अपने भविष्य और भाग्य पर दृढ़ विश्वास का पता रानी के इस कथन से चलता है कि मेरे भाग्य में एक दिन दस हाथी होंगे।[34] विवाह के समय ग्रन्थि बन्धन के अवसर पर पुरोहित से रानी का यह कहना गाँठ जरा अच्छी तरह बाँधना।[35] इससे उसकी पतिनिष्ठा, सम्बन्धों की प्रगाढ़ता और दृढ़ता का पता चलता है।

रानी के स्वभाव, उसकी रुचि आदि के सम्बन्ध में महाश्वेता देवी ने चिमाबाई के पौत्र एवं रानी के भतीजे गोविन्द चिन्तामणि ताम्बे का लम्बा कथोपकथन उद्धृत किया है जो रानी की चारित्रिक विशेषताओं पर प्रकाश डालता है। इस कथोपकथन का उल्लेख पात्र एवं चरित्रांकन-शिल्प वाले प्रकरण में किया जा चुका है। लेकिन प्रत्यक्षदर्शियों के अनुसार रानी कैसी थी इसका शब्दांकन एक अन्य कथोपकथन के आधार पर महाश्वेता देवी ने किया है जिसे यहाँ उद्धृत किया जा रहा है : माथे पर उसके अर्धचन्द्राकार तारा अंकित बिन्दी लगी रहती थी। चिमाबाई परिणत वय में अपनी पौत्री से प्राय: कहा करती थीं, 'आओ, तुम्हारे माथे पर अर्धचन्द्राकार तिलक आँक दूँ, जैसा बाई साहिबा का था।'[36]

रानी के रूप-चित्रण के सम्बन्ध में प्रत्यक्षदर्शियों ने कहा है : गोलमुख, पक्का गेहुआँ रंग, भरे हुए भुट्टे के गसे हुए दानों की तरह सुसम्बद्ध दन्त-पंक्ति, न अत्यन्त लम्बी और न छोटी देहयष्टि, अत्यन्त सुगठित, केश-राशि से समृद्ध, कंठस्वर सामान्यत: भारी, काले विशाल, आयत नेत्र।[37]

एलिस पर रानी के व्यक्तित्व की जो छाप पड़ी और उसने जो लिखित विवरण दिया है उसके पीछे भी रानी के चरित्र के उद्घाटक उसके संवाद थे। महाश्वेता देवी ने लिखा है : एलिस के साथ उसकी जो भी बातचीत होती थी वह हिन्दी में। रानी को हिन्दी का अच्छा ज्ञान था। बातचीत में रानी के व्यक्तित्व की जो कुछ जानकारी एलिस को मिली थी, उससे वह श्रद्धा से भर उठा। एलिस को लगा कि रानी के गोद लेने के कार्य की सब प्रकार से वैध घोषणा करनी चाहिए।

उसने मेलकम को अपना कथन जिन शब्दों में लिखकर भेजा वे इस प्रकार है : मैं नहीं समझ पा रहा हूँ जब ओरछा के मामले में दत्तक पुत्र लेने के कार्य का अनुमोदन कर दिया गया था तो वह झाँसी के मामले में क्यों नहीं लागू होगा ?[38]

जब गोदनामा अस्वीकृत हो गया और राज्य के अधिग्रहण की घोषणा की गई तब रानी की यह उक्ति कि मैं अपनी झाँसी नहीं दूँगी। उसके इस कथन से उसकी दृढ़ता, निर्भीकता का पता चलता है। उसके इस कथन से ब्रिटिश राज्य काँप उठा था। वह अन्त तक अपनी इस उक्ति पर कायम रही। इसके महत्त्व पर महाश्वेता देवी का कहना है : अंग्रेजी राज के खत्म हो जाने पर भी रानी के कथन की आश्चर्यजनक अनुगूँज भारतवासियों के मन में बार-बार झंकार उत्पन्न करती रहेगी। उन दिनों के मानचित्र में ब्रिटिश भारत के विस्तार

की तुलना में वार्षिक 20 लाख रुपये का खजाने वाला, झाँसी राज कितना दुर्बल, कितना छोटा था, यह देखने पर लगेगा कि इतनी कम शक्ति लेकर इतनी निर्भीक उक्ति यदि रानी उच्छ्वसित कर सकी, तो उस उक्ति को अमर बनाए रखने में कोई बाधा नहीं है।[39]

एक ग्रामीण द्वारा गाये जाने वाले लोकगीत का यह अंश उसके हृदय के उद्गार व्यक्त करता है जो रानी के चरित्र पर प्रकाश डालता है :

बड़ी बढ़ियाँ थी जो रानी।
जिन्ने झाँसी न छोडूँगी बोली बानी॥
जिन्ने सिपाहियों के लिए लड़ाई की।
और अपनें खाई गोली॥
जब तक अजेय भारत का पानी।
तब तक अमर झाँसी की रानी॥[40]

रानी के हृदय में गोद लिये आनन्द के प्रति कितना प्रेम था, वह उसे कितना चाहती थी इसका पता उसके इस कथन से चलता है : रानी के लिए तो वह आनन्द स्वरूप था। रानी उससे अकसर कहा करती थी—तुम्हीं मेरे दुःख के दिनों के आनन्द हो।[41] रानी उससे कहती थी कि भोजन बनने पर तुम्हें सब कुछ खाना चाहिए। उसकी चिन्ता उसके सर्वांगीण विकास पर थी। वह उसे मनुष्य बनाना चाहती थी उसके कथोपकथन से यह पता चलता है। केवल पुत्र प्रेम नहीं, उसको अच्छा मनुष्य बनाने की ओर उसका ध्यान था।

दामोदर को वह कितना चाहती थी इस बात का पता उसके अन्तिम कथन से भी चलता है : झाँसी से जो लोग उसके साथ ग्वालियर आए थे, उन लोगों में उस समय भी रघुनाथ सिंह, गुलमोहम्मद, गणपत राव मराठा, रामचन्द्र राव देशमुख, मुन्दर, काशी कुनवीन जूही नाटकवाली, नन्हें खाँ आदि लोग थे। उन लोगों को रानी ने इकट्ठा किया और उन लोगों से बार-बार अनुरोध किया कि सामान्य विपत्ति की आशंका होते ही वे लोग बालक दामोदर को लेकर सुरक्षित स्थान पर चले जाएँ। उसने यह भी कहा, 'मेरे बचे हुए आभूषण और धन देकर भी दामोदर की रक्षा करना। दामोदर अभी बच्चा है। फिर भी मैंने चूँकि अंग्रेजों से दुश्मनी ली है, इसलिए वे लोग इस अबोध बालक पर भी अत्याचार कर सकते हैं। इसलिए तुम लोग उसे सदा सुरक्षित स्थान में ही रखने का प्रयास करना।'[42]

उस समय उसने दामोदर को पास बुलाकर जो कुछ कहा उससे उसके प्रति उसके प्रगाढ़ स्नेह और उसकी सुरक्षा के प्रति उनकी चिन्ता का पता चलता है। यह रानी के चरित्र का वात्सल्य से भरा एक पक्ष है जो इन संवादों से उजागर होता है। दामोदर से वह बोली, 'आनन्द इस दुःख और दुर्दशा के दिनों में भी तुम्हीं मेरी एकमात्र खुशी हो। अगर जरूरत पड़े तो क्या तुम मेरे बिना भी कुछ दिनों वाला राव, काशी रघुनाथ इन लोगों के साथ भी रह सकते हो? समझ लो तुम सुरक्षित स्थान में हो यह जानकर मैं भी निश्चिन्ततापूर्वक रह सकूँगी।'[43]

उसे अपने पुत्र की रक्षा की इतनी चिन्ता थी कि उसने अपने अनुचरों से बार-बार अनुरोध किया, 'युद्ध के मैदान के निकट तुम लोगों को रहने की कोई आवश्यकता नहीं है। जरूरत पड़ने पर तुम लोग बचकर भाग जाने में कोई संकोच न करना।'[44]

मृत्यु से पहले अन्तिम समय में उसने जो इच्छा व्यक्त की उससे उसके पुत्र के प्रति अनुराग का पता चलता है।

रानी ने धीमे, किन्तु स्पष्ट शब्दों में कहा, 'मेरे प्रति आप लोगों ने जो निष्ठा दिखाई है उसे अनाथ आनन्द के प्रति भी अक्षुण्ण रखना। मेरे जो आभूषण हैं और जो धन बचा है, उससे मेरी फौज को रुपया देना। मेरी मृत देह को फिरंगियों के हाथों में न पड़ने देना।'[45]

उसके इस कथन से दामोदर के प्रति उसके अनुराग के साथ अपनी फौज के प्रति लगाव और अंग्रेजों के प्रति उसकी नफरत और अपनी पवित्रता के प्रति चिन्ता का पता चलता है।

रानी जब झाँसी छोड़कर भांड़ेर के रास्ते कालपी के लिए चली जा रही थी उस समय झलकारी अँगेजों को रानी का पीछा करने से रोकने के लिए महाराष्ट्रीय स्त्री के वेश में घोड़े पर सवार होकर तलवार हाथ में लिये ह्यूरोज के सामने पहुँचकर जो कुछ कहती है उससे उसकी निडरता, देशभक्ति, रानी के प्रति उसकी निष्ठा ये सब उजागर हो जाते हैं। वह ह्यूरोज से कहती है, 'मैं ही झाँसी की रानी लक्ष्मीबाई हूँ। अगर आप झाँसी वासियों को क्षमा कर दें तो मुझे पकड़ लीजिए, इसीलिए मैं आत्मसपर्पण करने आई हूँ।'[46]

मोरोपन्त ताम्बे पर जब मुकदमा चला तब उन्होंने जो उत्तर दिया उससे उनकी निर्भीकता, सत्यनिष्ठा का पता चलता है। वे अंग्रेजों के सामने झुके नहीं, न उन्होंने क्षमा माँगी। हँसते-हँसते फाँसी पर चढ़ गए। पूछने पर मोरोपन्त ने संक्षेप में कहा, '1857 ई. के जून मास में मैं झाँसी में उपस्थित था। किले में अवरुद्ध अंग्रेजों की मैंने कोई मदद नहीं की। अंग्रेजों की हत्या के समय मैं रानी के साथ महल में था। 5 अप्रैल, 1858 ई. तक मैंने एक दिन के लिए भी झाँसी नहीं छोड़ी।'[47]

रानी के चरित्र पर अंग्रेज इतिहासकारों ने अपने लिखित कथनों के द्वारा प्रकाश डाला है। वे उक्तियाँ यहाँ उद्धृत करने योग्य हैं :

यह बात निश्चित है कि रानी ने अपने ऊँचे आदर्श का कुछ संचार अपने सहयोगी योद्धाओं में कर दिया था। स्त्रियों और बच्चों को देखा जा रहा था कि वे अपने कर्तव्य में रत सैनिकों के पास खाने-पीने की चीजें ले जा रहे थे और आक्रमणकारियों के गोलों से ध्वस्त दीवारों की मरम्मत में सहायता कर रहे थे।[48]

(G.B. Malleson)

अपनी जनसामान्य प्रजा के ऊपर उसने एक विराट विश्वास अर्जित कर लिया था। विश्वास और चरित्र की इस दृढ़ता के साथ प्रेरणादायी शौर्य का एक अभूतपूर्व समन्वय उसके व्यक्तित्व में सिद्ध हो चुका था। उसी के फलस्वरूप कई बाद ह्यूरोज के अधीन सेनाओं का वह ऐसा प्रतिरोध करने में समर्थ हुई थी जो अपेक्षाकृत किसी कम शक्तिशाली सेनापति के विरोध में अगर नियोजित होता तो सफल हो सकता था।''[49]

(Kaye and Malleson)

गोंड राजा शंकर शाह को जब तोप के सामने खड़ा किया गया तब उन्होंने जो कुछ कहा उससे उनकी स्वदेश निष्ठा, स्वाभिमान, आत्मा की अमरता में विश्वास और निर्भीकता

का पता चलता है। घृणापूर्ण, आकस्मिक और कठोर स्वर में उन्होंने कहा—मेरी तुम लोग हत्या न कर सकोगे। मेरी मृत्यु का प्रतिशोध अन्य लोग लेंगे। वे लोग तुम लोगों की तिल-तिल हत्या करेंगे।[50]

महाश्वेता देवी की 'झाँसी की रानी' में लम्बे और छोटे स्वगतालाप तथा भाषण जैसे कथोपकथन भी मिलते हैं। पहले कहा जा चुका है कि वृन्दावनलाल वर्मा की 'झाँसी की रानी' के कथोपकथनों का पूरा विन्यास नाट्यकला के आधार पर किया गया है। उस उपन्यास का कोई भी पृष्ठ खोलने पर संवादों की शृंखला नजर आती है, वैसी महाश्वेता देवी की झाँसी की रानी में नहीं है। लेकिन वृन्दावनलाल वर्मा के कथोपकथनों से अगल महाश्वेता देवी के कथोपकथनों की विशिष्टता यह है कि इन्होंने पत्रों, दस्तावेजों, खरीतों के रूप में भी पात्रों से अपनी बात कहलाने का प्रयास किया है। इससे उनके कथोपकथनों को ऐतिहासिकता मिल जाती है। जबकि वृन्दावनलाल वर्मा के कथोपकथन कल्पना और सम्भावना के सत्य पर आधारित हैं। विशेष परिस्थितियों, विशेष घटनाओं की पृष्ठभूमि में कोई पात्र क्या बात कह सकता है, उसका कथोपकथन कैसा हो सकता है, वर्मा जी के अधिकतर कथोपकथन इस सचाई को उजागर करते हैं।

महाश्वेता देवी के उपन्यास में वृन्दावनलाल वर्मा की तरह स्वगत संवादों की भी योजना की गई है। विशेष परिस्थितियों, अन्तर्द्वन्द्व की स्थिति में पड़कर कोई पात्र क्या सोच सकता है, ऐसे कथोपकथनों के समावेश से जहाँ पात्र के चरित्र में गहराई आती है, वहीं पर घटनाओं का प्रभाव बढ़ जाता है। ऐसे स्वगतालापों से पात्र की विवशता का भी पता चलता है।

उत्तराधिकार समाप्त होने के आधार पर राज्यों पर अधिकार करने की जिस नीति के साथ डलहौजी का नाम जुड़ा हुआ है, उसका प्रचलन उसने नहीं किया। लिखित रूप में यह नीति बहुत दिनों से बहाल थी। समय पर उसी का उपयोग किया जाने लगा। डलहौजी ने उसे कार्यान्वित करके एक-के-बाद एक भारतीय राज्यों पर अधिकार कर लिया। नागपुर, सतारा, करौली रियासतें ब्रिटिश भारत में मिला ली गईं।

इन सब नजीरों को देखकर रानी मन-ही-मन शंकित रहने लगी। अपने शुभाकांक्षियों के साथ युक्तियुक्त विचार-विमर्श करके उसने निश्चय किया कि बड़े लाट के पास एक खरीता भेजना बहुत जरूरी है।[51]

जहाँ-जहाँ रानी के अन्तर्द्वन्द्व का चित्रण है, वहीं उसके स्वगत कथन का आभास मिलता है। दामोदर के उपनयन संस्कार समारोह को किसी तरह समाप्त करने के बाद रानी को अपनी नियति पर सोचने के लिए परिस्थितियों ने बाध्य कर दिया। उसकी मनः स्थिति और अन्तर्द्वन्द्व का चित्रण महाश्वेता देवी ने इस प्रकार किया है : आजन्म भाग्यवाद में विश्वास करने वाली ने उसी दिन से भाग्य के साथ बाजी लगा दी। मानो कहीं कुछ घटने जा रहा है। जैसे आकाश, वातास में एक अस्थिरता है। दिन जैसे संख्या में गिने जाने योग्य प्रहरों की समष्टि मात्र नहीं है। दिन मानो प्राणवन्त सत्ता है। वे जैसे बात करते हैं।

दिन थमते नहीं हैं, वे मानो आगे बढ़े जा रहे हैं। आसेतु हिमालय भारतवर्ष में सर्वत्र विदेशी शासकों की ध्वजा दृढ़ विश्वास से जमी हुई है। उसके लाख-लाख प्रजाजन असहाय अत्याचार से पिसते हुए एक विराट विद्रोह की अग्नि को तिल-तिल कर प्रज्ज्वलित करते

जा रहे हैं। राज्य और प्रजा में चूड़ान्त मुकाबला होगा। आसन्नवर्ती वह भयंकर समय गरजता हुआ बढ़ता आ रहा है। आगामी समय की यही पदध्वनि बढ़ते-बढ़ते एक दिन झाँसी के किले के लौह कपाटों पर आघात करेगी। उसी दिन समझ में आ जाएगा कि रानी निरामिषभोजी, धर्म-कर्म में लीन, अंग्रेजी राज्य की दया से कृतज्ञता-विगलित हृदय, जीर्ण होते सामन्ततंत्र की एक अयोग्य प्रतिनिधि मात्र नहीं है, उसका एक अन्य परिचय भी है।[52]

महाश्वेता देवी ने इसके आगे रानी की मन:स्थिति का विश्लेषण करते हुए उसकी विचार शृंखला को पकड़ने का प्रयास किया है : कौन जाने वह क्या सोचा करती थी, क्या विचार किया करती थी। कैसे अस्थिर आवेग में रातों-पर-रातें उसकी बीत जाती थीं। कौन-सी न बुझने वाली आग जल रही थी उसके मन में।[53]

कालपी पहुँचने के बाद उसने तात्या की बेतवा पराजय और राव साहब की अस्थिर योजना पर एकान्त में विचार किया। अन्तर्द्वन्द्व की पीड़ा से गुजरते हुए उसका स्वगत चिन्तन या आत्मालाप इन मार्मिक शब्दों में व्यक्त किया गया है : उसके पास सैन्य बल नहीं है, उसके पास अर्थ बल नहीं है, इसलिए राव साहब और तात्या टोपे का आश्रित उसे होना ही होगा। स्वभावत: स्वाभिमानिनी रानी लक्ष्मीबाई के लिए वह प्रसंग एकान्त रूप से अपमानजनक लगने लगा। विचार और कर्तव्य में अधिक अन्तर रखना उसे सदा अप्रिय लगता रहा है। तात्या टोपे कितनी विशाल सेना और युद्ध-सामग्री लेकर बेतवा-तट पर पराजित होकर लौट आए हैं एवं कितनी विपुल युद्ध-सामग्री अंग्रेजों को दे आए हैं, इस पर उसने जितनी बार भी विचार किया है, उतनी बार ही उसे तात्या टोपे पर क्रोध हुआ है। फिर भी यह व्यक्तिगत मान-अपमान का समय नहीं है। उसका एकमात्र कर्तव्य अंग्रेजों को पराजित करके झाँसी के हजारों वीर शहीदों की मृत्यु का ऋण चुकाना है। उस विशाल और महान दायित्व के सामने अत्यन्त सहज रीति से उसने व्यक्तिगत क्रोध का विसर्जन कर दिया। सक्रिय संग्राम में विश्वास करने वाली रानी सिर्फ संग्राम की बात ही सोचने लगी।[54]

एक कथोपकथन भाषण जैसा है। वृन्दावनलाल वर्मा ने तो रानी के कई बार भाषण जैसे वार्तालाप गूँथे हैं। यहाँ तक कि बात-बात में उपवेश उबाऊ सीमा तक पहुँच जाते हैं। वहीं महाश्वेता देवी ने कथोपकथनों की सहजता बनाए रखने का प्रयास किया है। उनकी रानी भी सैनिकों को सम्बोधित करती हुई एक छोटा-सा उद्‌बोधनपरक भाषण देती है।

रानी ने अपने सरदारों और सिपाहियों को इकट्‌ठा किया। 'पेशवा के सैनिको', यह बात कहते-कहते उसके नेत्र रक्तिम और अश्रुपूर्ण हो आए। वह गला साफ कर उच्च स्वर में कहने लगी, 'मेरे बहादुर सिपाहियो, सरदारो, भाइयो, पेशवा की सेना के भरोसे हम लोग युद्ध में नहीं कूदे हैं। अपनी हिम्मत से ही हम लोगों ने अब तक झाँसी की रक्षा की है। आज शत्रु सेना सामने है, फिर भी हम लोगों को अपनी हिम्मत से अन्त तक लड़ना होगा।'[55]

संवाद-शिल्प की दृष्टि से महाश्वेता देवी के उपन्यास में कुछ संवाद मराठी में हैं, कुछ बुन्देली और कुछ मराठी कविता में है। ऐसे संवादों का प्रयोग वृन्दावनलाल वर्मा के उपन्यास में नहीं किया गया है। मराठी भाषा में पहला संवाद है ग्रन्थिबन्धन के समय मनु का यह कहना—चाँगली बलकट गाँठ बाँधों अर्थात गाँठ जरा अच्छी तरह बाँधना।[56]

1857 ई. में क्रान्ति के समय विष्णु भट्ट झाँसी में आया था। मोरापन्त ताम्बे से उसने भेंट की थी और ताम्बे के अनुरोध पर लालाभाऊ टेकरे से उसने भेंट की थी। उन दोनों में मराठी ने बातचीत हुई थी। 'ब्रह्मावर्ता कड़ील कोणी विद्वान ब्राह्मण आले आहेत्', यह बात कहकर लालभाई ने उसका यथायोग्य स्वागत किया था, फिर आदर-सत्कार चांगला केला, आपन स्वस्थ आसवें असे आश्वासन केला।'[57]

लालामाउ टेकरे ने एक गरीब ब्राह्मण को रानी से मिलवाया था। उसने भी अपनी समस्या मराठी में रखी थी—ते मे गरीबाने कोठून आनावे—मैं गरीब ब्राह्मण हूँ (मैं चार सौ रुपया कहाँ से लाऊँ) रानी ने उसे पाँच सौ रुपया देकर उसकी सहायता की थी।[58]

शुरुआत में रानी के हितैषी लोगों ने अंग्रेजों से सन्धि कर शान्ति का जीवन यापन करने की सलाह दी थी। इस पर रानी ने मराठी कवि मोरोपन्त की कविता में उत्तर दिया था—मरण रुचे वीराला, न रुचे क्षणमात्र अपयशे मरणे।[59] क्षण मात्र के अपयश भरे जीवन से वीरों को मरण अच्छा लगता है।

जब अंग्रेजी फौज की तरफ से गोले आने लगे तब महाश्वेता देवी ने रानी से कहलाया—लाग गोल्याचों वर्षा ऋतुतील पर्जन्य प्रमाणे वर्षार केला—अर्थात उस रात अंग्रेजी सैन्य शिविर की तरफ से गोले आने लगे मानो वर्षा ऋतु में वर्षा हो रही हो।[60]

एक प्रसंग और है जिसमें रानी ने अपनी बात मराठी में निवेदित की है। कालपी पहुँचकर नाना साहब की जो सैन्य छावनी थी उसमें राव साहब के सामने अपनी तलवार सौंपते हुए रानी ने कहा—

तुमच्या पूर्वजानीं ही तरवार, आक्षास दिली आहे।
त्याँचा पुन्य प्रतापे करुन आज पर्यन्त तिचा।
आक्षी योग्य उपयोग केला। आताँ
तुमचें आक्षास साह्य राहिलें नाहीं, झाकरिताँ ही आपन परत ध्यावी।

अर्थात आपके पूर्वजों ने यह तलवार मेरे पूर्व पुरुषों को दी थी। उनके पुण्य प्रताप से आज तक मैंने उसके अनुरूप मर्यादा की रक्षा की है। अब मेरे द्वारा आपकी और कोई सहायता न हो सकेगी। इसलिए अब आप अपनी इस तलवार को वापस ले लीजिए।[61]

झाँसी की रानी का जीवनी मूलक उपन्यास लिखने के सन्दर्भ में जब महाश्वेता देवी गोविन्द चिन्तामणि ताम्बे से मिलने अहमदाबाद गईं तब उन्होंने उनसे मिलने को एक अवश्यम्भावी संयोग बताते हुए मराठी में कहा था जिसका भावार्थ है—एक-दूसरे से मिलने और बतियाने की इच्छा अगर आन्तरिक हो तो नदी-नदी में भी मिलन हो जाता है, मनुष्य-मनुष्य में तो होगा ही।''[62]

वृन्दावनलाल वर्मा के कथोपकथनों में भाषा, बोली की दृष्टि से जैसी विविधता है, वैसी विविधता महाश्वेता देवी के कथोपकथनों में नहीं है। वैसी नाटकीयता भी नहीं है। वर्मा जी के संवादों में शृंखलाबद्धता, ठेठपन है, वैसा ठेठपन महाश्वेता देवी के संवादों में नहीं है। संवादों की भाषा शुद्ध, साहित्यिक है। बांग्ला भाषी होने के कारण और उनकी कृति मूलतः बांग्ला में होने के कारण बुन्देली के ठेठ प्रयोग उसमें सम्भव नहीं थे किन्तु उनके संवादों में ऐतिहासिक तथ्य, सचाई, संवेदना, मार्मिकता है जो इस कृति को महत्त्वपूर्ण बनाती

है। इनके संवाद वर्मा जी के संवादों की तरह घटना–चक्र का विकास करते हैं। पात्रों की चारित्रिक रेखाएँ स्पष्ट करते हैं और स्वगत कथनों के द्वारा रानी की मानसिकता, उसके अन्तर्द्वन्द्व को व्यक्त करते हैं। इनके संवादों से पात्रों की शालीनता भी व्यक्त होती है।

यहाँ तक वृन्दावनलाल वर्मा और महाश्वेता देवी द्वारा लिखी गई 'झाँसी की रानी' के संवाद–शिल्प पर विचार किया गया, अगले प्रकरण में उनके प्रस्तुतिकरण–शिल्प पर विचार किया जाएगा।

सन्दर्भ-ग्रन्थ

1. हिन्दी साहित्य कोश, भाग 1, सम्पादक डॉ. धीरेन्द्र वर्मा ज्ञानमंडल वाराणसी, पृष्ठ 158, संस्करण–द्वितीय, सं. 2020
2. वही, पृष्ठ 206
3. वही, पृष्ठ 206
4. साहित्य विवेचन, आ. क्षेमचन्द्र सुमन, योगेन्द्र कुमार मल्लिक, पृष्ठ 182, संस्करण, 1988
5. वही, पृष्ठ 183
6. झाँसी की रानी, महाश्वेता देवी, अनु. रामशंकर द्विवेदी, पृष्ठ 54 राधाकृष्ण प्रकाशन, नई दिल्ली संस्करण 2010
7. वही, पृष्ठ 55
8. वही, पृष्ठ 65
9. वही, पृष्ठ 66
10. वही, पृष्ठ 67
11. वही, पृष्ठ 67
12. वही, पृष्ठ 67
13. वही, पृष्ठ 68
14. वही, द्रष्टव्य पृष्ठ 69–92
15. वही, पृष्ठ 86
16. वही, पृष्ठ 86
17. वही, पृष्ठ 94
18. वही, पृष्ठ 99
19. वही, पृष्ठ 102
20. वही, पृष्ठ 107
21. वही, पृष्ठ 107
22. वही, पृष्ठ 107
23. वही, पृष्ठ 110–111
24. वही, पृष्ठ 112
25. वही, पृष्ठ 114–115
26. वही, पृष्ठ 117
27. वही, पृष्ठ 120
28. वही, पृष्ठ 122
29. वही, पृष्ठ 192
30. वही, पृष्ठ 194
31. वही, पृष्ठ 194

32. वही, पृष्ठ 197
33. वही, पृष्ठ 198
34. वही, पृष्ठ 54
35. वही, पृष्ठ 55
36. वही, पृष्ठ 59
37. वही, पृष्ठ 59
38. वही, पृष्ठ 77
39. वही, पृष्ठ 87
40. वही, पृष्ठ 87
41. वही, पृष्ठ 100
42. वही, पृष्ट 25
43. वही, पृष्ठ 252
44. वही, पृष्ठ 252
45. वही, पृष्ठ 259
46. वही, पृष्ठ 209
47. वही, पृष्ठ 202
48. वही, पृष्ठ 169
49. वही, पृष्ठ 169
50. वही, पृष्ठ 155
51. वही, पृष्ठ 75
52. वही, पृष्ठ 102
53. वही, पृष्ठ 102
54. वही, पृष्ठ 211
55. वही, पृष्ठ 191
56. वही, पृष्ठ 55
57. वही, पृष्ठ 142
58. वही, पृष्ठ 142
59. वही, पृष्ठ 168
60. वही, पृष्ठ 191
61. वही, पृष्ठ 211
62. वही, पृष्ठ 282

अध्याय-6

प्रस्तुतिकरण शिल्प

शिल्प की आवधारणा

फूलों में सुगन्ध की तरह पूरी रचना में शिल्प परिव्याप्त रहता है। सुगन्ध को देखा नहीं जा सकता किन्तु, उसे महसूस किया जा सकता है। रूपाकार की विचित्रता उसे अन्य रूपों से अलग करने के साथ-साथ अद्वितीयता भी देती है। अदृश्य होते हुए भी सुगन्ध प्राण, इन्द्रिय के लिए दृश्य रहती है। इसी प्रकार रचना में व्याप्त शिल्प उसके तमाम उपकरणों द्वारा अपना एहसास करता रहता है। प्रश्न यह उठता है कि शिल्प की अवधारणा क्या है और साहित्य के साथ इसका सम्बन्ध कैसे जुड़ा और उसके विवेचन की सीमाएँ क्या हैं।

अभी तक उपन्यासों के तत्त्वों के आधार पर उनका विश्लेषण अधिक हुआ है, उनकी शिल्पविधि और रचना-प्रक्रिया पर काम कम ही हुए हैं। इस सन्दर्भ में डॉ. ओम शुक्ल का कहना है : काव्य अथवा नाटक की सुस्पष्ट शिल्पविधि की भाँति, उपन्यास की कोई सुस्पष्ट शिल्पविधि नहीं है।[1] उनके मत से उपन्यास की शिल्पविधि की अब तक जो व्याख्याएँ की गई हैं वे आधी-अधूरी हैं। उसका कारण है कि उसकी शिल्पविधि को रचना-प्रक्रिया से जोड़कर उसकी चलताऊ व्याख्या कर दी गई जिससे उसके गम्भीर तत्त्व छूट गए।[2] उनके मत से यह आश्चर्य की बात है कि आज के इस युग में उपन्यास की बढ़ती हुई लोकप्रियता और अत्यधिक प्रचलन होने पर भी, उपन्यास की शिल्पविधि की इन एकांगी व अपूर्ण व्याख्याओं में सम्पूर्णता लाकर शिल्पविधि-सम्बन्धी अस्पष्टता दूर करने का बहुत कम यत्न किया गया है।[3]

डॉ. (श्रीमती) ओम शुक्ल ने अपना शोधकार्य सत्तर के दशक में किया था और उनका यह कार्य 1964 ई. में प्रकाशित हुआ।

उन्होंने स्वयं विस्तारपूर्वक उपन्यास की शिल्पविधि पर प्रकाश डाला है। पर उनके बाद उपन्यास की शिल्पविधि, उसकी तकनीक और रचना-विधि पर काफी काम हो चुके हैं। उपन्यास एक गत्यात्मक और लचीली विधा है, उस दृष्टि से इसके रूप, ढाँचे और शिल्पविधि पर गम्भीरता से विचार-विश्लेषण किया गया है।

'हिन्दी उपन्यास शिल्प और प्रयोग' शीर्षक से डॉ. त्रिभुवन सिंह ने महत्त्वपूर्ण काम किया, जिसका पहला संस्करण 1973 ई. में निकला। 1974 ई. में डॉ. कमलकिशोर गोयनका का 'प्रेमचन्द्र के उपन्यासों का शिल्पविधान' निकला और 1998 ईस्वी में ज्ञानचन्द्र जैन ने

'प्रेमचन्द-पूर्व के हिन्दी उपन्यास' पुस्तक में प्रेमचन्द के पहले लिखे गए उपन्यासों में शिल्पविधान के रूपों के विकास पर गम्भीर काम किया है। यहाँ हिन्दी उपन्यासों के शिल्पविधान पर हुए कार्यों का विवरण देना मेरे प्रतिपाद्य की सीमा में नहीं आता है किन्तु, प्रस्तुतिकरण शिल्प के पहले पृष्ठभूमि के रूप में यह विवरण देना इसलिए आवश्यक लगा जिससे मेरा प्रतिपाद्य विषय और स्पष्ट और सुकर हो जाए।

शिल्पविधि ही एकमेव ऐसा माध्यम है जिसके सहारे उपन्यासकार आत्माभिव्यक्ति कर सकता है। शिल्पविधि के अन्तर्गत मनन एवं विश्लेषण द्वारा जहाँ वह एक ओर रचना-सामग्री की खोज व मूल्यांकन करता है, वहाँ दूसरी ओर चयन एवं क्रम-निर्धारण द्वारा वह इस सामग्री को कलात्मक रूप देता है।[5]

मानव जीवन के सफल उद्‌घाटन एवं अभिव्यक्ति के लिए उपन्यास की रचना करते समय उपन्यासकार को शिल्पविधि का सहारा लेना पड़ता है। इस सन्दर्भ में डॉ. ओम शुक्ला का कहना है कि इसके अन्तर्गत वे सभी विधियाँ, नियम, प्रक्रियाएँ अथवा तरीके आ जाते हैं जिनकी सहायता से कोई उपन्यासकार किसी घटना, पात्र, वार्तालाप अथवा दृश्य और वातावरण का जीवन्त चित्रण कर मानव जीवन या इतिहास के किसी विशेष अंग पर प्रकाश-निक्षेप करता है।[6]

शिल्पविधि का महत्त्व और उसकी अर्थवत्ता

साहित्य के दो रूप होते हैं। एक बाह्य और दूसरा आन्तरिक। बाह्य रूप को उसका ढाँचा या रूपाकार कहते हैं। आन्तरिक रूप को उसकी प्रकृति या उसका लक्ष्य कहा जाता है। इसमें भावनाएँ, विचार और जीवन का संवेदनात्मक पक्ष आ जाता है। साहित्य के ये दोनों रूप अपना पार्थक्य खोकर शिल्प-विधि में घुल-मिलकर एकाकार हो जाते हैं।

शिल्पविधि का अर्थ

शिल्पविधि का शाब्दिक अर्थ है किसी चीज के बनाने या रचने का ढंग अथवा तरीका। किसी वस्तु के बनाने की जो-जो विधियाँ अथवा प्रक्रियाएँ होती हैं, उनके समुच्चय को डॉ. ओम शुक्ल ने शिल्पविधि कहा है।[7] उन्होंने वृहद् हिन्दी कोश का हवाला देते हुए कहा है कि शिल्प से अभिप्राय हाथ से कोई वस्तु तैयार करने अथवा दस्तकारी या कारीगरी से है।[8]

बंगीय शब्दकोश में शिल्प और शिल्प से सम्बन्धित कार्य विधियों पर विस्तार से प्रकाश डालते हुए इसके अन्तर्गत सम्पूर्ण ललित कलाओं तथा श्रृंगार से सम्बन्धित बाह्य ललित क्रियाओं को समेटते हुए इसे कारु कार्य, कारीगरी, कुशलता के अन्तर्गत लिया गया है।[9] संसद बांग्ला अभिधान में भी इस कारु कर्म, क्रिया कौशल, विविध द्रव्य निर्माण दक्षता अथवा निर्माण का कौशल कहा गया है।[10]

वामन शिवराम आप्टे ने भी अपने कोश में इसे कला, ललित कला, यांत्रिक कला, किसी भी कला में कुशलता, कारीगरी, पटुता के अर्थ में प्रयुक्त किया है।[11] डॉ. हरदेव बाहरी ने अपने कोश में इसे उपर्युक्त अर्थों में प्रयुक्त करते हुए साहित्यिक रचना का ढंग भी माना है।[12]

बांग्ला समार्थक शब्दकोश में शिल्प शब्द के अन्तर्गत सृष्टि, सृजन, सर्जन, सर्जना, रचना के अतिरिक्त सृजनशीलता, सृजन क्षमता, सृजन कौशल, सृष्टि कौशल, रचना कौशल, सृष्टि चातुर्य, रचना पद्धति, गठन पद्धति अर्थ दिए हुए हैं।[13] श्री अरविन्द कुमार के हिन्दी थिसारस में भी शिल्प शब्द के कई अर्थ दिए हुए हैं।[14] डॉ. त्रिभुवन सिंह ने उपन्यास के सन्दर्भ में शिल्पविधि पर विस्तार से विचार करते हुए कहा है, 'शिल्पविधि अथवा रचना-पद्धति के लिए अंग्रेजी में टेकनीक (Technique) शब्द का व्यवहार होता है। उनके अनुसार टेकनीक के अलावा अंग्रेजी में मेकनिक्स (Mechanics), सेटिंग (Setting), आर्टिस्ट्री (Artistry), कन्स्ट्रक्शन (Construction) तथा डिजाइन (Design) जैसे शब्दों का भी कभी-कभी प्रयोग शिल्प-विधि के लिए होता है।' डॉ. त्रिभुवन सिंह के शब्दों में, 'शिल्प अथवा रचना का सम्बन्ध उस परिणति से है जो कृति को सभी रचना-विधायी तत्त्वों के सहयोग से कृतिकार की प्रतिभा द्वारा प्राप्त होती है।' उन्होंने टेकनीक शब्द को शिल्प-विधि के सर्वथा निकट माना है। पर उन्होंने मेकनिक्स शब्द का विवेचन करते हुए उस पद्धति की ओर संकेत किया है जिसके द्वारा घटनाएँ चरित्र, वातावरण तथा कल्पनाएँ कथानक में परस्पर गूँथी या बुनी जाती हैं। इसी तरह सेटिंग से उनका तात्पर्य उस पद्धति से है जिसके द्वारा उपन्यास के सभी तत्त्वों को उचित क्रम से बैठाया जाता है।[15] इसे औचित्य तत्त्व भी कह सकते हैं। इससे उपन्यास को एक पैटर्न या ढाँचा मिल जाता है और कला उसमें सौन्दर्य का आधान कर देती है। इसी को ध्यान में रखकर यह कहा गया है कि जिस उपन्यास की सेटिंग जितनी ही अच्छी होगी, उसमें प्रभाव उत्पन्न करने तथा शिल्पगत सौन्दर्य का आदर्श प्रस्तुत करने की उतनी ही अधिक क्षमता होगी। उपन्यास के सभी तत्त्व जैसे—भाषा, संवाद--योजना, घटनाओं का समावेश, दृश्य-योजना तथा कथानक का विस्तार आदि अच्छी सेटिंग के माध्यम से ही उपन्यास के प्रभावकारी अंग बन जाते हैं। इसी प्रकार कन्स्ट्रक्शन शब्द रचना की बनावट का द्योतक है। बनावट और बुनावट में अन्तर होता है। बनावट से तात्पर्य उपन्यास के निर्मित रूप से है जिसमें उसके सभी तत्त्व अपना अलग अस्तित्व झलकाते हुए भी परस्पर मिलकर कृति का आधार निर्मित करते जान पड़ते हैं।[16]

कला अभिव्यक्ति का माध्यम है। पर चाहे जैसी अभिव्यक्ति को कला नहीं कह सकते हैं इसलिए कलात्मक अभिव्यक्ति ही कला के अन्तर्गत आती है। कलात्मक अभिव्यक्ति से तात्पर्य सुन्दर अभिव्यक्ति से है क्योंकि इस अभिव्यक्ति में लालित्य रहता है और लालित्य में ही रस, आनन्द या मन को रमाने की शक्ति होती है। इसलिए प्रस्तुतिकरण की कला का जुड़ाव ललित अभिव्यक्ति से होता है। प्रस्तुतिकरण शिल्प के इस कलात्मक कार्य को टॉलस्टाय ने इसी वजह से कला कहा है : कला वह क्रिया है जिसकी सहायता से कोई व्यक्ति अपनी अनुभूति एवं मनोभाव दूसरों तक पहुँचाता है, इसलिए कला का आधार मनोभाव हैं। अगर मनोभावों में भिन्नता हो तो उसके रूप में भी भिन्नता आ जाती है। अब प्रश्न उठता है एक साहित्यकार अपने मनोभावों को दूसरों तक कैसे पहुँचाता है : इसका उत्तर है भाषा द्वारा। इस सन्दर्भ में कहा गया है : अपने मनोभावों और अनुभूतियों को व्यक्त करने के लिए कहीं वह शब्द-चित्रों की, कहीं वह लययुक्त शब्द योजना की और कहीं गम्भीर व समर्थ भाषा की सहायता लेता है। संक्षेप में कहा जाए तो वह अपने मनोभावों

व अनुभूतियों को भाषा का परिधान पहनाकर पाठक के सम्मुख प्रस्तुत करता है। उसके मनोभाव साहित्य के बाहरी रूप द्वारा ही दूसरों तक पहुँचाए जाते हैं, इसलिए साहित्य-रचना में साहित्य के बाहरी रूप का इतना महत्त्व है। इसी को ध्यान में रखकर टॉलस्टाय ने कहा है : जब तक कला का रूप उपयुक्त न होगा तब तक कोई भी कहानी, गीत, लय, चित्र, मूर्ति, नृत्य, नाटक अथवा आभूषण और इमारत अपने रचयिता के मनोभावों को दर्शकों तक पहुँचाने में असमर्थ रहेगी। किसी वस्तु की कलात्मकता उसके बाहरी रूप पर ही निर्भर है।[18] साहित्य का बाहरी रूप इसकी अन्तरात्मा को प्रतिबिम्बित करने के लिए रचा जाता है, इसलिए साहित्यकार के मनोभावों को अभिव्यक्त करने वाले साहित्य के बाहरी रूप से उत्कृष्टता की अपेक्षा करना सर्वथा स्वाभाविक है।[19]

साहित्य का रूप और उसका विषय, इनके परस्पर सम्बन्ध पर विचार कर कहा गया है कि साहित्य का रूप उसके विषय का अनुगामी होता है और साहित्य के विषय का चुनाव उसके पीछे निहित लेखक के विचार, लक्ष्य, प्रेरणा के आधार पर होता है। इसलिए गन-ओ-कानर की यह उक्ति यहाँ ध्यातव्य है कि रूप तो विचार का बाहरी परिधान है, इसलिए प्रकट है कि यह रूप जितना ही विचारानुकूल होगा, उतना ही यह उत्कृष्ट भी होगा।[20] इस दृष्टि से शिल्पविधि के प्रस्तुतिकरण में मनमानापन नहीं चल सकता है। शिल्पविधि के द्वारा जिस विषय को उपन्यस्त किया जाता है, उसमें एक संगति, समानुपात और औचित्य बोध बहुत आवश्यक है। यह रचना को एक सौष्ठव प्रदान करता है क्योंकि रूप और उससे व्यंजित विषय दोनों एक होते हैं।

दो शब्द बन्ध हैं। एक है रूप योजना और एक है शिल्पविधि। दोनों में विभाजक-रेखा खींचना कठिन, फिर भी दोनों दो भिन्न प्रक्रियाएँ हैं। इस सन्दर्भ में विचारणीय है कि साहित्य का बाहरी रूप, कलेवर अथवा आकार साहित्यकार की आत्माभिव्यक्ति के प्रकट रूप के भिन्न-भिन्न नाम हैं, एवं साहित्कार रूप-योजना के जिन तरीकों एवं ढंगों से अपने मनोभावों को रूपायित करता है, वे ही उसकी शिल्प-विधि के नाम से ख्याति प्राप्त कर लेते हैं। यहाँ आकर रूप योजना सम्बन्धी प्रयास और उसकी शिल्प-विधि में कोई अन्तर नहीं रह जाता है। दोनों एक हो जाते हैं। इस दृष्टि से वान-ओ-कानर की यह उक्ति ध्यातव्य है कि कोरी अनुभूति और रूपायित अनुभूति अथवा कला में जो अन्तर है वह शिल्प-विधि के कारण है।[21]

दरअसल शिल्प-विधि और रचना-प्रक्रिया दोनों एक नहीं हैं या यों कहना चाहिए कि शिल्प-विधि के दो पक्ष हैं। एक है आन्तरिक, भीतरी और एक है बाह्य या बाहरी। आन्तरिक पक्ष का सम्बन्ध शिल्प-विधि का वह अंश है जो एक मुकम्मिल रूप लेने के पूर्व साहित्यकार या सर्जक के मन में घटित होता है। इसमें कलाकृति की मानसिक या मन में घटित होने वाली प्रेरणा, विचार, दृष्टिकोण आ जाते हैं और जब इसी प्रेरणा को वह एक आकार देना चाहता है तब उसे रूपाकार खड़ा करने वाली विधि, टेकनीक, प्रस्तुतिकरण का ढंग अथवा शिल्प- विधि का आश्रय लेना पड़ता है। प्रेरणा अगर मन में बनी रहे, वहीं अभिव्यक्त होकर समाप्त हो जाए, बिम्बों, कल्पना आदि की शाब्दी अभिव्यक्ति में परिणत न हो तो वही मसल सिद्ध होगी कि जंगल में मोर नाचा किसने देखा।'

शिल्प-विधि का महत्त्व इस दृष्टि से और बढ़ जाता है क्योंकि इसके द्वारा ही वह अपने लक्ष्य को स्पष्ट और चित्र को सजीव रूप में प्रस्तुत करने में सफल हो पाता है। कहा गया है जो साहित्यकार अपनी रचना को रोचक एवं आकर्षक बनाना चाहता है, वह सर्वप्रथम अपने चित्र का धुँधलापन दूर कर उसमें अधिकाधिक सजीवता लाने का प्रयास करता है। शिल्प-विधि के इस लक्ष्य को अधिक स्पष्ट करते हुए श्री लुवक ने कहा है : पुस्तक कोरे तथ्यों का संग्रह नहीं, वह तो सम्पूर्ण चित्र है। इन तथ्यों का महत्त्व तभी है जब इनकी सहायता से कोई चित्र खींचा जाए।[22]

साहित्यकार अपनी कृति की जो रूप-योजना करता है उसके दो पड़ाव होते हैं। एक तो वह अपने लक्ष्य के अनुकूल सामग्री का चयन करता है फिर उस चुनी हुई सामग्री को एक विन्यास, एक व्यवस्था, एक क्रम देता है। इस प्रक्रिया में उसकी कृति में सारे तत्त्वों का समावेश एक सामंजस्य, एक सन्तुलन, एक संगति स्थापित कर देता है। यदि साहित्यकार अपनी कृति के किसी अंग को अतिशय महत्त्व देकर उस ओर अधिक झुक जाता है तो इससे उसके संहत प्रभाव और अन्यिति को आघात पहुँचता है।

डॉ. ओम शुक्ल ने कृति में इस क्रम-निर्धारण की प्रक्रिया के महत्त्व को रेखांकित करते हुए कहा है : साहित्यकार के लिए यही आवश्यक नहीं है कि वह महत्त्वपूर्ण एवं उपयुक्त सामग्री चुन ले। उसे इस चुनी हुई सामग्री को क्रमानुसार सजाना भी पड़ता है। रूप रचना की यह प्रक्रिया क्रम-निर्धारण की प्रक्रिया कहलाती है और किसी भी कृति के अन्दर एकस्वरता उत्पन्न करने के लिए इसकी नितान्त आवश्यकता है। क्रम-निर्धारण का लक्ष्य रहता है अव्यवस्था के स्थान पर व्यवस्था तथा भिन्नस्वरता के स्थान पर एकस्वरता उत्पन्न करना। क्रम-निर्धारण की इस प्रक्रिया को डॉ. ओम शुक्ला के शब्दों में चाहे हम व्यवस्था, एकसूत्रता, एकस्वरता जैसे विविध नामों से पुकारें इसका लक्ष्य एक ही होता है—रचना में कलात्मकता का संचार करना। क्रम-निर्धारण की यह प्रक्रिया अस्तव्यस्त एवं अव्यवस्थित अनुभूतियों के ढेर को सुन्दर इमारत का रूप प्रदान करती है।[23]

इन्हीं बातों को ध्यान में रखकर श्री हेनरी वारेन ने चयन और क्रम-निर्धारण को ही उपन्यासकार की कला कहा है, और श्री कैनेथ मेक निकोल ने कहा है—सच्चा कलाकार इस सजीव सामग्री के कुशल चयन व क्रम-निर्धारण द्वारा इसे सुन्दर स्वरूप देने तथा इसे सीधे एवं मार्मिक ढंग से प्रस्तुत करने का यत्न करता है।[24]

इस प्रकार सृजन की प्रारम्भिक अवस्था से लेकर कृति को पूर्ण परिणति तक पहुँचाने के लिए एक रचनाकार जिन सब विधियों, रीतियों, कायदों का प्रयोग करता है उनके समुच्चय को शिल्प-विधि कहते हैं। इस शिल्प विधि को रूपायित करने के मुख्य रूप से एक उपन्यासकार को पाँच तत्त्वों का सहारा लेना पड़ता है। वे हैं—कथानक, चरित्र-चित्रण, देश-काल, भाषा, कथोपकथन और उद्देश्य। इन पाँचों उपादानों द्वारा एक उपन्यासकार अपने कथ्य को प्रस्तुत करता है। इसके लिए वह कई घटनाओं की श्रृंखला का सृजन करता है, उन घटनाओं को एक सजीव रूप देने के लिए कुछ पात्रों का सहारा लेता है, फिर उन पात्रों को एक विशेष देश-काल की पृष्ठभूमि में उभारता है, फिर इनके माध्यम से वह अपने उद्देश्य के वैचारिक पक्ष को उभारता है और जिस विधि से वह इन सब तत्त्वों को रूप

प्रदान करता है उसे उपन्यास की शिल्प-विधि अथवा प्रस्तुतिकरण शिल्प कहते हैं। आगे उपर्युक्त पाँचों तत्त्वों के विवेचन-क्रम में वृन्दावनलाल वर्मा और महाश्वेता देवी द्वारा रचित 'झाँसी की रानी' उपन्यास के प्रस्तुतिकरण शिल्प की गुणवत्ता का विवेचन किया जाएगा।

वृन्दावनलाल वर्मा का प्रस्तुतिकरण शिल्प

ऐतिहासिक उपन्यास की शिल्प-विधि के विकास में वृन्दावनलाल वर्मा का प्रदेय रेखांकित करने योग्य है। उन्हें एक प्रकार से हिन्दी के ऐतिहासिक उपन्यासों की पुष्ट और प्रौढ़ परम्परा का प्रवर्तक कहा जाता है। उन्होंने कल्पना और सत्यनिष्ठा के सहारे अपनी जन्मभूमि बुन्देलखण्ड के इतिहास की पुनर्रचना कर अपने उपन्यासों में ढाल दिया। इसके लिए उन्होंने इतिहास का गम्भीर अध्ययन किया, फिर उससे प्राप्त तथ्यों का वास्तविकता के प्रकाश में विश्लेषण कर, भ्रम के अँधेरे से यथार्थ चित्र को निकालकर अपना निष्पक्ष और तटस्थ रूप दिखाते हुए उसे कलात्मक रूप से सबके समक्ष प्रस्तुत किया। पीछे शिल्पविधि के सन्दर्भ में यह विवेचन किया जा चुका है कि कथावस्तु का प्रस्तुतिकरण किस विधि से एक उपन्यासकार करता है और उसके कौन-से विविध आयाम होते हैं। दरअसल उसे सबसे पहले अपने उद्देश्य के अनुसार विषय वस्तु या कथानक का चुनाव करना पड़ता है। चयन के बाद उसे एक क्रम में सजाना पड़ता है। उसे एक क्रम देने के बाद उसको विभिन्न आयामों से गुजरना पड़ता है, तब उसकी कथावस्तु एक पूर्ण विन्यास का रूप धारण करती है।

क्रमपूर्वक सजाने में उपन्यासकार को विपथ होने से अपनी रक्षा करने के लिए आत्मनियंत्रण का सहारा लेना पड़ता है। वह भावनाओं के सैलाब में अपने को बहने से बचाए रखता है।

कथावस्तु का चयन

वृन्दावनलाल वर्मा के ऐतिहासिक उपन्यासों के प्रस्तुतिकरण शिल्प का अगर अध्ययन करना हो तो उनके कथा-विन्यास के आधार, उसके प्रारम्भ, विकास एवं उपसंहार सम्बन्धी विधियों को अपने अध्ययन का विषय बनाना होगा। कथानक को प्रस्तुत करने की विधियों की दृष्टि से उपर्युक्त सोपानों का अध्ययन करना समीचीन होगा।

कथावस्तु का आधार

अपने ऐतिहासिक उपन्यासों की कथावस्तु के चुनाव के लिए उन्होंने दो तरह के आधार बनाए हैं। एक तो किसी महत्त्वपूर्ण युग को हिलाने वाली किसी महत्त्वपूर्ण घटना को आधार बनाया है अथवा महत्त्वपूर्ण घटनाओं के केन्द्र में अवस्थित किसी ऐतिहासिक चरित्र के जीवन को उन्होंने चुना है। इस सन्दर्भ में यह तथ्य ध्यान में रखने योग्य है कि बुन्देलखण्ड के गौरव के प्रति वर्मा जी को विशेष अनुराग था। इसलिए उनके अधिकतर कथानक इसी भूमि से चुने गए हैं।

इस सन्दर्भ में यह कथन ध्यातव्य है : ऐतिहासिक उपन्यासकार के नाते वृन्दावनलाल

वर्मा ने बुन्देलखण्ड के अतीत काल के चित्रण को अपनी कथा का आधार बनाया है। बुन्देलखण्ड के अतीत वैभव के प्रति उनके हृदय में गौरव की भावना विद्यमान थी, इसलिए उन्होंने बुन्देलखण्ड के दूरस्थ अतीत का श्रद्धापूर्ण नेत्रों से निरीक्षण किया है। फलस्वरूप उन्होंने अपने उपन्यासों में बुन्देलखण्ड की गौरवपूर्ण एवं इतिहास-प्रसिद्ध घटनाओं और ऐतिहासिक विभूतियों को ही अपनी कथा का आधार बनाया है।[25]

मेरे प्रतिपाद्य उपन्यास 'झाँसी की रानी' में सन् 1857 के उस महान विप्लव को आधार बनाया गया है जिसके कारण लण्डन में बैठी हुई महारानी विक्टोरिया की सरकार भी काँप उठी थी और विप्लव की अलख जगाने वाली झाँसी की रानी लक्ष्मीबाई के त्याग और शौर्यपूर्ण जीवन को उस विप्लव के केन्द्र में गूँथा गया है। रानी लक्ष्मीबाई के देश-प्रेम तथा आत्मोत्सर्ग कथा पर यह सम्पूर्ण उपन्यास टिका हुआ है।

अनुसंधान और तथ्यों का संग्रह

वृन्दावनलाल वर्मा के ऐतिहासिक उपन्यासों के अध्ययन से यह साफ हो जाता है कि उनके उपन्यासों की कथाभूमि इतिहास के गहरे और विस्तृत शोध और अनुसन्धान पर टिकी हुई है। व्यापक अध्ययन और अनुसन्धान के आधार पर उन्होंने अपने ऐतिहासिक उपन्यासों से सम्बन्धित तथ्य, दस्तावेज, कच्ची सामग्री जुटाई फिर अपनी मेधा और प्रतिभा के आधार पर उनसे निष्कर्ष निकाले। उन्होंने अपने कथानक को पुष्ट आधार देने के लिए अध्ययन किया, कैसे खोज की उसका विवरण उन्होंने अपने उपन्यासों की भूमिका में दिया है। 'झाँसी की रानी' लिखते समय उन्होंने विष्णुराव गोड़से के 'साझा प्रवास' की सहायता ली और रानी झाँसी द्वारा वानपुर के राजा मर्दनसिंह के नाम लिखे गए पत्रों का अध्ययन किया। उन्होंने 'झाँसी की रानी' उपन्यास के परिचय में स्वयं स्वीकार किया है कि सन् 1932 से वह ऐतिहासिक अनुसन्धान में प्रवृत्त हुए। झाँसी की कलेक्टरी तथा सर 1858 के मुकदमे में दिए गए बयानों को पढ़कर उन्होंने इतिहास के कंकाल में अपनी कला के सहारे प्राण संचार किया।[26]

कोरे ऐतिहासिक अनुसन्धान और तथ्यों के जमघट का ब्योरा देने से किसी ऐतिहासिक उपन्यास का सृजन नहीं होता है। उपन्यास तथ्यों, आँकड़ों और वर्णन का लेखाजोखा नहीं है। प्रस्तुतिकरण शिल्प से गुजरकर एक कुशल उपन्यासकार उसे एक रूप देता है। इस सन्दर्भ में प्रसिद्ध समीक्षक एल.एल. राऊस का कथन ध्यातव्य है। उसका कहना है : इतिहासकार का काम है अतीत की घटनाओं का वर्णन करना और उनकी पुनर्रचना करना। और इस काम के लिए उसे कलाकार होना पड़ता है। ऐतिहासिक पुनर्रचना का काम कवि या उपन्यासकार के काम से भिन्न नहीं है। जरूरत इस बात की है कि उसकी कल्पना सत्य के अधीन रहे।[27]

वृन्दावनलाल वर्मा के प्रस्तुतिकरण शिल्प पर विचार करते हुए श्री यज्ञदत्त शर्मा का यह कथन एकदम युक्ति-युक्त है : वृन्दावनलाल जी ने इतिहास को बन्धन-मुक्त कर दिया है और काव्य को बन्धन में बाँधकर उसे लाजवन्ती का स्वरूप प्रदान किया है जो अपने समस्त सौन्दर्य को अपने में समेटकर चित्रित की जाती है।[28]

ऐतिहासिक स्थलों का निरीक्षण

अपने ऐतिहासिक उपन्यासों को यथार्थ की पृष्ठभूमि देने के लिए वर्मा जी ने बुन्देलखण्ड के चप्पे-चप्पे को छान मारा था। इस सन्दर्भ में यह कथन कितना सटीक है : उपन्यासों को यथार्थ और सजीव बनाने के लिए वे अथक परिश्रम करते थे। वैसे तो सारा बुन्देलखण्ड उनका देखा हुआ था, किन्तु जब किसी उपन्यास के कथानक के लिए कोई विशेष क्षेत्र चुनते थे तो महीनों घूम-घूम कर उसका निरीक्षण करते, और साथ ही तत्कालीन इतिहास के लिए उपलब्ध पुस्तकों, कथाओं, किंवदन्तियों का संग्रह करके उनका अध्ययन करते। बाद में तो इतिहास के प्रति ईमानदार रहने की उनकी प्रवृत्ति इतनी बढ़ गई थी कि वे जिस विषय पर लिखने का निश्चय करते उस पर पूरा शोध ही कर डालते थे और कभी-कभी भूल जाते थे कि मैं इतिहास नहीं उपन्यास लिख रहा हूँ।[29]

यहाँ डॉ. ओम शुक्ल का यह कथन भी विचारणीय है : वृन्दावनलाल वर्मा ने बुन्देलखण्ड के जिस भव्य अतीत को लेकर अपने उपन्यासों की रचना की है, उसके स्मारक के रूप में यद्यपि आज टूटे-फूटे खँडहर ही शेष बचे हैं, तो भी इन भग्नावशेषों में अतीत की भव्यता को वे अपने अन्तर्चक्षुओं से देख पाए हैं। वे टूटे-फूटे खँडहर उनके लिए इतिहास के विविध पृष्ठ हैं। अतएव, श्रद्धापूर्ण नेत्रों से इन खँडहरों का निरीक्षण कर वे कल्पना के सहारे अपने उपन्यासों में इनकी पुनर्रचना करने में सफल हुए हैं। इस प्रकार सरकारी दस्तावेजों और दस्तूदेहियों के अध्ययन के अतिरिक्त वृन्दावनलाल वर्मा ने इन खँडहरों की मूक भाषा सुनी है और उसे अपनी रचनाओं में शब्दबद्ध किया है।[30]

किंवदन्तियों, जनश्रुतियों का उपयोग

इतिहास की जिस परम्परा को ऐतिहासिक तथ्यों का आधार मिला होता है उनकी सत्यता में कोई सन्देह नहीं होता है किन्तु ऐतिहासिक कथानकों, घटनाओं, पात्रों के कार्यकलापों के आस-पास लोकचेतना, लोक का मन ऐसी किंवदन्तियों और जनश्रुतियों की रचना करता रहता है कि वे कभी-कभी ऐतिहासिक परम्परा से भी अधिक सच और रंगीन प्रतीत होने लगती हैं। वर्मा जी के कई उपन्यास तो एक-एक जनश्रुति के आधार पर गढ़े गए हैं जैसे 'विराटा की पद्मिनी', 'कचनार' और 'मृगनयनी' किन्तु 'झाँसी की रानी' उपन्यास के कथानक में उन्होंने कई जनश्रुतियों का उपयोग किया है और उसके आधार पर कुछ पात्रों तथा घटनाओं की रचना कर डाली है।

अपने कथानक और उसके प्रस्तुतिकरण शिल्प में वृन्दावनलाल वर्मा ने किंवदन्तियों और जनश्रुतियों का किस प्रकार विनियोग किया है इसका ब्योरा उन्होंने उपन्यास के मूल कथानक से बाहर परिशिष्ट में दे दिया है। उसके विश्लेषण से यह समझ में आ जाता है कि किसी ऐतिहासिक कथावस्तु के प्रस्तुतिकरण शिल्प की दृष्टि से वे किस प्रकार उपन्यास के कथानक को रसपूर्ण और जीवन्त बना देती हैं और लोकचित्त में बसे हुए लोक साक्ष्य को एक ऐतिहासिक सन्दर्भ में प्रस्तुत कर लोक परम्पराओं को महत्त्वपूर्ण बना देती है।

वर्मा जी ने उल्लेख किया है : झाँसी के हृदय में झाँसी की रानी का राज्य सदा बना

रहा। लावनियों में, फागों में, गाँवों और शहरों में किसान और मजदूर उनके सम्बन्ध में अपने निजत्व को प्रकट करते रहे हैं। उनकी एक-एक स्मृति झाँसी नगर में आज भी जनता को पकड़े हुए है। होली जलने के बाद की प्रथमा के दिन झाँसी वाला होली नहीं मनाता, वह दिन उसके लिए सूतक का है।[21]

अर्थात झाँसी की रानी, गंगाधरराव की मृत्यु आज भी झाँसी वालों के हृदय में बसी हुई है। मुख्य कथानक में जनेऊ पहनने की प्रासंगिक कथा की योजना की गई है। इसका आधार तमेरों द्वारा किया गया जनेऊ आन्दोलन था। उपन्यासकार ने जाति का नाम न देकर इसे एक सामाजिक चेतना का रूप देकर अपनी कलात्मकता का प्रमाण दिया है।[32]

उस समय समाज में किस प्रकार गुणीजन कसाला भोग रहे थे और आततायी माल उड़ा रहे थे इसका प्रमाण लेखक को हृदयेश की एक अधूरी रचना से मिला था जिसका उल्लेख उन्होंने परिशिष्ट में किया है। यहीं पर पजनेस ने अपने प्रेम प्रसंग का उल्लेख जिस कवित्त में किया है उसका उल्लेख है। नारायण शास्त्री और उनके प्रेम प्रसंग का आधार भी समाज में प्रचलित एक जनश्रुति है।[33]

झाँसी त्यागने के बाद ह्यूरोज के सामने रानी का वेश धारण कर झलकारी के जाने की घटना की सत्यता की पुष्टि में लेखक ने उसके परिवार में प्रचलित जनश्रुति को आधार बनाया है। वर्मा जी ने लिखा है : झलकारी बहुत उमर पाकर मरी। मुझको उसके दर्शन करने का सौभाग्य प्राप्त नहीं हो पाया। उसके मरने का पता तब लगा जब रानी की बातों का पता लगाते-लगाते मैं कोरियों के सम्पर्क में आया।[34]

लेखक ने अपनी दादी-परदादी के हवाले से बताया है कि रानी जिस मिट्टी के ढेले को छू देती थी, वह सोना हो जाता था, जिस काठ के टुकड़े को स्पर्श कर देती थी वह फौलाद बन जाता था। मुझको आश्चर्य होता था। पर बात लगती बहुत अच्छी थी। इस किंवदन्ती की अर्थवत्ता का खुलासा लेखक ने सामान्य स्त्री-पुरुषों में शौर्य, वीरता और साहस संचार कर देने की प्रक्रिया के द्वारा किया है। उसने लिखा है : आह! उस रानी का स्पर्श तो प्राप्त नहीं है, पर नाम ने मिट्टी के ढेलों का स्वर्ण बना दिया और काठ के टुकड़ों को वज्र...और जब तक भारत, भारत है, वह नाम यह काम करता ही रहेगा।[35]

अपनी कथावस्तु के आधार के सम्बन्ध में लेखक का कहना है : उपन्यास की कुछ घटनाएँ 'माझा प्रवास' के आधार पर हैं। उनके सत्य का निर्धार किंवदन्तियों और जनरल रोज के खरीतों से होता है।[36]

कथा के प्रारम्भ करने की शिल्पविधि

वृन्दावनलाल वर्मा ने अपने ऐतिहासिक उपन्यासों के कथानक के प्रारम्भ करने की एक विशेष तकनीक अपनाई है। उन्होंने इस प्रविधि का उपयोग प्राय: अपने हर ऐतिहासिक उपन्यास में किया है। 'झाँसी की रानी' के कथानक के प्रस्तुतिकरण में भी इसी प्रविधि का आश्रय लिया गया है।

परिचय द्वारा प्रारम्भ

झाँसी की रानी का प्रारम्भ भूमिका के रूप में परिचय को उपन्यस्त कर किया गया है। इसमें वर्मा जी ने झाँसी की रानी से अपने पारिवारिक रिश्तों का हवाला देते हुए लिखा है कि किस प्रकार उनके पड़दादा और दादा का जुड़ाव 1857 ई. के महासंग्राम से था। उनके पड़दादा रानी की फौज में शामिल थे और युद्ध करते हुए मारे गए। उनके पितामह भी बन्दी बनाए गए थे और विक्टोरिया की घोषणा के बाद जेल से रिहा हुए। इस परिचय में वर्मा जी ने यह सिद्ध किया है कि रानी स्वराज्य के लिए लड़ी थी, किसी विवशता के कारण नहीं। इसमें वर्मा जी ने उपन्यास लिखने के प्रेरणा–स्त्रोत का भी उल्लेख किया है। इसका विस्तृत विवरण इस प्रबन्ध के पहले अध्याय में दिया जा चुका है।

प्रस्तावना और मूल कथा की पृष्ठभूमि

अपने मुख्य कथानक को उभारने के लिए वर्मा जी पहले कथानक की पृष्ठभूमि के रूप में प्रस्तावना शीर्षक अध्याय में उन राजनैतिक, सामाजिक परिस्थितियों का ऐतिहासिक विवरण देते हैं, जिससे वे उस व्यापक कैनवास की रचना कर सकें जिस पर वे अपने मुख्य कथानक की रचना करेंगे। इसका उद्‌देश्य होता है उन मूल कारणों का हवाला देना जिनसे प्रेरित होकर आगे की ऐतिहासिक घटनाएँ घटीं। जिन्हें उपन्यास के मनोरंजक पक्ष पर अधिक विश्वास होता है वे प्रस्तावना में दिए गए ऐतिहासिक विवेचन को अनावश्यक मानकर उन पन्नों को पलट कर आगे बढ़ जाते हैं। पर आगे चलकर उपन्यास में जो घटनाएँ घटती हैं और जिन पात्रों का उदय होता है, जो घटनाचक्र को एक गहरा मोड़ देते हैं उन्हें समझने के लिए यह प्रस्तावना बहुत जरूरी होती है। यह प्रस्तावना मुख्य कथावस्तु तो नहीं है पर उसका आधार जरूर तैयार करती है। इसमें छिट–पुट घटनाओं का एक सिलसिला दिया गया है, जो आगे की घटनाओं को समझने के लिए एक आधार का काम करता है। यह मुख्य कथानक को कैसे प्रस्तुत किया जाएगा उसका संकेत करने वाली प्रस्तावना है। यह प्रस्तावना नान्दी श्लोक की तरह है जिसमें सूत्रधार आकर किसी नाटक के आधिकारिक कथानक की सूचना देकर उत्सुकता पैदा कर स्टेज से चला जाता है।

शीर्षक और प्रस्तुतिकरण शिल्प

प्रस्तुतिकरण शिल्प की दृष्टि से वृन्दावनलाल वर्मा ने अपने उपन्यासों की कथावस्तु को शीर्षकों द्वारा भी प्रस्तुत किया है। यह विधि उन्होंने अपने हर उपन्यास में अपनाई है। 'झाँसी की रानी' उपन्यास में परिचय और प्रस्तावना की योजना के बाद उन्होंने 'उदय' शीर्षक द्वारा कथा का प्रारम्भ किया है। इस सन्दर्भ में यह कहना उचित है कि इस शीर्षक द्वारा उन्होंने जैसे झाँसी की रानी के भावी उदय की गाथा का ही संकेत कर दिया हो। उसके बाद 'मध्याह्न' और 'अस्त' शीर्षक देकर इन शीर्षकों को इक्यावनवे अध्याय में बाँटा गया है। अन्त में परिशिष्ट है जिसमें चौबीस परिच्छेदों में उन घटनाओं का उल्लेख है जो मुख्य कथानक में या तो अट नहीं सकी हैं या जो उन घटनाओं का आधार हैं।

दरअसल इन विधियों के आधार पर 'झाँसी की रानी' उपन्यास के कथानक का विन्यास किया गया है। उपन्यास के कथानक में कसावट लाई गई है। लेकिन मुख्य कथानक के साथ प्रासंगिक कथाओं का क्या सम्बन्ध है ? कहीं ऐसा तो नहीं कि कुछ प्रासंगिक घटनाएँ या उपकथानक अनावश्यक रूप से बढ़ गए हों जिससे मुख्य कथानक की बनावट में ढीलापन आ गया हो ? ऐसा तो नहीं है कि ऐतिहासिक तथ्यों के उल्लेख को इतना महत्त्व दिया गया हो जिससे घटनाचक्र में अवरोध पैदा हो गया हो और कथानक रुक-सा गया हो ? इन सब प्रश्नों का उत्तर कथानक वाले अध्याय में विस्तार से दिया जा चुका है।

कथावस्तु के विकास के लिए वृन्दावनलाल वर्मा ने उपर्युक्त विधियों के अतिरिक्त तीन विधियों का उपयोग और किया है। वे विधियाँ हैं युद्ध द्वारा कथा का विकास, संकल्प द्वारा कथा का विकास और षड्यंत्र द्वारा कथा का विकास। इन तीनों प्रविधियों के द्वारा वे घटनाचक्र को एक धक्का देते हैं जिससे कथानक एकाएक गति पकड़ लेता है और घटनाचक्र तेजी से बढ़ने लगता है। ये तीनों विधियाँ उनके हर ऐतिहासिक उपन्यास में देखी जा सकती हैं। 'झाँसी की रानी' उपन्यास में इन प्रविधियों को कुछ अधिक ही काम में लाया गया है। उसका कारण यह है कि 'झाँसी की रानी' का कथानक कुछ है ही जटिलताओं से भरा। क्योंकि जहाँ राजसत्ता के लिए संघर्ष होता है, जहाँ स्वार्थ बुद्धि से प्रेरित होता है और आत्मकेन्द्रित पात्रों की संख्या और उनकी कशमकश, द्वन्द्व, प्रतिस्पर्धा अधिक होती है, वहाँ नि:स्वार्थ, जीवन-मूल्यों से प्रेरित सत् प्रकृति के पात्रों को अधिक संघर्ष करना पड़ता है। इसलिए ऐसे कथानक को लेकर जो उपन्यास लिखे जाते हैं उनमें उपर्युक्त तीनों प्रविधियाँ प्रमुखता से देखी जाती हैं।

द्वन्द्व, युद्ध, संघर्ष द्वारा कथा का विकास

'झाँसी की रानी'--वृन्दावनलाल वर्मा का प्रसिद्ध उपन्यास 1857 के महाविप्लव पर आधारित है। इस उपन्यास में युद्ध और युद्ध की योजनाओं की भरमार है। सुभद्रा कुमारी चौहान की झाँसी की रानी पर लिखी गई कविता की टेक ही है, 'खूब लड़ी मर्दानी वह तो झाँसी वाली रानी थी।' इसमें रानी के युद्ध करने और करते रहने का ही उल्लेख है। वर्मा जी ने अपने इस उपन्यास में झाँसी की रानी, तात्या टोपे, राव साहब के साथ अंग्रेजी फौज का जो युद्ध हुआ उसका वर्णन तो है ही किन्तु, रानी लक्ष्मीबाई को सागर सिंह ओरछा की रानी लड़ैती और नत्थे खाँ से जो युद्ध करना पड़ा उसका भी विस्तृत वर्णन है। तात्या टोपे द्वारा रानी को अपनी स्त्री-सेना के साथ युद्ध की योजना बनाते, उसकी तैयारी करते भी देखा जाता है। उन्होंने युद्ध और आक्रमण की घटनाओं द्वारा मानो इस उपन्यास को संग्राम के क्षेत्र का रूप दे दिया है।[37] इस उपन्यास में युद्ध की घटनाएँ सिर्फ रानी और अंग्रेजों के मध्य ही नहीं घटती हैं बल्कि अन्य घटनाओं में भी युद्ध का उल्लेख है। जैसे सखूबाई और रघुनाथ राव में युद्ध और उसे कैद में डाल देना। सखू बाई का फेजर से मुकाबला और उसका मोर्चा छोड़कर भाग जाना।[38] फिर बरुआसागर में सागर सिंह से मोर्चा,[39] उसका आत्मसमर्पण, इसके बाद नत्थे खाँ से युद्ध[40], मर्दन सिंह और राजा बखतवली के साथ ह्यूरोज का युद्ध,[41] फिर रोज द्वारा झाँसी की घेराबन्दी और असफल युद्ध की चेष्टा,[42] बेतवा के तट पर तात्या

टोपे और रोज की सेना का युद्ध,[43] उसके बाद रानी के साथ जनरल रोज का झाँसी में अन्तिम युद्ध।[44] फिर भांडेर, कोंच और कालपी में ह्यूरोज की सेना के साथ भयंकर युद्ध और ग्वालियर में अन्तिम युद्ध और रानी की मृत्यु, भारतीय सेना की पराजय। इन सब युद्धों के द्वारा वृन्दावनलाल वर्मा ने अपने उपन्यास 'झाँसी की रानी' की कथावस्तु को विकसित किया है। ऐसा लगता है जैसे तलवार, गोलों और गोलियों की बौछार पर बैठकर इस उपन्यास की कथावस्तु उड़ी जा रही हो। युद्ध, युद्ध और युद्ध...इसके अलावा कुछ नहीं। पूरा कथानक युद्धों से आक्रान्त।

संकल्प द्वारा कथा का विकास

दूसरा बिन्दु है संकल्प द्वारा कथा का विकास। यदि 'झाँसी की रानी' उपन्यास का सूक्ष्म दृष्टि से अध्ययन किया जाए तो इसका घटनाचक्र सिर्फ रानी के दृढ़ संकल्प के आसपास घूमता है। यदि 1857 के महाविप्लव के पीछे 'झाँसी की रानी' लक्ष्मीबाई का दृढ़ संकल्प न होता तो ह्यूरोज को उसका दमन करने के लिए बुन्देलखण्ड में ब्रिटिश फौज के साथ न भेजा जाता। लक्ष्मीबाई के आसपास प्रारम्भ से जो भी व्यक्ति रहे हैं उनमें से किसी में भी वह दृढ़ इच्छाशक्ति थी ही नहीं जो अंग्रेजों से मोर्चा लेती और उन्हें पछाड़ने का दृढ़ संकल्प करती। अंग्रेजों को पराजित करने की इच्छाशक्ति उसमें पहली बार राव साहब और नाना से बातचीत के दौरान व्यक्त होती है। नाना के यह कहने पर कि अब तो सब तरफ अंग्रेजों का चरचराटा है, मनु उत्तर देती है, 'नाना साहब को कदाचित विश्वास नहीं होता कि अंग्रेज भी हराए जा सकते हैं।'[45] उसकी इस दृढ़ इच्छाशक्ति की अभिव्यक्ति उस कथन से भी होती है जो उसने तात्या टोपे से पूरे देश में अंग्रेजों के विरुद्ध कैसी चेतना जागी है, उसकी रपट प्रस्तुत करते समय कहा था, 'यही कि कान और आँख खोलकर समय की प्रतीक्षा करें। मुझे अभी तो पूर्ण स्वस्थ होने में ही कुछ समय लगेगा, स्वस्थ होते ही अपने आदर्श के पालन में सचेष्ट होऊँगी। अपने आदर्श को कभी न भूलना...वह प्रयत्न की पहली और पक्की सीढ़ी है।'[46]

यही दृढ़ संकल्प उसका तब मुखारित हुआ जब एलिस गोदनामे की अस्वीकृति और झाँसी राज्य के विलय का दुःखद संवाद लेकर दरबार में आया। सभी के कलेजे धकधक कर रहे थे। पर्दे के पीछे से रानी ने उस घोषणा को सुना और दृढ़ स्वर में कहा—मैं अपनी झाँसी नहीं दूँगी। इन शब्दों से दीवाने-खास गूँज गया। वायुमंडल ने उनको अपने भीतर निहित कर लिया।[47]

अगर रानी इन शब्दों में अपना दृढ़ संकल्प व्यक्त न करती तो इतिहास कुछ दूसरा ही होता और घटनाचक्र भी यहीं थम जाता। इस दृढ़ संकल्प के कारण ही आगे का घटनाचक्र तीव्रता से घूमता है और अपने लक्ष्य की ओर अग्रसर होता है।

रानी का यह संकल्प क्षणिक उत्तेजना में व्यक्त नहीं हुआ था। यह संकल्प उसके व्यक्तित्व का अंग था। ऐसा लगता है उसका जन्म ही यह संकल्प लेकर हुआ था क्योंकि इसकी पुष्टि आगे वहाँ पर होती है, जब वह कहती है, 'मैं लड़ूँगी, उन गरीबों के गीतों की रक्षा के लिए, इन पुस्तकों के लिए।'[48]

षड्यंत्र द्वारा कथा का विकास

जहाँ सत्ता के लिए संघर्ष होता है, जहाँ राजनीतिक स्वार्थ की टकराहट होती है वहाँ षड्यंत्रों का भी बोलबाला होता है। 1857 के विप्लव की विफलता का एक कारण निजी स्वार्थ भी था। फूट तो थी ही। इन सब कारणों से 'झाँसी की रानी' उपन्यास में पीर अली, अली बहादुर, सखूबाई, लड़ैती रानी को अंग्रेजों से मिलकर अथवा अपने स्वार्थ के लिए हम षड्यंत्र करते हुए भी देखते हैं। इन षड्यंत्रों की 'झाँसी की रानी' के कथानक के विकास में महत्त्वपूर्ण भूमिका परिलक्षित होती है। प्रारम्भ में अपने पुत्र के खिलाफ सखूबाई का षड्यंत्र सामने आता है। इसका पूरा विवरण इस प्रकार है :

रामचन्द्र राव की नाबालिगी के जमाने में शासन-सूत्र उसकी माँ सखूबाई के हाथ में था। रामचन्द्र राव ने राजा की स्थायी उपाधि पाते ही शासन सूत्र पूरे तौर पर अपने हाथ में ले लिया और दो दिन में ही खजाने को लगभग रीता कर दिया। सखूबाई को खजाने का खाली होना इतना नहीं अखरा जितना अपने हाथ से राज्य की बागडोर का चला जाना। सखूबाई को रामचन्द्र राव का राजा होना नहीं सहा गया। उसने रामचन्द्र राव को मरवा डालने का षड्यंत्र रचा।

उसका षड्यंत्र कितना क्रूर और हृदय विदारक था इसे जानकर रोंगटे खड़े हो जाते हैं। वर्मा जी ने लिखा है : झाँसी के लक्ष्मी फाटक के बाहर लक्ष्मी तालाब के दक्षिण-पश्चिमी सिरे पर महालक्ष्मी का मन्दिर है। इस मन्दिर के चौपड़े में सखूबाई ने अपने लड़के का वध करने के लिए भाले गड़वाए। रामचन्द्र राव को तैरने का बहुत शौक था, विशेषकर रात में। सखूबाई को विश्वास था कि उस रात रामचन्द्र राव चौपड़े में तैरने के लिए मुठार लगाएगा और समाप्त हो जाएगा।

परन्तु लालू कोदेलकर नाम के एक मराठा युवक और मऊ के उपर्युक्त आनन्दराव की सहायता के कारण रामचन्द्र राव बच गया।[49]

मोतीबाई ने रानी को मीरा का भजन सुनाने के बाद कहा, 'सरकार के विरुद्ध एक जासूस और पैदा हो गया है।' रानी ने शान्त भाव से कहा, 'कौन है मोती ?' 'नबाब अली बहादुर।' मुझको सन्देह तो नबाब साहब पर पहले से था।'[50] इसकी पुष्टि स्कीन के इस वार्तालाप से होती है : अली बहादुर नबाब यहाँ का बड़ा आदमी है। विश्वसनीय है। मुझसे मिला है, बहुत शिष्ट है। उसको बराबर मुलाकात देनी चाहिए।[51] पीर अली और नबाब अली बहादुर में जो बातचीत होती है उससे भी इस षड्यंत्र का पता चलता है। पीर अली सूचनाएँ एकत्र कर अली बहादुर को देता था। अली बहादुर उसे गार्डन के पास पहुँचाता था जिससे गार्डन को रानी के खिलाफ योजना बनाने में सहूलियत मिलती थी। अली बहादुर यह काम मोतीबाई और खुदाबख्श से भी करवाना चाहता था। एक दिन पीर अली से उसने कहा, 'उससे काम नहीं निकाला जा सकता है ?' 'कोशिश करूँगा।' नबाब साहब सोचने लगे फिर बोले, 'मोतीबाई को मेरे पास लिवा लाओ। गाने के बहाने से।' पीर अली, 'लेकिन वह कहीं भी नहीं गाती। बहुत कम बाहर निकलती है।' नबाब, 'मेरे यहाँ गाएगी। लेकिन खुदाबख्श को खबर न हो।'[52]

मोतीबाई और खुदाबख्श में जो बातचीत होती है उससे नबाब और पीर अली रानी

के विरुद्ध अंग्रेजों को सूचनाएँ देकर कितना बड़ा षड्यंत्र रच रहे हैं इसकी सूचना मिलती है। मोतीबाई ने खुदाबख्श से कहा कि तुम्हें जासूसी करनी होगी। खुदाबख्श ने पूछा, 'कैसी जासूसी?'

इस पर मोतीबाई ने विस्तार से बताया, 'रानी साहब के पास कौन-कौन आते हैं, किस-किस मतलब से आते हैं, क्या बात करते हैं, कौन से ढंग रचते हैं, अंग्रेज सरकार के खिलाफ कहाँ क्या हो रहा है, इन बातों का पता लगाना होगा। नबाब साहब इस सेवा के बदले में काफी देंगे और अंग्रेज सरकार से दिलवाएँगे। बड़े-बड़े साहबों से हाथ मिलाने का और अपनी तरक्की करने का आपको मौका मिलेगा।'[53]

दरअसल खुदाबख्श की परीक्षा लेने के बहाने उसने यह सब कहा था किन्तु इस वार्तालाप से एक लम्बे षड्यंत्र का पता चलता है। इस षड्यंत्र के फलस्वरूप दूल्हा जू तोपची भी अंग्रेजों से मिल जाता है और फाटक खोल देता है जिससे अंग्रेज फौज नगर में घुस आती है और घटनाचक्र रानी के खिलाफ घूम जाता है। इस षड्यंत्र का उपन्यास की कथावस्तु के मोड़ पर गम्भीर प्रभाव पड़ता है इसलिए इसका इतने विस्तार से उल्लेख किया गया।

भविष्यवाणी द्वारा कथा का विकास

कथावस्तु के विकास में उन्होंने प्रस्तुतिकरण की इस पद्धति का भी उपयोग किया है। दरअसल इसके पीछे रचना-प्रक्रिया का वह तत्त्व छिपा हुआ है जो किसी उपन्यासकार की चेतना में पहले से विद्यमान रहता है। जिसका आभास किसी-किसी पात्र के आकस्मिक वार्तालाप के द्वारा मिलता रहता है। हालाँकि इस भविष्य-कथन के पीछे कार्य-कारण सम्बन्ध की पूरी योजना रहती है और रहता है ऐतिहासिक घटनाओं का साक्ष्य। इतिहास का अर्थ ही है जो ऐसा था, जो ऐसा घटित हुआ था। जब इतिहास में उन घटनाओं का जैसी वे घटी थीं, वैसा उल्लेख पहले से विद्यमान है तब कथावस्तु में उन परिस्थितियों की सृष्टि करनी भर रह जाती है जिनमें वैसी घटनाएँ घट सकती हैं, इसका भविष्य-कथन किया जा सकता है।

वृन्दावनलाल वर्मा ने अपने उपन्यास 'झाँसी की रानी' में ऐसे भविष्य-कथन शुरू से ही विन्यस्त किए हैं। हालाँकि उनके पीछे ऐतिहासिक तथ्य पहले से ही विद्यमान हैं पर इनके पीछे कलात्मक सच इस प्रकार व्यक्त किया गया है कि वे तथ्य कथन न रहकर सर्जना के अंग बनकर सुन्दर हो उठते हैं और कथानक का जो गुण होता है उत्सुकता पैदा करना, एक 'सस्पेंस' को बनाए रखना, पाठक की चेतना को थोड़ा डाँवाँडोल रखना वह सिद्ध हो जाता है।

मोरोपन्त के यह कहने पर कि तेरे भाग्य में हाथी नहीं लिखा है, मनु तमककर उत्तर देती है—मेरे भाग्य में एक नहीं दस हाथी लिखे है। इससे इस भावी घटना की पुष्टि होती है कि वह राजा रानी बनेगी।[54] आगे चलकर जब तात्या दीक्षित ने मनु की जन्मपत्री देखी तो प्रसन्न होकर यह उद्‌गार व्यक्त किए—ऐसी जन्मपत्री कदाचित् ही पहले कभी देखी हो। इसको कहीं की रानी होना चाहिए। जब तात्या ने यह भविष्यवाणी की तब उन्हें यह पता नहीं था कि यह जन्मपत्री मोरोपन्त की पुत्री मनु की है। इसलिए जब उनके सामने मनु आई तब उसे देखकर उन्होंने फिर भविष्यवाणी की—तात्या दीक्षित ने मनुबाई के विशाल नेत्र, भौंरे को लजाने वाले चमकीले बाल, स्वर्ण-सा रंग, सम्पूर्ण चेहरे की अतीव सुन्दर बनावट

देखकर प्रसन्नता प्रकट की और भविष्यवाणी-सी की—यह किसी राज्य की रानी होगी।[55]

इन भविष्यवाणियों से कथानक के विकास में सहायता तो मिलती ही है किन्तु, यह उत्सुकता पैदा होती है कि देखें रानी कहाँ की रानी बनती है और जिन्होंने इतिहास पढ़ रखा है उन्हें यह विश्वास हो जाता है कि लक्ष्मीबाई में रानी बनने के गुण बचपन से ही विद्यमान थे।

झाँसी की रानी लक्ष्मीबाई उपन्यास में भावी घटनाओं का आभास देने वाले और भी कथन हैं जिनसे भावी घटना का आभास मिलता है।

आगे क्या घटने वाला है ऐसे कथनों की इस उपन्यास में भरमार है। उन्हीं के आधार पर घटनाचक्र की भावी दिशा का बोध होता चलता है। एक बार राजा गंगाधर राव और गार्डन के बीच बातचीत हो रही थी। उस समय रियासतों में चाहे अपना कानून लागू हो किन्तु शेष जगहों पर अंग्रेजी कानून लागू होना चाहिए था। राजा के कान खड़े हुए, वे कुछ संशकित भी हुए किन्तु गार्डन ने उनका मन भाँपकर इस प्रसंग को इस प्रकार प्रस्तुत किया कि जिससे बात कह भी ली जाए और गंगाधर राव को बुरा भी न लगे। किन्तु इस वार्तालाप से अंग्रेजों की भावी योजना का पता चल जाता है।

गार्डन ने कहा, 'सरकार को शायद मालूम होगा, हमारे यहाँ के एक बहुत बड़े विद्वान ने हिन्दुस्तान-भर के लिए एक ही दंड-विधान प्रस्तुत कर दिया है। वह बहुत विशद और न्यायपूर्ण है। जितने दंड रखे गए हैं, कोई भी अमानुषिक नहीं है।'

'क्या रियासतों में भी उस विधान को जारी किया जाएगा ?' गार्डन ने तत्काल उत्तर दिया, 'नहीं सरकार। रियासतों को अपना निज का प्रबन्ध अपनी व्यवस्था के अनुसार करने का अधिकार है।' राजा एक क्षण सोचकर बोले, 'हमारी सन्धियों में यह अधिकार सुरक्षित है।'

सन्धियों शब्द पर गार्डन के मन में तुरन्त खटपटी उठी, परन्तु उसने खुशामद के ढंग को अधिक अच्छा समझकर कहा, 'परन्तु सरकार, हमारे सम्राट और भारत के गवर्नर जनरल को उस दिन बहुत अच्छा लगेगा, जब सब रियासतों में एक ही प्रकार का न्याय, एक ही कानून और एक ही तरह की अदालतों की स्थापना की जाए। इसमें सरकार का कोई हर्ज भी नहीं है, नरेशों का बोझ भी हलका हो जाएगा और जनता ज्यादा चैन की साँस लेने लग जाएगी।'

गार्डन के इस कथन से उस भावी घटना का आभास मिलता है जिसके सहारे भारत की देसी, अपनी कानून व्यवस्था समाप्त कर दी गई, पंचायतें खत्म हो गईं और अंग्रेजों का वह कानून लागू हो गया जिसके तहत भारत की जनता पर अबाध अत्याचार किए गए और अंग्रेज अधिकारियों के मनमानेपन को कानून के बाहर रखा गया। न्याय का प्रहसन चलता रहा, जिसके तहत हजारों क्रान्तिकारियों को फाँसी पर लटका दिया गया।

यहाँ तक भावी घटनाओं की सूचना देने वाली भविष्यवाणियों पर विचार किया गया। इनसे कथानक को गति मिलती है और उनके भावी विकास की सूचना।

चरित्र चित्रण और प्रस्तुतिकरण शिल्प

चरित्रांकन-शिल्प पर पीछे इसी शीर्षक वाले अध्याय में विस्तार से विचार किया जा चुका है। यहाँ सिर्फ एक ही विशेषता का अंकन करना है और वह है पात्रों के शब्दचित्र खींचना। वर्मा जी ने पात्रों के चरित्रांकन के लिए दो पद्धतियों का सहारा लिया है। एक है प्रत्यक्ष

प्रणाली और दूसरी है परोक्ष प्रणाली। प्रत्यक्ष प्रणाली के अन्तर्गत लेखक स्वयं ही पात्र के चरित्र की रेखाएँ खींचता है और अप्रत्यक्ष प्रणाली में दूसरे पात्रों अथवा स्वयं पात्र द्वारा उसकी चारित्रिक विशेषताओं का उद्घाटन किया जाता है।

शब्द-शिल्प का उपयोग

वृन्दावनलाल वर्मा ने विभिन्न पात्रों के देह-सौष्ठव के अंकन के लिए शब्द-शिल्प का उपयोग किया है। इन शब्दचित्रों के विश्लेषण से ऐसा आभास मिलता है कि वर्मा जी साहित्यकार के साथ एक अच्छे चित्रकार भी थे। इस पद्धति के उपयोग से पात्रों की रेखाएँ और उनका व्यक्तित्व एक सजीव प्रतिमा में बदल जाता है और अन्य पात्रों से उनकी विभेदक रेखाएँ भी अलग से उभर आती हैं। इस विधि का उपयोग 'झाँसी की रानी' उपन्यास में प्रारम्भ से ही वे करने लगते हैं और यह प्रक्रिया पूरे उपन्यास में अनवरत रूप से गतिशील रहती है।

सखूबाई का व्यक्ति चित्र देखिए। 'सखूबाई जरा ढली आयु की प्रचण्ड वेगमयी राजमाता थी। माथे और चेहरे की शिकनें राजदंड के निरन्तर कठोर उपयोग और क्रोध के आवेशों के व्यवहार की कथा कहती थीं। उसकी कठोरता विख्यात थी।' इसे कोरा शब्दांकन नहीं कहा जा सकता। इसमें उसकी बाह्य रेखाएँ उसकी आन्तरिक प्रवृत्तियों का दिग्दर्शन कराती हैं। इस प्रविधि का उपयोग वर्मा जी ने प्राय: अपने हर पात्र की अन्तर्बाह्य विशेषताओं के रेखांकन में किया है।

गंगाधर राव की नाट्यशाला की नर्तकी मोतीबाई के सौन्दर्य की रेखाएँ इस प्रकार आँकी गई हैं—उसका सौन्दर्य अप्सरा-सा था। फूलों जैसी कोमलांगी। स्वर-लहरी-सी मोहक और चंचल परन्तु वेश्यापुत्री होते हुए भी कुमारी थी और नाटकशाला के बाहर परदे में रहती थी। वह कुशल अभिनेत्री थी।[58]

मोतीबाई के सौन्दर्य की रेखाएँ वर्मा जी ने अन्यत्र भी आँकी हैं। नाटकशाला में दर्शक उसके छलकते-मदमाते यौवन और सौन्दर्य को देखने के लिए लालयित रहते थे। वह मंच पर इठलाती हुई आती थी।[59] नृत्य के समय का उसका शब्दचित्र कितनी कुशलता से आँका गया है—नृत्य के समय (मोती ने) चितवन की कीरों को मस्ती से भरने का प्रयत्न किया। और पलकों को अनेक बार अर्द्ध-मुकुलित झपकियाँ दीं।[60]

शकुन्तला नाटक में उसका एक चित्र और है—आभूषण-विहीन परन्तु पुष्पों से लदी हुई मोतीबाई तपोवन की सहेलियों के साथ बेलों और लताओं को सींचते ही दर्शकों के मन को मद-सा वितरित करने लगी।[61]

इसी तरह रानी का एक चित्र देखिए—रानी जब से घुड़सवारी के लिए बाहर निकलने लगीं तब से वह मर्दाना पोशाक पहनने लगी थीं—सिर पर लोहे का कुला, ऊपर साफा, अँगरखा, पैजामा, अँगरखे और पैजामे पर कसी हुई पेटी। दोनों बगलों में पिस्तौलें और दोनों ओर परतलों में तलवारें। कभी-कभी इतने सब हथियारों के अलावा ने जामी हाथ में साध लेती थीं। इस पर घोड़े को बहुत तेज चलाने में कसर नहीं करती थीं। उनको काठियाबाड़ी घोड़े अधिक पसन्द थे और खास तौर पर सफेद रंग के घोड़ों की उनकी विलक्षण पहचान थी।[62] रानी बाकी समय सफेद साड़ी पहनती थीं।[63] इसमें उनकी युद्ध की

वेशभूषा और उनके गुणों का भी वर्णन है, उनकी खास पसन्द तथा घोड़ों को पहचानने की विलक्षण समझ का भी। जूही का एक शब्दचित्र दृष्टव्य है—उस दिन दीपावली थी। मकान के बाहर दिए घरने की रस्म के बाद जूही मोतीबाई के घर आई। जूही यौवन के वसन्त में थी। बड़ी आँखों में चमक। नीचे देखने के समय लम्बी बरौनियाँ लाज के पाँवड़े से डालने वाली। परन्तु, कुछ उदास थी। मोतीबाई ने नौकरानी की पौर में बिठा दिया और जूही के साथ एकांत में बातचीत करने लगी।[64]

रानी का एक शब्द-चित्र और देखिए—वे कचहरी में टोपी लगाकर बैठती थीं। भीतर लोहा ऊपर लाल रेशम। टोपी झालरदार मोतियों और जवाहरों की। कंठ में हीरों की माला। सुडौल और भरे हुए वक्षस्थल पर कंचुकी, जो सुनहरी, जरीदार कमरपेटी से कसी रहती थी। कभी साड़ी और कभी ढीला पाजामा पहनती थीं।[65]

वृन्दावनलाल वर्मा ने झलकारी के दो चित्र खींचे हैं। एक है—हलदी-कुंकम वाला और दूसरा है—निशानेबाजी सीखने वाला। दोनों अत्यन्त सजीव और चित्रांकन कला के नमूने हैं।

पहला चित्र: अन्त में कोने में खड़ी हुई एक नववधू माला लिए बढ़ी। उसके कपड़े बहुत रंग-बिरंगे थे। चाँदी के जेवर पहने थी। सोने का एकाध ही था। सब ठाट सोलह आना बुन्देलखण्डी। पैर के पैंजनों से लेकर सिर की दाउनी (दामिनी) तक सब आभूषण स्थानिक। रंग जरा साँवला। बाकी चेहरा रानी की आकृति, आँख-नाक से बहुत मिलता-जुलता। रानी को आश्चर्य हुआ और स्त्रियों के मन में काफी कुतूहल। वह डरते-डरते रानी के पास आई।[66]

एक दूसरा चित्र: झलकारी कोरिन कंधे पर बन्दूक रखे, बगल में बारूद और गोलियों का झोला लटकाए उन्नाव फाटक से बाहर हुई। जब हाथ ठिठुर जाते तब बन्दूक को बगल में दाब लेती और दोनों हाथ ओढ़नी में छिपा लेती। उन्नाव फाटक के उत्तर में एक टौरिया है जिसको अंजनी की टौरिया कहते हैं। उसके दक्षिणी सिरे पर अंजनी और हनुमान का एक छोटा-सा चबूतरा है। थोड़ी देर में झलकारी इसी चबूतरे के पास पहुँची और धूप लेने लगी। ठंडी हवा और सूर्य की कोमल किरणें उसकी बड़ी-बड़ी आँखों को सुरमा लगाने लगीं।[67]

इसी से लगा हुआ झलकारी का एक चित्र और है : झलकारी कभी-कभी रानी के पास जाती थी। रानी ने स्त्रियों की जो सेना बनाई थी उसकी एक सिपाही झलकारी भी थी। सन्ध्या समय साफ-सुथरे और रंगीन कपड़े पहनकर थाली में दिए सँवारकर, फूल सजाकर वह मन्दिर में पूजन के लिए आया करती थी और अपने गले में फूलों का हार डाले भी दिखाई देती थी।[68] और एक चित्र उस समय का है जब रानी भांडेरी फाटक से निकल कर भांडेर की तरफ सकुशल चली जाती हैं। तब झलकारी ने चैन की साँस ली और एक योजना बना डाली—झलकारी ने अपना श्रृंगार किया। बढ़िया से बढ़िया कपड़े पहने ठीक उसी तरह जैसे लक्ष्मीबाई पहना करती थीं। गले के लिए हार न था, परन्तु काँच की गुरियों का कंठा था, उसको गले में डाल लिया। पौ फटते ही घोड़े पर बैठी और बड़ी ऐंठ के साथ अंग्रेजी छावनी की ओर चल दी।[69]

रानी का अंतिम शब्दचित्र। ग्वालियर में युद्ध का मोर्चा। रानी को उसमें जाना है। 18 जून आया। ज्येष्ठ शुक्ला सप्तमी, शुक्रवार, सफेद और पीली पौ फटी। उषा ने अपनी

मुसकान बिखेरी। रानी स्नान-ध्यान और गीता के अठारहवें अध्याय के पाठ से निबट चुकीं। झींगुरी की झंकार पर एकाध चिड़िया ने चहक लगाई। अब रानी का चित्र प्रकृति की उपर्युक्त पटी पर—रानी ने नित्यवत् अपने रिसाले की लाल कुर्ती की मर्दाना पोशाक पहनी। दोनों ओर एक-एक तलवार बाँधी और पिस्तौलें लटकाईं। गले में मोतियों और हीरों की माला, जिससे संग्राम के घमासान में उनके सिपाहियों को उन्हें पहचानने में सुविधा रहे। लोहे के कूले पर चन्देरी का जरदारी लाल साफा बाँधा। लोहे के दस्ताने और भुजबंध पहने। इतने में उनके पाँचों सरदार आ गए।[70]

इन चित्रों के अलावा भी वृन्दावनलाल वर्मा ने छोटे-छोटे स्नैप-शॉट, कार्ड साइज के चित्र भी खींचे हैं, जिनका परिसर मात्र एक पंक्ति अथवा दो-तीन पंक्तियों का है। गंगाधर राव और उनके संगी-साथियों का चित्र देखिए : राजा गंगाधर राव सबसे आगे बैठे थे। उनकी आयु इस समय जीवन के लगभग बीचोबीच थी। सुन्दर, स्वस्थ और राजसी। उनके संगी दाएँ-बाएँ बैठे हुए थे। सब नौजवान। स्वास्थ्य और यौवन की उमंगों से भरे हुए। मोतीबाई के छलकते-मदमाते यौवन और सौन्दर्य को देखने के लिए।[71]

एक वाक्य का शब्दचित्र : इतने में वहाँ सुगठित शरीर का एक युवक आया।[72] सुन्दर का शब्दचित्र भी देखने योग्य है : यकायक मनु के सामने एक मराठा-कन्या आई। आयु 15 वर्ष से कुछ ऊपर। शरीर छरहरा रंग हलका-साँवला, चेहरा जरा लम्बा, आँखें बड़ी, नाक सीधी, ललाट प्रशस्त और उजला। जैसे ही वह मनु के सामने आई, उसने आँखें नीची करके आदरपूर्वक प्रणाम किया। मनु को ऐसा लगा मानो पहले से परिचित हो।[73] इसमें बाह्य रेखाओं के साथ उसके व्यक्तित्व में निहित गुणों की ओर भी संकेत किया गया है। गंगाधर राव का शब्द-चित्र : गंगाधर राव का मुख-सौन्दर्य अब भी वैसा ही था। आँखों का तेज लाल डोरों के कारण आकर्षक कम, भयानक ज्यादा मालूम होता था। पेट कुछ बढ़ा हुआ परन्तु भद्दा नहीं लगता था। रंग साँवलापन लिए हुए। सारी देह एक बलवान पुरुष की।[74] काशी और मुन्दर का नख-चित्र परखने योग्य है : काशी जरा छोटे कद की और सुगठित शरीर वाली। मुन्दर छरहरे शरीर की और जरा लम्बी। मुन्दर और काशी दोनों गौरवर्ण की। मुन्दर का चेहरा बिलकुल गोल, आँखें कुछ छोटी परन्तु चंचल और तेज। काशी की कुछ बड़ी और स्थिर।[75] इन चित्रों में एकरसता न होकर लेखक ने पात्रों के व्यक्तित्व की विभेदक रेखा खींचते हुए अपने सूक्ष्म शिल्पांकन का परिचय दिया है जो उसके कुशल चितेरे होने को सिद्ध करता है।

झाँसी की स्त्रियाँ जब गणेश मन्दिर जाती थीं तब उनकी सजधज कैसी होती थी उसका एक चित्र झाँसी के सामाजिक-सांस्कृतिक वैभव का एक चित्र खींचता है : सब स्त्रियाँ, लड़कियाँ भी अपने अच्छे-से-अच्छे वस्त्र और आभूषण पहने हुए थीं। केश खूब सँवारे गए थे और उनमें रंग-बिरंगे और सुगन्धित फूल गूँथे गए थे। मनु के केशों में भी फूल थे।[76] लालाभाऊ बख्शी की पत्नी का सौन्दर्य चित्र भी रेखांकन का एक उल्लेखनीय उदाहरण है : लालाभाऊ बख्शी की पत्नी उन स्त्रियों की अगुआ बनकर आगे आईं। वह यौवन की पूर्णता को पहुँच चुकी थीं। सौन्दर्य मुख-मंडल पर छिटका हुआ था। बख्शिन जू कहलाती थीं।[77] कथोपकथन: प्रस्तुतिकरण शिल्प—कथोपकथन प्रविधि पर तत्सम्बन्धी अध्याय में

विस्तार से विचार किया जा चुका है इसलिए यहाँ उस पर पुनर्विचार पुनरावृत्ति मात्र होगी।

यहाँ तक वृन्दावनलाल वर्मा के प्रस्तुतिकरण शिल्प पर विस्तार से विचार किया गया अब आगे महाश्वेता देवी के प्रस्तुतिकरण शिल्प पर विचार किया जाएगा।

महाश्वेता देवी का प्रस्तुतिकरण-शिल्प

महाश्वेता देवी की 'झाँसी की रानी' का ढाँचा जीवनीमूलक उपन्यास का है, और वृन्दावनलाल वर्मा की 'झाँसी की रानी' का ढाँचा विशुद्ध रूप से एक उपन्यास का है। इसलिए दोनों के प्रस्तुतिकरण शिल्प की भंगिमाएँ एक-दूसरे से एमदम अलग हैं।

कथावस्तु का विन्यास-शिल्प

कथावस्तु वाले अध्याय में कथावस्तु के प्रेरणा स्रोतों तथा उसके मुख्य कथानक, प्रासंगिक कथाओं, उनके गठन और निर्माण-प्रक्रिया पर विस्तार से प्रकाश डाला जा चुका है। यहाँ कथावस्तु के प्रस्तुतिकरण के लिए उन्होंने किस प्रविधि का आश्रय लिया इसका विवेचन किया जाएगा। यह सर्वविदित है कि महाश्वेता देवी मुख्य रूप से एक उपन्यासकार हैं और इन्होंने सामाजिक तथा ऐतिहासिक दोनों धाराओं के उपन्यास लिखे हैं। इनके उपन्यासों के पीछे कोई-न-कोई उद्देश्य निहित रहता है जो वृहत्तर मानवता से जुड़ा होता है। वे उद्देश्यहीन रचना लिखने को ठीक नहीं समझतीं। उनका स्वयं का कथन है, 'मात्र प्रेरणा के वशीभूत कोई व्यक्ति लेखक नहीं बन जाता। निस्सन्देह यह एक दुष्कर और कष्टसाध्य कार्य है। व्यक्ति जीवन से, प्रत्यक्ष अनुभवों से, पुस्तकों के माध्यम से सीखता है जो कि साहित्य के क्षेत्र से कहीं अधिक विस्तृत हो सकता है। बांग्ला और क्षेत्रीय भाषाओं में ऐसे महान लेखक-विचारक हमेशा हुए हैं, जो चाहते थे कि उनके पाठक उनकी रचनाएँ पढ़कर सोचने को बाध्य हों, मनगढ़न्त मूल्यों पर प्रश्नचिह्न लगाने और उन्हें नकारने के लिए उनमें उत्तेजना का संचार हो, क्रोधवश वे भड़क उठें। लेखक को देवता बना देने, उन्हें अपना सिरमौर बना लेने और उनकी पूजा-अर्चना करने की भारतीय परम्परा में मेरा विश्वास नहीं है। लेखक का उद्देश्यपरक और समीक्षात्मक मूल्यांकन तथा उसकी भूमिका का ऐतिहासिक सन्दर्भ में निर्धारण करने के उत्तरदायित्व से बचने का यह एक अन्य तरीका है।'[78] इसलिए उन्होंने साहित्य के प्रेरणा स्रोत पर विचार करते हुए उसे यथार्थ की, जीवनानुभव की भूमि से उत्पन्न माना है। उनका यह कथन यहाँ भी उल्लेखनीय है, 'वह साहित्य पर्याप्त नहीं है जो साहित्य यथार्थ के साथ हमारा परिचय नहीं कराता है। साहित्य की रचना एकदम यथार्थ के आधार पर करनी होगी।'[79] इसलिए जब उन्होंने 'झाँसी की रानी' उपन्यास लिखा तब उसके पीछे भी उनका एक उद्देश्य था।

कथावस्तु का चयन और उसका आधार

उन्होंने झाँसी की रानी और 1857 के महासंग्राम में उनकी भूमिका को अपने उपन्यास का विषय क्यों बनाया, इस पर पीछे विस्तार से विचार किया जा चुका है। उनका मुख्य प्रेरणा स्रोत बचपन में अपनी नानी से झाँसी की रानी लक्ष्मीबाई की जीवन-गाथा सुनना था। लेकिन

ऐतिहासिक उपन्यासों की धारा में महाश्वेता देवी के ऐतिहासिक उपन्यासों का क्या स्थान है या उनसे बदला हुआ रूप क्यों है इसे समझने के लिए इतिहास और ऐतिहासिक उपन्यासों के बारे में उनका सोचना क्या है उसे समझना बहुत आवश्यक है, 'मुझे ठीक-ठीक नहीं पता, ऐतिहासिक उपन्यास किसे कहते हैं ? यह किस हद तक उपन्यास होता है, किस हद तक इतिहास ? इतिहास के किसी एक पर्व या अध्याय या चरित्र पर आधारित कथा को, क्या ऐतिहासिक उपन्यास कहा जा सकता है ? उसके बाद क्या उस पर मनमाना रंग चढ़ाया जा सकता है या कल्पना का अंश जोड़ा जा सकता है ? अपनी स्वाभाविक दीनता या उदारता के मुताबिक क्या मैं उसे बढ़ा-घटा सकती हूँ ? अपनी शिक्षा, संस्कार, अभिरुचि या पक्षपात के तारतम्य के अनुसार, इतिहास को अपनी उँगलियों के इशारे पर नचाया जा सकता है ? या उसे काँदो-कीचड़ का रूप दिया जा सकता है ? इतिहास का वृत्त इस प्रकार क्या इसी तरह बेवजह आँख मिचौनी खेलते हुए, सच्चाई बेचारी का दम तोड़ देता है ? अगर यह सब होता है, यानी अगर ये तमाम सम्भावित आशंकाएँ हमेशा बनी रहती हैं, तो ऐतिहासिक उपन्यास को उपन्यास कहने में आखिर क्या हर्ज है ? इसमें कौन-सा महाभारत अशुद्ध होता है ? ऐसे अनगिनत विदेशी उपन्यास भी लिखे गए हैं, आज भी लिखे जा रहे हैं, उपन्यास ही जिनका पहला और आखिरी परिचय है। इतिहास जैसे सम्राट अशोक या अकबर किसी का भी दावेदार नहीं होता, इतिहास जैसे ब्रिटिश साम्राज्यवाद, हिन्दू-मुसलमान या राजाशाही, बरीसाल बर्धमान या! पटना जैसी किसी भी जगह का गुलाम नहीं होता, उसी तरह ऐतिहासिक उपन्यास लेखक को भी स्थान-काल-पात्र से ऊपर उठकर, उसमें किसी धुपदी नजरिए का होना जरूरी है। अगर ऐसा नहीं होता, अगर सच का यथासम्भव अनुकरण न किया गया हो तो ऐसे ऐतिहासिक उपन्यास को उपन्यास कहना ही श्रेयस्कार है, इतिहास नहीं। नहीं, इससे ज्यादा अतिरिक्त गौरव जोड़ने की जरूरत नहीं। इसके अलावा इन दिनों मुझे अक्सर लगा है कि हमारे देश में खासकर ऐतिहासिक उपन्यास-लेखन एक अलग किस्म की जिम्मेदारी है। आखिर क्यों ? क्योंकि जिस मुल्क में छपे हुए अक्षरों पर विश्वास करने का संस्कार, आज भी बेहद प्रबल है, वहाँ उपन्यास होने के बावजूद इतिहास से छेड़-छाड़ करना, खिलवाड़ करना सरासर गलत है। इस मामले में इतिहास की गम्भीरता नष्ट होती है या नहीं, यह बड़ी बात नहीं है। बड़ी बात यह है कि इससे पाठकों के मन में हलचल मचती है, लोगों के चेहरों पर प्रतिक्रिया नजर आती है।'[80]

इस लम्बे उद्धरण से महाश्वेता देवी के उस दृष्टिकोण का पता चलता है जिससे वे ऐतिहासिक उपन्यास को उपन्यास मानना श्रेयस्कर समझती हैं। दूसरे, वे यह मानती है कि ऐतिहासिक उपन्यास के पीछे लेखक का कोई-न-कोई उद्देश्य, दृष्टि विचार जरूर होना चाहिए। वे यह भी मानती है कि अपनी रुचि, दृष्टि के अनुसार इतिहास के साथ मनमानी नहीं करनी चाहिए क्योंकि इसकी व्यापक प्रतिक्रिया पाठकों में हलचल मचा देती है। सबसे बड़ी बात यह है कि ऐतिहासिक उपन्यास को प्रामाणिक होना चाहिए।

उन्होंने अपने इसी उपन्यास के नये संस्करण की भूमिका में लिखा है : 'आंधारमानिक' उपन्यास लगभग 1967 में प्रकाशित हुआ था। सन् साठ के दशक में कई प्रकाशन महत्त्वपूर्ण थे। कथावस्तु की तर्जनी भी, देश के इतिहास की तरफ उठी थी, जनता के इतिहास की

तरफ। दरअसल अपने लेखन की मैं चाहे जितनी परिक्रमा करूँ, एक ही बात समझ में आती है। मेरा तमाम लेखन (जो मेरी नजर में महत्त्वपूर्ण है) मूलतः जनगण के इतिहास का बयान है।[81]

महाश्वेता देवी ने अपने हर ऐतिहासिक उपन्यास के कथानक का आधार ऐतिहासिक घटनाओं या उन घटनाओं के मूल में रहने वाले केन्द्रीय चरित्र को बनाया है। यह आवश्यक नहीं है कि ऐसा पात्र महान वंशोद्‌भव हो, उदात्त चरित्र वाला हो, वह मामूली वर्ग से आया जननायक भी हो सकता है। शर्त यही है कि ऐसे चरित्र के साथ किसी मूल्य के लिए जन संघर्ष, जन जागरण, अन्याय के खिलाफ प्रतिवाद जैसी घटनाएँ जुड़ी होनी चाहिए। इस दृष्टि से उनके 'नटी' उपन्यास को लीजिए। 'झाँसी की रानी' की तरह यह भी 1857 की घटनाओं पर आधारित कथावृत्त को लेकर चलता है। 'नटी' मोतीबाई और खुदाबख्श के प्रेम प्रसंग और अंग्रेजों के विरुद्ध झाँसी की रानी ने जो अभियान छेड़ रखा था, उसमें अपने को होम देने की कहानी है।

'जली थी अग्निशिखा' उपन्यास में तात्या टोपे, राजा बखतबली, बानपुर के राजा मर्दन सिंह, और झाँसी की रानी ने क्रान्ति की जो शिखा जलाई थी उसका सामना करने के लिए ह्यूरोज को किन मुश्किलों का सामना करना पड़ा इसकी कहानी है। उन्होंने इसकी भूमिका में स्वयं लिखा है : इस पुस्तक के विषयवस्तु को लेकर मैं कुछ कहने की आवश्यकता महसूस नहीं करती हूँ। 1857–58 के महासंग्राम ने मध्य क्षेत्र में जन–विद्रोह का रूप धारण कर लिया था। केनिंग ने नानासाहब और लक्ष्मीबाई को एक–सा महत्त्व दिया था। पुस्तक के उद्‌देश्य के बारे में उन्होंने लिखा है : अन्ततः मध्य भारत में जो अग्नि प्रज्ज्वलित हुई थी, वह अग्नि विद्रोह की आग थी। रानी अपने सामन्त वर्ग की सीमाबद्धता और स्वार्थपरता से अन्य लोगों की तुलना में ऊपर उठ सकी थी। इसी का चित्रण इस पुस्तक का मुख्य विषय है।[82]

1857 के जन–आन्दोलन पर आधारित 'अमृत संचय' उपन्यास की आधारभूत सामग्री और प्रस्तुतिकरण शिल्प की भी यही कहानी है। उन्होंने अपने निवेदन में लिखा है : मैंने उपन्यास में भारतवर्ष के उस संकट काल और संगठित नव–चेतना के समय को सफल साबित करने की कोशिश की है। उपन्यास लिखते हुए किसी सुनिश्चित कहानी की जरूरत होती है। लेकिन उस कहानी को छोड़ दें, तो उस युग के भारतवर्ष का राजनीतिक–सामाजिक इतिहास, आम इनसान का चरित्र, आचार–व्यवहार, रीति–नीति, रिवाज–संस्कार, गाड़ी–सवारी, पहनावे–ओढ़ावे, निम्न और श्रेष्ठ क्रिया—प्रतिक्रियाओं को मैंने यथासम्भव प्रामाणिक और यथावत् रखने की कोशिश की है।[83]

इस उपन्यास में भी उन्होंने 1857 की घटनाओं को आधार बनाया और उसी के आसपास अपनी कथावस्तु तथा पात्रों को खड़ा किया है।

अनुसंधान और तथ्यों का संग्रह

कथावस्तु के मुख्य विषय का चयन और उसका आधार खड़ा करने के बाद वर्मा जी की तरह व्यापक शोध, अनुसंधान के द्वारा वे तथ्यों के संग्रह में जुट जाती थीं। वे कुछ व्यक्तियों

से भेंट कर उनसे जानकारियाँ इकट्ठी करती थीं और जहाँ तक सम्भव हो तत्कालीन इतिहास, पात्र और घटनाओं से सम्बन्धित लिखित और प्रामाणिक दस्तावेजों का भी संग्रह करती थीं। ऐसा वे अपने हर ऐतिहासिक उपन्यास की रचना-प्रक्रिया से गुजरते हुए करती थीं। उनके उपन्यासों की भूमिका में ये तथ्य प्रभूत मात्रा में मिलते हैं। उन्होंने अपने उपन्यास 'आंधारमानिक' की भूमिका में लिखा है : 'आंधारमानिक' लिखते हुए मैंने गंगाराम लिखित 'मराठा पुराण' और बांग्ला हर्फों में लिखे हुए, उड़िया भाषा के 'चौधरी वंशावली चरित' की काफी हद तक मदद ली। 'मराठा-पुराण' पढ़ते हुए मेरे सामने एक ऐसी सच्चाई उभरकर सामने आई जो बांग्ला इतिहास के लिए बेहद महत्त्वपूर्ण है। पता चला मराठा घुड़सवार, वर्गी घोड़े की पीठ से नहीं उतरते थे। जिन नदियों को घोड़े की पीठ पर बैठे-बैठे पार करना असम्भव था, उन नदियों की तरफ वे लोग जाते ही नहीं थे। इसलिए जब बंगाल के जन-जीवन में विपुल उलट-फेर हुआ, लोग-बाग हुगली नदी पार करके, कलकत्ता आ पहुँचे।[84] 'आंधारमानिक' को प्रामाणिक बनाने के लिए उन्होंने पुनः उस आकर ग्रन्थ का स्मरण किया जिसे गंगाराम ने लिखा था : आकर ग्रन्थ और तथ्यों के अभाव ने मुझे सीमित कर दिया। लेकिन उन्हीं दिनों सौभाग्यवश कवि गंगाराम रचित, 'महाराष्ट्रपुराण' मेरे हाथ लग गया। इस ग्रन्थ का रचना काल, प्लासी के युद्ध से छह साल पहले का है। कवि ने अपने प्रत्यक्ष तजुर्बे के आधार पर वर्गी-आक्रमण के एक अध्याय की घटनावली को कलमबद्ध किया है। उस किताब के लिपिबद्ध तथ्यों का, प्रख्यात ऐतिहासिकों ने मसलन कालीकिकर दत्त महोदय ने भी अपनी पुस्तक में उपयोग किया है।[85]

महाश्वेता देवी ने इस प्रकार 'आंधारमानिक' उपन्यास के लिए तथ्यों का संग्रह किया है। यही प्रयास उनका 'जंगल के दावेदार' उपन्यास लिखते समय रहा। उसे भी उन्होंने प्रामाणिक बनाने के लिए तथ्यों का संग्रह किया। उसकी भूमिका में उन्होंने लिखा : इस उपन्यास को लिखने में सुदेशसिंह रचित 'Duststoran and Hanging' पुस्तक की मैं विशेष रूप से ऋणी हूँ। इस सुलिखित, तथ्यपूर्ण ग्रन्थ के बिना 'जंगल के दावेदार' का लेखन सम्भव न था।[86]

'झाँसी की रानी' उपन्यास लिखते समय उन्होंने अनेक ग्रन्थों का अनुशीलन किया। यही नहीं, रानी के चरित्र को जानने के लिए वृहद् शोध किया, तत्कालीन दस्तावेजों को टटोला, तथ्यों का संग्रह किया। इसके लिए अहमदाबाद की इतिहास कांग्रेस में सम्मिलित हुईं, बड़ौदा की यात्रा की, गोविन्दराम ताम्बे से भेंट की, उनके घर रहीं, उनके द्वारा संग्रहीत सामग्री का उपयोग किया। इन सब तथ्यों के बारे में उन्होंने 'झाँसी की रानी' की भूमिका और एक साक्षात्कार में विस्तार से उल्लेख किया है। उन्होंने लिखा है : पुस्तक पढ़ने के अभ्यास के कारण इतिहास में अनुरक्ति। उसी बाध्यता के कारण बड़े मामा के सुन्दर पुस्तकालय में, जो खूब बड़ा नहीं पर मूल्यवान जरूर था, वीर सावरकर द्वारा लिखित '1857 का स्वातंत्र्य समर' पुस्तक पढ़ती हूँ। उसी को पढ़कर लक्ष्मीबाई के सम्बन्ध में एक आग्रह उत्पन्न हो जाता है।

कलकत्ता लौटने के बाद 1857 से सम्बद्ध जितनी भी पुस्तकें मिलीं सभी पढ़ डालीं। ये सब बातें आज पुनरावृत्ति मात्र हो गई हैं। जो कहने की बात है, वह यह है कि पुस्तकें

तो सब पढ़ीं ही, रानी के भाई के पुत्र स्वर्गीय गोविन्दराम चिन्तामणि ताम्बे के साथ सम्पर्क सूत्र भी स्थापित किया और झाँसी की रानी के विषय में लिखने को प्रस्तुत हुई। उसके बाद झाँसी की यात्रा करती हूँ। अहमदाबाद में इतिहास कांग्रेस थी, बड़ौदा में विज्ञान कांग्रेस।[87]

इस पुस्तक को लिखने के लिए उन्होंने लोक–मुख में सुरक्षित और परम्परा द्वारा वाहित जिन लोकवृत्तों, जनश्रुतियों आदि का सहारा लिया है, उसका विस्तार से उल्लेख प्रेरणा वाले अध्याय में किया जा चुका है। इसलिए यहाँ उसका संकेत में उल्लेख किया गया है।

'झाँसी की रानी' के सम्बन्ध में यह कथन ध्यान देने योग्य है : भारत के प्रथम स्वतंत्रता संग्राम की जन्मशताब्दी के एक वर्ष पहले 'झाँसी की रानी' का प्रकाशन तो उपलक्ष्य मात्र है, वास्तव में इसका बीज तो उनके मन में तभी पड़ गया था, जब उन्होंने अपने बचपन में अपनी नानी से झाँसी की रानी की रोमांचक गाथा सुनी थी। तब उन्हें यह कहानी एक परी कथा की तरह लगी थी, जबकि यह कहानी एक वास्तविक हाड़–मांस के व्यक्ति झाँसी की रानी की थी। बचपन की स्मृति में निबद्ध उस रूप कथा से इसीलिए यह ग्रन्थ बहुत दूर है, लेकिन इससे यह समझ में आ जाता है कि प्रारम्भिक दौर के इस ग्रन्थ में महाश्वेता देवी ने ऐसी एक नायिका का चयन किया था जो जनजीवन से जुड़ी हुई है, और जिसके जीवन का इतिहास संघर्ष का ही इतिहास है। बहुत बाद में जब उन्होंने नायक के रूप में 'विरसा मुंडा' को चुना अथवा 'जगदीश मास्टर' को या 'आंधारमानिक' के सुरकंठ को, उस वक्त उन्होंने आम आदमी की लड़ाई को अथवा उसके नायक को जो महत्त्व देना चाहा, उसी का एक सुदूरवर्ती आभास जैसे 'झाँसी की रानी' में विद्यमान था। इतिहास–रचना नहीं, लक्ष्मीबाई की जीवनी लिखना ही इसका उद्‌देश्य था, इसलिए यहाँ व्यक्ति ही रचना में मुख्य है। लेकिन लक्ष्मीबाई के जीवन से किसी भी प्रकार इतिहास तो अलग हो नहीं सकता है। ऐतिहासिक घटनाओं का यहाँ लेखिका ने जिस प्रकार पुंखानुपुंज उपयोग किया है, उसी प्रकार अनेक व्यक्तियों के संस्मरणों से लिए गए तथ्यों के द्वारा लक्ष्मीबाई की मानवीय मूर्ति को गढ़ने की चेष्टा की है। आगे चलकर इसी प्रकार इतिहास के तथ्य और मानवीय मूर्ति मिल जाती है, जंगल के अधिकार में विरसा के चरित्र में। फिर झाँसी की रानी के प्रारम्भ में इतिहास के नीरस तथ्यों के बदले मिलती है बुन्देलखण्ड के अत्यन्त गरीब और मजदूरों की कहानी, जो कूड़ा–करकट और सूखे पत्ते जलाकर माघ मास में अपनी ठंड दूर करते हैं। उन लोगों का विश्वास है कि 'झाँसी की रानी' आज भी जीवित है। इस तरह की एक प्रासंगिक कहानी के द्वारा यह पुस्तक प्रारम्भ होती है, एक उपन्यास की तरह।[87]

इस उद्धरण में 'झाँसी की रानी' के मूल में निहित झाँसी की रानी की लोकस्मृति में विद्यमान छवि की ओर संकेत किया गया है।

कथावस्तु की सत्यता के लिए यात्राएँ और ऐतिहासिक स्थलों का निरीक्षण

चूँकि वृन्दावनलाल वर्मा रानी की कर्मस्थली झाँसी के ही रहने वाले थे इसलिए तथ्यों की सचाई के लिए उन्हें दूर–दूर यात्राएँ नहीं करनी पड़ीं, सिर्फ रानी से सम्बन्धित स्थलों, स्मारकों और किले तथा झाँसी के आसपास के भूगोल का बारीकी से अध्ययन करना पड़ा। इसके

लिए वे कालपी, दतिया, ग्वालियर गए और तालवेहट, बरुआसागर आदि का निरीक्षण किया। शिकार और भ्रमण का शौक होने के कारण इन स्थलों के निरीक्षण के लिए उन्हें ज्यादा कठिनाइयों का सामना नहीं करना पड़ा।

महाश्वेता देवी के लिए झाँसी की रानी लक्ष्मीबाई से जुड़े ऐतिहासिक स्थलों को देखना जोखिम भरा काम था। इस सन्दर्भ में यह कथन उल्लेखनीय है : स्वतंत्रता-संग्राम में उतरी झाँसी की रानी की जीवनी (उपन्यास) लिखने को कृत-संकल्प महाश्वेता देवी का पथ भी फूलों भरा नहीं था।

उम्र 26 वर्ष। कोई सुविधा नहीं, जान-पहचान नहीं, अनजाना देश, अनपहचाने लोग, 'बंधुर पंथा युग-युग धावित यात्री', इतिहास की लगाम थामे, एक धुँधलके में चल पड़ी बंगाल की एक लड़की, जिसने अब तक छिट-पुट छोड़कर कुछ लिखा नहीं था, लेखन ही उसका जीवन-कार्य होगा, यह भी तय नहीं था। पर, चल पड़ी, बुन्देलखण्ड की ऊबड़-खाबड़, खाई-खन्दक, रूखी-सूखी, पहाड़ी-पठारी जमीन पर, कण-कण में बिखरी झाँसी की रानी लक्ष्मीबाई की कथा समेटने।

माँ बोली, 'जब लिखना ही है तो सब कुछ देख-सुनकर ही लिखो।' वह निकल पड़ी उस भूमि को देखने जहाँ रानी लक्ष्मीबाई रही थी, जहाँ के कण-कण में उसकी गाथा व्याप्त थी, जिस किले से उसने युद्ध का संचालन किया था और अन्तिम युद्ध का वह स्थल जहाँ उसने प्राण त्यागे थे...ग्वालियर का किला, कोटा के सराय आदि स्थल...वहीं बनी है उसकी छतरी।[88]

झाँसी की रानी लक्ष्मीबाई से सम्बन्धित ऐतिहासिक स्थलों को उन्होंने प्रत्यक्ष देखा था। इसके साक्ष्य उनकी 'झाँसी की रानी' पुस्तक में विद्यमान हैं। ऐतिहासिक स्थलों के निरीक्षण और उनके वृत्तान्त के पीछे विद्यमान दृष्टि के परिप्रेक्ष्य में वृन्दावनलाल वर्मा और महाश्वेता देवी के प्रस्तुतिकरण शिल्प को देखा जाए तो वृन्दावनलाल वर्मा ने 1857 में झाँसी की रानी से जुड़े स्थल कैसे थे उनका चित्रण किया है और महाश्वेता देवी ने 1857 में वे स्थल कैसे थे इसके साथ-साथ आज उनकी क्या दशा है इसका भी चित्रण किया है। यहाँ पर इतिहास को देखने का नजरिया दोनों लेखकों में भिन्नता की रेखाएँ खींचता है। महाश्वेता देवी इतिहास को समकालीन दृष्टि से भी देखना चाहती हैं जब कि वृन्दावनलाल वर्मा का नजरिया दूसरा है। वे इतिहास की सचाई को उजागर करते हुए इतिहास को इतिहास की दृष्टि से देखने के पक्षपाती हैं। इसका अर्थ यह नहीं है कि वृन्दावनलाल वर्मा इतिहास से वर्तमान सन्दर्भों में कुछ प्रेरणा नहीं लेना चाहते हैं। उन्होंने एक जगह स्वयं कहा है, 'हम अपने अतीत के अनेक तत्त्वों की बात अभिमान के साथ करते हैं। मैं ऐसे अतीत को वर्तमान में घोलने-मिलाने के लिए, अतीत के प्रेरणादायक तत्त्वों को वर्तमान के यथार्थ में समन्वित करने के लिए लिखता हूँ! क्यों ? क्योंकि हम अतीत के वर्तमान हैं। क्योंकि अतीत का बहुत-सा भला-बुरा लेकर वर्तमान में आये हैं। क्योंकि हम अतीत की बुराइयों से बचकर वर्तमान के वास्तव को सुन्दर और ऐसा ज्योतिवान बनाना चाहते हैं कि भविष्य अच्छा बन सके।'[89]

इस सन्दर्भ में महाश्वेता देवी का कहना है, 'इतिहास महज अतीत का ही आईना नहीं है : History is written precisely when the historian's vision of the past is illuminated by insight into the problems of the present. यानी इतिहास-लेखक में अतीत के साथ-साथ, इतिहासकार की अन्तर्दृष्टि, वर्तमान की समस्याओं के सन्दर्भ में भी रोशन हो, और इतिहास भविष्य का पथ-निर्देशक भी तो है। नजर आने वाली घटनाओं की बाढ़ में इतिहास का रूपान्तर अन्दर ही अन्दर लगातार जारी रहता है।[90]

झाँसी की यात्रा करने पर महाश्वेता देवी ने शहर की गली-गली का चक्कर लगाया था। इसका उल्लेख उन्होंने अपनी पुस्तक में किया है। झाँसी की रानी के समय नगर, किले, रंगमहल, लक्ष्मी जी के मन्दिर, झोखन बाग की क्या हालत थी और अब कैसी है इन दोनों के ही चित्र उनकी पुस्तक में मिलते हैं। फिलहाल झाँसी की रानी से जुड़े स्मारकों की क्या स्थिति है उसका विवरण देकर उन्होंने अपनी पुस्तक को समकालीनता से जोड़ दिया है।

उन्होंने लिखा है : झाँसी के किले में प्रवेश करने की कोई मनाही नहीं है, किन्तु प्रवेश के साथ-ही-साथ निराशा की बोझिलता मन को धीरे-धीरे आच्छन्न कर लेती है। कैसा उपेक्षित है यह किला, इसे देखे बिना विश्वास नहीं किया जा सकता है। अलंकरणहीन, पत्थरों के उस किले पर आगरे के किले जैसी चमक-दमक और कलात्मकता कुछ भी नहीं दिखाई देगी। उसका इतिहास और गौरव ऐश्वर्यों से भी अधिक समृद्ध है। इसीलिए वर्तमान परिणति देखकर मन बार-बार व्यथित ही होता है।[91]

आज के झाँसी के किले में घुसने पर यह समझ में नहीं आता है कि कहाँ क्या था। जो स्थान दिखाए जाते हैं वे प्राय: भग्न और अव्यवहृत हैं। बाग, किला, फाँसीघर, शिवमन्दिर ऐसे ही कई स्थान एवं मुख्य-मुख्य बुर्ज ही सही-सलामत हैं। किले से चारदीवारी से होकर शहर के पूर्व और उत्तर में जाने के लिए अनेक दरवाजे थे। अब उन सबको मिट्टी से भर दिया गया है। उन सब दरवाजों और चारदीवारी का अब कोई चिह्न ही नहीं मिलता है।

रानी महल के सम्बन्ध में भी वही एक ही बात है कि एक बार इस महल की चार मंजिलें थीं। वर्तमान रानी महल उन दिनों के राजप्रासाद का एक भाग मात्र है। आज वही महल शहर कोतवाली है। कमरों की दीवार के चित्र दीवार पर उत्कीर्ण मूर्तियाँ, जीर्णशीर्ण और ध्वंसोन्मुख हैं।[92]

कई महत्त्वपूर्ण स्थानों की दुर्दशा के सम्बन्ध में महाश्वेता देवी ने आगे लिखा है : रानी द्वारा नित्य पूजा जाने वाला लक्ष्मीमन्दिर भी आज एकान्त उपेक्षा के कारण जीर्ण गात मात्र है। लक्ष्मीताल के अंचल में किनारे-किनारे जो कलात्मक प्रतिमाओं से शोभित प्रस्तर प्रासाद, मीनार और घाट बने हुए हैं, वे भी आज धसकने लगे हैं।[93]

इन विवरणों से स्पष्ट है कि महाश्वेता देवी ने रानी लक्ष्मीबाई से सम्बद्ध स्थलों को देखा था तभी वे उनकी वर्तमान दशा का वर्णन कर सकीं।

ऐतिहासिक परम्परा के साथ किंवदन्तियों, जनश्रुतियों का आश्रय

वृन्दावनलाल वर्मा की तरह महाश्वेता देवी ने भी ऐतिहासिक परम्परा में सत्य माने जाने वाले कथानकों के अलावा जनश्रुतियों और किंवदन्तियों का आश्रय लेकर अपने कई उपन्यासों की शिल्प-विधि की संरचना की है। उन्होंने इस विधि को लोकायती इतिहास

दृष्टि कहा है इसलिए अपनी कथावस्तु के प्रस्तुतिकरण में लोक हृदय में परम्परा से चली आ रहीं किंवदन्तियों और जन-श्रुतियों को बहुत महत्त्व दिया है। इस सन्दर्भ में वे रवीन्द्रनाथ ठाकुर के इस मत के पक्ष में हैं कि जो घटित होता है वही सत्य नहीं है बल्कि तुम्हारी चित्तभूमि में जो सृजित होता है वह भी सत्य है। अयोध्या की अपेक्षा राम की जन्मस्थली तुम्हारी चित्तभूमि में अधिक है। इसलिए जब उनके मन में कोई कृति जन्म लेती है तो वे परम्परागत ऐतिहासिक तथ्यों के साथ लोक परम्परा में सुरक्षित गाथाओं, मिथकों और जनश्रुतियों का भी उपयोग करती हैं। यह उनकी शिल्पविधि की प्रमुख विशेषता है।

किंवदन्तियों, जनश्रुतियों का रचनात्मक विनियोग

वृन्दावनलाल वर्मा की तरह महाश्वेता देवी ने अपनी 'झाँसी की रानी' में किंवदन्तियों, जनश्रुतियों के रचनात्मक विनियोग द्वारा अपनी कथावस्तु को लोक चेतना से जोड़कर एकाकार कर दिया है। उनकी इस प्रवृत्ति का साक्ष्य उनका यह कथन है, 'लोकमुख में वही कहानियों और लोकथाओं की तरफ रुझान और तलाश तो मुझे तब से थी, जब मैं 'झाँसी की रानी' लिख रही थी।' उन्होंने कुछ संकेत, 'कवि बनधघटी गाई का जीवन और मृत्यु' उपन्यास में किया है। उन्होंने लिखा है : तत्कालीन विभिन्न काव्यों, पांचाली, गाथा, गीति, पोटो—नाच के माध्यम से हमें इसी चेतना का प्रमाण मिलता है।

इस कथन में थोड़ा संशोधन कर कहा जा सकता है कि लोक काव्यों, गाथाओं, रासो, पँवाड़े आदि काव्यों में लोक चेतना के वे साक्ष्य मिलते हैं जिनसे ब्रिटिशों के विरुद्ध जागरण फूट उठा था।

इस सन्दर्भ में 'हंस' (अक्टूबर, 2005) में कहानीकार प्रियंवद ने अपने लेख 'इतिहास और उपन्यास' में महाश्वेता देवी के 'झाँसी की रानी' उपन्यास के हिन्दी अनुवाद पर टिप्पणी करते हुए लिखा है : महाश्वेता देवी ने अपना पहला उपन्यास 1956 में लिखा था। लक्ष्मीबाई पर यह उपन्यास इतिहास की किसी भी पुस्तक पर भारी पड़ेगा। गहन शोध, समर्पण, प्रतिबद्धता और श्रम के साथ, इतिहास के सूक्ष्मतम तत्त्वों का प्रामाणिक स्रोतों से समर्थन पाने व विवेचन करने के बाद महाश्वेता ने इस उपन्यास को लिखा है। लक्ष्मीबाई के जीवन के वे अंश, जिनका ऊपर अभी जिक्र हुआ है और जो उनकी स्वीकृति छवि पर प्रश्न उठाते हैं, सबको महाश्वेता ने अपने उपन्यास में लिया है। ऐतिहासिक उपन्यास लेखन का यह सर्वोत्कृष्ट उदाहरण है। उपन्यास के अन्त में सन्दर्भ ग्रन्थों की सूची में इतिहास की 25, बांग्ला की 4, मराठी की 2, व हिन्दी व बुन्देलखण्डी की 5 पुस्तकें हैं, साथ ही विभिन्न सरकारी गजेटियर, संसदीय पत्र व अभिलेख हैं। इनके अतिरिक्त 26 वर्ष की आयु में अकेले झाँसी, ग्वालियर, कालपी, जबलपुर, पूना, इन्दौर की बीहड़ यात्राएँ व साक्षात्कार हैं। यह जानना दिलचस्प है कि सावरकर के लिखे 1857 के स्वाधीनता संग्राम के इतिहास को पढ़कर महाश्वेता ने इस उपन्यास को लिखने की प्रेरणा पाई, पर उन्होंने वह गलती नहीं की जो वृन्दावनलाल वर्मा ने की। उनकी लक्ष्मीबाई इतिहास को जीने वाली नायिका है, रचने वाली नहीं।[96]

महाश्वेता देवी की 'झाँसी की रानी' इतनी जीवन्त कृति है तो उसका कारण है

लोकचेतना में किंवदन्तियों, जनश्रुतियों के रूप में बसी उसकी छवि, जो उसे लोक हृदय के और निकट लाती है और जन मानस की अपनी वस्तु बना देती है।

महाश्वेता देवी ने लोक मानस में बैठी किंवदन्तियों का उपयोग किस प्रकार किया है इसका एक उदाहरण द्रष्टव्य है :

यह तो हुई हमारी-तुम्हारी बात। झाँसी शहर के एक छोर पर जो बूढ़ा व्यक्ति ठंड के दिनों में आग पर भुट्टा भूनता है, वह तो इतनी बातें जानता नहीं है। भुट्टा भूनता जाता है और अपनी नातिन को ग्राम्य गीत सुनाते-सुनाते उसका सिर थोड़ा हिलता जाता है :

बड़ी बढ़ियाँ थी जो रानी।
जिन्ने झाँसी न छोड़ूँगी बोली बानी॥
जिन्ने सिपाहियों के लिए लड़ाई की।
और अपने खाई गोली॥
जब तक अजेय भारत का पानी।
तब तक अमर झाँसी की रानी॥

कथा के प्रारम्भ करने की शिल्पविधि

महाश्वेता देवी ने वृन्दावनलाल वर्मा की तरह अपनी कथावस्तु का विकास शीर्षकों और प्रस्तावना में विभाजित कर नहीं किया है। उनके उपन्यास की शिल्पविधि पर उनकी निजता की छाप है। वर्मा जी ने उदय, मध्यान्ह और अस्त इन तीन शीर्षकों में रानी के जीवन को विभाजित कर फिर अपनी कथावस्तु को इन्हीं के अन्तर्गत विन्यस्त कर आगे बढ़ाया है।

पृष्ठभूमि

महाश्वेता देवी ने प्रारम्भ में पृष्ठभूमि और सीधे परिच्छेदों की संख्या देकर कथावस्तु को विन्यस्त किया है। उनके उपन्यास में सिर्फ पच्चीस परिच्छेद और एक परिशिष्ट है, जब कि वृन्दावनलाल वर्मा की 'झाँसी की रानी' में 91 परिच्छेद और 24 परिशिष्ट हैं।

महाश्वेता देवी ने अपनी कथावस्तु के प्रस्तुतिकरण शिल्प में मुख्य रूप से वृत्तान्तों, वर्णनों, सरकारी पत्रों, गजेटियरों, दस्तावेजों का उपयोग किया है। षड्यंत्रों, संकल्पों, युद्धों, भविष्यवाणियों या भविष्य में क्या घट सकता है उसके प्रतिरोध के लिए बनी योजनाओं का भी सहारा लिया है। लेकिन वृत्तान्तों के साथ-साथ उन्होंने लोक काव्यों का भी हवाला देकर अपनी शिल्पविधि को एक नया तेवर दिया है। यह अचरज की बात है कि बंगाली होते हुए भी उन्होंने बुन्देली में रचे काव्यों का ठेठ भाषा में प्रयोग कर अपनी विलक्षणता का परिचय दिया है।

अपने कथा-सूत्र को उभारने और उसे जीवन्त तथा यथार्थ रंग देने के लिए उन्होंने शुरू में जैसे चित्रकार किसी चित्र को यथार्थ और संगतिपूर्ण कैनवास पर आँकने के लिए एक पृष्ठभूमि देता है, ठीक वैसा ही किया। उन्होंने रानी के प्रति ध्यान आकर्षित करने के लिए लोक मानस में बैठी उसकी चिरन्तन छवि को उभारा। इसके लिए उन्होंने कुछ लोकचित्र दिए हैं जो इस प्रकार हैं :

काठ के चैले और सूखे पत्तों को जलाता हुआ सड़क के किनारे बैठा हुआ है लोधी लड़के-लड़कियों और मजदूरों का एक दल। इन लोगों के जीवन के आदि और अवसान में किसी निरापदता की कोई प्रतिश्रुति नहीं है। जननी (जन्मभूमि) बुन्देलखण्ड की तरह उसके भी भाग्य में विपत्तियाँ ही बदी हैं। ये जो लोग हैं इनके बीच में जाकर शाम के समय बैठो, तो सुनोगे कि ये लोग झाँसी की रानी की कथा कह रहे हैं। हमारे-तुम्हारे लिए झाँसी की रानी इतिहास का एक पृष्ठ मात्र है। इनसे यदि कहो कि झाँसी की रानी तो कब की मर चुकी है तो ये सब लोग तुम्हारी तरफ अचरज से देखने लगेंगे। युग-युगान्तर का भार ये लोग ढो रहे है, इनके रक्त में धैर्य है। सरल एवं सहज विश्वास के साथ कहेंगे, 'रानी मर नहीं गई है, अभी तो जिन्दा है।' ये लोग कहेंगे, 'रानी को तो छिपा रखा है बुन्देलखण्ड के पत्थरों और मिट्टी ने। स्वाभिमानिनी रानी की पराजय की लज्जा ढके हुए है पृथ्वी...हम लोगों की माँ।'[98]

कालपी के रास्ते पर चलते-चलते यदि किसी बूढ़े किसान से भेंट हो जाए तो वह कहेगा, 'इसी कालपी की भूमि पर युद्ध किया था रानी ने, यहीं कहीं पर छिपी हुई है, शायद इस मिट्टी की गोद में ही। उसके दिन चले गए हैं। मौका (अवसर) नहीं है। मरती हुई रानी ने इसलिए फिर अपना मुँह नहीं दिखाया।'

भाँड़ेर और झाँसी की बीच के रास्ते पर लोग कहेंगे, 'अभी भी कभी-कभी आधी रात को बाई साहिबा को देखा गया है। सारंगी घोड़ी दौड़ाते, पीछे शिशु-पुत्र को बाँधे हुए वे चली जा रही हैं। फीकी ज्योत्सना में बाई साहिबा के गले की मोतियों की माला, तलवार सब स्पष्ट दिखाई देते हैं।'

झाँसी के किले के नीचे अस्सी वर्ष का जो वृद्ध ताँगेवालों के पास घास बेचता है, वह परम विश्वास के साथ कहेगा कि शरत् की कितनी गम्भीर रातों में, हिम झरती वातास और अजस्त्र ज्योत्स्ना की माया में पृथ्वी जब स्वप्न देखने में मग्न हो जाती है, तब उसने अपनी आँखों से, दुर्ग के परकोटे पर चित्रलिखित मूर्ति की तरह खड़ी हुई रानी लक्ष्मीबाई को देखा है। आस्थाहीन व्यक्ति कहेगा, ऐसा नहीं हो सकता। वह कहेगा, इसलिए, क्योंकि तुम जानते नहीं हो। रानी तो मरी नहीं है। बाई साहिबा जरूर जिन्दा है।[99]

इस प्रकार यह पृष्ठभूमि देकर उन्होंने अपनी कथा का आरम्भ किया है। यह प्रस्तुतिकरण शिल्प की एक नई भंगिमा है। इस भंगिमा में लेखक की अपनी विषयवस्तु के साथ एकाकार हुई आस्था के साथ बुन्देलखण्ड के लोक मन में विद्यमान रानी के प्रति श्रद्धा का उच्छ्वास तो है ही, साथ में यह इतिहास की उस चिरन्तन घटना की ओर इंगित है जिसने सात समुद्र पार रानी विक्टोरिया का भी सिंहासन कँपा दिया था। शिल्पविधि की दृष्टि से यहाँ महाश्वेता देवी का एक अन्दाज और मिलता है और वह है कथा का आरम्भ उपसंहार से। वृन्दावनलाल वर्मा के उपन्यास का अन्तिम पर्व है अस्त अर्थात रानी ने जो अभियान छेड़ा था उसका अन्त हो गया। अवसान हो गया। महाश्वेता देवी ने अपनी कृति का आरम्भ 'इति' से करते हुए भी यह आस्था बनाए रखी कि रानी का अन्त नहीं हुआ है। वह तो प्रेरणा के रूप में आज भी विद्यमान है। बुन्देलखण्ड के कण-कण में। यह पृष्ठभूमि रचकर उन्होंने अपने कथानक पर विषाद की यवनिका नहीं डालने दी है। अन्त में रानी की मृत्यु से जिस अभियान का अन्त होता है, भौतिक रूप में अस्त होने के बाद भी चेतना के रूप में एक चिरन्तन प्रतिवाद

के रूप में वह अभियान आज भी जारी है, जीवित है। इस प्रकार अन्त को आदि से मिलाकर एक प्रकार से उन्होंने चेतना प्रवाही उपन्यास-शिल्प की एक झलक दिखा दी है।

वृतान्त द्वारा कथा का विकास

वृन्दावनलाल वर्मा और महाश्वेता देवी के प्रस्तुतिकरण शिल्प में एक अन्तर और है और वह है कि वर्मा जी ने अपनी कथावस्तु के विकास में मुख्य भूमिका कथोपकथनों द्वारा निभाई है, जब कि महाश्वेता देवी ने कथोपकथनों का सहारा लेते हुए भी कथावस्तु के विकास में वृत्तान्तों से मुख्य रूप से काम लिया है। प्रस्तुतिकरण शिल्प की दो विधियाँ होती हैं। एक प्रत्यक्ष प्रणाली और दूसरी अप्रत्यक्ष प्रणाली। प्रत्यक्ष प्रणाली में कथा का प्रस्तुतिकरण सीधे-सीधे लेखक करता है। महाश्वेता देवी ने इसी पद्धति को अपनाया है। उन्होंने ऐतिहासिक तथ्यों के आधार पर अपने वृत्तान्तों का सौध खड़ा किया और उनकी कथावस्तु इसी के सहारे विकसित होती है।

कथा का प्रारम्भ बुन्देलखण्ड के वृत्तान्त से होता है। इसी के आधार पर वे उत्सुकतापूर्ण कहानी गूँथने की ओर बढ़ती हैं :

आज के मानचित्र में झाँसी उत्तर प्रदेश के अन्तर्गत एक जिला मात्र है। 1858 ई. के बाद से उसका समग्र परिचय विलुप्त हो गया है। किन्तु, समय की नौका को जरा घुमाओ, उसे बहने दो उस युग की ओर तब देख सकोगे कि बुन्देलखण्ड का रूप सदा के लिए अपरिवर्तित रह गया है। भारतवर्ष के एकदम मध्य में बुन्देलखण्ड एक रुक्ष देश है। प्रकृति यहाँ एक बार में ही अत्यन्त कृपण हो गई है। पूर्व, दक्षिण, उत्तरवर्ती अजस्त्र अंचलों में शस्य सम्पदा व्याप्त रहती है, देश-लक्ष्मी फूलों-फलों से समृद्ध रहती है। वहाँ सुअला, सुफला, मलयज शीतला जननी है। किन्तु, बुन्देलखण्ड में उस (जननी) की भैरवी मूर्ति प्रकट हुई है। वहाँ पर पत्थर, पहाड़ों से आकीर्ण भूमि रूखी है और नदियाँ क्षीण तोया हैं।[100]

महाश्वेता देवी ने बुन्देलखण्ड का एक चित्र देने के बाद बुन्देलखण्ड के राजनैतिक और ऐतिहासिक राजवंशों का विवरण तथा झाँसी में नेवलकर वंश का राज्य कैसे स्थापित हुआ इसका वृतान्त देने के बाद मोरोपन्त मनु के पिता द्वितीय बाजीराव पेशवा के आश्रित होकर बिठूर में कैसे आए इसका उल्लेख किया है।

रघुनाथ हरि नेवलकर को प्रथम पेशवा माधव राव ने झाँसी का कार्यभार 1770 ई. में सौंपा। इसके पहले बाजीराव पेशवा ने छत्रसाल से प्राप्त इस राज्य को कई भाग में बाँटा। उनकी अकाल मृत्यु के बाद नारोशंकर मोती वाले ने झाँसी का किला घेरकर उसके आसपास नगर की स्थापना की। धीरे-धीरे पूरा जनपद बन गया। इसके बाद झाँसी की सूबेदारी दी गई रघुनाथ हरि नेवलकर को जिसका उल्लेख ऊपर किया जा चुका है।

महाश्वेता देवी ने इस वृत्तान्त का चित्र खींचते हुए लिखा है : रघुनाथ हरि ने विशेष योग्यता और दक्षता के साथ चौबीस वर्ष तक झाँसी में सूबेदारी की। उन्होंने अपना अर्थ व्यय करके झाँसी को खूब समृद्धि-सम्पन्न किया। अच्छी-अच्छी तोपों की ढलाई कराके किले पर तैनात करवाईं। उद्योग और वाणिज्य का झाँसी एक केन्द्र बन गई। रघुनाथ हरि झाँसी के सम्बन्ध में पूना नियमित रूप से ब्योरा भेजा करते थे। पूना के दफ्तर में वे कागज-

पत्र आज भी उनकी कार्य कुशलता का प्रमाण दे रहे हैं।

झाँसी किस प्रकार एक सांस्कृतिक केन्द्र बन गई इसका वृत्तान्त महाश्वेता देवी ने इस प्रकार दिया है : महाराष्ट्रीय स्त्रियाँ अठारह हाथ की साड़ी पहनती हैं। बुन्देलखण्ड की स्त्रियों का पहनावा मुख्य रूप से लहँगा है। वहाँ के स्थानीय ताँती लोग साड़ी बुनना नहीं जानते थे इसलिए रघुनाथ हरि ने दक्षिण से बुनकरों को लाकर झाँसी में बसाया। छतरपुर और पन्ना से विशिष्ट बुन्देलखण्डी धातुशिल्पियों को लाकर मऊ, रानीपुर, और झाँसी में पट्टे दिए गए। झाँसी के दुर्ग में एक सुन्दर अनुसन्धानशाला की स्थापना की गई। किले में एक सुव्यवस्थित ग्रन्थागार बनवाया गया। नदिया (पश्चिम बंगाल का एक संस्कृत विद्या का केन्द्र), काशी और तंजौर से अच्छी-अच्छी संस्कृत पुस्तकों की अनुलिपि कुशल अनुलिपिकारों के माध्यम से मँगवाई गई। जरी और रेशम की बहुमूल्य पुस्तकों की जिल्द बँधवाई गई। भगवत् गीता के कई संस्करण कराए गए। काव्य, साहित्य और दर्शन से यह ग्रन्थागार भर उठा।[101]

कथावस्तु और आगे के घटनाक्रम की दृष्टि से इस ब्योरे का महत्त्व इसलिए है कि रानी को गीता से विशेष लगाव था और वह नित्य गीता पाठ किया करती थी। इसी पुस्तकालय का विकास आगे चलकर रानी के पति गंगाधर राव ने कराया था। दूसरे अंग्रेजों ने बदले की भावना से संस्कृति और ज्ञान के केन्द्र इसी पुस्तकालय को जलाकर अपनी नीचता की पराकाष्ठा का परिचय दिया था, जो इतिहास में ब्रिटिश जाति के माथे पर एक कलंक है। घटनाक्रम के विकास में इस पुस्तकालय का उल्लेखनीय महत्त्व है।

गंगाधर राव ने झाँसी की नाट्यशाला का निर्माण करवाया था। अंग्रेजों ने उसे ध्वस्त कर दिया। फिर वह नाट्यशाला नहीं रही। इस नाट्यशाला का कथा के विकास में योगदान है क्योंकि इससे उस समय की सांस्कृतिक स्थिति का पता चलता है। अतीत की स्मृतियों का उल्लेख करते हुए महाश्वेता देवी ने राजप्रासाद का विवरण यों दिया है : झाँसी के राजप्रासाद का निर्माण गंगाधर राव ने करवाया था। बुन्देलखण्ड की अपनी निजी शैली में निर्मित यह चौखंडा प्रासाद सभी जगह भित्तिचित्रों से सुशोभित था। अलिन्द और मेहराबों में हंस-मिथुन मछली, मोर आदि की मूर्तियाँ पत्थरों में उत्कीर्ण की गई थीं।[102]

उनकी नाट्यशाला आज विलुप्त हो चुकी है। अभिनेत्रियों का नाम भी नहीं जाना जा सकता। एक शताब्दी बाद सिर्फ एक नाम वहाँ आज भी सुनाई देता है और वह है मोतीबाई।[103]

इस वृत्तान्त का कथा विकास की दृष्टि से यह महत्त्व है कि आगे चलकर अंग्रेज फौज नाट्यशाला और राजप्रासाद दोनों को ध्वस्त कर देती है।

एक और वृत्तान्त देखिए जिससे पता चलता है कि घटनाक्रम में सब कुछ उलट-पलट हो गया। रानी ने क्या सोचा था, क्या हो गया और उसका रानी के सैनिकों पर क्या प्रभाव पड़ा : एक राज्य जब दूसरे के अधिकार में चला जाता है, तब बहुत कुछ रद्द हो जाता है। गंगाधर राव के नाट्यशाला के शौक का पहले उल्लेख किया जा चुका है। उस नाट्यशाला का सार-सरंजाम, वेशभूषा, गहने, वाद्ययंत्र आदि को राजप्रासाद के एक कमरे में रखकर ताला लगा दिया गया।

झाँसी राज के जो सैनिक-सामन्त थे, उनको युद्ध करने की जरूरत बहुत दिनों से नहीं

पड़ी थी। फिर भी वे लोग नियमित रूप से परेड कर, अस्त्र-शस्त्रों और वर्दी को ठीक रखकर व्यस्त बने रहते थे। लम्बे समय के बाद अब उनकी पुकार हुई। तीन मास का वेतन देकर उनकी छुट्टी कर दी गई। अब उन्हें नहीं बुलाया जाएगा।

उनसे अस्त्र-शस्त्र, वर्दी सब जमा कर देने को कहा गया था। वे लोग क्षुब्ध हृदय से कुछ सामान जमा कर, कुछ राजप्रसाद के कुएँ और कुछ बेतवा के जल में बहाकर चले गए। जाते समय वे लोग राजप्रासाद की ओर देखते हुए अपना अन्तिम प्रणाम भी निवेदित करते गए।[104] इस विवरण का उल्लेख इसलिए किया गया कि जिन सैनिकों को निकाला गया वही आगे चलकर रानी की सेना में योग देते हैं और विद्रोह की आग में घी का काम करते हैं। ब्रिटिशों के खिलाफ जो जागरण हुआ उसकी एक वजह ये बरखास्त सैनिक भी थे। घटनाचक्र को मोड़ देने में इनका भारी योगदान था। साथ ही रानी के हृदय में भी आघात लगता है और वह इन्हीं सैनिकों के स्वाभिमान की रक्षा के लिए युद्ध का संकल्प करती है।

अधिकार खो कर चले जा रहे हैं सब, यद्यपि वे लोग झाँसी के ही हैं। हृदय क्षुण्ण है, मन आहत है, अश्रुहीन आँखों से निर्निमेष दृष्टि से देखने लगी रानी। किले के दक्षिणी बुर्ज से नगाड़ा एवं चामर प्रतीकों से अंकित झाँसी राज की पताका उतार दी गई। यूनियन जैक फहराने लगा नीले-नीले आकाश में।[105]

रानी ने जब यह दृश्य देखा तो उसके मन को आघात लगा और उसने अंग्रेजों के विरुद्ध संघर्ष करने का मन बनाया। ऐसे तमाम विवरण इस उपन्यास में दिए गए हैं जिनसे प्रेरित होकर झाँसी की रानी युद्ध में कूद पड़ी।

एक और उदाहरण देखिए...लाखों छोटी-छोटी घटनाएँ हैं। और भी बहुत-सी बातें हैं, और भी बहुत-से दुःख हैं, और भी अनेक प्रश्न हैं। हजार-हजार संथालों के रक्त से छोटा नागपुर और राजमहल की मिट्टी लाल है...कारण वे लोग साहसी हैं।

कोल-भील और आदिवासी, घुमन्तू और मोपेला बार-बार विद्रोह करते हैं। अनुभव और अभिज्ञता अर्जित कर रही है कई करोड़ सन्तानों की जननी, अत्याचारों से उत्पीड़ित भारतभूमि अपनी सन्तानों के खून से। माँ होकर भी जो सन्तान को बचा न सके वह कैसी माँ है? इसलिए आर्तनाद करो, चारों ओर से लोगों का आह्वान करो।[106]

इस उद्धरण से पूरे देश में किसी-न-किसी रूप में फैले विद्रोह का पता चलता है। महाश्वेता देवी ने अपने ऐसे ही वृत्तान्तों के समावेश से अपनी कथावस्तु के विकास की रेखाएँ खींची हैं और उनमें रंग भरा है। पाठक के मन में ये छोटे-छोटे वृत्तान्त एक कसीदाकारी-सी काढ़ते रहते हैं।

संकल्प के द्वारा कथा का विकास

कहीं-कहीं महाश्वेता देवी ने संकल्प के द्वारा कथा-विकास की प्रविधि का उपयोग किया है। मानो यह संकल्प बीज बनकर कथा के जाल को फैलाता रहता है। फिर उसी के आसपास घटनाएँ सिमट कर गतिशील होती रहती हैं। मानो संकल्प एक धक्का है जिससे घटनाचक्र घूमने लगता है और कथानक गतिशील होकर तीव्रता पकड़ लेता है।

घटनाएँ अपने आप में कुछ नहीं, वे परिस्थिति जन्य होती हैं किन्तु इन परिस्थितियों को जन्म देने वाला मनुष्य होता है। संकल्प किसी उपन्यास के पात्रों में उदित होने वाला वह मनोवेग है जो परिस्थितियों का रचनाकार होना है और घटनाओं को अंजाम देता है। संकल्प एक ओर कथावस्तु को गति देता है, दूसरी ओर पात्रों की सक्रियता का भी सूचक होता है। संकल्प ही यह सिद्ध करता है कि ऐतिहासिक उपन्यास के पात्र इतिहास की कठपुतली नहीं वे उसे मोड़ देने वाले भी होते हैं, जहाँ वे घटनाओं को मोड़ नहीं दे पाते वहाँ भी यह संकल्प ही उन्हें विपरीत धार में संघर्षशील बनाए रखता है। यह संकल्प मनुष्य को हार नहीं मानने देता, इसी के कारण मनुष्य बार-बार गिरकर भी उठकर खड़ा हो जाता है।

संकल्प द्वारा कथा के विकास और घटनाचक्र के आवर्तन का पहला उदाहरण वहाँ मिलता है जहाँ ब्रिटिश सरकार रामचन्द्र राव को राजा का खिताब देने का संकल्प लेती है। इसके बाद उन्हें खिताब देने का जो समारोह होता है उसका वृत्तान्त इस प्रकार है :

1832 ई. के 9 सितम्बर को विलियम स्वयं झाँसी आया। झाँसी किले के ऊपर बने राजप्रासाद में दरबार सजाया गया। एक सुहावने और सुन्दर अनुष्ठान के बाद विलियम बैंक्टिक ने रामचन्द्र राव को खिताब प्रदान किया, 'महाराजाधिराज फिदुई बादशाह जानुजा इंग्लिश्तान महाराज रामचन्द्र राव बहादुर'—झाँसी राज्य की सील मुहर में नगाड़ा और चामर के साथ इस खिताब को खुदवाने की अनुमति दी। खुले दरबार में प्रयोग करने के लिए ब्रिटिश झंडा प्रदान किया। झाँसी से सागर जाकर बैंक्टिक ने रामचन्द्र राव को एक सम्मान सूचक अभिनन्दन-पत्र भेजा।[107]

ब्रिटिश सरकार ने रामचन्द्र राव को राजा का खिताब देने का जो संकल्प किया था उससे एक ओर तो उपर्युक्त समारोह जैसी घटना घटी किन्तु दूसरी ओर मराठा राज्य झाँसी की उन्नति से ईर्ष्यालु होकर राजपूत राज्य ओरछा और दतिया, झाँसी के अन्तर्गत आने वाले जिगनी और उदय गाँव एवं विलचरी के पँवार राजपूत सामन्तों को भड़काने लगे। इसके फलस्वरूप पूरे राज्य में अराजकता फैल गई जिसका दमन करने के लिए रामचन्द्र राव को संघर्ष करना पड़ा। स्वयं ब्रिटिश सेना को इसमें हस्तक्षेप करने आना पड़ा। पर रामचन्द्र राव इस संघर्ष से टूट गए। उनकी मृत्यु हो गई। फिर सखूबाई राज्य पर दावा करने अपने नाबालिग पौत्र को लेकर आ गई और आगे की घटनाएँ पुनः तेजी से घटती हैं। एक संकल्प से इतनी घटनाएँ घट जाती है।

इस उपन्यास के पूरे घटनाचक्र को नियंत्रित और गतिशील करने वाला रानी का वह संकल्प है जो उसने ब्रिटिश सरकार द्वारा झाँसी राज्य के अधिग्रहण के समय उद्घोषित किया था।

रानी के इस संकल्प के आसपास इस उपन्यास का पूरा घटनाचक्र बुना गया है। मानो यह संकल्प वह धुरी है जिसके सहारे पूरे घटनाएँ घूमती हैं। यह संकल्प ही रानी को इतिहास का एक नायक बना देता है। अगर उसने सिर झुकाकर ब्रिटिश द्वारा किए गए अधिग्रहण को स्वीकार कर लिया होता तो न झाँसी का दमन करने ह्यूरोज आता, न कालपी, कोंच और भांड़ेर के मार्ग में युद्ध होता और न ग्वालियर के युद्ध में रानी दिवंगत होती। तब

रानी इतिहास के अँधेरे में खो जाती। यह वह संकल्प था जिसमें सुन्दर, मुन्दर, काशी, मोती, गुलाम गौस, झलकारी, खुदाबख्श, ताँतिया, राव साहब, नाना साहब, जवाहर सिंह, रघुनाथ सिंह, मोरोपन्त सभी के संकल्प एकाकार हो गए थे। रानी के इस संकल्प की ध्वनि आगे भी उसकी कई घोषणाओं, योजनाओं में प्रतिध्वनित हुई है। इसी संकल्प ने वृन्दावनलाल वर्मा और महाश्नेता देवी को झाँसी की रानी को केन्द्र बनाकर उपन्यास रचना का संकल्प लेने को बाध्य किया।

संकल्प द्वारा किस प्रकार घटनाएँ करवट लेती हैं इसका एक उदाहरण सदाशिव नारायण द्वारा परोला से तीन हजार सैनिकों की सेना लेकर झाँसी के अधीन कड़ेरा दुर्ग पर अधिकार करना है। इस सन्दर्भ में महाश्वेता देवी ने लिखा है : झाँसी राज्य के सम्बन्ध में सदाशिव राव सदा बड़ी सतर्कतापूर्वक अपने पास सारी खबरें रखता था। 18 जून को अंग्रेजों के हत्याकांड के बाद उसने रानी को असुरक्षित पाकर और झाँसी की अनिश्चित अवस्था समझकर उस अवसर का लाभ उठाने का संकल्प किया।[108] इसी सदाशिव राव के साथ रानी को युद्ध करना पड़ा था। इसके लिए उन्होंने अपनी सेना भेजी और ग्वालियर के नटवर स्थान में उसे कैद कर झाँसी की बन्दीशाला में डाल दिया। बाद में अंग्रेजों ने उसे फाँसी दे दी।[109]

अंग्रेजों के आगे न झुकने और अपनी झाँसी उन्हें न देने का रानी ने जो संकल्प किया था उसकी रक्षा के लिए उन्होंने युद्ध की लम्बी योजना बनाई थी। उन्होंने अपना एक गुप्तचर विभाग स्थापित किया था जो उन्हें अंग्रेजी फौज की हर गतिविधि से अवगत कराता रहता था। उन्होंने अंग्रेजों के मार्ग को रोकने के लिए जगह-जगह चौकियाँ बनाई थीं, उन चौकियों पर अपने मित्र राज्यों की सेना को तैनात किया था। महाश्वेता देवी ने इस योजना का विस्तार से विवरण देकर यह बताया है कि किस प्रकार एक संकल्प के आसपास घटनाएँ बुनती जाती हैं और कथानक आगे बढ़ता जाता है। उन्होंने लिखा है : इसी बीच झाँसी की रानी ने पूरे बुन्देलखण्ड में अपने गुप्तचर दल को फैला दिया। ब्रिटिश फौज के आगे बढ़ने एवं हर युद्ध के फलाफल के सम्बन्ध में वे पूरी खबर रखने लगती हैं। बानपुर के राजा अन्य जगहों पर पराजित होने के बाद भी नारहट, मदनपुर और घामौनी की पहाड़ियों में अपनी उपस्थिति से ब्रिटिश फौज को आगे बढ़ने से रोकेंगे। उनके साथ रहेंगे शाहगढ़ के राजा। कालपी में सैनिक छावनी स्थापित कर ली है तात्या टोपे ने। वहाँ पर नाना के प्रतिनिधि के रूप में नेतृत्व करते हैं, नाना के भतीजे राव साहब। जरूरत पड़ने पर वहाँ से मदद मिल सकती है, रानी की ऐसी धारणा थी। वे झाँसी को एक लम्बे युद्ध के लिए सब प्रकार से तैयार करने लगीं। शत्रु सेना के आगे बढ़ने के सम्बन्ध में सूचना देने के लिए रानी ने एक अत्यन्त पुरानी महाराष्ट्रीय प्रथा को पुनः चलाया। पहाड़ और जंगल में गाँव के लोग अंग्रेजों के आने को लक्ष्य करते ही सूखी लकड़ियों और पत्तों में आग लगा देंगे। उस आग को देखते ही चार-पाँच मील दूर की चौकी पर आग जलाकर संकेत करेगा पहरेदार। उसके उसी संकेत का अनुसरण करते हुए अग्नि जल उठेगी एक और भी दूर की चौकी पर। और उस आग को देखकर किले का पहरेदार सतर्क हो जाएँगे। दुश्मन की फौज की गति से भी तेज गति से चलने वाला यह संकेत है।

यही नहीं, रानी अपने संकल्प में कितनी दृढ़ थीं इसका पता एक दूसरी घटना से चलता है। पहले रानी की मंत्रिमंडली ने युद्ध न करके सन्धि-प्रस्ताव भेजने के लिए कहा था। स्वाभिमानिनी रानी ने विख्यात महाराष्ट्रीय कवि मोरोपन्त की कविता में उनको उत्तर दिया था—मरण रुचे वीराला, न रुचे क्षण मात्र अपयशे मरणे।[110] अर्थात क्षण मात्र के अपयश भरे जीवन से वीरों को मरण अच्छा लगता है। मानो मोरोपन्त की इस उक्ति में महारानी लक्ष्मीबाई का संकल्प तेजोद्दी होकर ध्वनित हो उठा हो।

रानी के इस संकल्प ने किस प्रकार झाँसी की जनता को युद्ध करने के लिए तैयार कर दिया था उसका साक्ष्य इन पंक्तियों में मिलता है : झाँसी की जनता ने समझ लिया था कि उनकी यह दुर्लभ क्षण स्थायी स्वाधीनता, जिसकी पुरोधा हमारी बाई साहिबा हैं, इसे किसी भी तरह वे नष्ट नहीं होने देंगे। जिस रमणी के भाल से सोहाग छिन गया हो, जिसके गले से मँगल-सूत्र टूटकर गिर पड़ा हो जिसका अनाथ पुत्र हो, वह अपने न्यायोचित आसन से तो आज युद्ध में उतर नहीं रही है। नियति का विधान भी तो वह नहीं मान रही है। आत्मविश्वास से सक्रिय भूमिका ग्रहण करके प्रत्यक्ष युद्ध में वह अवरित हो रही है। उन लोगों ने यह और जान लिया कि उन लोगों के ऊपर भी रानी की आस्था असीम है। इसलिए उनकी शक्ति से वे लोग अनुप्राणित हो गए।

रानी का दृढ़ संकल्प किस प्रकार उसके अनुयायियों में संचारित हो उठा था इस सम्बन्ध में जी.वी. माल्सन का यह कथन स्मरणीय है : यह बात निश्चित है कि रानी ने अपने ऊँचे आदर्श का कुछ संचार अपने सहयोगी योद्धाओं में कर दिया था।[111]

रानी का यह दृढ़ संकल्प उस समय भी ध्वनित होता है जब तात्या की पराजय के बाद उसमें घोर निराशा घर कर गई थी। उसने एकान्त में चिन्तन किया कि जो सैनिक उस पर विश्वास करके इस युद्ध के लिए सन्नद्ध हुए हैं, उनके लिए उसे लड़ना होगा। इसलिए उसने अपने सभी सरदारों को सम्बोधित करते हुए कहा, 'मेरे बहादुर सिपाहियो, सरदारो, भाइयो पेशवा की सेना के भरोसे हम लोग युद्ध में नहीं कूदे हैं। अपनी हिम्मत से ही हम लोगों ने अब तक झाँसी की रक्षा की है। आज शत्रु सेना सामने है, फिर भी हम लोगों को अपनी हिम्मत से ही अन्त तक लड़ना होगा।'[112]

भविष्यवाणी अथवा उसके आभास द्वारा कथा का विकास

कहीं-कहीं भविष्यवाणी अथवा भावी घटना के आभास द्वारा भी कथावस्तु का विकास या घटनाएँ रूप ग्रहण करती हैं। मनुष्य की प्रकृति है कि उसे कभी-कभी परिस्थितियों की नब्ज टटोलकर आगे क्या होगा इसका आभास मिलने लगता है। कभी-कभी किसी व्यक्ति के लक्षण देखकर उसके भविष्य का भी ज्ञान होने लगता है। यह कहावत इसीलिए बनी है कि होनहार विरवान के होत चीकने पात। तात्या दीक्षित ने मनु को देखकर उसके रानी बनने की सम्भावना व्यक्त की थी और उसी सम्भावना ने आकार गंगाधर राव से उसके विवाह ने ग्रहण किया। प्रसंग इस प्रकार है : मनु को देखकर तात्या दीक्षित सन्तुष्ट हो गए। उनको बार-बार लगने लगा कि यही कन्या झाँसी की रानी होने योग्य है। उन्होंने गंगाधर राव के साथ विवाह करने का प्रस्ताव रखा। अप्रत्याशित आनन्द से विगलित-चित्त मोरोपन्त सहमत हो गए।[113]

भावी घटना का आभास रानी के उस कथन से भी होता है जब उसने बचपन में कहा था मेरे भाग्य में एक दिन दस हाथी होंगे। इन्हीं सब भविष्य कथनों के आधार पर मनु का विवाह गंगाधर राव से होता है और बाद में जो घटनाएँ घटती हैं उनका उसे भागीदार बनना पड़ता है। अगर ये घटनाएँ न घटतीं तो रानी का जीवन कौन-सा मोड़ लेता?

विवाह की निर्विघ्न समाप्ति के बाद जरूरी काम-काज के अन्त में ब्रिटिश सरकार गंगाधर राव के हाथ में सत्ता हस्तान्तरित करने के लिए राजी हो गई। विवाह के बाद हुई इस घटना से झाँसी वासियों के मन में यह धारणा बन गई कि नववधू झाँसी में निश्चय ही मंगल लाई है।[114] यह घटना भी कथा विकास के एक आयाम की भविष्यवाणी करती है। आगे की घटनाओं और गंगाधर राव को शासन व्यवस्था सँभालने में जो सफलता मिलती है उसके पीछे इसी मंगल कामना का हाथ है।

वही गंगाधर राव पुत्र शोक से इस तरह टूट गए कि उन्हें अपने जीवन का भी अन्त लगने लगा। यहाँ कथानक दम साधे एक क्षण रुक जाता है और आशंका भरे भविष्य की ओर संकेत करने लगता है कि अगर गंगाधर राव का निधन हो गया तो आगे क्या होगा? रानी का मन भी आशंकाओं से भर जाता है और ब्रिटिश सरकार भी अपने भावी कदम की योजना में मग्न हो जाती है। गंगाधर राव का भावी अनिष्ट की आशंका से भरा कथन अंधकाराच्छन्न भविष्य की सूचना देता है और कथा को एक झटके के साथ आगे बढ़ाता है।

उन्होंने कहा—मेरे जीवन की ग्रन्थि टूट गई हैं, अब जीने का भी उत्साह नहीं पा रहा हूँ।[115]

गंगाधर राव की भावी मृत्यु की आशंका से इतिहास करवट बदलता है और कई घटनाएँ घटती हैं। जैसे उत्तराधिकार लुप्त हो जाने की आंशका से दामोदर राव को गोद लेना, फिर यह गोदनामा स्वीकृत हो जाए इस आशा में गंगाधर राव की एलिस से प्रार्थना। गंगाधर राव की मृत्यु के बाद गोदनामे को लेकर ब्रिटिश सरकार से लम्बा पत्र-व्यवहार, अन्त में गोदनामे की अस्वीकृति और झाँसी राज्य का अधिग्रहण। रानी की ओर से झाँसी न देने का संकल्प और एक लम्बे युद्ध की तैयारी के साथ बाद की अनेक घटनाएँ।

कथानक की तुलना नदी के प्रवाह से की जाती है। यदि नदी में भँवर न पड़ें तो प्रवाह को गति नहीं मिलती है। कथा-प्रवाह में मृत्यु और युद्ध जैसी घटनाएँ उसे गति देने वाली भँवरें सिद्ध होती हैं। गंगाधर राव की मृत्यु की आशंका और बाद में उनकी मृत्यु कथाप्रवाह को दूने वेग से विकसित करने वाली भँवरें हैं।

महाश्वेता देवी ने लिखा है : नवम्बर मास के दूसरे सप्ताह में मोरोपन्त ताम्बे अपने प्रमुख हितैषी और शुभचिन्तक गंगाधर राव के न रहने पर राज्य की हालत क्या होगी इस पर विचार करने लगे। सारी रोग-यंत्रणा को दबाकर यही चिन्ता गंगाधर राव के मन में भी प्रबल रूप से दिखाई देने लगी थी। उन्होंने दत्तक पुत्र लेने की इच्छा प्रकट की।[116] उनकी इच्छा के अनुसार मृत्यु शय्या पर पड़े-पड़े गंगाधर राव ने वासुदेव के पुत्र आनन्द राव को गोद लिया। फिर उन्होंने एलिस को एक पत्र लिखकर अनुरोध किया जिससे उनका गोदनामा स्वीकृत कर लिया जाए। एलिस ने उन्हें आश्वासन दिया और इसकी खबर उसने गवर्नर जनरल को दी। उसके बाद राजा के न रहने पर रानी और ब्रिटिश सरकार के बीच पत्रों

का सिलसिला चला जिसका अन्त गोदनामे की अस्वीकृत में हुआ। इसका उल्लेख पीछे किया जा चुका है। गोदनामे की अस्वीकृति से इतिहास ने करवट बदलना शुरू किया जिसके पीछे झाँसी की रानी लक्ष्मीबाई की वह ऐतिहासिक घोषणा निहित थी जिसके कारण ब्रिटिश सरकार को झाँसी राज्य का वास्तव में अधिग्रहण करने और रानी को अपदस्थ करने के लिए लम्बी लड़ाई लड़नी पड़ी। गोदनामे से भविष्य में किस बवंडर की शुरुआत हुई उसके लिए यही घटना उत्तरदायी है। यदि गोदनामा स्वीकृत हो जाता तो भविष्य में जो घटनाएँ घटीं वे न घटतीं।

भविष्य के आभास या भविष्य में क्या घट सकता है इसका अनुमान लगाकर 'झाँसी की रानी' उपन्यास में कई घटनाओं का सिलसिला चलता है और कथावस्तु का विकास होता जाता है। कोई घटना अकेली नहीं होती है वह अपने साथ कई घटनाओं की शृंखला लेकर आती है।

रानी को दामोदर के भविष्य की चिन्ता थी। इसलिए वह उसे आगे के लिए तैयार करने लगी। आगे उसे अपने जीवन में क्या-क्या करना पड़ सकता है इसका चित्र महाश्वेता देवी ने इस प्रकार खींचा है : उसे तो मनुष्य होना होगा। अंग्रेजों के साथ कागज-कलम से लड़ाई लड़नी होगी। विलायत में बड़ी-बड़ी अर्जियाँ भेजनी होंगी। ये सब काम सम्भव होंगे या नहीं, कौन जाने।[117]

इस उद्धरण से दामोदर को शंकाकुल और भावी जीवन की उन कठिनाइयों का आभास मिलता है जो उसे बाद में झेलनी पड़ती हैं। यहाँ महाश्वेता देवी ने भविष्य का आभास देकर कथानक में एक सस्पेंस की सृष्टि कर दी है जो उनकी शिल्प-प्रविधि का एक अंग है।

यही नहीं, गंगाधर राव अगर जीवित होते तो दामोदर के उपनयन संस्कार के अवसर पर क्या-क्या घटित होता, स्वयं रानी क्या-क्या करती इसका एक चित्र देकर उन्होंने कथानक की मार्मिकता बढ़ा दी है। उनकी कथावस्तु आगे बढ़ती है, क्या-क्या घट सकता था जो अब नहीं घटित होगा, इसका चेतना-प्रवाही-पद्धति द्वारा आभास देकर वे कथानक को एक गति देती हैं। एक उदाहरण देखिए: रानी सोचती है आज अगर गंगाधर राव होते तो दामोदर के उपनयन में कितनी धूमधाम होती, कितनी बारूद चलाई जाती, कितने लोगों को निमंत्रण दिए जाते, दीन-दु:खी लोगों को मिलते वस्त्र, कम्बल। वे सब दिन तो अब आएँगे नहीं। इसके बाद रानी की स्मृति में एक दृश्य कौंध जाता है : अब कभी सान्ध्य समय शृंगार करके रानी चन्दन चौकी पर तो बैठेगी नहीं। अर्द्धप्रस्फुटित मीठे स्वरों में गाना गुनगुनाती हुई अपने हाथ सें कुंकुम का सोहाग तिलक अब कभी नहीं लगाएगी काशी। उसकी वेणी को घेर कर जूही के फूलों की कलियों से बनी माला तपन भरी सन्ध्या में अब धीरे-धीरे नहीं खिलेगी।[118]

भविष्य में कुछ अघटित घटने वाला है, मानो काली घटाएँ घिरती आ रही हैं। इस तरह भविष्य के भयंकर युद्ध का आभास इस उद्धरण से मिलता है : आजन्म भाग्यवाद में विश्वास करने वाली रानी ने उसी दिन से भाग्य के साथ बाजी लगा दी मानो कहीं कुछ घटने जा रहा हो। जैसे आकाश, वातास में एक अस्थिरता है। दिन जैसे संख्या में गिने जाने योग्य

प्रहरों की समष्टि मात्र नहीं हैं। दिन मानो प्राणवन्त सत्ता हैं। वे जैसे बात करते हैं।

दिन थमते नहीं हैं वे मानो आगे बढ़े जा रहे हैं। आज सेतु हिमाचल भारतवर्ष में सर्वत्र विदेशी शासकों की ध्वजा दृढ़ विश्वास के साथ जमी हुई है। उसकी लाख-लाख प्रजा असह्य अत्याचार से पिसती हुई एक विराट विद्रोह की अग्नि को तिल-तिल का प्रज्ज्वलित करती जा रही है। राज्य और प्रजा में चूड़ान्त मुकाबला होगा। आसन्नवर्ती वह भयंकर समय गरजता हुआ बढ़ता आ रहा है।[119]

भविष्य में क्या अनहोनी घट सकती है, वह न घटे अगर इसकी चेतावनी दी जाए और अगर कोई अनसुनी कर दे तो अनसुनी करने वाला ही जिम्मेदार है। किन्तु जिसके हाथ में सत्ता होती है वह इस बात को कहाँ मानता है। ऐसी ही घटना घटी उन अंग्रेज स्त्री-पुरुषों के साथ जिनकी हत्या विद्रोही सैनिकों ने झाँसी के किले में कर दी, जिन्हें इस घटना के पहले वहाँ से सुरक्षित निकालकर ले जाने के लिए रानी ने स्काइन को बता दिया था। इस प्रकार 'झाँसी की रानी' उपन्यास में कुछ ऐसी भी घटनाएँ है जिनके लिए अगर सावधानता बरती जाती तो वे न घटतीं और अगर अंग्रेज स्त्री-पुरुष वहाँ से सुरक्षित निकाल लिये जाते तो रानी पर वह मिथ्या आरोप न लगता जिसके कारण उसे दोषी माना गया और उसे जिन्दा या मृत पकड़ने का गुप्त आदेश गवर्नर जनरल ने ह्यूरोज को दिया।[120]

कहीं-कहीं भविष्य की आशंका से भी कथानक का विकास होता है। जैसे सर कोलिन कैम्प वेल 14 अगस्त, 1857 ई. को विलायत से कलकत्ता आ गया। 17 अगस्त को ही उसने भारतवर्ष की सारी सेनाओं के मुख्य सेनाध्यक्ष अथवा कमांडर इन चीफ का पद-भार ग्रहण कर लिया। अक्टूबर के अन्त तक दस सप्ताह उसने सारे ब्रिटिश भारत की स्थिति का सूक्ष्मता से पर्यवेक्षण किया। पूरे भारत में ब्रिटिशों के खिलाफ विद्रोह की आशंका को दबाने के लिए फौज की अपर्याप्तता देखकर उसने विलायत से सेना बुलाने का निर्णय लिया। उसके बाद उसने अपनी सेना के तीन भाग करके तीनों ओर से विद्रोहियों का दमन करते हुए झाँसी के पास तीनों सेनाओं के मिलने की योजना बनाई। यहाँ यह लक्षित करने योग्य है कि कोलिन की उसी योजना के तहत आगे के युद्ध का परिचालन होता है और झाँसी पर उसी के अनुसार भीषण आक्रमण। रानी के साथ कैसा व्यवहार किया जाएगा इसकी भी योजना उसी समय बन गई थी किन्तु भाग्यवश रानी उनकी योजना में नहीं फँस पाई। वह वीरतापूर्वक उससे बचकर निकल गई। कहने का तात्पर्य यह कि कहीं-कहीं भावी घटना की आशंका से भी घटनाचक्र तेजी से विकसित होता है।

भविष्य में किसी घटना का आभास हो जाने पर वह घटना वैसी न घटे इसके कारण भी भविष्य की घटनाओं का रूप बदल जाता है। रानी को आशंका थी कि उसकी वजह से अंग्रेज उसके पुत्र दामोदर राव पर भी अत्याचार कर सकते हैं, इसलिए उसने उसकी सुरक्षा की पूरी व्यवस्था करते हुए अपने सहचरों से कहा था कि उसे लेकर सुरक्षित स्थान में चले जाएँ और मेरे न रहने पर उसकी पूरी देखभाल करते रहें। अगर रानी ने यह व्यवस्था न की होती तो वह भी अंग्रेजों के अत्याचार का शिकार होता और बाद में रानी की कहानी बताने के लिए वह जीवित ही न रहता और न उसका आगे वंश चलता।

रानी ने उन लोगों से बार-बार अनुरोध किया कि सामान्य विपत्ति की आशंका होते

ही वे लोग बालक दामोदर को लेकर सुरक्षित स्थान में चले जाएँ। उसने यह भी कहा— मेरे बचे हुए आभूषण और धन देकर भी तुम लोग दामोदर की रक्षा करना। दामोदर अभी बच्चा है। फिर भी मैंने चूँकि अंग्रेजों से दुश्मनी मोल ली है, इसलिए वे लोग इस अबोध बच्चे पर भी अत्याचार कर सकते हैं। इसीलिए तुम लोग उसे सदा सुरक्षित स्थान में ही रखने के प्रयास करना।[121]

यहाँ तक भविष्य के अनुमान, आशंका, आभास के कारण घटनाचक्र ने जो मोड़ लिया या नई घटनाओं की उत्पत्ति हुई या नई योजनाएँ बनीं इन्होंने किस प्रकार कथा-विकास में योगदान दिया इसका विवेचन किया गया किन्तु कुछ घटनाएँ षड्यंत्र और कूटनीति से सृजित हुईं और घटनाक्रम को इन बिन्दुओं ने भी मोड़ दिया।

षड्यंत्र और कूटनीति द्वारा कथा का विकास

ऐतिहासिक उपन्यासों में राजनीति तो होती ही है और जहाँ राजनीति होगी, सत्ता-संघर्ष होगा, युद्ध होंगे वहाँ जब सीधे-सीधे काम नहीं चलता तब कूटनीति और षड्यंत्र का भी सहारा लिया जाता है और ये तत्त्व ऐसे होते हैं जो कथा के विकास में भारी योग देते है। इन षड्यंत्रों की ओर संकेत महाश्वेता देवी ने भी अपने उपन्यास में किया है। कहीं-कहीं कूटनीति और षड्यंत्र दोनों मिलकर कथा का विकास करते हैं और घटनाचक्र आगे बढ़ता है।

दामोदर राव के गोदनामे के सम्बन्ध में अंग्रेज सरकार ने इसी प्रकार की कूटनीति और षड्यंत्र का सहारा लिया था जिससे घटनाचक्र और जटिल हो जाता है और कथावस्तु तेजी से बढ़ती है और अंग्रेजों की झाँसी के साथ गंगाधर राव की खानगी सम्पत्ति को भी हड़पने की नीति सामने आती है।

महाश्वेता देवी ने लिखा है : गंगाधर राव द्वारा गोद लिये पुत्र दामोदर राव को राजनीतिक (अधिकार की) दृष्टि से गैर कानूनी घोषित करके अंग्रेजों ने झाँसी अधिगृहीत कर ली एवं सामाजिक रूप से वैध स्वीकार कर नाबालिग रहने के समय सम्पत्ति पर उसका अधिकार न मानकर रानी के चिर अनधिकार की घोषणा कर दी। इस द्विमुखी नीति के पूरे महत्त्व को रानी ने समझ लिया। यह समझकर ही पुत्र एवं अपने आश्रित वर्ग, विशाल आत्मीय वर्ग के मुख की ओर देखकर उसे पाँच हजार रुपए मासिक वृत्ति स्वीकार करनी पड़ी।[122]

इससे अंग्रेजों के षड्यंत्र का साफ-साफ पता चलता है। आगे चलकर दामोदर राव अंग्रेज सरकार से विलायत में पत्र-व्यवहार कर अपने दावे को पेश करता है। तब उससे कहा जाता है कि रानी ने ब्रिटिश सरकार के खिलाफ विद्रोह किया था इसलिए उसे जब्त कर लिया गया है। अगर अंग्रेजों ने यह षड्यंत्र और कूटनीति की चाल न चली होती तो हो सकता है भविष्य की घटनाओं का रूप कुछ और होता।

इस घटना पर महाश्वेता देवी ने ठीक ही टिप्पणी की है कि रानी के आगे के जीवन में ब्रिटिश-विरोधी संघर्ष की अगर कोई मानसिक तैयारी रही हो, तो वह तैयारी शुरू हो गई थी इसी समय से।[123]

ब्रिटिश सरकार की आगे की कूटनीति ने रानी के विद्रोह की आग में घी का काम किया था। महाश्वेता देवी ने लिखा है : जिस पेंशन को वह मामूली समझती थी, उससे

ही जब उसके परलोक स्वामी के ऋण को चुकाने के लिए कहा गया, तब उसके क्रोध का अन्दाजा स्वभावतः ही लगाया जा सकता है।[124]

उनकी कूटनीति और षड्यंत्र का यहीं अन्त नहीं हुआ। कैप्टन गार्डन और स्कीन ने, झाँसी की कुलदेवी महालक्ष्मी मन्दिर के खर्चपात के उद्देश्य से देवार्पित दो ग्रामों को भी जब्त कर लिया। कहा, निरर्थक मूर्तिपूजा के लिए धन व्यय करना विलासिता है। इस धृष्ट आचरण के प्रति रानी ने अपना तीव्र विरोध जताया।[125] पर इस षड्यंत्रपूर्ण घटना से झाँसी में जो असन्तोष फैला उसने ब्रिटिश सरकार के प्रति विद्रोह की आग भड़काने में ईंधन का काम किया। यह असन्तोष ही घुमड़ते-घुमड़ते महा जागरण में बदल गया। उसी दिन से महालक्ष्मी के मन्दिर में फिर सन्ध्या दीप नहीं जला, चौघड़ा नहीं बजा। नौबतखाने से दीन-दुःखी, गरीब, संन्यासी और साधु सभी ने उत्पीड़त, अपमानित होकर विदा ले ली। कई लोगों ने आकर रानी से कहा—पुनः प्रतिवाद कीजिए।[126]

8 जून के हत्याकांड के बाद झाँसी राज्य में घर और बाहर के सभी शत्रु सक्रिय हो गए थे। पूरे राज्य में अराजकता की स्थिति उत्पन्न हो गई थी। रानी का चूँकि हत्याकांड से कोई सम्बन्ध नहीं था इसलिए उसने सारी स्थिति से जबलपुर के कमिश्नर एरस्काइन को अवगत करा दिया।

उस पर एरस्काइन ने जो घोषणा-पत्र जारी किया, उसका एक अंश इस प्रकार है : जब तक अफसर लोग सेना लेकर झाँसी नहीं पहुँच जाते हैं, तब तक ब्रिटिश शासन की रीति के अनुसार ब्रिटिश सरकार की तरफ से झाँसी की रानी लक्ष्मीबाई झाँसी पर शासन करेगी।[127] पर जब दतिया और ओरछा के राजाओं ने झाँसी राज्य पर आक्रमण कर अराजकता फैलाई और रानी ने ब्रिटिश सेना की सहायता माँगी तब उसी एरस्काइन ने विपत्ति के समय रानी के पत्रों की पहुँच तक स्वीकार नहीं की। इससे भी आश्चर्य की बात यह है कि झाँसी पर ओरछा के आक्रमण को युक्ति-युक्त ठहराने के लिए उसने तर्क दिया कि ओरछा की रानी ब्रिटिश की मित्र है।[128]

एरस्काइन के इस आचरण के पीछे रानी के विरुद्ध षड्यंत्र को प्रोत्साहित करना ब्रिटिश कूटनीति की दुरंगी चाल का एक नमूना है। इस घटना के कारण और एक घटना घटती है, रानी को उस आक्रमण से स्वयं जूझना पड़ा और उसने उस आक्रमण को विफल कर दिया।

द्वन्द्व, युद्ध, संघर्ष द्वारा कथा का विकास

ऐतिहासिक उपन्यास के कथानक के विकास में द्वन्द्व, युद्ध और संघर्ष का भी महत्त्वपूर्ण स्थान होता है। इन्हीं उपादानों के द्वारा कथावस्तु आगे बढ़ती है और घटनाओं का सिलसिला एक-के-बाद एक चलता रहता है।

युद्ध कैसे भड़कता है और लम्बी अवधि तक खिंचता जाता है इसके पीछे असन्तोष, द्वन्द्व, मानसिक आघात का ईंधन चाहिए जो 1957 के स्वातंत्र्य समर के पीछे प्रभूत मात्रा में विद्यमान था। महाश्वेता देवी ने इन द्वन्द्वों, मानसिक आघातों, संघर्षों का विस्तार से चित्रण किया है जिनके सहारे कथावस्तु को विकसित होने का अवसर मिलता है और कोई घटना

आकस्मिक कार्य-कारण से रहित न लगे इसकी मनोवैज्ञानिक, ऐतिहासिक पृष्ठभूमि तैयार होती रहती है।

हिन्दू-मुसलमान दोनों ने ही बिना किसी भेदभाव के अनुभव किया कि उनके धर्मविश्वास, संस्कार और परम्परागत विरासत का अपमान किया जा रहा है। वे लोग सिर्फ मांस की जरूरत के लिए ही हत्या नहीं करते थे, बल्कि मरे हुए पशुओं का खून से सना चमड़ा टाँगकर अस्त-व्यस्त हालत में खुले राजपथ से होकर ले जाते थे। अपमानित रानी ने दूसरी बार विरोध किया और इस बार भी उसके विरोध की नाकदरी कर दी गई। सब जगह इस अप्रिय विषय को लेकर आलोचना होने लगी। राजनीतिक चेतना जिन सरल सज्जन लोगों में नहीं थी, उन लोगों को भी अंग्रेजों ने सचेत कर दिया। महाश्वेता देवी ने लिखा है : अंग्रेजी शासन के नागपाश में भारतवर्ष का दम घुटा जा रहा था।[129]

के और मेलसन ने संघर्ष के लिए भारतवासी क्यों तैयार हो गए इसके कारणों का विश्लेषण करते हुए लिखा है : हिन्दू नागरिकों में गोहत्या, मन्दिरों के लिए लगाई गई जमीन और सम्पत्ति को जब्त करना, इन्हीं सब कारणों ने मालिक बदलने से असन्तुष्ट प्रजा के मन में उत्तेजना और क्रोध का संचार कर दिया था।

किन्तु व्यक्तिगत अपमान ही इसका प्रधान कारण ही बनता है जिसने रानी को प्रतिशोध लेने के लिए एक अपेक्षित शत्रु के रूप में परिणत कर दिया था।[130]

इसी तरह अफगनिस्तान में जो भारतीय सैनिक लड़ने गए थे वे भी कड़ाके की सर्दी में सोचते थे कि हमें इतनी दूर लड़ने क्यों भेजा गया है। सिन्धु देश जाते समय 64वीं देशी पैदल सेना के सिपाही विद्रोह करते हैं कि वे लोग इतनी दूर लड़ने क्यों जाएँ? इसी बात पर चालीस सिपाही बर्खास्त कर दिए गए। इसी तरह मिशनरी लोग गाँव-गाँव घूमते हुए हिन्दू और मुस्लिम दोनों धर्मों की बुराई कर अपने धर्म का प्रचार कर रहे हैं। इससे दोनों वर्ग के लोगों में अंग्रेजों के विरुद्ध भावना फैलती जा रही है। किसानों पर भी तरह-तरह के अत्याचार होते हैं। इसी से आगे चलकर अंग्रेजों के खिलाफ युद्ध की तैयारी होती है।

दरअसल महाश्वेता देवी के उपन्यास में कथा का विकास इन्हीं छोटी-छोटी घटनाओं से होता हुआ एक भारतव्यापी विद्रोहपूर्ण कहानी में बदल जाता है। यह कोई इतिहास का वर्णन नहीं उपन्यास का जीवन्त चित्र है जो कई छोटी-छोटी घटनाओं से होता हुआ एक वृहद चेतना का रूप धारण कर लेता है।

महाश्वेता देवी ने लिखा है : साधु, संन्यासी, फकीर और दरवेश गाँव-गाँव घूमकर संगठित कर रहे हैं ग्रामवासियों को। कह रहे हैं : सत्रह सौ सत्तावन (पानीपत का अन्तिम युद्ध) के बाद अठारह सौ सत्तावन आ गया है। अब तो अंग्रेज राज खत्म होने वाला है।[121]

छोटे-छोटे युद्धों का इस उपन्यास के कथा-विकास में जो योगदान है यदि उसकी चर्चा न भी करें तो कथा-विकास की दृष्टि से ह्यूरोज का अभियान बहुत महत्त्वपूर्ण है। वह जबलपुर से जैसे ही चला, झाँसी पहुँचने के मार्ग में उसे कई युद्धों का सामना करना पड़ता है। उसके भोपाल को छोड़कर आगे बढ़ते ही सहतगढ़ में उसकी सेनाओं से भारतीयों का भारी युद्ध हुआ। तीन दिन तक पहाड़, जंगल, एवं गुफाओं में छिपकर भारतीयों ने अंग्रेजों से युद्ध किया। हालाँकि इस युद्ध में भारतीयों की पराजय हुई थी किन्तु आगे चलकर वे लोग बरोदिया में

पुन: अंग्रेज सेना को रोकते हैं। इसके बाद झाँसी के युद्ध का विशेष रूप से महत्त्व है। कथा विकास की दृष्टि से इसका अत्यन्त उल्लेखनीय वृत्तान्त महाश्वेता देवी ने दिया है। कथा विकास को इससे काफी गति मिलती है। जब झाँसी ह्यूरोज की सेनाओं से घिर जाती है तब तात्या टोपे रानी का सन्देश पाकर बेतवा के जंगल में आ जाता है। ह्यूरोज उसे झाँसी न पहुँचने देकर वहीं पर युद्ध करने आ जाता है। इस युद्ध से ऐसा लगता है जैसे भारतीय सेना जीतने वाली है किन्तु होता उलटा है। तात्या युद्ध का मैदान छोड़कर चले गए। अब ह्यूरोज को झाँसी को जीतना था। झाँसी का किला और रानी की सैन्य तैयारी देखकर ह्यूरोज की समझ में आ गया था कि अब वह सचमुच किसी प्रतिरोध के सामने खड़ा हुआ है।

दरअसल कथा का प्रवाह और उसकी गति झाँसी का किला छोड़कर झाँसी से रानी के निकल जाने के बाद और भी रहस्यमय, उत्सुकतापूर्ण हो गई। रानी सुरक्षित निकल गई है इसकी खबर ह्यूरोज को जैसे ही मिली उसके होश उड़ गए। और उसने जो सोचा था कि रानी को जिन्दा या मृत अवस्था में जरूर पकड़ लेंगे उसकी वह इच्छा अधूरी रह गई। रानी अंग्रेज सेना का घेरा तोड़कर कैसे निकल गई उसके लिए यही बड़े अचरज की बात थी।

उसके बाद भांड़ेर से कालपी जाते समय लेफ्टिनेंट डॉकर की सीधे रानी से टक्कर होती है। रानी ने उस पर तलवार का ऐसा वार किया कि वह घोड़े से गिर पड़ा और रानी सुरक्षित निकल गई। बाद में उसने Revolt in Central India के लेखक को बताया कि उसके दो टुकड़े हो गए होते अगर वह वार रिवाल्वर से न टकराया होता, जिसे वह अपनी कमर से बाँधे हुए था।[132]

इससे कथा प्रवाह में उत्सुकता के साथ तेजी आ जाती है। इसी तरह कौंच के युद्ध में भी रानी तात्या टोपे के बिना कहे चले जाने के बाद अपने सैनिकों को बड़ी कुशलता से पीछे हटाती हुई कालपी के लिए निकल जाती है। कालपी के युद्ध में भी यद्यपि ब्रिटिश फौजों को सफलता मिलती है किन्तु रानी यहाँ भी अपराजित रहती है। सभी बचे हुए क्रान्ति के पुरोधा भोपालपुर में एकत्र होते हैं और रानी के परामर्श से ग्वालियर पर आक्रमण कर उसे जीत लेते हैं। यहाँ फिर रानी का नेतृत्व काम आता है और लगता है कि अब राव साहब, तात्या आदि मिलकर झाँसी पर आक्रमण कर उसे जीत लेंगे। लेकिन उत्सव, समारोह तथा विजय के जश्न में वे इतने मग्न हो गए कि दस दिन बाद आई ह्यूरोज की सेना से हार गए। रानी गोली लगने से मर गई किन्तु उसे ह्यूरोज पकड़ फिर भी नहीं पाया, न उसकी देह उसे देखने को मिली। उसके ही व्यक्तियों ने उसका दाह संस्कार कर दिया। इस प्रकार 'झाँसी की रानी' उपन्यास की कथा के विकास में युद्धों का महत्त्वपूर्ण स्थान है।

पत्रों, दस्तावेजों का कथा-विकास में योगदान

महाश्वेता देवी के प्रस्तुतिकरण-शिल्पविधि की बहुत बड़ी विशेषता है ब्रिटिश सरकार से हुए पत्र-व्यवहार में गंगाधर राव और रानी के पत्रों, दस्तावेजों, दलीलों और खरीतों का कथा-विकास में उपयोग। यही नहीं, झाँसी के सम्बन्ध में ब्रिटिश सैन्य अधिकारियों का जो पत्र-व्यवहार होता है उसका भी निष्पक्षता के साथ उपयोग किया गया है। इन दस्तावेजों का महाश्वेता देवी ने इति वृत्तात्मक ढंग से उपयोग न करके इनके पीछे गंगाधर राव और रानी की मन:स्थिति

क्या थी और ब्रिटिशों के आपस में अथवा गंगाधर राव और रानी से हुए पत्र-व्यवहार के पीछे उनकी कौन-सी चालाकी थी उसे देने के कारण ये दस्तावेज मुख्य कथानक का हिस्सा बन जाते हैं और पत्रों से साफ-साफ झलकता है कि रानी पर युद्ध जबरदस्ती थोपा गया था और जब परिस्थिति उत्पन्न हो गई तो रानी ने स्वाभिमानपूर्वक, बड़ी वीरता के साथ उसका सामना किया।

बाबू वृन्दावनलाल वर्मा ने इस पत्र-व्यवहार का हवाला तो दिया है किन्तु उस लम्बे पत्र-व्यवहार को हूबहू प्रस्तुत नहीं किया है। वैसे इन दस्तावेजों के प्रस्तुतिकरण से कथानक में अवरोध आने की आशंका थी किन्तु महाश्वेता देवी ने उन्हें ऐसे प्रसंगों में प्रस्तुत किया है जिससे उपन्यास शिल्प की दृष्टि से उनके द्वारा कई काम साधित होते हैं। उन दस्तावेजों से पात्रों के चरित्र पर तो प्रकाश पड़ता ही है किन्तु उनके द्वारा कथावस्तु को गति मिलती है। पाठक इन स्थलों को इस उत्सुकता के साथ पढ़ता है कि देखें आगे क्या होता है। इनसे कथावस्तु के मार्मिक क्षणों का भी पता चलता है।

पहला पत्र गंगाधर राव का है जो उन्होंने अपनी अन्तिम अवस्था समझकर उनका गोदनामा स्वीकार कर लिया जाए इसके लिए मेजर एलिस को लिखा था। इन पत्रों से यह पता चलता है कि सचमुच में गंगाधर राव तथा इसके पहले झाँसी के शासकों ने ब्रिटिश सरकार की कितनी मदद की थी। किन्तु ब्रिटिश सरकार इतनी धूर्त निकली कि झाँसी राज्य द्वारा किए गए सारे उपकारों को भूल गई और अपने हित में उत्तराधिकार लोप की नीति बनाकर झाँसी राज्य को हड़प लिया। गंगाधर राव के पत्र का कुछ अंश इस प्रकार है : बुन्देलखण्ड पर ब्रिटिश अधिकार स्थापित होने के बहुत पहले से ही हमारे पूर्वजों ने जिस तरह से ब्रिटिश सरकार की सहायता की है, वह यूरोप एवं भारतवर्ष के विभिन्न राजनीतिक प्रतिनिधियों को अच्छी तरह से विदित है। मैंने भी उसी मार्ग का अनुसरण किया है।

सम्प्रति मैं अत्यन्त अस्वस्थ हूँ। मैंने अपनी निष्ठा और विश्वसनीयता के बदले में एक विशाल शक्ति-सम्पन्न सरकार की कृपा प्राप्त की है।

सारी बातों पर विचार करने के बाद 17-11-1817 तारीख की सन्धि के अनुसार मैंने दूसरी बार अपने गोत्र से सम्बद्ध आनन्द राव को 20-11-1853 तारीख को गोद लिया है। ईश्वर की इच्छा से मुझे इस समय भी अपने स्वस्थ हो जाने की आशा है। किन्तु, अगर मैं जीवित नहीं रहता हूँ तो मेरी पूर्व विश्वास भाजनता पर विचार कर मेरे पुत्र के ऊपर कृपा की जाए। मेरी विधवा पत्नी को इस लड़के की माँ के रूप में उसके जीवन-काल में ही स्वीकार कर लिया जाए। लड़के के नाबालिग रहने की अवधि में मेरी पत्नी को इस राज्य की रानी और स्वामिनी (शासक) के रूप में स्वीकृत कर दें जिससे उसके साथ कोई अन्याय न हो, इसी तरह निगाह रखी जाए।[133] (मेजर एलिस के द्वारा अनूदित और हस्ताक्षरित)। फिर एक दूसरा पत्र है मेजर एलिस का जिसे उसने गंगाधर राव के पत्र के साथ तत्कालीन राजनीतिक प्रतिनिधि मेलकम को भेजा था। उस पत्र में गंगाधर राव की हालत तथा उनके द्वारा गोद लिये गए आनन्द राव का जिक्र था। उसने लिखा: आपके दूसरे पत्र के अनुसार महाराजा गंगाधर राव का मूल पत्र भेज रहा हूँ। इसमें आनन्द राव नामक एक पाँच वर्ष के बच्चे को गोद लेने का विवरण है। इसके अलावा इसी लड़के को अपने उत्तराधिकारी के रूप में स्वीकार करना एवं बच्चे के नाबालिग रहने तक उनकी स्त्री को राज्य शासन का

भार दे देना, इन दो कामों में सरकार का अनुमोदन मिल जाए, इस सन्दर्भ में सहायता करने का अनुरोध विद्यमान है।[134]

फिर इसी पत्र में राजा की बीमारी और उनकी अन्तिम अवस्था का विवरण है जिससे आगे जो घटना घटने वाली है और रानी के सामने जो विषम स्थिति आने वाली है उसका आभास मिलता है। साथ ही इसका भी कि उनका गोदनामा स्वीकृत होगा या नहीं ?

फिर एलिस के अगले पत्र से गंगाधर राव के निधन का समाचार ब्रिटिश सरकार को मिलता है। उसने लिखा : झाँसी 22-11-1853 (दोपहर)। बड़े दुःख के साथ माननीय गवर्नर जनरल को सूचना देने के लिए बता रहा हूँ महाराजा गंगाधर राव आज एक बजे दिन में मर गए। मैं आपकी दो तारीख की चिट्ठी के निर्देशों के अनुसार चलूँगा। गवर्नर जनरल की तरफ से नए आदेश के आने तक राज्य का दायित्व सँभाले रहूँगा। इस बीच जब जो घटता है, उसकी सूचना आपको देता रहूँगा।[135]

इसके बाद मेलकम ने गवर्नर जनरल को इन बिन्दुओं को विस्तार से स्पष्ट करते हुए एक लम्बा पत्र लिखा जिसने उत्तराधिकार लोप की सम्भावना पैदा कर कथा को और उत्सुकतापूर्ण बना दिया। बाद में उत्तराधिकार तथा गोदनामा स्वीकार कराने के लिए ब्रिटिश सरकार के प्रतिनिधि गवर्नर जनरल से भी लम्बा पत्र-व्यवहार करना पड़ा। इस डावाँडोल स्थिति में कथानक कभी भारत के पक्ष में करवट लेता है और कभी ब्रिटिश राज्य की कूटनीति का संकेत करता है। यदि ये पत्र और दस्तावेज यहाँ न दिए जाते, घटना-क्रम का केवल वर्णन किया जाता तो कथानक में जो उतार-चढ़ाव आया है वह न आ पाता।

इस प्रकार इन पत्रों का महाश्वेता देवी ने कथानक के क्रमिक विकास में उपयोग तो किया है, साथ ही अपने कथानक को ऐतिहासिक पृष्ठभूमि देने की कोशिश भी की है। वे इतिहास को लेकर चली हैं, उन्होंने कल्पना से कथानक का ढाँचा खड़ा करने की कोशिश नहीं की है।

अगर इस उपन्यास के मूल कलेवर से इन पत्रों को निकाल दिया जाए तो उससे जो अन्तराल पैदा होगा उसे भरा नहीं जा सकेगा।

लोक साहित्य तथा साहित्यिक स्त्रोतों द्वारा कथा का विकास

महाश्वेता देवी के प्रस्तुतिकरण शिल्प की एक विशेषता है लोक साहित्य और साहित्यिक स्त्रोतों के रचनात्मक उपयोग द्वारा कथा का विकास करना। दरअसल उन्होंने अपनी हर ऐतिहासिक कृति को लोक चेतना से जोड़ा है और अगर किसी ऐतिहासिक घटना की अभिव्यक्ति लोकगीतों, लोकगाथा काव्यों या साहित्य में हुई है तो उन्होंने कहीं-कहीं उन साक्ष्यों के उपयोग द्वारा अपनी कथावस्तु को विकसित किया है और इस प्रकार अपनी कथावस्तु की एक समानान्तर लोक-साहित्य-परम्परा की उपस्थिति दर्ज कराई है।

'झाँसी की रानी' उपन्यास में उन्होंने इसका प्रचुरता से प्रयोग किया है। झाँसी उपन्यास में केन्द्रीय स्थान ग्रहण किए हुए है इसलिए इसकी प्रशंसा में प्रचलित इस काव्यात्मक कहावत का प्रयोग कर उन्होंने झाँसी के प्रति उत्सुकता जगाने का प्रयास किया है :

नीचे में पूना, ऊँचे में काशी
सबसे सुन्दर बीच में झाँसी।[136]

उन्होंने लिखा है : झाँसी के बारे में जानने के पहले बुन्देलखण्ड का संक्षिप्त इतिहास जानना जरूरी है क्योंकि बुन्देलखण्ड में मराठा वंश की स्थापना होने के पहले झाँसी में नेवलकर वंश आ गया था। इस नेवलकर वंश की बहू होकर झाँसी में आई थी रानी लक्ष्मीबाई। मराठा राजवंश बुन्देलखण्ड में कैसे आया इसके लिए पृष्ठभूमि के रूप में महाराजा छत्रसाल, शिवाजी, औरंगजेब के साथ भूषण की निर्भीकता का प्रसंग सन्दर्भित करते हुए महाश्वेता देवी ने भूषण के कुछ छन्द उद्धृत कर अपनी कथा का विकास किया है :

इक हाड़ा बूँदी धनी मरद महेबा वाल।
सालत नौरंगजेब को जे दोनों छत्रसाल॥
ए देखो छत्तापत्त ए देखो छत्रसाल।
ए दिल्ली की ढाल ए दिल्ली चाहन वाल॥

उन दिनों बूँदी के हाड़ा राजा छत्रसाल भी औरंगजेब के खिलाफ विद्रोह कर रहे थे। बूँदी के छत्रसाल बन गए थे जहाँनारा के राखी बन्द भाई। भूषण ने उपर्युक्त छन्द में इन दोनों का गुणगान किया है।

छत्रसाल के पास से भूषण शिवाजी के पास गए थे। शिवाजी की प्रशंसा में उन्होंने जो प्रसिद्ध कवित्त लिखा था, उसका महाश्वेता देवी ने उल्लेख करते हुए शिवराज-भूषण के कुछ और भी छन्द दिए हैं :

इन्द्रजिमि जम्भ पर, बाडव सुअम्ब पर
रावन सदम्भ पर रघुकुल राज है।
पौन वारिवाह पर, सम्भु रतिनाह पर
ज्यों सहस्रवाहु पर राम द्विजराज हैं।
दावा द्रुम दंड पर चीता भृग झुंड पर
'भूषण' वितुंड पर जैसे मृगराज हैं।
तेज तम अंस पर कान्ह जिमि कंस पर
त्यों मलेच्छ वंस पर सेर सिवराज हैं।

इसके बाद छत्रसाल की विपत्ति में सहायता के लिए बाजीराव प्रथम किस प्रकार उनकी ये पंक्तियाँ पढ़कर आए थे, महाश्वेता देवी ने उसका भी उल्लेख किया है :

बुन्देलखण्ड की मर्यादा-रक्षा का भार ग्रहण कर महत्त्वाकांक्षी श्रेष्ठ वीर बाजीराव आए। मुसलमान आक्रमण का उन्होंने दमन किया। मुगल साम्राज्य उस समय बिखरने लगा था। मध्य भारत में मराठा आधिपत्य के विस्तार का यही उपयुक्त अवसर था।[137]

लोक चेतना में निबद्ध उन्होंने कई लोक साक्ष्यों का उल्लेख कर अपनी लोकायती इतिहास दृष्टि को रेखांकित करते हुए कथा-विकास की इस शिल्प-विधा का उपयोग किया है। उन्होंने झाँसी की रानी के बारे में लिखा है :

बड़ी बढ़ियाँ थी जो रानी।
जिन्नें झाँसी न छोडूँगी बोली बानी॥
जिन्नें सिपाहियों के लिए लड़ाई की।
औंर अपने खाई गोली॥

जब तक अजेय भारत का पानी।
तब तक अमर झाँसी की रानी॥[138]

इस लोकगीत में झाँसी की रानी की पूरी जीवन-कहानी ही लोक कवि ने गूँथ दी है। उनके लड़ने का उद्देश्य क्या था इसे भी लोक साक्ष्य ने स्पष्ट कर दिया है। और यह फल श्रुति भी रेखांकित कर दी है रानी अमर है।

अंग्रेजों के खिलाफ जो विद्रोह हुआ था, वह एक प्रकार से कई छोटी-छोटी घटनाओं के रूप में मुखरित हुआ था। उसकी लहरें बंगाल के हृदय से भी टकराई थीं। वीर भूमि के पालारपुर में एक दिन में डेढ़ हजार संथाल मारे गए थे। उस विद्रोह की स्मृति आज भी इस लोकगीत में शेष है :

कैसा रे! धान, कैसा रे! पानी
पानी नहीं रे! पानी नहीं
पाँच गाँव के किसानों के खून से
जमीन में बोए हैं धान रे
कैसा रे! धान, कैसा रे! पानी।[139]

महाश्वेता देवी ने अंग्रेजों के खिलाफ उमड़ते विद्रोह को इस प्रकार पूरे भारत से जोड़कर उसे केवल बुन्देलखण्ड तक सीमित नहीं रहने दिया है। इस प्रकार जहाँ भी अवसर मिला उन्होंने अपनी कथावस्तु को लोककाव्य, लोकगीतों के माध्यम से विकसित कर एक मार्मिक रूप देने का प्रयास किया है। ऐसी उक्तियाँ और भी हैं।

एक स्थान पर उन्होंने लिखा है : वह सिपाहियों के साथ कैसा व्यवहार किया करती थी इसकी चर्चा आज भी कभी-कभी साँझ के अँधेरे में वृद्ध किसानों के मुख से गीतों के रूप में वायु में बहने लगती है :

जिन्नें सिपाही लोगों को मलाई खिलाई
अपने खाई गुड़धानी...
अमर रहे झाँसी की रानी।

रानी सिपाही लोगों को मलाई खिलाकर स्वयं खाती है गुड़ और लैया। इसी वजह से वह थी उन लोगों की परम आत्मीयजन।[140]

युद्ध के द्वारा कथा के विकास प्रसंग में लड़ई रानी के उकसाने पर नत्थे खाँ किस प्रकार झाँसी पर आक्रमण करने के लिए बढ़ने लगा, इसी प्रसंग पर दतिया के राजा विजय बहादुर के आश्रित कवि कल्याण सिंह कुड़रा ने लक्ष्मीबाई रासो की रचना की है। महाश्वेता देवी ने उस रासो के कुछ अंश को उद्धृत कर उस प्रसंग को इस प्रकार वाणी दी है :

संवत दस सौ सैंकरा ऊपर चौदह साल।
तास मध्य अंग्रेज कौ, आपस में दहचाल॥
फिर फिरटौं छावनी भरौ गदर असवार।
जो पाए अंग्रेज जहँ ते ताँ डारे मार॥
छलबल सौं झाँसी लई, गंगाधर की नार
ताकौ अव आगे कहत, भली भाँति व्यवहार॥

शहर ओरछे की हटी, कहि लड़ई रानी, सिर कार।
नत्थे खाँ मुख्तियार सौं, बात कही निरधार।

यही नहीं, रानी ने अपने सहयोगियों से परामर्श के लिए दरबार बुलाया और उनसे कहा कि वे चाहें तो ओरछे के पक्ष में अपनी इच्छा से जा सकते हैं। इस पर जवाहर सिंह पट्टी वाले पँवार दिलीप सिंह कुँवर आदि राजपूत सरदारों ने कहा :

जो नमक खायो झाँसी राज को
तों मान लौ बाई को राज...
अब कैसे छोड़ँ नमक की बात
और मान भरी लाज ?

अतएव राजपूत सरदारों से निष्ठा का वचन लेकर रानी ने युद्ध की तैयारी शुरू कर दी।[141]

नत्थे खाँ से जो युद्ध हुआ उसका महाश्वेता देवी ने कुड़रा के शब्दों में ही बखान कर अपने कथानक को आगे बढ़ाया है :

इतै गाँस खाँ कमानी चलाई।
कडंके कड़क गाज धन में समाई॥
इतै पाँच तोपैं चढ़ी मौत ओपैं।
पचासी घलैं ओड़छे की अलो पैं॥

रानी सिपाहियों को भरोसा दिलाती हुई कहने लगी। कवि की भाषा में :

बाई ने बिनती करी सुनो सिपाही बात।
अब के कठिन लड़ाई लाज तिहारे हात॥
लाज तिहारे हात कौन शंका न मानो।
जाँ तक जीवित रहूँ ताँ तक तब गुण मानो॥
कहे सुकवि विचार, लोन के लेओ भजाई।
राँड़न रोटी दऊँ, सनद करकैं मैं बाई॥

रानी की यह उक्ति सुनकर सैनिकों ने उत्साहित होकर प्राणपण से युद्ध किया।[142]

इस प्रकार साहित्य की उक्तियों और लोक काव्य के उद्धरणों की सहायता से महाश्वेता देवी ने अपने प्रस्तुतिकरण शिल्प को नई भंगिमा दी।

चरित्रांकन शिल्प और कथोपकथन शिल्प

चरित्रांकन-शिल्प की दृष्टि से महाश्वेता देवी ने प्रत्यक्ष और परोक्ष दोनों प्रणालियों का उपयोग किया। इस प्रविधि का कथा विकास में क्या योगदान है इसका विस्तार से चित्रण चरित्रांकन-शिल्प वाले अध्याय में किया जा चुका है। जहाँ तक कथोपकथन शिल्प का कथा विकास के साथ सम्बन्ध है, उसका विस्तार से चित्रण अपने प्रतिपाद्य की दृष्टि से दोनों उपन्यासकारों की कृतियों के आधार पर कथोपकथन-शिल्प वाले अध्याय में किया जा चुका है। यहाँ सिर्फ एक बिन्दु पर विचार किया जाएगा और वह है पात्रों का शब्दांकन चित्र।

शब्दांकन चित्र द्वारा कथा विकास का उपक्रम

पात्रों के चरित्रांकन-शिल्प द्वारा उनके गुणों, प्रवृत्तियों विशिष्टताओं का ही चित्रण नहीं किया जाता है बल्कि उनके कार्य-कलाप कथावस्तु के विकास में महती भूमिका निभाते हैं। चरित्रांकन-शिल्प का एक अंग है पात्रों का शब्द-चित्र द्वारा रेखांकन। ये शब्द-चित्र उस स्थिति के हैं जब पात्र तैयार होकर किसी कार्य को पूरा करने के लिए प्रस्तुत होता है। उसके उस शब्द-चित्र से ही उस घटना को गति मिलती है। पात्र की वेशभूषा और अस्त्र-शस्त्र से प्रस्तुत होने की त्वरा से ऐसा प्रतीत होता है कि बस घटना घटने ही वाली है। इस कथन की पुष्टि कुछ उद्धरणों द्वारा हो जाएगी। रानी ने दरबार बुलाया। नीली चन्देरी छींट से बना चूड़ीदार अचकन, गाढ़े नीले रंग का पाजामा, सिर पर मुरेठा, गले में मोतियों की माला, और हाथ में रत्नजटित तलवार लेकर वह गोद में दामोदर को लेकर गद्दी पर बैठी।[143]

इस शब्द-चित्र से यह साबित हो जाता है कि वह आसन्न युद्ध के लिए तैयार है। यह उस प्रसंग का चित्रण है जब ओरछा की रानी लड़ई के कहने से नत्थे खाँ रानी से लड़ने आया था और रानी युद्ध के लिए स्वयं तैयार होकर अपने सरदारों को तैयार करने आई थी। इससे कथा के विकास की सम्भावना तैयार होती है जो आगे चलकर हकीकत में बदल जाती है।

रानी का एक दूसरा शब्द-चित्र है जो लगभग ऊपर जैसा है किन्तु उससे यह व्यक्त होता है कि वह युद्ध के लिए सदा तैयार रहती थी एक वीर योद्धा की तरह। उसकी वेशभूषा से ही विदित होता था कुछ घटित होने वाला है। उसका दूसरा शब्द-चित्र इस प्रकार है : तीन बजे वह दरबार में जाया करती थी। किसी-किसी दिन पठानी पोशाक पहना करती थी। वैसे रानी सफेद रेशम का चूड़ीदार पाजामा और उसके ऊपर नीला चन्देरी अँगरखा पहना करती थी। सिर पर मुरेठा बाँधती थी। हाथ में तलवार लिये रहती थी।[144]

लेकिन रानी एक स्त्री भी थी। महाश्वेता देवी ने 'हलदी कुंकुम' जैसे समारोह में रानी का जो शब्द-चित्र अंकित किया है उससे उनके कथानक को एक नई दिशा मिलती है। उनके कथानक का एक आयाम सामाजिक भी है। वह वृन्दावनलाल वर्मा के कथानक की तरह सदा युद्ध का डंका ही नहीं पीटती रहती। महाश्वेता देवी की झाँसी की रानी एक स्त्री है, एक नागरिक है, एक रानी है जो अपने सामाजिक कर्तव्य को भी निभाती हुई कथानक को एक नया आयाम देती है।

रानी का एक दूसरा शब्द-चित्र है जो कथा-विकास को एक तीव्र गति देता है : रानी असीम साहस के साथ तलवार लेकर सफेद घोड़े की पीठ पर युद्ध करते-करते आगे बढ़ रही है। नीली चन्देरी की पगड़ी कब गिर गई, उसे यह होश नहीं रहा। रानी के सर पर लोहे का शिरस्त्राण झिलमिला रहा है। गले में मोतियों का कंठा लहरा उठता है और बार-बार असीम उत्साह का संचार करती हुई वह भारतीय फौज को अभय का वरदान देती हुई हर-हर महादेव का घोषण कर रही है।[145]

वृन्दावनलाल वर्मा और महाश्वेता देवी के शब्द-चित्रों में यह अन्तर है कि वर्मा जी ने प्रायः हर पात्र का शब्दांकन किया है किन्तु महाश्वेता देवी का ध्यान सिर्फ रानी के शब्द-चित्र अंकन पर रहा है। महाश्वेता देवी के उपन्यास में पात्रों की उतनी बहुलता भी नहीं है,

जितनी वर्मा जी के उपन्यास में है।

इस प्रकार यहाँ तक वृन्दावनलाल वर्मा और महाश्वेता देवी के प्रस्तुतिकरण-शिल्प पर विस्तार से विचार किया गया। दोनों उपन्यासकारों ने कथावस्तु के विन्यास-शिल्प के जितने आयाम हो सकते हैं उनसे गुजरते हुए अपने कथानक की विकास-यात्रा पूरी की है। उन्हीं बिन्दुओं के आधार पर उनके कथानक के चयन, उसका आधार, उसके प्रेरणा-स्रोत, कथावस्तु के अनुसंधान और तथ्यों के संग्रह का प्रयास, उनकी सत्यता के लिए अपनी कथावस्तु से सम्बद्ध ऐतिहासिक स्थलों का निरीक्षण और यात्राएँ, ऐतिहासिक परम्परा के साथ मुख्य विषय से सम्बद्ध जनश्रुतियों, किंवदन्तियों का आश्रय और उनका रचनात्मक विनियोग, कथा के प्रारम्भ करने की शिल्प-विधि, परिचय द्वारा, प्रस्तावना द्वारा, शीर्षक द्वारा या पृष्ठभूमि के द्वारा—इन बिन्दुओं से गुजरते हुए द्वन्द्व, युद्ध और संघर्ष की कथा-विकास में भूमिका का विश्लेषण करते हुए संकल्प, षड्यंत्र, कूटनीति या भविष्यवाणी द्वारा कथा-विकास की शिल्प विधि के उल्लेखनीय बिन्दुओं की दृष्टि से दोनों उपन्यासकारों के प्रस्तुतिकरण शिल्प का विवेचन किया गया है। चरित्र-चित्रण, कथोपकथन और पात्रों के शब्द-चित्रों के द्वारा कथा-विकास के विवेचन के बाद लोक साहित्य, साहित्यिक स्रोतों का क्या योगदान है इसको रेखांकित किया गया है।

महाश्वेता देवी और वृन्दावनलाल वर्मा के प्रस्तुतिकरण शिल्प की विभाजक रेखा यह है कि महाश्वेता देवी ने वृत्तान्तों और पत्रों, दस्तावेजों के द्वारा भी अपने कथानक का विकास अधिक किया है, वहीं वृन्दावनलाल वर्मा की शिल्पविधि में इन दोनों उपादानों का उपयोग कम हुआ है। महाश्वेता देवी ने लोक साहित्य और साहित्यिक स्रोतों का भी अपने कथानक के विकास में सहयोग लिया है जबकि वृन्दावनलाल वर्मा ने कवि हृदयेश और पजनेश को पात्र तो बनाया है पर इनकी कविताओं का उपयोग नहीं किया है। वृन्दावनलाल वर्मा ने परिशिष्ट में जरूर उनका एक श्रृंगारिक कवित्त दिया है और हृदयेश की कविता के एक अंश का भी उल्लेख किया है किन्तु मुख्य कथानक का अंग नहीं बनाया है।

अगले अध्याय में देश-काल वातावरण का तुलनात्मक अनुशीलन किया जाएगा।

सन्दर्भ-ग्रन्थ

1. हिन्दी उपन्यास की शिल्पविधि का विकास, डॉ. (श्रीमती) ओम शुक्ल, पृष्ठ ख, अनुसन्धान प्रकाशन, आचार्य नगर, कानपुर, संस्करण 1964
2. वही, पृष्ठ ख।
3. वही, पृष्ठ ख।
4. वही, पृष्ठ ख।
5. वही, पृष्ठ ख।
6. वही, भूमिका से।
7. वही, पृष्ठ।
8. बृहत् हिन्दी-कोश (ज्ञानमंडल लि. बनारस), पृष्ठ 1239, 1364
9. बंगीय शब्दकोश भाग 2, हरिचरण बन्द्योपाध्याय साहित्य अकादमी, नई दिल्ली। पृष्ठ 2025, संस्करण, 1988

10. संसद बांग्ला अभिधान, शैलेन्द्र विश्वास, पृष्ठ 779, साहित्य संसद, कलकत्ता, संस्करण 2003
11. संस्कृत हिन्दी कोश वामन शिवराम अप्टे, पृष्ठ 1019, संस्करण, 1973, मोतीलाल बनारसी दास, काशी।
12. राजपाल हिन्दी शब्दकोश, डॉ. हरदेव बाहरी, पृष्ठ 777, संस्करण, 1991, काश्मीरी गेट दिल्ली-6
13. संसद समार्थक शब्दकोश, अशोक मुखोपाध्याय, पृष्ठ 136 संस्करण 1996, साहित्य संसद, कलकत्ता।
14. समान्तर शब्दकोश, सन्दर्भ शिल्प शब्द।
15. हिन्दी उपन्यास: शिल्प और प्रयोग, डॉ. त्रिभुवन सिंह, पृष्ठ 240, संस्करण, 1973, हिन्दी प्रचारक संस्थान, वाराणसी।
16. वही, पृष्ठ 240
17. Art is an activity by which one man having experienced a feeling intentionally transmitis it to others count Leo tolstoy, what is Art (Oxford University press) P. 6 डॉ. ओम शुक्ल द्वारा अपने ग्रन्थ में पृष्ठ 16 पर उद्धृत।
18. Unless the form he adequate no story no song or tune, or picture or statue, or dance or play , or ornament or building can convey its creatsr's feelings to its audience or spectators, whether a thing is a work of art or not depends upon its form - count Leo Tolstoy what is Art P. 10
19. हिन्दी उपन्यास की शिल्प विधि का विकास, डॉ. ओम शुक्ल पृष्ठ 20, अनुसंधान प्रकाशन, कानपुर।
20. Form is the objectifying of idea and its excellence, it would seem, depends upon its appropritateness to the idea. William Van O' cowner - Forms of Fiction (Oxford University press 1948) P. 1
21. The difference between content or experience, and acheived content or art is the technique. van O' conner, Forms of Fiction P. 9
22. The book is not a row of facts. It is single image the facts have no validity in themselves, they are nothing untill they have been used. Percy Lubbock the croft of Fiction P. 62
23. हिन्दी उपन्यास की शिल्प-विधि का विकास, डॉ. ओम शुक्ल, पृष्ठ 25-26, अनुसन्धान प्रकाशन, कानपुर।
24. Reduced to its barest terms the novelists art is one of selection and arrangement. O Henry warren. the writer's Art (George Newnes Ltd.) The true artist will seek to shape to this living substance into the most beautiful and setisfying form by skilful selection and arrangement of his materials and by the most direct and appealing presentation of it in portrayal and characterization. Kenneth mae Nichol-the Technique of fiction writing (Allrin publishing company Ltd. 1925) P. 18
25. हिन्दी उपन्यास की शिल्पविधि का विकास, डॉ. (श्रीमती) ओम शर्मा, पृष्ठ 160, अनुसन्धान प्रकाशन, कानपुर।
26. वहीं पृष्ठ 161
27. "The Historian's business is to narrate them to recreate them. To do that he needs to be an artist. The process of historical re-creation is not essentialy different from that of the poet or novelist that his imagination must be subordinated sleaplessly to the Truth," A.L. Rowse, 'the use of History' (Hodder and stongtion Ltd.

London, 1946) P. 112

28. हिन्दी के उपन्यासकार, यज्ञदत्त शर्मा, पृष्ठ 110
29. पावनस्मरण, पं. श्रीनारायण चतुर्वेदी, पृष्ठ 156 नेशनल दिल्ली, संस्करण, 1977 में संकलित श्री वृन्दावनलाल वर्मा संस्मरण से।
30. हिन्दी उपन्यास की शिल्प-विधि का विकास, पृष्ठ 162
31. झाँसी की रानी लक्ष्मीबाई, वृन्दावनलाल वर्मा, परिशिष्ट पृष्ठ 340
32. वही, पृष्ठ 340
33. वही, पृष्ठ 341 तथा 342
34. वही, पृष्ठ 344
35. वही, पृष्ठ 345-346
36. वही, पृष्ठ 347
37. हिन्दी उपन्यास की शिल्प-विधि का विकास, पृष्ठ 166
38. झाँसी की रानी, वृन्दावनलाल वर्मा, पृष्ठ 12-13
39. वही, पृष्ठ 201
40. वही, पृष्ठ 216
41. वही, पृष्ठ 229
42. वही, पृष्ट 241
43. वही, पृष्ठ 271
44. वही, पृष्ठ 289
45. वही, पृष्ठ 33
46. वही, पृष्ठ 5
47. वही, पृष्ठ 115
48. वही, पृष्ठ 171
49. वही, पृष्ठ 10-11
50. वही, पृष्ठ 146
51. वही, पृष्ठ 123
52. वही, पृष्ठ 141
53. वही, पृष्ठ 158
54. वही, पृष्ठ 24
55. वही, पृष्ठ 27
56. वही, पृष्ठ 67
57. वही, पृष्ठ 10
58. वही, पृष्ठ 14
59. वही, पृष्ठ 15
60. वही, पृष्ठ 15
61. वही, पृष्ठ 16
62. वही, पृष्ठ 150
63. वही, पृष्ठ 152
64. वही, पृष्ठ 156
65. वही, पृष्ठ 191
66. वही, पृष्ठ 72
67. वही, पृष्ठ 226

68. वही, पृष्ठ 227
69. वही, पृष्ठ 291-292
70. वही, पृष्ठ 327
71. वही, पृष्ठ 15
72. वही, पृष्ठ 28
73. वही, पृष्ठ 49
74. वही, पृष्ठ 49
75. वही, पृष्ठ 51
76. वही, पृष्ठ 53
77. वही, पृष्ठ 71
78. ज्ञानपीठ पुरस्कार (1965-2010)सम्पादक, रवीन्द्र कालिया, पृष्ठ 605, महाश्वेता देवी पुरस्कार प्राप्त करते समय का वक्तव्य।
79. बोइयेर देश, जुलाई सितम्बर 2011 के अंक में महाश्वेता देवी एक साक्षात्कार, चिन्मय गुह।
80. आंधारमानिक, महाश्वेता देवी, पृष्ठ 8, राधाकृष्ण प्रकाशन दिल्ली, संस्करण 2004, अनुवाद सुशील गुप्ता।
81. वही, पृष्ठ 5
82. जली भी अग्नि शिखा, महाश्वेता देवी, पृष्ठ 7 दो शब्द, राधाकृष्ण प्रकाशन दिल्ली।
83. अमृत संचय, महाश्वेता देवी, पृष्ठ 8 राधाकृष्ण प्रकाशन दिल्ली।
84. आंधारमानिक, पृष्ठ 5, राधाकृष्ण प्रकाशन दिल्ली।
85. वही, पृष्ठ 10
86. जंगल का दावेदार भूमिका, पृष्ठ 5, राधाकृष्ण प्रकाशन पेपरबैक संस्करण 1998, दिल्ली।
87. झाँसी की रानी, हिन्दी अनुवाद की भूमिका, 'झाँसी की रानी' अनुवादेर पथे-पथे—डॉ. रामशंकर द्विवेदी, पृष्ठ 20, संस्करण 2010, राधाकृष्ण प्रकाशन दिल्ली।
88. वही, पृष्ठ 17
89. अपनी कहानी, वृन्दावनलाल वर्मा पृष्ठ 230, संस्करण 1972, मयूर प्रकाशन, झाँसी।
90. अमृत संचय, महाश्वेता देवी, पृष्ठ 10
91. झाँसी की रानी, महाश्वेता देवी, पृष्ठ 293
92. वही, पृष्ठ 294
93. वही, पृष्ठ 294
94. आंधारमानिक, नए संस्करण की भूमिका, पृष्ठ 5, राधाकृष्ण प्रकाशन, दिल्ली।
95. कवि बन्धघटी गाई का जीवन और मृत्यु, महाश्वेता देवी, भूमिका, पृष्ठ 6, राधाकृष्ण प्रकाशन, दिल्ली।
96. झाँसी की रानी, महास्त्रेता देवी, हिन्दी अनुवाद की भूमिका, पृष्ठ 29, राधाकृष्ण प्रकाशन, दिल्ली, संस्करण 2010
97. झाँसी की रानी, महाश्वेता देवी हिन्दी अनुवाद, पृष्ठ 135, राधाकृष्ण प्रकाशन दिल्ली।
98. वही, पृष्ठ 31
99. वही, पृष्ठ 32
100. वही, पृष्ठ 37
101. वही, पृष्ठ 45
102. वही, पृष्ठ 59
103. वही, पृष्ठ 159
104. वही, पृष्ठ 93

105. वही, पृष्ठ 93
106. वही, पृष्ठ 104
107. वही, पृष्ठ 47
108. वही, पृष्ठ 131
109. वही, पृष्ठ 131
110. वही, पृष्ठ 108
111. वही, पृष्ठ 169
112. वही, पृष्ठ 191
113. वही, पृष्ठ 55
114. वही, पृष्ठ 58
115. वही, पृष्ठ 61
116. वही, पृष्ठ 62
117. वही, पृष्ठ 100
118. वही, पृष्ठ 100
119. वही, पृष्ठ 102
120. सन्दर्भ के लिए द्रष्टव्य, पृष्ठ 117
121. वही, पृष्ठ 25
122. वही, पृष्ठ 95
123. वही, पृष्ठ 95
124. वही, पृष्ठ 97
125. वही, पृष्ठ 98
126. वही, पृष्ठ 98
127. वही, पृष्ठ 129
128. वही, पृष्ठ 135
129. वही, पृष्ठ 98
130. वही, पृष्ठ 99 पर उद्धृत।
131. वही, पृष्ठ 105
132. वही, पृष्ठ 203
133. वही, पृष्ठ 65
134. वही, पृष्ठ 66
135. वही, पृष्ठ 691
136. वही, पृष्ठ 38
137. वही, पृष्ठ 42–43
138. वही, पृष्ठ 87
139. वही, पृष्ठ 107
140. वही, पृष्ठ 133
141. वही, पृष्ठ 134–135
142. वही, पृष्ठ 136
143. वही, पृष्ठ 135
144. वही, पृष्ठ 144
145. वही, पृष्ठ 228

अध्याय-7

देश-काल, वातावरण

जिस प्रकार किसी चित्र को उभारने के लिए पृष्ठभूमि आवश्यक होती है, वैसे ही किसी उपन्यास की कथावस्तु, उसकी घटनाओं, पात्रों के जीवन्त चित्रण के लिए देश-काल, वातावरण की पृष्ठभूमि अनिवार्य होती है। पीछे कहा जा चुका है कि घटनाएँ न तो शून्य में घटती हैं और न पात्र आकाश में चलते-फिरते हैं। मानव सभ्यता का विकास आकाश तले इसी धरती पर हुआ है और मानव जीवन भी भौतिक परिस्थितियों और किसी-न-किसी भौगोलिक अंचल में गतिशील होता है। इसलिए देश-काल, वातावरण उपन्यास के आंगिकों की दृष्टि से वह तत्त्व है जो घटनाओं और पात्रों को यथार्थ रूप देता है। यह तत्त्व यद्यपि अन्तराल में रहता है, प्रमुखता पात्रों और घटनाओं की होती है किन्तु देश-काल वातावरण वह भूमि होती है जिस पर पात्र चलते-फिरते हैं और घटनाएँ अपना भौतिक रूप प्रकाशित करती हैं। देश-काल, वातावरण इतना आवश्यक है कि कभी-कभी इस तत्त्व के आधार पर पाश्चात्य जगत् में उपन्यासों का वर्गीकरण तक कर डाला गया। हमारे यहाँ आँचलिक उपन्यासों की धारणा अंचल विशेष के चित्रण के कारण ही आविर्भूत हुई है। इसी की प्रमुखता से वृन्दावनलाल वर्मा के उपन्यासों को बुन्देलखण्डी उपन्यास कहा जाता है क्योंकि उनके उपन्यासों में बुन्देलखण्ड की भूमि साँस ले रही है।

प्रयोजन, महत्त्व और अवधारणा

ऊपर देश-काल, वातावरण के परिप्रेक्ष्य में जो विचार किया गया उससे इसके प्रयोजन महत्त्व और उसकी अवधारणा पर यत्किंचित प्रकाश पड़ता है किन्तु समीक्षकों का इस तत्त्व के बारे में क्या कहना है उस पर भी विचार कर लेना जरूरी है। किसी भी उपन्यास में मुख्य तो पात्र और उनसे सम्बन्धित घटनाएँ ही होती हैं किन्तु इनके पीछे आकाश और दिक् प्रान्तर की तरह जो कैनवास होता है वह गौण होते हुए भी इसलिए महत्त्वपूर्ण होता है कि उसी से ये दोनों उपादान उभरते हैं और एक पाठक की कल्पना को निश्चित काल और परिवेश की सीमा में विचरण करने का अवकाश प्रदान करते हैं।

इस सन्दर्भ में आचार्य क्षेमचन्द्र सुमन का कहना है, 'उपन्यासों में स्वाभाविकता और सजीवता का आभास देने के लिए देश-काल तथा वातावरण का विशेष ध्यान रखना पड़ता है। प्रत्येक पात्र और उसका प्रत्येक कार्य किसी विशिष्ट देश, समय और वातावरण

में होता है। वह इन सबमें बँधा होता है, अतः उपन्यास की पूर्णता के लिए इन सबका वर्णन आवश्यक है।'

आखिर देश-काल कहते किसे हैं और इसके अन्तर्गत क्या-क्या आता है इस पर विचार करते हुए उन्होंने लिखा है : देश-काल तथा वातावरण के अन्तर्गत आचार-विचार, वातावरण, रीति-रिवाज, रहन-सहन और राजनीतिक तथा सामाजिक परिस्थितियों का वर्णन आ जाता है। सामाजिक उपन्यासों में विभिन्न समस्याओं के चित्रण का अवसर रहता है। इन सब समस्याओं का चित्रण करते हुए भी उपन्यासकार को पात्रों और घटनाओं के घटित होने की परिस्थिति, काल और वातावरण का चित्रण करना पड़ता है।[2] देश-काल और वातावरण की प्रासंगिकता पर विचार करते हुए शिवकुमार श्रीवास्तव का कहना है, 'उपन्यास सृष्टि को अधिक सजीव, सुलक्षण तथा सुसंगत बनाने के लिए देश-काल तथा बाह्य-परिस्थिति चित्रण का आधार लिया जाता है। अन्यथा पात्र केवल शून्य में खड़े-से प्रतीत होंगे और उनमें मानवता की अनुरूपता न आ सकेगी।'[3] अब देश-काल और वातावरण का क्षेत्र क्या है इसकी सीमा खींचते हुए उन्होंने इसके अन्तर्गत उपन्यास के सभी बाह्य उपकरण अर्थात उपन्यास के कथा-तत्त्व में सहायक आचार-विचार, रीति-नीति, रहन-सहन, प्राकृतिक पीठिका और परिस्थिति आदि को समाविष्ट किया है। श्री शिवकुमार श्रीवास्तव ने देश-काल और वातावरण को दो भागों में बाँटा है—एक भौतिक तथा दूसरा सामाजिक। भौतिक में प्राकृतिक दृश्य विधान भी आ जाता है और सामाजिक में कला, संस्कृति, आचार-व्यवहार के अलावा मनोवैज्ञानिक प्रवृत्तियों द्वारा सृजित पीठिका भी आ जाती है।

देश-काल और वातावरण के क्षेत्र की व्यापकता

इस प्रसंग में यह विचारणीय है कि कभी-कभी देश-काल तथा वातावरण के वर्णनों को इतनी प्रधानता दे दी जाती है कि उपन्यास के अन्य तत्त्व गौण होकर अलग-थलग पड़ जाते हैं, इसलिए इनके चित्रण में इतनी सावधानी बरतनी चाहिए जिससे इनका सम्बन्ध उपन्यास के अन्य तत्त्वों की संगति में बना रहे। इस दृष्टि से भौतिक या प्राकृतिक दृश्यों की अवतारणा इस दृष्टि से की जानी चाहिए जिससे कहानी को अधिक मार्मिकता, पात्रों को अधिक स्पष्टता मिले और जगत् और जीवन की विशालता का ज्ञान हो सके। इस पर विस्तार से विचार करते हुए देश-काल, वातावरण की विस्तृत भूमिका का उल्लेख शिवकुमार श्रीवास्तव ने इस प्रकार किया है : इस पीठिका का प्रयोग कलाकार भिन्न-भिन्न भाँति से कर सकता है। कहीं तो वह एक मनोमय चित्र दिखाने की भावना से ही प्रेरित होता है जिसका जीवन से कोई लगाव नहीं होता, कहीं किसी स्थिति विशेष को अधिक स्पष्ट करने के लिए आवश्यक आधार-तथ्य के रूप में ही बाह्य दृश्यों का विधान करता है और कहीं भावना क्षेत्र में और आगे बढ़कर मानव-रागों आदि का बाह्य प्रकृति से सम्बन्ध स्थापित करता है। यहीं पर शिवकुमार श्रीवास्तव ने देश-काल और वातावरण के चित्रण की सीमा-निर्धारित करते हुए उसके औचित्य विधान पर जोर दिया है। उन्होंने एक लेखक को सचेत करते हुए कहा है : उपन्यासकार को सदैव इस बात ध्यान रखना चाहिए कि यह बाह्य चित्रण उसकी

कला का एक अंग हो। ऐसे वर्णनों को जिनका कथा-प्रवाह के विस्तार अथवा चरित्र विकास से कोई सम्बन्ध न हो अधिक महत्त्व नहीं देना चाहिए, अन्यथा वे कथा के स्वाभाविक प्रवाह को अवरुद्ध करेंगे। इस दृष्टि से वृन्दावनलाल वर्मा ने अपने उपन्यासों, विशेषकर 'महादजी सिन्धिया' में ऐतिहासिक वर्णनों की इतनी हद कर दी है कि कथा-प्रवाह में स्वत: ही अवरोध आ गया है और ऐसे पृष्ठों को पाठक बिना पढ़े उलटकर आगे बढ़कर किसी रोचक प्रसंग को पढ़ने लगता है। इस सन्दर्भ में शिवकुमार श्रीवास्तव का कहना एकदम युक्ति-मुक्त है : कुछ लेखक ऐसे भी होते हैं जो पात्रों की प्रत्येक भंगिमा के साथ-साथ उनके चारों ओर की वस्तुओं का विवरण उपस्थित करने लगते हैं। फल यह होता है कि ऐसे वर्णनों से कथा का प्रवाह रुक जाता है और पाठक या तो उन पर सरसरी निगाह डाल लेते हैं या उन्हें बिलकुल छोड़ देते हैं।[4] भौतिक या प्राकृतिक दृश्य विधान का सबसे सुन्दर उपयोग वह है जब उपन्यासकार अपनी विशेष कला से मानव-भावनाओं के साथ प्रकृति का विरोध या साम्य दिखलाता है।[5]

देश-काल और वातावरण के सफल अंकन का महत्त्व कई दृष्टियों से निर्धारित किया गया है। एक उपन्यासकार की कला का काम मानव-जीवन का पूर्ण और सजीव अंकन करना है। इस उद्देश्य की पूर्ति के लिए उचित स्थान पर उचित रीति से वर्णनों की अपेक्षा रहती है। यहाँ यह विचारणीय है कि किसी स्थिति-विशेष का सफल अंकन न हो सकने के कारण कभी-कभी भावों की पूर्ण व्यंजना नहीं हो पाती और कोई अभाव-सा खटकता रहता है। सूक्ष्म निरीक्षण के छोटे-छोटे चमत्कारों द्वारा ही इतनी शीघ्रता और पूर्णता के साथ वास्तविक जीवन का भ्रम उत्पन्न कराया जा सकता है। वातावरण के सफल तथा मनोरम चित्रण का कहानी के लिए बहुत मूल्य होता है। कभी-कभी सामान्य सड़कों, गलियों तथा बरसात में टपकने वाले घरों के वर्णन से भी कहानी में विलक्षण मनोहरता आ जाती है। इस दृष्टि से यह ध्यातव्य है कि जहाँ बाह्य दृश्य विधान के द्वारा कथावस्तु में विशालता, विस्तार, गाम्भीर्य, शक्ति तथा सौन्दर्य उपस्थित कराया जा सकता है, वहीं इस बात का भी ध्यान रखना चाहिए कि अगर इसका समावेश सुरुचि और सुबुद्धि से न कराया गया हो तो इसके साहित्यिक मूल्य में सन्देह पैदा हो जाता है। इसलिए यह ध्यान में रखना चाहिए कि बाह्य परिस्थिति चित्रण तभी सफल हो सकता है जब वह कथावस्तु के प्रधान उद्देश्य के अधीन तथा गौण हो।[6]

ऐतिहासिक उपन्यास और देश-काल, वातावरण

ऐतिहासिक उपन्यासों में देश-काल, वातावरण के चित्रण का महत्त्व रेखांकित करते हुए आचार्य क्षेमचन्द्र 'सुमन' का कहना है, 'ऐतिहासिक उपन्यासों में देश, काल तथा वातावरण का चित्रण बहुत महत्त्व रखता है, क्योंकि लेखक की वर्तमान काल की और ऐतिहासिक काल की परिस्थितियों में बहुत अन्तर होता है। इसलिए वह ऐतिहासिक काल की घटना को वर्तमान काल की परिस्थितियों में घटित होता हुआ चित्रित नहीं कर सकता। प्राय: ऐतिहासिक उपन्यासों में या तो ऐतिहासिक घटनाओं का ही चित्रण होता है या फिर एक विशिष्ट काल को ही चित्रित किया जाता है। दोनों में ही तत्कालीन, सामाजिक, राजनीतिक

और धार्मिक परिस्थितियों के चित्रण के अतिरिक्त, उस समय के मुख्य-मुख्य रीति-रिवाजों, रहन-सहन के ढंग, आचार-विचार इत्यादि का वर्णन रहता है। युग विशेष का चित्र प्रस्तुत करने के लिए तत्कालीन सामाजिक तथा राजनीतिक वातावरण का सजीव चित्रण आवश्यक है। अतः ऐतिहासिक उपन्यासों की रचना करने से पूर्व उपन्यासकार को अपने प्रतिपादित युग की सम्पूर्ण परिस्थितियों और रीति-रिवाजों का विशेष अध्ययन करना चाहिए। इस विषय में लेखक पुरातत्व और इतिहास से विशेष सहायता ले सकता है।'[7]

यहाँ यह उल्लेखनीय है कि मेरे प्रतिपाद्य दोनों उपन्यासकारों ने 1857 के काल को चित्रित करने के लिए इतिहास का विशेष अनुसंधान किया था जिसका उल्लेख पीछे किया जा चुका है।

ऐतिहासिक उपन्यासों को अन्य उपन्यासों से पृथक करते हुए उनकी एक भेदक विशेषता का उल्लेख किया जाता है, और वह है उसका देश-काल चित्रण। ऐसा कहा गया है यही होता है उनकी उत्तमता का मानदंड। शिवकुमार श्रीवास्तव का कहना है, 'यों तो देश-काल चित्रण का प्रयोग सभी उपन्यासों में किया जाता है, परन्तु उसका स्थान गौण होता है और उपन्यास की समीक्षा करने में अन्य तत्त्वों की अपेक्षा इस पर कम ध्यान दिया जाता है। परन्तु ऐतिहासिक उपन्यासों में देश-काल का यह चित्रण ही उनका प्राण है। वही उनको विभिन्नता प्रदान करके उनकी एक पृथक कोटि स्थापित कर देता है।' आगे उनका कहना है कि 'ऐतिहासिक उपन्यासों में अगर यह तत्त्व न हो तो उनकी ऐतिहासिकता का कोई अर्थ नहीं है। इन उपन्यासों का आकर्षण और मूल्य भी उनके अनुसार इस बात पर निर्भर है कि उपन्यासकार ने उस काल के भूभाग, काल विशेष के जीवन, प्राणियों के रहन-सहन, उनकी वेशभूषा, रीति-नीति आदि का वर्णन कैसा किया है। इस वर्णन में इस बात का खयाल रखना पड़ता है कि कहीं यह तथ्यों के विपरीत एकदम काल्पनिक तो नहीं है। इसका अर्थ यह है कि तत्कालीन जीवन, सभ्यता और संस्कृति का वर्णन इतिहास की संगति में होना चाहिए। फिर भी इनके चित्रण में उसे अपनी कल्पना-शक्ति का प्रयोग करना पड़ता है। यद्यपि इनकी उत्तमता का आधार वर्णनों की यथार्थता, तद्‌रूपता और शक्ति पर निर्भर रहती है।

ऐतिहासिक उपन्यासों में देश-काल के चित्रण की महत्ता का रेखांकन एक दूसरी दृष्टि से भी किया जाता है। इन उपन्यासों की कथावस्तु और पात्रों के काल विशेष के जीवन के साथ संगति बिठानी पड़ती है। इस दृष्टि से उपन्यासों के दो भेद होते हैं—एक विशुद्ध ऐतिहासिक उपन्यास, दूसरे इतिहास की जमीन पर रोपे गए इतिहास और कल्पना, वर्तमान और अतीत के सहयोग से निर्मित उपन्यास। यहाँ यह ध्यातव्य है कि मेरे प्रतिपाद्य दोनों उपन्यासकार विशुद्ध ऐतिहासिक उपन्यासों के रचयिता हैं। विशुद्ध ऐतिहासिक उपन्यासों के पात्र भी देश और काल के साथ ऐतिहासिक होते हैं। और दूसरे प्रकार के वे उपन्यास होते हैं जिनमें देश-काल तो अवश्य ऐतिहासिक होता है परन्तु उसके पात्र समयानुकूल होते हुए भी काल्पनिक होते हैं। बाबू वृन्दावनलाल वर्मा का 'गढ़ कुंडार' विशुद्ध ऐतिहासिक उपन्यास है और 'विराटा की पद्मिनी' दूसरी कोटि में आता है क्योंकि इसका देश-काल ऐतिहासिक होते हुए भी पात्र काल्पनिक हैं।

ऐतिहासिक उपन्यासों के प्रभाव और आकर्षण का आधार

ऐतिहासिक उपन्यासों का अगर अनुशीलन किया जाए तो इनका आकर्षण बहुत जबरदस्त होता है। एक तो अतीत में विचरण करना वैसे ही प्राणी को बहुत अच्छा लगता है क्योंकि इससे वह वर्तमान के दंश से, उसके तनाव से अपने को मुक्त कर एक ऐसे क्षेत्र में विहार करने लगता है जहाँ उसकी निर्बाध कल्पना आनन्द में मग्न हो जाती है। इस प्रभाव और आकर्षण का आखिर आधार क्या होता है इस पर विचार करते हुए कहा गया है कि अतीत काल के जीवन का निर्मल और सजीव चित्रण ही उन्हें यह विशेषता प्रदान करता है। ऐतिहासिक अनुसन्धानों, पुरातात्त्विक खोजों से अतीत काल के जो रूखे तथ्य, ब्योरे उसे मिलते हैं एक उपन्यासकार को उन्हीं के औचित्य पर अपनी कल्पना-शक्ति का प्रयोग करना पड़ता है। यहाँ पर एक ऐतिहासिक उपन्यासकार को पग-पग पर फूँककर कदम रखना पड़ता है। उसे इस बात का ध्यान रखना पड़ता है कि अपने ऐतिहासिक ज्ञान का वह कहीं प्रदर्शन न करने लगे। अगर वह ऐसा ब्योरा देना प्रारम्भ कर देता है तो उसका उपन्यास नीरस तथ्यों का पुलिन्दा बन जाता है जिसका संकेत पीछे किया जा चुका है। इस सन्दर्भ में यह कथन नितान्त औचित्यपूर्ण है : उसे चाहिए कि वह इन भिन्न-भिन्न स्थानों से प्राप्त बिखरी हुई सामग्री से एक ऐसा चित्र प्रस्तुत करे जिसमें कलाकृति की पूर्णता और एकता हो। सभ्यता के किसी युग को नीरस तथ्यों और पांडित्य का प्रदर्शन किए बिना, वास्तविक चित्रोपम सजीवता देने की शक्ति का ही साधारण पाठक ऐतिहासिक उपन्यास लेखकों में आदर करते हैं।[8]

देश-काल, वातावरण का महत्त्व

कुछ लोगों के मत से देश-काल और वातावरण के अभाव में भी उपन्यासकार अपनी बात कह सकता है। वह कह तो सकता है पर, उसकी बात का क्या अर्थ होगा और उस अर्थ पर विश्वास करने वाले कितने लोग मिलेंगे। जिस प्रकार प्राण का अस्तित्व प्रदान करने के लिए शरीर की रचना होती है जिसमें न जाने कितने विधायक तत्त्व समन्वित होते हैं, उसी प्रकार वर्णित विविध घटनाओं, पात्रों और उनके कार्य-कलापों के सहयोग से निर्मित उपन्यास-रचना, कथ्य अथवा प्रतिपाद्य को अस्तित्व प्रदान करती है। घटनाओं, पात्रों और उनके कार्यकलापों को विश्वसनीयता एवं स्वाभाविकता प्रदान करने का कार्य उपन्यासों में देश-काल और वातावरण के द्वारा ही सम्भव हो पाता है। वर्ण्य व्यक्ति अथवा समाज के आचार--विचार, रहन-सहन, रीति-नीति, भाषा और उसके आसपास घिरी परिस्थितियाँ ही, देश-काल और वातावरण की संज्ञा धारण करती हैं। इन समस्त उपकरणों के सूक्ष्मातिसूक्ष्म चित्रण से ही उपन्यास के कथानक पात्र और कथा में यथार्थता तथा विश्वनीयता आती है।[9]

वृन्दावनलाल वर्मा और देश-काल, वातावरण

वृन्दावनलाल वर्मा ने अपने हर ऐतिहासिक उपन्यास में अपने कथ्य और पात्रों को उभारने के लिए उस पृष्ठभूमि का सांगोपांग और विस्तृत चित्रण किया है जिसके कारण उनके उपन्यासों में सजीवता आ गई है। मेरा प्रतिपाद्य उनके उपन्यास 'झाँसी की रानी लक्ष्मीबाई' में चित्रित देश-काल और वातावरण पर विचार करना है।

'देश' की अवधारणा

यहाँ 'देश' से तात्पर्य उस स्थान विशेष से है जहाँ पर घटनाएँ रूप लेती हैं और जहाँ पर पात्र विचरण करते हैं। एक प्रकार से यह कहा जा सकता है कि उपन्यास की वर्ण्य वस्तु स्थान के जिस परिसर में घटित होती है और पात्रों का संचरण-क्षेत्र जो भूमि होती है, वही उस उपन्यास का देश होता है। और उपन्यास में जिस काल को विषय के रूप में चित्रित किया जाता है वह उस उपन्यास का काल या समय कहा जाता है। इस काल की सीमा में काल की अवधि, उसका फैलाव आ जाता है अर्थात घटनाएँ इतिहास के जिस काल में घटित होती हैं वह काल कैसा था, पात्रों के अनुकूल या प्रतिकूल, उस काल का रहन-सहन, सभ्यता, उस समय के व्यक्तियों का आचार-विचार, धर्म-संस्कृति, उस समय की प्रथाएँ, रीति-रिवाज आदि कैसे थे, उनका चित्रण करना ही उस काल को सजीव करना है। इन्हीं सबसे उस काल का वातावरण बनता है। यह वातावरण सामाजिक, धार्मिक, राजनीतिक हो सकता है। इन्हीं सीमाओं में वृन्दावनलाल वर्मा के उपन्यास 'झाँसी की रानी' की विवेचना की जाएगी।

राजनैतिक वातावरण

वृन्दावनलाल वर्मा ने अपने ऐतिहासिक उपन्यासों में पात्रों, घटनाओं और तत्कालीन युग को उभारने के लिए उनके अनुरूप वातावरण का सृजन किया है। ऐतिहासिक वातावरण के सृजन से तत्कालीन राजनैतिक षड्यंत्रों तथा घटनाओं की जानकारी तुरन्त मिल जाती है। इन स्थितियों का चित्रण उन्होंने इतिहास के आईने में किया है। उन्होंने प्राय: अपने हर ऐतिहासिक उपन्यास के प्रारम्भ में राजनैतिक स्थिति का विशद वर्णन किया है जिससे पाठक तत्कालीन युग की रीति-नीति, ऐतिहासिक परिस्थिति से परिचित हो जाए।

इस दृष्टि से 'झाँसी की रानी' उपन्यास का अनुशीलन किया जाए तो उसकी प्रस्तावना में झाँसी राज्य और अंग्रेजों के मध्य हुई सन्धि का उल्लेख करके पेशवाई राज्य की निर्बल स्थिति का चित्रण किया गया है। प्रस्तावना के रूप में वर्मा जी ने तत्कालीन राजनैतिक स्थिति का जो चित्र प्रस्तुत किया है उससे यह विदित होता है कि उस समय झाँसी राज्य में सत्ता हथियाने के लिए किस प्रकार के षड्यंत्र चल रहे थे। इस सम्बन्ध में वर्मा जी ने लिखा है : ईस्ट इंडिया कम्पनी के प्रतिनिधि ने शासक रामचन्द्र राव के पास खरीता भेजा, नबाब गवर्नर जनरल साहब, लार्ड विलियम बेंटिक ने आपको आज से राजा की उपाधि दी है। अपनी सरकार की मित्रता के प्रतीक रूप में यूनियन झंडा आपको भेंट किया जाता है। इसके गौरव की रक्षा कीजिएगा।

झाँसी के किले वाले महल के मैदान में, धूमधाम और तड़क-भड़क के साथ जो दरबार सन् 1832 ई. में हुआ था, उसमें उपर्युक्त घोषणा सुनाई गई थी। झाँसी के शासक के साथ कम्पनी की सबसे पहली सन्धि सन् 1804 में हुई थी। उस समय पन्त प्रधान (पेशवा) बाजीराव द्वितीय की मातहती में शिवराज भाऊ झाँसी के शासक थे और सूबेदार कहलाते थे। यह सन्धि परस्पर मैत्री और सहायता के आधार पर हुई थी।

उस समय की राजनैतिक स्थिति पर टिप्पणी करते हुए वर्मा जी ने लिखा है : पेशवाई निर्बल हो चुकी थी। सूबेदार सशक्त थे। बुन्देलखण्ड को अधिकृत करने के लिए अंग्रेजों

और झाँसी के सूबेदार की मित्रता अभीष्ट थी।[10] वर्मा जी ने लिखा है : इस सन्धि का बुन्देलखण्ड के रजवाड़ों पर प्रभाव पड़ा। अब पेशवा के सम्पूर्ण अधिकार जो उन्हें बुन्देलखण्ड में प्राप्त थे ईस्ट इंडिया कम्पनी को दे दिए गए।

सत्ता पर अधिकार करने के लिए उस समय जो षड्यंत्र चला करते थे उनके अनुसार उस समय राज्य पर अधिकार करने के लिए एक माँ भी अपने पुत्र की हत्या करवा सकती थी और उस षड्यंत्र का अगर कोई भेद खोल दे तो उसे भी मरवा दिया जाता था। इसी तरह का एक षड्यंत्र सखूबाई ने अपने पुत्र रामचन्द्र राव को मरवाने का किया था जिसका उल्लेख वर्मा जी ने 'झाँसी की रानी' उपन्यास की प्रस्तावना में किया है।

इन षड्यंत्रों के कारण उस समय शासन व्यवस्था ढीली-ढाली तथा अराजकतापूर्ण होती थी।

उस समय किसानों से लगान की वसूली बड़ी बेरहमी से की जाती थी। इसका परिणाम यह हुआ कि गाँवटी पंचायतें हाहाकार कर उठीं। परन्तु उस सामन्त युग में बेचारे किसान लुटेरों और बदमाशों के सन्ताप के मारे कुछ कर ही नहीं सकते थे।[11]

उस समय के शासक रंगीली प्रकृति के और खर्चीले हुआ करते थे। किसी-किसी शासक के सम्बन्ध वेश्याओं से भी हुआ करते थे। उनसे जब सन्तान हो जाती थी तो आगे चलकर उत्तराधिकार का भी झगड़ा प्रारम्भ हो जाता था। अली बहादुर रघुनाथ राव की ऐसी सन्तान था जिसने अपने अधिकार से वंचित होने पर गंगाधर राव के विरुद्ध षड्यंत्र रचा और उनके न रहने पर अंग्रेजों से मिलकर रानी से बदला लिया।

वृन्दावनलाल वर्मा ने लिखा है : रघुनाथ राव रंगीली प्रकृति के रईस थे। उनकी वेश्याओं में लच्छो नाम की एक वेश्या थी। इसके दो लड़के और लड़कियाँ हुईं। बड़े लड़के का नाम नबाब अली बहादुर था।[12]

उस समय के राज्य की दुर्दशा का वर्णन करते हुए वर्मा जी ने लिखा है : कुराज्य था, कुशासन था। परन्तु गाँवटी पंचायतें बनी हुई थीं। पूरा लगान वसूल नहीं होता था। पंचायत की रक्षा प्रत्येक ग्रामीण को सहज ही प्राप्त थी। पंचायतों के अधिकार समाप्त होकर अदालतों के हवाले नहीं हुए थे। जरा-जरा सी सड़ी-गली बात के लिए राज्य के पदाधिकारियों के घरों पर हाजिरी नहीं देनी पड़ती थी। बड़े मामलों के लिए बँधे हुए हक-दस्तूरी-रिश्वतों के छेदों में होकर जनता अपने नित्य के जीवन में आराम और निभाव को खींचती हुई चली जाती थी।[13]

वर्मा जी ने लिखा है : उस समय शासन-शक्ति का केन्द्रीयकरण नहीं हुआ था। लोगों को अपने औसान और पराक्रम का सहारा पकड़ने के बहुधा अवसर मिलते रहते थे।[14]

अगर शासक निष्क्रिय हुआ तो उसके राज्य में अराजकता फैलेगी अधिक खर्चीला हुआ तो ऋण का बोझ चढ़ता जाएगा। रघुनाथ राव के शासन के बारे में वृन्दावनलाल वर्मा लिखते हैं : रघुनाथ राव अपनी निष्क्रियता में मुश्किल से दो वर्ष टिक पाए थे कि झाँसी के अड़ोस-पड़ोस तक में लूटमार, भभ्भड़ और दंगा-फसाद होने लगा। झाँसी राज्य पर अनेक साहूकारों का बहुत कर्जा चढ़ गया इसलिए सन् 1837 में झाँसी राज्य कोर्ट कर लिया गया।

जब गंगाधर राव ने शासन भार सँभाला और विवाह के बाद उन्हें राजा की उपाधि दी गई तब इस शर्त के साथ कि अंग्रेजी फौज झाँसी में रहेगी और उसका खर्चा झाँसी राज्य

को उठाना पड़ेगा। इस प्रकार राजनैतिक दृष्टि से अंग्रेजों ने अपने पैर फैलाने शुरू कर दिए थे। राज्य में अराजकता की स्थिति वैसी ही थी किन्तु गंगाधर राव ने अपने कठोर शासन से उस पर काबू पा लिया था। वर्मा जी ने लिखा है : झाँसी राज्य में और बुन्देलखण्ड में लगभग हर जगह आततायी और डाकू–बटमार बड़ा उपद्रव कर रहे थे। गंगाधर राव ने अपने कठोर शासन से उनका दमन किया। राजा के शासन से अंग्रेज सन्तुष्ट थे क्योंकि उपद्रवों को शान्त करना ही राजा का सबसे बड़ा कर्तव्य समझा जाता था।[15]

राजनैतिक स्थिति में उस समय सबसे बड़ा परिवर्तन आता है जब पंचायतों के अधिकार समाप्त कर एक ही कानून लागू किया जाता है। इसका आभास गार्डन के इस कथन से लगता है : इस देश में जो देखता हूँ सब अति के दर्जे पर। थोड़े से बहुत धनवान और बहुत से निर्धन। बहुतेरों को हलके–से–हलके अपराधों के लिए अंगहीन करने की सजा। बिच्छुओं से कटवाने का दंड। आगे उसने स्पष्ट कहा–-भारत के गवर्नर जनरल को बहुत अच्छा लगेगा जब सब रियासतों में एक ही प्रकार के न्याय, एक ही कानून और एक ही तरह की अदालतों की स्थापना हो जाए।[16]

उस समय राज्य का सारा शासन पंचायतों के माध्यम से चल रहा था जो अँगेजों को अखर रहा था। उनकी दृष्टि राज्य पर पूरा कब्जा करने की थी। वे इसी की प्रतीक्षा कर रहे थे और परिस्थिति भी उनके अनुकूल होती जा रही थी।

अंग्रेजों ने पंजाब को परास्त करके उसे हाल में ही अपने हाथ में किया था। बिहार और बंगाल में राज्य था ही। मध्य प्रदेश चुनौती का रूप धारण करता चला जाता था। इन सबके बीच में दो बड़े–बड़े रोड़े थे–-एक अवध की मुसलमानी नवाबी और दूसरी थी बड़ी हिन्दू रियासत। ये दोनों किसी प्रकार खत्म हो जाएँ तो पाँचों उँगलियाँ घी में और फिर हो चौरस करने वाले अंग्रेजी बेलन की जय।[17]

इस सन्दर्भ में यह विचारणीय है कि झाँसी की राजनैतिक स्थिति में उस दिन बहुत बड़ा मोड़ आया जिस दिन गंगाधर राव द्वारा दिया गया गोदनामा अस्वीकृत हो गया। गंगाधर राव के न रहने पर इस गोदनामे को लेकर रानी ने ब्रिटिश सरकार से यह कहकर अपील की थी कि अंग्रेज सरकार और झाँसी राज्य के बीच समय–समय पर जो सँधियाँ हुई थीं, उनमें हमारा अधिकार सदा बरकरार रहा है, इसलिए मेरे पति द्वारा दामोदर को लिये गए गोदनामे को स्वीकार किया जाए। वास्तव में गंगाधर राव की मृत्यु के बाद अंग्रेजों ने झाँसी राज्य का अधिग्रहण करने में काफी देर कूटनीतिवश लगाई थी। उस समय झाँसी और बुन्देलखण्ड में अंग्रेजों की स्थिति मजबूत नहीं थी, इसलिए जब गंगाधर राव के बाद रानी ने राज–काज सँभाल लिया और अराजक स्थिति पर काबू पा लिया, तो रानी से अंग्रेजों को जो काम लेना था, वह उन्होंने ले लिया, और जब रानी की उन्हें कोई जरूरत नहीं रही, तब उन्होंने गोदनामे की अस्वीकृति की बाकायदे एक सरकारी इश्तहार के द्वारा घोषणा की।

रानी ने अपने आवेदन–पत्र में लिखा था : बुन्देखंड में कम्पनी के राज्य की स्थापना हमारे पुरखों की सहायता से हुई है। हमारी राजभक्ति की कदर की जानी चाहिए। जरूर। अब किस साधना के लिए राजभक्ति की अटक है। सँधियाँ पवित्र होती हैं। इस पर अंग्रेजों का कहना था कि तुम पेशवा के नौकर थे। पेशवा हम से हारा और उसने अपना स्वामित्व

हमारे हवाले किया। अब तुम हमारे नौकर हुए। हमारी इच्छा हम तुम्हारी गोद-वोद को मानें या न मानें।[18]

झाँसी राज्य के अधिग्रहण की विज्ञप्ति की भाषा इस प्रकार थी—दत्तक को गवर्नर जनरल ने नामंजूर किया है। इसलिए भारत सरकार की 7 मार्च सन् 1854 की आज्ञा के अनुसार झाँसी का राज्य ब्रिटिश इलाके में मिलाया जाता है। इश्तिहार के जरिए सब लोगों को सूचना दी जाती है कि सम्प्रति झाँसी प्रदेश का शासन मेजर एलिस के अधीन समझें और मेजर एलिस को कर दिया करें और सुख तथा सन्तोष के साथ जीवन-निर्वाह करें। 13-13.1854 ई.।

दरअसल 'झाँसी की रानी' उपन्यास की कालावधि मुश्किल से दो वर्षों की है। मुख्य घटनाएँ इसी कालावधि में घटती हैं। हालाँकि कथानक का प्रारम्भ 1835 में रानी के जन्म के साथ होता है। भूमिका के रूप में या घटनाओं के सूत्र को पकड़ने के लिए बुन्देलखण्ड में मराठा राज्य की स्थापना कब हुई इसकी जानकारी के लिए छत्रसाल और बाजीराव प्रथम के सम्पर्क तक कथा का विस्तार किया गया है। गंगाधर राव से रानी का विवाह 1842 ईस्वी में हुआ था। गंगाधर राव की मृत्यु 21 नवम्बर, 1853 में हुई थी। रानी और गंगाधर राव साथ-साथ 10-11 वर्ष ही रह पाए थे। इस बीच में राजनैतिक दृष्टि से कोई महत्त्वपूर्ण घटना नहीं हुई। घटनाओं ने जो कुछ रूप लिया वह गंगाधर राव की मृत्यु के बाद और गोदनामे की अस्वीकृति से हुआ। गंगाधर राव की मृत्यु के बाद अंग्रेजों ने झाँसी का राज-काज सँभाला और अली बहादुर तथा पीर अली जैसे लोगों ने रानी के विरुद्ध षड्यंत्र-रचना कर अंग्रेजों की सहायता करनी शुरू की। इसके बाद तो युद्धों की राजनीति शुरू होती है। बाबू वृन्दावनलाल वर्मा ने इन युद्धों का बड़ा सजीव वर्णन किया है।

राजनैतिक परिस्थिति के बदलते रूप

इतिहास की किसी भी कालावधि में राजनीतिक परिस्थिति का रूप एक-सा नहीं रहता है। जहाँ सत्ता के लिए संघर्ष होता है वहाँ प्रतिपल राजनैतिक वातावरण करवटें बदलता रहता है। जो शक्तिशाली होगा वह अपने अनुकूल परिस्थिति का निर्माण करेगा फिर उस परिस्थिति पर अपना नियंत्रण करेगा और उसका दोहन भी अपने स्वार्थ में करेगा। 1857 के संघर्ष में अंग्रेजों की यही भूमिका थी। विद्रोह को कुचलने के लिए साम, दाम, दंड, भेद सभी नीतियों का उन्होंने अवलम्बन किया। झाँसी राज्य के अधिग्रहण के बाद उनका क्या सोचना था इसका खाका वृन्दावनलाल वर्मा ने इन शब्दों में खींचा है : मऊ छावनी से लेकर मेरठ छावनी तक और मेरठ छावनी से लेकर दमदम, तथा बैरकपुर की छावनियों तक विविध प्रकार के लक्षण दिखाई देने लगे। मऊ, मेरठ, बैरकपुर इत्यादि छावनियों में साधु और फकीर, विविध प्रकार के वेश और रूप धारण करके क्रांति का कार्य करने लगे।[20]

विद्रोह की आग भीतर-ही-भीतर किस प्रकार जल रही थी, किस प्रकार इसने प्रकट होकर राजनीतिक वातावरण को ही बदल दिया था उसका आभास इस विश्लेषण से मिलता है : अंग्रेजों को ऊपर की तह चिकनी और समतल दिख रही थी। नीचे के कोलाहल का उनको पता न था। हिन्दुस्तान एक सपने में उनकी चुटकी में आया, सपने में ही चुटकी में बना रहेगा और यह सपना कभी न टूटेगा। वे लोग इस बात को नहीं जानते थे, उन्होंने कभी

इस बात को नहीं जाना कि हिन्दुस्तान जीता भले ही आसानी के साथ जाए, लेकिन बहुत समय तक इसे मुट्ठी में बनाए रखना असम्भव है। आगे वृन्दावनलाल वर्मा ने राजनैतिक दृष्टि से भारत को अपने अधीन बनाए रखने वाली नीति की कमजोरी की ओर इंगित करते हुए कहा है : असल में जनता को रुष्ट, असन्तुष्ट और क्षुब्ध करके यहाँ तो क्या संसार के किसी कोने में कोई भी राज्य नहीं कर सकता। फिर इस देश की जनता व्यक्तित्व–मग्न और महासंस्कृतिमयी है। बहुत दिनों तक कदापि विदेशी शासन को सहन नहीं कर सकती।[21]

इसलिए यहाँ की जनता की अन्तरात्मा अपने क्रान्ति–चेता नेताओं की बात सुनती जा रही थी और मन में गाँठों पर गाँठें बाँधती चली जाती थी कि कब अवसर मिले और सिर के बोझ को उतारकर फेंक दे। अंग्रेजों का स्वार्थ कार्य सब शास्त्रीय और वैज्ञानिक ढंग पर चल रहा था। केवल चल नहीं रहा था किसी ढंग पर भी था तो वह मानव प्रकृति का, भारतीय जन–प्रकृति का अध्ययन और विश्लेषण।

अपनी राजनैतिक प्रमुखता बनाए रखने के लिए उन्होंने व्यापक स्तर पर जन–सुविधाओं का विस्तार किया था पर यहाँ के मन को वे नहीं समझ पाए थे। बाबू वृन्दावनलाल वर्मा ने उनके द्वारा किए गए कार्यों का विवरण देते हुए लिखा है : रेल–तार जारी हो गए। नहरें खुदीं, तालाब सुधारे गए। डाकुओं और बटमारों का दमन हुआ। किसान सुभीते से अपनी खेती काटने लगे। व्यापारी अपना रोजगार करने लगे। मन्दिरों, मसजिदों में लोग अपने विश्वास के अनुसार श्रद्धा–भेंट करने उठे। कुछ पाठशालाएँ और मदरसे खुल गए। सड़कें बनीं। उन पर पेड़ लगे। पंचायतें टूटीं। अदालतें खुलीं। कानून के बरताव हुए। परन्तु अंग्रेजों ने यह न समझा कि हिन्दू–मुसलमान मन–ही मन मना रहे हैं कि हमारा खोया हुआ अधिकार फिर कब कैसे हमारे हाथ में आएगा।[22]

ईस्ट इंडिया कम्पनी के इशारे पर यद्यपि पूरे भारत को इकाई बनाने का वृहद् अभियान चल रहा था किन्तु इधर ब्रिटिश विरोधी वातावरण जोर पकड़ता जा रहा था। वृन्दावनलाल वर्मा ने लिखा है : इधर नाना साहब, तात्या, बहादुरशाह और उनकी बेगम जीनत महल, अवध की बेगम हजरत महल और रानी लक्ष्मीबाई का व्यापक और सूक्ष्म प्रचार जारी था। स्वाधीनता के युद्ध के लिए क्षेत्र तैयार हो रहा था, थोड़ी–सी ही कसर थी जब नियत दिन और समय पर एक साथ सम्पूर्ण हिन्दुस्तान में विस्फोट होना था। वह दिन और समय अभी नियुक्त नहीं हुआ था।[23]

राजनैतिक विस्फोटक स्थिति

अंग्रेजों के विरुद्ध जो राजनैतिक लावा सुलग रहा था उसमें घी का काम किया चर्बीयुक्त कारतूसों ने। इन कारतूसों की खबर फैलते ही हिन्दू–मुसलमान दोनों वर्ग के सिपाहियों में विद्रोह की आग भड़क उठी। अफवाह यह थी कि उन कारतूसों में सूअर और गाय की चर्बी लगी हुई है और उन्हें मुँह से खोलना पड़ेगा। कारतूसों की सनसनी चल तो बहुत दिनों से रही थी और अकेले दमदम में नहीं किन्तु लगभग सारी छावनियों के हिन्दुस्तानी सिपाहियों के लिए दमदम में कारतूसों के बनाने का कारखाना था और उन दिनों बहुत संख्या में कारतूस बनाए भी जा रहे थे। सिपाहियों में क्षोभ फैलता गया और बढ़ता गया। सिपाहियों की बात

उनके अंग्रेज अफसरों तक पहुँची। उन्होंने इसको महज गप बतलाया। सिपाहियों ने कारखाने के हिन्दुस्तानी मजदूरों से मालूम किया। उन्होंने बात को सच बतलाया। दमदम के उन सिपाहियों ने हजारों चिट्ठियाँ हिन्दुस्तान-भर की छावनियों में भिजवाई। सिपाही कुछ कर उठने के लिए बेचैन हो उठे।[24]

झाँसी की छावनी में भी चिट्ठी आई। आश्चर्य होता है कि थोड़े दिनों में ये चिट्ठियाँ गुप्त रूप से कैसे सर्वत्र फैल गईं। रानी को भी यह समाचार मिला और इस प्रकार बुन्देलखण्ड के क्रान्तिकारियों ने इस स्थिति का लाभ उठाया। इन कारतूसों के कारण राजनीतिक विस्फोट बैरकपुर की 19 नम्बर वाली पल्टन में हुआ। मंगल पांडे पहला व्यक्ति है जिसने इन कारतूसों का प्रयोग करने से इनकार कर दिया। सारे हिन्दुस्तानी सिपाहियों ने विद्रोह कर दिया। अंग्रेजों को गोरी पल्टन मँगवाकर उनके हथियार रखवाने पड़े। कुछ सिपाहियों ने तुरन्त क्रान्ति करने का संकल्प कर लिया। कुछ अफसर मार डाले। सिपाहियों को फाँसी दे दी गई। इस दमन-चक्र का परिणाम यह हुआ कि राजनैतिक स्थिति भीषण से भीषणतर होती गई और पूरे देश में जो क्रान्ति फैली उसका सबसे ज्यादा असर बुन्देलखण्ड पर हुआ।

इस तरह की घटना मेरठ में हुई। मेरठ में बड़ी छावनी थी। कई हिन्दुस्तानी और अंग्रेजी पलटनें थीं। एक हिन्दुस्तानी पलटन के नब्बे सिपाहियों को कारतूस दिए गए। सिपाहियों को विश्वास था कि कारतूस अस्पृश्य चर्बी वाले हैं। अंग्रेजों ने उन्हें आश्वासन दिया कि नहीं हैं। पचासी सिपाहियों ने कारतूसों को छूने से इनकार कर दिया। उनका कोर्ट मार्शल हुआ। आज्ञा न मानने के अपराध में उनको दस-दस वर्ष के कठोर कारावास का दंड मिला। नौ मई के दिन इन सिपाहियों को गोरा फौज और तोपखाने के सामने लाकर खड़ा किया। वर्दियाँ उतरवा ली गईं और हथकड़ी-बेड़ियाँ डाल दी गईं। छावनी के बाकी हिन्दुस्तानी सिपाही भी इस दृश्य को देखने के लिए बुला लिए गए। इसके बाद वे लोग जेलखाने भेज दिए गए। इसकी सिपाहियों में भीषण प्रतिक्रिया हुई और मेरठ और दिल्ली की सम्मिलित हिन्दुस्तानी फौज ने दिल्ली के किले पर अधिकार कर लिया। बादशाह बहादुरशाह जफर को भारत का सम्राट घोषित किया और 21 तोपों की सलामी दी। बादशाह ने क्रान्ति का नेतृत्व स्वीकार किया और उसने पहला जो काम किया वह था गोवध कतई बन्द कर देना।[25]

मई के महीने में लगभग सारे उत्तर भारत में क्रान्ति की आग भड़क उठी, किसी दिन कहीं और किसी दिन कहीं।

हिन्दुस्तानी सेना ने कानपुर में क्रान्ति का आरम्भ कर दिया। सवेरे खजाना और शस्त्रागार क्रान्तिकारियों को हाथ में आ गए और नाना को राजा घोषित कर दिया गया।

झाँसी में अनुशासन के कारण ऐसी कोई घटना नहीं हुई किन्तु कुछ विद्रोही सिपाहियों ने किले में शरण लिए अंग्रेज स्त्री-पुरुषों का वध कर दिया। उन्होंने इस शर्त पर नगर में लूट-मार नहीं की कि रानी इसके बदले में उन्हें तीन लाख रुपया दे जिससे वे दिल्ली जा सकें। वे एक लाख रुपए में किसी तरह राजी होकर दिल्ली चले गए पर अंग्रेज स्त्री-पुरुषों की हत्या का दोष रानी पर मढ़ा गया। फिर जो हुआ उसका परिणाम भयंकर युद्ध रहा। रानी का वहाँ से पलायन, कालपी और ग्वालियर के युद्ध और रानी की मृत्यु, बुन्देलखण्ड पर अंग्रेजों का अधिकार। इस राजनैतिक परिस्थिति की एक-एक घटना का वृन्दावनलाल वर्मा ने विस्तार

से चित्रण कर यह बताया है कि रानी ने अपने स्वाभिमान की रक्षा के लिए, स्वराज्य के लिए, स्वदेश के लिए युद्ध किया। वह बड़ी वीर थी इसे शत्रुओं ने भी स्वीकार किया है।

सामाजिक वातावरण

वृन्दावनलाल वर्मा ने अपने सभी ऐतिहासिक उपन्यासों में तत्कालीन युग के सामाजिक वातावरण का पूरा चित्र खींचा है। वह चाहे 'गढ़ कुंडार' हो, 'विराटा की पद्मिनी' हो, 'मुशाहिब जू' हो या फिर 'मृगनयनी' हो। इन सभी उपन्यासों के अनुशीलन से तत्कालीन समाज के इतिहास की हमें झलक मिल जाती है, 'झाँसी की रानी लक्ष्मीबाई' उपन्यास भी इसका अपवाद नहीं है। इस उपन्यास की कालावधि 1835 से लेकर 1858 तक फैली हुई है। इसमें मुख्य कथानक 1842 ई. में रानी के गंगाधर राव के साथ विवाह के बाद शुरू होता है और 1858 जून में रानी की मृत्यु से समाप्त हो जाता है। इसी कालावधि के सामाजिक रीति-रिवाजों, तत्कालीन सामाजिक परिस्थिति, उत्सव, समारोहों आदि का इस उपन्यास में वर्मा जी ने विस्तार से वर्णन किया है।

विवाह का वर्णन

झाँसी की रानी लक्ष्मीबाई के पिता महाराष्ट्रियन ब्राह्मण थे और उस समय महाराष्ट्रियन ब्राह्मणों में कन्या का विवाह शीघ्र कर दिया जाता था। मनु की माँ उसे 4 वर्ष की अवस्था में छोड़कर मर गई थी इसलिए उसका पालन-पोषण अकेले ही उसके पिता मोरोपन्त को करना पड़ रहा था। वह बाजीराव द्वितीय को भी बहुत प्रिय थी। जब उसकी अवस्था विवाह योग्य हुई तब मोरोपन्त को उसके विवाह की चिन्ता हुई। चूँकि वह बचपन से ही बहुत तेज और चपल थी इसलिए 12-13 वर्ष की अवस्था में विवाह योग्य लगने लगी थी। उसी समय झाँसी से तात्या दीक्षित गंगाधर राव के लिए कन्या की खोज में बिठूर आए हुए थे। उस समय विवाह के रीति-रिवाजों में कुंडली देखने तथा वर-कन्या की राशि मिलाने की प्रथा आज की भाँति प्रचलित थी। उन्होंने कुंडली देखकर गंगाधर राव की कुंडली से उसका मिलान किया। मिल जाने पर मोरोपन्त और बाजीराव के सामने मनु का विवाह गंगाधर राव के साथ कर देने का प्रस्ताव रखा जिसे मोरोपन्त ने सहर्ष स्वीकार कर लिया। उस समय विधुर और बड़ी आयु के योग्य वर से उम्र में छोटी कन्या के विवाह की भी प्रथा महाराष्ट्रिन ब्राह्मणों में प्रचलित थी। इसी प्रथा के अनुसार स्वयं मोरोपन्त ने अपनी पुत्री की उमर की लड़की चिमाबाई से मनु के विवाह के बाद विवाह कर लिया था। वंश परम्परा चलाने के लिए भी ऐसा विवाह विहित था। उस समय सजातीय कन्या से ही विवाह करना शास्त्रानुसार अच्छा माना जाता था।

विवाह के पहले सगाई और वाग्दान की रीति का विधिवत आयोजन किया जाता था। वाग्दान के समय कन्या को वस्त्र और आभूषणों से सजाया जाता था। जब गंगाधर राव की स्वीकृति के बाद तात्या दीक्षित राजा के कर्मचारियों के साथ यह संवाद सुनाने बिठूर पहुँचे तब बाजीराव इस संवाद से बहुत हर्षित हुए और वाग्दान का समारोह धूमधाम से किया गया। उस समय मनुबाई का शृंगार कराया गया। रंगीन रेशमी साड़ी, स्वर्ण के आभूषण,

माणिक-मोती के हार। बाजीराव ने अपने वे सब आभरण मनुबाई से फिर वापस नहीं लिये।[26] वाग्दान सम्पन्न हो जाने के बाद विवाह का मुहूर्त निकलवाया जाता था।[27]

उस समय अतिथि-सत्कार की प्रथा प्रचलित थी। अतिथियों के ठहरने की व्यवस्था सुचारु स्थान पर कराई जाती थी। गंगाधर राव ने जब मनु के पिता आदि को झाँसी लाने के लिए अपने कर्मचारियों को भेजा तब उन्हें ठहरने के लिए कोठी कुआँ के पास एक अच्छा भवन शीघ्र ही तय कर लिया गया।[28] विवाह का मुहूर्त तय हो जाने के बाद धूमधाम के साथ विवाह की तैयारियाँ होती थीं। उस समय नगर वाले गणेश मन्दिर में सीमन्ती, वर-पूजा इत्यादि रीतियाँ पूरी की जाती थीं। गंगाधर राव घोड़े पर बैठकर गणेश मन्दिर गए।[29] उसी दिन कन्या वर को देख पाती थी। इस सीमन्त उत्सव में खूब गाना-बजाना होता था। अन्य स्त्रियाँ खूब सजधज कर आती थीं। वे अपने केशों में फूल गूँथती थीं। मनु के केशों में भी फूल गूँथे गए थे। सीमन्ती इत्यादि की प्रथाएँ पूरी होने के उपरान्त गणेश मन्दिर में गायन-वादन और नृत्य हुए और एक दिन विवाह का मुहूर्त आया।[30] राज-परिवार में विवाह के उत्सव पर आसपास के राजा भी आमंत्रित किए जाते थे। भाँवर पड़ने के समय भवन के बाहर शास्त्रीय गायन-वादन और नृत्य का आयोजन किया जाता था।[31] विवाह के पहले पुरोहित वर-वधू का ग्रन्थि बन्धन करता था। भाँवर की रस्म पूरी हो जाने के बाद वर सजधज कर पाँवड़ों पर फूलों और चावलों की बरषा में बाहर आता था। राजघरानों में उस समय वर को ताजीम दी जाती थी फिर वर एक ऊँचे आसन पर बैठता था। गंगाधर राव भी मसनद के सहारे एक ऊँचे आसन पर बैठे थे। उसके बाद फिर गाना-बजाना होता था।

राजा के विवाह की एक प्रथा यह थी कि उसके बाद राज दरबार लगता था और उसमें नजरें-न्योछावरें होती थीं। पुरस्कार बाँटे जाते थे। नजर-न्योछावरें बड़े-बड़े सरदारों को देने का चलन था। इस समय राजाओं की ओर से जो नजरें-न्योछावरें दी जाती थीं उनका ब्योरा राजा के कर्मचारी लिखते जाते थे।

विवाह के बाद महाराष्ट्रीय प्रथा के अनुसार कन्या का नाम बदल दिया जाता था। मनु का नाम लक्ष्मीबाई रखा गया था।

विवाह के साथ दहेज में दास-दासियाँ दी जाती थीं जिन्हें आजन्म कुँआरा रहना पड़ता था। इसका वर्णन करते हुए वृन्दावनलाल वर्मा ने लिखा है : जो और सब लड़कियाँ थीं वे उन स्त्रियों के साथ थीं। उनके विषय में मनु ने प्रश्न किए। वे सब दासियों के रूप में मनु के पास रहने के लिए नियुक्त कर दी गई थीं, क्योंकि विवाह का मुहूर्त आ रहा था। उसके बाद भी उनको मनु के पास ही रहना था।

ये लड़कियाँ अब्राह्मण जातियों में से रूप, रस इत्यादि के पैमाने से तौलकर चुनी जाती थीं और उनको आजन्म अपनी रानी के साथ कुँआरी होकर रहना पड़ता था। यदि वे विवाह कर लेतीं तो उनको महल की नौकरी छोड़नी पड़ती थी। दहेज में दासियों और दासों का देना महाराष्ट्र में नहीं था, शायद राजपूताने के कुछ रजवाड़ों से वहाँ पहुँचा हो। शायद इसका प्रारम्भ भिक्षुणी और देवदासी प्रथा से निसृत हुआ हो।

इन दासियों के दुःखद जीवन की कल्पना करते हुए इस प्रथा की आलोचना में बाबू वृन्दावनलाल वर्मा ने लिखा है : इन दासियों के जीवन कितने कुतूहलों और कितने कोलाहलों

से भरे रहते होंगे और इनके जीवन कितने दु:खांत होते होंगे, उसकी कल्पना की जा सकती है। इनको जन्म देने वाले लगभग इसी प्रकार के माता-पिता केवल धन-लोभ से इनको महलों के सुपुर्द कर देते थे। फिर या तो वे अपने सौन्दर्य के जमाने में राजा के विलास की सामग्री बनी रहती थीं या जीवन के स्वाभाविक मार्ग पर जाकर महल से अलग हो जाती थीं।[30]

किसी-किसी राजघराने में कठोर पर्दा प्रथा थी। इसलिए गंगाधर राव के कट्टरपंथी स्वभाव के कारण रानी को उस प्रथा का पालन करना पड़ता था। वैसे नगर में स्त्रियाँ खूब स्वच्छंद और खुले रूप में विचरण करती थीं।

पुत्र उत्पन्न होने पर बड़ा समारोह मनाया जाता था। राजघराने में पुत्र होने का समाचार सुन पूरा नगर आनन्द से विभोर हो जाता था। जब रानी ने एक पुत्र को जन्म दिया तो आमोद-प्रमोद ने उन्माद का रूप धारण कर लिया। झाँसी थोड़े समय के लिए इन्द्रपुरी बन गई। उस समय खूब खर्च किया जाता था। गायन, वादन, नृत्य का समारोह होता था। दान-दक्षिणा अलग से।

वर्ण व्यवस्था और जाति-प्रथा की रूढ़ियाँ

'झाँसी की रानी' उपन्यास में वर्मा जी ने आज से डेढ़ सौ साल से भी अधिक पुराने समाज को अपने चित्रण का केन्द्र बिन्दु बनाया है। बिना सामाजिक जीवन के कोई भी उपन्यास जीवन्त रचना नहीं हो सकती। उस समय के सामाजिक जीवन के चित्रण द्वारा एक तो उपन्यास की प्रामाणिकता बढ़ जाती है, दूसरे उपन्यास सामाजिक अध्ययन की भी एक थाती बन जाता है। इससे लेखक के तत्कालीन समाज के रीति-रिवाजों, प्रथाओं, जाति-व्यवस्था, वर्ण व्यवस्था के सूक्ष्म ज्ञान का भी पता चल जाता है। इस प्रसंग में यह कथन विचारणीय है—उस समय समाज में वर्ण-व्यवस्था के नियमों का पालन कड़ाई से किया जाता था। जनेऊ सभी वर्गों के लोगों को पहनने का अधिकार नहीं था। इस समस्या को लेकर निरन्तर झगड़े चलते रहते थे, जिससे यह स्पष्ट हो जाता है कि कुछ लोग ऐसे भी थे जो इस व्यवस्था को मिटाना चाहते थे और समाज के प्राणियों में समानता के भाव का समर्थन करते थे। विद्वानों के अन्दर भी परस्पर समस्याओं को लेकर वाक्युद्ध हो जाया करता था। जनेऊ-सम्बन्धी झगड़े कहीं-कहीं पर उग्र रूप भी धारण कर लेते थे। नये जनेऊ धारियों ने लड़ाई अपने हाथ में ले ली थी और एकाध जगह यह लड़ाई जीभ से खिसक कर हाथ और डंडे पर जा बैठी।[33]

झंझट का रूप जब भयंकर हो गया तब यह मामला राजा गंगाधर राव तक पहुँच गया। इस आन्दोलन और समाज की रूढ़िवादिता का विवेचन करते हुए वृन्दावनलाल वर्मा ने लिखा है : झाँसी में उस समय मंत्र शास्त्री, तंत्र शास्त्री, वैद्य, रणविद् इत्यादि अनेक प्रकार के विशेषज्ञ थे। शाक्त, शैव, वाममार्गी, वैष्णव सभी काफी तादाद में। अधिकांश वैष्णव और शैव। और ऐसे लोगों की तो बहुतायत ही थी जो 'गृहे शाक्ता, बहिशैवा सभामध्वे च वैष्णवा:' थे। वर्मा जी ने आगे लिखा है कि इनमें परस्पर झगड़ा होता रहता था उसका परिणाम यह हुआ कि अनेक जातियाँ और उपजातियाँ जिनको शूद्र समझा जाता था, उन्नति की ओर अग्रसर हो रही थीं। व्यक्तिगत चरित्र का सुधार, घरेलू जीवन को अधिक शान्त और सुखी बनाना तथा जातियों की श्रेणी में ऊँचा स्थान पाना, यह उस प्रगति की सहज आकांक्षा थी। ब्राह्मण, क्षत्रिय

और वैश्य जनेऊ पहनते हैं। यह उनकी ऊँचाई की निशानी है। जो न पहनता हो वह नीचा। इसलिए उन जातियों के कुछ लोगों ने, जिनके हाथ का छुआ पानी, पूड़ी और मिष्ठान्न आमतौर पर ऊँची जाति के हिन्दू ग्रहण कर सकते थे, जनेऊ पहनने आरम्भ कर दिए। उनके इस काम में कुछ बुन्देलखण्डी और महाराष्ट्रियन ब्राह्मणों का समर्थन था। झाँसी नगर में ब्राह्मण काफी संख्या में थे। उन सबका बहुत बड़ा भाग प्रगति के विरुद्ध था।

अपने से नीची जाति में विवाह या छोटी जाति की स्त्री से प्रेम उस समय अच्छा नहीं समझा जाता था। यहाँ तक कि समाज और राजा की ओर से उसे जाति बहिष्कृत कर या देश निकाला देकर दंडित किया जाता था। नारायण शास्त्री के साथ यही किया गया। इससे यह निष्कर्ष निकलता है कि उस समय का समाज खुला हुआ समाज नहीं था। उसमें कट्टरता के बेड़े लगे हुए थे।

पर्व और उत्सव

उस समय होली-दीवाली और दशहरा जैसे पर्व धूमधाम से मनाए जाते थे। उसी में एक महाराष्ट्रियन उत्सव 'हल्दी कुंकुम' का उत्सव था जिसमें नगर की स्त्रियाँ बढ़-चढ़कर भाग लेती थीं। वृन्दावनलाल वर्मा ने रानी द्वारा मनाए गए इस उत्सव का बड़ा लोमहर्षक और जीवन्त वर्णन किया है। इस उत्सव के समय गणेश और महादेव के मन्दिरों में विधिवत पूजा-अर्चन होता था। इन उत्सवों की एक विशेषता यह थी कि इनमें हर जाति की स्त्रियाँ सम्मिलित हो सकती थीं। जात-पाँत, ऊँच-नीच का उसमें कोई बन्धन नहीं था। हरदी कूँकूँ (हल्दी-कुंकुम) का चित्र देखिए : वसन्त आ गया। प्रकृति ने पुष्पांजलियाँ चढ़ाईं। महकें बरसाईं। लोगों को अपनी श्वास तक में परिमल का आभास हुआ। किले के महल में रानी ने चैत की नवरात्रि में गौरी की प्रतिमा की स्थापना की। पूजन होने लगा। गौरी की प्रतिमा आभूषणों और फूलों के शृंगार से लद गई और धूप-दीप तथा नैवेद्य ने कोलाहल--सा मचा दिया। हरदी-कूँकूँ (हल्दी-कुंकुम) के उत्सव में सारे नगर की नारियाँ व्यग्र, व्यस्त हो गईं।

वृन्दावनलाल वर्मा ने लिखा है : किले में जाने की सब जातियों को आजादी थी। किले के उस भाग में, जहाँ महादेव और गणेश का मन्दिर है और जिसको शंकर किला कहते थे, सब लोग जा सकते थे—अछूत कहलाने वाले चमार, बसोर और भंगी भी। जहाँ अपने कक्ष में रानी ने गौरी को स्थापित किया था, वहाँ इन जातियों की स्त्रियाँ नहीं जा सकती थीं। परन्तु कोरियों और कुम्हारों की स्त्रियाँ जा सकती थीं। कोरी और कुम्हार अभी अछूत नहीं समझे गए थे।[34]

इस समय मालिनें फूलों के गजरे और फूल बेचने के लिए वहाँ इकट्ठी होती थीं। इस उत्सव में स्त्रियाँ आभूषणों, फूलों की मालाओं और गजरों से अपने को खूब सजाती थीं। इस समय खूब नाचना-गाना भी होता था। इस उत्सव में एक रीति थी कि स्त्रियाँ एक-दूसरे से किसी-न-किसी बहाने उनके पतियों का नाम पूछती थीं। इसके लिए उन्हें किसी ऐसी चीज का नाम खोजना पड़ता था जिसका नाम लेते ही पति का नाम भी ले लिया जाता था। इसमें एक-दूसरे को बड़ा आनन्द आता था और चारों ओर हर्ष-उल्लास का वातावरण छा जाता था।

रानी को हर्ष-उल्लास और स्त्रियों का सजना-धजना खूब पसन्द था, इसलिए इस उत्सव के बाद स्त्रियाँ रोज शाम को सज-धज कर गाती-नाचती मन्दिरों में जाने लगीं। स्त्रियों को रानी के उदार और उत्सव-प्रिय मन का ज्ञान हो गया था।

उसका चित्र वृन्दावनलाल वर्मा ने इस प्रकार खींचा है : उसके उपरान्त फिर झाँसी नगर की स्त्रियाँ सन्ध्या-समय थालों में दीपक सजा-सजाकर और गले में बेला, मोतियाँ, जूही, जाती इत्यादि की फूल-मालाएँ डाल-डालकर मन्दिरों में जाने लगीं। स्त्रियों को ऐसा मान होने लगा जैसा उनका कोई सतत संरक्षण कर रहा हो, जैसे कोई संरक्षक सदा साथ ही रहता हो, जैसे वे अत्याचार का मुकाबला करने की शक्ति अपने रक्त में संचार पा रही हों।[35]

प्राकृतिक वातावरण

प्राकृतिक वातावरण के सृजन में वृन्दावनलाल वर्मा की कोई सानी नहीं है। उनके उपन्यासों में बुन्देल भूमि अपनी सारी विशेषताओं के साथ मुखरित है। वे बुन्देलखण्ड की चप्पा-चप्पा भूमि से परिचित थे। इसका कारण उनकी खोजी प्रवृत्ति के साथ-साथ भ्रमण और शिकार करने की आदत भी रही है। उन्होंने 'अपनी कहानी' में इसके जगह-जगह साक्ष्य दिए हैं; जैसे : मैंने सोचा इस स्थान पर गत बारह-चौदह वर्षों में मैंने बहुत लिखा-पढ़ा है। 'लक्ष्मीबाई', 'कचनार', 'अचल मेरा कोई', 'भुवन विक्रम', 'मृगनयनी', 'सोना', 'टूटे काँटे', 'मुसाहिब' इत्यादि उपन्यास और 'राखी की लाज', 'हंसमयूर, 'बीरबल', 'खिलौने की खोज', 'ललित विक्रम', 'पूर्व की ओर' इत्यादि नाटक। इस भूमि, यहाँ के वृक्ष, जंगल और पहाड़ के प्रति मैं कृतज्ञ हूँ।[36] अन्यत्र उन्होंने लिखा है : विन्ध्याचल की ककरीली माटी और लखेरी के पानी से मेरी माटी बनी है। बेतवा के पानी ने उस माटी को संजोकर आकार-प्रकार दिया। वेत्रवती से मैं और बुन्देलखण्डवासी कभी उऋण नहीं हो सकते। वेत्रवती पर बहुत पहले कुछ लिखा था, फूल चढ़ाने की कोशिश की थी। उसको कुछ परिमार्जित, परिवर्धित किया। मेरी कहानी बिना बेतवा को चन्दन-पुष्प चढ़ाए अधूरी ही रहेगी। वेत्रवती बुन्देलखण्ड के लिए प्रकृति की 'असीस' है। जिस पानी ने मेरी माटी को संजोया, मेरी कामना है उसी से मेरी माटी सींची जाए। इसलिए 'सुन्दरी बेतवा' को ये अर्ध चढ़ा रहा हूँ।[37]

बुन्देलखण्ड के प्राकृतिक सौन्दर्य के प्रति वृन्दावनलाल वर्मा में गहन अनुराग भाव था। उनका सारा लेखन इस अनुराग भाव से प्रभावित है। एक मित्र को उन्होंने एक बार लिखा : जब भी खाली होता हूँ राइफल लेकर निकल पड़ता हूँ और फिर कई-कई दिन जंगल-पहाड़ियों में घूमा करता हूँ। मन को कहीं कुछ भी प्रभावित करता दिख जाता है, तो कागज पर उसके शब्द-चित्र उकेर लेता हूँ। 'गढ़ कुंडार' तो अधिकांश लिखा ही इस तरह गया। 'विराटा की पद्मिनी' लिखने के पूर्व कई बार खजुराहो गया। कई अध्याय तो लिखे भी वहीं रहकर।[38]

नदियों ने तो वृन्दावनलाल वर्मा की कल्पनाओं को जैसे पंख ही दे दिए हों। कहीं उनके वर्णनों में ये चढ़ी बाढ़ का विकराल रूप लिये दिखती हैं, तो कहीं निरे देहात की लाजों भरी नवेली वधू। उनकी पुस्तकों में सबसे अधिक वर्णन और उल्लेख बेतवा के मिलते हैं।

लगता है बेतवा ही उस समूचे प्रदेश की नियति में उनकी साझी रही तो। बेतवा ही साक्षी रही है, युगल प्रेम की उद्दाम भावनाओं की, इसी ने देखे हैं भरे यौवन के सपनों में लिपटे युवा-युवतियों के आत्म बलिदान, और इसी के आस-पास की भूमि में लिपटे पड़े हैं एक-से-एक बढ़कर रोमांचकारी युद्ध। सचमुच बेतवा एक सफल प्रतीक है, उस समूचे प्रदेश की ऊँची-नीची और बीहड़ धरती का और उस धरती के जीवन का...जो अब तक अनचाहा-सा रहा हो। घटनाओं-पर-घटनाएँ होती हुई निकल गईं, किन्तु बेतवा स्वयं जीवन की नाईं अपनी सारी गतिमयता लिये हुए बढ़ती रही है। बाढ़ के वेग में झूमती हुई बेतवा का यह एक चित्र 'झाँसी की रानी' में आता है :[39]

बेतवा की धार पूंज के ऊपर पुंज-सी दिखाई पड़ती थी। क्रम अभंग और अनंत-सा। जब एक क्षण में ही अनेक बार एक जलपुंज दूसरे में संघर्ष खाता और एक-दूसरे से आगे निकल जाने का अनवरत अथक, अटूट प्रयास करता तब इतना फेनिल हो जाता कि सारी नदी में फ़ेन ही फेन दिखाई पड़ता था। झाग की इतनी बड़ी निरन्तर बहती और उत्पन्न होती हुई राशियाँ आड़े आ जाती थीं कि घुड़सवारों को सामने का किनारा नहीं दिखाई पड़ पाता था।[40]

लहरों के एक पल्लड़ को चीरा, उस पर के भाग को बेधा कि दूसरा सामने। शब्दमय प्रवाह की निरर्थक भाषा मानो बारबार कहती थी—बचो, बचो।[41]

यह सुविदित तथ्य है कि प्रकृति-वर्णन अपने में लक्ष्य नहीं हुआ करता। वैसे ऐसे भी प्रकृति-चित्रण होते हैं जो अपने आप में पूर्ण हों। इन्हें आलम्बन रूप में प्रकृति-चित्रण कहते हैं। ऐसे प्रकृति-चित्रण देखने में तो ऐसे लगते हैं कि यदि सूक्ष्म रूप से अनुशीलन किया जाए तो इनका लक्ष्य भी किसी-न-किसी मनोभाव को उभारना रहता है, जैसे पन्त के प्रकृति चित्र। असल में यह मनोभाव किसी और का नहीं स्वयं लेखक का होता है। वही अपनी किसी मनोवृत्ति को उभारने के लिए ऐसे चित्र गढ़ता है। बाबू वृन्दावनलाल वर्मा के प्रकृति चित्र कोई स्वतंत्र प्रकृति-चित्र न होकर किसी परिस्थिति, किसी पात्र की मन:स्थिति उभारने या उन्हें प्रकृति के जिस उग्र रूप का प्रत्यक्ष में सामना करना पड़ रहा है उस स्थिति को सजीव करने के साथ-साथ किसी मनोभाव के जागरण के लिए उपयुक्त पृष्ठभूमि का निर्माण करने वाले भी रहते हैं। इस पृष्ठभूमि के दो उद्देश्य होते हैं—सामाजिक जीवन और जीवन की गति कार्य-व्यवहारों को उचित स्थान देना। बेतवा के उपर्युक्त तूफानी रूप-चित्रण के द्वारा भी झाँसी के शूरवीरों की अदम्यता दर्शाई गई है कि उन्होंने किस प्रकार प्राणों की बाजी लगाकर बेतवा की उन्मत्त धारा को पार किया।[42]

घटना स्थल और पात्रों पर भी बल इसी दृष्टि से दिया जाता है कि एक क्षेत्र विशेष की श्री-शोभा, वनस्पति, जीव-जन्तु और लोक-संस्कृति का परिचय मिल सके। लेखक की इस शैली को पाँचवें दशक में 'आंचलिक' नाम से अभिहित किया गया था। वृन्दावनलाल वर्मा के लेखन में तीन दशक पूर्व ही इसकी विशेषताएँ उपस्थित थीं। इस शैली का विशद, वर्णन, वर्णन शैली वाले अध्याय में किया गया है।

रानी के घोड़े का केवल सिर ऊपर, शेष भाग पानी और झाग में। रानी की कमर तक झाग, पानी और धार के साथ बहकर आया हुआ झाड़-झंखाड़ और धार की बूँदों की झड़ी उचट-उचट कर आँखों में, बालों पर और सारे शरीर पर बरस रही थी। जब कभी सिपाहियों

और सहेलियों को उत्साह देना होता तो हँस-हँसकर शाबाशी देतीं...मानो प्रचंड बेतवा की मलिन अंजलि में मुक्ता बरसा दिए हों।[43]

खुदाबख्श को रानी ने कुछ सिपाही देकर डाकू सागर सिंह को दबाने भेजा। उस समय का एक प्रकृति-चित्र देखिए : दूसरे दिन बादल जरा खुला। भरे-भरे साँवले धूँधरे बादल आते और चले जाते थे। एकाध फुहार छोड़ जाते। नदियाँ-नाले भरे, इठलाए हुए और सवेग। खुदाबख्श ने सवेरे ही बावली की ओर दौड़ लगा दी।[44]

क्रान्ति शुरू हो गई है। उसकी खबर झाँसी में भी पहुँच गई है। कहीं ऐसा न हो कि विद्रोही सिपाही झाँसी में भी लूट-मार शुरू कर दें। उस समय प्रकृति का शान्त चित्र और रानी के मन में मची उथल-पुथल का एक चित्र देखिए :

वसन्त पंचमी हो चुकी थी। फरवरी का महीना था। चाँदनी डूब चुकी थी। रात बिलकुल अँधेरी। हवा ठंडी, मन्द-मन्द तारे दमक रहे थे। कुछ बड़े-बड़े असंख्य छोटे-छोटे। जैसे चाँदनी अपनी चादर छितराकर छोड़ गई हो। नीचे सघन अंधकार। सब दिशाओं में गोलाई सी बाँधे हुए। झींगुर झंकार कर रहे थे। रानी को नींद नहीं आ रही थी।[45]

शीत ऋतु का छोटा-सा चित्र देखिए: विकट ठंड। ऊपर से हड्डी कँपाने वाली हवा। कुछ ही दिन पहले पानी बरस चुका था। ठिठुरी हुई घास के ऊपर बड़े-बड़े ओसकण। मृदुल बाल रवि की रश्मियाँ उसके ऊपर सरकती हुई। झलकारी कोरिन कंधे पर बन्दूक रखे, बगल में बारूद और गोलियों का झोला लटकाए उन्नाव फाटक से बाहर हुई।[46]

अन्त में रानी अपने सिपाहियों के साथ भाँडेर फाटक से सुरक्षित निकल गई। उस समय रात थी। वातावरण का चित्र देखिए: आगे निर्गम मार्ग। अगाध अँधेरा। झींगुर झंकार रहे थे। उनके ऊपर घोड़ों के टापों की आवाज हो रही थी। सब ओर सन्नाटा छाया हुआ था। पीछे झाँसी में आग जल रही थी और आवाजें आ रही थीं। आगे अंधकार में गढ़मऊ के पहाड़ लिपटे हुए, दबे हुए से दिखाई पड़ रहे थे। चिड़ियाँ पेड़ों पर से भड़भड़ाकर उठतीं और घोड़ों को चौंका देतीं। घोड़े जल्दी चलाए जाने के कारण ठोकर ले-ले पड़ते थे। आगे का मार्ग अंधकारपूर्ण और भविष्य तिमिराच्छन्न।[47]

वृन्दावनलाल वर्मा ने 'झाँसी की रानी' में सिर्फ राजनैतिक, समाजिक या प्राकृतिक वातावरण के चित्र ही नहीं खींचे, उन्होंने युद्ध स्थल और झाँसी शहर में अंग्रेजों द्वारा की गई मार-काट, लूट-पाट के भी भयावह और रोमांचक चित्र खींचे हैं। एक चित्र देखिए: किले पर अधिकार करने के बाद असंख्य मकान जलाए गए। बालक, युवा, वृद्ध गोलियों से उड़ाए गए। बेहद लूटमार की गई। लाशों के ढेर लग गए। गाएँ और बछड़े अनाथ होकर भटकने और जलने लगे। सात दिन तक लाशें सड़ती रहीं। लगभग तीन सहस्त्र निरपराध व्यक्तियों का वध किया गया। महालक्ष्मी का मन्दिर लूटा गया।[48]

इस प्रकार वृन्दावनलाल वर्मा ने अपने उपन्यास 'झाँसी की रानी' में राजनैतिक, सामाजिक, धार्मिक, प्राकृतिक वातावरण के सजीव चित्र खींचकर देश-काल को साकार कर दिया है।

आगे महाश्वेता देवी की 'झाँसी की रानी' में देश-काल वातावरण का चित्रण किया जाएगा।

महाश्वेता देवी और देश-काल, वातावरण

महाश्वेता देवी की 'झाँसी की रानी' वृन्दावनलाल वर्मा की 'झाँसी की रानी' लक्ष्मीबाई का उल्था या उसके आधार पर लिखा गया उपन्यास नहीं है। यह उनकी मौलिक रचना है। इस तथ्य का उल्लेख पीछे कई स्थानों पर किया जा चुका है। उसका कारण है इसके पीछे छिपी उनकी इतिहास दृष्टि। उनकी इतिहास दृष्टि कोई स्वतंत्र इतिहास दृष्टि न होकर एक प्रकार की समाज दृष्टि है जो समाजनीति के अलावा राजनीति, अर्थनीति, धर्मनीति, जीवन मूल्य आदि से मिलकर बनी है। यही कारण है कि उनके उपन्यास में देश-काल और वातावरण का जो चित्रण हुआ है उसमें राजनैतिक, धार्मिक, सामाजिक और आर्थिक वातावरण के साथ प्राकृतिक या भौगोलिक वातावरण भी समाविष्ट किया गया है।

देश-काल, वातावरण की धारणा

दरअसल इतिहास के माध्यम से तत्कालीन समाज के सभी पक्षों का चित्रण करना महाश्वेता देवी का उद्देश्य रहा है। इसलिए उनके उपन्यासों में देश-काल और तत्कालीन वातावरण औपन्यासिक विधागत कला का औपचारिक पालन मात्र नहीं है। उन्होंने ऐतिहासिक युग के चित्रण के लिए तत्कालीन समाज का जीवन्त चित्र प्रस्तुत करने का प्रयास किया है। उन्होंने अपने 1857 के प्रारम्भिक काल पर लिखे उपन्यास 'अमृत संचय' की भूमिका में लिखा है : उस समय की कहानी को अगर छोड़ दें तो उस युग के भारतवर्ष का राजनीतिक-सामाजिक इतिहास, आम इनसान का चरित्र, आचार-व्यवहार, रीति-नीति, रिवाज-संस्कार, गाड़ी-सवारी, पहनावे-ओढ़ावे, निम्न और श्रेष्ठ क्रियाओं-प्रतिक्रियाओं को मैंने यथासम्भव प्रामाणिक और यथावत रखने की कोशिश की है।[48]

लेकिन इतिहास के क्रम-परिवर्तन में किस प्रकार राजनीतिक, सामाजिक और अर्थनैतिक सभी इतिहास शामिल होते हैं इसका विशद वर्णन उन्होंने अपने उपन्यास 'आंधारमानिक' की भूमिका में किया है। उन्होंने लिखा है : हम जिसे इतिहास कहते हैं, उसमें देश या जाति के राजनीतिक, सामाजिक और अर्थनैतिक समस्त इतिहास शामिल होते हैं। राजनीति के बिना समाज और अर्थनीति, जमीन-जायदाद, पद-मर्यादा और उसके परिणामस्वरूप इनकी विशेष महत्ता भी धीरे-धीरे इस हद तक बढ़ती-फैलती रहती है कि कुल एक संयुक्त आश्रय और आम परिचय के दायरे में इतना सारा कुछ शामिल करना सम्भव नहीं होता। फिर उन्होंने काल प्रवाह की चर्चा करते हुए कहा है—काल प्रवाह में एक खास किस्म की ताकत होती है, उससे किसी शर्त पर भी इनकार नहीं किया जा सकता। इस अस्वीकार्य शक्ति का मतलब हवा में तैरते फिरना नहीं है। इनसान ही तो राजनीति, समाजनीति और अर्थनीति तैयार करता है यानी इतिहास, इनसान के हाथों ही रचा-गढ़ा जाता है और इनसान ही अपने आचार-व्यवहार, ज्ञान-विज्ञान, विवेक और विवेकहीनता के जरिए, उस काल प्रवाह को और गहराता चलता है। इस प्रवाह की दो अपरागति हैं—या तो उसमें पार का इंगित होता है या फिर विपर्यय का। जब धर्म, अर्थ, राष्ट्र, समाज पारस्परिक सामंजस्य गँवा बैठते हैं, जब दिशा-दिशाओं में राजा-रजवाड़ों की शान-शौकत, सिंहासन के इर्द-गिर्द घोर अँधेरा, तलवार के ओने-कोने में खून के सूखे हुए धब्बे और

बादशाह–बेगम, बाँदी के उत्ताल किस्से गूँजने लगते हैं, तभी इतिहास अपने अंग उघाड़कर, भीतरी छाले और जख्म दिखाता है। हर मुल्क में यही होता है। भारत के इतिहास में भी यही हुआ। दरअसल, इतिहास का अहम काम ही है, बाहरी गोलमाल, संघर्ष और समारोहों के कूड़ा–कर्कट और ध्वंस–स्तूप को हटाकर, विभिन्न गणवृत्तों का पता लगाना, उन्हें सही सन्दर्भों में देखना और उन्हें सही सन्दर्भ देना। इसी दौरान जब हम भीतरी तहों पर खोज भरी नजर डालते हैं, तत्कालीन समाजनीति और अर्थनीति अनिवार्य रूप से उजागर हो उठती है। इतिहास की यह अनिवार्य शर्त है, क्योंकि समाजनीति और अर्थनीति ही तो राजनीति की पृष्ठभूमि तैयार करती है, उसे सिद्धि और सफलता की ऊँचाइयों तक पहुँचाती है। इस राजनीति और अर्थनीति का मतलब है लोकाचार, लोक संस्कृति और लौकिक जीवन–व्यवस्था।[49]

महाश्वेता देवी ने 'झाँसी की रानी' में उस युग का सजीव चित्र खींचने के लिए देश–काल और वातावरण का चित्रण इसी दृष्टि को सामने रखकर किया है।

राजनैतिक वातावरण

इतिहास का चक्र राजनीति के घर्घर रथ को जोतता हुआ चलता है। इसलिए इतिहास की एक संज्ञा राजनीति का इतिहास है, राजनेताओं के उत्थान–पतन का इतिहास है, शासन–सत्ताओं के बदलने का इतिहास है। महाश्वेता देवी ने 'झाँसी की रानी' में तीन प्रकार की राजनैतिक परिस्थितियों का चित्रण किया है। पहली गंगाधर राव के शासन–व्यवस्था सँभालने के समय की राजनीतिक स्थिति, इसी में उनके न रहने पर रानी द्वारा शासन–सूत्र अपने हाथ में लेकर उसे एक सुव्यवस्थित वातावरण में बदलने की स्थिति, इसके बाद जब क्रान्ति हुई और अंग्रेजों से मुठभेड़, और पूरे देश में जब अंग्रेजी सत्ता ने पैर फैला लिये उस संक्रमण काल की राजनैतिक स्थिति। इन्हीं चरणों से होकर महाश्वेता देवी ने अपने उपन्यास में राजनैतिक वातावरण को चित्रित करने का प्रयास किया है।

प्रारम्भ में उन्होंने पृष्ठभूमि के रूप में उस काल का चित्रण किया है जब छत्रसाल से होता हुआ बुन्देलखण्ड का इलाका बाजीराव प्रथम के अधिकार में आया। फिर किस प्रकार बाजीराव ने ही अंग्रेजों से सन्धि कर उन्हें राज्य सौंप दिया और खुद बुन्देलखण्ड के इलाके में अपने प्रतिनिधियों को सूबेदार बनाकर भेजा और ईस्ट इंडिया कम्पनी को चौथ देने लगे। इसके पहले का चित्र खींचते हुए महाश्वेता देवी लिखती हैं :

आज के मानचित्र में झाँसी उत्तर प्रदेश के अन्तर्गत एक जिला मात्र है। 1858 ई. के बाद से उसका समग्र परिचय विलुप्त हो गया है। किन्तु, समय की नौका को जरा घुमाओ, उसे बहने दो उस युग की ओर, तब तुम देख सकोगे कि बुन्देलखण्ड का रूप सदा के लिए अपरिवर्तित रह गया है। भारतवर्ष के एकदम मध्य में बुन्देलखण्ड एक रुक्ष देश है। प्रकृति यहाँ मानो एक बार ही कृपण हो गई है। झाँसी के बारे में जानने के पहले बुन्देलखण्ड का संक्षिप्त इतिहास जानना जरूरी है क्योंकि बुन्देलखण्ड में मराठा वंश की स्थापना होने के पहले झाँसी में नेवलकर वंश आ गया था। इस नेवलकर वंश की बहू बनकर झाँसी में आई थी झाँसी की रानी।[50]

एक समय ऐसा था जब बुन्देलखण्ड की राजधानी ओरछा थी। उस समय झाँसी का विकास नहीं हुआ था। सोलहवीं शताब्दी में बुन्देल राजा मलखान सिंह की मृत्यु के बाद राजा हुए रुद्रप्रताप। 1531 ई. में उन्होंने देखा कि ओरछा के राजा दिल्ली के बादशाह को नियमित रूप से कर नहीं देते थे। बीच-बीच में कुछ नजराना देकर खुश रखते थे।

रुद्रप्रताप के पौत्र वीरसिंह देव अत्यधिक महत्त्वाकाँक्षी थे। उन्हें बड़ौनी की जागीर मिली थी। इन्होंने तलवार के बल पर युगल अधिकृत नखर, मैना, जाट, कड़ेरा और भाँड़ेर पर अधिकार कर लिया। अकबर ने ओरछा के राजा रामसिंह और ग्वालियर के आसकरण कुशवाहा के साथ जो सेना भेजी वीरसिंह देव ने उसे पराजित कर दिया।

इसी समय एक घटना और घटी। अकबर और उसके ज्येष्ठ पुत्र सलीम में मनमुटाव हो गया। उसके दमन के लिए अकबर ने जिस अबुल फजल को भेजा उसे वीरसिंह देव ने सलीम से अपनी मित्रता की एवज में पराजित कर उसका वध कर दिया। इस प्रकार सलीम और वीरसिंह देव की मित्रता पक्की हो गई। किन्तु अकबर ने वीरसिंह देव के विरुद्ध अभियान छेड़ दिया, इसमें मुगल सेना पराजित हो गई और वीरसिंह देव ने सारे ओरछा पर अधिकार कर लिया। फिर उन्होंने तीन किलों का निर्माण कराया—झाँसी, दतिया और धामौनी। वीरसिंह देव जब वृद्ध हो गए तब उन्हें दतिया से झाँसी का किला नहीं दिखाई दिया। उन्होंने कहा—झाईं-सी भर रही है। तभी से झाँसी का नाम झाँसी पड़ा।

मराठों का बुन्देलखण्ड पर आधिपत्य

रुद्रप्रताप के दूसरे पौत्र चम्पतराव के यहाँ छत्रसाल का जन्म 1705 ई. को हुआ। कालक्रम से छत्रसाल की वीरता और चतुरता का विकास होने लगा। बड़े होने पर उन्होंने हिन्दू राज्य स्थापित करने का सपना देखा। उस समय दिल्ली में औरंगजेब का राज्य था। जब छत्रसाल वृद्ध हो गए तो उनके राज्य पर आक्रमण किया इलाहाबाद के शासक मुहम्मद खाँ बंगश ने। उस समय उन्होंने उदीयमान मराठा वीर बाजीराव पेशवा प्रथम से सहायता माँगी। उन्होंने लिखा :

जो गति भई गजेन्द्र की, सो गति पहुँची आज।
बाजी जात बुन्देल की, राखो बाजी राज॥

बाजीराव ने आकर मुस्लिम आक्रमण को परास्त कर दिया। कहते हैं छत्रसाल के छप्पन पुत्रों में बाँट-बँटवारा होने से बाजीराव ने उनसे अपने बैठने के लिए जगह माँगी। छत्रसाल ने उन्हें अपना 57वाँ पुत्र मानकर बुन्देलखण्ड का हिस्सा उन्हें दे दिया। इस प्रकार बुन्देलखण्ड में मराठा राज्य की स्थापना और इनके आधिपत्य का विस्तार हुआ।

इतिहास का चक्र कभी एक गति से नहीं घूमता है न कभी किसी का राज्य स्थायी रहता है। राज्य शासन शक्ति के आधार पर बदलता चलता है।

बाजीराव पेशवा को छत्रसाल की ओर से कालपी, हटा हृदय नगर, जालौन, गुरसराँय, झाँसी, सिरौंज, गुना और सागर के इलाके मिले। इनकी सालाना आमदनी थी तैंतीस लाख रुपए। इन इलाकों को उन्होंने कई भागों में बाँटा। झाँसी का उत्तरदायित्व मिला नारोशंकर मोती वाले को। इन्होंने झाँसी का किला घेरकर उसके आसपास नगर की स्थापना की। वास्तव

में झाँसी की राजनीतिक स्थिति का विकास यहीं से होता है। उसके बाद पेशवा प्रथम माधवराव ने नारोशंकर मोतीवाले के भाई के लड़के विश्वास राव को पदच्युत कर रघुनाथ हरि नेवलकर को झाँसी की सूबेदारी सौंपी। रघुनाथ हरि ने विशेष योग्यता और दक्षता के साथ चौबीस वर्ष तक झाँसी में सूबेदारी की। इस समय झाँसी की शासन–व्यवस्था चाक–चौबन्द रही।

उस समय झाँसी राज्य विशेष समृद्धिशाली हो गया। महाश्वेता देवी लिखती हैं : रघुनाथ हरि ने अपना अर्थ व्यय करके झाँसी को खूब समृद्धि सम्पन्न किया। अच्छी–अच्छी तोपें ढलाई कराके किले पर तैनात करवाईं। उद्योग और वाणिज्य का झाँसी एक केन्द्र हो गई। रघुनाथ हरि झाँसी के सम्बन्ध में पूना नियमित रूप से ब्योरा भेजा करते थे। पूना के दफ्तर में वे कागज–पत्र आज भी उनकी कार्यकुशलता का प्रमाण दे रहे हैं।

उस समय शासन–व्यवस्था सुन्दर होने के कारण झाँसी राज्य का जो सर्वांगीण विकास हुआ था उसका चित्र खींचते हुए महाश्वेता देवी ने लिखा है :

महाराष्ट्रीय स्त्रियाँ अठारह हाथ की साड़ी पहनती हैं। बुन्देलखण्ड की स्त्रियों का पहनावा मुख्य रूप से लहँगा है। वहाँ के स्थानीय ताँपी लोग साड़ी बुनना नहीं जानते थे इसलिए रघुनाथ हरि ने दक्षिण से बुनकरों को लाकर झाँसी में बसाया। छतरपुर और पन्ना से विशिष्ट बुन्देलखण्डी धातुशिल्पियों को लाकर मऊ, रानीपुर और झाँसी में पट्टे दिए गए। झाँसी के दुर्ग में एक सुन्दर अनुसन्धानशाला की स्थापना की गई। किले में एक सुन्दर ग्रन्थागार बनवाया गया। नदिया पश्चिम बंगाल से संस्कृत पुस्तकों की अनुलिपियाँ करवाकर कुशल अनुलिपिकारों के माध्यम से मँगवाई गईं। जरी और रेशम के बहुमूल्य कपड़ों से पुस्तकों की जिल्द बँधवाई गई। भगवत् गीता के कई संस्करण कराए गए। काव्य, साहित्य और दर्शन से यह ग्रन्थागार भर उठा।[51]

इसके बाद झाँसी की राजनैतिक स्थिति अराजकतापूर्ण होती गई। उसका कारण था आपसी झगड़े और ईर्ष्या–द्वेष। सिंहासन पर अधिकार करने की आकांक्षा।

1794 ई. में सुयोग्य शासक रघुनाथ हरि ने राजकाज से अवकाश ले लिया और शासन का भार अपने भाई शिवराज भाऊ को सौंप दिया। इनके दो विवाह हुए थे। एक से पैदा हुए थे कृष्णचन्द्र। एक से दो पुत्र हुए रघुनाथ और गंगाधर राव। पहली पत्नी से कृष्णचन्द्र शिवराज नेवलकर। कृष्णचन्द्र की स्त्री थी सखूबाई। उससे पैदा हुए रामचन्द्र राव। कृष्णचन्द्र की मृत्यु के बाद राजगद्दी मिली रामचन्द्र राव को। नाबालिग होने के कारण शासन व्यवस्था का भार था सखूबाई पर। रामचन्द्र राव जब बालिग हुआ तो सखूबाई को वह शत्रु लगने लगा। इसका परिणाम यह हुआ कि राज्य में गम्भीर अराजकता की स्थिति पैदा हो गई।

1857 ई. में पेशवा द्वितीय बाजीराव ने सन्धि करके ईस्ट इंडिया कम्पनी को सारे अधिकार सौंप दिए।[52] 1857 ई. में ही नाबालिग रामचन्द्र राव के साथ सन्धिनामा हुआ जिसके अनुसार ईस्ट इंडिया कम्पनी ने झाँसी के सिंहासन पर रामचन्द्र राव के अधिकार को स्वीकार किया, उनकी सूबेदारी मंजूर कर ली।

रामचन्द्र राव 1857 ई. में वयस्क हो गए। ठगों का दमन करने में उन्होंने बुन्देलखण्ड में ब्रिटिश सरकार की सहायता की थी। 1824 ई. में बर्मा के युद्ध के समय उन्होंने ब्रिटिश

सरकार को 70 हजार रुपए देकर मदद की थी। किन्तु बाद में ब्रिटिश सरकार ये सब उपकार भूल गई थी और उसने झाँसी का राज्य ब्रिटिश राज्य में मिलाने में कोई देरी नहीं की थी।

अराजकता की स्थिति

महाश्वेता देवी ने लिखा है कि रामचन्द्र राव को यद्यपि ब्रिटिश सरकार का पूरा सहयोग प्राप्त था किन्तु, राज्य में प्रबल अराजकता, स्वेच्छाचार और विद्रोह उत्पन्न हो गया था। झाँसी राज्य के खिलाफ राजपूत राजाओं ने अभियान छेड़ रखा था जिसमें मुख्य रूप से ओरछा और दतिया के राज्य शामिल थे। इसका परिणाम यह हुआ कि अन्दर और बाहर से अनेक प्रकार के आघात पाकर रामचन्द्र दिन–दिन टूटने लगे। नया खिताब लेकर शान के साथ राज्य करने का समय उन्हें नहीं मिला। 1835 ई. में उनकी मृत्यु हो गई। सखूबाई को अपदस्थ करके रामचन्द्र राव के बाद झाँसी का राज्य गंगाधर राव को सौंपा गया। गंगाधर राव ने राज्य में सुव्यवस्था कायम की। महाश्वेता देवी ने लिखा है :

अंग्रेज रेजिडेंट एवं गंगाधर राव के प्रयास से झाँसी में सुख–शान्ति एवं उपद्रव–हीनता पुनः प्रतिष्ठित हो गई। सुयोग्य नियंत्रण के फलस्वरूप कृषि की भी उन्नति हो गई। खाली राजकोष में पुनः धन जमा होने लगा। घर–घर में सुख–शान्ति हो गई और प्रजा वर्ग आश्वस्त हो गया।[53]

इसी स्थिति में तब और सुधार आता है जब मनु के साथ गंगाधर राव का विवाह हो गया और उन्हें शासन–सत्ता ब्रिटिश सरकार द्वारा सौंप दी गई।

1843 ई. में गंगाधर राव इस शर्त पर झाँसी के स्वतंत्र राजा स्वीकार कर लिए गए कि झाँसी में ब्रिटिश सेना की एक टुकड़ी रखनी होगी। बुन्देलों और ठाकुरों के बीच होने वाले सम्भावित विद्रोह का दमन करना ही उद्देश्य होगा। इस सेना की टुकड़ी का खर्चा चलाने के लिए दूलिओ, तालगंज तथा दो अन्य जिले होंगे जिनकी वार्षिक आमदनी झाँसी की मुद्रा में 2,55,891 रुपए मूल्य की होगी।[54]

जब गंगाधर राव को राज्य शासन का अधिकार मिल गया तब उन्होंने शासन का अपने अनुसार प्रबन्ध करना प्रारम्भ कर दिया।

अब राज्य की आन्तरिक शासन–व्यवस्था पर गंगाधर राव ने ध्यान देना शुरू कर दिया। राघव रामचन्द्र पन्त को प्रधानमंत्री नियुक्त किया। बाद में इन्हें ग्वालियर भेज दिया गया था। नरसिंह राव, नाना भोपटकर आदि को विभिन्न पद मिले। ओरछा के सीमावर्ती इलाकों में जहाँ राजपूतों के विद्रोह करने की आशंका थी, वहाँ गंगाधर राव ने थोड़ी–थोड़ी सेना रख दी। गंगाधर राव राजा बनने के पूर्व से ही मनोरंजक आमोद–प्रमोद से प्रेम करते थे। उनके प्रयास से ही झाँसी में सुन्दर नाट्यशाला की स्थापना हुई थी। यही नहीं, झाँसी के राजप्रासाद का निर्माण भी उन्होंने ही करवाया था। उन्होंने राजस्व की वसूली कर झाँसी राज्य का पहले का पचास लाख का ऋण थोड़े समय में ही चुका दिया था।[55]

राजनैतिक परिस्थिति के बदलते रूप

इसके बाद झाँसी और बुन्देलखण्ड के राजनैतिक वातावरण ने तब करवट ली जब गंगाधर राव ने दामोदर राव को अपनी मृत्यु के एक दिन पहले गोद लिया और ब्रिटिश सरकार से

गोदनामा स्वीकृत करने की अपील की। उन्होंने जो पत्र लिखा उसमें तीन बातों का मुख्य रूप से उल्लेख था। पहली, ब्रिटिश सरकार की समय-समय पर झाँसी राज्य द्वारा की गई सहायता। दूसरी, अपनी वंश-रक्षा के लिए आनन्दराव नामक अपने गोत्र के पौत्र स्थानीय लड़के को गोद लेना। तीसरी, मेरे न रहने के बाद इसे मेरा दत्तक पुत्र माना जाए और मेरी रानी को उसका संरक्षक मान कर राज-काज चलाने का वह पूरा अधिकार दिया जाए जो मुझे प्राप्त है। उस समय के मेजर एलिस से उन्होंने प्रत्यक्ष रूप से गोदनामा स्वीकृत कराने का हार्दिक अनुरोध किया। एलिस ने उन्हें पक्का आश्वासन दिया जिसे बाद में राजा के न रहने पर ब्रिटिश सरकार ने नहीं माना।

गंगाधर राव के न रहने पर रानी ने भी कई पत्र लिखे किन्तु, ब्रिटिश सरकार ने उन्हें पहले तो काफी समय तक विचाराधीन रखा जिससे स्थिति बिगड़ने न पाए, कहीं झाँसी राज्य की प्रजा विद्रोह न कर दे किन्तु, बाद में उसे अस्वीकृत कर दिया। गोदनामे की अस्वीकृति के बाद भी राजकाज यथावत रानी सम्हालती रही किन्तु, खजाने और किले पर ब्रिटिश सरकार का अधिकार हो गया। उसके बाद राजनैतिक वातावरण विस्फोटक होता गया। विस्फोटक स्थिति का कारण था ब्रिटिश सरकार के खिलाफ सेना में विद्रोह।

एलिस ने पॉलिटिकल एजेंट मेलकम को जो रपट भेजी उसमें झाँसी राज्य के साथ ब्रिटिश सरकार की जो-जो सन्धियाँ हुई उनका हवाला देते हुए उसने अन्त में लिखा: महाराजा ने अपनी विधवा स्त्री लक्ष्मीबाई को राज्य शासन का भार देना चाहा है। रानी झाँसी में और अपने परिचित सभी व्यक्तियों के लिए परम श्रद्धा और सम्मान की पात्र है। राज्य शासन का भार उठाने में वह मेरे मत से पूरी तरह उपयुक्त है। फिर हालचाल देखकर ऐसा नहीं लगता है, माननीय सरकार बहादुर राज्य ग्रहण कराने से विरत रहेंगे। मैं प्रार्थना कर रहा हूँ कि रानी को निम्न आशय का आश्वासन देने की अनुमति दी जाए। राजा की समस्त व्यक्तिगत सम्पत्ति (खानगी) वे अपने पास रख सकेंगी, झाँसी का राजप्रासाद उन्हें दे दिया जाएगा। उनके एवं राजा के द्वारा पोषित आश्रित परिजनों को आजीवन सुख-स्वच्छन्दतापूर्वक जीवन बिताने के लिए पर्याप्त मासिक वृत्ति जी जाए।

राजा के अनुचरों और पोष्य वृन्द में से किसे कितनी वृत्ति देना उचित होगा, यह हमारे लिए तत्काल ठीक करना सम्भव नहीं है। फिर भी उन लोगों की एक सूची तैयार कर भेजने से उनके सम्बन्ध में भी भविष्य में कोई व्यवस्था की जा सकेगी।

इसके बाद उसने शासन-व्यवस्था के बारे में अब तक जारी ब्रिटिश नीति का उल्लेख करते हुए लिखा :

झाँसी राज्य लम्बे समय से हमारे शासन के अधीन था। मेजर रोज की शासन-व्यवस्था के साथ झाँसी के निवासी परिचित हैं। शासन-व्यवस्था हम लोगों के हाथ में आ जाने के बाद भी किसी बड़े रद्दोबदल की जरूरत नहीं पड़ेगी। झाँसी के पड़ोसी राज्य के जो परवाने (सिन्धिया के) हम लोग देख रहे हैं, उसी पद्धति का झाँसी में भी अनुसरण किया जाएगा।[56]

राजा गंगाधर राव के न रहने पर राज्य में कहीं अराजक स्थिति पैदा न हो जाए इसकी सम्भावना देखते हुए मेजर एलिस और मार्टिन ने किले के विशाल आकार-प्रकार को देखते हुए ब्रिटिश सेना को अपर्याप्त समझ कर फौज बढ़ाई जाए इसके लिए ऊपर पत्र लिख दिया

था। साथ ही झाँसी के कुछ गण्यमान नागरिकों को बुलाकर यह चेतावनी भी दे दी थी कि अगर राज्य में किसी ने अराजकता फैलाई तो अच्छा नहीं होगा।

इसके बाद रानी ने कई गोदनामों का हवाला देते हुए अपने स्वामी के गोदनामे को स्वीकृत कराने के लिए गवर्नर जनरल को कई पत्र भेजे पर अन्त में ब्रिटिश सरकार ने झाँसी राज्य का अधिग्रहण कर लिया जिससे झाँसी और बुन्देलखण्ड के अन्य पड़ोसी राज्यों में भारी असन्तोष फैल गया और विद्रोह की स्थिति पैदा होने से राजनैतिक स्थिति भी बिगड़ती चली गई। जब किसी राज्य का अधिग्रहण कर लिया जाता है तब कैसी स्थिति पैदा होती है इस सम्बन्ध में महाश्वेता देवी लिखती हैं : एक देशी राज्य की आयु समाप्त होने पर, कमिश्नर नाम का एक अंग्रेज राजा का स्थान ले लेता है। उसके तीन-चार सहयोगी बहुत से देशी राजकर्मचारियों के स्थान पर अधिकार कर लेते हैं और देशी राजाओं ने जिनका पालन-पोषण किया था, उन हजार सैनिकों का स्थान ले लेते है हमारे कई सैकड़ा सिपाही। एक छोटी राज सरकार खत्म हो जाती है, व्यवसाय वाणिज्य में भाँटा (उतार) पड़ जाता है, राजधानी की अवनति होती रहती है, जन साधारण प्रजा गरीब होती जाती है और अंग्रेजों की स्थिति समृद्धतर होती रहती है। अंग्रेज लोग सिर्फ शोषण करते रहते हैं। गंगा के तट से ऐश्वर्य बटुर कर टेम्स नदी के तट पर जमा होता रहता है।[55]

(A Plea for the Priness of India)

राजनैतिक वातावरण की विस्फोटक स्थिति

झाँसी राज्य में अधिग्रहण के बाद वहाँ की राजनैतिक स्थिति विस्फोटक होती गई इसका उल्लेख पीछे किया जा चुका है। इसके परिणामस्वरूप वातावरण इतना बिगड़ गया कि वह न तो रानी लक्ष्मीबाई के हाथ में रहा, न ब्रिटिश सेना के हाथ में। यद्यपि देशी सेना में ब्रिटिश सरकार के खिलाफ विद्रोह भड़कने के पहले सात-आठ मास जब झाँसी राज्य का शासन ब्रिटिश सरकार की ओर से रानी ने सम्हाला उस समय स्थिति सुव्यवस्थित, सुनियंत्रित बनी रही किन्तु पूरे देश में फैल रहे विद्रोह और राजनैतिक जागरण के कारण झाँसी राज्य भी उसके प्रभाव से अछूता नहीं रहा। दरअसल अन्यायपूर्वक झाँसी राज्य हड़पने के कारण रानी के मन में भी विद्रोह था। तब उसने भी ब्रिटिश सरकार के खिलाफ विद्रोह करने में ही अपनी भलाई समझी।

एक राज्य जब दूसरे के अधिकार में चला जाता है, तब क्या नया परिवर्तन होता है किस प्रकार राजनैतिक वातावरण बदलने पर समाज की तमाम चीजें बदल जाती हैं, पहले की शासन-व्यवस्था में जिन्हें महत्त्व मिला हुआ था वे किस प्रकार अपदस्थ होकर अपना पद छोड़ निराशा के अँधेरे में जाकर विलुप्त हो जाते हैं, उसका चित्रण करते हुए महाश्वेता देवी ने लिखा :

एक राज्य जब दूसरे के अधिकार में चला जाता है, तब बहुत कुछ रद्द हो जाता है। गंगाधर राव के नाट्यशाला के शौक का पहले उल्लेख किया जा चुका है। उस नाट्यशाला का सारा सामान सार-सरंजाम, वेशभूषा, गहने, वाद्ययंत्र आदि को राजप्रासाद के एक कमरे में रखकर ताला लगा दिया गया।

इसके अलावा पहले की शासन–व्यवस्था के अनुसार जो सैनिक थे उन्हें भी हटा दिया गया। महाश्वेता देवी ने लिखा है :

झाँसी राज्य के जो सैनिक–सामन्त थे, उनको युद्ध करने की जरूरत बहुत दिनों नहीं पड़ी थी। फिर भी वे लोग नियमित रूप से परेड कर, अस्त्र–शस्त्रों और वर्दी को ठीक रखकर व्यस्त बने रहते थे। लम्बे समय के बाद अब उनकी पुकार हुई। तीन मास का वेतन देकर उनकी छुट्टी कर दी गई। अब उन्हें नहीं बुलाया जाएगा।

अस्त्र–शस्त्र, वर्दी सब जमा कर देने को कहा गया था। वे लोग क्षुब्ध हृदय से कुछ सामान जमा कर, कुछ राजप्रासाद के कुएँ में फेंक और कुछ बेतवा के जल में बहाकर चले गए। जाते समय वे लोग राजप्रासाद की ओर देखते हुए अपना अन्तिम प्रणाम भी निवेदित करते गए।

इन सैनिकों को मन पर क्या बीती, उनमें अंग्रेज सरकार के प्रति विद्रोह की कैसी आग भड़की इस सम्बन्ध में यह कहना पर्याप्त है कि वे अपना अधिकार खोकर चले जा रहे हैं तब, यद्यपि वे लोग झाँसी में ही हैं। हृदय क्षुण्ण है, मन आहत है, अश्रुहीन आँखों से निर्मिमेष दृष्टि से देखने लगी रानी। किले के दक्षिणी बुर्ज से नगाड़ा एवं चामर प्रतीकों से अंकित झाँसी राज की पताका उतार दी गई। यूनियन जैक फहराने लगा नीले–नीले आकाश में।[58]

महाश्वेता देवी के अनुसार 1857 ई. के पहले ही पूरे भारतवर्ष में अंग्रेजों का राज पूरी तरह प्रतिष्ठित हो चुका था। उन्होंने लिखा है : भारतवर्ष में शासन करने पर भी देश के मनुष्यों के प्रति जरा भी श्रद्धा नहीं थी शासक वर्ग में। बड़ी सहजता से वे लोग भारतवासियों के मतामत की उपेक्षा कर दिया करते थे। इसीलिए विज्ञान की अनेक नई–नई तकनीकें देने में भी उस समय के लोग अपनी कोई कल्याण–कामना नहीं देखते थे। वे तो सिर्फ यही देख रहे थे कि इस तरह से धीरे–धीरे विलायती फन्दा और कसकर बैठ गया है। इसलिए उनके मन में क्रोध जमता जा रहा था। स्थविर की तरह जड़ सामन्ती व्यवस्था वाला भारतवर्ष उन दिनों उन लोगों की अपेक्षा के अनुसार पर्याप्त प्रगतिशील नहीं था। किन्तु, उसके सम्बन्ध में सरकार जरा भी सचेत नहीं थी। नहीं तो सरकार के लोग कलम की नोक से चौदह करोड़ भारतवासियों को सब प्रकार के अधिकारों से वंचित करके खसखस के पर्दों पर खूब गुलाबजल छिड़क कर खुशबू में ही न डूबे रहते। लटकती खस की टट्टियों पर जल छिड़क कर ठंडा कर शाम को खुले बरामदे में बियर की बोतल से एक–एक घूंट पीते हुए समय न बिताते। कितने आनन्द से दिन कट रहे थे। निर्बाध शान्ति है, अक्षय सुख है।

शासित जनता के प्रति रंग और सभ्यता के गर्व से उत्पन्न उदासीनता धीरे–धीरे प्रकट होने लगी थी। हिन्दू नागरिकों में गोहत्या, मन्दिरों के लिए लगाई गई जमीन और सम्पत्ति को जब्त करना, इन्हीं सब कारणों ने मालिक बदलने से असन्तुष्ट प्रजा के मन में उत्तेजना और क्रोध का संचार कर दिया था।[59]

आगे का राजनैतिक वातावरण पूरी तरह ब्रिटिशों के प्रति विद्रोह से भर गया। मध्य भारत से लेकर उत्तर भारत, अयोध्या, इलाहाबाद, दिल्ली, पंजाब सभी जगह क्रान्ति की आग फैल गई। झाँसी उससे अछूती कैसे रह सकती थी। महाश्वेता देवी ने उस समय के वातावरण का चित्र इस प्रकार खींचा है : दिन थमते नहीं हैं, वे मानो आगे बढ़ते जा रहे हैं। आसेतु हिमाचल

भारतवर्ष में सर्वत्र विदेशी शासकों की ध्वजा दृढ़ विश्वास से जमी हुई है। उसके लाख-लाख प्रजाजन असहाय अत्याचार से पिसते हुए एक विराट विद्रोह की अग्नि को तिल-तिल कर प्रज्ज्वलित करते जा रहे हैं। राज्य और प्रजा में चूड़ान्त मुकाबला होगा। आसन्नवर्ती वह भयंकर समय गरजता हुआ बढ़ता आ रहा है। आगामी समय की वही पद ध्वनि बढ़ते-बढ़ते एक दिन झाँसी के किले के लौह कपाटों पर आघात करेगी। उसी दिन समझ में आ जाएगा कि रानी निरामिष भोजी, धर्मकर्म में लीन, अंग्रेजी राज्य की दया से कृतज्ञता-विगलित हृदय, जीर्ण होते सामन्त तंत्र की एक अयोग्य प्रतिनिधि मात्र नहीं है, उसका एक अन्य परिचय भी है।[60]

इसके बाद राजनैतिक वातावरण ने जो करवट बदली तो उसकी परिणति झाँसी और ह्यूरोज में हुए भीषण युद्ध, तदनन्तर भाँड़ेर और कोंच के युद्ध, तदनन्तर कालपी के युद्ध में हुई। ग्वालियर में मिली क्षणिक विजय ने पुन: वातावरण में परिवर्तन किया किन्तु उन सम्भावनाओं का लाभ राव साहब और तात्या टोपे रानी की चेतावनी के बाद भी नहीं उठा सके और अन्त में उसकी समाप्ति रानी की मृत्यु तथा क्रान्ति की सदा के लिए बुझने वाली मशाल में हुई। इसका विस्तार से आख्यान महाश्वेता देवी ने किया है।

सामाजिक वातावरण

उस समय का समाज कैसा था, कैसे थे उसके रीति-रिवाज, पहनावा-उढ़ावा, खान-पान, उस समय की सभ्यता, आचार-विचार, रूढ़ियाँ, प्रथाएँ इनका विवेचन महाश्वेता देवी ने विस्तार से किया है, क्योंकि उनकी दृष्टि में इतिहास सिर्फ राजनैतिक उथल-पुथल में ही नहीं वरन सामाजिक, आर्थिक बदलावों में भी निहित रहता है। इसलिए इतिहास बोध के अन्तर्गत समाज का, अर्थ का, धर्म का, संस्कृति का इतिहास भी आता है। इतिहास केवल ऐतिहासिक घटनाओं का दस्तावेजीकरण नहीं वरन् सामाजिक क्रान्तियों का भी इतिहास होता है। इसलिए उनके उपन्यास में वृन्दावनलाल वर्मा की तरह तत्कालीन समाज का भी पूरा चित्र अंकित किया गया है।

महाश्वेता देवी ने सामाजिक जीवन का आभास पृष्ठभूमि वाले अध्याय में तब दे दिया था जब उन्होंने गरीबी का चित्रण करते हुए लोधी लड़के-लड़कियों के एक दल का वर्णन किया था। उन्होंने लिखा है : काठ के चैले और सूखे पत्तों को जलाता हुआ सड़क के किनारे बैठा हुआ है लोधी लड़के-लड़कियों और मजदूरों का एक दल। उन लोगों के जीवन के आदि और अवसान में किसी निरापदता की कोई प्रतिश्रुति नहीं है। जननी जन्मभूमि बुन्देलखण्ड की तरह उनके भी भाग्य में विपत्तियाँ ही बदी हैं। उनके भाग्य में फूल नहीं खिलते हैं, फल नहीं आते हैं। किसी का जनम होने पर (उत्सव का) आनन्द नहीं होता है, किन्तु मृत्यु का शोक जरूर होता है। मेले के दिन प्रिया को चूड़ियाँ पहनाता है पुरुष, माँ बच्चे को सुलाने के लिए लोरी गाकर सुनाती है।[61]

उस समय का समाज किन फसलों पर निर्भर था इस सम्बन्ध में महाश्वेता देवी लिखती हैं : जब कभी मेघ आकर अगर घेरकर खड़े हो जाते हैं तो किसान लोग कपास ढोने का सपना देखने लगते हैं। जब की उन्होंने कहानी लिखी है उन दिनों बुन्देलखण्ड में खूब कपास की खेती होती थी। गेहूँ, बाजरा, ज्वार, अरहर की खेती भी की जाती थी। उस समय झाँसी

में किन-किन जातियों ने अपनी बस्तियाँ बसाई थीं उसका चित्रण महाश्वेता देवी ने इस प्रकार किया है : इस स्वल्प सीमा वाले राज्य की पर्वत-संकुल-अनुर्वर छाती को हल की नोक से फाड़कर धरती को फसल की भाषा में बात कहलाने का प्रयास वर्ष-पर-वर्ष असफल होता रहता था। वैशाख की प्रखर की गर्मी में जल की प्रतीक्षा करते हुए किसान की बहू-बेटियाँ सिर पर डलिया रखे हुए 'भादों' का गीत गाते हुए व्यर्थ ही लौट जाती थीं। फिर भी वहाँ (झाँसी में) अनेक लोगों ने अपनी बस्तियाँ बनाई थीं। ब्राह्मण, राजपूत, अहीर, बुन्देला, चमार, काछी, कोरी, लोधी, कुर्मी सभी जाति के लोग झाँसी में आ गए। मऊ से झाँसी, झाँसी से कालपी होकर कानपुर और आगरा से सागर—इन तीन व्यापारिक मार्गों से होकर, गधा, घोड़ा और ऊँटों की पीठ पर लदकर वर्ष-दर-वर्ष बाहर से खाद्यान्न आया करता था। इसके अलावा घोड़े और हाथियों के मालिक भी आते रहते थे। झाँसी थी हाथी-घोड़ा बेचने की प्रधान मंडी।[62] इससे झाँसी की जातियों में समृद्धि थी, यहाँ का व्यापार अच्छा था, यह पता चलता है। सभी जातियों के लोग यहाँ रहते थे। यद्यपि पानी की किल्लत थी, वर्षा कम होती थी, कभी-कभी सूखा पड़ जाता था पर राज्य की राजधानी झाँसी ठीक-ठाक थी।

उस समय के राजाओं का जो व्यक्तिगत जीवन था, वे एक से अधिक विवाह कर लेते थे। जैसे रघुनाथ राव के दो विवाह हुए थे। राजाओं के अपनी पत्नी के अलावा वेश्याओं से भी सम्बन्ध होते थे। किसी-किसी वेश्या को पत्नी का दर्जा देकर उससे सन्तान भी पैदा कर लेते थे जैसे बाजीराव प्रथम के मस्तानी से सम्बन्ध थे और उनसे उन्हें शमशेर बहादुर (बाँदा के नबाब) के रूप में सन्तान प्राप्त हुई थी। रघुनाथ राव की रक्षिता लच्छो अथवा रोशन नामक वेश्या से जैसे अली बहादुर उत्पन्न हुए थे। उन्होंने इसी कारण झाँसी के राजसिंहासन पर अपना दावा पेश किया था।

महाराष्ट्रीय स्त्रियाँ अठारह हाथ की साड़ी पहनती थीं और बुन्देलखण्ड की स्त्रियों का पहनावा मुख्य रूप से लहँगा था।[63] उस समय के राजाओं-महाराजाओं में पुस्तकें पढ़ने सार्वजनिक पुस्तकालय बनाने, विद्वज्जनों को संरक्षण देने और संगीत, नाट्य कला के विकास में रुचि लेने की प्रवृत्ति थी। वे अभिनेताओं, कलाकारों, रंगकर्मियों, संगीतज्ञों को संरक्षण भी देते थे। यह प्रवृत्ति रामचन्द्र राव और बाद में गंगाधर राव में भी देखने को मिलती है।

उस समय राजघरानों में अपने ही समकक्ष वर्ग से कन्या चुनकर विवाह करने की प्रथा थी। गंगाधर राव की पत्नी के निधन के बाद जब उन्होंने विवाह करना चाहा तब उन्होंने अपने वर्ग में ही कन्या ढूँढ़ने के लिए उत्तर-दक्षिण दूत भेजे थे। किसी अच्छे काम के लिए घर से शुभ मुहूर्त में निकला जाता था।

जब गंगाधर राव के सभासद ब्राह्मण तात्या दीक्षित कन्या ढूँढ़ने के लिए विठूर को प्रस्थान करने लगे तब वे शुभ दिन देखकर झाँसी से कानपुर के रास्ते पर रवाना हुए।[64] महाराष्ट्रियन ब्राह्मणों में दाक्षिणात्य रीति से ही विवाह सम्पन्न होता था और विवाह के बाद कन्या का नाम बदल दिया जाता था। जैसे मोरेश्वर पन्त ताम्बे की पत्नी का नाम विवाह के बाद भागीरथी हो गया था और रानी का पहला नाम मणिकर्णिका अर्थात मनु से बदलकर लक्ष्मीबाई हो गया था।[65] तत्कालीन महाराष्ट्रियन ब्राह्मणों में आठ वर्ष की उम्र में ही गौरी दान की प्रथा

थी अर्थात, जल्दी विवाह कर दिया जाता था। विवाह के लिए चुनी गई कन्या का भाग्य कैसा होगा यह जानने के लिए उसकी कुंडली देखना अनिवार्य था। वैसे भी सामान्य रूप से भाग्य जानने के लिए भी ज्योतिष विशेषज्ञ पंडित को जन्मपत्री लोग दिखाते ही थे। मोरोपन्त ने जब मनु की जन्मपत्री झाँसी से कन्या की खोज में आए तात्या दीक्षित को दिखाई तब उन्होंने कहा कि यह जिस किसी भी लड़की की है, यह लड़की रानी बनेगी।[66] जन्मपत्री देखने के बाद कन्या को भी देखा जाता था और उसके शारीरिक लक्षणों के अनुसार भी उसके भावी जीवन का अनुमान लगाया जाता था।

विवाह समारोह बड़े धूम-धाम से किया जाता था। कन्या और उसके परिवार के लोग जब विवाह के लिए वर के निवास स्थान पर जाते थे तो अतिथियों की तरह उनका भव्य स्वागत किया जाता था और पूरा नगर सजाया जाता था। विशेषकर जब राजघराने में विवाह हो। शुभ दिन में जिस क्षण मोरोपन्त और मनु ने झाँसी में प्रवेश किया उस समय नगर के सारे पथ प्रकाश से सजाए गए थे। पुष्पों और पल्लवों की मालाओं तथा बन्दनवारों से नगर के विभिन्न द्वार सजाए गए थे।[67]

महाराष्ट्रियन ब्राह्मणों में यज्ञ, होम, पुष्प और लाजांजलि देने के बाद ग्रंथि-बंधन का रिवाज था। ग्रंथि-बंधन पुरोहित करता था। वर-वधू दोनों एक साथ होमाग्नि में कई बार घी, मधु एवं लाजांजलि की आहुतियाँ देते थे। अग्नि को साक्षी बनाकर कन्या के माथे पर सौभाग्यशाली स्त्रियों के चिह्नस्वरूप वर कुंकुम तिलक लगाता था। गले में मंगल सूत्र पहनाता था और उसकी हथेलियों में कुंकुम और लाक्षा के पदचिह्न बनाए जाते थे। पैरों में स्वर्ण सिंजनी और बिछुए पहनाए जाते थे। उस समय की रीति या सामाजिक प्रथा के अनुसार पैरों में स्वर्ण के आभूषण एकमात्र राजकुल की वधुएँ ही पहन सकती थीं। उसके बाद गंगाजल छिड़कते हुए मंगलमय दक्षिणावर्ती शंख बजाते हुए पुरनारियों के साथ आगे-आगे पुरोहित महाराज चलते थे। पीछे-पीछे नववधू को लिए हुए राजा अपने राज सिंहासन पर जाकर बैठ जाते थे। उसके बाद पितृ पुरुषों और सभी शुभाकांक्षी नागरिकों, राजा के परिजनों और पुरजनों की ओर से पुरोहित आशीर्वचन घोषित करते थे। फिर वधू के नाम की घोषणा करने के बाद उससे कहते थे आज से तुम्हारा नाम अमुक हुआ। हे कल्याणी! इस नाम के द्वारा तुम अपने पतिकुल का गौरव वर्धन करो।[68]

इसके बाद उत्सव मनाया जाता था। जैसे नाट्यशाला में नाटक का मंचन। इस समारोह में पड़ोसी राजाओं को भी आमंत्रित किया जाता था। जैसे गंगाधर राव के विवाह समारोह में पड़ोसी राजाओं को निमंत्रण भेजकर बुलाया गया था। उसमें ओरछा, दतिया और अन्य पड़ोसी राजा आए थे। गरीब और आर्त, दुखी जनों को बड़े-बड़े थालों में पूरन पूरी श्रीखंड और खीर का भोजन कराया जाता था। और उन्हें तब तक खिलाया जाता था जब तक वे 'नको नको' यानी अब नहीं, अब नहीं न कहने लगें।

इसके बाद कुल देवता के मन्दिर में जाकर नव दम्पती अपने कल्याण के लिए पूजा-अर्चना करते और आशीर्वाद माँगते थे। वहाँ कुल देवता की प्रसन्नता के लिए नन्दादीप जलाया जाता था जैसा कि गंगाधर राव ने अपनी नववधू लक्ष्मीबाई के साथ किया था। महाश्वेता देवी ने लिखा है : झाँसी राजकुल की कुलदेवी अर्थात गृहदेवता महालक्ष्मी के

मन्दिर में बड़े समारोह के साथ नवदम्पती की कल्याण-कामना से पूजा-अर्चना की गई। विशाल पीतल के दीपाधार में नन्दादीप प्रज्ज्वलित होने लगा।[69]

यहाँ यह उल्लेखनीय है कि वृन्दावनलाल वर्मा ने गंगाधर राव के विवाह का जो वृत्तान्त दिया है और जिन सामाजिक रीति-रिवाजों का वर्णन किया है उनमें नवदम्पती के राज सिंहासन पर बैठने के बाद पड़ोसी राजाओं और सामन्तों द्वारा नजराना देने का उल्लेख किया है। वैसा महाश्वेता देवी ने नहीं किया है। उन्होंने सिर्फ इतना लिखा है कि गंगाधर राव ने गरीबों, आर्तजनों को दान-दक्षिणा दी और ब्राह्मणों को भोजन कराया। वृन्दावनलाल वर्मा ने विवाह समारोह के बाद नजराना स्वीकार करने के उपरान्त पुरस्कारों की भी घोषणा की थी और अपने अधीन सैनिकों, सामन्तों को पुरस्कार भी दिए थे। पुरस्कारों का उल्लेख महाश्वेता देवी ने नहीं किया है किन्तु जितनी भव्यता, पवित्रता और सांस्कृतिक परिवेश में गंगाधर राव और रानी का वृत्तान्त महाश्वेता देवी ने कलमबद्ध किया है वैसी भव्यता और उदात्तता के साथ वर्मा जी ने नहीं किया है। इस अन्तर को ध्यान में रखना चाहिए।

जब किसी महाराष्ट्रियन परिवार में कोई राजवधू विवाह के बाद आती थी तो उसे महाराष्ट्रियन ब्राह्मण परिवार के विविध आचारों-विचारों और नियम-कायदों को सीखना पड़ता था। और अगर वह नववधू रानी भी हुई तब उसे अनेक दायित्वों का बोझ उठाना पड़ता था। महाराष्ट्रियन ब्राह्मण लोग निरामिष भोजी होते हैं। उनके भोजन में अनेक प्रकार के अचार, चटनी एवं सुस्वादु, जायकेदार अन्य अनेक आनुषंगिक भोज्य पदार्थ होते हैं। महाराष्ट्रियन ब्राह्मण श्रीखंड के विशेष शौकीन होते हैं। इसे तैयार करने के लिए विशेष कुशलता की जरूरत पड़ती है। पूजा-अनुष्ठान के भी अनेक नियम होते हैं और पूजा-स्थल पर पुष्प, अर्घ्य, भोग लगाने की भी जटिल प्रक्रिया होती है। उस समय की महाराष्ट्रियन नववधुओं को यह सब सीखना पड़ता था।[70]

महाराष्ट्रियन परिवारों में सधवा स्त्रियाँ रोज माँग में सिन्दूर और कुंकुम तिलक लगाती थीं। वे नाक में नथ, कंठ में सोने की पेटी, कंठी, सतलरी मुक्ताहार, कान में कर्णफूल, हाथों में कंकण और नूपुर पहना करती थीं।

उस समय के महाराष्ट्रियन समाज में विविध प्रकार के अनुष्ठान और उत्सव मनाए जाते थे। उनमें स्त्रियाँ हर्ष और उल्लास के साथ भाग लिया करती थीं। ऐसे अनुष्ठानों में सुहागिन स्त्रियों का बड़ा मान और महत्त्व होता था। राज परिवार की स्त्रियों का और भी। इन स्त्रियों को शुभासिनी (शुभ आसन पर बैठने वाली) कहा जाता था। रानी को अगर शुभासिनी होने का निमंत्रण मिलता तो वह जहाँ तक सम्भव होता उसे अस्वीकार नहीं करती थी।

उन दिनों चैत्रमास में गौरी पूजा के बाद संक्रान्ति व्रत के उद्यापन करने की प्रथा थी। उस अवसर पर झाँसी के विभिन्न घरों से रानी को 'शुभासिनी' होने का निमंत्रण आया करता था, उसमें रानी सहर्ष भाग लेती थी।

महाश्वेता देवी ने 'हल्दी-कुंकुम' उत्सव का भी संक्षेप में वर्णन किया है। उन्होंने लिखा है 'हल्दी-कुंकुम' के उत्सव पर महिलाएँ बड़ा आनन्द मनाती थीं। सभी एक-दूसरे को फूल-कुंकुम दिया करती थीं। रानी के व्यवहार से मुग्ध अन्तः पुरवासिनी स्त्रियाँ उनकी प्रशंसा किया करती थीं।

'हल्दी-कुंकुम' उत्सव के सन्दर्भ में एक बात उल्लेखनीय है कि जितने विस्तार से इस उत्सव का वर्णन वृन्दावनलाल वर्मा ने किया है उतने विस्तार से महाश्वेता देवी ने नहीं। दरअसल वृन्दावनलाल वर्मा ने हर अवसर का उपयोग युद्ध की तैयारी, अंग्रेजों के विरुद्ध अभियान छेड़ने तथा सैन्य संगठन के लिए किया है। उन्होंने रानी का ऐसा चित्र प्रस्तुत किया है कि वह हर अवसर का उपयोग अपने ध्येय के लिए करती थी। इसलिए वृन्दावनलाल वर्मा की झाँसी की रानी का सामाजिक, व्यक्तिगत रूप नहीं उभर पाया है। वहाँ वह समाज की एक नागरिक के रूप में नहीं एक वीरांगना के रूप में चित्रित की गई है। दोनों की सामाजिकता और सामाजिक रूप में यह भिन्नता है। महाश्वेता देवी ने उसकी व्यक्ति सत्ता को उभारा है और वृन्दावनलाल वर्मा ने उसके राष्ट्र को समर्पित एक वीर नारी के रूप को। इसका अर्थ यह नहीं कि महाश्वेता देवी की झाँसी की रानी वीरांगना नहीं है। है, पर उपयुक्त अवसर पर, न कि हर उत्सव, हर अनुष्ठान में अपने उसी रूप को आगे लाने वाली राष्ट्र सेविका है। वृन्दावनलाल वर्मा ने उस पर आदर्श थोपा है जबकि सामाजिक उत्तरदायित्वों को एक नागरिक के रूप में निभाते हुए महाश्वेता देवी की झाँसी की रानी का वीरांगना रूप अन्दर से उभरता है, धीरे- धीरे खिलता है, इस अन्तर को ध्यान में रखना जरूरी है।

उस समय राजपरिवारों की स्त्रियाँ तामझाम अर्थात पर्दा पड़ी पालकी या पीनस में चला करती थीं। पत्नी को उपहार देने की भी प्रथा थी। राजा ने रानी को चाँदी की पालकी उपहार में दी थी जिसे उन्होंने अपने नक्शे के अनुसार काशी से बनवाया था। उसके भीतर लाल मखमल और सोने के तारों की जरीदार गद्दी बिछी रहती थी। उसके चारों ओर जरी के फुंदने लगे हुए थे और दोनों द्वारों पर चित्रकारी वाले पर्दे थे।

विशेष अवसरों पर राजपरिवार की महिलाएँ पालकी आदि पर चढ़कर जाया करती थीं। उस समय के समाज में तीर्थयात्रा करने की भी प्रथा थी। विशेषकर राजपरिवारों में। गंगाधर राव और रानी त्रिस्थाली तीर्थ की परिक्रमा करने के उदेद्श्य से बाहर गए थे। उन्होंने गया जाकर अपने पितृ पुरुषों का तर्पण आदि किया था। प्रयाग तीर्थ में स्नान कर वे झाँसी लौट आए थे।

राजपरिवार में पुत्र उत्पन्न होने पर बड़ा उत्सव मनाया जाता था। आनन्द से प्रफुल्लित होकर लोग ब्राह्मणों को दान आदि देते थे। रानी के सन्तान होने पर गंगाधर राव ने दान, पूजा-अर्चना और आतिशबाजी की भी व्यवस्था की थी।

उस समय के राजपरिवारों में विजयादशमी के दिन सीमोल्लंघन की प्रथा थी। अब यह प्रथा रूढ़ि मात्र रह गई थी। राजागण पड़ोसी राज्य की सीमा पार कर उस इलाके में शिकार, भोजन आदि कर शाम को अपने राजप्रासाद में लौट आते थे।[72] यह राजतंत्र के पतन की स्थिति थी। इस प्रकार विजयादशमी का त्योहार राजा लोग मनाते थे। अगर किसी को गोद लिया जाता था तो विधिवत अनुष्ठान कराया जाता था। उसमें वंश, परिवार के लोगों के अतिरिक्त सम्भ्रान्त लोग भी शामिल होते थे।

महाराष्ट्रियों में सात वर्ष की उम्र होने पर बालक का उपनयन संस्कार कर दिया जाता था। यह संस्कार बड़े समारोहपूर्वक होता था। इसमें सगे-सम्बन्धियों को बुलाया जाता था। दान-दक्षिणा भी दी जाती थी। रानी ने सात वर्ष की उम्र होने पर दामोदर राव का उपनयन

संस्कार किया था। उस समय का सम्भावित चित्र महाश्वेता देवी ने इस प्रकार खींचा है : उत्सव की बात सोचने लगी रानी। कितने आश्रित, कितने दरिद्र, कितने दया के पात्र हैं। इस उपलक्ष्य में इन सबको कुछ-न-कुछ दिया जाएगा। आज अगर गंगाधर राव होते तो दामोदर के उपनयन में कितनी धूमधाम होती, कितनी बारूद चलाई जाती, कितने लोगों को निमंत्रण दिए जाते, दीन-दुखी लोगों को मिलते वस्त्र, कम्बल।[73]

चाहे सामान्य वर्ग की हो या राजन्य वर्ग की, उस समय विधवाओं की स्थिति अच्छी नहीं थी। सखूबाई को अपने अधिकार के लिए संघर्ष करना पड़ा। मोरोपन्त के युद्ध में लगे रहने और अपने जीवन के प्रति आशंकित होने के कारण उनकी पत्नी चिमाबाई को अपने एकमात्र बेटे की सुरक्षा के लिए भागना पड़ा था। बड़ी मुश्किलों से वह काकूबाई के साथ गुरसराँह अपने पिता के पास पहुँच सकी थी। बाद में मोरोपन्त के युद्ध में मारे जाने के बाद जब वह झाँसी में एक परिवार के यहाँ सुरक्षित अपने गहने लेने पहुँची तब पता चला कि वही काकूबाई नाम की महिला उस परिवार को अंग्रेजों का भय दिखाकर वे सारे गहने हड़प कर ले गई। इससे पता चलता है कि दूसरे की विपत्ति और असहाय स्थिति समझकर समाज में ऐसे लोग भी थे जो इस स्थिति से भी अपना स्वार्थ पूरा करने में नहीं हिचकते थे।

महाश्वेता देवी ने ललितपुर के उन ठाकुरों का प्रसंग उठाया है जिसमें दामोदर राव को अंग्रेज विरोधी झाँसी की रानी का पुत्र जानकर उसे सहायता देने और उसके बारे में अंग्रेजों को कुछ न बताने के बदले में उनके घोड़े, ऊँट और धन हड़पने में भी कोई संकोच नहीं किया था। तत्कालीन समाज में ऐसे स्वार्थी और जघन्य लोग भी थे।

उस समय झाँसी का नागरिक समाज कैसा था इसका एक चित्र देखिए: शहर की रीति-नीति बहुत सुन्दर थी। नागरिक लोग श्रीमन्त, उद्योगी एवं कर्मनिपुण थे। झाँसी की तरह के रेशमी कपड़े, गलीचा एवं पीतल के बर्तनों की कला अन्य किसी शहर में नहीं मिलती थी। शहर में प्राय: छह सौ घर ब्राह्मणों के हैं। प्रभात में प्रात: स्नान करने के बाद धुले वस्त्र धारण कर, सुगन्धित इत्र लगाकर काम शुरू करने का इस शहर का रिवाज है। शाम को मोतिया, जूही और चमेली की माला हाथ में लेकर इत्र खरीदकर सजने-सँवरने का रिवाज है। झाँसी में स्त्रियों की अधिक प्रमुखता है। स्त्रियों को इस प्रकार से स्वच्छन्द व्यवहार करते हुए अन्यत्र नहीं देखा गया है। सन्ध्या को सुन्दर साड़ी पहनकर, केशों में माला गूँथकर हाथ में चाँदी अथवा ताँबे की दक्षिणा लेकर देव दर्शन के लिए स्त्रियाँ निकलती थीं।[74]

धार्मिक वातावरण

उस समय का समाज अत्यधिक रूढ़िवादी और धार्मिक था। नागरिक प्रतिदिन स्नान कर पूजा-अर्चना और देव दर्शन किया करते थे। स्त्रियाँ प्राय: प्रात: और सायं देवार्चन और देव मन्दिरों में दर्शनों के लिए जाया करती थीं। गणेश, महालक्ष्मी और भगवान शिव का विशेष अर्चन हुआ करता था। महालक्ष्मी के मन्दिर में अहनिशि दीप जला करता था। महाश्वेता देवी ने माझा प्रवास के लेखक विष्णु भट्ट के हवाले से लिखा है : शहर में सभी जगह उद्यान, सरोवर और कुएँ हैं। कोष्ठीपुरा और हलवाईपुरा में शहर के सम्भ्रान्त लोगों का वास है। वहाँ पर बड़े-बड़े महल और हवेलियाँ हैं। शहर के दक्षिणी दरवाजे पर एक

विशाल सरोवर है। उसके समीप झाँसी राजवंश के कुलदेवता, कुलदेवी महालक्ष्मी देवी का मन्दिर है। मन्दिर के लिए नन्दादीप, पूजा, महानैवेद्य, चौघड़ा (नौबत) गायक एवं नर्तकियों का बन्दोबस्त था। आषाढ़ महीने से लेकर चैत्र मास तक मन्दिर में ऐसा उत्सव होता था, जिस देखकर विस्मय जाग जाता था। शहर में अनेक विष्णु, गणपति और शिव मन्दिर थे। उनकी नित्य सेवा-पूजा के लिए राज्य की ओर से वृत्ति बँधी हुई थी।[75]

लोगों में झाड़-फूँक, जादू-टोना, तंत्र, हाथ दिखाना तथा ज्योतिषियों द्वारा भविष्यवाणी करने में विश्वास था। महाश्वेता देवी ने लिखा है : एक सौ वर्ष पहले अंग्रेजों की छावनियों में हाथ दिखाने और भाग्य जानने का खूब प्रचलन था। उन दिनों वे लोग जानते थे कि बाघ, साँप, दस्यु, योगी, संन्यासी, भूत-प्रेत और अलौकिक घटनाओं की लीलाभूमि भारतवर्ष है। इसी कारण उनके यहाँ आते ही उन लोगों में भाग्य जानने की एक प्रबल प्रवृत्ति दिखाई देने लगी थी। झाँसी आते समय रास्ते में वारोदिया किले में हुए युद्ध के समय कप्तान नेविल (Nevill) मारा गया था। मृत्यु के ठीक एक दिन पहले ही वह समझ गया कि अब उसका अन्तिम समय निकट है और इसी आशय का उसने अपनी माँ को एक पत्र भी लिखा था। ब्रिगेडियर स्टुअर्ट भी कौंच छोड़ने के बाद से ही उसके जीवन में जो-जो विपत्तियाँ घटित होती हैं, उन्हें वह एकान्त रूप से भाग्य के परिहास के सिवा और कुछ नहीं मानता था।[76]

उस समय शत्रु विनाश और राज्य रक्षा के लिए विविध प्रकार के अनुष्ठान करने की प्रथा थी। जब विष्णु भट्ट झाँसी आया और रानी के पिता मारोपन्त से मिला तब उसके सुझाव पर रानी ने इस प्रकार का एक अनुष्ठान कराया था। उस समय का विवरण देते हुए महाश्वेता देवी ने लिखा है :

विष्णु भट्ट के अनुसार शत्रु-विनाश और राज्य सुरक्षित करने के उद्देश्य से विविध प्रकार के अनुष्ठान शुरू किए। ये अनुष्ठान कैसे होते थे इसका विवरण देते हुए महाश्वेता देवी लिखती हैं : महालक्ष्मी मन्दिर में नित्य नवचंडी अनुष्ठान, जप एवं दान, गणपति मन्दिर में नित्य सहस्त्रवार परिक्रमा अनुष्ठित होती थी। उसके पश्चात उसने सहस्त्र यज्ञ, कुंड मंडप सहित गृहयज्ञ का अनुष्ठान किया। इन अनुष्ठानों के लिए विशाल मैदान में शामियाना लगाया जाता था और उसी मैदान में कुंड और वेदियों का निर्माण किया जाता था। इन अनुष्ठानों को सुचारु रूप से सम्पन्न कराने के लिए बिठूर और काशी से पंडित बुलाए जाते थे। जिसे अनुष्ठान करना है वह स्वच्छ वस्त्र धारण कर आसन पर बैठता था और अनुष्ठान करने का संकल्प लेता था। अनुष्ठान के बाद दान, दक्षिणा, ब्राह्मण भोजन कराया जाता था। उस समय विधवा स्त्रियाँ प्रतिदिन तुलसी को जल चढ़ाकर प्रायश्चित्त किया करती थीं। वे पवित्र भस्म अपने ललाट पर लगाया करती थीं। पार्थिक शिवलिंग के पूजन-अर्चन की भी प्रथा थी। गायक और गायिकाएँ भजन सुनाया करते थे। सोने के पहले धार्मिक ग्रन्थ पढ़ने की प्रथा थी। उस समय की धार्मिक स्थिति के बारे में लिखते हुए महाश्वेता देवी ने जो विवरण दिया है वह इस प्रकार है : उन्नीसवी शताब्दी के भारतवर्ष में हिन्दू धर्म की अनुदारता और पूर्ण संकीर्णता के फलस्वरूप एक दलदल पैदा हो गया था। जो धारण करता है वही तो धर्म है। किन्तु उस समय धर्म में समाज को धारण करने की क्षमता नहीं रही थी। उसकी पकड़ शिथिल, जीर्ण-शीर्ण हो चुकी थी।

धर्म के नाम पर कुप्रथाओं को धारण किए हुए था प्रतिक्रियावादी जमींदार और पुरोहित वर्ग। अशिक्षा, गरीबी एवं कुसंस्कारों से लाभ उठाकर जनधारण को ये लोग अपनी सुविधाओं के अनुसार तोड़ते जा रहे थे। इन सब कुसंस्कारों को दूर करने में अंग्रेजों ने बहुत सहायता की थी। उनमें सतीदाह तथा अन्य कुप्रथाओं को बन्द करना उल्लेखनीय है।[78] इन्हीं दुर्बलताओं का लाभ उठाकर मिशनरी लोग ईसाई धर्म का प्रचार ही नहीं, गरीबों को ईसाई बनाने के लिए प्रेरित कर रहे थे। इसके लिए ईस्ट इंडिया कम्पनी भारी मात्रा में धन भी खर्च कर रही थी। पाठशालाओं में बाइबिल पढ़ना एक प्रकार से अनिवार्य-सा कर दिया गया था। महाश्वेता देवी ने लिखा है : गाँव-गाँव में मिशनरी लोग घूमते हुए कह रहे हैं तुम लोगों का धर्म झूठा है, शिक्षा बेकार है, समाज बेकार है, सब कुछ बेकार है। कोई कुछ कह नहीं रहा है। ग्रामवासी लोग सब सुनते हैं। उन लोगों की आँखों में बिजली-सी चमकती जाती है। उस समय अंग्रेजों की जो नीति थी उसका बुरा असर हिन्दू-मुसलमान दोनों पर ही पड़ा था। हिन्दू-मुसलमान दोनों ने ही बिना किसी भेदभाव के अनुभव किया कि उनके धर्म विश्वास, संस्कार और परम्परागत विरासत का अपमान किया जा रहा है। यह सब देखकर प्रजाजन में जो चिन्ता थी उसका उल्लेख महाश्वेता देवी ने इस प्रकार किया है : मिशनरी साहब मैंमें गाँव-गाँव घूमकर हम लोगों के धर्म की निन्दा करते थे। मूर्ति पूजा मत करो, जनेऊ उतारकार फेंक दो, औरतों का पर्दा उठा दो, इन सब बातों को सुनकर हम लोगों को बहुत चिन्ता हो गई।[81]

प्राकृतिक वातावरण

महाश्वेता देवी ने अपने उपन्यास में प्राकृतिक वातावरण के भी कई चित्र खींचे हैं। यद्यपि वे चित्र संक्षिप्त हैं फिर भी मार्मिक और प्रभावशाली हैं। प्रकृति का यह वातावरण मानवीय सुख-दुख तथा उल्लास-हर्ष से विजड़ित है।

दरअसल जीवन प्रकृति पटि पर गतिशील नदी की धारा की तरह होता है। हम चाहे जितने महानगरवासी हो जाएँ किन्तु, प्रकृति से हमारा पीछा नहीं छूट सकता। जीवन की सप्राणता, श्यामलता के लिए यानी मानव जीवन के लिए प्रकृति एक अनिवार्य उपस्थिति है। प्रकृति के बिना मानव अधूरा है, उसका जीवन अधूरा है और उसके कार्य-कलाप अधूरे हैं। उपन्यास भी जीवन की गाथा है। फिर उपन्यास में चित्रित जीवन प्रकृति से निरपेक्ष कैसे हो सकता है ? इतिहास में ऐतिहासिक घटनाएँ प्रधान होती हैं और जहाँ पूरा जीवन युद्ध की तैयारी या रणक्षेत्र में बीता हो वहाँ प्रकृति के लिए अवकाश कहाँ से आएगा ? फिर भी जीवन प्रकृति के लिए अवसर निकाल ही लेता है। यह लेखक की दृष्टि पर भी निर्भर होता है कि वह प्रकृति को कैसे प्रासंगिक बनाए और तलवारों की झंकार में भी प्रकृति की रम्य पटि चित्रित कर दे। वृन्दावनलाल वर्मा की तरह महाश्वेता देवी ने अपने उपन्यास में प्रकृति और जीवन को साथ-साथ चलते, एक-दूसरे को आर-पार करते चित्रित किया है। उनके यहाँ जीवन और प्रकृति दोनों आपस में घुले-मिले रहते हैं।

'पृष्ठभूमि' नामक प्रस्तावना का प्रारम्भ ही इस चित्र के साथ होता है : बुन्देलखण्ड में माघ मास की एक संध्या। पर्वताकीर्ण लाल मिट्टी के प्रान्तर के अन्त में प्रतिदिन की

तरह उस दिन भी सूर्य अस्ताचल को चला गया। आदिगन्त आकाश सोनाली रंग से लाल है। इमन कल्याण गुनगुनाती हुई सन्ध्या वासर घर की ओर जाने लगी। प्रत्येक गोधूलि बेला में चिरस्वयम्बरा संध्या का यहीं प्रियामिसार होता है। उस समय पशु चराकर लौट रही हैं किसान बालिकाएँ, कम्पित गले की आवाज को हवा में तैराता हुआ रास्ता भूली हुई भैंस को बुला रहा है एक छोटा चरवाहा बालक। इस प्रकार एक क्लान्त चिरन्तन दिन का अवसान होता है।[82]

आखिर अवसादपूर्ण दृश्य के चित्रण के पीछे लेखक का कौन-सा मनोभाव है। प्रारम्भ में ही उसके मन पर कौन-सी विषाद भरी छाया अपना प्रभाव डाल रही है। वह है झाँसी की रानी की चिर स्मृति, उसकी गौरवपूर्ण, उदात्त, चिरप्रेरणा देने वाली बलिदान गाथा। इस चित्र के पीछे यही मनोभाव आभासित हो रहा है।

रुक्ष देश बुन्देलखण्ड का एक दृश्य देखिए: भारतवर्ष के एकदम मध्य में बुन्देलखण्ड एक रुक्ष देश है। प्रकृति यहाँ एक बार ही मानो अत्यन्त कृपण हो गई है। पूर्व, दक्षिण, उत्तरवर्ती अजस्त्र अंचलों में शस्त्र सम्पदा व्याप्त रहती है, देश-लक्ष्मी फूलों से समृद्ध रहती है। वहाँ सुजला, सुफला, मलयजशीतला, सुखदा वरदा जननी है। किन्तु, बुन्देलखण्ड में उस (जननी) की भैरवी मूर्ति प्रकट हुई है। वहाँ पर पत्थर, पहाड़ों से आकीर्ण भूमि रूखी है और नदियाँ क्षीण तोया हैं।[89]

आधुनिक उपभोक्तावादी संस्कृति और मनुष्य की भोग लिप्सा तथा बाजार के दबाव के कारण आजकल वृक्षों को बेरहमी से काटा जा रहा है। पर आज से एक सौ वर्ष पहले भी सघन अरण्यों पर कुठारघात हुआ था। इसका प्रसंग उठाते हुए महाश्वेता देवी ने उन कारणों की ओर संकेत किया है कि बुन्देखंड क्यों इतना उजाड़ हो गया, प्रकृति यहाँ इतनी कृपण क्यों हो गई। उन्होंने लिखा है : इतिहास की प्रारम्भिक अवस्था में इसी बुन्देलखण्ड में शस्य सम्भार भरे, श्यामल श्री सम्पन्न घन अरण्य थे और यहाँ पर सर्वत्र जनपदों का गठन हो चुका था। मनुष्य ने निर्ममता से उन्हीं अरण्यों को काटकर बुन्देलखण्ड को मेघों के प्रसाद से सदा के लिए वंचित कर दिया है। इसी देश के वक्षस्थल से होकर बह रही हैं धसान और वेत्रवती, किन्तु आज वे शीर्णप्राय हैं। उनके किनारे-किनारे फूले हुए जामुन के वृक्ष समूह अब और फलभार से नमित नहीं होते हैं। किसी विस्मृत युग में उसी पथ से होकर जो नीलांजन छायावाही मेघ निर्वासित प्रेमी के आँसुओं को वहन करता हुआ अलकापुरी की दिशा में गया था, आज उसके दर्शन एकान्त रूप से दुर्लभ है।[90]

आसन्न घटना का आभास कराने वाले अथवा जो घटमान है उसे सहन करने की शक्ति उत्पन्न करने वाले या एक ऐसी पृष्ठभूमि पहले से तैयार कर देना जिससे दुर्घटना को पात्र सहजता से ग्रहण करें और पाठकों का चित्त भी उसके लिए तैयार हो जाए ऐसे प्रकृति-चित्र महाश्वेता देवी ने तो अधिक खींचे हैं। एक चित्र देखिए : एकान्त प्रेम और सुख-शान्ति के नीड़ में एक दिन आँधी आई। यह एक साँझ का समय था। उत्तरी हवा के रूप में आँधी आ रही है। बाहर के आकाश से होकर साज-बाज पहने हुए फौज की तरह दल-के-दल चले जा रहे है, बड़े-बड़े काले मेघ।[91] इसके बाद ही मनु को असहाय छोड़कर उसकी माँ भागीरथी परलोक सिधार गईं। उपर्युक्त चित्र उसी समय का है।

पृष्ठभूमि के रूप में प्रकृति का ऐसा ही चित्र महाश्वेता देवी ने उस समय खींचा है जब राजा रोग–शय्या पर पड़े हैं, आसन्न मृत्यु उनकी प्रतीक्षा में है। ऐसे प्रकृति चित्रों से उपन्यास की मार्मिकता बढ़ जाती है और भाव और गम्भीर हो जाता है और जो घटित होने वाला है वह गम्भीर हो जाता है। महाश्वेता देवी लिखती हैं : सुप्रभात। सूर्य उत्तरायणे हैं। सप्ताश्व चालित स्वर्ण रथ पर जो दिव्य द्युतिमान दिवाकर पृथ्वी को तप्त किरण वितरित कर प्राण रस से संजीवित करते हैं, आज प्रभात में वे स्तमित तेज हैं। पश्चिम का दिगंत मेघाच्छन्न है। झाँसी की पूर्वी दिशा में लक्ष्मी तालाब के पूर्वी सीमान्त के नौबतखाने में मंगल प्रभाती का संगीत बज रहा है। राजप्रासाद से महालक्ष्मी मन्दिर में 'पूजा' आ गई है।

आज का आकाश आधा बादलों से ढका है और आधा धूप के कारण झलमल कर रहा है, रानी के चित्त में भी आशा–निराशा की यमुना लहरा रही है।[92]

प्रकृति का एक चित्र कितना मर्मस्पर्शी है। झाँसी के किले पर ह्यूरोज का आज आक्रमण होने वाला है। रानी ने समझ लिया है कि हार निश्चित है। वह किले पर खड़ी हुई झाँसी नगरी को देख रही है और सोच रही है कि कल क्या होने वाला है। उसी का चित्र देखिए : दुर्ग के उत्तरी बुर्ज से अतन्द्र दृष्टि से रानी अपनी झाँसी को देखने लगी। आज का आकाश कितना निर्मल है। ऐसी रात्रि में झाँसी की गली–गली में मृत्यु–दूत का नीरव पद–सँचार क्यों ? काली–काली छाया फेंकते हुए घर चुपचाप खड़े हुए हैं, कुत्ते तक नहीं भौंक रहे हैं। झाँसी नगरी आज चन्द्रालोक में चुपचाप जागी हुई है। बहुत ऊपर आकाश में जो चाँद है, उसकी तरह वह भी आज मानो मौन और तन्द्राहीन है।[93]

ग्रीष्म ऋतु के दो–तीन चित्र और हैं किन्तु ये युद्ध क्षेत्र के हैं और यह व्यक्त करते हैं कि ग्रीष्म की तीव्र गर्मी का अंग्रेजों पर क्या प्रभाव पड़ा और वातावरण किस प्रकार हरियाली से रहित हो गया। गर्मी न सह पाने के कारण ह्यूरोज तक मूर्च्छित हो गया।

ह्यूरोज पुँछ पहुँचा। पहली मई को उस समय ग्रीष्म का तापमान एक सौ बीस डिग्री से बढ़कर एक सौ पच्चीस डिग्री हो गया। रास्ते में कहीं भी हरियाली का चिह्न मात्र भी नहीं मिलता है। दुर्दान्त गर्मी से सारा मध्य भारत उन दिनों खाँ–खाँ करने लगता है। ब्रिटिश सेना के लिए गर्मी में युद्ध करना कितना दुःखदायी होगा यह जानकर ही रानी ने आदेश किया, दस बजे के पहले कभी भी युद्ध शुरू नहीं होगा।[94] दुर्दम लू में ह्यूरोज स्वयं पाँच बार घोड़े से मूर्च्छित होकर गिर पड़ा था। पाँचों बार ही सिर पर जल डालने और नहाने के बाद ही वह उठकर खड़ा हो सकता था। उस दिन लू लगने से छयालीस अंग्रेज सैनिक मर गए थे।[95] प्रचंड ग्रीष्म में भारतीयों की तरफ से हुए खंड–खंड आक्रमणों को झेलते–झेलते ह्यूरोज की सारी सेना बीमार पड़ गई।[96]

युद्ध के बाद का एक शब्द–चित्र दृष्टव्य है : 22 मई की मलिन सन्ध्या ने उस दिन कालपी के विपर्यस्त युद्ध पर काली यवनिका डाल दी। यमुना के जल में सुनहली और रक्तिम छाया डालता हुआ सूर्य जब अस्ताचल की ओर चला गया तब विजयी ह्यूरोज ने देखा कि पश्चिमी दिशा में जालौन के रास्ते पर भारतीय सेना तीव्रगति से घोड़ा दौड़ाती हुई चली जा रही है।[97]

प्रकृति का अन्तिम दृश्य तो बहुत हृदय विदारक है। ग्वालियर की पराजय, भारतीय नेताओं की अदूरदर्शिता, रानी का रण क्षेत्र में बलिदान, युद्ध का अवसान और प्रकृति का यह चित्र :

सृष्टि के प्रारम्भ में कोटि-कोटि मनुष्यों के सुख-दुःख और जन्म-मृत्यु की लीलाभूमि यह धरती जब महासागर के अतल जल से जागरण का स्वप्न देखती है, उसी से जैसे प्रतिदिन सन्ध्या अवतरित होती है। उस दिन भी वैसे ही सन्ध्या झुक आई। थोड़ी दूर पर पहाड़ की तरह सिर ऊँचा किए हुए ग्वालियर का दुर्ग। दूर-दूर तोपों की गर्जना और बन्दूकों की रह-रहकर आवाज घायलों की आर्तध्वनि, अश्वों की हिनहिनाहट, इस परिवेश में अन्तिम बार की तरह इस मिट्‌टी से बनी पृथ्वी ने रानी के दर्शन किए। एक वीर योद्धा के उपयुक्त रणभूमि में ही उसने अन्तिम शय्या स्वीकार की। उसके बाद धीरे-धीरे, अत्यन्त सावधानी से उस दृश्य के ऊपर साँझ की यवनिका उतर आई।[98]

रानी के समाधि स्थल का चित्र प्रकृति के किस दृश्यमान पट पर महाश्वेता देवी ने आँका है, उसे और देख लीजिए :

वहाँ पर चिर निद्रामग्न है रानी लक्ष्मीबाई। आकाश ही उसका चँदोवा है। ग्रीष्म में उसके ऊपर अपनी निर्मल किरणों की वर्षा करता है सूर्य, वर्षा में मेघ जल-धारा से उसे सींचते हैं और शीत ऋतु में उत्तरी हवा उस समाधि से धूल एवं सूखे पत्तों को उड़ाकर ले जाती है।[99]

वृन्दावनलाल वर्मा ने रानी की मृत्यु के बाद रानी के पुत्र दामोदर राव का क्या हुआ इसका विस्तार से चित्रण नहीं किया है किन्तु महाश्वेता देवी ने उस पर पूरा एक अध्याय दिया है। उन्होंने उसे इतिहास का खिलौना कहा है। रानी ने ग्वालियर युद्ध में शामिल होने के लिए जाते समय उसे अपना अन्तिम युद्ध मानते हुए रामचन्द्र राव देशमुख आदि से दामोदर को सुरक्षित रखते हुए युद्ध क्षेत्र से दूर चले जाने का अनुरोध करते हुए उसकी हर हाल में सुरक्षा करने की आज्ञा दी थी। और इसके लिए उन्होंने काफी धन भी दिया था। मरते समय भी उसने यही अनुरोध किया था। रानी का दाह-संस्कार करने के बाद रामचन्द्र देशमुख तथा अन्य साथी दामोदर राव को ग्वालियर से किसी तरह सुरक्षित निकालकर ललितपुर के जंगलों में छिपकर रहने लगे। वहाँ पर दामोदर राव प्रकृति के सान्निध्य में किस तरह अपना समय बिताया करता था उसका चित्र महाश्वेता देवी ने इस प्रकार खींचा है : भाग्य विडम्बित बालक को सांत्वना दिया करती थी अरण्य की अनाविल प्रकृति। कुटरा से पाँच मील दूर जहाँ पर बेतवा की फेनिल जलराशि पाँच सौ फुट ऊँचाई से भीम गर्जना करती हुई नीचे गिरती है, वहीं पर था एक उपेक्षित और अज्ञात शिव मन्दिर। पुरवासिनियाँ प्रभात और सन्ध्या में महादेव के ऊपर दूध, गंगाजल और विल्वपत्र का अर्ध्य चढ़ा जाया करती थीं उस मन्दिर में। वहीं पर एक गुफा में वे लोग रात बिताया करते थे। बेतवा के जल ने जहाँ पर एक कुंड बना दिया था, वहीं पर दामोदर स्नान किया करता था और देखा करता था कि मछलियाँ किस प्रकार स्वच्छन्द गति से विचरण कर रही हैं।[100]

इस प्रकार यहाँ तक वृन्दावनलाल वर्मा और महाश्वेता देवी के उपन्यासों में व्यक्त देश-काल, वातावरण के विविध रूपों का चित्रण किया गया है। यद्यपि दोनों उपन्यास एक ही कथावस्तु पर, एक ही काल पर प्रमुखतया एक ही पात्र पर आधारित हैं, फिर भी अपनी-अपनी दृष्टि के तकाजों के कारण देश-काल, वातावरण के उपस्थापन में पर्याप्त भिन्नता है। प्रकृति चित्रण, राजनैतिक, सामाजिक, धार्मिक वातावरण के अंकन में पर्याप्त भिन्नता देखने को मिलती है। जनेऊ पहनने के अधिकार को लेकर वृन्दावनलाल वर्मा ने उग्र

आन्दोलन का चित्रण किया है, वैसा चित्रण महाश्वेता देवी ने नहीं किया है। ऐसे ही बेतवा के जिस तूफान का चित्रण वृन्दावनलाल वर्मा में मिलता है, वैसा चित्रण महाश्वेता देवी ने नहीं किया है। उसका कारण है झाँसी की रानी के जीवन से सम्बन्धित कौन-सी घटना किस लेखक को अपील करती है, किसकी कल्पना किस चित्र को उभारती है, इसके कारण अन्तर आ जाता है। महाश्वेता देवी ने जिस संवेदना के साथ रानी की लोकमन में व्याप्त स्मृति को उभारा है वैसा वृन्दावनलाल वर्मा ने नहीं किया है। वृन्दावनलाल वर्मा की 'झाँसी की रानी' पहले लिखी गई, महाश्वेता देवी की बाद में। पर महाश्वेता देवी की 'झाँसी की रानी' एक स्वतंत्र रचना है। वह उनकी अपनी मौलिक कृति है। वह किसी की रचना का उल्था, नकल या उसके आधार पर लिखी गई कृति नहीं। वह अनुकृति नहीं है रचना है इसलिए उनके और वृन्दावनलाल वर्मा के देश-काल और वातावरण के चित्रण में इतना अन्तर है।

सन्दर्भ-ग्रन्थ

1. साहित्य विवेचन, आचार्य क्षेमचन्द्र सुमन, योगेन्द्र कुमार मल्लिक, पृष्ठ 183, आशाराम एंड संस, काश्मीरी गेट दिल्ली-6
2. वही, पृष्ठ 183
3. हिन्दी उपन्यास, शिवकुमार श्रीवास्तव, पृष्ठ 20
4. वही, पृष्ठ 22
5. वही, पृष्ठ 22
6. वही, पृष्ठ 23
7. साहित्य विवेचन, क्षेमचन्द्र सुमन, पृष्ठ 183-184
8. हिन्दी उपन्यास पृष्ठ 43
9. हिन्दी उपन्यासः शिल्प और प्रयोग, डॉ. त्रिभुवन सिंह, पृष्ठ 286-87
10. झाँसी की रानी, वृन्दावनलाल वर्मा, पृष्ठ 9
11. वही, पृष्ठ 11
12. वही, पृष्ठ 11
13. वही, पृष्ठ 12
14. वही, पृष्ठ 12
15. वही, पृष्ठ 63
16. वही, पृष्ठ 67
17. वही, पृष्ठ 78
18. वही, पृष्ठ 112
19. वही, पृष्ठ 113
20. वही, पृष्ठ 154
21. वही, पृष्ठ 154
22. वही, पृष्ठ 155
23. वही, पृष्ठ 170
24. वही, पृष्ठ 171
25. वही, पृष्ठ 175
26. वही, पृष्ठ 32

27. वही, पृष्ठ 34
28. वही, पृष्ठ 47
29. वही, पृष्ठ 49
30. वही, पृष्ठ 53
31. वही, पृष्ठ 54
32. वही, पृष्ठ 52
33. हिन्दी उपन्यास: शिल्प और प्रयोग, डॉ. त्रिभुवन सिंह पृष्ठ 122
34. वही, पृष्ठ 71
35. वही, पृष्ठ 76
36. अपनी कहानी, वृन्दावनलाल वर्मा, पृष्ठ 250
37. वही, पृष्ठ 38
38. वृन्दावनलाल वर्मा, पृष्ठ 16, राजीव सक्सेना, साहित्य अकादमी दिल्ली।
39. वही, पृष्ठ 18
40. झाँसी की रानी, वृन्दावनलाल वर्मा, पृष्ठ 196
41. वही, पृष्ठ 196
42. वृन्दावनलाल वर्मा, राजीव सक्सेना पृष्ठ 18
43. झाँसी की रानी, वृन्दावनलाल वर्मा, पृष्ठ 196
44. वही, पृष्ठ 192
45. वही, पृष्ठ 17
46. वही, पृष्ठ 226
47. वही, पृष्ठ 290
48. वही, पृष्ठ 295
49. अमृत संचय, महाश्वेता देवी, पृष्ठ 8
50. आंधारमानिक, महाश्वेता देवी, भूमिका, पृष्ठ 7-8
51. झाँसी की रानी, महाश्वेता देवी, पृष्ठ 37-38
52. वही, पृष्ठ 45
53. वही, पृष्ठ 47
54. वही, पृष्ठ 49
55. वही, पृष्ठ 58
56. वही, पृष्ठ 58
57. वही, पृष्ठ 71
58. वही, पृष्ठ 91
59. वही, पृष्ठ 93
60. वही, पृष्ठ 99
61. वही, पृष्ठ 102
62. वही, पृष्ठ 31
63. वही, पृष्ठ 38
64. वही, पृष्ठ 45
65. वही, पृष्ठ 50
66. वही, पृष्ठ 51
67. वही, पृष्ठ 55
68. वही, पृष्ठ 55

69. वही, पृष्ठ 55–56
70. वही, पृष्ठ 56
71. वही, पृष्ठ 57
72. वही, पृष्ठ 60
73. वही, पृष्ठ 62
74. वही, पृष्ठ 100
75. वही, पृष्ठ 142
76. वही, पृष्ठ 142
77. वही, पृष्ठ 222
78. वही, पृष्ठ 142–143
79. वही, पृष्ठ 110
80. वही, पृष्ठ 103
81. वही, पृष्ठ 98
82. वही, पृष्ठ 108
83. वही, पृष्ठ 31
84. वही, पृष्ठ 37
85. वही, पृष्ठ 37
86. वही, पृष्ठ 52
87. वही, पृष्ठ 64
88. वही, पृष्ठ 193
89. वही, पृष्ठ 214
90. वही, पृष्ठ 217
91. वही, पृष्ठ 224
92. वही, पृष्ठ 229
93. वही, पृष्ठ 260
94. वही, पृष्ठ 261
95. वही, पृष्ठ 267

अध्याय-8

भाषा-शैली

उपन्यासों की रचना-प्रक्रिया जिन उपादानों से होकर गुजरती है उसमें भाषा और शैली का एकान्तिक महत्त्व है। कथावस्तु, पात्र-संरचना, उनके संलाप, प्रविधि, वातावरण और देश-काल का चित्रण आखिर होता तो है भाषा के माध्यम से ही। भाषा-विन्यास द्वारा मुख्य वस्तु और पात्रों को जिस ढंग से उपन्यस्त किया जाता है उसे शैली कहते हैं।

सैद्धान्तिक आलोचना में शैली पर विस्तार से विचार किया गया है। इसका सम्बन्ध साहित्य के कला पक्ष से है। यह साहित्य का यों तो बहिरंग होता है किन्तु होता बहुत महत्त्वपूर्ण है। कुछ तो कहते हैं कि शैली या कहने का ढंग बदल दीजिए कथ्य के प्रति लेखक या पाठक की संवेदना बदल जाएगी। पोप (Pope) के अनुसार शैली विचारों की वेशभूषा (The Dress of Thoughts) है।[1] क़ार्लायल (Carlyle) के विचार से शैली लेखक का परिधान न होकर उसकी त्वचा है।[2]

शैली के महत्त्व और उसके स्वरूप पर आलोचकों ने बड़ी गहराई से विचार किया है क्योंकि यह किसी कृति का अविच्छेद्य अंग होता है। आचार्य क्षेमचन्द्र 'सुमन' शैली पर विस्तार से विचार व्यक्त करते हुए कहते हैं कि हर मनुष्य में आत्माभिव्यक्ति की एक स्वाभाविक प्रवृत्ति होती है। उनका कहना है इस जड़-चेतन जगत् के सम्पर्क में आने के अनन्तर उद्भूत होने वाली नाना प्रवृत्तियों, प्रतिक्रियाओं को अभिव्यक्त करने की अगर मनुष्य में प्रबल इच्छा होती है तो उसके साथ उसमें सौन्दर्यप्रियता की भावना भी विद्यमान रहती है। वह अपने कथन को, अपनी भाव-भंगिमा और जीवन को, सब प्रकार से सौन्दर्य-युक्त और रमणीय बनाने का प्रयत्न करता है। उनका कहना है शैली के मूल में मानव की यही प्रवृत्ति काम कर रही है। फिर उन्होंने शैली को परिभाषाबद्ध करते हुए कहा है : शैली क्या है ? भावों की अभिव्यक्ति का एक प्रकार। दूसरे शब्दों में किसी कवि या लेखक की शब्द-योजना, वाक्यांशों का प्रयोग वाक्यों की बनावट और उसकी ध्वनि आदि का नाम शैली है। फिर उन्होंने वस्तु और शैली के अविभाज्य सम्बन्ध पर प्रकाश डालते हुए कहा है : भाव यदि आत्मा है तो शैली उसका शरीर। शरीर से आत्मा को पृथक् नहीं किया जा सकता है। उसके पार्थक्य का अर्थ है शरीर का मृत होना और आत्मा का अदृश्य हो जाना। अत: आत्मा और शरीर की भाँति साहित्य में भी वस्तु और शैली का अटूट सम्बन्ध है। शैली के विषय में डॉक्टर श्यामसुन्दर के मत को उद्धृत करते हुए उन्होंने कहा है : शैली

को विचारों का परिच्छेद न कहकर यदि हम उन विचारों का दृश्यमान रूप कहें तो बात कुछ अधिक संगत हो सकती है।[3]

किसी-किसी ने उपन्यास साहित्य के सन्दर्भ में शैली तत्त्व का विवेचन कथावस्तु, पात्र आदि को प्रस्तुत कैसे किया गया है, इस दृष्टि से किया है। यद्यपि इसका उल्लेख प्रस्तुतिकरण शिल्प वाले प्रकरण में किया जा चुका है पर यहाँ उसका थोड़ा खुलासा कर लेना जरूरी है। जिन उपन्यासों में लेखक अपनी कथा का चित्रण एक सर्वज्ञ की दृष्टि से करता है, उसे ऐतिहासिक शैली कहा जाता है। अधिकांश उपन्यास इसी शैली में लिखे जाते हैं। और जिन उपन्यासों का कोई आत्मवृतान्त के रूप में अपने कार्यकलापों, जीवन कथा को प्रस्तुत करता है इसे आत्मकथात्मक शैली कहते हैं, जैसे हिन्दी का ख्यात उपन्यास 'शेखर एक जीवनी' या 'त्यागपत्र'। इसी तरह कुछ लेखक उपन्यास को किसी पात्र या कई पात्रों की डायरी के रूप में प्रस्तुत करते हैं। उसे डायरी शैली कहा जाता है। इसी प्रकार कुछ उपन्यास पात्रों के पत्राचार के रूप में पूरी कहानी प्रस्तुत करते हैं। उस शैली को पत्रात्मक शैली कहा जाता है। हिन्दी अथवा भारतीय भाषाओं में कुछ उपन्यास इसी शैली में लिखे गए हैं। दरअसल शैली का यह रूप रचना कौशल अथवा कथ्य को प्रस्तुत करने वाले शिल्प के अन्तर्गत आता है।[4] यहाँ शैली का जो अर्थ लिया गया है उसका सम्बन्ध भाषा-शैली से है। इसीलिए कुछ आलोचक शैली और शिल्प-विधि में अन्तर निरूपित करते हैं।

शैली और शिल्पविधि में अन्तर

शिल्पविधि और शैली उपन्यास-रचना के दो ऐसे तत्त्व हैं जिनका सम्बन्ध अभिव्यक्ति से है। प्राय: दोनों को एक समझने का भ्रम उत्पन्न हो जाता है इसलिए दोनों के अन्तर को समझना बहुत जरूरी है। प्राचीन काल में शैली के लिए 'रीति' शब्द का प्रयोग किया जाता था। आचार्य वामन ने विशिष्ट पद-रचना को 'रीति' शब्द की आख्या दी है। रीति अर्थात रचना की प्रणाली या पद्धति। 'शैली' शब्द का प्रयोग आधुनिक युग की परिघटना है। यह अंग्रेजी के स्टाइल शब्द का हिन्दी पर्याय है। शैली का सम्बन्ध व्यक्ति के शील अथवा उसके स्वभाव से होने के कारण शैली के अन्तर्गत रचयिता के व्यक्तित्व का समावेश हो जाता है। दरअसल शिल्प-विधि का सम्बन्ध किसी कृति की सम्पूर्ण रचना-पद्धति या सृजन-प्रक्रिया से होता है, जबकि शैली का सम्बन्ध उसकी बाह्य अभिव्यक्ति से होता है जिस पर लेखक के व्यक्तित्व की गहरी छाप होती है। इसीलिए किसी-किसी ने शैली को व्यक्ति विशेष का स्वरूप ही माना है अर्थात शैली पर किसी-किसी लेखक के व्यक्तित्व की इतनी गहरी छाप होती है कि शैली और उसके लेखक के व्यक्तित्व में अभिन्नता स्थापित हो जाती है।

शैली का महत्त्व तथा भेद

आचार्य सीताराम चतुर्वेदी ने शैली के सरलता, स्पष्टता, स्वच्छता, प्रभावोत्पादकता, शिष्टता तथा लयात्मकता ये छह गुण माने हैं।[5] भाषा-संरचना की दृष्टि से उन्होंने पाँच शैलियाँ

मानी हैं—ठेठ शब्दों वाली, मुहावरेदार, संस्कृतनिष्ठ, साहित्यिक तथा जन सामान्य में प्रचलित शब्दों से युक्त शैली।[6] भाषा-संरचना की सजावट या उसमें सौन्दर्य का आधान चार प्रकार से किया जाता है—अलंकृत या अलंकारों से युक्त शैली, कहने के अनूठे ढंग से युक्त शैली अर्थात लाक्षणिक, अपनी बात के समर्थन में किसी दूसरे के कथन का उद्धरण अर्थात समर्थनात्मक शैली और दूसरे पर प्रभाव डालने वाली प्रभावात्मक या ओजस्वी शैली। और जब कोई बात किसी अन्य पर ढालकर कही जाती है उसे अन्योक्तिपरक या प्रतीकात्मक शैली कहते हैं।[7]

फिर शैली के चार गुण और माने गए हैं। जिस समाज के लिए रचना लिखी गई है उसके लिए बोधगम्य है या नहीं, भाषा में अशिष्टता या फूहड़पन तो नहीं है, विषय के अनुरूप शैली है या नहीं, विषय की प्रकृति के अनुरूप शैली है या नहीं। फिर साहित्यिक रूप के अनुसार शैली के तीन भेद होते हैं—व्याख्यात्मक जैसे निबन्ध, कथात्मक जैसे उपन्यास, नाटकीय जैसे नाटक। इसके अलावा भावात्मक, काव्यात्मक, विवरणात्मक चित्रात्मक आदि शैली के अन्य रूप होते हैं। उपन्यास एक ऐसी विधा है जिसमें कई विधाओं का समाहार हो सकता है इसलिए उसमें सभी प्रकार की शैलियाँ मिलने की सम्भावना बनी रहती है।

भाषा और शैली का परस्पर सम्बन्ध

जैसे शैली और शैलीकार एक-दूसरे से अभिन्न हैं, जैसे अभिव्यक्ति की भंगिमा और कथ्य एक-दूसरे से विलग नहीं वैसे ही भाषा और शैली दोनों अभिन्न हैं। दोनों की परस्पर निर्भरता पर डॉ. त्रिभुवन सिंह ने ठीक ही टिप्पणी की है : उपन्यास में भाषा का महत्त्व इतना अधिक है कि शैली से कभी-कभी भाषा का ही अर्थ लगाया जाता है।[8] उनके अनुसार उपन्यासकार शिल्प के माध्यम से जिस प्रभाव की सृष्टि करता है, उसमें भाषा का अत्यन्त महत्त्वपूर्ण योग होता है। उपन्यास को अर्थवत्ता प्रदान करने का कार्य भाषा का ही है। भाषा ऐसे शब्द-समूहों का नाम है जो एक विशेष क्रम से व्यवस्थित होकर हमारे मन की बात दूसरे के मन तक पहुँचाने और उसके द्वारा उसे प्रभावित करने में समर्थ होती है। अतएव भाषा का मूलाधार शब्द हैं, जिन्हें उपयुक्त रीति से प्रयुक्त करने के कौशल को ही शैली का मूल तत्त्व समझना चाहिए। अर्थात किसी लेखक या कवि की शब्द-योजना, वाक्यांशों का प्रयोग, वाक्यों की बनावट और उसकी ध्वनि आदि का नाम ही शैली है।[9]

उपन्यास और भाषा के सन्दर्भ में एक बात ध्यातव्य है कि साहित्यिक विधाओं की प्रकृति और आवश्यकताओं के आधार पर विभिन्न कृतियों में भाषा और शैली दोनों के रूप बदलते रहते हैं। इसके लिए विषय, प्रतिपाद्य, देश-काल और समाज की भिन्नता उपन्यासों में भाषा विविधता के लिए जिम्मेदार होते हैं। कभी-कभी एक ही उपन्यास में पात्रों के स्तर और प्रतिपाद्य की मांग के अनुसार भाषा में भिन्नता आ जाती है बल्कि एक ही विषय वस्तु पर लिखे गए उपन्यासों की भाषा भी बदली हुई होती है।

उपन्यास की भाषा अगर पात्रानुकूल हुई तो इससे उपन्यास में स्वाभाविकता आ जाती है। इसके लिए लेखक को भाषा-प्रयोग में सतर्कता बरतनी पड़ती है।

वृन्दावनलाल वर्मा की भाषा-शैली

वर्मा जी की शैली पर तो उनके व्यक्तित्व की छाप है ही, पर उनकी भाषा पर भी उनके व्यक्तित्व की छाप है। वर्मा जी के व्यक्तित्व में बुन्देली का ठेठपन था। उन्हें देखकर एक गँवई-गाँव के व्यक्ति का आभास होता था। वे कभी 'एलीट' या अभिजात वर्ग के नहीं बने। जिला बोर्ड के चेयरमैन होने के बाद भी उनके दरवाजे हरेक के लिए खुले हुए थे। उनकी 'अपनी कहानी' पढ़कर उनके व्यक्तित्व के इस ठेठपन और स्वभाव की सरलता के कई उदाहरण देखने को मिलते हैं। वे बुन्देलखण्ड के जिस वातावरण में रचे-बसे थे उसी की छाप उनकी बोली-बानी में मिलती है। कहने का आशय यह है कि उनकी भाषा की सबसे बड़ी विशेषता उसकी सहजता और सरलता है। सरल भाषा तो प्रेमचन्द्र भी लिखते थे किन्तु उनकी भाषा में उर्दू शब्दों का प्रयोग अधिक रहता था। वृन्दावनलाल वर्मा भी सरल भाषा लिखने के पक्षपाती थे किन्तु उनकी भाषा पर बुन्देली का व्यापक और गहरा प्रभाव है। उन्होंने एक प्रकार से अपनी भाषा में बुन्देली की छौंक देकर उसे और धारदार बनाया है। इसका परिणाम यह हुआ कि उनकी भाषा लोक हृदय के और पास आ गई। फिर ऐसे प्रयोग बुन्देलखण्ड के अन्य किसी उपन्यासकार की भाषा में देखने को नहीं मिले।

डॉ. पद्मसिंह शर्मा 'कमलेश' का यह कथन उनकी भाषा पर ठीक प्रकाश डालता है। उन्होंने लिखा है :वर्मा जी द्वारा विशाल परिमाण में रचित साहित्य के अनुपात से ही उनकी भाषा भी सम्पन्न है। लेकिन जैसे अपने समस्त सहित्य में वर्मा जी बुन्देलखण्ड की परम्पराओं का विस्मरण नहीं कर सके, वैसे ही बुन्देली भाषा भी उनकी लेखनी की नोक से कभी अलग नहीं हुई। उनके द्वारा रचित कृति किसी भी वर्ग अथवा किसी भी देश-काल से सम्बन्ध रखने वाली हो, बुन्देली भाषा उसमें अपना स्थान सुरक्षित किए बिना नहीं मानती।[10]

उनकी भाषा की विशेषताएँ रेखांकित करते हुए डॉ. रामनारायण सिंह मधुर ने उसे सीधी, सरल और सरस बताया है। स्वाभाविकता तो उनकी भाषा का सहज गुण है। डॉ. मधुर के अनुसार, वृन्दावनलाल वर्मा ने कहीं भी अपनी भाषा सजा-सँवारकर अलँकृत या कृत्रिम बनाने का प्रयास नहीं किया है। उनकी किसी भी कृति में भाषा का यह सहज-सरल सौन्दर्य देखा जा सकता है। उनकी भाषा में कुछ सरल और क्षेत्रीय शब्द जरूर आते हैं किन्तु वे परती परिकथा या मैला अंचल जैसे दुर्बोध शब्द नहीं हैं। वे जिन शब्दों से निष्पन्न हुए हैं वे समझने में सरल हैं, लोक में प्रचलित तत्सम शब्दों के निकट हैं। फिर उनकी भाषा की दूसरी विशेषता है उसकी सर्वव्यापकता अर्थात उनका हर पात्र एक-सी सरल बोली का प्रयोग करता है। डॉ. मधुर का कहना है : उनके सभी पात्र चाहे धनी हों, गरीब हों, राजा हों, निर्धन हों, ग्रामीण हों, पंडित, ज्ञानी, सुधी हों, एक सदृश ही सरल भाषा का प्रयोग करते हैं।[11] कुछ विद्वानों की नजर में यह एक प्रकार का दोष है। प्रो. शिवकुमार मिश्र ने इस सम्बन्ध में लिखा है : जहाँ इस प्रकार की भाषा से उनके उपन्यासों का सौन्दर्य बढ़ा है, वहाँ मानो भावों के उपयुक्त व्यक्तीकरण में शिथिलता का समावेश भी हुआ है।[12] किन्तु, उनकी भाषा की अपनी विशेषता है जो किसी से न तो मिलती है और न किसी की अनुकृति प्रतीत होती है। उनकी भाषा सरल, सरस, तत्सम, तद्भव एवं स्थानीय शब्दों की बहुलता से युक्त है। उनके हिन्दू पात्र शुद्ध सरल हिन्दी का प्रयोग करते हैं, ग्रामीण पात्र

स्थानीय बोली के ठेठ शब्दों का प्रयोग करते हैं और मुसलमान पात्र उर्दू-फारसी मिश्रित भाषा का प्रयोग करते हैं।

इसी प्रकार अलंकारों से बोझिल भाषा लिखना वर्मा जी का कभी लक्ष्य नहीं रहा। जो अलंकार स्वत: प्रेरित होकर मन: स्थिति, भावों के अनुकूल, वार्तालाप के प्रवाह में आ गए उन्हीं को उन्होंने अपनाया है। वे भाषा पर बलात लादे नहीं गए है।

ऊपर वर्मा जी की भाषागत जिन विशेषताओं का उल्लेख किया गया है, उन्हें उनकी ऐतिहासिक कृति 'झाँसी की रानी' में खोजा जा सकता है।

किसी पात्र की चारित्रिक विशेषता अथवा एक ही स्थिति या किसी घटना के प्रभाव को वर्मा जी शब्दों के शृंखलाबद्ध प्रयोगों के द्वारा व्यक्त करते हैं जैसे—झाँसी के किले वाले महल के मैदान में, धूमधाम और तड़क-भड़क के साथ जो दरबार सन् 1832 में हुआ था (पृष्ठ 9) पेशाबाई निर्बल हो चुकी थी। सूबेदार सशक्त थे। (वही, पृष्ठ 9)

इस सन्धि ने पेशवा के सम्पूर्ण अधिकार ठोस और खोखले जो उनको बुन्देलखण्ड में प्राप्त थे, ईस्ट इंडिया कम्पनी को दे दिए। (वही पृष्ठ 9)

उसके घराने में (आनन्द राय के) ताम्र पत्रों की सनदों द्वारा जो माफी लगी थी, वह पुष्ट की गई। कुछ बढ़ा भी दी गई। (वही, पृष्ठ 10) एक समय था जब लच्छो नई बस्ती के महल में रहती थी। मेहँदी बाग के फूल उस पर न्योछावर होते थे...अब उसकी टूटी कब्र पर घास और जंगली पौधे खड़े हैं। (वही, पृष्ठ 12) रघुनाथ राव और लच्छो के महल खँडहर हो गए हैं और उनमें झाँसी म्यूनिसिपैलिटी की कूड़ा गाड़ियाँ रखी जाती हैं, बैल बाँधे जाते हैं, और उनके लिए घास-चारा भरा जाता है। (वही, पृष्ठ 12) सखूबाई के शासन-काल में रघुनाथ राव और गंगाधर राव दोनों भाइयों की मनोवृत्तियाँ आमोद-प्रमोद की ओर झुकीं, बढ़ीं और उसी में तल्लीन हुई। (वही, पृष्ठ 12) कुराज्य था, कुशासन था परन्तु गाँवटी पंचायतें बनी हुई थीं। बड़े मामलों के लिए बँधे हुए हक-दस्तूरी-रिश्वतों के छेदों में होकर जनता अपने नित्य के जीवन में आराम और निभाव को खींचती-घसीटती चली जाती थी। (वही, पृष्ठ 12) लोगों को अपने औसान और पराक्रम का सहारा पकड़ने के बहुधा अवसर मिलते रहते थे। (वही, पृष्ठ 12) एक-एक आश्रय पर शत-शत आश्रित टँगे हुए, लिप्त और संलग्न थे। (वही, पृष्ठ 12) जहाँ आश्रय श्रमहीन, प्रपत्ररहित और दुश्शील हुआ कि गया। (वही, पृष्ठ 12) झाँसी के अड़ोस-पड़ोस तक में लूटमार, भभ्भड़ और दंगा-फसाद होने लगा। (वही, पृष्ठ 12) रघुनाथ राव ने राज्य के कोर्ट होने के पहले ही झाँसी का बचा-खुचा खजाना भाँड़-भगतियों में वितरित कर दिया। (वही, पृष्ठ 12) उसी समय वहाँ बाजीराव और मोरोपन्त आ गए। बाजीराव प्रसन्न थे और मोरोपन्त आनन्द-विभोर। (वही, पृष्ठ 34) झाँसी में उस समय मंत्र शास्त्री, तंत्र शास्त्री, वैद्य, रणविद् इत्यादि अनेक प्रकार के विशेषज्ञ थे। शाक्त शैव, वाममार्गी, वैष्णव सभी काफी तादाद में। (वही, पृष्ठ 34) नारायण शास्त्री दाँत पीसते और सिर तोड़ परिश्रम करते। (वही, पृष्ठ 36)

उपर्युक्त उद्धरणों का अगर विश्लेषण किया जाए तो वर्मा जी की भाषा-संरचना के सौन्दर्य का पता चलता है। उनकी प्रवृत्ति यह है कि किसी तथ्य की पुनरावृत्ति से बचने के लिए और किसी संवेग या किसी तथ्य को रेखांकित करने के लिए वे एक ही आशय

को व्यक्त करने के लिए या तो उसी शब्द के पर्यायों का प्रयोग करते हैं या उसी आशय के समीपी शब्द का प्रयोग करते हैं। कभी-कभी उनकी अभिव्यक्ति का सौन्दर्य विरोध-विधान के द्वारा बढ़ता है।

पहले उदाहरण में दरबार बड़ी धूमधाम और तड़क-भड़क के साथ होता है। यहाँ वर्मा जी राज्याभिषेक या राजा घोषित किए जाने के जिस समारोह की ओर संकेत कर रहे हैं उसमें सिर्फ धूम-धाम शब्द लिखने से उन्हें सन्तोष नहीं हुआ, इसलिए उन्होंने दूसरे शब्द तड़क-भड़क का प्रयोग किया। ऐसा उन्होंने क्यों किया इसका संकेत उनके इस वाक्य से मिलता है : बुन्देलखण्ड को अधिकृत करने के लिए अंग्रेजों और झाँसी के सूबेदार की मित्रता अभीष्ट थी। अर्थात उस समारोह को इतना तड़क-भड़कदार बनाया गया था जिससे अंग्रेजों की यह चाल किसी की समझ में न आए। इससे यह संकेतित होता है कि वर्मा जी के शब्द-प्रयोग के पीछे कोई-न-कोई गहरा आशय छिपा रहता है अर्थात वे किन्हीं एक से दीखते दो शब्दों का प्रयोग यों ही नहीं करते। किसी आशय विशेष को व्यंजित करना चाहते हैं।

अब दूसरे वाक्य को लीजिए : पेशाबाई का निर्बल होना और सूबेदार का सशक्त होना यह वाक्य इस बात का द्योतक है कि अब शासन-तंत्र में इतनी गिरावट आ चुकी थी कि पूना के पेशवों का रुतबा खत्म हो चुका था। उनके द्वारा नियुक्त सूबेदार प्रबल थे अर्थात कोई केन्द्रीय शासन व्यवस्था नहीं रह गई थी, शासन-शक्ति विकेन्द्रीकरण की ओर गतिशील थी। क्योंकि आगे वर्मा जी लिखते हैं कि पेशवा बाजीराव द्वितीय को जो अधिकार प्राप्त थे कुछ तो ठोस थे और कुछ खोखले थे। वे सब ईस्ट इंडिया कम्पनी को सौंप दिए गए। ये शब्द मराठा राज्य के पतन और धीरे-धीरे कम्पनी का आधिपत्य बढ़ने की ओर इशारा करते हैं। देखिए लच्छो का सन्दर्भ। इसमें वर्मा जी लच्छो के जीवन के दो पक्षों की ओर संकेत करते हैं। एक में जब रघुनाथ राव राजा बने थे तो लच्छो कितने ठाट-बाट से रहती थी। उस पर मेहँदी बाग के फूलों की बरसा होती थी और अब क्या हालत थी कि उसकी कब्र की कोई देखभाल करने वाला भी नहीं था और अब उस पर घास और जंगली पौधे खड़े थे। उसके जीवन की दो दिशाएँ—एक वैभवपूर्ण और एक उपेक्षित अवस्था। पहले फूल न्योछावर होते थे। यहाँ न्योछावर क्रिया में एक सांस्कृतिक सन्दर्भ और पूरी चित्रात्मकता विद्यमान है। जैसे कोई प्रसन्न होकर फूलों को न्योछावर कर रहा हो।

महलों की दुर्दशा एक तो उनके खँडहर होने से व्यक्त होती है और दूसरी व्यक्त होती है उन खँडहरों में कूड़े की गाड़ियों का खड़ा होना, बैलों का बँधना और उनके लिए चारा-घास का भरा जाना। जीवन के वैभव और पतन दोनों को दिखाने वाले शब्दों का प्रयोग।

रघुनाथ राव और गंगाधर राव दोनों ही रसिक व्यक्ति थे। उनमें ये रंगीन प्रवृत्तियाँ कैसे पनपीं इसके लिए वर्मा जी सखूबाई के शासनकाल का हवाला देते हुए लिखते हैं कि उसी समय इन दोनों भाइयों की प्रवृत्तियाँ आमोद-प्रमोद की ओर झुकीं, बढ़ीं और उसी में तल्लीन हुईं। यहाँ पर वर्मा जी तीन शब्दों का प्रयोग करते हैं जो किसी कुप्रवृत्ति के अंकुरित होने, विकसित होने और एकदम वृक्ष बन जाने की ओर संकेत करते हैं। आमोद-प्रमोद की ओर मन का झुकना, फिर उस प्रवृत्ति का बढ़ जाना, फिर उसी में डूब जाना। आगे चलकर रघुनाथ

राव के एक वेश्या से सम्बन्ध होना और गंगाधर राव का नाटकशाला की नर्तकियों की ओर झुकना इसी को प्रमाणित करता है।

इसी प्रकार 'कुराज्य' और 'कुशासन' शब्द हैं। राजा तो अच्छा था ही नहीं किन्तु राज्य का शासन जिन कर्मचारियों पर निर्भर था वे भी अच्छे नहीं थे।

अब एक और वाक्य लीजिए जिसमें रिश्वत के विभिन्न पर्यायों के माध्यम से बात कही गई है : बँधे हुए हक, दस्तूरी और रिश्वतों के छेदों में से होकर। यहाँ हक, दस्तूरी और रिश्वत ये तीन शब्द घूस के विकास की कहानी कहते हैं। रिश्वत को कब बँधा हुआ 'हक' समझा जाता था, कभी दस्तूर और कभी-कभी सीधे रिश्वत। जनता कुशासन और कुराज्य में इन्हीं के माध्यम से 'निभाव' किए जा रही थी। अगर वह ऐसा न करे तो जिन्दगी आराम से बसर नहीं कर सकती थी। यहाँ एक बात और दृष्टव्य है, वर्मा जी ने हक, दस्तूरी आदि को छेद कहा है। 'छेद' शब्द लाक्षणिक है। अर्थात वैसे तो कानून और नियमों की ऐसी जकड़न थी कि जनता का जीना दुष्कर था किन्तु उसे हक, दस्तूरी आदि ऐसे माध्यम मिल गए थे जिनके कारण वह 'कुराज' और 'कुशासन' में किसी तरह अपना काम निकाल लेती थी। फिर दो शब्द उसके जीवन की कठिनाइयों को और गहराई से व्यंजित करते हैं। वह अपना जीवन किसी तरह चला रही थी और कहीं-कहीं उसे घसीटना पड़ रहा था।

औसान और पराक्रम शब्द भी इसी प्रकार के हैं, इसी प्रकार टँगे हुए लिप्त और संलग्न शब्द हैं। वैसे तो कुराज और कुशासन के कारण जनता परेशान थी। जीविका के साधन नहीं थे इसलिए जो भी सहारा मिल जाता था उसी सहारे पर कुछ लोग टंगे थे, कुछ लिप्त थे और कुछ उसी से जुड़े हुए थे। वे स्वाभिमान खोकर एक ही व्यक्ति के आश्रित थे और ऐसे आश्रितों की संख्या सैकड़ों में थी।

देखिए अगर यह आश्रय 'निष्क्रिय', 'प्रपत्ररहित' और 'दुश्शील' हुआ तो वह शीघ्र नष्ट हो जाता था और उसके आश्रित लोग भी बेसहारा हो जाते थे। यहाँ वर्मा जी ने तीन शब्दों के द्वारा राजा के पतन को संकेतित किया है। सैकड़ों व्यक्ति जिसके सहारे हैं वही व्यक्ति अगर निष्क्रिय, आलसी, भोग-विलास में रत हुआ अर्थात दुश्शील हुआ और उसके पास राज्याधिकार भी न रहा हो तो वह नष्ट हो जाता था। वर्मा जी यहाँ पेशवाई के निरन्तर दुर्बल होते जाने की ओर संकेत कर रहे हैं।

अगले उदाहरण में वर्मा जी ने तीन शब्दों का प्रयोग किया है—लूटमार, भभ्भड़ और दंगा-फसाद। ये तीनों शब्द राज्य की अराजक स्थिति की ओर संकेत करते हैं। अर्थात आस-पड़ोस में लूट-मार होती थी, भारी अव्यवस्था थी और कभी-कभी दंगा-फसाद की भी नौबत आ जाती थी। इसी तरह के दो शब्द हैं जो रघुनाथ राव के चरित्र और विवेकहीनता की ओर संकेत करते हैं और अप्रत्यक्ष रूप से यह भी बताते हैं कि आखिर मराठों का पतन क्यों होता गया और अंग्रेजों का दबदबा क्यों बढ़ता गया।

रघुनाथराव के समय अधिक ऋण हो जाने के कारण झाँसी राज्य कोर्ट हो गया किन्तु इसके पहले ही रघुनाथ राव ने बचा-खुचा खजाना भाँड़ों-भगतियों में बाँट दिया। अर्थात खुशामदियों और स्वाँग करने वालों में। इसका अर्थ है कि वे भाँड़ों-भगतियों से ही घिरे रहते थे। उनकी रुचि का स्तर भी यही था। इससे विदित होता है उनकी संगति भी अच्छी

नहीं थी। इसका प्रभाव गंगाधर राव पर भी पड़ा था किन्तु, उनकी रुचि रघुनाथ राव की अपेक्षा परिष्कृत और ललित कलाओं की ओर झुकी हुई थी।

मनु का विवाह गंगाधर राव से तय हो गया है यह समाचार सुनकर बाजीराव और मनु के पिता दोनों पर प्रभाव पड़ा जिसे उन्होंने प्रसन्नता के माध्यम से व्यक्त किया किन्तु प्रसन्नता की मात्रा में अन्तर था। मनु बाजीराव की पोष्य पुत्री थी इसलिए वे इस समाचार से प्रसन्न भर हुए किन्तु मोरोपन्त की तो वह एकमात्र पुत्री थी इसलिए वे इससे आनन्द विभोर हो गए। दोनों का अर्थ प्रसन्न होना है किन्तु एक में प्रसन्न होना भर है किन्तु दूसरे में प्रसन्नता से आत्मविस्मृत होकर उसमें डूब जाना है। वर्मा जी की भाषा में ऐसे विलक्षण प्रयोग प्रचुरता से मिलते हैं।

एक ही वाक्य में चीजों, व्यक्तियों, क्रियाओं को जोड़कर संक्षेप अथवा शब्द–संहति के माध्यम से बात कहना, वर्मा जी की भाषा की यह भी एक विशेषता है। झाँसी में कई विद्याओं, तंत्रों, सम्प्रदायों के विशेषज्ञ थे। मंत्रशास्त्री, तंत्रशास्त्री, वैद्य, रणविद इत्यादि अनेक प्रकार के विशेषज्ञ थे। इतने विशेषज्ञों का उल्लेख कर वर्मा जी नारायण शास्त्री का सन्दर्भ देकर उनकी कहानी उभारते हैं जिससे एक पृष्ठभूमि बन जाए।

इसी तरह का एक उद्धरण और है। एक वाक्य में कई चीजों को समेटकर अभिव्यक्ति में संहति लाना वर्मा जी के शब्द–प्रयोग की विशेषता है : मनु और ये दोनों लड़के साथ खेलते–खाते और पढ़ते थे। मलखम्भ, कुश्ती, तलवार, बन्दूक का चलाना, अश्वारोहण, पढ़ना–लिखना इत्यादि सब इन तीनों ने छुटपन से साथ–साथ सीखा था। (वही, पृष्ठ 29)।

इस वाक्य में खेलते–खाते, पढ़ते ये तीन क्रियाएँ एक साथ जोड़कर वर्मा जी ने अपने अभिव्यक्ति–संयम का परिचय दिया है। इसी तरह मलखम्भ, कुश्ती, तलवार, बन्दूक का चलाना, अश्वारोहण, पढ़ना–लिखना इन संज्ञाओं और क्रियात्मक संज्ञाओं को जोड़कर एक ही वाक्य का निर्माण किया है।

वृन्दावनलाल वर्मा की आधारभूत भाषा शुद्ध साहित्यिक खड़ी बोली है। वह कहीं विशुद्ध संस्कृत तत्सम शब्दावली से पूर्ण है और कहीं–कहीं उसमें बुन्देली या देशज शब्दों का पुट है। वर्मा जी जब कभी प्रकृति या स्त्री सौन्दर्य का चित्रण करते हैं तब उनकी भाषा में कल्पना के पंख लग जाते हैं और वहाँ गद्य में कविता का एहसास होने लगता है।

बीच–बीच में देशज शब्दों का प्रयोग

देशज, तद्भव और ठेठ बुन्देली के शब्द प्रयोग करने के वर्मा जी इतने अभ्यस्त थे कि ये प्राय: उनके हर वाक्य में आ जाते थे। फिर वह चाहे किसी पात्र के स्वभाव का विश्लेषण हो, किसी पात्र का वार्तालाप हो, किसी घटना का चित्रण हो या किसी प्रसंग का उद्घाटन।

- सखूबाई को विश्वास था कि उस रात रामचन्द्र राव चौपड़े में तैरने के लिए मुठार लगाएगा और समाप्त हो जाएगा। (वही, पृष्ठ 10)
- गाँवटी पंचायतें हाहाकार कर उठीं। (वही, पृष्ठ 11)
- खजाने में जो कुछ रुपया था, उसका एक अंश सखूबाई ने दाब लिया। (वही, पृष्ठ 11)

— मोरोपन्त का क्रोध-क्षोभ भीतर सरक गया। (वही, पृष्ठ 24)
— मनु चपल, हठीली और पैनी बुद्धि की थी। (वही, पृष्ठ 29)
— दीक्षित ने मन में कई वर टटोले। (वही, पृष्ठ 30)
— सोचा, श्रीमन्त गंगाधर राव की जन्मपत्री मिलाकर देखूँ, शायद टक्कर खा जाए। (वही, पृष्ठ 30)
— अब तो सब तरफ अंग्रेजों का चरचराटा है। (वही, पृष्ठ 33)
— पजनेश पौर के चबूतरे पर बैठ गए। (वही, पृष्ठ 36)
— वे अवश्य पुराणियों और कथा-वाचकों के साथ असत्य की सोंझ नहीं करते। (वही, पृष्ठ 37)
— उसने दृढ़ता के साथ उत्तर दिया, क्या आपने कभी कोई कचाहट पाई ? (वही, पृष्ठ 42)
— राजा थर्राहट के मारे काँप उठे। (वही, पृष्ठ 70)
— मुझसे और उस गार्डन से बात हुई होती तो मैं ऐसी करकरी सुनाती कि उसको अपने पुरखे याद आ जाते। (वही, पृष्ठ 70)
— स्त्रियाँ होड़ाहींसी में मालिनों के पास दौड़ीं। (वही, पृष्ठ 72)
— पैर के पैंजनों से लेकर सिर की दाउनी। (दामिनी)तक सब आभूषण स्थानिक। (वही, पृष्ठ 72)
— बख्शिन सँभल गई। उसने सोचा मारके का प्रश्न अभी दूर है। (वही, पृष्ठ 75)
— चतुर बख्शिन गड़बड़ा गई। (वही, पृष्ठ 75)
— इनकी लिखतम का, इनकी बात का कोई भरोसा नहीं। (वही, पृष्ठ 101)
— दूसरे उसी ढोंग की ओट में स्वार्थ सिद्ध करते हैं। (वही, पृष्ठ 101)
— और हथियार चलाने का हौंस रखते हैं। (वही, पृष्ठ 102)
— रानी बोली पहले उनके घरों को टटोलो। (वही, पृष्ठ 102)

ऊपर जिन वाक्यों को उद्धृत किया गया है उनमें देशज, तद्‌भव और बुन्देली के ठेठ शब्दों के प्रयोग से वक्ता के कथन का सौन्दर्य बढ़ गया है और वर्मा जी की ठेठ शब्दों के प्रयोग करने की प्रवृत्ति का पता चलता है। ऊपर वाक्यों में प्रयुक्त शब्दों पर अगर ध्यान दिया जाए तो कुछ तो तत्सम शब्दों से बनाए गए हैं और कुछ बुन्देलखण्ड अंचल में प्राय: प्रयोग में आते हैं। वर्मा जी के ये ठेठ शब्द अटपटे न होकर सहज और स्वाभाविक हैं। यहाँ के जीवन में घुले-मिले हैं। इन शब्दों से अभिव्यक्ति की सहजता झलकती है और यह भी पता चलता है कि वृन्दावनलाल वर्मा के ऐतिहासिक उपन्यासों की भाषा-आहरण का क्षेत्र कौन-सा है। ये शब्द हैं चौपड़े। 'मुठार' का अर्थ होता है ऊपर से छलांग लगाकर तालाब में कूदना। इसी प्रकार 'गाँवटी' पंचायतें अर्थात ग्रामीण क्षेत्र की पंचायतें। गाँव शब्द से बना यह शब्द गाँव की पंचायतों का विशेषण है जो संज्ञा शब्द से निष्पन्न हुआ है। दाब लिया— जिसका पता किसी को नहीं चला। अर्थात उन्होंने अपने क्रोध और क्षोभ को अपने मन में छिपा लिया। 'सरक गया' एक लाक्षणिक प्रयोग है जैसे साँप या कोई जीव-जन्तु बिल में सरकता हुआ छिप जाता है। यह शब्द यहाँ बिम्बधर्मी बन गया है। हठीली शब्द हठ से

बना है, यह मनु के स्वभाव को व्यक्त करता है। यही हठ आगे चलकर दृढ़ संकल्प में बदल जाता है और बुद्धि के लिए पैनी देशज शब्द का प्रयोग है। वर्मा जी ने तीक्ष्ण शब्द के स्थान 'पैनी' शब्द का प्रयोग किया है। 'पैना' हथियार होता है। बुद्धि के पैने होने का अर्थ है जिसकी बुद्धि में किसी समस्या, वस्तु के विश्लेषण में भीतर जाकर छानबीन करने की क्षमता हो। यह शब्द लोक भाषा का है और बुन्देलखण्ड में प्रचलित है। इसी प्रकार का बुन्देली शब्द टक्कर खाना है। दरअसल यह शब्द टकराने से बना है पर यहाँ इस शब्द का प्रयोग मेल खाने के अर्थ में किया गया है। तात्या दीक्षित ने मनु और गंगाधर राव की जन्मपत्री मिलाने के सन्दर्भ में सोचा कि मिलाने पर शायद दोनों के ग्रह एक-दूसरे के मेल में हों। अर्थात जितने तेजस्वी ग्रह राजा के है उतने ही हो सकता है मनु के भी निकलें। शब्द देशज है, ठेठ बुन्देली का किन्तु, यह अर्थ की कई व्यंजनाओं को खोलता है।

'चरचराटा' शब्द बुन्देली का है। अक्सर बोलचाल में जिसकी खूब चलती होती है उसे 'चरचराटा' शब्द से अभिहित किया जाता है। यह शब्द चलने से पत्तों या चीजों आदि को जो रौंदते हुए चला जाता है उसे 'चरचराटा' कहते हैं। यहाँ इसका अर्थ है आजकल सर्वत्र अंग्रेजों का बोलबाला है, उन्हीं का प्रभाव फैला हुआ है। वर्मा जी की प्रवृत्ति ठेठ शब्दों के द्वारा लाक्षणिक प्रभाव उत्पन्न करने की ओर रहती है। इन शब्दों के प्रयोग से यह पता चल जाता है कि लेखक बुन्देलखण्ड क्षेत्र का रहने वाला है। 'पौर' शब्द बुन्देलखण्ड में प्रचलित है। पुरवासी अर्थात बाहर के लोग आकर घर के जिस बाहरी कमरे में आकर बैठते हैं उसे 'पौर' (घर का बाहरी) भाग कहते हैं। और जो आत्मीय होते हैं उन्हें 'बैठका' या ड्राइंग रूम में बैठाया जाता है। 'सोंझ' शब्द भी बहुत सटीक है। असल में यह शब्द बुन्देली का ठेठ शब्द है जो 'साझा' शब्द से बना है। अंग्रेजी में जिसे 'पार्टनरशिप' कहते हैं। यहाँ लेखक के कहने का तात्पर्य है कि नारायण शास्त्री पुराणवाचकों, कथावाचकों के झूठ में शामिल नहीं होना चाहते।

इसी तरह का एक शब्द 'कचाहट' है जो 'कच्चे' 'कच्चा' जो अभी पका न हो, उससे निष्पन्न हुआ है। 'छोटी' नारायण शास्त्री से कहती है मेरे प्रेम में आपने कभी कोई कच्चापन, दृढ़ता में कमी पाई ?

इसी प्रकार एलिस की बातें सुनकर गंगाधर राव थर्रा गए अर्थात काँपने लगे। भीतर-बाहर से हिल गए। इस शब्द में भय भी शामिल है। अंग्रेजों के शासन का धीरे-धीरे शिकंजा कसते जाने के कारण। 'करकरी' सुनाना, 'करकरी' होना अर्थात कड़ा जबाब देना। झाँसी तथा झाँसी के आसपास प्रचलित यह शब्द ठेठ बुन्देली है। रानी का कहना है एलिस से अगर मेरी बात हुई होती तो मैं उसकी बात का जबाब दर्पयुक्त, स्वाभिमान से भरी कड़ी बातों से देती। मैं दबकर न रह जाती न उसका लिहाज करती। होड़ाहींसी शब्द भी ठेठ बोली का है। रानी से यह सुनकर कि मेरे लिए भी माला ले आओ उसकी सहेलियाँ 'होड़ाहींसी' करती हुई दौड़ीं। उनका भाव था कि रानी के लिए फूलों की माला कौन पहले ले आए। मतलब होड़ लगाकर, उत्साहित होकर कोई काम करना। 'पैंजना' और 'दाउनी' (दामिनी) ये दोनों बुन्देलखण्डी आभूषणों के नाम हैं। झलकारी दुलैया यही पहने थी। यहाँ पर वर्मा जी ने अंग्रेजी से निष्पन्न 'मार्क' से 'मारका', 'मारके' का प्रयुक्त किया है। इस शब्द को उन्होंने 'देशज'

भंगिमा दे दी है। बख्शिन जू से हल्दी-कुंकुम उत्सव में उनके पति का नाम पूछा जा रहा है लेकिन अभी रानी 'मारके' के प्रश्न से दूर है। यहाँ 'मारके' का अर्थ है असली वह प्रश्न जिससे कोई परेशानी में पड़ सकता है। यह शब्द 'मार' 'मारना' से भी बन सकता है अर्थात वह प्रश्न जो मेरे दिल पर चोट-सी करे पर जिसका उत्तर देना अनिवार्य हो। 'लिखतम' अर्थात लिखकर हस्ताक्षर कर जो सन्धि की उसका भी कोई विश्वास नहीं। इसलिए आगे चलकर रानी अंग्रेजों को धूर्त कहती है और उनसे चाणक्य नीति से निपटने को कहती है।

'ओट' शब्द भी इसी प्रकार का है। अंग्रेज न्याय करने का ढोंग करते हैं और इसी की ओट में, आड़ में छिपकर वार करते हैं। रानी के कहने का यही तात्पर्य है। 'होंस' शब्द भी ठीक बुन्देली है जिसका अर्थ है उत्साह रखना। 'टटोलना' शब्द का अर्थ है वास्तविक स्थिति का पता लगाना, जनता के मनोभाव को जानना। वैसे यह शब्द भी लाक्षणिक है। 'टटोलने' का अर्थ होता है हाथ से टटोलकर कोई वस्तु देखना। स्पर्श के द्वारा वस्तु को पहचानना अथवा जहाँ कुछ दिख न रहा हो, अँधेरा हो वहाँ हाथ से टटोल-टटोल कर बाहर जाने का रास्ता खोजना, मार्ग टटोल कर चलना आदि। यहाँ उसे परखने, जानने के अर्थ में प्रयुक्त किया गया है।

बुन्देलखण्ड और यहाँ की प्रकृति, पहाड़, नाले-नदियों, उनसे बने भरकों, टौरियाँ आदि से वर्मा जी को बेहद अनुराग था। इस दृष्टि से उन्हें आँचलिक कथाकर भी कहा जा सकता है। उतना ही उन्हें बुन्देली भाषा से अनुराग था। अपने उपन्यासों में वार्तालाप, वर्णन, पात्रों की रूप-रेखाओं के अंकन, मनोभावों के चित्रण में जब जहाँ उन्हें अवकाश मिला बुन्देली शब्दों का हलका-सा स्पर्श उन्होंने अपनी भाषा को जरूर दिया है। कुछ वार्तालाप तो ठेठ बुन्देली में दिए गए हैं। ऐसे स्थल तीन-चार हैं। एक तो हल्दी-कुंकुम उत्सव में झलकारी और रानी का वार्तालाप। दूसरे, झलकारी जब ह्यूरोज के सामने रानी का वेश धारण कर जाती है उस समय उसकी बातचीत और जब वर्मा जी मुरली मनोहर मन्दिर के पास स्थित बाजार में दुकानदारों और ग्राहकों की बातचीत का ब्योरा देते हैं उस समय का उसका वार्तालाप।

पहले झलकारी के वार्तालाप को यहाँ दिया जा रहा है : रानी ने पूछा, 'कौन हो ?' उत्तर मिला, 'सरकार, हों तो कोरिन।' 'नाम ?' 'सरकार, झलकारी दुलैया।' रानी ने उससे पूछा, 'कुछ कहना चाहती है क्या ?' झलकारी ने सिर नीचा किए हुए कहा, 'मोह जा बिनती करने मोय माफी मिल जाय तो तो कओं।' रानी ने मुसकराकर अभयदान दिया। झलकारी बोली, 'महाराज, मोरे घर में पुरिया पूरिवे को और कपड़ा बुनवे कौ काम होत आऔ है। पै उननै अब कम कर दऔ है। मलखम्भ, कुश्ती और जाने का-का करन लगे। अब सरकार घर कैसें चलै ?' रानी ने पूछा, 'तुम्हारी जाति में और कितने लोग मलखम्भ और कुश्ती में ध्यान देने लगे हैं ?' 'काये, मैं का घर-घर देखत फिरत ?' झलकारी ने बड़ी-बड़ी कजरारी आँखें घुमाकर तीक्ष्ण उत्तर दिया।[13]

हाट के दिन दुकानदारों और झलकारी तथा उसकी एक सहेली के वार्तालाप भी ठेठ बुन्देली में हैं। जनता की नब्ज टटोलने इस हाट के दिन खुदाबख्श और पीर अली दोनों निकले थे। एक दुकानदार से एक देहाती ग्राहक ने कपड़ा खरीदने के बाद पूछा, 'काये जू, अब झाँसी में का होने ?' 'जो होत आओ है सो हुइये,' उत्तर मिला। 'हम गाँव वारे इतनई

में समझ जात होते तो का न हती। तनक उल्था करके बताओ।' तीन–चार देहाती और वहाँ आ गए। बातचीत का सिलसिला चला।

'महाराज के स्वर्गवास के पैलें कुँवर गोदीं लएते सो सवरो संसार जानत। व गोद के मनवा के लाने उनने अपने सामने अर्जी लाटसाब लों पांचा दईती। अबै उत्तर नई आओ।'[14]

इस समय एलिस भी बाजार देखने निकला था। उसकी नजर एक सुन्दर स्त्री पर पड़ी। वह स्त्री और कोई नहीं अपनी सहेली के साथ झलकारी कोरिन थी। यहाँ भी पूरा वार्तालाप बुन्देली में है। उस सुन्दरी ने अपनी संगिनी से तुरन्त कहा, 'जौ नठिया मोरी ओर देखत तौ री, ई कैं का भताई बैनें न हुई एँ।' 'झलकारी, इन अँगरेजन में चलन दूसरी तराँ कौ सुनत।' 'हुइए आग लगन कें। मोरे मन में तो आउत कै पनैंयाँ उतार कें मूछनबारे के मों पै चटाचट देओं?' 'कायरी उने तोरो का लै लऔ?'[15]

जब झलकारी रानी का वेश धारण कर ह्यूरोज के सामने एकाएक पहुँच जाती है उस समय भी उसका वार्तालाप लेखक बुन्देली में देता है।[16]

वृन्दावनलाल वर्मा ने अपनी भाषा में मुहावरों का भी प्रचुर प्रयोग किया है। पर ये मुहावरे राजा राधिका रमणप्रसाद सिंह अथवा पांडेय बेचन शर्मा उग्र की तरह न होकर वर्मा जी की भाषा में घुले–मिले है। वे अलग से अपना एहसास नहीं कराते। एक बात और है इन मुहावरों को वर्मा जी ने ज्यों–का त्यों प्रयोग न करके कुछ बदले हुए रूप में दिया है। कुछ मुहावरे ऐसे हैं जिनका प्रयोग सिर्फ बुन्देलखण्ड अँचल में ही किया जाता है।

— मधुमास का महीना था। होली हो चुकी थी। जनता अपने रंग में मस्त थी। (वही, पृष्ठ 13)
— मोतीबाई सन्नाटे में आ गई। चेहरा उतर गया। (वही, पृष्ठ 15)
— राजा इस बात को पीकर रह गया। (वही, पृष्ठ 17)
— मोतीबाई प्रसन्नता के मारे फूल गई। (वही, पृष्ठ 17)
— जब मैं सवाल करती हूँ तो आप इस प्रकार मेरा मुँह बन्द करने लगते हैं। (वही, पृष्ठ 20)
— अब इस देश का भाग्य लौट गया है। अंग्रेजों का सूर्योदय हुआ है। (वही, पृष्ठ 20)
— यह तो हेर–फेर कर वही सब मनमाना तर्क। (वही, पृष्ठ 21)
— अभी तक कोई योग्य वर हाथ नहीं लगा। (वही, पृष्ठ 21)
— चुनौती–सी देती हुई बोली 'मेरे भाग्य में एक नहीं, दस हाथी लिखे हैं। (वही, पृष्ठ 24)
— मैं पूछती हूँ क्या ये सब मुँह पर मुहर लगाए रहती थीं? (वही, पृष्ठ 26)
— मोरोपन्त फूल गए। (वही, पृष्ठ 27)
— हर्ष के मारे दीक्षित का दिमाग चक्कर खा गया। फिर (उनका) गला भर आया। (वही, पृष्ठ 32)
— दिल्ली के कठघरे में अब एक कठपुतली भर रह गई है। (वही, पृष्ठ 33)
— शास्त्री ने आँख चढ़ाकर कहा, पजनेश ने दम ली, बदमाशों को मुँहतोड़ जबाब दूँगा। (वही, पृष्ठ 36)

— ये आश्रयदाता पुरानी लीकों के पुजारी हैं। (वही, पृष्ठ 37)
— वे लोग सच बात न कहकर मुँह देखी कहते हैं। (वही, पृष्ठ 37)
— व्यर्थ। बकने दो। मैं परवाह नहीं करता, अपना काम देखो। (वही, पृष्ठ 37)
— उन कथा-वाचकों की दिल्लगी उड़ाया करते हैं। (वही, पृष्ठ 37)
— पजनेश ने उत्तर दिया, कान नहीं दिया गया तो इसी चर्चा के लिए आपके...। (वही, पृष्ठ 37)
— शास्त्री को फिर क्रोध आया। थोड़ी देर जलते-भुनते रहे। (वही, पृष्ठ 42)
— रानी ने कहा—एलिस मालकम सब एक ही थैली के चट्टे-बट्टे हैं। ये लोग अपने लाट के नेत्र कोर के संकेत पर चलते हैं। (वही, पृष्ठ 100)
— नाना ने कहा—'यावच्चन्द्र दिवाकारों' वाली सन्धि को समूचा ही पचा गए हैं। (वही, पृष्ठ 101)
— झाँसी राज्य की जनता सोलह आना मेरे साथ है। (वही, पृष्ठ 102)
— उस समय झाँसी निवासियों के क्षोभ का ठिकाना न था। (वही, पृष्ठ 115)
— सुनता हूँ, ऐसी घुड़सवार है कि पुरुष दाँतों तले उँगली दबाते हैं। (वही, पृष्ठ 122)
— नबाब साहब की बाँछें खिल गईं। (वही, पृष्ठ 125)
— जिससे आप लोग शासन में हाथ बँटा सकें। सब लोग बिना सँकोच के इन अदालतों में अपनी फरियाद पेश कर सकते हैं। किसी के साथ रिआयत न की जाएगी। (वही, पृष्ठ 125)
— सब लोग चैन से अपने घर सोते हैं। (वही, पृष्ठ 126)
— चिरौरी करना तो वे जानते ही थे। (वही, पृष्ठ 127)
— चुपचाप दीवार फाँदकर नौ-दो ग्यारह हुआ। (वही, पृष्ठ 138)
— स्कीन और गार्डन के फरिश्ते भी नहीं पहुँच सकते थे। (वही, पृष्ठ 139)
— प्रात:काल जेल भर में हड़बड़ी फैल गई। बख्शिश अली का होश काफूर हो गया। कभी जेल में हड़बड़ाकर और कभी घर में बीबी-बच्चों के पास आकर सिर पीटते स्कीन और गार्डन क्रोध में डूबते-उतराते रहे। (वही, पृष्ठ 139)
— वह तो मोतीबाई के पीछे दीवाने हो रहे हैं। (वही, पृष्ठ 141)
— दरवाजे से सटा हुआ पीर अली कान खड़े करके सुनने लगा। (वही, पृष्ठ 143)
— लाला भाऊ बख्शी बोला—सरकार, दीखने के दाँत कुछ और खाने के कुछ और। भोपट साहब का यही तात्पर्य है। (वही, पृष्ठ 210)

अब अगर इन मुहावरों का विश्लेषण किया जाए तो वृन्दावनलाल वर्मा की भाषा की विशेषताएँ एक दृष्टि से और उजागर हो जाती हैं। दरअसल मुहावरेदानी से भाषा में एक प्रकार की जिन्दादिली आ जाती है और उपन्यास की भाषा किताबी न रहकर लोक जीवन से जुड़ी हो जाती है। इससे लेखक का अपने जीवन से कितना जुड़ाव है, उसे बोल-चाल के स्तर पर भाषा से कितना अनुराग है, वह लोक जीवन में कितना पैठा हुआ है, ये सारी विशेषताएँ भी उभर कर सामने आ जाती हैं। अब अगर इन मुहावरों का विश्लेषण किया जाए तो इनके रूप, इनकी बनावट, इनकी विविधता का पता चल जाता है। ये मुहावरे लेखक

ने जीवन से उठाये हैं। उसके आस-पास जिस रूप में प्रचलित हैं उससे। एक बात और, हर मुहावरे का एक प्रसंग है। ये ठीक समय पर ठीक प्रसंग में प्रयुक्त किए गए हैं। इस कारण इनकी स्वाभाविकता बढ़ जाती है और अभिव्यक्ति में पैनापन आ जाता है। यहाँ कुछ मुहावरों के विश्लेषण से मेरी बात स्पष्ट हो जाएगी।

पहले उदाहरण में मधुमास का समय जनता अपने रंग मस्त थी, अर्थात जनता अपने मन के आनन्द में विभोर थी। मुहावरा है अपने रंग में रंगे होना। यहाँ वर्मा जी ने उसे थोड़ी भंगिमा देकर अवसर के अनुकूल और लोक की मनोवृत्ति के अनुसार उसमें परिवर्तन कर दिया है। इसी प्रकार 'सन्नाटे में आना' और 'चेहरा थोड़ा उतर जाना', अर्थात गंगाधर राव की बात सुनकर वह डर के मारे सन्नाटे में आ गई। सन्नाटा अर्थात कुछ सोच न सकी, डर गई। गंगाधर राव का क्रोध विख्यात था, पता नहीं क्या परिणाम हो, इसी से उसके मुख पर छाया उल्लास उतर गया, प्रशंसा सुनने की आशा निराशा में बदल गई। इस मुहावरे का प्रयोग चेहरे का रंग उड़ जाना, चेहरा फीका पड़ जाना इस रूप में भी होता है। वर्मा ने इसे रंग उतर जाने के रूप में प्रयुक्त किया है। 'बात पीकर रह जाना' अर्थात अन्दर से बात का उत्तर देने के आवेग का संवरण कर अपनी प्रतिक्रिया का पता न चलने देना। गंगाधर राव की मनः स्थिति उस समय ऐसी ही थी। दरअसल खुदाबख्श मोतीबाई की प्रशंसा करे और मोतीबाई खुदाबख्श पर अपनी स्नेह दृष्टि डाले इसे गंगाधर राव बर्दाश्त नहीं कर पाते थे। जब राजा ने उससे पूछा कि इस बार मोतीबाई के अभिनय पर कोई प्रतिक्रिया व्यक्त नहीं की तो खुदाबख्श ने उत्तर दिया कि उसके लिए मेरे मन में कोई जगह नहीं थी। राजा यह जानते हुए कि यह बात गलत है वे इस बात को पी गए। कुछ कह न सके।

'भाग्योदय होना' और 'भाग्य का अस्त हो जाना'। भारत की पराजय होते रहना और अंग्रेजों का उदय, इन दो स्थितियों की अभिव्यक्ति यहाँ बाजीराव के इस कथन से होती है कि हमारा भाग्य लौट गया है, अस्त हो गया है और अंग्रेजों का सूर्योदय हुआ है। वर्मा जी ने यहाँ सीधे-सीधे मुहावरे का प्रयोग न कर उसके आशय को स्पष्ट करने के लिए 'भाग्य' और 'सूर्योदय' दो शब्दों के सहारे दो विपरीत स्थितियों को अभिव्यक्ति दी है।

'हेर-फेर करना' अलग मुहावरा है और 'हेर-फेर वही तर्क देना' अलग। यहाँ वर्मा जी ने उसे उलट-पलट कर उसी तर्क को प्रस्तुत करने के अर्थ में प्रयुक्त किया है। 'हाथ न लगना', अर्थात कोई अच्छा वर न मिलना, ढूँढ़े तो बहुत पर कोई अच्छा वर नहीं मिला।

एक मुहावरा है 'मुँह पर ताला लगाए रहना या लगाना' अर्थात चुप्पी साध जाना, कोई उत्तर न देना। यहाँ वर्मा जी ने उसे थोड़ा बदल कर प्रयुक्त किया है। 'मुँह पर मुहर लगाए रहना'। अर्थात जैसे किसी चीज को सील-मुहर लगाकर बन्द कर दिया जाता है उस तरह कुछ न कहना। इसका एक रूप मुँह सिये रहना भी है।

'हर्ष से फूल जाना', किसी असम्भावित बात को सुनकर चकरा जाना और भावावेग में गला भर आना। तात्या दीक्षित के मन की दशा को व्यक्त करने के लिए इस मुहावरे का प्रयोग किया गया है। 'कठपुतली रह जाना' भी ऐसा ही मुहावरा है। जब किसी की अपनी कोई शक्ति नहीं रह जाती, दूसरे के इशारे पर चलना ही नियति रह जाती है तो ऐसे व्यक्ति या राजा को कठपुतली भर कहा जाता है। दिल्ली के बहादुर शाह की भी यही दशा हो गई थी।

'आँख चढ़ाना', 'मुँह तोड़ जबाब देना', 'पुरानी लीक का पुजारी होना', 'मुँह देखी कहना', 'बकने देना', 'परवाह न करना' भी ऐसे ही मुहावरे हैं जो नारायण शास्त्री और पजनेश के बीच हुए वार्तालाप की वास्तविकता को उजागर करते हैं और वहीं पर नारायण शास्त्री की दृढ़ता को भी। ऐसा ही एक मुहावरा 'कान न देना' है अर्थात शास्त्री जी अपने बारे में फैली अफवाहों पर अगर आपने ध्यान दिया तो यह प्रकरण राज दरबार में भी पहुँच सकता है—पजनेश का यह कहना है।

'एक ही थैली के चट्टे-बट्टे' होना अर्थात चोर-चोर मौसेरे भाई। एलिस व मालकम अलग-अलग लगते जरूर है पर दोनों हैं अंग्रेजी सरकार की नीतियों पर चलने वाले। दोनों का लक्ष्य भारत पर अधिकार करना और देशी रियासतों को अपने राज्य में मिलाना है, रानी के कथन का आशय यही है। दोनों की कूटनीति का लक्ष्य एक ही है।

वर्मा जी ने एक मुहावरे का प्रयोग अपनी तरह से किया है। मुहावरा है 'किसी की आँख के इशारे पर चलना'। जैसे रामचरित मानस में 'सयनहिं लखनहिं राम निवेरे' अर्थात आँख के संकेत भर से राम ने लक्ष्मण को परशुराम से आगे कुछ कहने से वरज दिया। वर्मा जी ने इस मुहावरे का प्रयोग रानी के माध्यम से कराया है। उन्होंने लिखा है—ये लोग अपने लाट के नेत्र-कोर के संकेत पर चलते हैं। इनके अलावा 'किसी चीज को पचा जाना या पी जाना' अर्थात दिए हुए वचन को न निभाना, 'सोलह आना किसी के साथ होना' अर्थात उसका समर्थन करना, 'ठिकाना न रहना', 'सीमा न रहना', 'दाँतों तले उँगली दबाना', 'अचरज से भर जाना', 'बाँछें खिल जाना', 'हाथ बँटाना', 'चैन से सोना' अर्थात बिना किसी चिन्ता के समय बिताना आदि भी ऐसे लोक प्रचलित मुहावरे हैं जिनका प्रयोग थोड़े फेर-बदल के साथ प्रसंग के औचित्य को ध्यान में रखकर वर्मा जी ने किया हैं।

पीछे उल्लेख किया जा चुका है कि वर्मा जी ने प्रस्तुत उपन्यास में सर्वत्र पात्रानुकूल भाषा का प्रयोग किया है। जहाँ ग्रामीण पात्रों की भाषा ठेठ बुन्देली या उसका पुट लिये हुए है वहीं अंग्रेजों और मुस्लिम पात्रों की भाषा उर्दू बहुल है। वर्मा जी की भाषा का सौन्दर्य प्रकृति के मनोरम चित्रों, नारी सौन्दर्य या भावात्मक स्थलों पर पूरी तरह खिलता है। इसके कतिपय उदाहरण यहाँ दिए जा सकते हैं।

चैत लग गया। वसन्त ने पत्थरों और कंकड़ों तक पर फुलबाड़ियाँ पसार दीं। टेसू के फूलों ने क्षितिज को सजा दिया और धरती पर रंग-बिरंगे चौक पूर दिए। समीर और प्रभंजन में भी महक समा गई। रात और दिन संगीत से पुलकित हो उठे।[17]

वर्मा जी की इस भाषा को अलंकृत भाषा कह सकते हैं। इस गद्य खंड में काव्य का-सा आनन्द आता है। चित्र छोटा है लेकिन अत्यन्त सरस, कोमल और सुकुमार शब्द रेखाओं से खींचा गया।

एक दूसरा चित्र देखिए : वर्षा का अन्त हो गया। क्वार उतर रहा था। कभी-कभी झीनी-झीनी बदली हो जाती थी। परन्तु, उस सन्ध्या के समय आकाश बिलकुल स्वच्छ था। सूर्यास्त होने में थोड़ा विलम्ब था। बिठूर के बाहर गंगा के किनारे तीन अश्वारोही तेजी के साथ चले जा रहे थे। तीनों बाल्यावस्था में।[18]

एक और चित्र देखिए : वसन्त आ गया। प्रकृति ने पुष्पावलियाँ चढ़ाईं। महकें बरसाईं।

लोगों को अपनी श्वास तक में परिमल का आभास हुआ। किले के मैदान में रानी ने चैत की नवरात्रि में गौरी की प्रतिमा की स्थापना की।[19] एक छोटा-सा चित्र : ठंड पड़ने लगी थी। तारे अधिक चमक-दमक के साथ चंद्रिका की अपनी विस्तृत झीनी चादर ओढ़कर आकाश में उपस्थित हुए।[20]

देखिए एक और चित्र : दूसरे दिन बादल जरा खुला। भरे-भरे, साँवले-धूँधरे बादल आते और चले जाते थे। एकाध फुहार छोड़ जाते। नदियाँ-नाले भरे, इठलाए हुए और सवेग।[21]

रानी सागर सिंह को काबू में करने जा रही है। उस समय का एक और चित्र : ऊपर ज्यादा पानी बरस गया था, इसलिए बेतवा बेतहाशा इठला गई। हवा आँधी के रूप में चल रही थी। मल्लाहों के लिए नाव का लगाना असम्भव था। अनेक घुड़सवारों के दिल टूटने लगे।[22]

इस प्रकार के छोटे-छोटे प्रकृति-चित्रों की रेखाएँ उभारने में वर्मा जी माहिर हैं। उनकी भाषा और शब्द-प्रयोग का सौन्दर्य इन्हीं चित्रों में देखने को मिलता है। इन चित्रों की एक विशेषता और है और वह है लेखक का संयम। इन चित्रों में लेखक का मन रमता तो है किन्तु बह नहीं जाता। वह बड़े संयम से दो-चार 'स्ट्रोक' देकर अपने मुख्य प्रसँग पर आ जाता है। जैसे झलकारी कोरिन निशानेबाजी का अभ्यास करने पहाड़ियों की ओर निकली है, उस समय के सर्द मौसम का यह चित्र देखने योग्य है : विकट ठंड ऊपर से हड्डी कँपाने वाली हवा। कुछ ही दिन पहले पानी बरस चुका था। ठिठुरी हुई घास के ऊपर बड़े-बड़े ओस कण। मृदुल बाल-रवि की रश्मियाँ उनके ऊपर सरकती हुईं। झलकारी कोरिन कंधे पर बन्दूक रखे बगल में बारूद और गोलियाँ का झोला लटकाए उन्नाव फाटक से बाहर हुई।[23]

ऊपर जो उद्धरण दिए गए हैं इनकी भाषा का अगर विश्लेषण किया जाए तो ये सभी छोटे-छोटे प्रकृति-चित्र हैं। कुछ मधुर हैं और एक-दो भयावह जैसे बेतवा की बाढ़, आँधी-पानी और बरसात का। लेकिन इन चित्रों की भी भाषा बोलचाल के निकट, सादी, सरल और अलंकृत अगर है भी तो उसका शृंगार गँवई-गाँव की बाला जैसा है। इस भाषा की तुलना न तो प्रसाद की भाषा से की जा सकती है और न प्रेमचन्द की। वर्मा जी का भाषा-विन्यास रेणु जैसा भी नहीं है। इनके भाषा-विन्यास पर इनके अपने व्यक्तित्व की छाप है।

अब वर्मा जी की शैली पर भी विचार कर लेना चाहिए। वर्मा जी की शैली में वर्णनात्मकता, चित्रात्मकता, काव्यात्मकता, विवेचनात्मकता, प्रतीकात्मकता, भावात्मकता सारे गुण विद्यमान हैं। शैली के सभी रूप इनकी रचना में मिलते हैं।

जब कभी वे किसी स्थान, किले, युद्ध नगर या किसी स्थिति का वर्णन करते हैं तब उनकी वर्णनात्मक शैली की छटा देखने योग्य होती है। वे एक-एक चीज का ब्योरा बड़े मनोयोग से देते हैं। ऐसे स्थानों पर उनकी सूक्ष्म निरीक्षण शक्ति देखने योग्य होती है। कुछ उद्धरणों से यह बात सिद्ध हो जाएगी। गंगाधर राव की महफिल का एक चित्र देखिए :

गंगाधर राव साहित्य और ललित कलाओं के पूरे रसिक थे। सुखलाल काछी उनका चित्रकार था। पढ़ा-लिखा कम परन्तु कलम और कूँची की सही विधि, कोमलता और हथौटी का आचार्य। गायक, वादक, खासकर, ध्रुपद, वीणा और पखावज के उस्ताद और रीतिकाल

तथा भक्तिरस की ओट वाले कवि, गंगाधर राव की महफिल को आबाद करने लगे। उन्होंने दूर-दूर से नाना प्रकार के हस्तलिखित ग्रन्थ इकट्ठे करवाए और विशाल पुस्तक भंडार से अपने पुस्तकालय को भर दिया। वेद, उपनिषद, दर्शन, पुराण, तंत्र, आयुर्वेद, ज्योतिष, व्याकरण, काव्य इत्यादि के पुराने ग्रन्थ इतने उनके पुस्तकालय में थे कि लोग दूर-दूर से उनकी प्रतिलिपि के लिए आने लगे।[24]

इस उद्धरण में उनकी रुचि के अनुसार उनकी महफिल को सजाने वाले जितनी तरह के गुणीजन हो सकते थे उनका पूरा ब्योरा मिल जाता है। यह उद्धरण वर्मा जी की वर्णनात्मक शैली की एक और विशेषता बताता है, दूसरी ओर गंगाधर राव के चरित्र पर प्रकाश भी डालता है। यह उद्धरण इस बात की ओर भी संकेत करता है कि वर्मा जी को संगीत आदि कलाओं का कितना ज्ञान था और उन कलाओं की शब्दावली पर भी उनका अधिकार था। जैसे एक चित्रकार के लिए कलम और कूँची दोनों की जरूरत पड़ती है। यहाँ कलम से तात्पर्य लेखनी से न होकर चित्रांकन के एक औजार अथवा चित्रकला की एक शैली से भी है। जैसे राजपूत कलम, पहाड़ी कलम, मधुबनी कलम आदि। 'हथौटी' शब्द विशेष व्यंजक है। अभ्यास करते-करते एक चित्रकार की अंकन-विधि में वह निपुणता आ जाती है जिसे उसके हाथ की भंगिमा, चित्रांकन का ढंग कहा जाता है। यह चित्रकार की अपनी विशेषता होती है, इस पर उसके व्यक्तित्व की छाप और मौलिकता रहती है। उनका चित्रकार पढ़ा कम पर 'हथौटी' में माहिर था। उसके हाथ में जादू था। वर्मा जी ने अपने उपन्यास में इस प्रकार के कई व्यंजक शब्दों का प्रयोग कर अपने भाषा-कौशल का परिचय दिया है।

नाटकशाला का दृश्य देखिए : उस दिन रात में रत्नावली का अभिनय था। मोतीबाई को रत्नावली का रूपक करना था। निर्देशन स्वयं राजा का। गायन-वादन और नृत्य बड़े उस्तादों के निर्देशन में तैयार हुए थे।

दर्शक सब नियंत्रण पर आए थे। राजा गंगाधर राव सबसे आगे बैठे थे। पीछे परन्तु पास ही उनके संगी खुदाबख्श, दीवान रघुनाथ सिंह, रावदुल्हा जू, दीवान जवाहर सिंह इत्यादि दाएँ-बाएँ बैठे हुए थे। सब नौजवान। स्वास्थ्य और यौवन की उमंगों से भरे हुए। मोतीबाई के छलकते-मदमाते यौवन और सौन्दर्य को देखने के लिए आतुर परदा खुला। सूत्रधार का मंगल-गान हुआ। कुछ समय बाद रत्नावली की भूमिका में मोतीबाई इठलाती हुई रंगमंच पर आई।

मोतीबाई ने नृत्य भी बहुत मोहक किया। नृत्य के समय चितवन की कोरों को मस्ती से भरने का प्रयास किया और पलकों को अनेक बार अर्द्ध-मुकुलित झपकियाँ दीं।[25]

वर्मा जी ने रंगशाला, दर्शकों, नाटक में क्या होना है उसका विवरण तो दिया साथ ही अभिनय का पूरा दृश्यांकन भी कर दिया। ऐसे अवसरों पर वर्मा जी की शैली में कोरी वर्णनात्मकता न रहकर उसमें चित्रात्मकता भी आ जाती है। उन्होंने कोरे विवरण भी दिए हैं। कई स्थलों पर ऐसी जगह वर्मा जी की शैली वर्णन से आगे विवेचन और विश्लेषण-परक हो जाती है। नीचे उसका एक उदाहरण दिया जा रहा है :

देश में पूर्ण शान्ति हो, अंग्रेजों का अधिकार सदा-सर्वदा इस देश में बना रहे और

अंग्रेजी व्यापार, व्यवसाय निर्बाध चलते रहें, बस इसी वृत्ति से प्रेरित होकर कानून बनाए गए और चलाए गए। उन लोगों ने हिन्दू नरेशों और मुसलमान बादशाहों के उत्थान-पतन के इतिहास पढ़े-गुने थे, इसलिए वे अपने शासन को उन सब गड्ढों से बचाना चाहते थे जिनमें नरेशों और बादशाहों के सूबेदार और अन्य कर्मचारी मौका पाते ही ढकेल दिया करते थे।[26]

इसमें अंग्रेजों की रीति-नीति, उनकी सजगता आदि का विश्लेषण कर यह बताया गया है कि अंग्रेज यहाँ राज्य-शासन करने में कैसे सफल हुए। वर्मा जी जहाँ-कहीं किसी स्थिति का विश्लेषण करते हैं वहाँ उनकी भाषा सरल, सहज और प्राय: निरलंकृत होती है। अलँकृत और प्रतीकात्मक शैली के भी उन्होंने कई स्थानों पर प्रयोग किए हैं। ऐसी जगह उनकी अभिव्यक्ति लालित्यपूर्ण मोड़ ले लेती है। वैसे वे ऐसी अभिव्यक्ति में कम विश्वास करते हैं फिर भी जहाँ अवसर मिलता है ऐसी शैली का सहारा जरूर लेते हैं। इस शैली के उदाहरण नारी-सौन्दर्य चित्रण, प्रकृति वर्णन अथवा ओजपूर्ण दृश्यों के विधान में अधिक मिलते हैं। ऐसे स्थानों पर उनकी भाषा उपमा, रूपकों और उत्प्रेक्षाओं की झड़ी लगा देती है। प्रकृति बोलने लगती है, मनुष्य की तरह सक्रिय होकर उपचार वक्ता या मानवीयकरण अलंकार का रूप प्रदर्शित करने लगती है।

मोतीबाई के सौन्दर्य-चित्रण का स्थल इसका अनुपम उदाहरण है : उसका सौन्दर्य अप्सरा-सा था। फूलों जैसी कोमलांगी। स्वर-लहरी-सी मोहक और चंचल, परन्तु वेश्या पुत्री होने पर भी वह कुमारी थी और नाटकशाला के बाहर परदे में रहती थी।[27]

यहाँ पर वर्मा जी ने मोतीबाई के सौन्दर्य-चित्रण में अप्सरा, फूल, स्वर-लहरी जैसे उपमानों का प्रयोग किया है। किन्तु उनकी एक विशेषता सर्वत्र लक्षित करने योग्य है कि वे अपने लक्ष्य को कभी नहीं भूलते। इसी उद्धरण में तुरन्त उन्होंने रूप-चित्रण को लम्बा न खींचकर तुरन्त उसके चरित्र की दृढ़ता, पवित्रता का संकेत कर इस प्रसंग को यहीं समाप्त कर दिया।

'शकुन्तला' नाटक में उसका छोटा-सा चित्र देखने योग्य है : आभूषणविहीन परन्तु पुष्पों से लदी हुई मोतीबाई तपोवन की सहेलियों के साथ बेलों और लताओं को सींचते ही दर्शकों के मन में मद-सा वितरित करने लगी।[28]

कहीं-कहीं एक-एक वाक्य में पूरा चित्र उभारने में वर्मा जी बहुत कुशल हैं। मोतीबाई के अभिनय की राजा ने प्रशंसा की। उससे मोतीबाई प्रसन्नता के मारे फूल गई। बिना पुष्पों के पुष्पों से लदी जान पड़ी।[29] मानो पुष्पों से लद गई हो। उसका सौन्दर्य और निखर आया। यहाँ एक ही वाक्य में शैली का कमाल देखने योग्य है। ऐसे वाक्य पिरोने में वर्मा जी बहुत कुशल हैं।

मनु को तात्या दीक्षित के सामने लाया गया है। विवाह का प्रसंग है। उस समय उसे सजाया गया है। मनु के नेत्रों का वर्णन एक वाक्य में, 'मनुबाई के बड़े-बड़े गोल नेत्र मणि-मुक्ताओं को भी आभा दे रहे थे। दुर्गा-सी जान पड़ती थी।[30] वर्मा जी को अपने उपन्यास की मूल भावना सदा याद रहती है इसलिए उन्होंने रानी के श्रृंगार या सामान्य नारी में उत्पन्न होने वाले भिन्न लिंगी आकर्षण का कहीं भी उल्लेख नहीं किया है। इससे उसका चरित्र

गिर जाता और लेखक के मूल उद्देश्य को आघात पहुँचता, इसलिए ऊपर की पंक्ति में उन्होंने लिखा साक्षात दुर्गा-सी जान पड़ रही थी। ऐसा ही एक वाक्य उसकी मुसकान के चित्रण में है। अलंकृत शैली का उदाहरण है किन्तु है लाक्षणिक और लेखक के उद्देश्य के अनुकूल।

तात्या दीक्षित को लड़की पसन्द आ गई और गंगाधर राव से उसका विवाह होना एक प्रकार से निश्चित हो गया तब नाना ने उससे कहा—अब छबीली के स्थान पर तुम्हें झाँसी की रानी कहा करेंगे। इस पर मनु मुसकराई। उस मुसकान का चित्रण वर्मा जी इस प्रकार करते है : उस मुसकान में झाँसी का कितना महान और अमर इतिहास छिपा पड़ा था। यहाँ वर्मा जी की लाक्षणिक शैली देखने योग्य है।

रानी हल्दी-कुंकुम में अपनी सहेलियों से मिल रही है। हर्ष-उल्लास का वातावरण है। उस समय सहेलियों ने रानी की मुसकान को देखा। रानी के मुख पर उषा की अरुण-स्वर्ण रेखाएँ-सी खिंच गईं। वह मुसकराई जैसे एक क्षण के लिए ज्योत्सना छिटक गई हो। जरा सिर हिलाया मानो मुक्त पवन ने फूलों से लदी फुलवारियों को लहरा दिया हो।[29] इस छोटे-से गद्यखंड में काव्यात्मक, भावात्मक और अलंकृत शैली का सौन्दर्य देखने योग्य है। साथ ही इसमें एक वस्तु की गतिमयता के लिए दूसरी गतिशील वस्तु का दृश्य विधान भी है। रानी की मुसकान का सौन्दर्य और उसके प्रभाव का अंकन एक लहराते फूल बाग के दृश्य से किया गया है। एक ओर मुसकान की लहरें, दूसरी ओर फूलों का लहराता बाग। ये छोटे-छोटे वाक्य पूरे वातावरण को एक उजास से भर देते हैं, साथ ही पूरे गद्य खंड को उद्भासित कर देते हैं। जैसे यह वाक्य—रानी के गोरे मुखमंडल पर फिर एक क्षण के लिए रक्तिम आभा झाँईं-सी दे गई। अथवा यह वाक्य—बख्शिन के मुख पर गुलाल-सा बिखर गया।[30] एक वाक्य और है। रानी का बच्चा अभी दो मास का हुआ था। रानी पूरी तरह स्वस्थ नहीं थी। उसी समय तात्या टोपे उनसे मिलने आता है और देश के हालचाल सुनाता है। किसी बात पर रानी हँस पड़ती है। उस समय का छोटा-सा चित्र दृष्टव्य है : रानी हँस पड़ी। जैसे सन्ध्या के पीले बादलों में दामिनी दमक गई हो। रानी अपनी स्वाभाविक अरुणिमा अभी पुनः प्राप्त न कर पाई थी।[21]

काव्यात्मक शैली में जूही का एक चित्र देखिए : जूही यौवन के वसन्त में थी। बड़ी आँखों में चमक। नीचे देखने के समय लम्बी बरौनियाँ लाज के पाँवड़े-से डालने वालीं। परन्तु कुछ उदास थी।[32]

इस तरह के हर चित्र में वर्मा जी की शब्दावली बदल जाती है। वे एक ही तरह के उपमानों का प्रयोग नहीं करते। नारी-सौन्दर्य चित्रण में पात्र की मन:स्थिति का वे पूरा ध्यान रखते हैं। उनके लिए शारीरिक सौन्दर्य नहीं उसके साथ मनोवृत्ति का भी मेल होना चाहिए इसका वे बराबर ध्यान रखते हैं।

वर्मा जी की शैली और दृश्य के चित्र कहीं-कहीं बड़ी ओजपूर्ण भाषा का परिचय देते हैं। दरअसल 'झाँसी की रानी' उपन्यास लक्ष्मीबाई की शौर्य गाथा है। इसलिए इसमें ओजपूर्ण भाषा का होना स्वाभाविक और विषय को और उपस्कृत करने वाला है।

मोतीबाई के यह कहने पर कि जूही आपको चाहती है तात्या का उत्तर ओज-तेज से

भरी भाषा का प्रमाण है। तात्या ने कहा—मुझको ? मोतीबाई, यह जमाना बुद्धि और तलवार भाँजने का है, न कि मन को रस में डुबाने का।[33]

क्रान्ति और क्षोभ फैलाने वाली जो अनाम चिट्ठियाँ हर छावनी में भेजी गई थीं उनकी भाषा भी ओजपूर्ण और प्रेरणादायक है : अब और सहा नहीं जाता। कब तक कलेजे में छुरी चुभोए रहें। उठो और धर्म के लिए कट मरो। थोड़े से विदेशियों ने इस विशाल देश को घेर रखा है। निकाल दो। देश को स्वतंत्र करो। धर्म की रक्षा करो।[34]

1857 की क्रान्ति के समय पूरे देश में कमल और रोटी वितरित की गई। ये दोनों क्रान्ति के प्रतीक थे। इन प्रतीकों के निहितार्थ का विवेचन वर्मा जी ने जिस गद्य खंड में किया है वह प्रतीकात्मक, काव्यात्मक शैली का विशिष्ट उदाहरण है : कमल के असंख्य फूल, भारतवर्ष-भर की छावनियों में फैल गए। कमल फूलों का राजा है। सरस्वती की महानता, लक्ष्मी की विशालता उसके पराग और केसर में कहीं अदृष्ट रूप से निहित है। वह विष्णु की नाभि से निकला और अनंत समय के उपरान्त वहीं वापस जाएगा। वह हिन्दुस्तान की प्रकृति का, संस्कृति का, मृदुल, मंजुल, मांगलिक और पावन प्रतीक है। उसका रंग हलका लाल है। वह बिलकुल रक्त नहीं है। हिन्दुस्तान में होने वाली क्रान्ति खूनी जरूर थी परन्तु उस खूनी क्रान्ति के गर्भ में मंजुलता और पावनता गड़ी हुई थी। इसलिए 1857 की क्रान्ति का यह प्रतिबिम्ब चुना गया। क्रान्ति करेंगे मानवीयता की रक्षा के लिए, क्रान्ति होगी मानवीयता लिए हुए।

कमल के साथ रोटी चलती थी। हिन्दुस्तान की वह क्रान्ति हिन्दुस्तानियों की रोटी की रक्षा के लिए हुई थी। रोटी उस रक्षा के प्रयत्न का प्रतीक थी।[35]

सागर सिंह के दमन के लिए जाते समय रानी और उसके घुड़सवारों को उफनती हुई बेतवा पार करनी पड़ी थी। उस समय वर्मा जी ने बेतवा के जिस भयावह रूप का चित्रण किया है, वहाँ ओजपूर्ण शब्दावली देखने योग्य है। इसका उल्लेख पीछे प्रकृति चित्रण के समय किया जा चुका है।

वर्मा जी की वाक्य-संरचना की एक विशेषता और है। छोटे-छोटे वाक्यों द्वारा स्थिति, व्यक्ति या किसी चीज का वर्णन करना। कहीं-कहीं उनके वाक्य क्रियारहित होते हैं :

लहरों के एक पल्लड़ को चीरा, उस पर के झाग को बेधा कि दूसरा सामने। शब्दमय प्रवाह की निरर्थक भाषा मानो बार-बार कहती थी—बचो-बचो सामने की उथल-पुथल से आगे बढ़े कि बगल से थपेड़ पड़ी। सवार के पैर घोड़े से चिपटे हुए और उनके पैरों के नीचे घोड़े की निस्तब्ध टाप। और टाप के नीचे ? न जाने कितनी गहराई। सवारों के चारों ओर भँवरें पड़-पड़ जा रही थीं। एक भँवर बनी धार की, कि दूसरी तुरन्त मौजूद।[36]

छोटे-छोटे वाक्यों की रचना, काकुपूर्ण वाक्यों की लड़ी-पर-लड़ी गूँथते जाना, वाक्यों को क्रियारहित बनाकर छोड़ देना। पाठक के मन में वाक्य उच्चारित होकर अपने आप आशय को पूर्ण कर देगा इस विश्वास के साथ वर्मा जी का वृत्तान्त चित्र आगे बढ़ता जाता है। यह उनकी निजी शैली है जिसे उन्होंने बड़े अभ्यास से प्राप्त किया था। इसके उदाहरण अनेक प्राप्त होते हैं। यह उनकी सिद्ध शैली है : वसन्त पंचमी हो चुकी थी। फरवरी का महीना था। चाँदनी डूब चुकी थी। रात बिलकुल अँधेरी। हवा ठंडी, मन्द-मन्द। तारे चमक रहे

थे। कुछ बड़े-बड़े असंख्य छोटे-छोटे। जैसे चाँदनी अपनी चादर छितराकर छोड़ गई हो। नीचे सघन अंधकार। सब दिशाओं से गुलाई-सी बाँधे हुए।[37]

इस पूरे गद्य खंड में छोटे-छोटे, क्रियारहित किन्तु अपने आशय को पूरी तरह व्यक्त करते वाक्यों की बुनावट देखने योग्य है।

तात्या टोपे को बिठूर की अपेक्षा झाँसी अच्छी लगी। झाँसी से लौटकर वह मोरोपन्त नाना और मनु को झाँसी का वृत्तान्त सुना रहा है। उस स्थल की वाक्य-संरचना भी छोटे-छोटे प्रवाहपूर्ण वाक्यों से आपूर्ण है : नाना—क्या झाँसी बिठूर से बड़ा नगर है?

तात्या—कुछ बड़ा ही होगा। किला बड़ा है। नगर के चारों ओर परकोटा है। बस्ती पहाड़ी की ऊँचाई-नीचाई पर बसी है। इसलिए बरसात में कीचड़ नहीं मचती होगी। घर-घर कुएँ हैं। नगर के भीतर इधर-उधर फल-फूल के बगीचे हैं। भीतर-बाहर तालाब, अच्छे-अच्छे मन्दिर। एक बड़ा महल नीचे है। महल के पीछे नाटकशाला।[38]

यहाँ तक वृन्दावनलाल वर्मा की जिस भाषा-शैली का विवेचन किया गया उसका निष्कर्ष यह निकला कि उनकी भाषा में प्रवाह, गतिमयता और लाक्षणिकता है। उसका मूल सुर देशी, बुन्देली महक से युक्त और रुझान ठेठ शब्दों के प्रयोग की ओर अधिक है। उन्होंने अपनी भाषा को अलंकार और प्रतीकों की छुअन अवश्य दी है, पर उसे कहीं संस्कृत, तत्सम शब्दावली से बोझिल नहीं बनाया है। शैली छोटे-छोटे वाक्यों से पूर्ण और विविध भंगिमाओं से युक्त है। जहाँ-कहीं उन्हें प्रकृति या नारी सौन्दर्य के चित्रण का अवसर मिला वहाँ उनकी शैली भावात्मक, कल्पना के पंख लगने से काव्यात्मक हो जाती है। पर ऐसे सभी वर्णनों में वर्मा जी अपने प्रसंग को कभी नहीं भूलते। संक्षेप में चित्र उरेहकर वे तुरन्त अपने मुख्य प्रसंग पर आ जाते हैं। शैली में प्रवाह के साथ ओज भी मिला हुआ है। वैसे उनका समूचा वर्णन प्रसाद गुण सम्पन्न है। जहाँ-कहीं किले, युद्ध या किसी योजना का ब्योरा देना हो वहाँ उनकी शैली वर्णनात्मक और विवेचनात्मक हो जाती है, जैसे पूरे देश का जायजा लेने के बाद तात्या टोपे का रानी को रियासतों का हाल सुनाना। यह उसी प्रकार है जैसे कोई खबरनवीस या कोई कर्मचारी अधिकारी को अपने दौरे की रपट प्रस्तुत कर रहा हो। जहाँ कहीं किसी गम्भीर समस्या या योजना पर विचार करना हो वहाँ वर्मा जी की शैली गम्भीर, विश्लेषणात्मक और विचारणीय हो जाती है।

उनके शिल्प पर पिछले अध्याय में विचार किया जा चुका है। यहाँ विवेचन के लिए केवल उनके भाषा-विन्यास और शैली को ही लिया गया है।

आगे महाश्वेता देवी की भाषा-शैली पर विचार किया जाएगा।

महाश्वेता देवी की भाषा-शैली

हिन्दी और बांग्ला भाषा की समेकित शब्दावली का तुलनात्मक अध्ययन अगर किया जाए तो दोनों की निकटता, अधिकतर समानार्थी शब्दावली, एक ही स्रोत से दोनों का उद्गम आदि पर प्रभूत प्रभाव पड़ सकता है। बांग्ला में हिन्दी-आगत शब्दावली का एक अध्ययन तो देखने को मिलता है लेकिन व्याकरणिक कोटियों, पर्याय, विपर्याय, समानार्थी, भिन्नार्थी, खान-पान, पहनावे-उढ़ावे, सम्बोधन, कला, नृत्य, संगीत आदि में व्यवहृत शब्दावली

नामाभिधान, कोश विज्ञान, समानार्थी कोशों आदि की दृष्टि से दोनों भाषाओं के तुलनात्मक अध्ययन की अभी गुंजाइश बनी हुई है। अगर ऐसा अध्ययन हुआ होता तो दोनों भाषाओं अर्थात हिन्दी और बांग्ला दोनों भाषाओं के दो लेखकों द्वारा प्रयुक्त भाषा-विन्यास के अध्ययन में सुगमता होती। मेरे कहने का आशय यह है कि एक ही विषय-वस्तु पर लिखे दो उपन्यासकारों अर्थात वृन्दावनलाल वर्मा और महाश्वेता देवी की 'झाँसी की रानी' में प्रयुक्त भाषा की भिन्नता और समानता के अनुशीलन में पर्याप्त सहूलियत होती।

यह सर्वविदित तथ्य है कि दोनों भाषाओं का स्रोत एक ही शौर सेनी मागधी अपभ्रंश है। इसीलिए हिन्दी, बांग्ला, असमिया और उड़िया इतनी निकट हैं। बांग्ला और हिन्दी के बीच में महत्त्वपूर्ण स्रोत ब्रजबुलि या अवहट्ट भाषा में लिखी रचनाएँ हैं। विद्यापति की अवहट्ट भाषा की रचनाएँ वैसे ही ख्यात हैं। ब्रजबुलि के वे पुरस्कर्ता हैं। बंगाल के वैष्णव कवियों ने गीत गोविन्द के अलावा विद्यापति से प्रेम भावना ही नहीं भाषा भी ली है। उनकी मैथिली में ब्रजी का पुट देकर ब्रजबुलि नामक एक भाषा की रचना की जो बंगाल से लेकर आसाम तक फैल गई।

बांग्ला भाषा के आदि रूप की रचना आठवीं से बारहवीं शती के बीच हुई। बांग्ला का आरम्भिक रूप संस्कृत बहुल रहा है। बांग्ला पहले प्राकृत नाम से ही परिचित थी। इसकी लिपि का विकास ब्राह्मी से हुआ है। बांग्ला आदि आधुनिक भाषाओं को गौड़ीय भाषाएँ भी कहा जाता रहा है। पंचगौड़ों में मिथिला भी एक गौड़ था। इस अंचल की संस्कृति और भाषा का बांग्ला पर गहरा प्रभाव रहा है। विद्यापति मिथिला के प्रमुख कवि थे जिनकी भाषा के आधार पर ब्रजबुलि बनी जिसका उल्लेख पीछे किया जा चुका है। इसी भाषा के आधुनिक कवि रवीन्द्रनाथ हैं जिन्होंने छद्म नाम से 'भानुसिंह पदावली' नाम के वैष्णव भावापन्न गीतों की रचना की थी। अगर बृजबुलि को छोड़ भी दिया जाए तो बांग्ला पर हिन्दी-मैथिली का प्रभूत प्रभाव परिलक्षित होता है।[39]

बांग्ला भाषा के प्रारम्भ और विकास पर सुकुमार सेन ने 'बाङ्लासाहित्येर इतिहास' के पाँच खंडों में विस्तार से विचार किया है। उन्होंने बांग्ला गद्य और पद्य में प्रयुक्त भाषा के क्रम-विकर्तमान रूप को ऐतिहासिक दृष्टि से विवेचित करते हुए लिखा है, सत्रहवीं शताब्दी से बांग्ला के मुख्य रूप से चार प्रान्तीय उपभाषा वर्ग दिखाई पड़ने लगते हैं। वे वर्ग है : (1) ठेठ पश्चिमी बंगाल की उपभाषा। (2) उत्तरी बंगाल की उपभाषा। (3) उत्तर-पूर्वी बंगाल की उपभाषाएँ, जिनके साथ किसी समय पुरानी असमिया का निकट सम्बन्ध था। (4) पूर्वी और दक्षिण-पूर्वी बंगाल की उपभाषाएँ, इनमें से पहली दो के बीच का अन्तर हमेशा बहुत स्पष्ट नहीं रहता।

आगे उन्होंने लिखा है, 'आज के युग में बांग्ला की दो साहित्यिक शैलियाँ हैं। एक को साधु भाषा कहते हैं दूसरे को चलित भाषा। इनमें से पहली सोलहवीं शताब्दी की मध्य-बांग्ला पर आधारित परम्परागत साहित्यिक शैली है। दूसरी, वास्तव में वर्तमान शती की सृष्टि है और उसका आधार उस उपभाषा का, परिनिष्ठित बोलचाल की भाषा का परिष्कृत रूप है जो कलकत्ता में ऐसे शिक्षित लोगों के द्वारा बोली जाती है, जो आरम्भ में हुगली के निचले हिस्सों के चारों तरफ के इलाकों से आए थे। इन दोनों शैलियों के बीच अन्तर

हमेशा बहुत स्पष्ट नहीं होता। दोनों का शब्द-समूह वस्तुतः एक ही है। अन्तर मुख्यतः सर्वनाम और क्रिया-रूपों में है। साधु भाषा में ये प्राचीन और कठिन हैं जबकि चलित भाषा में आधुनिक और सरल रूपों का प्रयोग किया जाता है। साधु भाषा में कोशगत और संस्कृत के ढंग के समस्त पदों के प्रति पक्षपात दिखाई पड़ता है और चलित-भाषा का झुकाव बोलचाल के शब्दों, वाक्यों और मुहावरों की ओर रहता है। फिर सुकुमार सेन ने एक महत्त्वपूर्ण तथ्य की ओर इंगित करते हुए कहा है कि चलित बांग्ला शैली के पुरस्कर्ता भी रवीन्द्रनाथ हैं। उन्होंने लिखा है : प्रथम विश्व युद्ध के आरम्भिक वर्षों के दौरान रवीन्द्रनाथ ठाकुर के अनुरोध पर चलित भाषा को पहले-पहल गम्भीरता से प्रमथ चौधुरी ने अपनाया। इसके उपरान्त जल्दी ही रवीन्द्रनाथ ठाकुर ने साधु भाषा का वस्तुतः परित्याग कर दिया और अब अपेक्षाकृत युवा लेखक, जिनके मन में परम्परागत साहित्यिक शैली के लिए कोई विशेष मोह नहीं है, इसी चलित भाषा को पसन्द करते हैं। साधु भाषा लिखने में सामान्यतः सरल है, परन्तु अर्थ में क्षीण और लय में घिसी-पिटी है।[40]

इतना लम्बा उदाहरण इसलिए दिया गया ताकि महाश्वेता देवी की भाषा-शैली को समझा जा सके। एक बातचीत के क्रम में उन्होंने एक बार कहा था कि मैंने मनसा मंगल और पांचाली काव्यों का खूब अध्ययन किया है, इसलिए मेरी भाषा-शैली पर उन्हीं काव्यों की सरल, प्रचलित, बोलचाल की भाषा-शैली का प्रभाव अधिक है। फिर भी उन्होंने 'झाँसी की रानी' में जिस भाषा-शैली का प्रयोग किया है वह साहित्यिक और बोलचाल दोनों शैलियों से युक्त है। वे साधु बांग्ला के साथ चलित बांग्ला मिलाकर लिखना पसन्द करती हैं। उनका मुख्य उद्देश्य अपनी बात जन-जन तक पहुँचाना है, इसलिए उनका भरसक प्रयास सरल, सर्वजन-बोध्य भाषा प्रयोग की ओर अधिक झुका रहता है।

महाश्वेता देवी का विश्वास है : शब्द अपने आप में केवल ध्वनि हैं। शब्दों को सार्थक बनाता है कर्म। उनके बिना शब्द छूँछी गोलियों की तरह हैं, जो लक्ष्य बेध नहीं कर सकतीं, सिर्फ आवाज कर सकती हैं।

ठीक ही कहा गया है कि जिन थोड़े से शब्द-शिल्पियों ने शब्द और कर्म की अनन्यता को, अद्वैत को जीने की शर्त बना रखा है, उनमें बांग्ला की अप्रतिम लेखिका महाश्वेता देवी अगली पाँत में आती हैं। वे आरामकुर्सी की लेखिका नहीं हैं, जीवन की कीचड़-माटी में आपादमस्तक नहाई हुई रचनाकार हैं। इसीलिए उनकी रचनाओं में जीवन की इतनी तीखी और विचलित कर देने वाली गन्ध है कि पाठक तड़प कर रह जाता है और जीवन-जगत् के बारे में उसका नजरिया एक नई रोशनी में नहा उठता है।[41]

उनकी भाषा जीवन से ली गई है। किताबी भाषा प्रयोग करने का उन्हें शौक नहीं है। उनकी भाषा-शैली के बारे में डॉ. माहेश्वर का यह कथन एकदम सटीक है कि 'महाश्वेता जी की भाषा चोट करने वाली है। ऊपर से सरल दीखती यह भाषा अन्दर से कई तरह की जटिलताएँ लिये हुए है। उनकी भाषा की व्यंजनाओं में इतिहास, पुराण और किंवदन्तियों के ही नहीं, प्रत्येक दशक में बांग्ला भाषा के बदलाव के साथ आने वाले अनेक शब्दों और अभिव्यक्ति-कौशल संस्कृत की तत्सम पदावली, तद्भव और देशज तथा अप्रचलित भाषा और बोलियों में पाए जाने वाले कितने ही शब्दों और व्यंजनाओं को स्थान मिला है।'[42]

भाषा-शैली की दृष्टि से बांग्ला में दो शब्द प्रचलित हैं—साधु बांग्ला और चलित बांग्ला। इन्हीं के आधार पर बांग्ला गद्य की दो रीतियों का उद्भव हुआ। एक साधु शैली और दूसरी चलित शैली। एक तीसरी शैली का विकास इन दोनों शैलियों के मिश्रण से हुआ। बांग्ला गद्य शैली के आदि प्रवर्तक विद्यासागर हैं। ये संस्कृत के पंडित थे इसलिए इनकी गद्य रीति संस्कृत शब्दों से भाराक्रान्त है। बंकिम की प्रारम्भिक रचनाओं पर विद्यासागरी गद्य रीति का गहरा प्रभाव है। बाद में वे बोलचाल की भाषा की ओर झुकते गए। शुरू में रवीन्द्रनाथ पर बंकिमी शैली का प्रभाव था किन्तु बाद में उनका गद्य बोलचाल की भाषा से संकलित होकर रम्य होता गया। वे आधुनिक बांग्ला शैली के प्रवर्तक हैं। फिर जिन गद्य लेखकों का आविर्भाव हुआ वे तो बोलचाल की शैली की ओर झुकते गए। उनमें महाश्वेता देवी की शैली अपनी है। 'झाँसी की रानी' इनकी पहली कृति है। उनकी बाद की रचनाओं की भाषा-शैली और भी सरल-सीधी किन्तु व्यंजनापूर्ण है। किन्तु उनकी भाषा-शैली की सारी विशेषताओं का सूत्रपात इसी पुस्तक से होता है।

दरअसल साधु और चलित बांग्ला गद्यरीति के विशिष्ट शब्द हैं। इन पर थोड़ा-सा प्रकाश आवश्यक है : कई दशक पहले योगेशचन्द्र राय विद्यानिधि ने बांग्ला भाषा के दो रूपों का नामकरण लिखित और मौखिक अर्थात बोलचाल की बांग्ला के रूप में किया था। लिखित बांग्ला को मानक बांग्ला (Standard Written Bengali) कहा जाता है। इसी को राजशेखर वसु ने सर्वसम्मत सर्वांचलीय बंगालियों की समझ में आने वाली अर्थात साहित्य के लिए उपयुक्त बांग्ला कहा है। इसी को साधु और चलित भाषा भी कहा जाता है। बोली जाने वाली भाषा या बोलचाल की भाषा अंचल भेद से अलग-अलग हो सकती है। बोलचाल की भाषा का भी एक सर्वसम्मत, एक मानक रूप है जिसे कलकत्ता के शिक्षित लोग बोलते हैं। इस भाषा के भी कई रूप हैं। बोलचाल की लिखित भाषा का भी एक रूप है। किन्तु लिखित भाषा का एक रूप साधु भाषा है। लिखित भाषा में विन्यास की जो शृंखला या व्यवस्था और क्रमबद्धता होती है वह प्रचलित भाषा के लिखित रूप में नहीं भी हो सकती है। बांग्ला में तत्सम शब्दों के तद्भव, देशज व अन्य भाषाओं से आगत शब्द भी प्रचुर मात्रा में प्रयुक्त होते हैं।[43]

साधु और चलित बांग्ला का समन्वय

महाश्वेता देवी की भाषा में साधु अर्थात साहित्यिक और बोलचाल की भाषा का प्रचुर मात्रा में समन्वय हुआ है। वे जिस प्रकार संस्कृत तत्सम शब्दावली के प्रयोग में माहिर हैं, वैसे ही अपने वाक्यों को बोलचाल के शब्दों का संस्पर्श देने में भी कुशल हैं।

'झाँसी की रानी' उपन्यास से दिए गए कतिपय उदाहरणों द्वारा यह बात सिद्ध हो जाएगी।

1. बुन्देलखण्डे एकटी माघेर सन्ध्या। पर्वताकीर्ण लाल माटिर प्रान्तरेर शेषे, प्रत्यहेर मतो से दिन उ सूर्य गेल अस्ताचले। आदिगन्त आकाश सोनाली लाले इमनकल्याण गलिये दिए सन्ध्या चलल वासरधरे। प्रति गोधूलिते चिर स्वयम्बरा सन्ध्यार एइ प्रियाभिसार। तखन गोरू चरिये फिरछे किषानी मेयेरा। काँपागलार डाक वातासे भासिये दिए छोटो छेले डाकछे पथ हारानो महिषके। क्लान्त चिरन्तन

एकटि दिनेर अवसान।[44]

2. काठकूटो शुकनो पाता ज्वालिये पथेर पाशे वसेछे लोधी छेलेमेये मजूरदेर दल। ओदेर जीवनेर प्रारम्भे ओ अवसाने कोनो निरापत्तार प्रतिश्रुति नेइ। जननी बुन्देलखण्डेर मतोइ तादेर पाथुरे कपाल। से कपाले फूल फूटे ना फल धरे ना। नवजन्मे आनन्द नेइ मृत्युते शोक आछे। तबू तारा बाँचे, काज करे, गान गाय। मेलार दिने प्रिया के चूड़ी पराय पुरुष, जननी शिशु के घूम पाड़ाय घूम पाड़ानिया गान गेये।[45]

3. सेई सब कथा जानते होले चले येते हबे एकशौ बछर आगेकार बुन्देलखण्डे। जानते हबे झाँसी के। आर येते हवे तीर्थ यात्रीर मन निये। केनना, रानी लक्ष्मीबाई तो एकटी विच्छिन्न एवं एकक चरित्र नन। शताधिक बछर आगे भारतवर्षेर बुके बूटपरा पा रेखे माडिये दिएछिल इँग्रेज। भारतवर्षेर पाँजर भेंङ् आर्तनाद उठेछि से दिन। सेई आर्तनादई परे मुखर होय उठेछिल एकटी प्रतिवादेर समुद्र गर्जने। केपे गिएछिल ताते शासकेर सिंहासन। समुद्रपारेर राजप्रासादे अर्धपृथिवीश्वरी महारानीर मने शान्ति छिल ना, चोखे छिल ना घूम।[46]

4. झाँसीते लक्ष्मीताल ह्रदेर पाशे ऐसे दाँडाले तुमि देखवे, लछ्मीतालेर जले कालोछाया फेले अपेक्षा करछे एक भाड़न मन्दिर। अवहेलाय अनादरे एकान्त जीर्ण तार देह। सर्वत्र अगाछा जनमेछे। तार पाशे कापड काचे बुन्देलखण्डेर गरीब यत मानुष। तादेर काछे गिए दाँडालेइ तुमि शुनबे झाँसीर रानीर कथा। तारा बलबे।

पत्थर मिट्टी से फौज बनाई
काठ से कटवार
पहाड़ उठाके घोड़ा बनाई
चलि ग्वालियर।[47]

ऊपर दिए गए उद्धरणों की भाषा की अगर विवेचना की जाए तो महाश्वेता देवी द्वारा प्रयुक्त भाषा के विभिन्न रूप उद्भासित हो उठते हैं। पहले उद्धरण में संस्कृत तत्सम, ठेठ देशज, व तद्भव शब्द हमारी नजर में पड़ते हैं, जैसे :

तत्सम शब्द : माघ, सन्ध्या, पर्वताकीर्ण, प्रान्तर, शेष, प्रत्यह, सूर्य, अस्ताचल, आदिगन्त, आकाश, वासर गोधूलि, चिरस्वयम्बरा, प्रियाभिसार, वातास, महिष, पथ, क्लान्त चिरन्तन, अवसान—पहले उद्धरण में उपर्युक्त शब्द संस्कृत से गृहीत तत्सम शब्द हैं। इनमें सन्धि के द्वारा तीन शब्द बनाए गए हैं—पर्वताकीर्ण, अस्ताचल, प्रियाभिसार। दो शब्द तत्सम तथा तद्भव से निष्पन्न हैं जैसे—वासर-घर, पथ हारानो। वासर शुद्ध संस्कृत तत्सम तथा घर गृह का तद्भव रूप और पथ शुद्ध संस्कृत तत्सम तथा हारानो तद्भव। यह शब्द हरण से निष्पन्न हुआ है।

देशज या ठेठ शब्द : लाल, माटी, दिन, सोनाली, गोरू, किषानी, मेये, डाक, छोटो, छेले, इनमें से माटी, लाल, दिन, सोनाली, गोरू, किसानी (किषानी), छोटा (छोटो) इन शब्दों का प्रयोग हिन्दी अंचल में भी होता है किन्तु, डाक, मेये, छेले, डाकछे, ये शब्द शुद्ध बांग्ला के हैं।

इस उद्धरण में महाश्वेता जी का रुझान शुद्ध संस्कृत तत्सम शब्दों के प्रयोग की ओर अधिक है।

इसी प्रकार दूसरे उद्धरण में शुद्ध तत्सम, देशज, तद्भव शब्दों का प्रयोग किया गया है।

शुद्ध तत्सम : पथ, जीवन, प्रारम्भ, अवसान, निरापद, प्रतिश्रुति, जननी, कपाल, नवजन्म, आनन्द, प्रिया, मृत्यु, शोक, गान, पुरुष, शिशु, फल, ये तत्सम शब्द हैं। तद्भव शब्द—काठ, शुकनो, ज्वालिये, पाथुरे, फूल, फूटना, बाँचे (बचना), काज, करना, गाय (गाते हैं) चूड़ी आदि तद्भव शब्द हैं। काठ, काष्ठ, शुकनो शुष्क से और ज्वालिये-ज्वाला से क्रिया बनी। इसी से हिन्दी में जलाना, जलना क्रिया निष्पन्न होती है। पथुरे पथरीले प्रस्तर से निष्पन्न है—यह मुहावरा भी है—भाग्य में पत्थर लिखे हैं फूल नहीं। इसीलिए यहाँ पर फूल फोटेना—फूल नहीं खिलते हैं अर्थात खुशी नहीं लिखी है भाग्य में। इसलिए यहाँ उन्होंने पत्थर तथा फूल इन शब्दों का प्रतीक रूप में भी प्रयोग किया है। यह उनकी शैली की भी विशेषता है। पाता-पत्ता, पत्र शब्द से निष्पन्न है—सूखे पत्ते। काठ कूटो—कूड़ा करकट, सूखे पत्ते ये ठेठ देशज शब्द हैं जो बांग्ला में प्रचलित हैं। अन्य ठेठ बांग्ला के शब्द हैं—फूल, फल धरे ना। धरना—धारण नहीं करते है अर्थात फल नहीं लगते हैं। घूम—नींद, नीद लाने के लिए गाये जाने वाले गान अर्थात लोरी गाकर माँ बच्चे को सुलाती है।

तीसरे उद्धरण में तत्सम शब्दों का प्रयोग इस प्रकार है : कथा तीर्थयात्री, मन, लक्ष्मी, विच्छिन्न, शताधिक, चरित्र, बूट, भारतवर्ष, आर्तनाद, मुखर, प्रतिवाद, समुद्रगर्जन, शासक, सिंहासन, समुद्र पार, राजप्रासाद, अर्धपृथिवीश्वरी, शान्ति, मन। यहाँ पर बूट शब्द अंग्रेजी के बूट शब्द से आया है अर्थात जूता और अर्धपृथिवीश्वरी सन्धि से बना समस्त पद है। ऐसे शब्दों का महाश्वेता देवी ने बहुलता से प्रयोग किया है। उनकी इस भाषा पर रवीन्द्रनाथ की शैली का प्रभाव है।

तद्भव शब्द

इस उद्धरण में तद्भव शब्दों के प्रयोग की दृष्टि से जानना, चलना है। एक शौ (एक शत से निष्पन्न), बछर (वर्ष-बरस), रानी (रानी से निष्पन्न), पा (पैर), इँगरेज (अंग्रेज), पाँजर (पिंजर-वक्षस्थल-हड्डियों को तोड़कर, हड्डियों से, हृदय से फूटकर), भंगे-भंग (भग्न से निष्पन्न), केंपे (काँपना, काँप उठा था, कम्प से निष्पन्न), चोख, चोखे (आँखों में, चक्षु से निष्पन्न)।

इस प्रकार यह देखने को मिलता है कि बांग्ला में प्रयुक्त होने वाली शब्दावली प्राय: हिन्दी में भी थोड़े-बहुत उसी रूप में प्रयुक्त होती है। किन्तु कुछ शब्द ऐसे हैं जो बांग्ला में चलते हैं किन्तु, हिन्दी में उनका उस रूप में विकास नहीं हुआ जैसे चक्षु से चोख बांग्ला में चलता है हिन्दी में नहीं।

इसी प्रकार चौथे उद्धरण में संस्कृत से निष्पन्न तत्सम शब्दों के अन्तर्गत आते हैं—ह्रद, जल, छाया, कालो, अपेक्षा, मन्दिर, अवहेलना, अनादर, एकान्त, जीर्ण, देह, सर्वत्र, जन्म, मनुष्य। तद्भव शब्दों में आते हैं—लछमी (लक्ष्मी से आगत), सुनना, शुनवे (श्रवण से आगत, श्रृणु से निष्पन्न), पत्थर (प्रस्तर), काठ (काष्ठ से आगत), कटवार देशज शब्द,

काटने वाला हथियार अर्थात तलवार, घोड़ा (घोटक से निष्पन्न)। इन उद्धरणों में बुन्देली के शब्द भी हैं, जैसे लोक में प्रचलित रानी सम्बन्धी उक्त कविता में प्रयुक्त शब्द।

महाश्वेता देवी के 'झाँसी की रानी' उपन्यास की मूल कृति चूँकि बांग्ला भाषा में रची गई है इसलिए इसकी भाषा तो है सरल, सीधी, व्यंजनापूर्ण और संवेदना उत्पन्न करने वाली किन्तु, उन्होंने अंग्रेजी, मराठी, उर्दू और हिन्दी में भी ब्रज, बुन्देलखण्डी तथा उर्दू भाषा की अभिव्यक्तियों का प्रयोग किया है। उन्होंने उर्दू शब्दों, उर्दू की कविता, भूषण की कविता, बुन्देली में लिखे रायसों से भी उद्धरण दिए हैं। कहीं-कहीं ठेठ बुन्देली शब्दों का भी उन्होंने प्रयोग किया है। बांग्ला भाषा में बहुत से तुर्की, पुर्तगीज, अरबी, उर्दू के शब्द भी आ गए हैं। अब वे बांग्ला के अपने हो गए हैं जिनका प्रयोग लेखकगण धड़ल्ले से करते हैं। महाश्वेता देवी ने भी ऐसे शब्दों का प्रयोग किया है।

हिन्दी शब्दों का प्रयोग

चूँकि 'झाँसी की रानी' उपन्यास का घटनाचक्र हिन्दी भाषी प्रदेश बुन्देलखण्ड अंचल में घटित होता है, इसलिए महाश्वेता देवी ने हिन्दी शब्दावली का खुलकर प्रयोग किया है। उन शब्दों में प्रत्यय या क्रियापद शब्द बांग्ला के जोड़े हैं जो कि स्वाभाविक हैं। यदि प्रारम्भ से लेकर अन्त तक उपन्यास में प्रयुक्त शब्दावली की सूची बनाई जाए तो एक लम्बी सूची बन जाएगी।

हिन्दी शब्दावली का प्रयोग उन्होंने दो रूपों में किया है। एक, पृष्ठभूमि निर्माण और ऐतिहासिक तकाजे और रानी की सही भूमिका प्रस्तुत करने के लिए हिन्दी कविता से उद्धरण देकर। दूसरा, सीधे-सीधे अभिव्यक्ति को यथार्थ रूप देने के लिए प्रवाह में आए हिन्दी शब्दों का प्रयोग। दोनों के उदाहरण यहाँ दिए जा रहे हैं।

हिन्दी कविता के उद्धरणों में हिन्दी शब्दावली

कुछ उद्धरण दृष्टव्य हैं :

नीचे में पूना, ऊँचे में काशी
सबसे सुन्दर बीच में झाँसी

उन्होंने कथा-प्रसंग में भूषण के चार छन्दों को उद्धृत किया है। इन्द्रजिमि जम्भ पर, बाडव सुअम्ब पर भूषण के कवित्त पर उन्होंने टिप्पणी करते हुए लिखा है :

भूषण ने उस समय शिवाजी की प्रशंसा में जिस कविता की रचना की वह आज भी हिन्दी पाठकों में सर्वाधिक लोकप्रिय कविता है। फिर उन्होंने आगे लिखा है : भूषण और शिवाजी का संयोग होने पर 'शिवा बावनी' और 'शिवराज-भूषण' रचे गए। हिन्दी काव्य-साहित्य की एक अनुपम सम्पदा। फिर उन्होंने छत्रसाल के उस दोहे को उद्धृत किया है जो उन्होंने बाजीराव को सहायतार्थ लिखा था :

जो गति भई गजेन्द्र की, सो गति पहुँची आज
बाजी जात बुन्देल की, राखो बाजी लाज।[48]

उन्होंने 'किबले के ठौर बाप बादशाह शाहजहाँ', 'इक हाड़ा बूँदी धनी मरद महेबा बाल',

'इन्द्र जिमिजम्भ पर' ये कवित्त उद्धृत कर हिन्दी शब्दावली, हिन्दी कविता और भूषण, छत्रसाल, शिवाजी के प्रति अपनी श्रद्धा व्यक्त की है। इन कवित्तों को उन्होंने बांग्ला लिपि में लिखा है और बांग्ला में इनका अनुवाद न देकर बांग्ला पाठकों से यह अपेक्षा की है कि वे इन्हें मूल में समझ लेंगे। साथ ही 'झाँसी की रानी' अपने उपन्यास में उन्होंने हिन्दी पाठकों को भी संबोधित किया है। इसीलिए उन्होंने अपनी 'झाँसी की रानी' (हिन्दी अनुवाद) की भूमिका में लिखा है : इस पुस्तक का हिन्दी अनुवाद हो यह मेरी बड़ी इच्छा थी। किन्तु इस तरफ किसी प्रकाशक ने कोई आग्रह नहीं दिखाया। प्रकाशक लोग सोचते थे लक्ष्मीबाई के सम्बन्ध में हिन्दी में बहुत कुछ लिखा जा चुका है। शायद इस विषयवस्तु के सम्बन्ध में उनकी कोई रुचि भी नहीं थी। आज हिन्दी अनुवाद हो गया है, इसलिए मुझे बड़ी शान्ति मिल रही है। मेरी बहुत दिनों की इच्छा प्रकाशक ने पूरी कर दी। मेरा यह जानने का बड़ा आग्रह है कि हिन्दी के पाठक इस पुस्तक को पढ़कर बताएँ कि इस पुस्तक की हिन्दी में जरूरत थी।[49]

सम्भवतः इसीलिए उन्होंने 'झाँसी की रानी' में जहाँ अवसर मिला हिन्दी शब्दावली का जरूर प्रयोग किया है। कुछ उदाहरणों से यह बात सिद्ध हो जाएगी।

ऊपर भूषण द्वारा रचित कुछ हिन्दी छन्दों के उदाहरण दिए गए हैं। उन्होंने हिन्दी वाक्यों का प्रयोग भी जहाँ-तहाँ किया है। जैसे परिशिष्ट में ग्वालियर में रानी की छतरी कैसे बनी उसका विवरण देते हुए उन्होंने लिखा है : कयेक बछर आन्दोलन नेर पर स्थिर होय एकटी 'स्मृतिवेदी' निर्माण करा हवे। वर्तमान राजपथ थेके सेई स्थान आनुमानिक 150 गज दूरे। सेई समय एकजन नागरिक बले छिलेन, राम जन्म अयोध्या में, कान्हा जी का गोकुल में, जहाँ-जहाँ भक्त तहाँ-तहाँ मन्दिर...अतएव रानीर छत्री एमन जायगाय करा होक, याते सकले येते-आसते देखते पाय। अनेक वादानुवादेर पर पुरातत्व विभाग समुदय भार निये जाएगाटि भराट करे वर्तमान स्मृति वेदी निर्माण करेन। हिन्दी साहित्येर प्रख्यात महिला कवि सुभद्रा कुमारी चौहान एक बार ग्वालियर वासीर आमंत्रणे एसे निजे ताँर विख्यात कविताटी 'खूब लड़ी मर्दानी वो तो झाँसी वाली रानी थी' स्मृति सभाय पाठ करे छिलेन।[50]

इस उद्धरण में सुभद्रा कुमारी चौहान की प्रसिद्ध कविता 'झाँसी की रानी' के मुखड़े को उन्होंने ज्यों-का त्यों उद्धृत किया है। ऊपर एक नागरिक की हिन्दी उक्ति को भी उन्होंने ज्यों-का-त्यों दिया है। ऐसा उन्होंने अपने इस उपन्यास में कई जगह किया है। जैसे हल्दी-कुंकुम उत्सव के समय ब्रज भाषा के एक पक्के गाने की एक पंक्ति को उद्धृत किया है : ताँर गायकी मीठे सुरे गान धरल...'आजु नवरंग श्यामसँग ब्रिजललनारे'।[51]

ऊपर जिस दीर्घ गद्य खंड का मूल बांग्ला में जो उद्धरण दिया गया है उसमें प्रयुक्त हैं 'अतएव', 'रानी', 'छत्री' (छतरी), 'जायगा' (जगह), 'सकल', 'देखना', 'अनेक', 'वादानुवाद', 'पुरातत्व विभाग', 'समुदाय', 'भार', 'आन्दोलन', 'स्थिर', 'स्मृतिवेदी', 'निर्माण', 'वर्तमान', 'राजपथ', 'स्थान', 'आनुमानिक', 'गज', 'दूर', 'समय', 'एकजन', 'नागरिक', 'हिन्दी साहित्य', 'प्रख्यात', महिला कवि', 'आमंत्रण', 'कविता'।

यह कहा जा सकता है कि ये शब्द बांग्ला कोश में भी उपलब्ध हैं किन्तु इनका बहुलता से प्रयोग महाश्वेता देवी के हिन्दी प्रेम का परिचायक है। साथ ही हिन्दी शब्दावली के

प्रभाव का भी द्योतक है। यहाँ विवेचन के लिए एक और उद्धरण लेते हैं : किछु दिन परे झाँसीते रानी हरिद्राकुंकुमेर उत्सवेर नतून समारोहेर प्रवर्तन करलेन। राजप्रासादे एकटी विशाल आधारे हरिद्राकुंकुम राखा होल। नगरेर समस्त महिलादेर काछे निमंत्रण गेल। रानीर पार्श्वचारिणीदेर काशी, सुन्दर, मुन्दर, हीरा कोरिन, झलकारी कोरिन, जूही एवं मोती नाटकवाली, गंगूबाई—ऐंदेर नाम पावा याय। रानीर आव्हाने ब्राह्मण, क्षत्रिय, वैश्य, मराठा एवं अन्यान्य जातीर समस्त मेयेरा एलेन। जाति धर्म निर्विशेषे रानी ताँदेर निजे आप्यायन करलेन। उच्च एवं नीच वर्णेर प्रभेद तिनि कखनो मानतेन ना। मेयेरा दुपुरवेला नतून कापड़ परे अलंकारे सज्जित होये एलेन। सर्दारदेर बाड़ीर मेयेरा एलेन तंजामे, पाल्कीते चड़े, मालादार, चोपादार पाशे निये। केउ एलेन हेंटे, केउ वा एलेन चौदोलाय। राजप्रासादेर विशाल अंगने एखाने सेखाने बड़ो–बड़ो जरीर छाता ओ तार पाशे फूलेर माला आर गुंजा बेचते बसेछे फूलवालीरा। रानी निजे सादा शाड़ी परे तादेर मध्ये धूरे–धूरे सकलके हरिद्रा कुकुमेर टिप, चूले सुगन्धी फूलेर माला, चन्दन प्रलेप मिष्ठान्न, रौप्य दक्षिणासह उपहार, गुलाब, अतर आर पान–सुपारी दिए आप्यायित करते लागलेन।[52]

इस गद्यखंड में हिन्दी शब्दावली और अभिव्यक्तियों का प्रचुर प्रयोग किया गया है। हरिद्रा कुंकुम (हल्दी–कुंकुम), 'उत्सव', 'समारोह', 'प्रवर्तन', 'विशाल आधार' (पात्र, थाल आदि में), 'समस्त', 'महिला', 'निमंत्रण', 'पार्श्वचारिणी', 'नाटकवाली' (अभिनेत्री), 'आव्हान', 'ब्राह्मण', 'क्षत्रिय', 'वैश्य', 'मराठा', 'एवं', 'अन्यान्य', 'जाति', 'जाति धर्म निर्विशेष', 'आप्यायन', 'नीच', 'वर्ण', 'प्रभेद', 'मानना' (मानतेन ना), 'दुपुरवेला', (दोपहर में) 'कपड़ा', 'अलंकार', 'सज्जित', 'सर्दार', 'तंजाम', 'पालकी', 'चढ़ना', 'भालादार', 'चोबदार', 'आंगन', 'जरी', 'छाता', 'माला', 'फूलवाली', 'सादा' (सफेद), 'शाड़ी', (साड़ी), 'सुगन्ध', 'चन्दन प्रलेप', 'मिष्ठान्न', 'सैप्य', दक्षिणासह', 'उपहार', 'गुलाब', 'अतर', 'पान–सुपारी', 'आप्यायित', 'लगना', आदि हिन्दी के शब्दों का उन्होंने धड़ल्ले से प्रयोग किया है।

हिन्दी शब्दों के प्रयोग में अथवा बांग्ला शब्दों के प्रयोग में उनका झुकाव शुद्ध साहित्यिक शब्दों के प्रयोग की ओर अधिक है। 'झाँसी की रानी' में उन्होंने साधु बांग्ला का प्रयोग अधिक किया है। भाषा–प्रयोग में उनमें एक शालीनता है, हलकापन नहीं। उनके द्वारा प्रयुक्त शब्दावली से उनकी सुसंस्कृत रुचि का पता चलता है। हँसी–ठट्ठा में भी वे मर्यादा से नीचे नहीं उतरती हैं। कतिपय उदाहरणों से यह बात साफ हो जाएगी। 'सुजला, सुफला, मलयज, शीतल', 'सुखदावरदाजननी', 'पितामातार स्नेहसिंचित', 'गौड़ सारंग सुरे' (पृष्ठ 29), 'भोरवेला कल काकिलीर संगे', 'बाल्यजीवन सम्बन्धे सर्वाधिक जनप्रिय काहिनी' (पृष्ठ 30), 'अभूतपूर्व गाम्भीर्य आर गौरवे', 'अदृश्यपितृपुरुषदेर कंठे अश्रुत आशीर्वाणी उच्चारित होल', 'आशा–आकांक्षा के मूर्त करे' (पृष्ठ 31), 'आचार–नियम', 'भोजन रसिक व्यक्ति', 'पूजार नानाविध नियम', 'फूल अर्ध्य भोग', 'विद्याभ्यास' (पृष्ठ 32), 'नाट्यकार ओ अभिनेतादेर पृष्ठ पोषक', 'शिल्पीकलाकुशल' (पृष्ठ 33), 'गौरी पूजा', 'संक्रान्ति', 'व्रत उद्यापन', 'आत्ममर्यादा' (पृष्ठ 34), 'यथोचित आयोजन', 'दर्शनीय स्थान', 'पितृपुरुषेर तर्पण', 'प्रयाग तीर्थे', 'शय्यापार्श्वे उपस्थित', 'मूलबंशेर राजपुरुष',

'योगायोगघनिष्ठ' (पृष्ठ 35), 'साश्रुनयन', 'क्षीणकंठ' (पृष्ठ 37), 'सुप्रभात', 'सूर्यउत्तरायणे', 'सप्ताश्ववाहित स्वर्ण रथ', 'दिव्यद्युतिमान दिवाकर', 'प्राण रसे संजीवित' (पृष्ठ 36), 'पल्लवकल्लोलमर्मरित शान्त परिवेश' (पृष्ठ 39), 'आसमुद्र हिमाचल भारतवर्षेर', 'कृतज्ञता विगलित चित्त', 'क्षयिष्णु सामन्त तंत्रेर एकटी अयोग्य प्रतिनिधि मात्र' (पृष्ठ 60), 'प्रतियोगितामूलक परीक्षाय' (पृष्ठ 64), 'काल्पीर समरायोजन' (पृष्ठ 13), 'साप' (साँप), 'दस्यु', 'योगी', 'संन्यासी', 'भूत-प्रेत', 'अलौकिक', 'घटनावली', 'लीलाभूमि', 'भाग्य-गणना', 'भाग्यवादी' (पृष्ठ 132), 'विजयवार्तार' (पृष्ठ 147), 'सून्दरीनगरी', 'सुउच्चदुर्ग', 'अनतिदूर', 'मियाँतानसीने', 'मर्मर समाधि', 'प्रासादे-प्रासादे समाकीर्ण नगरी' (पृष्ठ 156), 'विशाल कुँजकानन', 'प्रमोदभूमि', 'फूलबाग प्रासाद', 'आकाश', 'चन्द्रातप', 'ग्रीष्म सूर्य', 'निर्मम मयूख वर्षण', 'गोलापर गुलाब', 'चन्द्रमल्लिका', 'पुष्पचयन', 'चबूतरा', 'पुरस्कार', 'महासमारोह', 'शोभायात्रा' (पृष्ठ 156), 'दैनन्दिन जीवनयापन संग्राम', 'संस्कृत, हिन्दी, अंग्रेजी एवं अधुनालुप्त मराठी लिपि मोड़ी' (पृष्ठ 167)।

इस शब्दावली के अनुशीलन से बात स्पष्ट है कि महाश्वेता देवी की भाषा-प्रयुक्ति का रुझान शुद्ध संस्कृत तत्सम, समस्त बांग्ला शब्दों की ओर है। उन्होंने इसका भरसक प्रयास किया है कि ऐसी शब्दावली का प्रयोग किया जाए जो हिन्दी अंचल में प्रचलित है। इस प्रकार उनकी कृति एक प्रकार से हिन्दी-बांग्ला के बीच एक सेतु का काम करती है। अगर कोई बांग्ला लिपि जानता है तो वह इस कृति को मजे से पढ़कर आनन्द ले सकता है।

अंग्रेजी शब्दों का प्रयोग

महाश्वेता देवी ने अंग्रेजी शब्दों का प्रयोग दो प्रकार से किया है। एक तो अंग्रेजी उद्धरणों में। ये मूल अंग्रेजी में दिए गए हैं। दूसरे, बीच-बीच में बांग्ला अभिव्यक्तियों के साथ प्रवाह में आ गए अंग्रेजी शब्दों का प्रयोग। इन्हें दूसरी भाषा से आगत शब्द भी कहते हैं।

उन्होंने 'ईस्ट इंडिया कम्पनी', 'गवर्नर जनरल', 'ब्रिटिश', 'अंग्रेज', 'कर्नल', 'सील-मुहर' (उर्दू), 'रेजिडेंट', 'ऑफ', 'डिवीजन', 'अफसर', 'वायसराय', 'मेजर', 'कैप्टन', 'कैम्प', 'बैरक', 'मिशनरी', 'मेम', 'पार्लियामेंट', 'रेलवे', 'पोस्ट ऑफिस', 'अस्पताल', 'सिविल सर्विस', 'ऐंग्लो इंडियन प्रेस', 'सेक्रेटरी', 'रेजिमेंट नेटिव इन्फेन्ट्री', 'लेफ्ट विंग', 'वेनेट' (धारी), 'लेफ्टिनेंट', 'ब्रिगेडियर', 'ब्रिगेड', 'पिस्तौल' आदि शब्दों का प्रयोग किया है। अंग्रेजी के उद्धरण तो कई हैं। उन्हें यथास्थान देखा जा सकता है। जैसे पृष्ठ 95 पर से शुरू होने वाला उद्धरण, इसी प्रकार पृष्ठ 97, 173 (अध्याय 16), 179, 185, 188, 195, 196, 197, 203, 216, 217, 226, 231, 232-233, 236, 238, 261, 263, 272, (यह पृष्ठ संख्या अनुवाद की है)। यह बात लक्ष्य करने योग्य है कि अंग्रेजी के इन उद्धरणों का अनुवाद बांग्ला में नहीं दिया गया है किन्तु हिन्दी अनुवाद में इनका अनुवाद और मूल अंग्रेजी उद्धरण दोनों मिलते हैं।

उर्दू शब्दों का प्रयोग

बांग्ला में बहुत से उर्दू शब्द घुलमिल गए हैं। यद्यपि 'झाँसी की रानी' में महाश्वेता देवी ने शुद्ध संस्कृत तत्सम शब्दों का ही प्रचुरता से प्रयोग किया है किन्तु परिस्थितियों या प्रसंगवश बीच-बीच में उर्दू शब्दों का भी प्रयोग किया है, पर उनका रुझान साधु बांग्ला की ओर अधिक है।

कुछ उर्दू शब्द इस प्रकार हैं: 'मजदूर', 'जिन्दा' (पृष्ठभूमि पृष्ठ 19), 'जमीन' (पृष्ठ 19) 'फौज', 'मौका' (अवसर), 'साहिबा' (पृष्ठ 19-20), 'जरूर', 'जिला' (20-21), 'परवाना', 'राजी', 'शर्त', 'बादशाही सेना', 'हैरान', 'बेगम साहिबा', 'जागीरदार', 'तख्त', 'मौत का परवाना' (पृष्ठ 22-23), 'कैद', 'मक्के में आग लगाना', 'खुदा की कसम खाना', 'फिर', 'मर्द, 'सर्दार', 'मस्तानी', 'चिट्ठी', 'तारीख', 'दफा', 'मालकिन', 'नवीनार-ई-खुर्द', 'खातिर', 'हिसाब', 'खूब', 'खरीता', 'सवार', 'इशारा', 'तूफान', 'दरजा', 'दरवाजा', 'जोर-जबरदस्ती', 'शिकार', 'सिपाही', 'फसल', 'खेसारत', 'खाता', 'चाबुक', 'नगद', 'बाजार', 'खतम', 'किला', 'खबर', 'गोलन्दाज', 'तोप', 'दीवानखाना', 'बुर्ज' आदि।

दरअसल 'झाँसी की रानी' की मूल भाषा महाश्वेता देवी ने संस्कृत तत्सम विशुद्ध बांग्ला रखी है जिसे पीछे साधु बांग्ला कहा गया है इसलिए उनके उपन्यास में उर्दू भाषा के प्रयोग के लिए कम ही अवकाश मिला है। एक-दो जगह उन्होंने मराठी कविता और संस्कृत में गीता के श्लोकांशों के भी उद्धरण दिए हैं। अब उनकी शैली अर्थात अभिव्यक्ति की रीति पर विचार किया जाएगा।

अभिव्यक्ति की रीतियाँ, शैली

महाश्वेता देवी का उद्देश्य अपने कथ्य को पाठकों तक पहुँचाना है, इसलिए वे अपनी शैली में सर्वजन बोध्य का ध्यान सदैव रखती हैं। वे कभी भी लम्बे वाक्यों और जटिल पदों की रचना में विश्वास नहीं करती हैं। उनका ध्येय रहता है उनकी बात सहज, सरल शैली में सभी के हृदय तक पहुँच जाए। इसलिए उनकी शैली मंथर गति से बहने वाली मैदानी नदी की तरह है, वह पहाड़ी झरने या पहाड़ी नदी की तरह द्रुतगामी नहीं है। इसलिए उनकी शैली छोटे-छोटे सरल वाक्यों से निर्मित हुई है। वह एकदम कसी हुई, शृंखलाबद्ध, अपने विन्यास में ठोस और व्यंजना बहुल होती है। देखने में जितनी सरल लगती है, प्रभाव की दृष्टि से उतनी ही गहरी चोट करने वाली है। उनकी वाक्य रचना में कहीं ढिलाई दृष्टिगत नहीं होती है। उस पर उनकी निजता की छाप होती है। इस दृष्टि से उनकी शैली अनन्य और अद्वितीय है। अपनी बात कैसे कही जाए इसका ढंग उन्हें आता है। 'झाँसी की रानी' उपन्यास की शैली इन सब विशेषताओं से युक्त है।

उनकी शैली की शक्ति का पता उनके द्वारा किए गए किलों, नगरों, युद्धों के विवरण से चलता है। इसलिए उनकी विवरणात्मक शैली सबसे पहले हमारा ध्यान आकर्षित करती है।

विवरणात्मक या ब्योरों वाली शैली

इस शैली में महाश्वेता देवी को महारत हासिल है। उन्होंने झाँसी नगर का चित्रण इस प्रकार किया है : झाँसी शहर घिरा हुआ था (आज भी है) एक विशाल किले के परकोटे से। झाँसी किले की दक्षिण और दक्षिण-पश्चिम दिशा को छोड़कर अन्य सभी ओर शहर है। किले के उत्तर-पूर्व में राजप्रासाद अथवा रानी महल है। पूर्व में अत्यन्त विशाल लक्ष्मीताल और महालक्ष्मी मन्दिर है। दक्षिण में शहर की चौहद्दी के बाहर कैन्टूनमेंट है। यहाँ पर थे सैन्य कर्मचारियों के घर, सेना की छावनी, जेल एवं स्टारफोर्ट। इस छोटे तारे की शक्ल के किले को गोला-बारूद, रसद, अस्त्र-शस्त्र आदि के गोदाम के रूप में प्रयुक्त किया जाता था। कैन्टूनमेंट इलाके से किले की दूरी अन्दाजन दो मील दूर होगी। शहर का विस्तार था साढ़े चार मील। दक्षिणी दिशा में, किले को जहाँ दुर्भेद्य कहा जा सकता है, उस दिशा में किले से छह सौ गज दूर दो कम ऊँचे टीले हैं। एक का नाम है कापू टेकरी। किले में रहा करते थे कुछ असैनिक अंग्रेज कर्मचारी। उन लोगों का ऐंग्लो इंडियन अमला एवं सभी के परिवार के लोग।[53]

इस चित्र के बाद महाश्वेता देवी ने दो-तीन जगह झाँसी का चित्र फिर खींचा है। एक जगह उन्होंने लिखा है : झाँसी नगर का वर्णन कर गए हैं, समकालीन पर्यटक ब्राह्मण विष्णु भट्ट गोड्से बससईकर। उन्होंने कहा है : झाँसी नगर उत्तरी हिन्दुस्तान में अत्यन्त समृद्धिशाली है। झाँसी का किला अत्यन्त प्रसिद्ध है। शहर की पश्चिमी दिशा में एक जलाशय है। राजप्रासाद चौमंजिला ऊँचा है। उसमें आठ चैकियाँ हैं। सिपाहियों के परेड करने के लिए उसके पश्चिम में एक विस्तृत मैदान है। उसमें अनेक पेड़ हैं। महल अत्यन्त मजबूत और सुन्दर है। यह महल इतना बड़ा है कि उसे पूरा देखने में एक महीना लग जाएगा। उसके हर कमरे में गलीचा बिछा हुआ है (झाँसी उन दिनों गलीचा बनाने के लिए विख्यात थी)। दरबार महल में जो लाल गलीचा बिछा हुआ है, उसमें पैर तक धँस जाते हैं। रमणीय उद्यान में एक फव्वारा है। महल के उत्तर की तरफ मीठे पानी का एक कुआँ है। उसी तरफ एक विस्तृत उद्यान में फूलों के वृक्ष, अंगूर की लताएँ, आम, अमरूद, नीबू आदि अनेक प्रकार के फलों के पेड़ लगे हुए हैं। शंकर किला आरामदायक और क्रीड़ा के उपकरणों से सुसज्जित है। किला और नगर अत्यन्त ऊँची प्राचीर से घिरा हुआ है। इस दीवार के बीच-बीच में बुर्ज और दरवाजे हैं। पाँच दरवाजे तो इतने बड़े हैं कि उनके नीचे से हाथी तक जा सकता है। किले की पूर्वी दिशा की दीवार से लगे हुए मैदान से शहर प्रारम्भ होता है। इस मैदान से शहर में जाने की सड़क चौड़ी और सुन्दर है। शहर के बीच में पाँच कुओं से युक्त एक सुन्दर बाग भी है।[54]

शहर की रीति-नीति का वर्णन करते हुए महाश्वेता देवी ने लिखा है : शहर की रीति-नीति बहुत सुन्दर थी। नागरिक लोग श्रीमन्त, उद्योगी एवं कर्मनिपुण थे। झाँसी की तरह के रेशमी कपड़े, गलीचा एवं पीतल के बर्तनों की कला अन्य किसी शहर में नहीं मिलती थी।[55] तत्कालीन झाँसी के वृत्तान्त के अलावा अपनी आँखों देखे शहर का भी उन्होंने एक चित्र खींचा है : झाँसी शहर के रास्ते ऊँचे-नीचे हैं, कहीं चढ़ाई है, कहीं उतराई है। आज भी वही सब पक्के रास्ते और उनके दोनों तरफ सौ वर्षों से अधिक समय से बुन्देलखण्डी

ढंग से छाए हुए घर उसी तरह से बने हुए हैं। सिर्फ लक्ष्मी दरवाजे के विशाल काठ के किवाड़ों में दरारें पड़ गई हैं और दरवाजे के पास नौबतखाने में मकड़ी का जाला लग गया है।[56]

महाश्वेता देवी ने पुरानी स्मृतियों में खोते हुए रानी जब महालक्ष्मी मन्दिर में सन्ध्या-आरती देखने सारंगी घोड़े पर बैठकर जाया करती थी उस समय का चित्र इस प्रकार खींचा है : सड़क के दोनों तरफ खड़े होकर लोग उसे देखा करते थे। जो घर आज जीर्ण-शीर्ण, उपेक्षित हैं, उनके झरोखों को खोलकर निहारा करती थीं पुरवासिनियाँ। सभी की मंगलकामी दृष्टि से उसका पथ अभिनन्दित होता था। भिस्ती लोग रास्ते में जल छिड़क जाते हैं, फूलों की मालाएँ और गुच्छे लेकर बुन्देलखण्डी स्त्रियाँ उन्हें बेचने के लिए निकल पड़ती हैं। महाराष्ट्रीय रमणियों को सजने के लिए रोज फूल चाहिए। उधर मुरलीधर मन्दिर में सन्ध्या आरती का घंटा बज रहा है, चबूतरे से गीत-भजनों का स्वर उठ रहा है। सड़कों पर पहरा देते हुए घूम रहे हैं सिपाही लोग।''[57]

झाँसी के अलावा इसी तरह का वृत्तान्त कालपी और ग्वालियर का भी दिया गया है। ग्वालियर का चित्र उन्होंने इस प्रकार खींचा है : उस जमाने में धन और ख्याति में हैदराबाद के निजाम के बाद ग्वालियर के सिन्धिया का ही स्थान था। उत्तर और दक्षिण भारत के बीचोबीच मध्य भारत का मध्यमणि था ग्वालियर। ऊँची-नीची भूमि पर तीन सौ फुट ऊँचा एक कम ऊँची समतल पहाड़ी पर ग्वालियर का किला उस जमाने में बहुत दूर से स्वप्नपुरी के समान लगता था।

जैन और हिन्दू स्थापत्य कला से सुशोभित अत्यन्त सुन्दर ग्वालियर दुर्ग असंख्य प्रासादों, सरोवरों, मैदानों, उद्यानों, और विशाल प्राचीर से घिरा हुआ है। दुर्ग के पास ही ग्वालियर शहर है। सात सुरक्षित दरवाजों से होकर किले पर चढ़ने के लिए ऊपर उठता हुआ सीधा खड़ा रास्ता चला गया है। उस पर चढ़ने से आज भी उत्सुक पर्यटकों के कान में जलधारा का कल-कल निनाद आता रहता है। कहीं हजार रंगों की चमक छोड़ते हुए मयूरों का झुंड उड़ा जा रहा है तो रात में काले-काले चमगादड़ परित्यक्त प्रासादों, महलों के डेरों से बाहर निकलकर शिकार की टोह में घूमने लगते हैं। अपरूप सौन्दर्य से सुशोभित 'सासबहू' (सहस्त्रबाहु) और 'तेली' (तैलंग) मन्दिर दर्शकों के नेत्रों को आनन्द देते हैं। अत्यन्त उच्च दुर्ग पर एक सुन्दर जलाशय है। ग्वालियर दुर्ग सचमुच जन-कोलाहल से दूर स्थित एक सुन्दर स्थान है। इस किले के कारण ही ग्वालियर को पूर्व का जिब्राल्टर कहा जाता है।[58]

किलों और स्थानों के अलावा उन्होंने झाँसी, भांडेर, कौंच, कालपी और ग्वालियर के युद्धों का भी वृत्तान्त दिया है। ह्यूरोज के साथ शाहगढ़, राहतगढ़ और बानपुर के राजा के साथ हुए युद्ध का भी बड़ा सजीव चित्रण किया है। बेतवा के युद्ध का भी उन्होंने ब्योरा दिया है किन्तु, सबसे लोमहर्षक विवरण झाँसी का है। युद्ध के अलावा लूटपाट, कत्ले आम का जो चित्र महाश्वेता जी ने खींचा है वह अत्यन्त भयावह और दिल हिला देने वाला है। इन वृत्तान्तों से उनकी वर्णनात्मक शैली का पता चलता है। रानी की दिनचर्या भी उन्होंने इसी शैली में दी है जिसका विवरण रानी के चरित्र-चित्रण के समय दिया जा चुका है।

भावात्मक अथवा काव्यात्मक शैली

इस शैली के उदाहरण हमें उन स्थलों पर मिलते हैं जहाँ महाश्वेता देवी किसी हृदय विदारक घटना का ब्योरा देती हैं या उसके प्रभाव का अंकन करती हैं या कोई संवेदना युक्त चित्र आँकती हैं अथवा प्रकृति का वर्णन करती हैं। ऐसे भावात्मक स्थलों पर उनकी कल्पना को पंख लग जाते हैं और वह अलंकारों, प्रतीकों की वीथियों में विचरण करती हुई यथार्थ के धरातल पर उतर आती हैं। उन्होंने बुन्देलखण्ड का वर्णन करते हुए लिखा है : इसी देश के दक्षस्थल से होकर बह रही हैं धसान और वेत्रवती, किन्तु आज वे शीर्णप्राय हैं। उनके किनारे-किनारे फूले हुए जामुन के वृक्ष समूह अब और फलभार से नमित नहीं होते हैं। किसी विस्मृत युग में उसी पथ से होकर जो नीलांजन छायावाही मेघ निर्वासित प्रेमी के आँसुओं को वहन करता हुआ अलकापुरी की दिशा में चला गया था, आज उसके दर्शन यथार्थ रूप में दुर्लभ हैं।[59] यहाँ महाश्वेता देवी की कल्पना मेघदूत काव्य में खो जाती है। ऐसे स्थलों पर उनकी शैली में प्राचीन काव्य का एक प्रसंग चला आता है। यहाँ प्रसंग गर्भत्व होने से गद्य खंड का सौन्दर्य और बढ़ जाता है।

इसी शैली का एक दूसरा गद्य खंड देखिए : इस स्वल्प सीमा वाले राज्य की पर्वत संकुल अनुर्वर छाती को हल की नोक से फाड़कर धरती को फसल की भाषा में बात कहलाने का प्रयास वर्ष-दर-वर्ष असफल होता रहता था। वैशाख की प्रखर गर्मी में जल की प्रतीक्षा करते हुए किसान की बहू-बेटियाँ सिर पर डलिया रखे हुए 'भादों' का गीत गाते हुए व्यर्थ ही लौट जाती थीं।[60]

यहाँ पर फसल की भाषा में बात कहलवाने का प्रयास एक काव्यात्मक प्रयोग है। लेखिका सीधे-सीधे फसल उगाने का प्रयास न कहकर वक्र उक्ति के द्वारा अपनी बात कहने का प्रयास करती है। साथ ही किसान की बहू-बेटियों के प्रसंग के पीछे भी नेपथ्य में कहीं कालिदास के 'मेघदूत' की छाया तैर रही है। जहाँ उन्होंने लिखा है भ्रूविलास से अनभिज्ञ सरल कृषक बालाएँ आकाश की ओर अपने सरल नेत्र उठाकर तुम्हारी बाट हेर रही होंगी।

एक छोटा-सा काव्यात्मक वाक्य देखिए : उनका घर गृहलक्ष्मी चाहता है और अन्तःपुर गृहिणी चाहता है। राज्य रानी चाहता है। सिंहासन उत्तराधिकारी चाहता है। उनकी खुद की जरूरत एक सहधर्मिणी की है।[61]

एक और गद्य खंड : मनु के माता-पिता के सपनों में अगर कोई वाद्य बजता रहता था तो वह था विवाह के अवसर पर बजने वाली गौड़वानी सारंग राग में शहनाई और सधवा महाराष्ट्रीय रमणियों के चलने-फिरने से झंकृत होने वाली आभूषणों की झंकार। युद्ध के मैदान में तलवारों से तलवार टकराने से उत्पन्न होने वाली झंकार की उन्होंने कल्पना भी नहीं की थी।[62]

एक और चित्त को उद्वेलित करने वाला भावात्मक गद्य खंड उनकी काव्यात्मक रमणीय शैली का द्योतक है। इसमें प्रतीकात्मकता और आगे के भंयकर समय का आभास देने का संकेत है : आज का आकाश आधा बादलों से ढका है और आधा धूप के कारण झलमल कर रहा है, रानी के चित्त में भी आशा-निराशा की यमुना लहरा रही है। ग्यारह वर्ष पहले उन्होंने गले में जो मंगल सूत्र धारण किया था, लगता है उसका समय पूरा हो गया। उनके

पिता उन्हें यद्यपि सान्त्वना दे रहे हैं, फिर भी कहीं रानी के लिए एक पहर का घंटा बजता जा रहा है—अब समय नहीं है, समय नहीं है।[63]

यह घंटा मृत्यु का है, गंगाधर राव के जीवनावसान का है। ऐसे स्थल बहुत मार्मिक और हृदय द्रावक होते है।

गंगाधर राव की स्मृति का वाहक लक्ष्मीताल के किनारे लक्ष्मी मन्दिर की विपरीत दिशा में जो स्मारक बना है, उसका चित्रण काव्यात्मक शैली का मार्मिक उदाहरण है :

आज भी वहाँ पर प्राचीर-वेष्टित एक बगीचा विद्यमान है। जीर्णशीर्ण दीवारों में दरारें पड़ गई हैं। कोई उत्सुकता से भरा दर्शक अगर विशाल अश्वत्थ वृक्ष के पत्ते-पत्ते में मर्मरित वातास से युक्त निर्जन मध्यान्ह में वहाँ खड़ा होता है तो द्वार पर लिखी इबारत पर उसकी नजर पड़ेगी—झाँसी के महाराजा गंगाधर राव की छतरी। जन्म 1813, मृत्यु 1853।[64]

इसी के बाद का यह गद्यखंड—लक्ष्मीताल का जल आज भी उसी प्राचीर की पूर्व दिशा में सतत लहरों-पर-लहरें उठाकर आघात करता रहता है। उस पल्लव-कल्लोल-मर्मरित शान्त परिवेश में लेटे हुए गंगाधर राव यह कभी नहीं जान सकेंगे कि इन्दौर में, इमली बाजार मुहल्ले में, आज भी उनका नाम सुरक्षित रखे हुए हैं, उनके दत्तक पुत्र का वंश। किन्तु, उनमें कोई भी राजपुत्र नहीं है। स्थानीय लोग उनका सम्मान करते हुए सिर्फ उन्हें 'झाँसी वाले' कहते हैं।''[65]

रेखाचित्र शैली

रेखाचित्र शैली के उदाहरण चरित्रांकन शिल्प और प्रस्तुतिकरण शिल्प में प्रचुर मात्रा में दिए जा चुके हैं। यहाँ उसका एक उदाहरण द्रष्टव्य है : थकी हुई रानी ने उस दिन सन्ध्या को आहार तक नहीं किया। स्नान के बाद सामान्य रूप से थोड़ा दूध पीकर वह दीवानखाने में क्षण भर के लिए विश्राम करने गई। तब उसने स्वप्न देखा, विशाल काले नेत्र, गौरवर्ण देहयष्टि, और रक्तवर्ण अधर वाली एक सुन्दर युवती किले के बुर्ज पर खड़ी हुई है। अँधेरे आकाश की पृष्ठभूमि में उसकी दिव्यमूर्ति देदीप्यमान है। और भी देखा कि वह रक्ताम्बर वसना, रत्नालंकार भूषिता अत्यन्त अवहेलनापूर्वक एक आग के गोले को दोनों हाथों में पकड़े हुए है। रानी को पुकारकर उसने कहा—मैं इस दुर्ग की लक्ष्मी हूँ। इतने दिन तक मैंने इस दुर्ग की रक्षा की है। आज लगता है अब नहीं कर सकूँगी। तुम निहारकर देखो, मेरे दोनों हाथों की तरफ ध्यान से देखो। रानी ने भयभीत होकर देखा, वे सुन्दर दोनों हाथ कालोंछ से भरे और दग्ध हैं।[66]

विवेचनात्मक शैली

यह शैली हमें उन स्थलों पर देखने को मिलती है जहाँ महाश्वेता देवी ने किसी गम्भीर परिस्थिति अथवा किसी गम्भीर विषय का विश्लेषण किया है। ऐसी जगह उनकी विश्लेषण शक्ति और किसी भी विषय के एक-एक अंश का तारतम्य भाव से स्पष्ट भाषा में विवेचन करने के कौशल का पता चलता है। ऐसी जगह शैली अत्यन्त गम्भीर और धीरगति से आगे बढ़ती है। गम्भीर होने के कारण ऐसे स्थलों को धैर्य के साथ पढ़ना पड़ता है।

रानी लक्ष्मीबाई की गाथा आज भी क्यों स्मरणीय है, क्यों आज भी पूरे भारत में उसका उदाहरण दिया जाता है इसके कारणों की विवेचना करते हुए उन्होंने लिखा है : हमारे देश की आन्तरिक सत्ता के सत्य को अगर एक ही बन्धन में बाँधकर एक ही आधार पर समझा जाए तो वह होगी झाँसी की रानी। एक स्त्री के सम्बन्ध में एक सौ वर्ष तक अगर जन सामान्य जानता रहता है, तो वह स्त्री किस प्रकार की होगी।''[67]

अंग्रेजों के प्रति पूरे भारतवर्ष में विरोध की लहर क्यों जाग रही थी और भारतीयों के प्रति उनका मनोभाव कैसा था इसका विवेचन करते हुए महाश्वेता देवी लिखती हैं : सुविशाल जल, जंगल, पर्वत, ग्राम, जनपद, मरुभूमि संवलित भारतभूमि का उस दिन भी निजी शिल्प, संस्कृति, शिक्षा एवं इतिहास था। सिर्फ स्वाधीनता नहीं थी। अंग्रेजी शासन के नागपाश में उस दिन के भारतवर्ष का दम घुटा जा रहा था। अपनी जरूरत के कारण ही अंग्रेज लोग भारतवर्ष में विज्ञान की प्रगति ले आए थे, जिसके बिना जरूर आज की दुनिया सम्भव नहीं हो सकती थी। कुछ समाजसेवी, भारत-हितैषी अंग्रेजों के उदाहरणों को अगर छोड़ दिया जाए तो समझ में आ जाएगा कि अंग्रेजों के प्रयास के मूल में व्यक्तिगत नहीं, राजनीतिक स्वार्थ था। ज्ञान अवश्य सदा कल्याण ही लाता है, विज्ञान से सभ्यता उन्नत होती है, इसलिए चाहे स्वार्थ सिद्धि के लिए हो अथवा उपकार के लिए हो, शिक्षा अपनी गरिमा से सार्थक हो उठी थी हमारे देश में।[68]

इसी प्रकार का एक गद्य खंड और है विवेचनात्मक शैली का : एक अन्तिम निर्णय लेने के पूर्व मनुष्य जहाँ तक सम्भव होता है, वहाँ तक आपस में समझौता करके ही चलना चाहता है। रानी ने भी यही प्रयास किया। किन्तु, समझ गई ये सब घटनाएँ उसे एक अनिवार्य परिणति की ओर आगे बढ़ाए लिये जा रही हैं। इसलिए उसने अन्तिम निर्णय ले लिया।[69]

मुहावरों का प्रयोग

महाश्वेता देवी ने वृन्दावनलाल वर्मा की तरह यत्र-तत्र मुहावरों का भी प्रयोग किया है, यद्यपि ये प्रयोग प्रचुर मात्रा में तो नहीं हैं फिर भी ऐसे कम भी नहीं हैं। उनके कुछ उदाहरण इस प्रकार है :

1. वासर घर की ओर जाना—अर्थात अपने पति से मिलने जाना। यहाँ उसका अर्थ है बीत जाना। सन्ध्या का समाप्त होकर रात्रि में लीन हो जाना।
   - इमन कल्याण गुनगुनाती हुई सन्ध्या वासर घर की ओर जाने लगी। (पृष्ठ 31)
   - निरापदता की प्रतिश्रुति न होना—अर्थात जीवन में किसी प्रकार की सुरक्षा, खाने-पीने की स्थायी व्यवस्था न होना।
     उनके जीवन के आदि अन्त में किसी निरापदता की प्रतिश्रुति नहीं थी अर्थात कोई गारंटी नहीं थी। (पृष्ठ 31)
   - भार ढोना—अर्थात उत्तरदायित्व सँभालना या किसी की याद सदा बनाए रखना। युग-युगान्तर का भार वे लोग ढो रहे हैं। (वही, पृष्ठ 31)
   - इतिहास का पन्ना होकर रह जाना। इसका अर्थ है सिर्फ लिखित रूप में रहना, लोक में, समाज में उसकी कोई स्मृति न रहना। महाश्वेता देवी का कहना

है कि रानी सिर्फ इतिहास का पन्ना भर नहीं है, लोक के मन में युगयुगान्तर से उसकी स्मृति बनी हुई है। हमारे-तुम्हारे लिए झाँसी की रानी इतिहास का एक पृष्ठ मात्र है। (वही, पृष्ठ 31)

— हड़बड़ा जाना—घबड़ा जाना—वे लोग रानी मर चुकी है इस प्रतिवाद से घबड़ा नहीं जाते हैं, उनके रक्त में धैर्य है। (वही, पृष्ठ 31)

— मुँह न दिखाना—लज्जा से मुँह न दिखाना, लोगों के सामने न आना—रानी चूँकि हार गई थी इसलिए लोगों को उसने फिर अपना मुँह नहीं दिखाया। (वही, पृष्ठ 32)

— बूँटों से रौंदना—कुचल डालना—शताधिक वर्ष पहले भारतवर्ष की छाती को बूटों से रौंदकर कुचल डाला था अंग्रेजों ने। (पृष्ठ 33)

— सिंहासन काँप उठना अर्थात शत्रु के भय या उसकी हुँकार से शासक का ह्रदय काँप जाना—उससे काँप उठा था शासकों का सिंहासन। (वही, पृष्ठ 33)

— आँखों में नींद न आना—चिन्ता के कारण सो न सकना—आधे विश्व की अधीश्वरी महारानी के मन में शान्ति नहीं थी, आँखों में नींद नहीं थी। (वही, पृष्ठ 33)

— पताका फहराना, अपनी विजय की, युद्ध की अपने साहस की घोषणा करना अथवा चुनौती देना—दक्षिण बुर्ज से एक बार युद्ध की रक्त-पताका फहराई थी रानी ने। (वही, पृष्ठ 34)

— बाजी लगाना—किसी उच्च लक्ष्य के लिए जीवन समर्पित कर देना। वे लड़ी थीं जीवन के प्रण की रक्षा करते हुए और बाजी लगाकर उस बाईस वर्ष के जीवन की आहुति दे दी थी ग्वालियर के रणक्षेत्र में। (वही, पृष्ठ 34) इस उद्धरण में तीन मुहावरों का प्रयोग किया गया है प्राण की रक्षा करना, उसके लिए जीवन की बाजी लगा देना अथवा होड़ लगाकर अपने जीवन की आहुति दे देना।

— सपना देखना—किसी काम को करने या कोई चीज पाने की कल्पना, आशा करना। किसान लोग कपास बोने का सपना देखने लगते हैं। (वही पृष्ठ 37)

— मनमुटाव होना—आपस में अनबन हो जाना—इसी बीच पिता (अकबर) और पुत्र (सलीम) में मनमुटाव हो गया। (वही, पृष्ठ 39)

— राजी हो जाना, सहमत होना, शर्त रखना—कोई ऐसा प्रस्ताव रखना जिसके पूरा होने का वचन देने पर कोई किसी काम को करने के लिए राजी हो जाता है—वीरसिंह देव राजी हो गया। शर्त रखी गई कि यदि भाग्य अनुकूल रहा तो सलीम वीरसिंह देव की राज्य गठन में मदद देगा। (वही, पृष्ठ 39)

— हँसी उड़ाना—औरंगजेब ने कवियों की हँसी उड़ाई थी, उपहास किया था। (वही, पृष्ठ 41)

— अभयदान देना—अर्थात कुछ भी कहो तुम्हें दंड नहीं दिया जाएगा—अभय का वचन दें तो वे एक सच्ची कविता सुना सकते हैं। (वही, पृष्ठ 41)

— उकसाना—कोई काम करने के लिए प्रेरित करना। सखूबाई बकाया वेतन माँगने के लिए उकसाने लगी।

यहाँ तक वृन्दावनलाल वर्मा और महाश्वेता देवी द्वारा प्रयुक्त भाषा और शैली का विवेचन किया गया। एक के उपन्यास की मूल भाषा हिन्दी है, दूसरे की बांग्ला। वर्मा जी की भाषा बोलचाल के अधिक निकट है, उसमें बुन्देली के लहजे का पुट है। पुट के साथ-साथ ठेठ बुन्देली की अभिव्यक्तियों का प्रयोग अधिक है। किन्तु, इसकी तुलना में महाश्वेता देवी ने 'झाँसी की रानी' में शुद्ध साहित्यिक, तत्सम शब्दावली से युक्त साधु बांग्ला का प्रयोग अधिक किया है। भाषा-विन्यास की दृष्टि से उनकी प्रवृत्ति समस्त पदावली के प्रयोग की ओर अधिक है किन्तु यह भी सच है कि उनकी भाषा सर्वजन बोध्य, सरल, सहज और अपने कथ्य को भली-भाँति प्रेषित करने वाली है। उनकी भाषा कठिन नहीं है। भाषा के पीछे वक्ता, लेखक या प्रस्तुतकर्ता का संवेदनात्मक पक्ष होता है। उनकी भाषा में वह पक्ष पूरी तरह विद्यमान है। उनकी भाषा और शैली प्रभावित करने वाली है।

वृन्दावनलाल वर्मा की शैली में नाटकीयता है। इसलिए उनका कथानक, पात्रों का चरित्रांकन, कथा का विकास सब कुछ नाटकीय तत्त्व से आक्रान्त है, जबकि महाश्वेता देवी ने यह ध्यान में रखकर उपन्यास लिखा है कि वे नाटक नहीं, उपन्यास और वह भी जीवनीमूलक उपन्यास लिख रही हैं।

उनकी भाषा में कहीं भी भदेसपन नहीं है, वह सर्वत्र शालीन और उदात्तता से युक्त है। जबकि वर्मा जी कहीं-कहीं हलकेपन पर उतर आते हैं। वृन्दावनलाल वर्मा में बहुत सी ऐसी अभिव्यक्तियाँ हैं जो एक तरह से अनावश्यक हैं और कई वाक्य शिथिलता से युक्त हैं। जबकि महाश्वेता देवी की वाक्य संरचना पूरी तरह कसी हुई है। महाश्वेता देवी की शैली में वर्णनात्मक या ब्योरा देने का गुण अधिक है। वृन्दावनलाल वर्मा में ऐतिहासिक तथ्यों की बहुलता अधिक है। युद्ध का वर्णन दोनों ने ही समान रूप से किया है। महाश्वेता देवी ने संस्कृत, मराठी, हिन्दी, उर्दू भाषाओं का भी प्रयोग किया है, जबकि वृन्दावनलाल वर्मा की भाषा में उर्दू, बुन्देली का संस्पर्श अधिक है। महाश्वेता देवी ने अंग्रेजी अभिव्यक्तियों और शब्दावली का प्रयोग भी किया है। वैसा वर्मा जी में उपलब्ध नहीं होता है।

शैली की दृष्टि से दोनों में भावात्मक, विवेचनात्मक, वर्णनात्मक, प्रतीकात्मक शैलियाँ कम या अधिक मात्रा में मिलती हैं। दोनों का उद्देश्य अपने कथ्य को प्रेषित करना है जिनमें वे दोनों सफल हैं।

भाष-शैली के विवेचन के बाद अगले अध्याय में दोनों की विचार सम्पदा और उद्देश्य पर विचार किया जाएगा।

सन्दर्भ-ग्रन्थ

1. Style is an index of personality, साहित्य विवेचन, पृष्ठ 67
2. Style is not the coat of a writer but his skin, वही, पृष्ठ 67
3. साहित्य-विवेचन, आचार्य क्षेमचन्द्र 'सुमन', पृष्ठ 67
4. हिन्दी साहित्य कोश, भाग 1, पृष्ठ 156
5. हिन्दी साहित्य सर्वस्व, पृष्ठ 610, हिन्दी साहित्य कुटीर, काशी, संवत् 2012

6. वही, पृष्ठ 604
7. वही, पृष्ठ 607
8. हिन्दी उपन्यास: शिल्प और प्रयोग, डॉ. त्रिभुवन सिंह, पृष्ठ 295
9. साहित्या लोचन, डॉ. श्यामसुन्दर दास पृष्ठ 259
10. वृन्दावनलाल वर्मा : व्यक्तित्व और कृतित्व, डॉ. पद्मसिंह शर्मा कमलेश, पृष्ठ 224, सर्वोदय प्रकाशन मन्दिर, नई सड़क दिल्ली, संस्करण 1958
11. हिन्दी के ऐतिहासिक उपन्यास, डॉ. रामनारायण सिंह मधुर पृष्ठ 84, ग्रन्थम् कानपुर, सं. 197
12. वृन्दावनलाल वर्मा : उपन्यास और कला, पृष्ठ 175
13. झाँसी की रानी लक्ष्मीबाई, वृन्दावनलाल वर्मा, पृष्ठ 72-73
14. वही, पृष्ठ 107
15. वही, पृष्ठ 108-109
16. वही, पृष्ठ 292
17. वही, पृष्ठ 14
18. वही, पृष्ठ 18
19. वही, पृष्ठ 71
20. वही, पृष्ठ 78
21. वही, पृष्ठ 192
22. वही, पृष्ठ 196
23. वही, पृष्ठ 226
24. वही, पृष्ठ 14
25. वही, पृष्ठ 15
26. वही, पृष्ठ 127
27. वही, पृष्ठ 14
28. वही, पृष्ठ 16
29. वही, पृष्ठ 73-74
30. वही, पृष्ठ 74
31. वही, पृष्ठ 85
32. वही, पृष्ठ 157
33. वही, पृष्ठ 16
34. वही, पृष्ठ 172
35. वही, पृष्ठ 174
36. वही, पृष्ठ 196
37. वही, पृष्ठ 171
38. वही, पृष्ठ 47
39. हिन्दी साहित्य कोश, भाग 1, सं. डॉ. धीरेन्द्र वर्मा, पृष्ठ 550-551
40. बांग्ला साहित्य का इतिहास, सुकुमार सेन, पृष्ठ 19, सं. 2004, साहित्य अकादमी, दिल्ली।
41. महाश्वेता देवी : लड़ाई जारी है, डॉ. माहेश्वर, समकालीन भारतीय सहित्य, नवम्बर-दिसम्बर 1997, पृष्ठ 20
42. वही, पृष्ठ 24
43. आधुनिक बांग्ला प्रयोग अभिधान, सुभाष भट्टाचार्य, पृष्ठ 106, 107, आनन्द पब्लिशर्स, कलकत्ता, संस्करण। 2003
44. महाश्वेता देवी : रचना समग्र, खंड 1 झाँसी की रानी, पृष्ठ 19

45. वही, पृष्ठ 19
46. वही, पृष्ठ 20
47. वही, पृष्ठ 19
48. झाँसी की रानी, महाश्वेता देवी, हिन्दी अनुवाद पृष्ठ 43
49. वही, पृष्ठ 11
50. महाश्वेता देवी रचना समग्र -1, पृष्ठ 173
51. वही, पृष्ठ 87
52. वही, पृष्ठ 86-87
53. झाँसी की रानी, महाश्वेता देवी, (हिन्दी अनुवाद) पृष्ठ 116
54. वही, पृष्ठ 141
55. वही, पृष्ठ 1421
56. वही, पृष्ठ 146
57. वही, पृष्ठ 147
58. वही, पृष्ठ 236
59. वही, पृष्ठ 37
60. वही, पृष्ठ 38
61. वही, पृष्ठ 50
62. वही, पृष्ठ 52
63. वही, पृष्ठ 64
64. वही, पृष्ठ 68
65. वही, पृष्ठ 68
66. वही, पृष्ठ 187
67. वही, पृष्ठ 33
68. वही, पृष्ठ 99
69. वही, पृष्ठ 1391

अध्याय-9

विचार और उद्‌देश्य

ऐसा कहा जाता है कि उपन्यासों की रचना मनोरंजन के लिए हुई। समय बिताने का एक बहुत बड़ा साधन उपन्यास साहित्य है। पाठकों में उसकी माँग और लोकप्रियता ने ही उपन्यास-साहित्य के विकास को तीव्र गति प्रदान की। प्रेमचन्द पूर्व के हिन्दी उपन्यास मनोरंजन प्रधान थे। यद्यपि ज्ञानचन्द्र जैन ने प्रेमचन्द पूर्व के हिन्दी उपन्यासों पर अपना जो अनुसन्धानपरक ग्रन्थ प्रस्तुत किया है उसके अनुसार प्रेमचन्द पूर्व के हिन्दी उपन्यासों में भी उस काल की समस्याओं की अनुगूँज हमें सुनाई देती है। उस समय के सामाजिक प्रश्नों को उनमें उठाया गया है और वे उपन्यास भी तत्कालीन सामाजिक मूल्यों से उत्प्रेरित हैं। उन्होंने लिखा है : मैंने पुस्तक में दिखाया है कि इन उपन्यासों में भारतीय सामाजिक, सांस्कृतिक तथा राजनीतिक नव जागरण के चित्र प्रतिबिम्बित हैं। इस काल के नवोदित, नये शहरी मध्यम वर्ग के कुछ दुर्लभ चित्र इन उपन्यासों में मिलते हैं।

उन्होंने आगे लिखा है : समसामयिक सामाजिक सन्दर्भ की दृष्टि से ही नहीं, उपन्यास-शिल्प के स्वतंत्र विकास का अध्ययन करने की दृष्टि से भी इन उपन्यासों को अनदेखा नहीं किया जा सकता।[1]

हिन्दी की अपेक्षा बांग्ला उपन्यास प्रौढ़ता, परिपक्वता और रूप-विन्यास की दृष्टि से पहले ही कलात्मक सीमा को छू चुके थे। यही कारण है कि हिन्दी उपन्यास साहित्य का विकास बांग्ला उपन्यास साहित्य की छाया में होता है। प्रारम्भ में प्रभूत मात्रा में बांग्ला उपन्यासों के अनुवाद हिन्दी में किए गए। इसके साथ-ही-साथ बहुत से हिन्दी उपन्यास बांग्ला उपन्यासों के बिम्ब को लेकर लिखे गए। इस सन्दर्भ में आचार्य रामचन्द्र शुक्ल का कहना है : नाटकों और निबन्धों की ओर विशेष झुकाव रहने पर भी बंग भाषा की देखा-देखी नये ढंग के उपन्यासों की ओर ध्यान जा चुका था। इस समय तक बंग भाषा में बहुत से अच्छे उपन्यास निकल चुके थे। अत: साहित्य के इस विभाग की शून्यता शीघ्र हटाने के लिए उनके अनुवाद आवश्यक प्रतीत हुए।''[2]

उस पर टिप्पणी करते हुए डॉ. रामचन्द्र तिवारी ने अपने हिन्दी का गद्य साहित्य में लिखा है : इसमें सन्देह नहीं कि भाग्यवती की रचना (1877 ई.) के पूर्व ही बांग्ला में सामाजिक और ऐतिहासिक दोनों ही प्रकार के कई उपन्यास लिखे जा चुके थे। भवानीचरण बन्द्योपाध्याय के 'नवबाबू विलास' (1825 ई.), 'टेकचन्द ठाकुर' (1813-83 ई.) और 'का अलालेर

घरेर दुलाल' (1857 ई.) उपन्यास बांग्ला में बहुत ही लोकप्रिय हुए थे। किशोरीलाल गोस्वामी (1865-1932 ई.) के 'चपला' उपन्यास (1903 ई.) पर 'नवबाबू विलास' की छाया स्पष्ट है। ऐतिहासिक उपन्यासों के तीन उपन्यास—'दुर्गेशनन्दिनी' (1865 ई.), 'मृणालिनी' (1869 ई.) 'युगलांगुलीय' (1874 ई.) क्रमशः 1873 ई., 1820 ई. में हिन्दी में अनूदित हुए थे।[3] उन्होंने बांग्ला उपन्यासों की प्रेरणाभूमि अंग्रेजी के उपन्यासों को माना है और हिन्दी उपन्यासों की प्रेरणा धारा अंग्रेजी तथा बांग्ला से आगत निरूपित की है। हिन्दी के कुछ कुछ प्रारम्भिक उपन्यासों पर संस्कृत की कुछ पुरानी आख्यायों के प्रभाव भी परिलक्षित होते हैं। कहने का आशय यह है कि हिन्दी के प्रारम्भिक उपन्यास का सूत्रपात भले ही मनोरंजन के लिए हुआ हो किन्तु, उन उपन्यासों में भी जीवन के गम्भीर मूल्यों की अभिव्यक्ति देखी जा सकती है। उनकी रचना के पीछे भी उन लेखकों की जीवन दृष्टि प्रेरक तत्त्व के रूप में काम कर रही थी। वे कोरे मनोरंजनपरक उपन्यास नहीं थे। यहाँ रचना के पीछे लेखक की जिस रचना-दृष्टि का उल्लेख किया गया उपन्यासों में विचार तत्त्व या उसका उद्‌देश्य इसी से निरूपित होता है।

उपन्यासों को मानव जीवन का उपाख्यान कहा गया है। प्रेमचन्द ने तो उपन्यासों को मानवीय चरित्र का उद्‌घाटक अथवा उसे मनुष्य की जीवन गाथा का प्रतिबिम्ब बताया है। उन्होंने लिखा है : यों कहना चाहिए कि भावी उपन्यास जीवन चरित होगा, चाहे किसी बड़े आदमी का या छोटे आदमी का। उसकी छुटाई-बड़ाई का फैसला उन कठिनाइयों से किया जाएगा कि जिन पर उसने विजय पाई है। हाँ, यह चरित्र इस ढंग से लिखा जाएगा कि उपन्यास मालूम हो। अभी हम झूठ को सच बनाकर दिखाना चाहते हैं, भविष्य में सच को झूठ बनाकर दिखलाना होगा। किसी किसान का चरित्र हो या किसी देशभक्त का या किसी बड़े आदमी का, उसका आधार यथार्थ पर होगा। तब यह काम उससे कठिन होगा जितना अब है, क्योंकि ऐसे बहुत कम लोग हैं जिन्हें बहुत से मनुष्यों को भीतर से जानने का गौरव प्राप्त हो।[4]

उपन्यास का उद्‌देश्य और विचार तत्त्व

कोई उपन्यास जिन तत्त्वों से निर्मित होता है उनके पीछे उपन्यासकार का जीवन दर्शन या उसकी दृष्टि बीज रूप में काम करती रहती है। इस को उपन्यास का उद्‌देश्य कहा जाता है। वास्तव में यह उद्‌देश्य एक विचार के रूप में अन्तराल में रह कर काम करता रहता है। इसलिए उन्हीं उपन्यासों को श्रेष्ट माना जाता है जिनके पूरे विन्यास में यह तत्त्व अप्रत्यक्ष रूप में घुला-मिला रहता है और बाहर से उस पर थोपा नहीं जाता या किसी विचारधारा विशेष के प्रचार के रूप में उपन्यास प्रस्तुत किया गया है, ऐसा नहीं लगता। कथावस्तु, पात्र और चरित्र चित्रण, कथोपकथन, देश-काल और वातावरण-सृजन इन सबके माध्यम से फूल की सुगन्ध की तरह लेखक का उद्‌देश्य झलकना चाहिए। ऐसे उपन्यास को ही श्रेष्ठ उपन्यास कहा जाता है।

उपन्यास में विचार तत्त्व का आधान कैसे हो, कहाँ तक हो, इस विचार तत्त्व पर अथवा उपन्यासकार के जीवन-दर्शन या लिखने के पीछे उसका उद्‌देश्य क्या है इस पर समीक्षकों ने गम्भीरता से विचार किया है। यहाँ उस पर थोड़ा विचार कर लेना जरूरी है।

आचार्य क्षेमचन्द्र 'सुमन' ने उपन्यासों के उद्देश्य पर प्रकाश डालते हुए लिखा है : उपन्यास का उद्देश्य मनोरंजन तो अवश्य है, किन्तु आज वे मनोरंजन के अतिरिक्त किसी एक विशिष्ट उद्देश्य का भी प्रतिपादन करते हैं। केवल मनोरंजन ही जिनका लक्ष्य हो, ऐसे उपन्यास लिखे तो बहुत जाते हैं किन्तु वे उत्कृष्ट कोटि के उपन्यासों के अन्तर्गत गृहीत नहीं किए जाते। उत्कृष्ट उपन्यास तो वही हैं जो किसी-न-किसी विशिष्ट उद्देश्य का प्रतिपादन करते हैं और जीवन की अपने दृष्टिकोण के अनुसार व्याख्या करते हैं।[5]

यह दृष्टिकोण उपन्यास से व्यंजित होना चाहिए इसलिए उन्होंने कहा है : किन्तु यह उद्देश्य किसी एक उपदेश, व्याख्यान या भाषण के रूप में अभिव्यक्त नहीं होता, अपितु सम्पूर्ण उपन्यास में विभिन्न सूक्तियों और वाक्यों में विकीर्ण हुआ रहता है। फिर उन्होंने आगे कहा है : अपने इन्हीं विचारों या सिद्धान्तों के प्रतिपादन के लिए वह अनेक पात्रों की सृष्टि करता है और उनके परस्पर विरोधी विचारों में संघर्ष दिखाकर अपने सिद्धान्त की उत्कृष्टता को सिद्ध करता है। लेखक के आदर्शों और विचारों का प्रतिनिधित्व नायक द्वारा होता है।

उन्होंने चेतावनी देते हुए कहा है : एक उपन्यासकार का लक्ष्य कहानी कहना है किसी मतवाद का प्रचार करना नहीं। अप्रत्यक्ष रूप में वह अपने मत की अभिव्यक्ति कर सकता है।

फिर उन्होंने कहा है : उसका आदर्श और दृष्टिकोण कथावस्तु में ही निहित होना चाहिए और विभिन्न पात्रों द्वारा उनकी अभिव्यक्ति होनी चाहिए। एक उपन्यासकार अपने उद्देश्य की प्रत्यक्ष अभिव्यक्ति को गौण बनाकर जीवन और घटनाओं को इस रूप में चित्रित करेगा कि अप्रत्यक्ष रूप से वे उसी के उद्देश्य का प्रतिपादन करेंगे। जहाँ वह प्रत्यक्ष रूप से अपने सिद्धान्तों का प्रचार करने लगेगा और कलाकार के धर्म को गौण बना देगा। वहाँ पर कलाकार का जीवन-दर्शन और विचार उपन्यास के कथानक में एक निश्चित मर्यादा के भीतर ही अभिव्यक्त होना चाहिए, ताकि वह उपन्यास में नीरसता और अरोचकता उत्पन्न न कर सके।[6]

इस उद्देश्य के सम्बन्ध में आचार्य क्षेमचन्द्र 'सुमन' का कहना है : उद्देश्य सदा महान और प्रभावशाली होना चाहिए जो पाठकों को अभिभूत कर ले। दूसरे, इनका कहना है इसकी अभिव्यक्ति का ढंग भी उदात्त तथा ऐसी परिस्थितियों के माध्यम से होना चाहिए जो उसके औचित्य को प्रमाणित कर दें। जहाँ-तहाँ, अनुपयुक्त परिस्थितियों में इसकी अभिव्यक्ति कर देने से उद्देश्य या दर्शन प्रभावहीन हो जाता है। उद्देश्य या दृष्टिकोण की अभिव्यक्ति का सबसे सुन्दर ढंग नाटकीयता है। अर्थात जहाँ कथोपकथनों के द्वारा पात्र लेखक के आदर्श को व्यक्त करें। अपने उद्देश्य अथवा आदर्श की अभिव्यक्ति का एक ढंग विश्लेषणात्मक या विवेचनात्मक होता है। लेखक स्वयं विभिन्न पात्रों, परिस्थितियों, घटनाओं को विवेचन करता हुआ अपने दृष्टिकोण का प्रतिपादन करता है। उसका यह प्रतिपादन विभिन्न पात्रों के कथोपकथनों, उनके स्वभाव विश्लेषण और कथानक के विभिन्न सूत्रों में बिखरा रहता है। उन सबको एक साथ एकत्र करने पर लेखक के दृष्टिकोण, तथा उसके उद्देश्य का पता चल जाता है।

क्या उपन्यास किसी सन्देश, किसी दार्शनिक विचार या सिद्धान्त के प्रतिपादन के लिए लिखा जाता है? उपन्यास के विभिन्न तत्त्वों में उसके उद्देश्य की अवस्थिति कहाँ

है, इस पर गम्भीर विचार किया गया है। डॉ. ब्रजेश्वर वर्मा का कहना है : उद्देश्य भी वस्तुतः उपन्यास का कोई पृथक् तत्त्व नहीं होता है। उपन्यास में जो कथा कही जाती है, उसका कोई न कोई परिणाम होता है। किसी कथा का सौन्दर्य-सृष्टि के अतिरिक्त और कोई बाह्य परिणाम न हो, परन्तु फिर भी उन उपन्यासों को छोड़कर जो केवल व्यावसायिक उद्योग के रूप में निर्मित होते हैं, कथानक की परिस्थितियों या चारित्रिक विशेषताओं में कोई-न-कोई विशिष्ट जीवन-दृष्टि पाई जाती है। उपन्यासकार कलाकार होने के अतिरिक्त सामाजिक प्राणी भी होता है। जब वह किसी कथा को उपन्यास के रूप में कहने का निश्चय करता है, तभी उसके मन में कथासूत्र के साथ वह जीवन-दृष्टि मूर्त होने लगती है, जो उसने अपने सांसारिक जीवन के अनुभव स्वरूप उपलब्ध की है। उन्होंने आगे कहा है : कला की दृष्टि से वस्तुतः वही उपन्यास श्रेष्ठ है, जिसका लेखक पाठकों पर सफलतापूर्वक यह प्रभाव डाल सके कि उसकी रचना से जिस जीवन-दर्शन का सन्देश मिलता है, वह उसने बाहर से आरोपित नहीं किया है, वरन् वही सामयिक या शाश्वत सत्य है।[7]

वृन्दावनलाल वर्मा का जीवन-दर्शन और उसकी अभिव्यक्ति

उपन्यास का मुख्य उद्देश्य जीवन की कथा कहना है। वह इस कथा के द्वारा जीवन की व्याख्या करता है। उसके लिए कुछ पात्रों की रचना करता है। वे पात्र विभिन्न घटनाओं के प्रवाह में पड़कर कहीं उन घटनाओं को प्रभावित करते, कहीं उनसे प्रभावित होते अपना जीवन व्यतीत करते रहते हैं। इन सब घटनाओं का कोई-न-कोई परिणाम जरूर होता है। पात्र या तो सुख भोगते हैं या दुख-द्वन्द्व में पड़कर विभिन्न आघातों को झेलते हुए टूट जाते हैं या विरोधी परिस्थितियों के सम्मुख चट्टान की तरह खड़े रहते हैं। जीवन कोई कल्पना या निरा सपना नहीं है। उसकी नींव यथार्थ की धरती पर रखी जाती है। यथार्थ की अभिव्यक्ति विशेष देश और काल में होती है। इस देश-काल का निर्माण किसी पात्र के जीवन में आने वाली परिस्थितियाँ करती हैं। इन परिस्थितियों से, उसने अपने परिवेश से, परिवार से, माता-पिता से, अपनी शिक्षा से, अपनी मूल प्रवृत्तियों से जो कुछ प्रेरणाएँ प्राप्त की हों, उन्हीं से उसकी जीवन-दृष्टि का निर्माण होता है। व्यक्ति की प्रतिभा इसी जीवन-दृष्टि से निर्देशित होकर उसकी सृजन-प्रेरणा बनकर किसी कलाकृति के निर्माण में सक्रिय होती है। ऐसा प्रतिभाशाली व्यक्ति एक संगीतकार हो सकता है, एक चित्रकार-मूर्तिकार हो सकता है, साहित्य की किसी विधा का स्रजेता हो सकता है, कोई उपन्यासकार हो सकता है।

वृन्दावनलाल वर्मा की सृजन-चेतना का अगर विश्लेषण किया जाए तो वह दो धाराओं में प्रवाहित हुई। एक तो कथा के क्षेत्र में, दूसरी नाटक के क्षेत्र में। कथा का क्षेत्र भी दो धाराओं में विभाजित है। एक उपन्यासों की धारा, दूसरी कहानियों की धारा। उपन्यास की धारा पुनः दो धाराओं में विभाजित हो गई। एक सामाजिक उपन्यासों की धारा, दूसरी ऐतिहासिक उपन्यासों की धारा। ऐतिहासिक उपन्यासों की यह धारा ही हमारे प्रतिपादन का मुख्य विषय है। इसमें भी 'झाँसी की रानी' उनका प्रसिद्ध उपन्यास। वस्तुतः वर्माजी की

ख्याति एक ऐतिहासिक उपन्यासकार के रूप में ही है। उसमें भी उनकी ख्याति का आधार मुख्यतः दो उपन्यास हैं—एक 'झाँसी की रानी' और दूसरा 'मृगनयनी'। यहाँ हमारा प्रतिपाद्य 'झाँसी की रानी' में व्यक्त उनका जीवन-दर्शन है।

उन्होंने अपनी 'झाँसी की रानी' कृति में रानी का चरित्र इस रूप में खड़ा किया है जिससे उनकी जीवन-दृष्टि, उनका स्वराज्य-प्राप्ति के लिए किए जाने वाला संघर्ष व्यक्त हो सके। इसके लिए उन्होंने पूरे घटनाचक्र की बुनावट इसी दृष्टि से की है। वैसी ही परिस्थितियों का या तो निर्माण किया है या यह किया गया है कि पहले से निर्मित या इतिहासचक्र से चालित परिस्थितियों का वे अपनी दृष्टि से दोहन कर सकें। अन्य पात्रों की संरचना भी उन्होंने ऐसी की है जिससे रानी का सपना साकार हो सके। दरअसल कहीं-कहीं ऐसा लगता है जैसे रानी के हृदय में बैठकर वर्मा जी ही अपनी जीवन-दृष्टि का खुलासा कर रहे हों। अन्य पात्रों में भी रानी की चेतना ने वह आग जला दी है जिससे वे उसी आदर्श से प्रेरित होकर रानी के आदर्श को साकार करने में जूझ जाते हैं। आगे के विवेचन से मेरी बात सिद्ध हो जाएगी।

उपन्यास मनुष्य की कथा है। मनुष्य ही उपन्यास के कथा-संसार के प्राणी होते हैं और उनके जीवन की वास्तविकताओं, भावनाओं, अन्तः सम्बन्धों, टकराहटों, समझौतों अर्थात नाना प्रकार की जटिलताओं के बीच जिए जाते जीवन का एकदम नया, सर्जनात्मक रूप प्रस्तुत करने का प्रयास ही उपन्यासकार का अभिप्रेत होता है। यह एक उल्लेखनीय तथ्य है कि हिन्दी उपन्यास का आरम्भ चरित्र केन्द्रित 'नवल कथा' के रूप में हुआ और 'देवरानी जेठानी' की कहानी से लेकर 'विमाता' तक हिन्दी में उपन्यास की एक ऐसी परम्परा है जिसमें मनुष्य-चरित्र की ही प्रधानता है।[8]

वृन्दावनलाल वर्मा का 'झाँसी की रानी लक्ष्मीबाई' उपन्यास भी चरित्र केन्द्रित है और चरित्रों के माध्यम से ही उन्होंने अपने जीवन-दर्शन की अभिव्यक्ति की है। इसे आगे के विवेचन से स्पष्ट करने का प्रयास किया जाएगा। इसके पहले एक बार उनके उपन्यास की प्रेरणा का सूत्र जानना बहुत जरूरी है क्योंकि उनका जीवन-दर्शन उसी पर आधारित है।

इस सन्दर्भ में डॉ. गोपाल राय का कहना है : 1946 ईसवी में ही वृन्दावनलाल वर्मा का, दस वर्षों के अन्तराल के बाद, 'झाँसी की रानी लक्ष्मीबाई' नामक उपन्यास प्रकाशित हुआ। ब्रिटिश कालीन भारतीय इतिहास पर आधारित यह, कदाचित हिन्दी का पहला उपन्यास है। स्वतंत्रता-प्राप्ति के ठीक पहले इस उपन्यास का प्रकाशन वर्मा जी के देश-गौरव और भारतीय नारी के प्रति आस्था भाव का द्योतक है। उन्होंने आगे इस उपन्यास की पृष्ठभूमि बताते हुए लिखा है : 1857 का विद्रोह ब्रिटिश शासन के विरुद्ध भारतीय जनता का पहला सामूहिक विद्रोह था, जिसमें झाँसी की रानी लक्ष्मीबाई की गौरवपूर्ण भूमिका थी। लक्ष्मीबाई के चरित्र को केन्द्र में रखते हुए वर्मा जी ने बुन्देलखण्ड की जनता की ब्रिटिश शासन को चुनौती देने वाली वीरता और बलिदान भावना का बहुत प्रभावपूर्ण अंकन किया है। पुरुष सत्ता प्रधान समाज की सारी बन्दिशों को लाँघते हुए एक स्त्री चारित्रिक उत्कर्ष के इस बिन्दु पर पहुँच सकती है, इसी का अंकन इस उपन्यास

का उद्देश्य है। यद्यपि इस उपन्यास में लिखित इतिहास कल्पना प्रसूत कथा संसार पर हावी होता हुआ दिखाई देता है। मोतीबाई और झलकारी जैसे गौण पात्रों के चित्रण में वर्मा जी की संवेदनशीलता अपने उत्कर्ष पर है। वर्मा जी का राष्ट्रीय स्वाभिमान, जिसका उल्लेख वे अपनी कहानी में करते हैं, इस उपन्यास के माध्यम से व्यक्त हुआ है। एक प्रभुता सम्पन्न शक्तिशाली राष्ट्र की संकल्पना, जिसमें हिन्दू-मुसलमान सभी धर्मों के लोगों का साझा हो, वर्मा जी के विजन की पहचान है। वर्मा जी का उदार साम्प्रदायिक दृष्टिकोण 'झाँसी की रानी लक्ष्मीबाई' में भी मुखरित हुआ है। बुन्देलखण्ड की प्रकृति, लोकजीवन और लोक संस्कृति के अंकन में भी वर्मा जी की सर्जनात्मक सजगता परिलक्षित होती है।[9]

अपने उपन्यास के प्रारम्भ में वर्मा जी ने भूमिका में प्रश्न करते हुए लिखा : सवाल था रानी स्वराज्य के लिए लड़ी या अंग्रेजों की ओर से झाँसी का शासन करते-करते उसको जनरल रोज से विवश होकर लड़ना पड़ा?[10]

दरअसल यही वह 'बीज' विचार है जिसकी सत्यता की जाँच करने के लिए उन्होंने झाँसी की रानी पर अपना उपन्यास लिखा और इसी विचार पर उन्होंने अपने उपन्यास का ढाँचा खड़ा किया। वर्मा जी ने यह सिद्ध किया और इसके लिए उन्होंने ऐतिहासिक दस्तावेजों की खोज की कि रानी स्वराज्य के लिए लड़ी थी। यही इस उपन्यास का उद्देश्य है। इसी उद्देश्य को रक्त-मांस का जामा पहनाने के लिए उन्होंने कथावस्तु, पात्र चरित्र-चित्रण, संवाद आदि तत्त्वों के आधार पर अपने उपन्यास की रचना की। उनका विश्वास था, इतिहास के कंकाल में मांस और रक्त का संचार करने के लिए मुझको उपन्यास ही अच्छा साधन प्रतीत हुआ।[11]

इस उपन्यास-रचना के पीछे लेखक ने अपने जिस उद्देश्य की ओर इंगित किया है उसकी पुष्टि तीन कथनों से होती है। रानी के ये उद्गार लेखक के उद्देश्य की पुष्टि करते हैं : रानी ने कहा : अभी तो अपने कार्य का आरम्भ नहीं हुआ है। सोचो जब छत्रपति के उपरान्त शम्भू जी मारे गए, साहू समाप्त, राजाराम गत, तब ताराबाई की गाँठ में क्या रह गया था? इतने बड़े मुगल साम्राज्य को ताराबाई कैसे समाप्त कर सकी? उसने स्वराज्य की बागडोर को कैसे बढ़ाया? रानी कहती गई हमको जो कुछ करना है उसकी दिशा निश्चित है। मार्ग में विघ्न बाधाएँ तो आती ही हैं। भगवान् कृष्ण की आज्ञा को याद रखो कि हमको केवल कर्म करने का अधिकार है। कर्म के फल का नहीं। देखो छत्रपति के उपरान्त जिन लोगों ने स्वराज्य के आदर्श को आगे बढ़ाया और उसकी जड़ें प्रबल बनाईं, वे बाधाओं का डटकर प्रतिशोध करते रहते थे। जिन लोगों की लालसा अपने लिए फलों की ओर गई, वे गिर गए और स्वराज्य की धारा धीमी पड़ गई। परन्तु वह सूखी कभी नहीं। दादा बाजीराव पेशवा हतप्रभ होकर बिठूर चले गए। परन्तु, हम लोगों को वे स्वराज्य की शिक्षा देने से कभी नहीं चूके। यदि हिन्दुस्तान में कोई भी उस पवित्र काम को अपने हाथ में न ले, तो भी मैंने अपने कृष्ण के सामने, अपनी आत्मा के भीतर उसका बीड़ा उठाया है। करूँगी और फिर करूँगी। मान लो कि मैं सफल न हो पाई, तो भी जिस स्वराज्य-धारा को आगे बढ़ा जाऊँगी, वह अक्षय रहेगी।[12]

इस उद्धरण में पाँच बार 'स्वराज्य' शब्द आया है। इससे निष्कर्ष निकलता है स्वराज्य स्थापना के लिए रानी ने जो प्रयास किया उसे कथा रूप में आबद्ध कर पाठकों को इसकी प्रेरणा देना इस उपन्यास का मुख्य लक्ष्य है। नाटक में जो मुख्य कार्य होता है उसका फल या परिणाम मुख्य पात्र अर्थात नायक के खाते में जाता है। उसी को कार्य सिद्धि कहते हैं। इसलिए इस उपन्यास का मुख्य कार्य अर्थात लक्ष्य स्वराज्य की स्थापना करना है। जिस समय यह उपन्यास प्रकाशित हुआ (1946 ई. में) उस समय स्वराज्य प्राप्ति के लिए महात्मा गाँधी का आन्दोलन तेजी से चल रहा था। 1942 का आन्दोलन ताजा था। इसलिए इस उपन्यास के लक्ष्य निर्धारण के पीछे उस आन्दोलन का भी परोक्ष प्रभाव था। फिर जिस कालावधि में इस उपन्यास की रचना हुई (1932 से 1946 ई.तक) उस पूरे कालखंड में हुए राष्ट्रीय आन्दोलन की पृष्ठभूमि प्रेरक तत्त्व के रूप में वर्मा जी को प्राप्त ही थी। अब आगे इसी से मिलता-जुलता रानी का यह कथन है : अपने पुरखों का स्मरण करो। स्वराज्य की स्थापना में कितने खप गए। यह आवश्यक नहीं है कि स्वराज्य की स्थापना हम अपने जीवन-काल में ही देख लें। सीढ़ी के डंडे पर पैर रखते ही हम छत पर नहीं पहुँच जाते। एक ही त्याग, एक ही मरण से स्वराज्य नहीं मिलता है। स्मरण रखो, हमको केवल कर्म करने का अधिकार है, फल पर नहीं। दृढ़ उद्देश्य और निरन्तर कर्म हमारा केवल ध्येय है। जीवन कर्तव्य पालन का नाम है, कर्तव्य पालन करते हुए मरना जीवन का ही दूसरा नाम है। जो लोग अंग्रेजों से डरते हों, मौत से डरते हों, वे हथियार रखकर आराम के साथ अपने घर चले जाएँ जो लोग स्वराज्य के लिए प्राण विसर्जन करना चाहते हों, वे मेरे पास बने रहें।[13]

इस उद्धरण में भी तीन बार 'स्वराज्य' शब्द का प्रयोग हुआ है। इसी स्वराज्य के लिए रानी लड़ी थी। इसी उद्देश्य को बार-बार स्थापित करने के लिए लेखक ने इस प्रकार के कथनों की योजना की है। रानी के इन शब्दों का प्रभाव यह पड़ा कि निराशा के वातावरण का कुहरा छँट गया। उत्साह का तीव्र रवि चढ़ आया।[14]

दरअसल यह कुहरा वही था जिसका संकेत निराला ने अपने तुलसीदास काव्य के प्रारम्भ में 'भारत के नाम का प्रभापूर्य/शीतलच्छाय सांस्कृतिक सूर्य/अस्तमित आज रे तमस्तूर्य/दिङ् मंडल' कहकर किया है। 1857 में भी ऐसा ही अँधेरा छाया हुआ था। रानी उसमें विद्युल्लता की तरह चमकी। यह चमक उसके उद्देश्य की थी। बिना महत् उद्देश्य के जीवन अर्पण करने की प्रेरणा किसी को नहीं मिलती। वृन्दावनलाल वर्मा ने अपने इस ऐतिहासिक उपन्यास 'झाँसी की रानी लक्ष्मीबाई' द्वारा ध्येय की उसी शिखा को जलाने का प्रयास किया है।

ग्वालियर में अंतिम मोर्चे पर जाने के पहले रानी बाबा गंगादास के दर्शन को गई। वहाँ बाबा से यह पूछने पर कि स्वराज्य-प्राप्ति कैसे होगी बाबा ने उत्तर दिया जैसे प्राप्त होता आया है, वैसे ही होगा अर्थात सेवा, बलिदान और तपस्या से। फिर रानी ने पूछा हम लोग कैसे स्वराज्य स्थापित कर पावेंगे ?

बाबा : गड्ढे कैसे भरे जाते हैं ? नींव कैसे पूरी जाती है ? एक पत्थर गिरता है, फिर दूसरा, फिर तीसरा और चौथा, इस प्रकार और। तब उसके ऊपर भवन खड़ा होता है। नींव के पत्थर भवन को नहीं देख पाते। परन्तु, भवन खड़ा होता है, उन्हीं के भरोसे जो नींव में

खड़े हुए हैं। वह गड्ढा या नींव एक पत्थर से नहीं भरी जाती और न एक दिन में। अनवरत प्रयत्न, निरन्तर बलिदान आवश्यक है।

इसके आगे बाबा गंगादास के माध्यम से वृन्दावनलाल वर्मा का कहना है : तुमने आरम्भ किए हुए काम को आगे बढ़ा दिया है। अन्य लोग आएँगे। वे इसको बढ़ाते जाएँगे। अभी कसर है। स्वराज्य-स्थापना के आदर्शवादी अपने-अपने छोटे-छोटे राज्य बनाकर बैठ जाते हैं। राजा टीम दाम और विलासिता का दासत्व छोड़कर प्रजा का सेवक बन जाए तब मानो स्वराज्य की नींव भर गई और भवन बनना आरम्भ हो गया। शाश्वत धर्म का रूप बिगड़ गया है। इसके सुधार के बिना यह भवन खड़ा न हो पाएगा।[15]

दरअसल यहाँ वृन्दावनलाल वर्मा ने स्वराज्य प्राप्ति का आदर्श कैसे प्राप्त होगा इसकी ओर संकेत कर दिया है। 1857 का विद्रोह विफल क्यों हुआ, इसके कारण का भी निर्देश कर दिया है। इससे उनके उद्‌देश्य की ही पुष्टि होती है।

किसी कृति का जो बीज-भाव होता है, कृति में उसे बार-बार दुहराया जाता है। उसी के आस-पास सारी घटनाएँ, सारे पात्र घूमते रहते हैं या तो उसके पक्ष में या विरोध में। अपने लक्ष्य के प्रतिपादन के लिए रानी के अलावा अन्य पात्रों से भी वर्मा जी ने इसी प्रकार के उद्‌गारों की योजना की है। वे भी स्वराज्य प्राप्ति के आदर्श से अनुप्राणित हैं और व्यक्तिगत स्वार्थ भूलकर रानी द्वारा निर्देशित त्याग और बलिदान के मार्ग पर चलते हैं।

मोतीबाई इस उपन्यास के प्रमुख नारी पात्रों में एक है, वह भी व्यक्तिगत प्रेम को तिलांजलि देकर रानी के सपने को पूरा करने में लगी है। वह खुदाबख्श से प्रेम करती है किन्तु प्रेम के लिए उसके जीवन में समय ही नहीं है, इसलिए वह खुदाबख्श से साफ कह देती है। मोतीबाई ने मुसकराते हुए कहा—मगर अभी कैद की घड़ी नहीं आई है। जिस दिन रानी साहब स्वराज्य कायम करके उत्सव मनाएँगी मैं आखिरी बार नाचूँगी और उस दिन आपकी कैद में हो जाऊँगी। तब तक आपकी और मेरी दोनों की अस्मत उस देवी के हाथों में रहेगी जो झाँसी की रानी कहलाती है और कहलाएगी। उस नर्तकी का मुखमंडल उस समय दिव्यता से भर गया।[16]

जूही नर्तकी थी। तात्या से प्रेम करती थी किन्तु रानी के आदर्श ने उसमें भी त्याग की भावना जगा दी थी और तात्या के पास तो देश सेवा के अलावा प्रेम आदि के लिए कोई समय ही न था। उसका कहना था कि यह जमाना बुद्धि और तलवार को माँजने का है, न कि मन को रस में डुबाने का। फिर उसने कहा कि सामने इतने महत्त्व का बड़ा काम है कि और कुछ सूझता ही नहीं।[17]

तात्या का इशारा स्वराज्य स्थापना जैसे महत्त्वपूर्ण काम से था। झलकारी, सुन्दर, मुन्दर, जवाहर सिंह, रघुनाथ सिंह, गुलाम गौस सभी उसी आदर्श में डूबे और अपना बलिदान करने वाले पात्र हैं।

इतिहास के भ्रम को तोड़ना बनाम रानी का संघर्ष

झाँसी की रानी लक्ष्मीबाई ने किस दृष्टि से प्रेरित होकर अंग्रेजों से युद्ध किया इस पर एक दूसरी दृष्टि से भी विचार किया जा सकता है। यद्यपि प्रेरणा स्रोत और झाँसी की रानी वाले

अध्याय में इस पर प्रकाश डाला जा चुका है फिर भी यहाँ एक नई पृष्ठभूमि में उस पर विचार करना समीचीन होगा।

उद्देश्य के सम्बन्ध में लेखक ने दो बातों की ओर संकेत किया है : (1) अपने पूर्वजों द्वारा सुने गए रानी (लक्ष्मीबाई) के वीर-कार्य जिनके प्रति लेखक को संस्कारगत श्रद्धा उत्पन्न हो गई थी और जिनकी व्यंजना की आवश्यकता थी, तथा (2) पारसनीस ने लिखा कि रानी अंग्रेजों की ओर से लड़ी, अन्त में अंग्रेजों से दुखी होकर उनसे लड़ी तथा रानी का शौर्य विवशता की परिस्थितियों में उत्पन्न हुआ था। इससे लेखक की श्रद्धा-भावना पर ठेस लगी और वह इस भ्रामक धारणा को खंडित करने के लिए ऐतिहासिक वस्तुस्थितियों का अध्ययन सूक्ष्मता से करने लगा और अन्त में सामग्रियों, किंवदन्तियों से उसे (लेखक को) जो सत्य ज्ञात हुआ उसे पाठक के सम्मुख रखने की चेष्टा की। आगे वर्मा जी ने और भी स्पष्ट शब्दों में कहा है : मैंने निश्चय किया कि उपन्यास लिखूँगा। ऐसा जो इतिहास के रंग-रेशे से सम्मत हो और उसके सन्दर्भ में हो। (परिचय-झाँसी की रानी लक्ष्मीबाई, पृष्ठ 8)

इस उद्देश्य के अतिरिक्त डॉ. सियारामशरण प्रसाद ने 'झाँसी की रानी लक्ष्मीबाई' उपन्यास लिखने के पीछे कुछ और उद्देश्यों की ओर भी इंगित किया है। युग के नैराश्यजनित वातावरण से मुक्ति दिलाकर वीरत्व का तेज उदित करना भी लेखक का एक उद्देश्य है। रानी की हार चित्रित कर ऐतिहासिक रक्षा के साथ लेखक में अत्याचार के प्रति घृणा की भावना, संगठन की एकता की सजगता तथा स्वतंत्रता की भावना और राष्ट्रीय कर्तव्य-प्रेम मुखरित हुआ है। प्रत्यक्ष-अप्रत्यक्ष रूप से लेखक की यह चेतना भी इसके आदर्श-निर्धारण में कारनी है। रानी के मुख से भी यही उद्गार व्यक्त हुए हैं—दृढ़ उद्देश्य और निरन्तर कर्म, हमारा ध्येय केवल यह है। जीवन कर्तव्य-पालन का नाम है, कर्तव्य पालन करते हुए मरना जीवन का ही दूसरा नाम है। (झाँसी की रानी लक्ष्मीबाई, पृष्ठ 395)

इसके अतिरिक्त डॉ. प्रसाद ने उपन्यास से व्यंजित कुछ और उद्देश्यों की भी चर्चा की है। जैसे भारतीय क्रान्ति की असफलता, उतावलापन और दूल्हा जू का विश्वासघात, तत्युगीन विलासिता पर प्रकाश है, इसके साथ ही जातीयता की सँकीर्णता मिटाने का प्रयास (जनेऊ कांड द्वारा) तथा अन्तर्जातीय विवाह आवश्यक स्वीकार किया गया है। मुख्य लक्ष्य के विवेचन के साथ इन आनुषंगिक लक्ष्यों को भी अपने विवेचन का विषय बनाकर डॉ. प्रसाद ने निष्कर्षतः कहा है : कर्तव्य की प्रेरणा, संघर्ष में दृढ़ रहने की कामना आलोच्य कृति में लक्ष्य है, जिस प्रकार वर्मा जी की अन्य कृतियों में प्रेरणा तथा कर्तव्य का अपूर्व आग्रह पाते हैं। प्रस्तुत दृष्टि चेतना की कसौटी भी वर्मा जी को आदर्शवादी कलाकार की श्रेणी में समाहित करेगी।[18]

अन्त में नारी-चेतना के उत्कर्ष और नारी के प्रति सम्मान भावना भी इस कृति का एक प्रतिपाद्य है। नारी स्वातंत्र्य की आवश्यकता के साथ नारी में रूप के साथ शौर्य भी होना चाहिए इस कृति से यह भी व्यंजित किया गया है। रानी की सफलता में नारियों का भी विशिष्ट स्थान है। सुन्दर, मुन्दर, काशी, जूही, मोती, झलकारी इसी भावना के

उदाहरण हैं। परिशिष्ट में वर्मा जी ने लिखा है : रानी ने जो स्त्री–सेना बनाई थी वह भारत का एक अचम्भा है। इस सेना में महाराष्ट्र की स्त्रियाँ बहुत कम थीं। बुन्देलखण्डी स्त्रियाँ बहुत ज्यादा और विविध जातियों की। यदि लक्ष्मीबाई स्वराज्य–स्थापना के प्रयत्न में सफल हो जाती तो भारत की नारी उस गिरी हालत में कदापि न होती जिसमें उसका एक अंश आज है।[19]

इसके अलावा वर्मा जी ने विभिन्न विषयों पर अपने परिपक्व विचार भी इस उपन्यास में व्यक्त किए हैं जिनसे इस कृति के विचार पक्ष की पुष्टि होती है।

वर्मा जी का विश्वास था शासन–शक्ति का केन्द्रीयकरण होना चाहिए। समाज में सभी को अपनी शक्ति और पराक्रम को प्रकट करने का अवसर मिलना चाहिए। अगर समाज में विषमता, असमानता होगी तो वह समाज उन्नति नहीं कर सकता। अर्थ की कड़ियाँ सदा श्रृंखलाबद्ध होनी चाहिए। अगर कोई समाज श्रमहीन है, दु:शील है तो उसमें दूसरे पराक्रमी लोगों का बोलबाला हो जाएगा। उनका विश्वास था कि थोथा गौरव अपनी कहानी बहुत अल्प समय तक ही कह सकता है। (झाँसी की रानी लक्ष्मीबाई, पृष्ठ 12)

शासन किसी का हो भी पर उसमें सभी कलाओं को विकसित होने का अवसर और उन्हें संरक्षण मिलना चाहिए। हर राज्य में ज्ञान के प्रसार के लिए एक अच्छा पुस्तकालय होना चाहिए। राज्य में गुणीजनों, कलावन्तों का संरक्षण और आदर होना चाहिए। वृन्दावनलाल वर्मा ने झाँसी रानी में गंगाधर राव के नाट्य प्रेम, समृद्ध पुस्तकालय तथा उनकी कलावन्तों से युक्त जिस महफिल का वर्णन किया है उससे वे यही सन्देश देना चाहते हैं। (द्रष्टव्य, पृष्ठ 14)

इतिहास के वीर पुरुषों और त्यागमयी, वीर नारियों से सदा प्रेरणा लेनी चाहिए। अगर कोई पुरुष या नारी वीरतापूर्ण कार्य करता है, उचित अधिकार के लिए लड़ता है और अत्याचार का विरोध करता है तो ऐसे स्त्री–पुरुष भावी पीढ़ियों के लिए सदा प्रेरणा के स्रोत बने रहते हैं। 'झाँसी की रानी लक्ष्मीबाई' उपन्यास के 'उदय' वाले अध्याय में रानी जिन वीर पुरुषों का स्मरण करती है, जिन इतिहास प्रसिद्ध भारतीय नारियों का उल्लेख करती है उनके द्वारा वृन्दावनलाल वर्मा यही सन्देश देना चाहते हैं कि अतीत में हुए महापुरुष वर्तमान को सदा प्रेरणा देते रहते हैं।

हर जाति को ऊँचा उठने, प्रगति करने का अधिकार है। समाज में जाति–बन्धनों और छुआछूत की प्रथा ठीक नहीं है। जनेऊ आन्दोलन द्वारा वर्मा जी समाज में इसी विचार को प्रचारित करना चाहते हैं। (वही, पृष्ठ 35) पजनेश और नारायण शास्त्री के उदाहरणों द्वारा वर्मा जी अन्तर्जातीय विवाहों के विचार को फैलाना चाहते थे। (वही, पृष्ठ 36) वर्मा जी का विचार था कि समाज रूढ़िवादी नहीं प्रगतिशील होना चाहिए। 'मक्षिका स्थाने मक्षिका' अर्थात एक ही लीक पीटे जाने को वे समाज की प्रगति के लिए अच्छा नहीं समझते थे। (वही, पृष्ठ 37) राजा–रजवाड़ों के अन्त:पुर में छोटी जातियों की कुमारी लड़कियों का सेवा कार्य में नियुक्त होना वर्मा जी के विचार से ठीक नहीं था। सुन्दर–मुन्दर, काशी तीनों कुणबी जाति की थीं। रानी के साथ वे दासी के रूप में आई थीं। रानी उन्हें सहेली मानती है। इस प्रकरण से वर्मा जी के विचारों पर प्रकाश पड़ता है। उन्होंने इस प्रथा को

देवदासी प्रथा से जोड़ा है। वे नारी सम्मान की दृष्टि से इस प्रथा को उचित नहीं समझते। (वही, पृष्ठ 52)

अंग्रेजों की कूटनीति के प्रति वर्मा जी के जो विचार थे वे उन्होंने बड़ी निर्भीकतापूर्वक व्यक्त किए है। हालाँकि उनकी भाषा प्रतीकात्मक है। उन्होंने लिखा है : अंग्रेजों का चौरस करने वाला बेलन बेतहाशा, लगातार और जोर के साथ चल रहा था। अंग्रेज लोग अपनी दुकान में हिन्दुस्तान को अधूरे या अधकचरे सौदे का रूप लिए नहीं देख सकते थे। एक कानून, एक जाब्ता, एक मालिक, एक नजर, इसमें अनैक्य को तिल भर भी स्थान देने की गुँजाइश न थी। मौका मिलते ही छोटे-मोटे रजवाड़े साफ हजम। भारतीय जनता के सुख के लिए। (वही, पृष्ठ 76)

इस उद्धरण से वर्मा जी की विश्लेषण शक्ति का पता तो चलता ही है, इस बात का भी ज्ञान होता है कि इस उपन्यास के माध्यम से वर्मा जी ने अंग्रेजों द्वारा भारत के किए गए शोषण का बड़ी बारीकी से चित्रण किया। और जब देश स्वतंत्र नहीं हुआ था, ब्रिटिश सत्ता कायम थी तब उन्होंने ये विचार व्यक्त किए। उनकी नजर विश्व इतिहास की घटनाओं पर थी। उन्होंने लिखा है : ऊँचे पदों पर पहुँच नहीं पावें। भारतीय संस्कृति हेच और नाचीज है, इसलिए पनपने न पावे। भारत में बहुत फालतू सोना-चाँदी है, इसलिए अंग्रेजी दुकान की रोकड़ बढ़ती चली जावे। जनता स्वाधीनता का नाम ले तो उसकी बड़ी रियासतों के अँधेरों का संकेत करके चुप कर दिया जावे। बड़ी रियासतों वाले जरा-सा भी सिर उठाएँ तो छोटी रियासतों को किसी-न-किसी बहाने घोंट-घाँटकर बड़ी रियासतों को चुप रहने का सबक सिखाया जावे। (वही, पृष्ठ 77)

दरअसल इस उद्धरण के पीछे वर्मा जी का दृष्टिकोण, अंग्रेजों की राजनीति, उनकी चालाकी पूरी छिपी हुई है। दरअसल 'झाँसी की रानी लक्ष्मीबाई' मात्र उपन्यास के लिए नहीं रचा गया है। इसके मध्य वर्मा जी की पूरी विचारधारा विद्यमान है। उनके ये विचार इस उपन्यास को गम्भीरता प्रदान करते हैं। लेकिन अंग्रेजों की इस रीति-नीति को प्रस्तुत करने के पीछे भारतीय जनता में अंग्रेजी राज्य के प्रति उत्पन्न क्रोध, क्षोभ और विद्रोह क्यों जागा उसके औचित्य को सिद्ध करना है। साथ ही अंग्रेजों के कृत्यों के प्रति घृणा पैदा करना है।

इस उपन्यास में पात्रों की भरमार है, घटनाओं पर घटनाएँ घटती जा रही हैं, क्रान्ति की आग जल रही है, अंग्रेजों का दमन-चक्र चल रहा है। उसी के बीच में परिस्थितियों से संगति बिठाते हुए यह विचार विश्लेषण इस उपन्यास के उस उद्देश्य की ओर इंगित करता जाता है जिसे रूप देने के लिए इसकी रचना हुई।

इस प्रकार के विचार इस उपन्यास में बिखरे पड़े हैं। रानी ने जो कुछ किया, जिस साहस, सूझ-बूझ, शौर्य के साथ किया उसके पीछे गीता का दर्शन था—कर्म में अधिकार है, फल में नहीं।

पंचायतें उठा दी गईं। अंग्रेजी कानून लागू कर दिया गया। इन कानूनों के परिपालन में नया वकील वर्ग उभरा। पहले इसे पेशे के लिए कोई परीक्षा निर्धारित नहीं थी। वकालत की सनद डिप्टी-कमिश्नर 'अता' किया करता था, ठीक वैसे ही जैसे जमीदारी या नौकरियाँ

'अता' होती थीं। इस व्यवस्था के लागू होते ही भारतीय समाज में जो नया वर्ग उभरा, उन होशियार लोगों ने जो फायदा उठाया उस पर वर्मा जी ने विचार कर यह बताया है कि इसी वर्ग के सहारे भारतीय नवजागरण विफल हो गया और अंग्रेजों का राज्य 1857 के बाद अगले 90 वर्षों तक अबाध रूप से चलता रहा। उन्होंने विचार करते हुए लिखा: परोपकार की वृत्ति से प्रेरित होकर अंग्रेजों ने कानून की प्राण-प्रतिष्ठा हिन्दुस्तान के न्याय मन्दिर में की हो, सो बात नहीं थी। (वही, पृष्ठ 127) उन्होंने स्पष्ट रूप से लिखा: देश में पूर्ण शान्ति हो, अंग्रेजों का अधिकार सदा-सर्वदा इस देश में बना रहे और अंग्रेजी व्यापार, व्यवसाय निर्बाध चलता रहे, बस इसी वृत्ति से प्रेरित होकर कानून बनाए गए और चलाए गए। (वही, पृष्ठ 127)

यहाँ तक वृन्दावनलाल वर्मा के उद्देश्य, उनकी दृष्टि, उनकी विचारधारा के प्रकाश में झाँसी की रानी लक्ष्मीबाई का यत्किंचित् विवेचन किया गया। अब आगे इसी दृष्टि से महाश्वेता देवी की झाँसी की रानी का विवेचन किया जाएगा।

आखिर उनकी प्रेरणा उनका उद्देश्य, उनकी वैचारिकता इस उपन्यास के पीछे क्या थी उसे एक बार देखा जाए फिर दोनों के विजन की तुलना कर कुछ निष्कर्ष निकाला जाए।

महाश्वेता देवी का जीवन दर्शन और उसकी अभिव्यक्ति

उपन्यास की धारणा में लेखक के अभिप्राय और प्रयोजन का भी हाथ रहता है। उपन्यास-लेखक का सर्वमान्य प्रयोजन तो पाठकों का मनोविनोद करना है। यदि उपन्यास रुचिकर नहीं है तो गूढ़ विचारों के रहते हुए भी वह लोकप्रिय और सफल न बन सकेगा। साहित्य होने के कारण सुरुचि सम्पन्न पाठकों के मन पर उसका प्रभाव पड़ना आवश्यक है, अन्यथा वह अपने अपेक्षित धर्म से च्युत माना जाएगा। इसके अतिरिक्त लेखक का अन्य अभिप्राय भी होता है, जिसके अनुसार वह अपनी रचना का स्वरूप निर्मित करता है।[20]

महाश्वेता देवी ने उपन्यास को सुरुचि और कला की सीमा में रखते हुए उसे एक सोद्देश्य रचना माना है। उसके द्वारा उन्होंने संघर्षरत मानवों की गाथाएँ कहीं हैं। संघर्ष जो कोई समूह या व्यक्ति अपनी स्वतंत्रता के लिए करता है, जैसे चेट्टी मुंडा या झाँसी की रानी।

उनका कोई भी उपन्यास हो, वह सामाजिक क्रान्ति का एक दस्तावेज है। उन्होंने सिर्फ मनोरंजन के लिए कुछ नहीं लिखा। जीवन के गहरे सरोकार उनके उपन्यास-लेखन के प्रेरक तत्त्व रहे हैं।

वृन्दावनलाल वर्मा की तरह 'झाँसी की रानी' लिखने की प्रेरणा उन्हें अपने पारिवारिक सूत्रों से प्राप्त हुई। नानी द्वारा बचपन में सुनी रानी के शौर्य की कहानी और बाद में शचीन्द्र चौधुरी मामा के पुस्तकालय में वीर सावरकर द्वारा लिखित '1857 स्वातंत्र्य समर' का पढ़ना, इनकी छाप ऐसी पड़ी कि झाँसी की रानी पर लिखने का संकल्प कर लिया। फिर इतिहास के पृष्ठों में यत्र-तत्र बिखरी उसकी कहानी को सँजोना, ऐतिहासिक तथ्यों की छानबीन, इतिहास परिषद में भाग लेने अहमदाबाद जाना, इन्दौर और बड़ौदा की यात्रा, रानी की कर्मस्थली झाँसी, कालपो, ग्वालियर की यात्राएँ इन सब तथ्यों का उल्लेख पीछे किया जा

चुका है। उन्होंने लिखा है : मेरा यह ग्रन्थ प्रचलित अर्थों में इतिहास नहीं है, रानी का जीवन चरित लिखने का विनम्र प्रयास है।[21]

वस्तुत: इसके माध्यम से उन्होंने क्या प्रतिपादन करना चाहा है? इसके पीछे कौन-सा विचार, कौन-सा दर्शन, कौन-सा उद्देश्य उन्हें प्रेरित करता रहा जो वे कई वर्षों तक रानी के जीवन के सम्बन्ध में दौड़-भाग करती रहीं? इतना परिश्रम उन्होंने क्यों किया? इसका उत्तर है—1857 ईस्वी में ब्रिटिश शासन के विरुद्ध जो अभियान चला उसमें रानी की भूमिका का निर्धारण करना। एक ही कथाभूमि, एक ही घटना, एक ही पात्र को केन्द्र में रखकर वृन्दावनलाल वर्मा और महाश्वेता देवी द्वारा लिखित झाँसी की रानी शीर्षक कृतियाँ एक-दूसरे से नितान्त भिन्न हैं, इसका उल्लेख पीछे कई बार किया जा चुका है। उद्देश्य, जीवन-दृष्टि और विचार की दृष्टि से भी दोनों में पर्याप्त भिन्नता है। प्रेरणा एक ही है किन्तु उसका रूप और अभिव्यक्ति भिन्न है। यह भिन्नता दोनों की दृष्टियों के भेद के कारण पैदा हुई है।

दृष्टि-भिन्नता के कारण दोनों की पात्र-रचना भिन्न है। दोनों की झाँसी की रानी के इतिहास-पात्र होने के बाद भी अपनी रचनाएँ हैं, जबकि दोनों ऐतिहासिक तथ्यों द्वारा पुष्ट हैं। इसलिए दोनों के उद्देश्य एक है, ब्रिटिश साम्राज्य के विरुद्ध संघर्ष। लेकिन दोनों के प्रेरक तत्त्व, दोनों की जीवन-दृष्टियाँ, दोनों के विचार, दोनों के औपन्यासिक रूप एकदम भिन्न हैं। इसी कारण दोनों द्वारा प्रतिफलित विचार भी भिन्न हैं। एक ने प्रारम्भ से ही रानी को स्वराज्य के लिए संघर्ष और उसकी तैयारी करते चित्रित किया है, जबकि महाश्वेता देवी ने उसको मानवीय रूप में चित्रित करते हुए धीरे-धीरे एक देश हितैषिणी, अन्याय, अत्याचार के खिलाफ संघर्ष करने वाली एक वीरांगना नारी के रूप में चित्रित किया है।

झाँसी की रानी एक जीवन्त सत्ता

महाश्वेता देवी ने प्रारम्भ से ही रानी को एक जीवन्त सत्ता के रूप में चित्रित किया है। उन्होंने पृष्ठभूमि में लिखा है : हमारे-तुम्हारे लिए झाँसी की रानी इतिहास का एक पृष्ठ मात्र है। पर जन-स्मृति में वह एक जीवित प्रतीक है।[22] इस प्रकार महाश्वेता देवी का विचार है कि रानी लोकमानस में बसी एक जीवन्त सचाई है। महाश्वेता की दृष्टि में रानी एक मिथक, एक रूपक नहीं है वह प्रेरणा स्रोत है। वह जिसे छू लेती थी वही सैनिक बन जाता था। यह रूपक रानी के जन मानस पर पड़े प्रभाव का द्योतक है। बुन्देलखण्ड के जन मानस में रानी की चिरन्तन स्मृति है, उन्होंने रानी का चित्रण इसी दृष्टि से किया है।

झाँसी की रानी की स्मृति आज भी बुन्देलखण्ड के लोक मन में बसी हुई है इस पर विचार करते हुए उन्होंने लिखा है : हमारे देश की आन्तरिक सत्ता के सम्पूर्ण सत्य को अगर एक ही बन्धन में बाँध कर एक ही आधार पर समझा जाए तो वह होगी झाँसी की रानी।[23] इसका अर्थ है रानी सम्पूर्ण भारतीय अस्मिता के साथ सम्बद्ध है। रानी उनके लिए एक विचार है, एक प्रेरणा है। उनका कहना है रानी पूरे भारतीय साहित्य में बसी हुई है। महाश्वेता देवी का विचार है शताधिक वर्ष पहले भारतवर्ष पर अंग्रेजों ने जो अमानवीय अत्याचार किया था वही भारतव्यापी क्रान्ति के रूप में परिणित हो गया था। (वही, पृष्ठ 33) उनका विचार

है 1857 के भारतवर्ष की क्रान्ति कथा रानी लक्ष्मीबाई की ही क्रान्ति कथा है। दोनों एक हैं। दोनों को अलगाया नहीं जा सकता है। 1857 के विद्रोह को वे विदेशी नागपाश के विरुद्ध सचेतन विद्रोह मानती हैं। जब तक इस विद्रोह की स्मृति रहेगी तब तक रानी की भी स्मृति बनी रहेगी।

उनका विचार है कि सबसे बढ़कर मनुष्य है। रानी उसी मनुष्य के लिए लड़ी थी। अपने जीवन के प्रण की रक्षा करते हुए और बाजी लगाकर अपने बाईस वर्ष के जीवन की आहुति देती ग्वालियर के रणक्षेत्र में। (वही, पृष्ठ 34) अपने उपन्यास 'झाँसी की रानी' में महाश्वेता देवी ने इसी विचार को पल्लवित कर रानी की गाथा गाई है। यही इस कृति का उद्देश्य है। उन्होंने रानी को एक विचार का पर्याय बनाया है। इसी धारणा को उन्होंने रानी की जीवन्त मूर्ति के द्वारा साकार किया है।

हिन्दी काव्य में राष्ट्रीयता की धारा किस प्रकार स्वतंत्रता की अग्निशिखा जलाने में कृतकार्य हुई इसका चित्रण उन्होंने भूषण द्वारा रचित 'शिवा बावनी' के कुछ कवित्तों द्वारा किया है। हर जाति अपने इतिहास के गौरव पुरुषों से प्रेरणा लेती है। शिवाजी और छत्रसाल तथा बाजीराव प्रथम ऐसे ही वीर पुरुष थे। इनके ऐतिहासिक कार्य-कलापों के विवरण के पीछे लेखिका का यही उद्देश्य छिपा हुआ है। उन्होंने लिखा है : बुन्देलखण्ड की मर्यादा-रक्षा का भार ग्रहण कर महत्त्वाकांक्षी श्रेष्ठ वीर बाजीराव आए। मुसलमान आक्रमण का उन्होंने दमन किया। मुगल साम्राज्य उस समय बिखरने लगा था, मध्य भारत में मराठा आधिपत्य के विस्तार का यही उपयुक्त अवसर था।[24]

वृन्दावनलाल वर्मा का उद्देश्य रानी को स्वराज्य की स्थापना के लिए संघर्ष करने वाली जन नेता के रूप में चित्रित करना था। इसके लिए उन्होंने बचपन से ही उसे अपने उद्देश्य के अनुरूप शारीरिक व्यायाम, घुड़सवारी और अंग्रेजों के विरुद्ध अभियान चलाया जा सकता है इस आदर्श में ढालकर चित्रित किया है। किन्तु, महाश्वेता देवी का विचार इससे भिन्न है। उनका उद्देश्य था रानी के मानवीय रूप का चित्रण करना। इसलिए उन्होंने प्रारम्भ में ही उसके माता-पिता अपनी पुत्री के भावी जीवन का जो सपना देखते थे उसका चित्रण किया है। उसमें एक अच्छी गृहिणी का सपना था न कि युद्ध में तलवारों की झंकारों का। उन्होंने लिखा है : किन्तु, माता-पिता के स्नेहसिंचित स्वप्नों के किसी दूरस्थ कोने में भी दुर्धर्ष स्वातंत्र्य समर का कोई स्थान नहीं था।[35] वह दुरन्त और तेज थी। घुड़सवारी का भी उसे अवसर मिला था और वह रानी होने योग्य थी। बाद में उसने परिस्थितियों के अनुसार अपने को वैसे ही तैयार किया जैसे सभी मनुष्य अपने को ढाल लिया करते हैं। महाश्वेता देवी ने अपने किसी अतिरिक्त आदर्श के अनुरूप उसे ढालने का प्रयास नहीं किया।

महाश्वेता देवी का विचार था कि देशी रियासतों के राजाओं को ब्रिटिश अधिकारियों के साथ समान स्तर पर व्यवहार करना चाहिए। उन्होंने एक जगह लिखा है कि सिपाही-विद्रोह में जिन भारतीयों ने अंग्रेजों की मदद की थी उन्हें रायबहादुर जैसी विभिन्न उपाधियाँ दी जाती थीं। उन्होंने लिखा है : 1857-58 ई. में सिपाही-विद्रोह में उपर्युक्त राजेन्द्र मित्र महाशय के पुत्र द्वय वरदा और गुरु चरण ने सरकार की विशेष सहायता करके रायबहादुर का खिताब प्राप्त किया था। उनके वंश के लोग आज भी काशी में निवास कर रहे हैं।[26]

केवल यही नहीं, महाश्वेता देवी ने लिखा है जिन राजवंशों ने 1857 ई. में अंग्रेजों की मदद की वे भी पुरस्कृत किए गए थे। उनमें ग्वालियर का राजघराना था। उन्होंने लिखा है : राजभक्ति पुरस्कृत होती है, जयाजी राव उसके उज्ज्वल दृष्टान्त हैं। उस जमाने में जिन लोगों ने भारतीयों के विरुद्ध अंग्रेजों की सहायता की थी, उन लोगों की उन्नति बहुत जल्दी-जल्दी हुई।[27] सिन्धिया की अंग्रेजों की दृष्टि में कितनी अहमियत थी उसका प्रमाण केनिंग के इस कथन में निहित है : अगर सिन्धिया विद्रोहियों से मिल गए तो मुझे इंग्लैण्ड के लिए बोरिया-बिस्तर बाँधने पड़ेंगे।[28]

पीछे उल्लेख किया जा चुका है कि रानी ने क्रान्ति की। अत्याचार के विरुद्ध जागरण की जो शिखा जलाई थी, वह अक्षुण्ण है। 'झाँसी की रानी' रचना के पीछे उनका यही उद्देश्य है। इसी का उल्लेख उन्होंने किया है। रानी लोक मन में अमर है, उसकी स्मृति बुन्देलभूमि के कण-कण में व्याप्त है इसी भावना से उन्होंने पृष्ठभूमि नामक अध्याय की रचना की। इसी का संकेत 'झाँसी की रानी' में कई जगह, जहाँ भी उन्हें अवकाश मिला उन्होंने किया है। मैं अपनी झाँसी नहीं दूँगी इस साहसपूर्ण उक्ति के प्रसंग में उन्होंने लिखा : उस दिन के बाद से कितने दिन बीत गए हैं। वह समय नहीं है, वे मनुष्य भी नहीं रहे हैं, वह दरबार भवन भी नहीं रहा है, वह एलिस भी नहीं रहा। उसके बाद से कितने मनुष्य आए-गए, झाँसी के पास, बेतवा के किनारे कितना बड़ा युद्ध हुआ, कितने मनुष्य काट डाले गए, उनकी हड्डियों पर मिट्टी पड़ते-पड़ते उसी पर नई फसल उग आई। भारत की भाग्यलक्ष्मी को मुर्शिदाबाद से कलकत्ता, कलकत्ता से दिल्ली ले जाकर सिंहासन पर बैठकर विदेशी लोग भी बोरिया-बिस्तर समेटकर चले गए हैं सात समुद्र और तेरह नदी पार। पर रानी की साहसपूर्ण उक्ति की स्मृति भारतवासियों के मन में सदा गूँजती रहेगी। फिर उन्होंने उस समय की देशी रियासतों से झाँसी जैसी छोटी रियासत की तुलना करते हुए रानी की निर्भीकता और साहस की प्रशंसा करते हुए लिखा है : उन दिनों के मानचित्र में ब्रिटिश भारत के विस्तार की तुलना में वार्षिक बीस लाख रुपए का राजस्व वाला झाँसी राज्य कितना दुर्बल, कितना छोटा था। यह देखने पर लगेगा कि इतनी कम शक्ति लेकर इतनी निर्भीक उक्ति यदि रानी उच्चारित कर सकी है, तो उस उक्ति को अमर बनाए रखने में कोई बाधा नहीं है।[29]

'झाँसी की रानी' उपन्यास लिखने के पीछे महाश्वेता देवी के मन में यही भावना थी। इसी उद्देश्य से उन्होंने इस कृति की रचना की। मानो इसके द्वारा उन्होंने झाँसी की रानी की अमर कीर्ति को अपनी श्रद्धा का एक फूल अर्पित किया है।

यही नहीं, रानी की स्मृति को जब जहाँ श्रद्धा के फूल अर्पित किए गए उन ऐतिहासिक क्षणों का उल्लेख करते हुए उन्होंने अपनी रचना के उद्देश्य को गहराई से रेखांकित किया है : सुभाष चन्द्र ने 'झाँसी की रानी' की ब्रिगेड का गठन कर इस महीयसी रमणी को श्रद्धांजलि दी थी। चंडीचरण सेन ने उसकी एक जीवनी लिखी थी और स्वामी विवेकानन्द ने अपनी 'शिकागो वक्तता' में रानी की कथा का उल्लेख श्रद्धा और सम्मान के साथ किया था। दीवान कार्तिकचन्द्र राय की 'आत्मजीवनी' पुस्तक में भी रानी के सम्बन्ध में श्रद्धापूर्वक उल्लेख है। सखाराम गणेश देउस्कर द्वारा प्रणीत 'झाँसी का राजपुत्र' पुस्तक

दामोदर राव के सम्बन्ध में लिखी गई है। एक व्यक्ति सिद्धकुमार वसु ने 'झाँसी की वीरांगना' के नाम से कविता की एक छोटी पुस्तिका लिखी है। हिन्दी और मराठी भाषा में रानी के ऊपर विभिन्न नाटक, गीत और बुन्देलखण्डी भाषा में कहानियाँ, लोकगीत और बहुत से रासो लिखे गए हैं।[30]

इन तथ्यों को उभारकर वे यह प्रभाव अंकित करना चाहती हैं कि स्मृति के रूप में ही नहीं, लिखित रूप में भी रानी के बलिदान के प्रति श्रद्धा अर्पित करने की पूरे भारत में परम्परा है। बिना जाति, प्रान्त, भाषा भेद के इसीलिए उन्होंने भी इस कृति के द्वारा उसे एक श्रद्धासुमन अर्पित किए। और उससे उनके उद्देश्य की स्पष्टता का पता चलता है।

एक चित्र और है जो महाश्वेता देवी के उद्देश्य को व्यक्त करता है : धू-धू करती हुई अग्नि जल उठी। और उसी अग्निशिखा और हवा के धू-धू शब्द के साथ जलने लगीं हजार-हजार मनुष्यों की आत्माहुति से पवित्र स्वाधीनता संग्राम की समस्त सम्भावनाएँ। लखनऊ, मेरठ, कानपुर, आगरा, दिल्ली, झाँसी और भी कितने अज्ञात स्थानों, कितने गाँवों, कितने जनपदों, कितने नदी-तटों, कितने अंचलों, कितने खेतों में जिस विशाल जन-जागरण ने जन्म लिया था, वह भी उसी के साथ-साथ निःशेष होने लगा।[21]

इस यथार्थ और प्रतीकात्मक दृश्यांकन के द्वारा महाश्वेता देवी ने स्वाधीनता संग्राम और अंग्रेजों के विरोध में जो जन-जागरण हुआ था, उसकी एक झलक दिखाई है। और यह सिद्ध किया है कि उस जन-जागरण की प्रतीक झाँसी की रानी थी। ऐसा बलिदान और समर्पण किसी का भी नहीं था।

अंग्रेजों ने कितनी चालाकी और धूर्तता के साथ देश को पराधीन किया, किस तरह यहाँ लूटपाट की, किस तरह अमानुषिक अत्याचार किए, इसका बड़ा रोमांचक चित्रण महाश्वेता देवी ने किया है, और अंग्रेज इतिहासकारों की उस धारणा को गलत सिद्ध किया है यह लिखकर कि अंग्रेजों ने महिलाओं के साथ कुछ नहीं किया, न उन्होंने कोई अत्याचार किए। उन्होंने जो कुछ किया वह भारत की भलाई के लिए किया। महाश्वेता देवी ने उनके इस झूठ की सत्यता उजागर करते हुए ब्रिटिश राज्य में 1857 में जो कुछ हुआ उसका यथार्थ चित्र प्रस्तुत करते हुए उस युग को, उस युग में हुए स्वतंत्रता संग्राम को और उसमें रानी की भूमिका का चित्रण कर अपने उद्देश्य को एक नया आयाम दिया। इस दृष्टि से उनकी 'झाँसी की रानी' एक युग के इतिहास का भी यथार्थ चित्र अंकित करती है। उन्होंने लिखा है : इतिहास क्या है ? किस बात को हम लोग इतिहास कहेंगे ? मनुष्य की कथा यदि इतिहास होती है तो मैं कहूँगी, झाँसी के राजपथ पर उस दिन जो इतिहास रचा गया था, मैं समझती हूँ उसकी किसी इतिहास से तुलना नहीं की जा सकती है। घने बसे हुए घरों के बीच पत्थर से बने हुए रास्ते और गलियाँ हैं। किशोर बालक से लेकर पठान, अफगान, बुन्देला, मराठा सैनिक में से हरेक ने वहाँ खड़े होकर अन्त तक युद्ध किया है। रक्त से लथपथ हो गया है मार्ग। यह भयंकर दृश्य देखकर शिशु आर्तक्रन्दन कर उठते हैं। जलते हुए घरों के ईंट-पत्थर रास्ते पर आकर गिर रहे हैं। उस दिन, कई हजार भारतीयों ने जिस इतिहास की रचना की थी, वही इतिहास भारत का मूल इतिहास है। दो सौ वर्षों तक अंग्रेजों ने हमारे साथ क्या-क्या किया है, हमें क्या-क्या दिया है, वह इतिहास इस बर्बर हत्याकांड की तुलना

में एकदम नगण्य है। संसार की श्रेष्ठ और अन्यतम जाति के अंग्रेजों ने उस दिन के कलंक के द्वारा अपनी समस्त कीर्ति को धूमिल कर लिया है।[32]

महाश्वेता देवी का 'विजन' बहुत व्यापक है। अंग्रेजों ने झाँसी में जो बर्बर कांड किया, वही नहीं महाश्वेता देवी ने अंग्रेजों ने जहाँ-जहाँ बर्बर कांड किए हैं उनका हवाला देकर यह बताया है कि अंग्रेजों ने नृशंसता में सभ्यता के सारे मानदंड तोड़ दिए थे। अंग्रेजों ने अपनी ही सत्ता के घमंड में जो कुछ लिख रखा है उसी से साक्ष्य लेकर उन्होंने इस बर्बरता का चित्रण किया है। उन्होंने लिखा है : सिर्फ झाँसी ही नहीं, अंग्रेजी फौज जहाँ-जहाँ भी गई, वहाँ-वहाँ उसने इसी तरह का नृशंस अत्याचार और व्यवहार किया। विजय के अहंकार में वे लोग वही बात लिखकर रख गए हैं।

इलाहाबाद से आर्मस्ट्रांग लिखता है : कानपुर जो टुकड़ी (Detachment) जा रही है मैं भी उसके साथ जा रहा हूँ। इस समय बहुत ही मजेदार समय चल रहा है। बनारस, यहाँ-वहाँ, सभी स्थानों पर प्रतिदिन 10-12 लोगों को एक बार में फाँसी दी जा रही है। नेटिवों में भीषण भय देखा जा रहा है।[33]

कर्नल नील इलाहाबाद के किले में जब पहुँचा तब क्या हुआ, इसे एक व्यक्ति ने लिखा है : रोज ही हम लोग निकलकर गाँव जलाते हैं और नेटिवों को मारते हैं। इस समय मैं मनुष्य के जीवन-मरण का भाग्य-विधाता हूँ। एक भी व्यक्ति को नहीं छोड़ता हूँ। रोज अन्ततः बारह लोगों को फाँसी दे देता हूँ।[34] इस प्रकार के अत्याचार के उन्होंने और भी चित्र दिए हैं। अंग्रेजों ने स्त्रियों को लूटने, उन्हें अपमानित करने में भी सारी सीमाएँ पार कर दी थीं। महाश्वेता देवी लिखती हैं : अंग्रेज इतिहासकार कहते हैं कि अंग्रेज अथवा देशी सिपाहियों ने स्त्रियों को हाथ नहीं लगाया। किन्तु, केशव भास्कर ने कहा है कि सैनिक लोग स्त्रियों के हाथों, कानों, गले और नाक से गहनों को छीन लेते थे एवं उन्हें पीटा भी करते थे। थोड़ी देर में ही अतिया ताल शवों से भर गया और उसके ऊपर गिर पड़ा महल का जलता हुआ मलबा। अंग्रेज स्त्रियों के सम्मान की रक्षा करते हैं, यह कहकर गर्व करते रहते हैं। झाँसी और अन्य स्थानों पर उन लोगों ने स्त्रियों, बच्चों की जो मनमानी हत्याएँ की हैं, उसके प्रमाण हैं। पार्लियामेंट के दस्तावेजों में, इतिहास में जरूर उन्होंने यह बात दर्ज नहीं की है।[35] यही नहीं, प्रतिदिन हजार-हजार लोगों को लाकर किले के विशाल प्रांगण में खड़ा कर उन्हें काटकर फेंक दिया जाता। 7 अप्रैल तक पाँच दिन लगातार हर घर को बुरी तरह लूटा गया।[35]

अंग्रेजों ने 1857 ई. में भारतवासियों पर जो अत्याचार किए उसका चित्रण करना भी इस उपन्यास रचना के पीछे एक बहुत बड़ा उद्‌देश्य था।

यह क्रान्ति क्यों हुई, क्यों यह भारतव्यापी विद्रोह जाग गया, इसके कारण का विश्लेषण करना भी महाश्वेता देवी का उद्‌देश्य था। इस सम्बन्ध में उन्होंने दो कारण बताए हैं। एक है सैनिकों में विद्रोह, असन्तोष तथा दूसरा था किसानों, आदिवासियों और देशी राजाओं के राज्य अधिग्रहण से उत्पन्न असन्तोष और हर जगह सेनाओं का प्रवेश, ईसाई धर्म का प्रचार आदि। उन्होंने लिखा है : सैनिक लोग कृषक वर्ग से आए थे। भूमिहीन कृषक वर्ग के लोग, ऋण एवं करों के बोझ से जर्जरित होकर नगद पैसों के लोभ से सेना में नाम लिखा

लेते थे। वहाँ पर उन्हें बूँद भर भी न्याय नहीं मिलता था। 1816 ई. से लगातार सिपाहियों द्वारा सशस्त्र विद्रोह किया जाता रहा है। लेकिन संगठित आन्दोलन न होने के कारण सरलता से ही वह विद्रोह दबा दिया जाता रहा है।

राज्यच्युत, वृत्तिवंचित देशी राजाओं के वर्ग में भी असन्तोष था। गद्दी से हटाए गए जमींदारों के बेकार हो गए कर्मचारियों, अमलों और सिपाहियों में भी असन्तोष था और कृषकों में था सरकार के प्रति अभियोग।[36]

इन्हीं सब कारणों से अंग्रेजों के विरुद्ध क्रान्ति अभियान छेड़ा गया। इसके पीछे जो गलत नीतियाँ कार्यरत थीं उनका विवरण देना भी महाश्वेता देवी का एक उद्देश्य था। यह क्रान्ति विफल क्यों हुई इसके कारणों को दिखाना भी महाश्वेता देवी का एक उद्देश्य था। उन्होंने लिखा है : हो सकता है अपने-अपने स्थानों पर नेताओं ने सिपाहियों का सहयोग किया हो, किन्तु वे सचमुच में कोई नेतृत्व प्रदान नहीं कर सके थे। युद्ध के समय देखने में आया है कि सिपाही लोग जहाँ-जहाँ असफल हुए हैं, वहाँ-वहाँ नेताओं में ही दुर्बलता थी। दुर्बल नेतृत्व और पारस्परिक सामंजस्य और समझदारी का अभाव ही विद्रोह की असफलता के लिए उत्तरदायी है। यहाँ पर नेतृत्व वर्ग कहने से रानी को नहीं समझना चाहिए।[37]

नेतृत्व वर्ग की इस असफलता पर बड़ी गम्भीरता से उन्होंने विचार किया है। उन्होंने खंड-खंड विद्रोह किस प्रकार एक महाअभियान में बदल गया इसका भी पुंखानुपुंख विवेचन किया है। उन्होंने लिखा है : मध्य भारत के एक छोटे से मराठा राज्य में स्वाधीनता की पताका फहराने के साथ-ही-साथ बुन्देलखण्ड में खंड-खंड अंग्रेज-विरोधी मनोभाव किस तरह से एक व्यापक और संगठित स्वातंत्र्य समर में परिणत होता जा रहा था इसे हम पहले देख चुके हैं। इस सैन्य जागरण को कुछ अंग्रेज इतिहासकारों ने मराठा जागरण के रूप में अभिहित किया है, और बुन्देलखण्ड में जो लोग झाँसी और अन्य स्थानों पर लड़े थे, वे लोग थे बुन्देला, बघेल, राजपूत, अफगान और पठान। उन लोगों के साथ बुन्देलखण्ड के समग्र कृषिजीवी सामान्य मनुष्य जो लोग प्रत्यक्ष रूप से युद्ध में नहीं उतरे, उन लोगों ने सहायता की थी भारतीयों को आश्रय देकर, भोजन देकर एवं अपने प्राणों को संकट में डालकर भी सारी सूचनाएँ पहुँचाकर।

समग्र मध्य भारत में उस समय ब्रिटिश सैनिकों के लिए रसद मिलना दुरूह था। इसका प्रमुख कारण था तत्कालीन समस्त मध्य भारत के सामान्य जनों में ब्रिटिश-विरोधी मनोभाव और उसी मनोभाव की चरम अभिव्यक्ति हुई थी झाँसी के क्रान्ति-संग्राम में।[38]

झाँसी और मध्य भारत में यह विद्रोह विफल क्यों हुआ महाश्वेता देवी की दृष्टि से इसका उल्लेख पीछे किया जा चुका है। यहाँ महाश्वेता देवी ने उसका स्पष्ट संकेत करते हुए लिखा है : प्रथमतः 1857 ई. के स्वाधीनता संग्राम का नेता वर्ग सामन्तवादी था। उत्तर एवं मध्य भारतवर्ष में सर्वत्र खंड-खंड विद्रोह के माध्यम से भारतीय जन सामान्य के ब्रिटिश- विरोध का जो प्रकाश हुआ था, उसे भली प्रकार परिचालित करके एक विशाल ऐक्यबद्ध स्वाधीनता संग्राम में परिणत करने की कोई योजना अथवा कार्य सूची इन सामन्तवादी नेताओं की थी ही नहीं।

महाश्वेता देवी ने 1857 ई. की क्रान्ति के संचालकों में उभरकर आए तात्या टोपे, नाना साहब, उनके भतीजे राव साहब, अजीमुल्ला, बाँदा के नबाब आदि की भूमिका का मूल्यांकन करते हुए लिखा है : इनमें से किसी में भी वह योग्यता नहीं थी, जिसके द्वारा वे उन लाख-लाख सिपाहियों, किसानों, जन सामान्य मनुष्यों को महान आदर्श से अनुप्राणित करके एक सुसंगठित स्वाधीनता-संग्राम का गठन कर पाते।

उन्होंने एक बात की ओर और संकेत किया है कि जिस मराठाशाही की पुनर्प्रतिष्ठा के लिए नाना साहब, तात्या टोपे आदि संघर्षरत थे, उसे बुन्देलखण्ड की जनता और यहाँ के देशी राजाओं ने स्वीकार नहीं किया था, इसलिए शुरू में ही अंग्रेजों के खिलाफ जहाँ भी युद्ध छेड़ा गया, वह विफल हो गया। उन्होंने लिखा है : बानपुर के राजा तथा अन्यान्य प्रमुख नेता वर्ग में, पेशवाशाही की स्थापना में किसी निजी हित का कोई आकर्षण नहीं था।

उन्होंने उन कारणों की छानबीन की जो इस ऐतिहासिक विद्रोह की विफलता के लिए उत्तरदायी थे। उन कारणों को दिखाना भी उनकी इस कृति की रचना के पीछे एक महत्त्वपूर्ण उद्देश्य था। उन्होंने लिखा है : सामन्ती नेता लोग ही जहाँ विद्रोह के मूल कारण की उत्पत्ति एवं उसकी सम्भावित परिणति के सम्बन्ध में निजी स्वार्थ के कारण अन्धे हो गए थे, वहाँ पर सिपाहियों और जनता की अवस्था तो और भी शोचनीय हो गई। उनका ब्रिटिश-विरोधी जागरण जो विलास-व्यसन के कारण आदर्शभ्रष्ट, तहस-नहस, पेशवाशाही की पुनर्स्थापना में ही सीमित होकर नहीं रह सकता एवं उनकी संघर्षशील चेतना सिर्फ इतने से ही सन्तुष्ट नहीं रह सकती, इस बात को अन्यान्य नेतागण उस समय नहीं समझ पाए।

सिर्फ एक व्यक्ति में ही वे अपने मन की चरितार्थता थोड़ी-बहुत देख पाते थे और वह थी झाँसी की रानी।

फिर उन्होंने रानी की इस भूमिका को लक्षित कर लिखा है : उनकी इसी उपलब्धि में ब्रिटिशों का भय निहित था। और उसी भय से ही कई लाख भारतीय मुद्रा खर्च करके मध्य भारत में उनका यह विशाल अभियान चला था। इसलिए यह बात कहने में कोई भूल नहीं होगी कि 1857 ई. में जैसे ही झाँसी की रानी के आदर्श से अनुप्राणित मध्य भारत में एक विशाल ब्रिटिश- विरोधी आन्दोलन गढ़ उठने की सम्भावना दिखाई दी, वैसे ही अंग्रेजों ने उसकी जड़ पर ही कुठाराघात किया।[39] उन्होंने साफ-साफ लिखा है : इस काम में अंग्रेजों की मदद की ग्वालियर के सिन्धिया, इन्दौर के होल्कर, बड़ौदा के गायकवाड़, नेपाल के जंगबहादुर, ओरछा की रानी, भोपाल की बेगम, पन्ना के राजा आदि ने, जो भारत में ब्रिटिश सिंहासन की बत्तीस कठपुतलियाँ मात्र थे।[40] फिर यहीं पर उन्होंने रानी की भूमिका पर विचार करते हुए लिखा है कि झाँसी की जनता रानी को अपनी स्थायी स्वाधीनता का पुरोधा मानती थी। वह अपने किसी व्यक्तिगत स्वार्थ के लिए तो युद्ध में उतर नहीं रही थी। उन लोगों ने यह और जान लिया कि उन लोगों पर रानी की आस्था असीम है। रानी उन्हीं के लिए लड़ रही है। देशी राजाओं की विलासप्रियता, अंग्रेज भक्ति की तुलना में छोटे-से झाँसी राज्य की अधीश्वरी रानी की भूमिका 1857 ई. में क्या थी इसी को उभारना महाश्वेता देवी का उद्देश्य था। उन्होंने अंग्रेज इतिहासकारों और

1857 ई. में भारत में जो क्रान्ति हुई उसके प्रत्यक्षदर्शियों के हवाले से रानी की भूमिका के सम्बन्ध में लिखा है : यह बात निश्चित है कि रानी ने अपने ऊँचे आदर्श का कुछ संचार अपने सहयोगी योद्धाओं में कर दिया था। अपनी जन सामान्य प्रजा के ऊपर उसने एक विराट विश्वास अर्जित कर लिया था।[41]

1857 ई. के जागरण में आदि से अन्त तक रानी की क्या भूमिका थी, इसके बारे में केयी और मालसन (Kaye and Malleson) जैसे प्रत्यक्षदर्शी इतिहासकारों ने ग्वालियर विजय का अभियान चलाने की योजना के सम्बन्ध में राव साहब, तात्या टोपे, बाँदा के नबाब और झाँसी की रानी इन चार व्यक्तियों की तुलना करते हुए लिखा है : महान कीर्ति स्थापित करने के लिए जो प्रतिभा, शौर्य और दु:साहस अपरिहार्य है वह सिर्फ चौथे व्यक्ति में ही था। वह घृणा, प्रतिशोध, स्पर्धा और यथा अवसर प्रचंड आघात करने के दृढ़ संकल्प से प्रेरित थी।[42]

इसी को दिखाने के उद्देश्य से महाश्वेता देवी ने 'झाँसी की रानी' की रचना की। उन्होंने देशी रियासतों के राजाओं की अंग्रेज भक्ति, 1857 ई. में रानी के साथ सहयोग करने वाले राजाओं का सीमित प्रयास और नाना साहब, राव साहब तथा तात्या का पेशवाशाही स्थापित करने का प्रयास—इन सबकी तुलनात्मक विवेचना करते हुए यह निष्कर्ष निकाला कि मध्य भारत में क्रान्ति की शिखा जलाने वाली और स्वाधीनता के लिए संघर्ष करते-करते प्राण विसर्जित करने वाली अकेली रानी थी।

यहाँ तक झाँसी की रानी लिखने के पीछे महाश्वेता देवी और वृन्दावनलाल वर्मा का क्या उद्देश्य था उस पर विस्तार से विचार किया गया। दोनों के उद्देश्यों में कोई खास अन्तर नहीं है। सिर्फ भाषा का अन्तर है, रानी के प्रति आस्था, निष्ठा, भक्ति में कोई अन्तर नहीं है।

वृन्दावनलाल वर्मा ने प्रारम्भ से ही रानी को स्वराज्य के लिए संघर्ष करने वाली चित्रित किया है। पारसनीस ने उसकी इस भावना को लाचारी से उत्पन्न बताया था। वर्मा जी ने तमाम साक्ष्यों के आधार पर यह सिद्ध किया कि उसका संघर्ष या युद्ध में कूदना परिस्थितियों की उपज न होकर उसकी जन्मजात प्रवृत्ति में शामिल था। अंग्रेजों द्वारा प्रजा के, राजाओं के अधिकारों को हड़पते जाना, भारत की लक्ष्मी को लूटकर लंकाशायर ले जाना आदि से क्षुब्ध होकर उसने जागरण में भाग ही नहीं लिया वरन उस ज्योति को जलाए रखा। वह गीता के निष्काम कर्मयोग में विश्वास करती थी। उसका इस धारणा में विश्वास था कि देश के लिए जो संघर्ष शिवाजी ने, बाजीराव प्रथम ने, छत्रसाल ने छेड़ा, जीजाबाई, अहल्याबाई, तारा आदि ने जो कुछ किया हमें उस परम्परा को जीवन की आहुति देकर भी आगे बढ़ाना चाहिए। इसी उद्देश्य से उसने अंग्रेजों के विरुद्ध युद्ध छेड़ा। वर्मा जी ने यही दिखलाने के लिए झाँसी की रानी पर अपना उपन्यास लिखा। इसके अलावा उस युग में ऊँच-नीच का जो संघर्ष चल रहा था, उस युग में सामाजिक जीवन कैसा था, जाति-पाँति के भेद मिटाने के लिए किस प्रकार की प्रगति चेतना जाग गई थी, उस समय की नारियों में देश के प्रति क्या भावना थी, उनकी रचना के पीछे ये उद्देश्य भी प्रेरणा के रूप में विद्यमान हैं।

महाश्वेता देवी ने अपनी कृति के माध्यम से झाँसी की रानी के व्यक्तिगत जीवन पर प्रकाश डाला है। देशभक्ति की भावना उसमें धीरे-धीरे जागती है। वह अपनी और अपनी प्रजा की स्वाधीनता के लिए लड़ती है। 1857 ई. की क्रान्ति में उसकी क्या भूमिका थी यही दिखाने के उद्देश्य से उन्होंने अपनी कृति की रचना की है।

आगे के अध्याय में इस समस्या पर विचार किया जाएगा कि एक ही युग, एक ही विषयवस्तु, एक ही मुख्य घटना, एक ही व्यक्ति पर लिखी दो कृतियों में समानता या भिन्नता कहाँ है ? फिर इस भिन्नता का कारण क्या है ? क्यों एक ही कथानक को लेकर दो कृतियाँ भिन्न हो जाती हैं ? इस भिन्नता का कारण क्या दो लेखकों का नजरिया होता है या उनकी इतिहास दृष्टि होती है ? या उनकी वह मानसिकता जिस पर खड़े होकर वे किसी युग को देख रहे हैं, किसी पात्र को समझ रहे हैं अथवा वह प्रविधि जिसके द्वारा वे अपनी कथावस्तु, पात्र आदि प्रस्तुत कर रहे हैं ?

सन्दर्भ-ग्रन्थ

1. प्रेमचन्द पूर्व के हिन्दी उपन्यास, ज्ञानचन्द्र जैन, भूमिका, पृष्ठ 12-13
2. हिन्दी साहित्य का इतिहास, पं. रामचन्द्र शुक्ल, पृष्ठ 446
3. हिन्दी का गद्य साहित्य, डॉ. रामचन्द्र तिवारी, पृष्ठ 124
4. प्रेमचन्द कुछ विचार, पृष्ठ 104
5. साहित्य-विवेचन, आचार्य क्षेमचन्द्र सुमन, योगेन्द्र कुमार मल्लिक, पृष्ठ 184
6. वही, पृष्ठ 185
7. हिन्दी साहित्य कोश, भाग 1, सं. डॉ. धीरेन्द्र वर्मा, पृष्ठ 159 'उपन्यास शब्द' पर टिप्पणी।
8. हिन्दी उपन्यास का इतिहास डॉ. गोपालराय, पृष्ठ 139
9. वही, पृष्ठ 190-191
10. झाँसी की रानी लक्ष्मीबाई, वृन्दावनलाल वर्मा, पृष्ठ 7
11. वही, पृष्ठ 81
12. वही, पृष्ठ 116
13. वही, पृष्ठ 272
14. वही, पृष्ठ 272
15. वही, पृष्ठ 323
16. वही, पृष्ठ 149
17. वही, पृष्ठ 161
18. वृन्दावनलाल वर्मा : साहित्य और समीक्षा, डॉ. सियाराम शरण प्रसाद, पृष्ठ 164-165
19. वही, पृष्ठ 166 पर उद्धृत।
20. कल्पना, उपन्यास विशेषांक में डॉ. रामअवध द्विवेदी का लेख 'उपन्यास के उपकरण', पृष्ठ 35
21. झाँसी की रानी, महाश्वेता देवी, भूमिका, पृष्ठ 16
22. वही, पृष्ठ 31
23. वही, पृष्ठ 33
24. वही, पृष्ठ 43
25. वही, पृष्ठ 52
26. वही, पृष्ठ 61
27. वही, पृष्ठ 261

28. वही, पृष्ठ 236
29. वही, पृष्ठ 87
30. वही, पृष्ठ 292–293
31. वही, पृष्ठ 260
32. वही, पृष्ठ 196
33. वही, पृष्ठ 196
34. वही, पृष्ठ 197
35. वही, पृष्ठ 206
36. वही, पृष्ठ 109
37. वही, पृष्ठ 112
38. वही, पृष्ठ 166
39. वही, पृष्ठ 167
40. वही, पृष्ठ 168
41. वही, पृष्ठ 169 पर मालसन और केयी मालसन के रानी के बारे में उद्धृत विचार।
42. वही, पृष्ठ 233

अध्याय-10

तुलनात्मक प्रदेय

महाश्वेता देवी द्वारा प्रणीत 'झाँसी की रानी' और वृन्दावनलाल वर्मा द्वारा रचित 'झाँसी की रानी लक्ष्मीबाई' इन दोनों के तुलनात्मक अध्ययन की प्रेरणा के पीछे दो आधार थे। एक इसके हिन्दी अनुवाद की भूमिका में उल्लिखित यह उक्ति : 'न्यूएज' द्वारा प्रकाशित 'झाँसी की रानी' का तीसरा (बांग्ला) संस्करण मेरे पास आ गया। मैंने एक राहत की साँस ली। सोचा, बाबू वृन्दावनलाल वर्मा के उपन्यास 'झाँसी की रानी' को सामने रखकर फटाफट अनुवाद कर डालूँगा। पर, जैसे ही मैंने दोनों पुस्तकों को मिलाया, मैं भरभरा कर बैठ गया। मैं भूल गया था कि हर कृति एक नई रचना होती है। विषयवस्तु एक होते हुए भी हर प्रतिभाशाली कवि (लेखक) के मन में वह नई शक्ल लेकर अवतरित होती है। वाल्मीकि जब रामायण की रचना करने बैठे तो सोच रहे थे राम का चरित तो विश्वविदित है, मैं उसमें क्या नया जोड़ूँगा ? तब नारद ने उन्हें ढाढ़स बँधाते हुए कहा था, 'चिन्ता मत करो, अयोध्या की अपेक्षा राम की जन्मभूमि तुम्हारी चित्तभूमि अधिक है। इस सत्य को कभी भूलो मत। एक ही प्रेरणा बिन्दु नई उठान लेकर आकार ग्रहण करता है।' महाश्वेता देवी के उपन्यास 'झाँसी की रानी' की उठान भिन्न है, विकास भिन्न है, उसकी परिणति भिन्न है। इसकी वृन्दावनलाल वर्मा की 'झाँसी की रानी' से इतनी ही समानता है कि दोनों का विषय एक है—प्रथम स्वतंत्रता संग्राम की दुर्द्धर्ष वीरांगना झाँसी की रानी लक्ष्मीबाई का जीवन। पर, दोनों कृतियाँ एक ही विषय पर दो भिन्न पाठ हैं।[1]

दूसरा कथन प्रो. मैनेजर पांडेय का था जिसका संकेत पीछे किया जा चुका है, फिर भी प्रसंगत: उसका उल्लेख यहाँ आवश्यक है। उन्होंने इतिहास के आख्यान और उपन्यास के आख्यान में अन्तर निरूपित करते हुए एक में आख्यान का अन्वेषण माना है और दूसरे में उसका आविष्कार या प्रस्तुतिकरण। उनके कहने का तात्पर्य यह है कि उस अन्वेषण की उपन्यास में प्रस्तुति होती है। उपन्यास में आख्यान के माध्यम से पात्रों के क्रिया-व्यापार और उनकी मनोदशाओं की अभिव्यक्ति होती है। उपन्यास में आख्यान का आविष्कार होता है। इतिहास में घटनाओं और पात्रों की खोज होती है। लेकिन उपन्यास में घटनाओं और पात्रों का सृजन होता है। फिर उन्होंने इस अन्तर को निरूपित करते हुए लिखा है : इतिहास की झाँसी की रानी लक्ष्मीबाई और वृन्दावनलाल वर्मा के उपन्यास की झाँसी की रानी लक्ष्मीबाई एक ही नहीं है। उपन्यास की लक्ष्मीबाई वृन्दावनलाल वर्मा की सृष्टि है।[2]

प्रो. मैनेजर पांडेय ने इस अन्तर को आगे बढ़ाते हुए यहाँ तक लिखा है कि एक ही घटना से सम्बन्धित ऐतिहासिक सच और कलात्मक सच समान हों यह जरूरी नहीं है। उनमें समानधर्मिता सम्भव है, परन्तु समरूपता नहीं। फिर उन्होंने वृन्दावनलाल वर्मा की 'झाँसी की रानी' और महाश्वेता देवी की 'झाँसी की रानी' दोनों का उदाहरण देते हुए लिखा है : 1857 के महाविद्रोह पर लिखे इतिहास के ग्रन्थों में प्रस्तुत झाँसी की रानी से वृन्दावनलाल वर्मा या महाश्वेता देवी के उपन्यासों की झाँसी की रानी की तुलना कीजिए तो ऐतिहासिक सच से कलात्मक सच की समानता और असमानता का स्वरूप स्पष्ट हो जाएगा।[3]

यहाँ विचारणीय विषय यह भी है कि ऐतिहासिक सच से कलात्मक सच भिन्न होता है इसमें सन्देह नहीं किन्तु एक ही ऐतिहासिक सच पर आधारित दो कलात्मक सत्यों में भी एकता या समरूपता नहीं होती। दोनों उपन्यासों की रचना इतिहास की एक ही जमीन पर हुई है किन्तु दोनों की कथावस्तु, पात्र-संरचना, कथोपकथनों, देश-काल और वातावरण, शिल्प-प्रविधि यहाँ तक कि उद्‌देश्य और प्रेरणा स्रोतों में भी भिन्नता है। उपर्युक्त दोनों कथनों से इन दोनों उपन्यासों के तुलनात्मक अध्ययन की मुझे प्रेरणा मिली, इसका उल्लेख पीछे किया जा चुका है। अब प्रश्न यहाँ यह उठता है कि यह भिन्नता होती क्यों है ? इसका उत्तर प्रो. मैनेजर पांडेय ने एक भिन्न प्रश्न के उत्तर में दिया है जो मेरे प्रश्न के समाधान के रूप में प्रस्तुत किया जा सकता है।

उन्होंने इतिहास को भी रचना माना है। उन्होंने इतिहास को एक खोज कहा है। यह खोज कैसे की जाती है, खोज के दौरान तथ्यों को कैसे बटोरा, निवेरा, छाना और चुना जाता है, इस पर विचार करते हुए उन्होंने लिखा है : इतिहास में इतिहासकार किसी घटना के प्रसंग में इन प्रश्नों का उत्तर खोजता है कि वह कब और कहाँ घटित हुई। इतिहास की समझ में इतिहासकार की आलोचनात्मक प्रश्नाकुलता, जिज्ञासा और खोज की अभिव्यक्ति होती है। इतिहास-लेखन में तथ्यों की स्थिति महत्त्वपूर्ण होती है, लेकिन उससे भी अधिक महत्त्वपूर्ण भूमिका इतिहासकार के दृष्टिकोण की होती है जो तथ्यों के संग्रह, चयन, स्वीकार-अस्वीकार से लेकर तथ्यों के बीच सम्बन्धों की पहचान और उनकी प्रस्तुति के लिए आख्यान की रचना में क्रियाशील होता है।[4] अर्थात एक ही घटना पर लिखे दो उपन्यासों का अन्तर उनके लेखकों के दृष्टिकोण का अन्तर होता है। 1857 ई. की महाक्रान्ति से सम्बन्धित तथ्यों, दलीलों-दस्तावेजों, लिखित और वाचिक दोनों प्रकार के स्रोतों की छानबीन, उनकी खोज, उनका संग्रह, उनका चयन दोनों लेखकों ने किया, इसका उल्लेख पीछे किया जा चुका है। किन्तु उनके प्रस्तुतिकरण में दोनों के दृष्टिकोणों ने भिन्नता ला दी। पहले वृन्दावनलाल वर्मा के दृष्टिकोण पर विचार किया जाएगा, तदनन्तर महाश्वेता देवी के।

वर्मा जी ने अपने उपन्यास की भूमिका 'परिचय' शीर्षक से लिखी है। उसमें उन्होंने परिस्थितियों और अपनी पारिवारिक परम्परा से प्राप्त स्मृतियों का विवरण देते हुए लिखा है : दीवान आनन्दराय मेरे परदादा थे। वह रानी लक्ष्मीबाई की ओर से लड़ते-लड़ते सन् 1858 में में मऊ की लड़ाई में मारे गए थे। जब मेरी परदादी का देहान्त हुआ, मैं आठ-दस वर्ष का था। परदादी से रानी के विषय में बहुत-सी कहानियाँ सुना करता था। उन्होंने रानी को देखा था।

उन कहानियों की धरोहर मेरी दादी के पास रही। वह समय-समय पर उनसे मुझको मिलती रही। जब दादी का देहान्त हुआ, मुझको वकालत आरम्भ किए छह वर्ष के लगभग हो चुके थे।

वर्मा जी ने आगे लिखा है : वह धरोहर अद्‌भुत होते हुए भी अस्पष्ट थी और उसकी रूपरेखा धुँधली तथा सत्य के आधार पर कम, भक्ति के ऊपर अधिक थी। इधर इतिहास के अध्ययन और तथ्यों के अनुशीलन ने उस धरोहर के मूल्य को कम कर दिया। सामने केवल पारसनीस की पुस्तक 'रानी लक्ष्मीबाई का जीवन-चरित्र' थी। वह इतिहास का कंकाल मात्र न थी, परन्तु दादी-परदादी की बतलाई हुई परम्पराओं के विरुद्ध थी। पारसनीस के अन्वेषण काफी मूल्यवान होते हुए भी, उनका विचार कि रानी झाँसी का प्रबन्ध अंग्रेजों की ओर से गदर के जमाने में करती रही परदादी और दादी की बतलाई हुई परम्पराओं के सामने मन में खपता नहीं था। तो भी मैं सोचता था, शायद ये परम्पराएँ जनता के इच्छा-संकल्पों (Wishful Thinking) का फल हैं, इसलिए छुटपन से जिस मूर्ति की मन में निष्ठापूर्वक पूजा करता चला आ रहा था, उसके प्रति कुछ नास्तिकता उत्पन्न हो गई।

सुनता आ रहा था रानी स्वराज्य के लिए लड़ी थी, पारसनीस के ग्रन्थ में पढ़ा कि इनका शौर्य विवशता की परिस्थितियों में उत्पन्न हुआ था।[5] फिर उन्होंने एक सपना देखा कि रानी स्वराज्य के लिए लड़ रही है और वे भी रानी की ओर से लड़ रहे हैं। लड़ते-लड़ते घायल हो गए हैं। जब नींद खुली तब पता चला कि यह तो सपना था। फिर यह सपना कई वर्षों तक उनके मन में उथल-पुथल मचाता रहा। फिर यह सपना हकीकत में तब बदला जब उन्हें ऐसे-ऐसे लोगों के लिखित साक्ष्य मिले, रानी को जिन्होंने सैकड़ों बार देखा था। ऐसे व्यक्तियों से भेंट, वार्तालाप हुआ, फिर उन्हें विश्वास हो गया कि रानी स्वराज्य के लिए लड़ी थी। इसके पीछे उसका कोई निजी स्वार्थ नहीं था। उसका शौर्य परिस्थितियों के दवाब से उत्पन्न नहीं हुआ था। अंग्रेजों से युद्ध उसने स्वत: प्रेरित होकर अपने स्वाभिमान और देश हित की प्रेरणा से किया था। उन्होंने लिखा है : मैं सोचता था कि रानी के विषय में बहुत लोगों ने कुछ-न-कुछ लिखा है और लिख रहे हैं, मैं क्यों कुछ और प्रयत्न करूँ? कुछ दिन बाद मेरी धारणा बदल गई।

कलेक्टरी में कुछ सामग्री मिली। 1858 में लोगों के बयान लिये गए थे। इनको पढ़-पढ़ाकर मैं अपने विश्वास में और दृढ़ हुआ। रानी स्वराज्य के लिए लड़ी थी।

मेरा वह स्वप्न जिसकी भूमिका हॉकी ग्राउंड पर बनी थी फिर ताजा हुआ।[6] इस लम्बे उद्धरण का अगर विश्लेषण किया जाए तो जो बिन्दु उभर कर आते हैं वे इस प्रकार हैं :

झाँसी की रानी पर कुछ लिखने और उस पर शोध करने की प्रेरणा परिवार से मिली। चूँकि झाँसी की रानी और 1857 के महासंग्राम से उनका पारिवारिक सम्बन्ध था इसलिए बचपन से ही रानी के प्रति वर्मा जी में श्रद्धा का बीज पड़ गया था जो कालक्रमागत रूप से पनपता चला गया।

इस श्रद्धा में पारसनीस के ग्रन्थ से आघात लगा। उसी आघात को दूर करने के लिए रानी सम्बन्धी अनुसंधान में लग गए और दलीलों-दस्तावेजों तथा कुछ वाचिक परम्पराओं से जुड़ गए। रानी को जिन्होंने देखा था उन्होंने जो कुछ बताया उससे उन्हें यह पता चला

कि रानी स्वराज्य के लिए लड़ी थी, परिस्थितियों से लाचार होकर नहीं। पहले उनका सपना धुँधला और अस्पष्ट था, बाद में वह साफ होता गया और उन्होंने झाँसी की रानी पर इतिहास-सम्मत उपन्यास लिखने का संकल्प लिया।

रानी स्वराज्य के लिए लड़ी थी, उसका संग्राम में उतरना किसी व्यक्तिगत स्वार्थ अथवा परिस्थितियों से विवश होकर नहीं था, इसी बिन्दु को उभारने के लिए उन्होंने अपनी उपन्यास-प्रविधि के विविध उपादानों को संयोजित किया है। इसे कथावस्तु, पात्र-संरचना, चरित्र-चित्रण, कथोपकथन, देश-काल, वातावरण के विवेचन के समय दिखाया जा चुका है।

इन सब उपादानों का रचनात्मक विनियोग करने के लिए उन्होंने जिस प्रविधि या प्रस्तुतिकरण शिल्प को अपनाया है उसका भी प्रमुख उद्देश्य इस बिन्दु को रेखांकित करना है कि रानी देश की स्वतंत्रता के लिए लड़ी। लेखक ने रानी के जीवन की उन्हीं घटनाओं को चुना, उन्हीं प्रसंगों को उभारा जिससे शनैः-शनैः पाठकों पर यह छाप पड़े कि रानी में अपने स्वाभिमान, अतीत गौरव, स्वतंत्रता जैसे मूल्यों के प्रति बचपन से ही चेतना थी। क्या अंग्रेजों को हराया नहीं जा सकता, ऐसा प्रश्न वह बचपन से ही करने लगी थी। उसकी रुचि शारीरिक शक्ति बढ़ाने, अस्त्र-शस्त्र सीखने, व्यायाम और घुड़सवारी में महारत हासिल करने की ओर शुरू से ही थी। उसका चिन्तन जगत् प्रारम्भ से ही राजनीति की बातों से युक्त था। वह शुरू से ही तेज, दुर्द्धर्ष और सजग थी। आगे चलकर उसका लक्ष्य धीरे-धीरे स्पष्ट होकर दृढ़ता में बदल जाता है और अनेक विरोधी परिस्थितियों और विपत्तियों में अपने विवेक से निर्णय ले अंग्रेजों से उसे युद्ध करना पड़ेगा, इसकी वह तैयारी करती रहती है। उसने शुरू से ही अपने आसपास की स्त्रियों को अपने आदर्श से अनुप्राणित कर लिया था, जो पग-पग पर उसका सहयोग ही नहीं करतीं, युद्ध में अपने प्राण तक विसर्जित कर देती हैं। अंग्रेज इतिहासकारों को भी मानना पड़ता है कि रानी ने अपने आदर्श का कुछ अंश अपने अनुयायियों में भी संचारित कर दिया था।

विवेचन के क्रम में यह देखा गया कि वृन्दावनलाल वर्मा के उपन्यास में नाट्य तत्त्व की प्रधानता है और अगर 'झाँसी की रानी लक्ष्मीबाई' उपन्यास का कोई नाट्य निर्देशक या पटकथा लेखक नाटक और अभिनय की दृष्टि से सम्पादन कर इसे नाटक के रूप में प्रस्तुत करे तो यह बड़े आराम से एक नाटक का रूप धारण कर लेगा। एक तो इसके संवादों में पर्याप्त नाटकीयता है, दूसरे, संवादों की भरमार है, तीसरे, पात्र की बातचीत जिस ढंग से होती है उसमें पर्याप्त रंगमंचीय निर्देश सहज रूप में दिए गए हैं।

कहीं-कहीं ऐतिहासिक तथ्यों की सीमा से अधिक भरमार है। ऐसे स्थलों पर इतिहास उपन्यास पर हावी होता दिखाई देता है। यह दोष उनके कुछ ऐतिहासिक उपन्यासों में अधिक देखने को मिलता है। इसलिए उपन्यास के ऐसे स्थल पाठक छोड़कर आगे बढ़ जाता है। 'झाँसी की रानी' में कहीं-कहीं उन्होंने कुछ प्रसंगों का अनावश्यक विस्तार किया है, जैसे जनेऊ आन्दोलन और नारायण शास्त्री तथा छोटी का प्रेम प्रसंग। इन प्रसंगों की उपन्यास के मूल उद्देश्य के परिप्रेक्ष्य में कोई संगति नहीं है। वैसे उन्होंने अपनी कथा का विन्यास 'प्रस्तावना', 'उदय', 'मध्यान्ह' और 'अस्त' में विभाजित कर उसे एक व्यवस्थित प्रबन्धात्मकता दी है। इसी दृष्टि से उन्होंने जिन प्रेम प्रसंगों की अवतारणा की है वे हैं तो

कल्पना–प्रसूत किन्तु उनका उद्देश्य इतिहास और युद्ध के रूखे प्रसंगों में सरसता का रंग भरना है। वैसे उन्होंने एक उपन्यासकार के विवेक और 'विजन' के अनुसार किसी भी प्रेम प्रसंग को उपन्यास के केन्द्रीय उद्देश्य से भटकने न देकर उसी कहावत को चरितार्थ किया है कि सारी नदियाँ अन्त में समुद्र में मिलती हैं।

भाषा की दृष्टि से उनका उपन्यास सहज, सरल, गतिशील भाषा से युक्त है। वाक्य सरंचना छोटी, स्पष्ट दो टूक और कहीं कहीं क्रियारहित है, जिसकी पूर्ति के लिए पिछले वाक्य से सन्दर्भ लेना पड़ता है। पर सभी वाक्य अपनी व्यंजना में पूर्ण हैं। बीच–बीच में बुन्देली लहजे और उसके ठेठ शब्दों ने बुन्देली वातावरण को साकार कर दिया है।

देश–काल और वातावरण की दृष्टि से वर्मा जी का वर्णन अत्यन्त सजीव और सहज है। प्रकृति के जो भी चित्र उन्होंने खींचे वे छोटे, सहज, सजीव और वे जिस परिस्थिति, पात्र के जिस मनोभाव का चित्रण करना चाहते हैं, उसकी संगति में हैं। ऐसे स्थल अपनी अलग से पहचान नहीं बनाते हैं। पात्र–संरचना, परिस्थिति की माँग और मूल उद्देश्य की संगति में है। उनकी भाषा में वहाँ ओज तत्त्व आ जाता है जहाँ पात्र दर्पोक्तियों या देश प्रेम से भरकर अपने अनुयायियों को कोई सन्देश या प्रोत्साहन देते हैं या प्रशंसा करते हैं। ऐसे स्थल ओज तत्त्व से भरे हैं। यह ओज हमें युद्ध स्थलों के गतिमान चित्र अथवा बेतवा नदी में आई बाढ़ के वर्णन के समय भी मिलता है। वृन्दावनलाल वर्मा की इस कृति का अन्त अत्यन्त मार्मिक है, जहाँ रानी की मृत्यु होती है विशेषकर वह स्थल। इस उपन्यास का अन्त यद्यपि अस्त में, असफलता में होता है किन्तु इसके अस्त से नये जागरण के उदय का संकेत मिलता है। इस दृष्टि से यह उपन्यास निराशावादी न होकर आशावादी है। इस उपन्यास में रानी या रानी से सम्बन्धित किसी भी पात्र की ऐसी कोई उक्ति नहीं है जो निराशा–व्यंजक हो। सभी का त्याग और बलिदान आगे की क्रान्ति चेतना को जगाने में आग का काम करता है।

वर्मा जी ने परिशिष्ट में वे तथ्य दिए है जो उपन्यास के कथानक में अट नहीं सकते थे किन्तु, उपन्यास की सत्यता, ऐतिहासिकता के लिए जिनका अभिज्ञान जरूरी था। इसलिए जो बचे हुए तथ्य थे वे उन्होंने परिशिष्ट में देकर पाठकों की ज्ञानवृद्धि की। अब उपर्युक्त बिन्दुओं के आधार पर महाश्वेता देवी के उपन्यास 'झाँसी की रानी' के निष्कर्षों पर विचार करना जरूरी है।

महाश्वेता देवी ने 'झाँसी की रानी' उपन्यास क्यों लिखा इसके प्रेरक बिन्दुओं की प्रेरणा, जीवन दृष्टि और व्यक्तित्व वाले अध्याय में विस्तार से चर्चा की जा चुकी है। वृन्दावनलाल वर्मा की प्रेरणा के पीछे उनकी पारिवारिक संलिप्तता के साथ उनकी परदादी और दादी द्वारा बार–बार सुनाए गए रानी सम्बन्धी ब्योरे और गाथाएँ थीं। यह बहुत बड़ी घटना है कि उनके परदादा आनन्दराय ने 1857–58 के युद्ध में रानी की ओर से लड़ते हुए अपने प्राण दिए थे और उनके बाबा को इसी वजह से जेल में डाल दिया गया था। और वे मुक्त तब हुए जब निर्दोष लोगों को छोड़ देने की घोषणा महारानी विक्टोरिया ने की। एक लेखक को 1857–58 जैसे महासमर से जुड़ने का पारिवारिक सूत्र से अधिकार मिलना यह बहुत बड़ी बात है और महाश्वेता देवी के लिए भी यह बहुत बड़ी बात है कि बचपन में उन्होंने अपनी नानी से लालटेन के धुँधले प्रकाश में लक्ष्मीबाई की जो कहानी सुनी वह उनकी चेतना में सदा के लिए

एक प्रेरक-सूत्र बनकर गुँथ गई। फिर वह कभी धुँधली नहीं हुई। जैसे-जैसे समय बीता वह स्मृति उज्ज्वल से उज्ज्वलतर होती गई और उन्हें तब तक चैन नहीं मिला जब तक उन्होंने 'झाँसी की रानी' लिख नहीं डाली। तो बचपन में सुनी कहानी ही वह मूल स्रोत है जिसकी प्रेरणा से उन्होंने यह कृति लिखी। फिर उन्होंने इस स्मृति को इतिहास के, तथ्यों के उजाले में और स्पष्ट किया। जिसको हुए एक सौ वर्ष से अधिक हो चुके थे उसके जीवन-सम्बन्धी तथ्यों को उन्होंने रानी से जुड़े व्यक्तियों के माध्यम से प्राप्त किया फिर अपनी कृति की रचना की।

उनके अवचेतन में रानी की जो स्मृति अक्षय रूप में अंकित हो गई थी, इस तथ्य को उन्होंने रानी की स्मृति अक्षुण्ण है, वह लोकमन में बसी हुई है और वह सदा स्मृति में बनी रहेगी, इसी तथ्य को रेखांकित करने के लिए पृष्ठभूमि की आयोजना की, बाद में उपन्यास का पहला अध्याय लिखा।

रानी की स्मृति अक्षुण्ण है, इस दृष्टि से यहाँ उनकी कृति के हिन्दी अनुवाद का समर्पण देखना चाहिए। उन्होंने लिखा है : मैं इस हिन्दी अनुवाद को स्वर्गीय श्री गोविन्दराम चिन्तामणि ताम्बे, लक्ष्मण राव झाँसी वाले, और ग्वालियर में रानी साहिबा लक्ष्मीबाई की छतरी के नीचे हेमन्त ऋतु में बिताए गए एक दिन की पवित्र स्मृति को समर्पित करती हूँ। और जब उन्होंने इस कृति का अन्त किया है तब पुनः रानी की स्मृति में बनी छतरी पर अंकित इस श्लोक के साथ किया है :

झाँसी पत्तन पालिका नृवसना तुंगाश्व संचालिका।
हस्तोद्यत करवालिका रणमदोन्मत्ता यथा कालिका॥
ह्यूरोज प्रमुखांग्ल सैन्यास्पतिभिर्युद्ध भृशंश्चालिता।
सा लक्ष्मीर्हत दैव दुर्विलसितैर्तयैव याता दिवम्॥

अपने उपन्यास के प्रारम्भ में उन्होंने जिस पृष्ठभूमि की रचना की है उसमें रानी की स्मृति को लोक मन के सहारे उभारा है और यह रेखांकित करने का प्रयास किया है कि रानी की स्मृति लोकमन में इतनी ताजी और जीवन्त है कि लोग उसे मृत न मानकर जीवित ही मानते हैं। इस प्रकार रानी एक जीवन्त चेतना बन गई है।

इतिहास के पन्नों से निकलकर झाँसी की रानी उनके लिए कैसे एक हाड़-मांस के व्यक्ति के रूप में बदल गई, इस सन्दर्भ में उन्होंने लिखा है : झाँसी की रानी की जीवनी लिखने का संकल्प जिस समय लिया गया, उस समय देखा कि उस सम्बन्ध में मेरा ज्ञान एकदम सीमित है। केवल आन्तरिक आग्रह और उत्साह की पूँजी लेकर यह काम करना, एक छोटी नाव लेकर अतल, अपार समुद्र में खेवा देने के समान असम्भव लगा था। झाँसी की रानी का नाम भर ज्ञात था, किन्तु, कहाँ से, किस तरह से काम शुरू किया जाए कि यह नाम इतिहास के पन्नों को छोड़कर सजीव व्यक्तित्व का रूप धारण कर ले, यह ज्ञान नहीं था। उसी समय गोविन्द ताम्बे की मुझे जानकारी हुई। पता चला कि इतिहास कांग्रेस के अधिवेशनों में वे एक नियमित आने वालों में थे।

आगे उन्होंने लिखा है : उन्होंने तीस वर्षों तक जिस आशा को बलपूर्वक पाला है, उसको मैं सचमुच में साकार कर सकती हूँ, यह जानकर उनके आनन्द की सीमा नहीं रही थी। वे बार-बार कहते—इस बारे में निश्चिन्त हो गया। अब मुझे और कोई दुःख नहीं है।

शाम को जब हम लोग घर के आँगन में चहलकदमी किया करते थे तब वे लगातार कवि भूषण की कविताओं का पाठ करते जाते थे। कभी उनके सो जाने पर जब मैं बाहर निकल आती थी तो वे सहसा बुलाकर कहते थे, 'मोतीबाई किले में जल गई थी' और 'रानी की घोड़ी का नाम सारंगी था।' यही सब टुकड़ा-टुकड़ा बातें याद आ रही हैं। उनकी बातचीत से ही धीरे-धीरे रानी को रक्तमांस के व्यक्ति के रूप में मैं जैसे पहचान सकी। एक छोटी लड़की, एक बालिका वधू, एक तरुणी विधवा, स्नेहमयी माँ, विनोदशीला सखी (इन रूपों में)। ये मानो एक ही चरित्र की विभिन्न अभिव्यक्तियाँ, विभिन्न रूपों में प्रतिभासित होती हैं।[7]

रानी के प्रति उनमें अपरिमित भक्ति और श्रद्धा थी। उसी भक्ति और श्रद्धा को लेकर रानी की एक जीवनी लिखने की प्रबल आकांक्षा का पोषण वे उस समय भी किए हुए थे।[8]

इसी श्रद्धा और भक्ति से प्रेरित होकर महाश्वेता देवी ने 'झाँसी की रानी' के जीवनीमूलक उपन्यास की रचना की है। इस सन्दर्भ में बांग्ला की कोरक पत्रिका में जो कुछ निकला वह भी विचारणीय है :

भारत के प्रथम स्वतंत्रता संग्राम की जन्मशताब्दी के एक वर्ष पहले 'झाँसी की रानी' का प्रकाशन तो उपलक्ष्य मात्र है, वास्तव में इसका बीज तो उनके मन में तभी पड़ गया था, जब उन्होंने अपने बचपन में अपनी नानी से 'झाँसी की रानी' की गाथा सुनी थी। तब उन्हें यह कहानी एक परी कथा की तरह लगी थी, जबकि यह कहानी एक वास्तविक हाड़-मांस के व्यक्ति झाँसी की रानी की थी। बचपन की स्मृति में निबद्ध उस रूपकथा से इसीलिए यह ग्रन्थ बहुत दूर है, लेकिन इससे यह समझ में आ जाता है कि प्रारम्भिक दौर के इस ग्रन्थ में महाश्वेता देवी ने ऐसी एक नायिका का चयन किया था, जो जन-जीवन से जुड़ी हुई है और जिसके जीवन का इतिहास संघर्ष का ही इतिहास है। बहुत बाद में जब उन्होंने नायक के रूप में 'विरसा मुंडा' को चुना अथवा जगदीश मास्टर को या 'आंधारमानिक' के सुरकंठ को, उस समय उन्होंने आम आदमी की लड़ाई के अलावा उसके नायक को जो महत्त्व देना चाहा, उसी का एक सुदूरवर्ती आभास जैसे 'झाँसी की रानी' में विद्यमान था। इतिहास-रचना नहीं, लक्ष्मीबाई की जीवनी लिखना ही इसका उद्देश्य था, इसलिए यहाँ व्यक्ति ही रचना में मुख्य है, लेकिन लक्ष्मीबाई के जीवन से किसी भी प्रकार इतिहास तो अलग हो नहीं सकता है। ऐतिहासिक घटनाओं का यहाँ लेखिका ने जिस प्रकार पुंखानुपुंख उपयोग किया है, उसी प्रकार अनेक व्यक्तियों के संस्मरणों से लिए गए तथ्यों के द्वारा लक्ष्मीबाई की मानवीय मूर्ति को गढ़ने की चेष्टा भी लक्षित की जा सकती है। आगे चलकर इसी प्रकार के इतिहास के तथ्य और मानवीय मूर्ति मिल जाती है, 'जंगल के अधिकार' में विरसा के चरित्र में। फिर 'झाँसी की रानी' के प्रारम्भ में इतिहास के नीरस तथ्यों के बदले मिलती है बुन्देलखण्ड के अत्यन्त गरीब और मजदूरों की कहानी, जो कूड़ा-करकट और सूखे पत्ते जलाकर माघ मास में अपनी ठंड दूर करते हैं। इस तरह की एक प्रासंगिक कहानी के द्वारा यह पुस्तक प्रारम्भ होती है एक उपन्यास की तरह।[9]

इस लम्बे उद्धरण के विश्लेषण से यह स्पष्ट हो जाता है कि महाश्वेता देवी की झाँसी की रानी पर लिखने की प्रेरणा के पीछे नानी से सुनी कहानी, बचपन की धुँधली छाप और

चिन्तामणि ताम्बे द्वारा सुने संस्मरण थे, जिनसे रानी साफ-साफ एक जीवन्त व्यक्ति की मूर्ति धारण कर, उनके सामने आभासित हो उठी। उसका बचपन, बालिका वधू, विधवा तरुणी, माँ, सखी और युद्ध में भाग लेने वाली एक योद्धा, उसका इन्हीं रूपों में चित्रण करना उनका उद्देश्य रहा है।

फिर उनकी इतिहास दृष्टि लोकायती है जिसके कारण रानी के जीवन के चित्रण में उन्होंने मौखिक परम्पराओं, लोक भाषा में लिखे काव्यों आदि का आधार लिया। रानी और ब्रिटिश सरकार के बीच जो पत्र-व्यवहार हुआ महाश्वेता देवी ने उसका भी उपयोग किया। इस प्रकार रानी की इतिहास-सम्मत मूर्ति खड़ी की।

उनकी इस दृष्टि ने अपने कथ्य को प्रस्तुत करने की प्रविधि बदल दी। वैसे उनकी शिल्प-प्रविधि उन्हीं बिन्दुओं से होकर आगे बढ़ती है, जिनसे वृन्दावनलाल वर्मा की बढ़ती है, किन्तु मूल कथा एक होते हुए भी दोनों में काफी अन्तर है। वृन्दावनलाल वर्मा की कथावस्तु में मुख्य कथानक के साथ प्रासंगिक कथाएँ भी गूँथी गई हैं, उनका महाश्वेता देवी के उपन्यास में कोई चिह्न नहीं है। साथ ही वर्मा जी ने जिन प्रेम-प्रसंगों को बुना है, उनमें से महाश्वेता देवी के उपन्यास में एक भी प्रेम प्रसंग नहीं है। गंगाधर राव का जैसा चरित्र वर्मा जी ने अंकित किया है, वह रूप महाश्वेता देवी के उपन्यास में नहीं मिलता है। महाश्वेता देवी के गंगाधर राव नाट्य प्रेमी जरूर हैं, लेकिन वे अभिनेत्रियों या मोती में कोई रुचि नहीं लेते हैं और न वे क्रोधी हैं न सनकी। वे एक अच्छे प्रशासक, स्वाभिमानी और रानी से प्रेम करने वाले हैं। उनकी रानी भी बात-बात में युद्ध, अस्त्र-शस्त्र, घुड़सवारी, सदा युद्ध की बातें करती नजर नहीं आती है। दोनों में नेतृत्व के गुण हैं किन्तु महाश्वेता देवी की झाँसी की रानी में मानवीय रूप प्रधान है और वर्मा जी की रानी में एक योद्धा का। दोनों दृढ़ संकल्प वाली, प्रजा हितैषी, जाति-पाँत के भेदभाव से रहित हैं। उनमें कोई धार्मिक संकीर्णता नहीं है। दोनों का अन्त मार्मिक है।

महाश्वेता देवी की कथावस्तु में थोड़ा बदलाव है। महाश्वेता देवी ने दामोदर राव का क्या हुआ, रानी की माँ चिमाबाई का क्या हुआ इसका विस्तार से उल्लेख किया है, जबकि वर्मा जी ने दामोदर का संकेत मात्र किया है। रानी की मृत्यु के बाद उसे किन मुसीबतों का सामना करना पड़ा, उसका अगला जीवन किन कष्टों में बीता इसकी कोई कहानी नहीं दी है। न रानी का असली चित्र कौन सा है इसका कोई चित्र खींचा है। चिन्तामणि ताम्बे और लक्ष्मण राव झाँसी वाले की भी कोई कहानी या रानी की स्मृति रक्षा, तथ्यों की खोज में कितना परिश्रम किया इसका विस्तार से चित्रण नहीं किया है। हाँ वर्मा जी ने उनसे भेंट का वर्णन जरूर किया है।

दोनों की कथावस्तु में एक अन्तर और है और वह है नाना साहब और रानी की बचपन में उनसे मित्रता को लेकर। महाश्वेता देवी ने स्पष्ट लिखा है कि बचपन में रानी जब बिठूर में रहती थी तब नाना की उम्र 18 वर्ष थी और रानी निरी बालिका थी। दोनों की मित्रता की कहानी सिर्फ कहानी भर है, इसमें कोई वास्तविकता नहीं है। इसी प्रकार झलकारी कोरिन के प्रसंग भी दोनों उपन्यासों में एकदम भिन्न हैं। महाश्वेता देवी ने झलकारी का उल्लेख किंवदन्ती के रूप में करते हुए रानी के झाँसी छोड़ देने के बाद उसे ह्यूरोज के सामने रानी

का वेश धारण कर जाने की घटना दी है। बाद में गोपाल राव के कहने से जब उसकी वास्तविक पहचान हुई तब ह्यूरोज के आदेश से उसे गोली मार दी गई।

वृन्दावनलाल वर्मा ने भी इस घटना का उल्लेख किया है। उनकी झलकारी भी अंग्रेज छावनी में जाती है, वहाँ उसका भेद दूल्हा जू खोलता है। ह्यूरोज उसे पागल समझकर वहाँ से भगा देता है। परिशिष्ट में वर्मा जी ने लिखा है कि 1857–58 ई. के बाद झलकारी काफी दिनों तक जीवित रही। पर जब मैं मिलने गया, तो उसके कुछ ही दिन पहले उसकी मृत्यु हुई थी। झलकारी थी जरूर किन्तु उसकी जो घटना वृन्दावनलाल वर्मा या प्रचलित कहानियों के आधार पर महाश्वेता देवी ने दी है, वह काल्पनिक प्रतीत होती है क्योंकि ब्रिटिश सरकार के जो रिकार्ड हैं उसमें झलकारी की इस घटना का कोई उल्लेख नहीं है। उसकी भौतिक उपस्थिति थी किन्तु इतिहास में वह दर्ज क्यों नहीं हुई इसका कारण नहीं बताया जा सकता है।

भाषा–विन्यास की दृष्टि से महाश्वेता देवी की भाषा साधु बांग्ला है, उन्हें सामासिक शब्द प्रयोग में अधिक रुचि है पर उनकी भाषा आरोह–अवरोह से पूर्ण है। बांग्ला भाषा वैसे भी लयात्मक और मधुर है। वृन्दावनलाल वर्मा की भाषा सरल, बोलचाल के निकट और बुन्देली की सुगन्ध से पूर्ण है।

वृन्दावनलाल वर्मा की 'झाँसी की रानी' हिन्दी के ऐतिहासिक उपन्यासों में एक अप्रतिम रचना है। यह उपन्यास लिखकर उन्हें अपूर्व ख्याति मिली। अंग्रेज इतिहासकारों और मराठी लेखक पारसनीस ने रानी का युद्ध में भाग लेना परिस्थितियों से लाचार होकर बताया था। वृन्दावनलाल वर्मा ने पहली बार तमाम ऐतिहासिक तथ्यों, व्यक्तियों से भेंटकर जो सामग्री एकत्र की उससे यह सिद्ध किया कि रानी स्वराज्य के लिए लड़ी थी। उसका अंग्रेजों के खिलाफ युद्ध में उतरना स्वतः प्रेरित था। उन्होंने बचपन से ही उसे स्वाभिमानी, किसी की दासता स्वीकार न करने वाली, अपने गौरवपूर्ण इतिहास से प्रेरणा लेने वाली सिद्ध किया है।

झाँसी की रानी ने जिस स्त्री सेना का गठन किया था वह विश्व में नारी चेतना की दृष्टि से एक ऐसा उदाहरण है कि नारी को महिमा मंडित करता है। अगर रानी जीत जाती पीर अली और दूल्हा जू विश्वासघात न करते, सिन्धिया जैसे लोग अंग्रेजों की मदद न करते, नेताओं में संगठन कौशल और त्याग होता, सभी रानी जैसी शौर्य भावना से भरे होते तो 1857 ई. का इतिहास ही कुछ और होता। बाबू वृन्दावनलाल वर्मा ने पहली बार रानी की इस शौर्य गाथा को उपन्यास के रूप में प्रस्तुत किया। यह उनकी बहुत बड़ी देन है।

उनका ऐतिहासिक उपन्यास विशेषकर 'झाँसी की रानी' इतना रोचक और कलात्मक क्यों है, इस सम्बन्ध में उनका यह कथन ध्यातव्य है : मैं तथ्य का उपासक हूँ, तथ्य को सृजनात्मक ढंग से प्रस्तुत करना मैं सत्य की पूजा और कला का प्राण समझता हूँ। यदि यह प्रस्तुतिकरण निरुद्देश्य है या कला के लिए कला आदर्श है तो व्यर्थ है। केवल मनोरंजन या मनोविश्लेषण लेखक का सामाजिक कर्तव्य नहीं है। सामाजिक कर्तव्य की सीमा दिखलाई नहीं पड़ती परन्तु, अपनी–अपनी परिधि की स्थापना तो की ही जा सकती है।[10]

उनके प्रदेय का उल्लेख करते हुए डॉ. प्रसाद ने लिखा है : वृन्दावनलाल वर्मा द्वारा ऐतिहासिक साहित्य की देन अविस्मरणीय है। उनकी पूर्व ऐतिहासिक कृतियाँ न्यूनतम मात्रा

में लिखी गईं जिनका ऐतिहासिक और औपन्यासिक मूल्य नहीं के बराबर है। वर्मा जी ने ऐतिहासिक मूल्यों का मौलिकता से निर्धारण किया और नवोन्मेषी तत्त्वों का पूर्वाग्रह से विमुक्त नव-निर्माण और नव प्राण-प्रतिष्ठा दी चित्रों को। लक्ष्मीबाई का संघर्ष वैयक्तिक स्वातंत्र्य का सिंहनाद और प्रयास नहीं था, वरन् राष्ट्रीय चेतना की जागृति में, पिसती स्वातंत्र्य भावना का दहकता अंगार था। राष्ट्रीयता की पुकार युग की कराहती पुकार के निमित्त भी आवश्यक प्रतीत हुई।[11]

महाश्वेता देवी और वृन्दावनलाल वर्मा के ऐतिहासिक उपन्यास 'झाँसी की रानी' की शौर्य गाथा इतिहास और तत्कालीन घटनाओं पर आधारित है। इनके प्रदेय पर विचार करने के पहले कुछ बिन्दुओं पर विचार कर लेना आवश्यक है क्योंकि उन्हीं के परिप्रेक्ष्य में उनके प्रदेय पर सम्यक् विचार किया जा सकेगा।

आधुनिक चिन्तन में इतिहास की धारणा बदल गई है। क्रोचे और कॉलिंगवुड दोनों ही इतिहास को इतिहासकार की मानसिक प्रतिक्रियाओं का प्रतिफलन मानते हैं। क्रोचे का कहना है सारा इतिहास वस्तुत: समसामयिक इतिहास है। (All History is Contemporary History)। वह वर्तमान को अतीत से पृथक नहीं मानता क्योंकि अतीत का प्रत्यक्षीकरण वर्तमान सामग्री के आधार पर कल्पना द्वारा वर्तमान व्यक्ति ही करता है। आदर्शवादी ऐतिहासिक दृष्टिकोण के अनुसार इतिहास वर्तमान परिस्थितियों में किया गया अतीत का पुनर्निर्माण (A Reconstruction of the Past) अथवा काल्पनिक पुनर्जीवन की प्रक्रिया (A Process of Imaginative Reliving) मात्र है। क्रोचे के अनुयायी कॉलिंगवुड की भी ऐसी ही धारणा है। उसने कहा है : वह सम्पूर्ण तथ्य जगत् जिसका स्पष्ट अध्ययन इतिहास में होता है, अध्येता के सूक्ष्म मानसिक सत्य से भिन्न कुछ नहीं है। तटस्थता अथवा वस्तुनिष्ठता (Objectivity) का इतिहास में कोई विशेष अर्थ नहीं है। हमारे इतिहास वास्तव में व्यक्तिगत धारणाओं की ही अभिव्यक्ति हैं।[12]

इससे भिन्न इतिहास को परखने का एक दृष्टिकोण और है, जिसे यथार्थवादी, वैज्ञानिक या मार्क्सवादी दृष्टिकोण कहते हैं। इसके आधार पर विज्ञान की तरह इतिहास की भी उन प्रवृत्तियों, धाराओं को खोजा जा सकता है, जिनके कारण कोई ऐतिहासिक घटना घटित होती है। इस दृष्टिकोण के आधार पर यह व्याख्या तो हो सकती है कि क्या हुआ, किन्तु, ऐसा क्यों हुआ इसकी व्याख्या नहीं हो सकती क्योंकि ऐसा क्यों हुआ यह मानव-प्रकृति से सम्बन्ध रखता है। फिर तमाम विचारकों ने यह निष्कर्ष निकाला कि इतिहास एकदम तटस्थ हो ही नहीं सकता, न उसमें व्यक्ति-निरपेक्षता जैसी कोई चीज होती है। उसमें कल्पना का थोड़ा-बहुत पुट रहता ही है। इस जगह ऐतिहासिक उत्पतियाँ साहित्य में प्रवेश कर जाती हैं, तब इतिहास और साहित्य में अन्तर निरूपित करते हुए कहा जा सकता है कि इतिहास सत्य की खोज करते हुए भी स्वभाव से तथ्योन्मुख एवं तथ्यापेक्षी होता है और इसीलिए नीरस बना रहता है। जबकि उपन्यास मानवीय सत्य की सरस उपलब्धि होता है और स्थापना में तथ्यों की उपेक्षा भी कर सकता है। तथ्य उसके लिए बन्धन नहीं बनते, पोषक अवश्य होते हैं। वह तथ्यों को कल्पित भी कर सकता है किन्तु, इतिहासकार के लिए यह अक्षम्य है। नये तथ्यों के ज्ञात होने से इतिहास झूठा पड़

सकता है किन्तु, उपन्यास, यदि वह वास्तव में शक्तिशाली रचना बन सका है तो कदापि महत्त्वहीन नहीं होता। इतिहासकार केवल द्रष्टा है, उपन्यासकार द्रष्टा और सृष्टा दोनों। अपने व्यक्तित्व को आरोपित करने का अधिकार, सृष्टा का मौलिक स्वत्व है। ऐतिहासिक उपन्यास लिखते समय भी इस अधिकार से उसे वंचित नहीं किया जा सकता है।[13]

इस उद्धरण के परिप्रेक्ष्य में वृन्दावनलाल वर्मा और महाश्वेता देवी के साहित्यिक प्रदेय की बखूबी व्याख्या की जा सकती है, और उनकी कृतियों में जो रचनात्मक अन्तर आया है वह इसी अपने व्यक्तित्व के स्वत्व, निजी दृष्टिकोण और ऐतिहासिक तथ्यों के बीच विद्यमान अन्तराल को अपनी कल्पना से पाटने के कारण आया है। इसलिए दोनों की रानियाँ भिन्न हैं, दोनों के गंगाधर राव भिन्न हैं, दोनों की जूही, मोती, सुन्दर-मुन्दर, तात्या और झलकारी भिन्न हैं, और होना भी चाहिए क्योंकि दोनों के रचयिता भिन्न हैं। वृन्दावनलाल वर्मा की 'झाँसी की रानी' 1946 ई. में प्रकाशित हुई और महाश्वेता देवी की 'झाँसी की रानी' 1956 ई. में। उनके पास कुछ ऐसे तथ्य थे जो इतिहास की पुस्तकों में नहीं हैं। इन्हें उन्होंने चिन्तामणि ताम्बे और लक्ष्मण राव झाँसी वाला से सुनकर एकत्र किया था। पर ऐतिहासिक उपन्यासों के क्षेत्र में दोनों का प्रदेय रेखांकित करने योग्य है। महाश्वेता देवी की 'झाँसी की रानी' इस साहित्यिक सत्य को प्रमाणित करती है कि एक ही घटना, व्यक्ति, एक ही ऐतिहासिक तथ्यों से चुनी गई विषयवस्तु, पात्र आदि को लेकर लिखी गई दो कृतियाँ एक-सी नहीं होती हैं। उनमें समानता हो सकती है किन्तु समरूपता नहीं। मेरे इस शोधानुशीलन का मुख्य प्रतिपाद्य यही सिद्ध करना था। इसी को स्पष्ट करना था।

ऐतिहासिक दृष्टिकोण अधिक यर्थाथवादी हो जाने से एक उपन्यासकार का दायित्व दोहरा हो गया। कलात्मक दृष्टिकोण की रक्षा करना और उसे ऐतिहासिक तथ्यों की संगति में प्रस्तुत करना। डॉ. जगदीश गुप्त का कहना है : उपन्यासकार का कार्य दोहरा हो गया। एक ओर तो उसे ऐतिहासिकता की रक्षा और अपने कथन को सशक्त बनाने के लिए अतीत के गर्भ से अपरिचित अथवा विशिष्ट तथ्यों, घटनाओं, पात्रों और शब्दों को प्रमाण रूप में खोज-खोजकर जुटाने की आवश्यकता होने लगी। दूसरी ओर इस सबके साथ कथावस्तु की परिकल्पना, पात्रों में प्राण-प्रतिष्ठा, सामाजिक तथा राजनीतिक वातावरण के सजीव संघटन आदि की समस्या गहन और जटिल होकर सामने आने लगी।

उपर्युक्त जटिलता का विवेचन करने के बाद सामाजिक और ऐतिहासिक उपन्यासकारों की रचना-प्रक्रिया का विवेचन करते हुए डॉ. गुप्त ने लिखा : ऐतिहासिक उपन्यास और यथार्थवादी उपन्यास लिखने की कलात्मक विधि में कोई विशेष अन्तर नहीं है। केवल ऐतिहासिक तथ्यों के संयोजन और संगठन में अधिक कठिनाई पड़ती है, क्योंकि वे प्रत्यक्ष अनुभूति से दूर पड़ जाते हैं और कल्पना को उन तक ले जाने में विशेष मानसिक श्रम अपेक्षित होता है। फिर उन्होंने एक नये मनोवैज्ञानिक तथ्य का उल्लेख करते हुए कहा है : जिन कलाकारों की वृत्ति सहज रूप में इतिहास में रमी रहती है, जिनकी कल्पना अतीत युग का परिभ्रमण करने में विशेष रस अनुभव करती है, वास्तव में वे ही जीवन्त ऐतिहासिक कथाओं के निर्माण में सफलता प्राप्त करते हैं।[14]

कहना न होगा मेरे दोनों प्रतिपाद्य लेखकों की सहज वृत्ति इतिहास में परिभ्रमण करना है। यह उनकी उपन्यास–सृष्टि देखकर सहज ही अनुमान लगाया जा सकता है। वृन्दावनलाल वर्मा प्रमुख रूप से एक ऐतिहासिक उपन्यासकार हैं और महाश्वेता देवी की सभी ख्यात उपन्यास सुदूर या निकट के अतीत पर आधारित हैं। इस दृष्टि से दोनों का प्रदेय रेखांकित करने योग्य है।

'झाँसी की रानी' महाश्वेता देवी की प्रथम रचना है। इसके बाद झाँसी की रानी की पृष्ठभूमि पर उन्होंने 'नटी' उपन्यास लिखा। फिर 1857 की ही पृष्ठभूमि पर 'अमृत संचय' उपन्यास लिखा। और इन सब कृतियों की रचना में उन्होंने अपनी लोकायत दृष्टि का उपयोग किया है। इनके अलावा चाहे 'आंधारमानिक' हो या कवि वन्द्य घटी गाई का जीवन और मृत्यु या 'हजार चुरासी की माँ', सभी में ऐसा ही उपयोग है। महाश्वेता देवी ने 'झाँसी की रानी' उपन्यास लिखकर बांग्ला या हिन्दी साहित्य को क्या दिया और इस उपन्यास का उनकी व्यक्तिगत उपलब्धि की दृष्टि से क्या मूल्य है या उनके व्यक्तिगत जीवन में इससे क्या उपलब्धि हुई ?

उन्होंने 'झाँसी की रानी' की भूमिका में लिखा है : यह मेरी पहली पुस्तक है। इसके लिखने के पीछे का इतिहास इतना ही है कि इसके पहले मैंने कभी यह नहीं सोचा था कि मैं किसी दिन लेखिका बनूँगी और लेखन ही मेरी जीविका हो जाएगी।[15]

'झाँसी की रानी'—हिन्दी पट्टी के एक ऐतिहासिक चरित्र पर पुस्तक लिखकर अगर कोई लेखक ही बने रहने का निर्णय लेता है और उसी को अपनी जीविका का आधार बनाता है तो यह उस रचना की बहुत बड़ी उपलब्धि है। बांग्ला साहित्य और भारतीय भाषाओं के साहित्य के लिए भी यह एक बहुत बड़ी उपलब्धि है कि 'झाँसी की रानी' रचना लिखने के कारण भारतीय साहित्य को महाश्वेता देवी जैसी रचनाकार की उपलब्धि हुई। हिन्दी उपन्यास साहित्य को महाश्वेता देवी की यह देन है कि उन्होंने 'झाँसी की रानी' जैसा उपन्यास लिखकर हिन्दी के ऐतिहासिक उपन्यास की परम्परा को, भले ही उसका माध्यम हमारी बांग्ला भाषा हो, रानी के जीवन और कृतित्व से सम्बन्धित नये तथ्य दिए जो वृन्दावनलाल वर्मा की 'झाँसी की रानी' में नहीं थे और हिन्दी जगत् जिनसे अनभिज्ञ था।

जहाँ तक वृन्दावनलाल वर्मा का प्रदेय है वह तो रेखांकित करने योग्य है ही। इस सन्दर्भ में डॉ. जगदीश गुप्त का कहना है : भारतीय सहित्य में ऐतिहासिक उपन्यासों का प्रणयन राष्ट्रीय जागरण तथा स्वतंत्रता आन्दोलन के समानान्तर हुआ। फलत: उनमें अतीत की गौरव–गाथा, विगत वैभव का भावुक चित्रण तथा देश पर बलिदान हो जाने और प्राण देकर भी आत्मसम्मान की रक्षा करने का भाव प्रधान रूप से मिलता है। इसे पलायन नहीं का कहा जा सकता। विदेशी इतिहासकारों ने भारतीय इतिहास को, ऊपर से तटस्थता का भाव प्रदर्शित करते हुए भी, पर्याप्त रूप में विकृत करके सामने रखा जिसके पीछे भारतीय शौर्य, सभ्यता और संस्कृति को अपने आगे हीनतर सिद्ध करने की भावना छिपी थी। कुछ मनस्वी उपन्यासकारों के हृदय में यह बात चुभ गई और उन्होंने इसका सशक्त प्रतिवाद किया। 'जय सोमनाथ' और 'झाँसी की रानी लक्ष्मीबाई' इसी मनोभाव से लिखे गए ऐतिहासिक उपन्यास हैं। इन दोनों उपन्यासकारों का उद्‌देश्य भारतीय साँस्कृतिक गौरव और जातीय शौर्य की प्रतिष्ठा करना रहा है।[16]

वृन्दावनलाल वर्मा किसी भी ऐतिहासिक उपन्यास की सार्थकता इसमें समझते हैं कि उसके द्वारा पाठक और लेखक के समाज को, कोई कल्याणकारी प्रेरणा मिलनी चाहिए।[17] यह कथन महाश्वेता देवी और वर्मा जी दोनों की 'झाँसी की रानी' पर खरा उतरता है। दोनों में चित्रित रानी के चरित्र से पाठकों को बलिदान की प्रेरणा मिलती है।

डॉ. रामविलास शर्मा ने वृन्दावनलाल वर्मा के व्यक्तित्व और उनके साहित्यिक प्रदेय का आकलन जिन शब्दों में किया है उससे किसी को भी आपत्ति नहीं हो सकती है। उन्होंने लिखा है : वृन्दावनलाल वर्मा के व्यक्तित्व में कई बातें मेरे लिए बहुत आकर्षक थीं। लड़कपन में वह कबड्डी कप्तान रह चुके थे। क्रिकेट और हॉकी भी खेले थे। शिकार के सिलसिले में बुन्देलखण्ड के गाँवों में वह बहुत घूमे थे। वहाँ की नदियों, झीलों और पहाड़ियों का जिक्र उनके पत्रों में रहता है और यही प्राकृतिक पृष्ठभूमि अक्सर उनके उपन्यासों में दिखाई देती है।

मेरी समझ में ऐतिहासिक उपन्यास लिखकर वृन्दावनलाल वर्मा बहुत बड़ा राजनीतिक कार्य कर रहे थे। अंग्रेजी राज के जितने समर्थक थे, वे 1857 के युद्ध को सामन्तों के स्वार्थ की लड़ाई कह कर उसकी निन्दा करते थे। वर्मा जी इस दृष्टिकोण के घोर विरोधी थे। उन्होंने 'झाँसी की रानी लक्ष्मीबाई' लिखकर अपने प्रदेश की जनता की राजनीतिक चेतना को साम्राज्यवाद विरोधी दिशा में और आगे बढ़ाया, इसमें मुझे कोई सन्देह नहीं है। इस उपन्यास के पहले और उसके बाद उन्होंने जो युग कथा के लिए चुने थे, वे संघर्ष के युग थे। सामन्तों के वैभव का चित्रण करने के बदले उनकी निगाह जनता की वीरता पर होती थी। भारत में ऐतिहासिक उपन्यास लिखकर साम्प्रदायिक भावनाएँ भड़काना काफी आसान है। वर्मा जी का साहित्य इस दोष से मुक्त है। अपने उपन्यासों में हिन्दू सैनिकों के साथ वह मुसलमान सैनिकों के शौर्य का चित्रण भी करते हैं। अनेक उपन्यासों में वह अपने पात्र निम्न वर्गों से चुनते हैं। पुरुषों के साथ वह स्त्रियों की वीरता के चित्रण पर विशेष ध्यान देते हैं। झाँसी के युद्ध में रानी लक्ष्मीबाई के साथ उन्होंने झलकारी कोरिन को अमर कर दिया है।[18] वृन्दावनलाल वर्मा डॉ. रामविलास शर्मा के साथी और मित्र थे। इसलिए उनका यह कथन वर्मा जी के प्रदेय के बारे में महत्त्वपूर्ण है। डॉ. रामविलास शर्मा का बचपन झाँसी में बीता था। उनके पिता यहाँ नौकरी करते थे। इसके प्रमाण रामविलास शर्मा की आत्मकथा में उपलब्ध हैं।

महाश्वेता देवी के बारे में डॉ. माहेश्वर का यह कथन युक्ति-युक्त है कि महाश्वेता ने जो कुछ लिखा है, उसकी स्तरीयता के बारे में और उसकी कलात्मकता और शिल्प-कौशल के बारे में बहसें की जा सकती हैं। उनकी रचनाओं में सामान्य से लेकर उत्कृष्ट और अति उत्कृष्ट रचनात्मक कौशल के उदाहरण ढूँढ़े जा सकते हैं पर यह बात असंदिग्ध है कि वे अपने उद्देश्य में अत्यन्त सफल रचनाएँ हैं। वे गहरा प्रभाव डालती हैं और आज की जिन्दगी की विडम्बनाओं में ताकत के साथ हस्तक्षेप करती है।[19]

यहाँ तक अपने प्रतिपाद्य महाश्वेता देवी की 'झाँसी की रानी' और वृन्दावनलाल वर्मा द्वारा प्रणीत 'झाँसी की रानी लक्ष्मीबाई' का विभिन्न दृष्टियों से अनुशीलन कर उनकी समानताओं, भिन्नताओं और एक-दूसरे से पृथक् नवीनताओं का विवेचन किया गया। इस

अध्ययन के दौरान शोध की कुछ नवीन दिशाओं का भी उद्घाटन हुआ जिनका उल्लेख निम्न प्रकार से किया जा सकता है :

महाश्वेता देवी की 'झाँसी की रानी' का एक नये परिप्रेक्ष्य में भी अध्ययन किया जा सकता है और वह है 1857 की पृष्ठभूमि पर उनके द्वारा लिखे गए 'नटी', 'जली थी अग्नि शिखा' और 'अमृत संचय' उपन्यासों का तुलनात्मक अनुशीलन। एक और दृष्टि से भी उनकी कृति पर शोधकार्य हो सकता है और वह है बांग्ला में 1857 तथा झाँसी की रानी को केन्द्र बनाकर लिखे गए उपन्यासों तथा महाश्वेता देवी की 'झाँसी की रानी' का तुलनात्मक अध्ययन। नई दिशा एक और हो सकती है। प्रतिभा रानडे की मराठी में रानी लक्ष्मीबाई पर लिखी कादम्बरी (उपन्यास) तथा महाश्वेता देवी की 'झाँसी की रानी' और वृन्दावनलाल वर्मा के रानी पर लिखे उपन्यास का तुलनात्मक अध्ययन। इस प्रकार इस अध्ययन के दौरान शोध की नई दिशाएँ भी खुलीं और आगे भी खुलने की सम्भावनाएँ हैं। निष्कर्ष रूप में यह कहा जा सकता है कि दोनों कृतियाँ अपनी-अपनी जगह एक अचल चट्टान के रूप में झाँसी की रानी के चिर स्मृति सौध की तरह भाव, भाषा, शिल्प, संवेदना की दृष्टि से निरन्तर प्रेरणा देती रहेंगी।

सन्दर्भ-ग्रन्थ

1. झाँसी की रानी, महाश्वेता देवी, हिन्दी अनुवाद की भूमिका, पृष्ठ 21
2. इतिहास और ऐतिहासिक उपन्यास, मैनेजर पांडेय, समकालीन भारतीय साहित्य, जनवरी-फरवरी 2006, पृष्ठ 60
3. वही, पृष्ठ 61
4. वही, पृष्ठ 61
5. झाँसी की रानी लक्ष्मीबाई, वृन्दावनलाल वर्मा, परिचय, पृष्ठ 6-7
6. वही, पृष्ठ 8
7. वही, पृष्ठ 282-283
8. वही, पृष्ठ 283
9. झाँसी की रानी, हिन्दी अनुवाद की भूमिका, अनुवादेर पथे-पथे, पृष्ठ 20 पर कोरक पत्रिका से उद्धृत।
10. वृन्दावनलाल वर्मा : साहित्य और समीक्षा - सियारामशरण प्रसाद, पृष्ठ 204 पर उद्धृत।
11. वही, पृष्ठ 209
12. आलोचना उपन्यास विशेषांक, पृष्ठ 174-75, डॉ. जगदीश गुप्त का आलेख-इतिहास और ऐतिहासिक उपन्यासकार, अक्टूबर 1954
13. वही, पृष्ठ 177
14. वही, पृष्ठ 178
15. झाँसी की रानी, महाश्वेता देवी, पृष्ठ 9
16. आलोचना, पृष्ठ179
17. वही, पृष्ट 180
18. तीन महारथियों के पत्र, सं. रामविलास शर्मा, भूमिका, पृष्ठ 8-9
19. समकालीन भारतीय साहित्य नवम्बर-दिसम्बर 1997, पृष्ठ 24

परिशिष्ट

मेरी जो इच्छा हुई वही मैंने लिखा

महाश्वेती देवी

महाश्वेता देवी का जन्म 1926 में ढाका में हुआ था। वे पूरे जीवन भर जीवन और साहित्य में सम्बन्ध क्या है, इसी को खोजती रहीं। पश्चिम बंगाल, बिहार, मध्य प्रदेश और छत्तीसगढ़ के आदिवासियों के कल्याण के लिए उनके अवदान का सभी को पता है। उन्हें साहित्य अकादमी, ज्ञानपीठ, मेगसाई जैसे पुरस्कार और पद्मभूषण अलंकरण मिल चुका है। उनके साथ बातचीत की है बांग्ला साहित्यकार चिन्मय गुह ने जिसके कुछ अंश यहाँ दिए जा रहे हैं। इसमें उन्होंने जीवन और साहित्यिक दृष्टिकोण पर विस्तार से प्रकाश डाला है।

चिन्मय : महाश्वेता दीदी, आपके सामने आते ही लगता है जैसे साहित्य की परिभाषा ही बदल गई हो। एक तरह से पुनर्परिभाषित हो गई हो। हमारे समकाल में जीवन और साहित्य इतने घनिष्ठ रूप में एक-दूसरे से घुल-मिल गया हो, ऐसा हमने बहुत कम देखा है। आपके परिवार का सांस्कृतिक परिवेश भी खूब महत्त्वपूर्ण था, अर्थात इतना सुशिक्षित परिवार उस जमाने में दुर्लभ था। आपका जन्म तो ढाका में मामा के घर में हुआ था।

महाश्वेता : मामा के घर में पैदा होने का कोई कारण नहीं था। उस जमाने में प्रसव के समय लड़कियाँ अपने बाप के घर चली जाती थीं। मेरी माँ घर की बड़ी बहू थीं, मेरे नाना की मझली बेटी। उनकी पहली सन्तान होने वाली थी, इसलिए स्वाभाविक रूप से वह अपने बाप के घर गई ही थीं। मेरे मामा लोग ढाका में बहुत दिनों से रह रहे थे किन्तु, उन्होंने ढाका में अपना निजी घर-वर नहीं बनाया था। उन दिनों घर बनाने के बारे में यह धारणा थी कि गाँव में जो पैतृक घर है, वही अपना असली घर है। किसी दूसरे घर की जरूरत नहीं है। हालाँकि बाद में मेरे बाबा ने राजशाही में एक घर खरीद लिया था।

चिन्मय : आप बचपन में शायद ढाका में मॉन्टेसरी स्कूल में पढ़ी थीं, उसके बारे में कुछ बताएँ?

महाश्वेता : हाँ, यह उस समय की बात है जब मेरी चारेक वर्ष उम्र रही होगी। बाबा

चूँकि इनकम टैक्स का काम करते थे, इसलिए उसी काम से ढाका गए थे। बाबा खूब स्वप्नदर्शी, खयाली दुनिया में रहनेवाले व्यक्ति थे। वे मोटरसाइकिल पर मुझे बैठाकर ले गए थे और स्कूल में भर्ती करा आए थे। भर्ती तो मैं जरूर हो गई थी, किन्तु वहाँ पढ़ने की बात आज जरा-भी याद नहीं कर पा रही हूँ।

चिन्मय : आपके बाबा के बारे में कुछ और बातें सुनना चाह रहा हूँ। हम लोग तो उन्हें एक दूसरे रूप में जानते हैं किन्तु, आपने उन्हें किस रूप में देखा है?

महाश्वेता : ऐसा लगता है कि वे किसी दूसरी धातु से बने हुए मनुष्य थे। किसी भी काम को वे छोटे स्तर पर नहीं कर पाते थे। (कुछ रुककर) बाबा की चर्चा करने पर बहुत-सी बातें बतानी पड़ेंगी। वे तो एक वृहद परिवार की पहली सन्तान थे। प्रेसिडेंसी कालेज से अंग्रेजी में ऑनर्स के साथ बी.ए. पास कर परिवार की हालात देखते हुए उन्होंने सरकारी नौकरी ज्वाइन कर ली थी।

घर के सभी लोगों का बाबा ने ही खर्च उठाया था। एक तरह से उन्होंने माँ के दायित्व का पालन किया था, ऐसा कहा जा सकता है। अपनी नौकरी के सिलसिले में उनके निरन्तर बाहर घूमने-घामने के कारण मेरे पढ़ने-लिखने में असुविधा हो सकती है, यह सोचकर मुझे दस वर्ष की उम्र में उन्होंने पढ़ने के लिए शान्तिनिकेतन में भर्ती करा दिया था। बाजार से सामान खरीदने के बारे में बाबा के सम्बन्ध में एक हँसी की कहानी है। मेरे छोटे भाई के यज्ञोपवीत के अवसर पर माँ ने बाबा से सुपारी और नामावली लाने के लिए कहा था। बाबा एक बोरी सुपारी और नामावली ले आए। इस पर माँ जब बक-झक करने लगीं तो बाबा ने मुझसे कहा—यज्ञोपवीत के समारोह में नामावली और सुपारी के अलावा क्या लगता है? बाबा मुझे तुतुल कहकर बुलाते थे, मैं भी बाबा को तुतुल कहकर बुलाती थी। माँ ने सिलाई की मशीन जैसे ही खरीदी, वे कपड़े का एक थान लेकर हाजिर। उससे हम सब लोगों के कपड़े सिले गए। बाबा के लिखने-विखने के बारे में याद है कि उनके 'शिलालिपि' लिखने के बाद नन्दलाल बसु ने उसका चित्र बनाकर भेजा था। नन्दलाल ने लिखा था—'मैंने दोलन चम्पा का गाछ' (अर्थात् दोलन चम्पा का वृक्ष) बना दिया है।

चिन्मय : सुना है आपकी माँ धरित्री देवी सामाजिक कार्यकर्ता थीं। आपकी नानी की तरह दलित, वंचित बच्चों में साक्षरता प्रचार के लिए उनका संघर्ष था?

महाश्वेता : हाँ, ऐसा था, लेकिन जिस तरह मैं उपेक्षित, वंचित बच्चों को लिखना-पढ़ना सिखा रही हूँ, उनका वह काम ठीक-ठाक ऐसा नहीं था। किन्तु जो चीज सबसे सुन्दर थी, वह थी उनकी दिनचर्या। जीवन-यात्रा का ढंग, खाना बनाना, इधर-उधर का काम, परिवार सँभालना, लिखना-पढ़ना करना। इनके साथ ही उन्होंने वंचित बच्चों को पढ़ाना सीख लिया था। मैंने अपनी नानी को भी बचपन में पड़ोसियों की लड़कियों को पढ़ाते देखा था। वे प्रारम्भिक

गणित की नींव तैयार कर देती थीं। मेरी दो मौसियाँ थीं, जिनका उस समय विवाह नहीं हुआ था, थोड़ी तैयारी हो जाने के बाद, उनका काम था छोटे बच्चे-बच्चियों को स्कूल में ले जाकर वहाँ भर्ती करा आना। उन दिनों नारी शिक्षा मन्दिर आदि स्कूल शुरू हो गए थे। माँ खुद कभी किसी स्कूल में नहीं गई थीं, किन्तु उन्होंने लिखना-पढ़ना सीख लिया था। दूसरों को लिखना-पढ़ना सिखाना वे अपना कर्तव्य मानती थीं। माँ अपने जीवन के अन्तिम दौर में अन्धी हो गई थीं, किन्तु मुझे याद है, घर में जो नौकर-चाकर रहते थे, उनकी अँगुली पकड़े-पकड़े 'अ' अक्षर लिखवाकर उनसे कहती थीं, यह अक्षर 'वर्ण परिचय' (प्रारम्भिक अक्षर-ज्ञान कराने वाली पुस्तक) में कहाँ है, इसे देखकर बताओ। इस विधि से माँ उन्हें जिससे वे पढ़ सकें इस तरह का कुछ सिखाती रहती थीं। उनके पास समय ही इतना था। उन्हें सदा सक्रिय रहना पड़ता था।

चिन्मय : सुना है उन्हें पर्ल बक के उपन्यास पढ़ना पसन्द था? पर्ल बक से वे 1934 में बम्बई में मिलने भी गई थीं?

महाश्वेता : माँ को पर्ल बक के उपन्यास पढ़ना बहुत अच्छा लगता था। बड़े मामा की अत्यन्त दुलारी बहन थीं माँ।

चिन्मय : बड़े मामा का मतलब शचीन चौधरी? इकोनॉमिक एंड पॉलिटिकल वीकली के संस्थापक, एडीटर?

महाश्वेता : हाँ, वही शचीन चौधुरी। उन्होंने एक बार माँ से कहा पर्ल बक बम्बई आई है, तुम उनसे मिलने जाओगी? माँ उनसे मिल आईं। वे धारावाहिक अंग्रेजी नहीं बोल पाती थीं किन्तु उन्होंने शुद्ध अंग्रेजी में उनसे बात की थी। पर्ल बक अवाक् होकर कहने लगीं—ओ तुमने इतना सब पढ़ रखा है? माँ इस पर बोलीं—मैंने ये-ये पुस्तकें पढ़ी हैं। एक पुस्तक का अनुवाद भी किया है। यह अनुवाद 'वसुमती' में निकला भी है।

चिन्मय : आपके परिवार में शिल्पी, पत्रकार, मूर्तिकार, चलचित्र निर्माता—शचीन चौधुरी, शंख चौधुरी, ऋत्विक घटक, सुधीश घटक आदि हुए हैं। इनमें से किसने क्या किया?

महाश्वेता : किसने क्या किया या नहीं किया यह बताना मुश्किल है, लेकिन कुल मिलाकर था यही कि पूरे दिन का काम। इस बारे में कोई अपना दिमाग खराब नहीं करता था। इस सम्बन्ध में सबकी यही एक धारणा थी कि वह तो अपना काम कर रहा है।

चिन्मय : मध्यवित्तता के साथ-साथ आपने क्या गरीबी को भी देखा है?

महाश्वेता : बाद में अपने परिवार में गरीबी भी देखी है जब विजन से मेरा विवाह हो गया।

चिन्मय : मैंने सुना है आपके बाबा को नौकरी के सिलसिले में गाँव-गाँव घूमना पड़ता था?

महाश्वेता : बाबा की नौकरी—माने इनकम टैक्स की, जिसे वे घूम-घूम कर करते थे। उस वक्त तो अविभाजित बंगाल था। मेदिनीपुर में रहते समय दूर-दूर के इलाकों में कैम्प करने जाना पड़ता था।

चिन्मय : आप शान्तिनिकेतन दस बरस की उम्र में गई थीं, 1936 ईस्वी में?

महाश्वेता : यह तो मैं पहले ही बता चुकी हूँ। मुझे दस बरस की उम्र में ही बाबा ने भर्ती करा दिया था। कारण बाबा आज यहाँ कल वहाँ। मुझे कक्षा 1 में भर्ती कराया गया था। मैं 1936 से लेकर 1938 तक मैं वहाँ पढ़ी थी।

चिन्मय : वे दो वर्ष आपके जीवन में कितने महत्त्वपूर्ण हैं?

महाश्वेता : आशा से भी अधिक महत्त्वपूर्ण हैं। तब रवीन्द्रनाथ जीवित थे और शान्तिनिकेतन दूसरे प्रकार का था। मैं तो कहती हूँ मैंने जो पाया है, कर्मप्रवणता और चलते रहने की शिक्षा, वह शान्तिनिकेतन में ही पाई है। हम लोगों से यह करो, वह करो ऐसा तो कहा नहीं जाता था। भोर में सिंहसदन में घंटा बज जाता था। हम जानते थे वह भोर बेला का घंटा है। तत्क्षण उठ बैठते थे। उसके बाद वाले घंटे पर तैयार हो जाने का दौर शुरू हो जाता था। इसी तरह से पूरी दिनचर्या चला करती थी। किसी से कुछ कहना नहीं पड़ता था। आसन लेकर सीधे क्लास में जाना पड़ता था।

चिन्मय : रवीन्द्रनाथ स्वयं क्लास लेते थे?

महाश्वेता : हाँ कक्षा सात में। मैं तो कुछ समझती नहीं थी। रवीन्द्रनाथ से कह दिया था, तुमने इतना क्यों लिखा है? मैं तो इतनी पुस्तकें पढ़ नहीं पाती हूँ। उन्होंने कहा क्या मेरी सभी पुस्तकें पढ़ डाली हैं? मैंने जबाब दिया हाँ बाबा ने तो सभी पुस्तकें खरीद ली हैं। ढेर-ढेर पुस्तकें, मैं तो सब पढ़ नहीं पाती हूँ।

चिन्मय : रवीन्द्रनाथ ने आप पर जो प्रभाव डाला और जो धीरे-धीरे विकसित होता गया, वह मुझे बहुत ही महत्त्वपूर्ण लगता है।

महाश्वेता : वहाँ मैंने जो कुछ सीखा था वह था ठीक समय पर तैयार होना, ठीक समय पर क्लास में जाना। इसके बाद अपना काम करना होगा अर्थात निरन्तर कर्म-प्रवण रहना, निरन्तर कर्मशील।

चिन्मय : आपकी पहली रचना रवीन्द्रनाथ के ऊपर है?

महाश्वेता : उन दिनों 'रंगमशाल' पत्रिका का सम्पादन खगेन सेनगुप्त किया करते थे। उनकी बहन अपर्णा सेनगुप्त हम लोगों को ज्योग्राफी पढ़ाती थीं। अंग्रेजी का भी एक क्लास लेती थीं। एक दिन अपर्णा दी बोलीं—महाश्वेता देवी, इस बार 'रंगमशाल' के लिए तुम एक लेख लिखो। तब मैंने खूब सोच-विचार कर 'छेले बेला' (बचपन) पर एक लेख लिखा।

चिन्मय : उसके बाद तो दूसरा विश्व युद्ध छिड़ गया। भारत छोड़ो, फिर अकाल 1946 में। कलकत्ता में भयंकर हत्याकांड—ग्रेट कैलकटा किलिंग, देश विभाजन, स्वतंत्रता, गांधी हत्या, यातना और मृत्यु। इस काल का प्रभाव तो आपकी सभी रचनाओं पर है?

महाश्वेता : विशेष रूप से तैंतालीस की क्रान्ति का। उन दिनों मैं आशुतोष कॉलेज में पढ़ती थी। गली में भात तो कोई माँगता ही नहीं था, कहता था भात का माँड़ ही दे दो। उस समय मेरी माँ बहुत सक्रिय थीं। भात बनाया जाता था, भात के माँड़ के साथ आलू दिया जाता था।

चिन्मय : उन दिनों आप लोग कहाँ रह रहे थे?

महाश्वेता : तब हम लोग राजा वसन्त राय रोड पर रहते थे। मैं अनेक स्थानों पर रही हूँ, कभी यहाँ कभी वहाँ सदा यही क्रम चलता रहता था।

चिन्मय : इन्हीं सबके बीच आशुतोष कॉलेज में पढ़ने के बाद दूसरी बार फिर शान्तिनिकेतन में यही तो हुआ है?

महाश्वेता : दूसरी बार मैं आशुतोष कॉलेज से इण्टरमीडिएट पास कर गई थी।

चिन्मय : अंग्रेजी साहित्य लिया था?

महाश्वेता : हाँ, अंग्रेजी साहित्य लिया था शान्तिनिकेतन जाकर और तब ऑनर्स लिया था। बांग्ला भाषा में मैं इतनी अच्छी थी कि सभी बांग्ला लेकर पढ़ाई करने को कहा करते थे। मैं बहुत कम अंग्रेजी जानती थी फिर भी अंग्रेजी ऑनर्स ले लिया था। मेरे घर में पढ़ने-लिखने की इतनी स्वतंत्रता थी कि उसमें कोई असुविधा नहीं हुई। मेरे मित्रों ने भी इतनी अंग्रेजी पुस्तकें नहीं पढ़ी होंगी।

चिन्मय : विजन के साथ आपका विवाह तो 1947 ईस्वी में हुआ। ऐसा मणि कांचन योग अर्थात सोने में सुहागा तो बंगाली जीवन में घटा नहीं था। इप्टा (IPTA) की यह अन्यतम सम्पदा, फिर परिवार को आपत्ति क्यों थी?

महाश्वेता : 1947 में जब विजन से मेरा परिचय हुआ था तब देखा कि मेरे बाबा मेरा विवाह करना चाहते थे। जिसे बिलकुल जानती नहीं, पहचानती नहीं, उससे विवाह करने की बात मैं सोच भी नहीं सकती थी। उन्हीं दिनों विजन से मामूली पहचान हुई थी। पत्र भी लिखती थी तभी से।

चिन्मय : उनके साथ आपका सामंजस्य कैसा रहा? वे एकान्तप्रिय, प्रतिभावान, निश्छल, आप दोनों ने एक-दूसरे से क्या सीखा?

महाश्वेता : बहुत कुछ सीखा है।

चिन्मय : दोनों के और नजदीक आने की घटना?

महाश्वेता : वह तो है ही, जब निश्चय करूँगी, तब इस पर लिखूँगी। वह बहुत मूल्यवान रचना होगी। मैं तो एक दिन उसे छोड़कर भी आ गई थी। तब कितनी बड़ी भूल हुई थी।

चिन्मय : किन्तु वह क्या अनिवार्य नहीं था?

महाश्वेता : जब मैं सारी बातें साफ-साफ लिखूँगी, तब सब कुछ समझ में आ ही जाएगा। मैं बिना किसी छिपाव के लिखूँगी।

चिन्मय : पता चला है कि डाक विभाग की आपकी नौकरी चली गई थी क्योंकि आपकी ड्रॉअर में मार्क्स-लेनिन का साहित्य मिला था?

महाश्वेता : हाँ वैसा हुआ था। मैं तो अंग्रेजी में ऑनर्स पास लड़की थी, सेन्ट्रल गवर्नमेंट के ऑफिस में नौकरी मिल गई। डिप्टी एकाउन्टेंट जनरल, पोस्ट एंड टेलीग्राफ के दफ्तर में। डेढ़ सौ रुपया मासिक वेतन था। बहुत बड़ी बात थी। बच्चा छोटा था। विजन को कोई कामधाम तो मिला नहीं था। मुझे उसी समय नौकरी मिली थी। फिर नौकरी चली भी गई। पहली बार जब नौकरी चली गई (रुककर) तब पता चला कि मेरे ड्रॉअर में मार्क्स-लेनिन की पुस्तकें आदि मिली थीं। उन दिनों विधान राय मुख्यमंत्री थे। उनके पास गई और उन्हें बताया कि मैं अमुक की लड़की हूँ, मेरी उम्र इतनी है, मेरा यह बच्चा है, इतनी तनख्वाह महीने मैं पाती हूँ लेकिन नौकरी चली गई है। मैंने मार्क्स-लेनिन को कभी पढ़ा नहीं है। आज भी नहीं पढ़ती हूँ। इस पर विधान राय बोले, तुम अतुल गुप्त के पास जाओ। मैं उनसे मिलने गई। उन्होंने पत्र लिख दिया था। पत्र लिखने के फलस्वरूप मैं पुनः नियुक्त हो गई। रिइन्स्टेड होकर कुछ समय फिर काम किया। किन्तु उसके बाद एक दिन क्या देखा कि मेरे जिस ड्रॉअर में हिसाब-किताब के खाते रखे रहते थे, उनमें से एक भी नहीं था, उसमें सिर्फ मार्क्स-लेनिन रखे हुए था। मेरे ऊपर आरोप लगाए गए थे और क्या कहूँ।

चिन्मय : 'झाँसी की रानी' लिखने की बात दिमाग में कैसे आई? आप तो बुन्देलखण्ड चली गईं। वहाँ झाँसी की रानी की जमीन की खोज और जाँच-पड़ताल करना, इतिहास को पहचानना, क्या इन सब कार्यों के बाद ही इसका इरादा बना?

महाश्वेता : हाँ, ऐसा ही तो हुआ। बाद में जब हम लोग पद्मपुर इलाके में चले गए, तब झाँसी की रानी पुस्तक लिखने की इच्छा हुई। डॉक्टर प्रतुल गुप्त ने पुस्तकों आदि के द्वारा सहायता की थी। इतिहासकार रमेश चन्द्र दत्त के दृष्टिकोण को मैंने स्वीकार नहीं किया था किन्तु उनसे मुझे अनेक उपादान मिले थे। प्रतुल बाबू ने पूछा—आप हिस्ट्री कांग्रेस में जाएँगी? मैं अहमदाबाद हिस्ट्री कांग्रेस में गई। वहाँ पर रानी के भाई से परिचय हुआ। वह उनकी दूसरी माँ से उत्पन्न भाई था। उनका नाम था चिन्तामणि। रानी जब आठ वर्ष की थी तभी उसका विवाह कर दिया गया था। उसके पिता ने भी उस समय दूसरा विवाह कर लिया था। मेरे मन में विचार आया, रानी तो विख्यात थी किन्तु उसका व्यक्तिगत जीवन कैसा था, उसी को आधार बनाकर लिखूँगी।

चिन्मय : 1956 ईसवी में 'झाँसी की रानी' पुस्तक रूप में निकलने के बाद उसी समय आपने 'नटी', 'मधुर से भी मधुर' (मधुरे मधुर), 'यमुना' ये तीन उपन्यास लिखे। इनके बारे में कुछ बताएँ।

महाश्वेता : 'नटी' तो झाँसी की पृष्ठभूमि पर ही लिखा गया है। बाकी दो उपन्यासों के विषय के अलग-अलग हैं। इन्हें उसी समय लिखने का कारण यह था कि मुझे तो लिखकर ही जीवन में खड़ा होना पड़ रहा था। 'झाँसी की रानी' पुस्तक रूप में निकली, तो कितना मामूली रुपया मिला था, यही हजार पाँच

सौ रुपया। बच्चा छोटा था, भीषण गरीबी थी।

चिन्मय : सुना है विजन भट्टाचार्य से सम्बन्ध-विच्छेद हो जाने के बाद आपके जीवन में बड़ी हताशा आ गई थी। आपने आत्महत्या तक की चेष्टा की थी। बच्चे के चेहरे ने क्या आपको बचा लिया?

महाश्वेता : हाँ, (कुछ रुककर) वह तो हुआ ही था। अस्पताल में बहुत पैसा देना पड़ा था।

चिन्मय : अच्छा रिफ्यूजियों के उद्योग से तैयार विजयगढ़ कॉलेज में आपके अनुभव कितने महत्त्वपूर्ण हैं? बीस वर्ष वहाँ आपने काम किया है, यह तो कम समय नहीं है।

महाश्वेता : 1964 ईसवी में मैंने वहाँ ज्वाइन किया था और बीस वर्ष वहाँ रही। नीहार रंजन राय वहाँ की गवर्निंग बॉडी में थे। नीहार बाबू से मैंने कहा, मैंने तो अंग्रेजी में एम.ए. पास किया है तो उनके कहने से ही मुझे नौकरी मिल गई थी। पढ़ाने गई तब समझ में आया कि विजयगढ़ कॉलेज के अनुभव मेरे लिए बहुत इम्पॉर्टेन्ट हैं। तुम्हें खुद भी तो याद होगा?

चिन्मय : हाँ, आपने जब स्वेच्छा से अवकाश ग्रहण कर लिया तब कॉलेज के सर्विस कमीशन ने मुझे उसी पद पर पढ़ाने के लिए भेजा था। मैं आशा से भी अधिक अनुभव समृद्ध हुआ हूँ। अच्छा 'हजार चौरासी की माँ' उपन्यास तो विजयगढ़ की भूमि से ही आपके मन में आया था?

महाश्वेता : वह भी एक घटना है, वही नक्सली हत्याओं के दौर की। मेरे कर्मस्थल के कॉलोनी वाले इलाके में नक्सलपंथी हत्या करनेवाले बार-बार धावा बोलते थे। यह भी होता था कि जो नक्सलियों द्वारा पीड़ित होते थे, पुलिस उनकी सहायता में कभी आगे नहीं आती थी। 'हजार चौरासी की माँ' उपन्यास में इन घटनाओं के हस्ताक्षर विद्यमान हैं।

चिन्मय : मैं फिर पीछे आता हूँ। 1965 ईसवी में पलामू, डाल्टनगंज जाने को क्या हम आपके जीवन का एक टर्निंग प्वाइंट कहें? आपने एक भीषण समाज व्यवस्था देखी। उस इलाके में सड़कें नहीं, स्वास्थ्यकर वातावरण नहीं। कवि वंद्यघटी गाईं का जीवन और मृत्यु मुझे एक नई कहानी का प्रस्थान बिन्दु लगता है। फिर वर्गियों के आक्रमण का जो प्रभाव पड़ा, उसके आधार पर आपका 'आंधारमानिक' उपन्यास लिखा गया है।

महाश्वेता : आप ठीक कह रहे हैं। पलामू जाने का कारण यह हुआ कि मुझे पता चला कि वहाँ बँधुआ मजदूरी (Bonded Labour System) जैसी प्रथा चालू है। वह प्रथा वैसे कुछ नहीं है। मान लीजिए आपको एक हजार रुपये की जरूरत है और आपके पास कुछ जमीन है। महाजन अनपढ़ किसानों का अँगूठा लगवाकर उसी आधार पर रुपया देता था और उस रुपये को वसूल करने के बदले में धीरे-धीरे उसकी जमीन ही ले लेता था। वह ऋण के कारण बंधुआ बना रहता था। इसे ऋण की सत्ता (Debt Bondage) कहा जाता है। इस प्रकार का उत्पीड़न मैंने पलामू जिल: में अपनी आँखों से देखा

है। जब पलामू में मैंने पैदल चलना प्रारम्भ किया तब मैं समझ सकी, रुपये का जो मामला चल रहा था, उस समस्या का कोई समाधान नहीं है, इसमें कोई रोक नहीं है, वहाँ कुछ भी नहीं किया जा सकता।

चिन्मय : इतिहास आपको सदा आकर्षित करता रहा है। इतिहास चेतना (A Sense of History) ही तो आपका प्रधान वैशिष्ट्य है। इतिहास का अर्थ पीछे मुड़कर देखना नहीं है, इतिहास का अर्थ है समसामयिक बने रहना। आपको कैसा लगता है?

महाश्वेता : हाँ, जो समय चल रहा है वह भी तो इतिहास है (That is Also History)। लेकिन मुझे लगा कि ऐसा तो नहीं होने दिया जा सकता है। यह सिस्टम तो जारी नहीं रह सकता है। मुगल शासन के समय से, मुगल ही क्यों शेरशाह के जमाने से यह अन्याय चल रहा है। मेरा मन और प्राण उसी तरफ चले गए।

चिन्मय : वास्तविक यथार्थ तो बहुमुखी होता है—मान लीजिए वसाई टुडू में एक मध्यमवर्गीय पत्रकार की लड़ाई है, लज्जा, अपराधबोध और असहायता के साथ तो आप इसके लिए क्या कहेंगी?

महाश्वेता : वसाई टुडू अत्यन्त महत्त्वपूर्ण है। कारण उसकी विषयवस्तु ही है खेत मजदूरों को वंचित करना। वे लोग 18-20 घंटे के परिश्रम के बदले दो-पाँच रुपया जैसी हास्यास्पद मजदूरी पाते थे। यह भी वही ऋण के बदले बँधुआ मजदूरी जैसी प्रथा। भारतवासियों को भूखा बनाए रखने के काम में इन कर्ज देनेवाले महाजनों की भूमिका बहुत बड़ी थी।

चिन्मय : आदिवासियों के जीवन को वंचित करना, उनका शोषण करना, उन्हें उनके अधिकारों से वंचित बनाए रखना, जिनकी संख्या कम-से-कम आठ करोड़ हो सकती है। पश्चिम बंगाल में लगभग 50 जनजातियाँ हैं उनका शोषण आपकी रचनाओं में एक प्रकार से आधुनिक भारत में राष्ट्रीय उत्पीड़न का प्रतीक हो गया है।

महाश्वेता : हाँ, निश्चय ही, इसीलिए प्रत्येक का उसके रूप में ही मुझे चित्रण करना पड़ा है। आदिवासियों के साथ मोची तथा चमारों आदि सभी का। वे आज भी उपेक्षित (Neglected) हैं।

चिन्मय : अरण्य को, आदिवासियों को आप अपने साहित्य का एक प्रमुख विषय बनाएँगी यह आपने कब और कैसे निश्चय कर लिया था?

महाश्वेता : असल में बिरसा मुंडा के बारे में मैंने कई पुस्तकें पढ़ी थीं। कुमार सुरेश सिंह की पुस्तक तो पढ़ी ही और भी कई पुस्तकें पढ़ीं। सन्तालियों के विद्रोह की कथा, कोल विद्रोह की कहानी, मुंडा विद्रोह की कहानी। मूल समस्या तो किसानों की थी। आदिवासियों में किसान तो मूल रूप में निरक्षर थे। जमीन, फसल इन सबका गलत हिसाब अदालत में पेश कर उन्हें अदालत में घसीटा जाता। जमीन-जायदाद उनकी कब्जे में भी कर ली जाती। मैं सदा से ही

अत्यधिक स्वाधीन चेता हूँ। भाग्य सब कुछ ठीक कर देगा इसकी मैं प्रतीक्षा नहीं करती। खुद ही खुद को मुक्ति दे लेती हूँ।

चिन्मय : सौन्दर्य बोध का विचार आपके मन में नहीं आया? सौन्दर्य बोध प्राथमिक शर्त के रूप में आपके सामने नहीं खड़ा हुआ?

महाश्वेता : एकदम नहीं।

चिन्मय : इसी के साथ मैंने जिस इतिहास चेतना की बात कही थी, वह आपको स्त्रियों को उनके अधिकारों से वंचित करने की दिशा में ले गई।

महाश्वेता : अपने आप (Automatically) ये सारे प्रश्न एक-दूसरे से जुड़े हुए हैं।

चिन्मय : मध्यवित्त परिवारों में स्त्रियों की स्थिति को लेकर 1964 तक आपने 'बायोस्कोप का बक्सा' लिखा था। इसके अलावा वधू हत्या को लेकर लिखा है, आदिवासी महिलाओं की बँधुआ मजदूरी की समस्या के बारे में लिखा है 'ईंट पर ईंट'। इसके अलावा 'द्रौपदी', 'रूदाली' और 'स्तनदायिनी' के बारे में तो सभी जानते हैं। इन कृतियों को क्या मैं शोषण के विरुद्ध प्रतिवाद का पाठ कह सकता हूँ?

महाश्वेता : उसे तुम जो इच्छा हो कह सकते हो। मेरी जो इच्छा हुई वही मैंने लिखा है।

चिन्मय : नारी समस्याओं को सामग्रिक रूप से लिखने के कारण क्या आप 'नारवादी' संज्ञा का अतिक्रमण कर गई हैं?

महाश्वेता : सिर्फ सामग्रिक समस्याओं को लेकर नहीं, आकस्मिक रूप से आज की स्त्रियाँ सभी काम कर रही हैं। यह सत्य नहीं (It is Not Ture) है। अतीत में वे घर-गृहस्थी चलाती थीं, सभी काम-काज करती थीं।

चिन्मय : नारीवादियों के लिए कुछ अन्य तरह की समस्याएँ तैयार हो जाती हैं?

महाश्वेता : मैं उन नारीवादियों में नहीं हूँ।

चिन्मय : आपके लिए वर्ग (Class), लिंग (Gender) की अपेक्षा बड़ा है?

महाश्वेता : हाँ यह एकदम ठीक है, एकदम।

चिन्मय : यह जो आदर्शगत (Ideological) स्थिति है इसे तो मैं निश्चय ही राजनैतिक आदर्श कहूँगा, वृहत्तर अर्थ में। किन्तु सक्रिय राजनीति से आप तो दूर ही रही हैं।

महाश्वेता : मैंने सक्रिय राजनीति में भाग नहीं लिया। किन्तु खुद ही उस भारत में चली गई जहाँ भूख, गरीबी, उपेक्षा नित्य उपस्थित है। आज के भारत में भी तो बाल मजदूरी की निन्दा करते हुए कानून बना है। फिर भी भारत के बच्चे बाल श्रम में पड़ने को मजबूर हैं।

चिन्मय : वामपंथी असफल क्यों हो गए? सार्त्र ने कहा था वोट की राजनीति का घूँघट मारकर खेमटा नाच करते हुए कम्युनिस्ट पार्टी ही क्रान्ति की सबसे बड़ी शत्रु हो गई।

महाश्वेता : देखो लम्बे समय का मेरा व्यक्तिगत अनुभव यह है कि इन लोगों ने किसी भी दिन सहज और यथार्थ जीवन के साथ सम्पर्क किया ही नहीं। किसी भी

दिन समस्याओं के साथ भागीदारी की ही नहीं। मैं जानती हूँ विजन को भी इस बात का पता था। मुझे भूखे पेट का तो नहीं किन्तु अध पेट का अनुभव है, इसलिए मैं जानती हूँ।

चिन्मय : एक तरह का अलगाव आ गया, इसी कारण यह स्थिति हुई। इसमें सिविल सोसाइटी ने भी एक महत्त्वपूर्ण भूमिका निभाई है।

महाश्वेता : यह तो कुछ भी नहीं (It is Nothing)। महाश्वेता, साँवली मित्र, अमुक-तमुक ये लोग कुछ भी नहीं है। जन साधारण में जब तक जागृति नहीं होगी तब तक इन लोगों का पर्दाफाश नहीं होगा। उन पर श्रद्धा करनी होगी सामान्य जन के जागरण पर।

चिन्मय : भूख, बँधुआ मजदूरी, जमीन का न होना इन सब पर लिखा गया साहित्य आपको पर्याप्त नहीं लगता है? आपने तो एक पत्रकार की कलम उठा ली है। युगान्तर और वसुमती में आपने लिखा है, इकोनॉमिक एंड पॉलिटिकल वीकली और फ्रन्टियर में भी लिखा है। अपने पिता की मृत्यु के बाद वर्तिका में दूसरी दृष्टि से सामाजिक यथार्थ को प्रस्तुत किया है। आपको कैसा लग रहा था, क्या साहित्य पर्याप्त नहीं है?

महाश्वेता : वह साहित्य पर्याप्त नहीं है जो साहित्य (थोड़ा रुककर) यथार्थ के साथ हमारा परिचय नहीं कराता है। साहित्य की रचना एकदम यथार्थ के आधार पर करनी होगी। जैसे रवीन्द्रनाथ की रचनाएँ, रवीन्द्रनाथ को यदि सम्यग रूप से याद किया जाए तो हम उनकी निरन्तर कर्ममयता समझ सकेंगे। शान्तिनिकेतन ने मुझे कई शिक्षाएँ दी हैं। रात-दिन काम में लगे रहने की शिक्षा, जीवन से जुड़े रहने की शिक्षा।

चिन्मय : ऐसा लगता है, जन सामान्य से जुड़ाव में धोखेबाजी नहीं चल सकती है?

महाश्वेता : हाँ निश्चय ही। एक बात तुमसे संक्षेप में कहती हूँ। मैंने हर विख्यात व्यक्ति से पूछा था, यहाँ तक कि जो समाज को बदलना चाहते थे उनसे भी, क्या तुम लोग वहाँ कभी गए हो जहाँ के आदमी वर्ष में एक बार भात खा पाते हैं? क्या वहाँ कभी गए हो जहाँ गर्मी में पानी सूख जाता है, इसलिए स्त्रियाँ शाम को गड्ढा खोद कर रख आती है? सारी रात बूँद-बूँद जल रिसता हुआ उसमें भर जाता है और स्त्रियाँ सूर्य निकलने के पहले ही उसमें जल लेने आती हैं? कभी क्या इन सब चीजों को देखा है? उनमें भागीदारी की है?

चिन्मय : आपने व्यावहारिक रूप से खडिया शबर कल्याण समिति, शबरों का मेला, आदिम जाति एकता परिषद, आदिवासी कल्याण समिति हरिजन कल्याण समिति, ओरॉव कल्याण समिति आदि बनाई। इस तरह से क्या आप साहित्य और जीवन के जितने व्यवधान हैं उन्हें मिटा देना चाहती हैं? आपने तो एक दृष्टान्त (Parable) शिक्षाप्रद कहानी तैयार कर दी है।

महाश्वेता : यह सब मैंने जानबूझकर नहीं करना चाहा किन्तु जीवन में मैं जैसे-जैसे

प्रवेश करती गई, देखती गई कि लिखने के लिए इतनी चीजें पड़ी हुई हैं। खडिया शबरों के जीवन के बारे में यदि कहूँ तो लोधा और खडिया ये दोनों जनजातियाँ पश्चिम बंगाल में अपराधी जातियों में गिनी जाती थीं, किन्तु बूधन शबर की जब हत्या हो गई तो मैं हाईकोर्ट गई। भारत में और कोई तो मुकदमा लड़ने गया नहीं। फिर मैं जीत गई तो वे सब कहने लगे दीदी ने हमें जिता दिया। उन सबकी मैं भाषा ही नहीं जानती हूँ किन्तु वे तो भी मेरे पास आते रहे, आएँगे ही।

चिन्मय : क्या बीच-बीच में आपको ऐसा नहीं लगा कि यह तो शताब्दियों का काम है? एक साहित्यकार के लिए इसे पूरा करना सम्भव नहीं है। आपका कार्य से जो विशेष उपलब्धि हुई वह यह है कि उनमें जो मनुष्य था वह जाग गया। उनमें विद्यमान मनुष्य ही आगे आ गया।

महाश्वेता : इतनी दूर तक मैंने नहीं सोचा है। जितना कर सकी उतना ही मैंने किया है।

चिन्मय : आपकी इस वर्णन कला का क्या कोई इतिहास है? ताराशंकर, सतीशनाथ अथवा माणिक ये कथाकार कहीं अन्त:स्थापित (Embedded) तो नहीं हैं आपकी रचनाओं में?

महाश्वेता : इनकी रचनाएँ तो मैंने बहुत पहले ही पढ़ी हैं। अन्य साहित्यकारों की रचनाएँ भी। यहाँ तक कि तुर्गनेव और दोस्तोवस्की की भी। किन्तु लिखते समय मैं अपने मन के अनुसार लिखती हूँ।

चिन्मय : स्टाइल की चर्चा हो रही थी। वाचिक इतिहास (Oral History), मिथक (Myth), लोक साहित्य (Folk Lore), साहित्य की भाषा, आंचालिक भाषा, राजनैतिक विडम्बनाएँ, इन सबको मिलाकर यह जो आवेशरहित परिष्कृत आपकी शैली है यह कैसे तैयार हुई? यह तो एकदम स्वतंत्र भाषा है।

महाश्वेता : लोकमुख में सुरक्षित वाचिक इतिहास (Oral History) एकदम देशी इतिहास। मुझे जिसकी जरूरत महसूस हुई वही मैंने किया है। और उसे पाठकों ने अपना लिया है मेरे लिए यही काफी है।

चिन्मय : अच्छा मैंने सुना है आप सभी तरह की रचनाएँ पढ़ना पसन्द करती थीं?

महाश्वेता : हाँ, सीता देवी, शान्ता देवी, अनुरूपा देवी, ज्योतिर्मयी देवी, सभी की। माँ ने मुझे बताया था कि मैंने चार वर्ष की उम्र से पुस्तकें पढ़ना प्रारम्भ कर दिया था। दिन में अठारह घंटे पुस्तकें पढ़ी हैं। अब तो मैं उतना पढ़ नहीं पाती।

चिन्मय : आपको विदेशी लेखकों में किसकी रचनाएँ अच्छी लगती हैं?

महाश्वेता : तुर्गनेव और चेखव की। चेखव बहुत बड़ा लेखक है।

चिन्मय : 'एक जीवन में' शीर्षक से आपने अपनी आत्मकथा लिखनी आरम्भ की थी 1996 ईसवी में। उसे आपने अभी समाप्त नहीं किया है?

महाश्वेता : करने की इच्छा तो है। अगर तुम पुराने लेखों को सहेज कर व्यवस्थित कर दो।

चिन्मय : एक जिद्दी और सरल बालक की तरह आप में एक विनोदप्रियता (Playfulness) है। आपने तो एक दौर में भूतों की कहानियाँ भी लिखी हैं, जिम कारबेट की रचनावली का अनुवाद भी किया था।

महाश्वेता : भूतों की कहानियाँ मुझे बहुत सुन्दर लगती हैं और जिम कारबेट मुझे इतना पसन्द है कि उसकी कल्पना नहीं की जा सकती है।

चिन्मय : शिवराम ?

महाश्वेता : (हँसते हुए) अप्रत्याशित रूप से उन्हें पसन्द करती हूँ। शिवराम, परशुराम— इन्हें कौन पसन्द नहीं करेगा। (दोनों हास्य-विनोद के लेखक)

चिन्मय : जीवन के प्रति इतना रस आपने आखिर कहाँ से प्राप्त किया ?

महाश्वेता : जीवन-रस तो हर किसी वस्तु में है। सभी चीजों में।

चिन्मय : आपकी लिखी मेरी प्रिय रचनाएँ हैं, 'चोट्टि मुंडा और उसका तीर', 'स्तनदायिनी' और 'टेरोडेक्टिल'। आपको कौन-सी पसन्द है ?

महाश्वेता : 'टेरोडेक्टिल' उपन्यास तो मुझे भी बहुत पसन्द है। 'स्तनदायिनी' और 'चोट्टि मुंडा' ये तो पसन्द हैं ही।

चिन्मय : क्या आप 'अरण्य का अधिकार' के बारे में कुछ कहेंगी ?

महाश्वेता : न इसके बारे में कुछ नहीं कहूँगी। 'अरण्य का अधिकार' की लोगों ने इतनी अधिक प्रशंसा की है कि मैं उसके बारे में कुछ न कहूँगी। वरन् इसकी तुलना में मुझे 'वसाई टूडू' अधिक प्रिय है। अथवा 'कवि वन्द्यघटी गाईं का जीवन और मृत्यु'।

चिन्मय : आपके बारे में दुनिया भर में इतनी हलचल रहती है। लगभग सभी भारतीय भाषाओं में आपका अनुवाद हो चुका है। बहुत-सी विदेशी भाषाओं में भी। क्या आपको एक सन्तुष्टि और पूर्णता (Sense of Fulfilment) का भाव नहीं लगता है ?

महाश्वेता : क्या होगा ? कुछ भी तो नहीं लगता है या क्या लगेगा ?

चिन्मय : एक गाने के द्वारा यदि अपनी बातचीत पूरी करें।

महाश्वेता : बोलो, कौन-सा गाना गाऊँ ? अच्छा क्या गाऊँ आज कौन-सा गाना सुनाऊँ ? आज आनन्द धाम में, पुरवासी लोग, आज मुझे तुम्हारे अमृत नाम पर बुला लाए हैं। तुम्हारी सृष्टि का वर्णन मैं कैसे करूँगी तुम्हारी, करुणा की ही आवृति मैं कैसे करूँगी, तुम्हारे मधुर प्रेम में मैं अपने हृदय, प्राण को कैसे ढाल दूँगी।

बाइयेर देश जुलाई-सितम्बर 2011

32-A, Paddappukun Road,
Calcutta - 20
Date : 14.2.56

Bhagwanji

Hence you not received my previous letter ? Why are you silent ? Are you ill ? Please send me the photos, any size, immediately. I have received two letters from you and written four. Rani of Jhansi's nephew has died meanwhile. There has been other deaths in to my family also. All the factors kept me very busy. Please send the photos. I am waiting very eagerly for other papers also. In my article one 'Ind. Hist. Cong'; I have written on you also, in 'Desh'. If you are eager I'll send it you. I hope all of you are alright.

Please convey my best wishes to your family. My sincere respect and नमस्ते too my. Previous address was my ससुराले. This is mine.

Yours
Mahasweta

* * *

32-A, Paddappukun Road,
Calcutta - 20
Date : 29.2.56

My dear Shri Gupta,

Innumerable thank for the trouble you have taken in carbon copying the 'रायसेन' and other literture by shri Bhagwan Das Mahur and duly sending them to me. You are very king sir, have than I can express in words. I hope the pictures are ready by this time. Please send me the snap of Jhansi fort, if not other snaps. I'll he highly obliged to get either the photo or the photos.

How are you ? Please let me know if I can be of any help to you.

I rather envy you at your good future that you are living in Jhansi. I hope I'll be able to visit there again. Please send any good photo of the fort, or ask any studio.

My best wishes to you and others,

Yours
Mahasweta

वृन्दावनलाल वर्मा के पत्र डॉ. रामविलास शर्मा के नाम

झाँसी
27.12.46

प्रिय डॉक्टर साहब,

बहुत दिनों से मिले ही नहीं। आप झाँसी कब आएँगे? 'लक्ष्मीबाई' उपन्यास की प्रति भेजता हूँ। अवकाश मिलने पर पढ़ लीजिए। आशा है आप स्वस्थ हैं।

आपका
वृन्दावनलाल वर्मा

झाँसी
14.3.55

प्रिय भाई रामविलास जी,

जेकोस्लोवेकिया के हिन्दी प्रोफेसर के पास 'मृगनयनी', 'लक्ष्मीबाई', 'टूटे काँटे' उपन्यास और 'राखी की लाज' नाटक (अपनी तरफ से) भिजवा दिए।

सक्कन बाहर थे। आज सवेरे ही लौटे हैं।

अब तक 'सदन' के संरक्षण में था। बला टल गई तो आज दिल्ली जा रहा हूँ। लौटते समय आगरा न ठहर सकूँगा। गाँव जाना है। वहाँ से 25/3 तक लौटूँगा। मजे में हूँ।

आपका
वृन्दावनलाल वर्मा

झाँसी
2.4.55

प्रिय भाई रामविलास जी,

आगे 'को' का बहुल प्रयोग न होने पाएगा।

आपने जो कुछ लिखा है उसके लिए कृतज्ञता-ज्ञापन अपनेपन का खोना होगा और साथ ही आपकी बेकदरी।

संकल्प दृढ़तर हो गया है कि जनता की सेवा अधिकाधिक करूँ, जब तक जीवित हूँ निरन्तर करता रहूँ। आशा है आप स्वस्थ है।

आपका
वृन्दावनलाल वर्मा

झाँसी
7.5.55

प्रिय भाई रामविलास जी,

मुझे यह जानकर सचमुच खुशी हुई कि भरतपुर के ही एक जानकार से 'टूटे काँटे' में प्रस्तुत की गई अनेक बातों की, तसदीक हो गई। कोशिश तो यही करता रहता हूँ कि यथार्थ ययार्थ बना रहे और उसके सहारे अपनी बात कह लूँ।

मुगलों, और अंग्रेजों के खिलाफ जाटों ने जो कुछ किया उससे मैं बहुत प्रभावित हूँ। स्थान पर ही जाकर जो सामग्री हाथ लगेगी वह बहुत ही बढ़िया रहेगी। उस पर लिखूँगा। जाट भारत की रीढ़ का एक बड़ा और प्रबल गुरिया है। भरतपुर अवश्य जाऊँगा। वह मित्र मिलें तो उनसे कह दीजियेगा। समय अगस्त के बाद का अच्छा रहेगा।

आपका वह लेख संग्रह जब छप जावेगा पढ़ने को मिलेगा ही। प्रतीक्षा करूँगा। क्या पाटलिपुत्र से भी आगे कहीं जाने का विचार है? मैं बहुत समय से सोच रहा हूँ, परन्तु अभी तक इलाहाबाद से आगे न निकल पाया। सन 1921 में पटना गया था। फिर तब से...

स्नेही
वृन्दावनलाल वर्मा

झाँसी
11.5.55

प्रिय भाई रामविलास जी,

कलकत्ता जरूर देखूँगा—जरूर-जरूर। परन्तु मदरास उससे पहले। याद है न?

आप जून में वहाँ के लिए कुछ समय निकाल सकें तो मैं भी कमर कसने की कोशिश करूँ।

कलकत्ते से कब लौटेंगे? आपने मेरे एक फोटो पर (जो आपने ही खिंचवाकर मुझे दिया था) लिखा था, एक लक्ष्मीबाई और। मैं दो की सोच रहा हूँ: लक्ष्मीबाई से उधर-इधर, फिर भी निकट। एक की तलाश में इन्दौर, महेश्वर इत्यादि जाना है। 5, 6 दिन के लिए गाँव जाऊँगा, फिर उस ओर। इसलिए कलकत्ते का 'मालदा' 'हाफिजपसन्द' इत्यादि बहुत पसन्द होते हुए भी दिनों न आ सकूँगा। कभी-कभी उधर से आप कुछ लिखते रहना। खास तौर से सामग्री संग्रह की प्रगति पर।

स्नेही
वृन्दावनलाल वर्मा

सन् 1926 में वर्मा जी विचारों के ऊहापोह में ग्रस्त थे। उस समय उनके पुत्र श्री सत्यदेव वर्मा की अवस्था दस-बारह साल की थी। वर्माजी को उसके लिए धन-संग्रह करने की फिक्र हुई। लेकिन अच्छी-खासी चलती हुई वकालत से भी उन्हें यह आशा नहीं थी कि वे यथेष्ट जमा कर पाएँगे। इसलिए वह जमीन खरीदकर भारी-भरकम बाग-बगीचे लगवाने की सोचने लगे।

फिर उन्हें खयाल आया कि बहुत पहले कुछ लिखने के जो स्वप्न देखे थे, वे क्या सब यों ही रह जाएँगे ? इस दिशा में अपने निकम्मेपन का भान करके उनको कभी-कभी बड़ी वेदना होती थी।

समाज की समस्याओं, देश की स्थिति के प्रति अपनी अकर्मण्यता के कारण भी वह क्षुब्ध हो उठते थे, 'इतिहास और परम्पराओं, नरशास्त्र और समाजशास्त्र इत्यादि के अध्ययन का परिणाम क्या वकालत ही रह जाएगी ?' और न जाने उस समय कैसे-कैसे विचार आते-जाते रहते थे !

ऐसे ही वातावरण में एक दिन-17 अप्रैल सन् 1927 की शाम को वह बेतवा नदी के किनारे एक गढ़े चन्दू गुरैया में अकेले ही जा बैठे। गढ़े में बिस्तर बिछाकर बैठ गए। बन्दूक एक तरफ रख ली। रात घिरते ही नदी के पक्षियों और दूर से जंगली जानवरों की पुकारें सुनाई पड़ने लगीं। तारे छिटक गए और दमक उठे। ठंडी हवा चल पड़ी और वर्मा जी के मन में उमंग कलोल करने लगी :

उस युग से आज के लिए क्या कुछ लिया जा सकता है ? आखिर वर्तमान भूत की ही देन तो है। भूत में यदि वर्तमान के लिए देने योग्य कुछ हो तो क्यों न लिया जाए ? उस युग के जन का रहन-सहन, प्रेम, शौर्य, स्वार्थ, त्याग इत्यादि की क्रियाएँ-प्रतिक्रियाएँ यदि चित्रित की जाएँ, तो आज के लिए कुछ उपादेयता शायद हाथ लग जाए।

बुन्देलखण्ड के इतिहास-भूगोल, रीति-रिवाज, रहन-सहन इत्यादि से वे पहले से ही परिचित थे और तरह-तरह के पात्र भी उनकी अनुभव की थैली में थे ही। उन्होंने सोचा, क्यों न इनका उपयोग किया जाए ? व्यक्ति कहीं का भी हो उसे स्थान, समय और वातावरण तो देना ही पड़ेगा। कोई कहेगा आंचलिकता (रीजनलिज्म) के चक्कर में पड़ रहे हो। कहता रहे, पात्र का सृजन धरती पर ही तो होगा और फिर भुलाए हुए बुन्देलखण्ड के प्रति आदर-सम्मान भी तो उत्पन्न करना है।

इतिहास और परम्परा, पात्र और घटनाचक्र, कला और उद्देश्य की आँधी वर्मा जी के दिमाग में उठ खड़ी हुई। फिर यह तूफान धीरे-धीरे कम हुआ और वस्तुस्थिति ने स्पष्टता पकड़ी। उस रात वर्मा जी इसी उधेड़बुन में बिलकुल नहीं सोए। लेकिन न सोने पर भी उनमें अद्भुत ताजगी और उल्लास था, क्योंकि उनकी गाँठ में कुछ पड़ गया था। सुबह उठकर नहा-धोकर वह गाँव-मौजा घुसगुँआ, परगना मोठ गए और वहीं मातेराम प्रसाद के बरांडा में बैठकर 'गढ़ कुंडार' लिखना आरम्भ कर दिया तथा उसी दिन सत्रह लम्बे पन्ने लिख डाले। (गन्ध सुगन्ध—भगवान दास सेठ, पृष्ठ 66)

सन्दर्भ-ग्रन्थ सूची

1. झाँसीर रानी (महाश्वेता देवी) बांग्ला डेज पब्लिशिंग, कलकत्ता।
2. झाँसी की रानी (महाश्वेता देवी) हिन्दी अनुवाद (डॉ. रामशंकर द्विवेदी) राधाकृष्ण प्रकाशन, नई दिल्ली।
3. झाँसी की रानी लक्ष्मीबाई (वृन्दावनलाल वर्मा) प्रभात प्रकाशन, नई दिल्ली, सं. 1997
4. महाश्वेता देवी रचनावली खंड-1, (बांग्ला), डेज पब्लिशिंग, कलकत्ता।
5. 1857 का प्रथम स्वतंत्रता संग्राम और जनपद, जालौन, देवेन्द्र कुमार सिंह प्रथम संस्करण—जनवरी-2000
6. बुन्देलखण्ड का संक्षिप्त इतिहास, पं. गोरेलाल तिवारी, काशी नागरी प्रचारिणी सभा, काशी।
7. अपनी कहानी—वृन्दावनलाल वर्मा, मयूर प्रकाशन, झाँसी, प्रथम सं. 1971
8. महाअरण्य की माँ—कृपाशंकर चौबे, आधार प्रकाशन, पंचकूला (हरियाणा) प्रथम आधार संस्करण 2003
9. मैं जो देखती हूँ (महाश्वेता देवी) अनुवाद व सम्पादन—कृपाशंकर चौबे, आधार प्रकाशन, पंचकूला (हरियाणा) प्र.सं. 2003, द्वि.सं. 2005
10. एकेइ जीवने—महाश्वेता देवी की आत्मकथा—एक ही जीवन में बांग्ला, प्रथम पत्रिका में धारावाहिक प्रकाशन।
11. काव्य के रूप—गुलाब राय, पंचम संस्करण, जून-1964
12. गन्ध-सुगन्ध—भगवान दास सेठ, प्र. प्रतिभा-प्रतिष्ठान, नई दिल्ली, सं. प्रथम-1995
13. प्रेमचन्द के उपन्यासों का शिल्प विधान—कमल किशोर गोयनका।
14. हिन्दी उपन्यास : शिल्प व प्रयोग—डॉ. त्रिभुवन सिंह, हिन्दी प्रचारक संस्थान, वाराणसी, प्र.सं. फरवरी, 1973
15. हिन्दी साहित्य का इतिहास—आचार्य रामचन्द्र शुक्ल।
16. हिन्दी का गद्य साहित्य—डॉ. रामचन्द्र तिवारी, विश्वविद्यालय प्रकाशन, वाराणसी।
17. हिन्दी उपन्यास कोश—डॉ. गोपाल राय, राजकमल प्रकाशन, दिल्ली।
18. हिन्दी साहित्य बीसवीं शताब्दी, इंडियन बुक डिपो, लखनऊ।
19. आधुनिक साहित्य, भारती भण्डार, इलाहाबाद।
20. नया साहित्य नये प्रश्न—साहित्य भवन, इलाहाबाद।
21. हिन्दी बांग्ला बीसवीं शती—सम्पादक, डॉ. नगेन्द्र, विनोद पुस्तक मन्दिर, आगरा-2, प्र.सं. 1972
22. बांग्ला साहित्य का इतिहास—सुकुमार सेन, अनु. डॉ. निर्मला जैन, साहित्य अकादमी दिल्ली।
23. हिन्दी उपन्यास का इतिहास—प्रो. (डॉ.) गोपाल राय, राजकमल प्रकाशन, नई दिल्ली, 2005
24. तीन महारथियों के पत्र—डॉ. रामविलास शर्मा, वाणी प्रकाशन, नई दिल्ली, प्र.सं. 1997
25. आलोचना का उपन्यास अंक।
26. हिन्दी उपन्यास की शिल्प विधि का विकास—डॉ. (श्रीमती) ओम शुक्ल, प्र.-अनुसंधान प्रकाशन, कानपुर, प्र.काल-जु. 1964 हिन्दी उपन्यास।
27. हिन्दी उपन्यास और यथार्थवाद—डॉ. त्रिभुवन सिंह।

28. महाश्वेता देवी रचनावली—बांग्ला।
29. बांग्ला साहित्येर इतिहास (पाँच खंड) सुकुमार सेन।
30. हिन्दी साहित्य के अस्सी वर्ष—शिवदान सिंह चौहान।
33. कथा विवेचना और गद्य शिल्प—डॉ. रामविलास शर्मा, वाणी प्रकाशन, नई दिल्ली।
34. सिद्धान्त और अध्ययन—बाबू गुलाब राय, आत्माराम एंड संस, दिल्ली।
35. कथा के तत्त्व—डॉ. देवराज उपाध्याय, प्रकाशक—ग्रन्थमाला कार्यालय, पटना-4
36. हिन्दी उपन्यास सिद्धान्त और समीक्षा—डॉ. माखनलाल शर्मा, प्रभात प्रकाशन, दिल्ली-6
37. हिन्दी उपन्यासों में कल्पना के बदलते प्रतिरूप—डॉ. शीलकुमारी अग्रवाल, अभिव्यक्ति प्रकाशन, इलाहाबाद।
38. हिन्दी उपन्यास परम्परा और प्रयोग—डॉ. सुभद्रा, अलंकार प्रकशन, दिल्ली।
39. वृन्दावनलाल वर्मा के उपन्यासों का सांस्कृतिक अध्ययन—डॉ. कृष्णा अवस्थी, पुस्तक संस्थान, कानपुर।
40. वृन्दावनलाल वर्मा के उपन्यास और कला—डॉ. शिवकुमार मिश्र, रवि प्रकाशन, कानपुर।
40अ. आधुनिक बांग्ला प्रयोग अभिधान, सुभाष भट्टाचार्य, आनन्द पब्लिशर्स, कलकत्ता।
41. वृन्दावनलाल वर्मा : साहित्य और समीक्षा—सियारामशरण प्रसाद, साहित्य प्रकाशन, दिल्ली।
42. वृन्दावनलाल वर्मा की झाँसी की रानी—एक दृष्टि, श्याम जोशी।
43. हिन्दी और तेलुगू के स्वातंत्र्य पूर्व ऐतिहासिक उपन्यासों का तुलनात्मक अध्ययन—डॉ. चलसानि सुब्बाराव, प्रगति प्रकाशन, आगरा।
44. हिन्दी मराठी के ऐतिहासिक उपन्यास—डॉ. चन्द्रकान्त गर्जे, पुस्तक संस्थान, कानपुर।
45. हिन्दी उपन्यास साहित्य का अध्ययन—डॉ. एस.एन. गणेशन, राजपाल, हिन्दी।
46. हिन्दी उपन्यास में चरित्र-चित्रण का विकास—रणवीर रांग्रा, भारती साहित्य मन्दिर, दिल्ली।
47. हिन्दी के स्वच्छन्दतावादी उपन्यास—डॉ. कमल कुमारी जौहरी, ग्रन्थम, कानपुर।
48. वृन्दावनलाल वर्मा-राजीव सक्सेना, अनु.-जगदीश साहित्य अकादमी, दिल्ली प्र.सं. 1985
49. आंधारमानिक-30, लेखक—महाश्वेता देवी अनुवाद—सुशील गुप्ता, राधाकृष्ण प्रकाशन, प्रथम संस्करण 2004
50. कवि वन्द्यघटी गाईं का जीवन और मृत्यु उपन्यास-लेखक—महाश्वेता देवी, अनुवाद-सुशील गुप्ता, राधाकृष्ण प्रकाशन, 7131, अंसारी रोड, दरियागंज, नई दिल्ली-110002, प्र.सं. 2007
51. आजकल : झाँसी की रानी पर एक दृष्टि स्वर्ण जयन्ती अंक-1994, सम्पादक—प्रताप सिंह पिष्ट।
52. हिन्दी साहित्य कोश-भाग-2, सम्पादक—धीरेन्द्र वर्मा, वाराणसी, ज्ञानमंडल लिमिटेड, प्रथम संस्करण, आश्विन सं. 2020
53. वृन्दावनलाल वर्मा : व्यक्तित्व और कृतित्व, लेखक—डॉ. पद्मसिंह शर्मा 'कमलेश', सर्वोदय प्रकाशन मन्दिर, नई सड़क दिल्ली सन् 1958
54. हिन्दी साहित्य कोश-भाग-1, पारिभाषिक शब्दावली, सं. धीरेन्द्र वर्मा, वाराणसी, ज्ञान मंडल लि., द्वितीय संस्करण, वसन्त पंचमी, संवत् 2020
55. जली थी अग्निशिखा, महाश्वेता देवी, अनुवाद—डॉ. रामशंकर द्विवेदी, राधाकृष्ण प्रकाशन प्रा.लि., प्र.सं. 2001
56. अमृत संचय, महाश्वेता देवी, अनु. सुशील गुप्ता, राधाकृष्ण प्रकाशन प्रा.लि., प्र.सं.-2001
57. वर्तमान साहित्य बांग्ला साहित्य : शताब्दी विशेषांक, संयोजक-सम्पादक : डॉ. रामशंकर द्विवेदी, सितम्बर-अक्टूबर, 2000, वर्ष-17, अंक 9-10 (संयुक्तांक)।
58. तद्भव, अंक-20, जुलाई, 2009, सम्पादक अखिलेश, जीवन नामक शीर्षक के अन्तर्गत, 'एक ही जीवन में'—महाश्वेता देवी, अनुवाद—रंजू सिंह।
59. शरत् एवं जैनेन्द्र के उपन्यासों में वस्तु एवं शिल्प, डॉ. निर्मला शर्मा, भावना प्रकाशन, दिल्ली-91, प्र. संस्करण 1992
60. समकालीन भारतीय साहित्य, वर्ष-26, अंक-123, जनवरी-फरवरी, 2006, सं. अरुण प्रकाश।

61. साहित्य विवेचन : क्षेमचन्द्र 'सुमन', योगेन्द्र कुमार मल्लिक, आत्माराम एंड संस, सं. संस्करण 1988
62. बीसवीं सदी का हिन्दी-साहित्य—सम्पादक : डॉ. विश्वनाथ प्रसाद तिवारी, भारतीय ज्ञानपीठ, नई दिल्ली, प्र.सं.-2005 में संकलित—'हिन्दी उपन्यास के सौ वर्ष'—'चन्द्रकान्त बान्दिवडेकर'।
63. 1084 वें की माँ, महाश्वेता देवी,—1979 में प्रकाशित (1979) प्रथम संस्करण, राधाकृष्ण पेपर बैक्स में (1998) राधाकृष्ण प्रकाशन प्रा.लि., नई दिल्ली।
64. ईंट के ऊपर ईंट, महाश्वेता देवी (1984 में प्रकाशित) राधाकृष्ण पेपर-बैक्स में पहला संस्करण 1998 में राधाकृष्ण प्रकाशन प्रा.लि., नई दिल्ली।
65. जंगल के दावेदार, महाश्वेता देवी, (1979 में प्रकाशित) राधाकृष्ण पेपर बैक्स में प्र.सं. 1998 राधाकृष्ण प्रकाशन प्रा.लि., नई दिल्ली।
66. श्री गणेश महिमा, महाश्वेता देवी (प्र. 1983) राधाकृष्ण पेपर बैक्स में प्र.सं.-1998, राधाकृष्ण प्रकाशन प्रा.लि., नई दिल्ली।
67. टेरोडैक्टिल, महाश्वेता देवी, (1997 में प्रकाशित) राधाकृष्ण पेपर बैक्स में प्र.सं. 1998, राधाकृष्ण प्रकाशन प्रा.लि., नई दिल्ली।
68. उपन्यास और लोक-जीवन, लेखक—रैल्फ फॉक्स, भूमिका लेखक—डॉ. रामविलास शर्मा पीपुल्स पब्लिशिंग हाउस (प्रा.) लिमिटेड 5, रानी झाँसी रोड, नई दिल्ली, अनुवादक—नरोत्तम नागर, प्रथम संस्करण—अक्टूबर-1957, द्वितीय संस्करण—अप्रैल-1979, तृतीय संस्करण—दिसम्बर 1980
69. नटी, महाश्वेता देवी, लोकभारती, प्रकाशन इलाहाबाद, प्र.सं. 1981
71. उपन्यास तत्त्व एवं रूप-विधान, श्री नारायण अग्निहोत्री, प्रकाशक, आचार्य शुक्ल, साधना-सदन कानपुर, प्रथम संस्करण, 1962
72. समकालीन भारतीय साहित्य 126 प्रकाशन का 27वाँ वर्ष, जुलाई-अगस्त, 2006, सं., अरुण प्रकाश में संकलित, 'संवाद', महेश दर्पण : दोन् किरवोते-प्रौढ़-मनुष्यता की-रचना, प्रख्यात आलोचक—मैनेजर पांडेय से महेश दर्पण की बातचीत।
73. प्रेमचन्द-पूर्व के हिन्दी-उपन्यास, सम्पादक-ज्ञानचन्द्र जैन, प्रकाशक-आर्य प्रकाशन मंडल, गाँधी नगर, दिल्ली, प्रथम संस्करण, 1998
74. पाश्चात्य कथा-सिद्धान्त, सम्पादक—महेन्द्र चतुर्वेदी, डॉ. राजकुमार कोहली, प्र.सं. 1976, प्रकाशक—विश्वविद्यालय ग्रन्थ निर्माण निदेशालय, दिल्ली विश्वविद्यालय, दिल्ली।
75. माँझा प्रवास, विष्णु गोडसे, (आँखों देखा गदर) अनुवादक—अमृतलाल नागर, राजपाल एंड संस।
76. संसद व्याकरण अभिधान संसद कलकत्ता।
77. ऐतिहासिक उपन्यास : डॉ. सत्यपाल चुघ नेशनल पब्लिशिंग हाउस, दिल्ली-6, प्रथम संस्करण, जनवरी, 1974
78. हिन्दी के ऐतिहासिक उपन्यास : डॉ. रामनारायण सिंह 'मधुर' प्रकाशक—ग्रन्थम, रामबाग, कानपुर-12, प्रकाशन काल—जनवरी, 1971, संस्करण-प्रथम।
79. वृन्दावनलाल वर्मा—उपन्यास और कला, लेखक—शिवकुमार मिश्र—एम.ए., प्रकाशक—रवि प्रकाशन, कानपुर, प्रथम संस्करण 1956
80. हिन्दी उपन्यास का विकास : मधुरेश, सुमित प्रकाशन, इलाहाबाद की ओर से लोकभारती प्रकाशन, इलाहाबाद।
81. हिन्दी साहित्य का दूसरा इतिहास, डॉ. बच्चन सिंह, राधाकृष्ण प्रकाशन, नई दिल्ली-2, संशोधित परिवर्धित संस्करण 2006
82. विराम चिह्न—लेखक—डॉ. रामविलास शर्मा, वाणी प्रकाशन, नई दिल्ली, सं. 1985
83. समकालीन भारतीय साहित्य नवम्बर-दिसम्बर, 1997, आलेख-3 में संकलित डॉ. माहेश्वर का लेख—महाश्वेता देवी : लड़ाई जारी है।
84. 32वाँ ज्ञानपीठ पुरस्कार : प्रशस्ति पत्र, महाश्वेता जी का भाषण-1996, ज्ञानपीठ पुरस्कार-भारतीय ज्ञानपीठ नई दिल्ली में महाश्वेता देवी का वक्तव्य।

85. बांग्ला साहित्ये गद्य, सुकुमार सेन, आनन्द पब्लिशर्श प्रा.लि., कोलकाता प्र.सं. 1934, प्र. आनन्द सं. 1998
86. 1857 का भारतीय स्वातंत्र्य समर विनायक दामोदर सावरकर, राजधानी—ग्रन्थागार, नई दिल्ली-14, अनुवादक—बनारसी सिंह नवीन, सम्पूर्ण हिन्दी संस्करण, अक्टूबर, 1966
87. अपनी धरती अपने लोग (आत्मकथा-1), मुँडेर पर सूरज, रामविलास शर्मा, किताब घर, नई दिल्ली, प्र.सं. 1996
88. अपनी धरती अपने लोग (आत्मकथा-2), देर-सवेर, रामविलास शर्मा, प्र.सं.-1996, किताब घर, नई दिल्ली।
89. अपनी धरती अपने लोग (3) आपस की बातें—रामविलास शर्मा, किताब घर, नई दिल्ली प्र.सं. 1996
90. अधूरे साक्षात्कार, नेमिचन्द्र जैन, अक्षर प्रकाशन प्रा.लि., दिल्ली-6
91. उपन्यास की भाषा, डॉ. जगदीश नारायन चौबे, बिहार—राष्ट्रभाषा परिषद, पटना, प्र.सं.-विक्रमाब्द 2040 : खृष्टाब्द : 1983, शकाब्द : 1905
92. इतिहास और सककालीन परिदृश्य-1, स्वाधीनता संग्राम बदलते परिप्रेक्ष्य 1857 के स्वाधीनता संग्राम से लेकर हाल के राष्ट्रीय एकता के लिए संघर्ष तक प्र.सं. 1992, रामविलास शर्मा, हिन्दी माध्यम कार्यान्वय निदेशालय, दिल्ली विश्वविद्यालय।
93. भाषा (विश्व हिन्दी सम्मेलन अंक) त्रैमासिक, सं.—जगदीश चतुर्वेदी, केन्द्रीय हिन्दी निदेशालय, शिक्षा तथा संस्कृति मंत्रालय, भारत सरकार।
94. हिन्दी साहित्य और संवेदना विकास, रामस्वरूप चतुर्वेदी, लोकभारती प्रकाशन, इलाहाबाद, प्रथम संस्करण-जुलाई, 1986
95. आलोचना-उपन्यास विशेषांक (त्रैमासिक) सम्पादक—डॉ. धर्मवीर भारती, अक्टूबर 1954
96. हिन्दी का गद्य-साहित्य, डॉ. रामचन्द्र तिवारी, विश्वविद्यालय प्रकाशन, वाराणसी, तृतीय संस्करण 1992 ई.।
97. विष्णु प्रभाकर, सम्पूर्ण संस्मरण-1, प्रभात प्रकाशन, दिल्ली, प्रथम संस्करण 1991
98. विवेक के रंग, देवीशंकर अवस्थी—(सं.), भारतीय ज्ञानपीठ प्रकाशन प्र.सं. 1965
99. बांग्ला साहित्ये उपन्यास-धारा, विजित कुमार दत्त, मित्र ओ घोष, कलकत्ता।
100. पावन स्मरण—पं. श्री नारायण चतुर्वेदी, नेशनल दिल्ली।
101. An Introduction to the study of literature, William Henry Hudson. Kalyani Publishers, Ludhiana, New Delhi 9th Indian Edition - 1979
102. उपन्यास शिल्प और प्रवृत्तियाँ, डॉ. सुरेश सिन्हा, रामा प्रकाशन-1965
103. बीइयेर देश—बांग्ला समीक्षा पत्रिका, जुलाई-सितम्बर 2011

कोश

हिन्दी

1. बांग्ला-हिन्दी शब्दकोश—श्री गोपालचन्द्र चक्रवर्ती स्वयम्भाति पुस्तकालय, वाराणसी।
2. संस्कृत-हिन्दी कोश, आप्टे, मोतीलाल बनारसीदास, काशी।
3. बंगीय शब्दकोश, भाग 1, 2 हरिचरण बन्द्योपाध्याय, साहित्य अकादमी, दिल्ली।
4. संसद बांग्ला अभिधान, साहित्य संसद कलकत्ता, सं. शैलेन्द्र विश्वास।
5. उर्दू-हिन्दी शब्दकोश—कलीमुद्दीन, हिन्दी संस्थान लखनऊ, हिन्दी-अंग्रेजी कोश, कामिल बुल्के राजपाल हिन्दी शब्दकोश—डॉ. हरदेव बाहरी।